课题组成员（排名以所撰写的书稿先后为序）

张德纯　王继超　周　红　朱琚元　周能汉　王　敏　王明东
鲁业子　左玉堂　王明贵　郝云华　李　禄

国家出版基金资助项目

国家出版基金项目
NATIONAL PUBLICATION FOUNDATION

彝族文献对中华文明的贡献

YIZU WENXIAN DUI ZHONGHUA WENMING DE GONGXIAN

张纯德　等／著

云南出版集团
云南人民出版社

图书在版编目（CIP）数据

彝族文献对中华文明的贡献 / 张纯德等著. -- 昆明:
云南人民出版社, 2020.11
ISBN 978-7-222-19866-1

Ⅰ.①彝… Ⅱ.①张… Ⅲ.①彝族－文献－研究－中
国 Ⅳ.①K281.7

中国版本图书馆CIP数据核字(2020)第222755号

彝族文献对中华文明的贡献

张纯德 等 著

责任编辑：陈浩东 熊 凌　特约编辑：余 葶　助理编辑：苏 娅
装帧设计：杜佳颖　责任校对：吴 虹　责任印制：马文杰

出版　云南出版集团
　　　云南人民出版社
发行　云南人民出版社
地址　昆明市环城西路609号
邮编　650034
网址　www.ynpph.com.cn
E-mail　ynrms@sina.com
开本　889×1194　1/16
印张　36.5
字数　700千
版次　2020年11月第1版
印次　2020年11月第1次印刷
印刷　昆明合骧琳彩印包装有限责任公司
书号　ISBN 978-7-222-19866-1
定价　380.00元

如有图书质量及相关问题请与我社联系：
审校部电话：0871-64164626
印制科电话：0871-64191534

藏于禄劝深山老林岩洞的彝族祖灵筒（桶）内装的微型生产生活工具（明末遗物）

云南昭通西汉螳琅山统辖手印彝文印章（铜质，1988 年发现于昭通市怀远街旧货摊）

贵州赫章西汉铜铸擂钵，其上铸有 5 个彝文（图中部），意为“永传祖祠手碓（擂钵）”（龙正清、王继超提供）

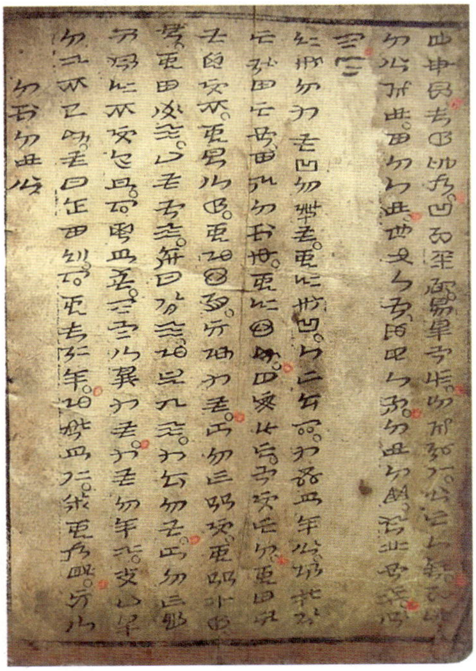

彝族文献译著中的精品。500 多年前明代正德年间（1506—1521 年）武定罗婺部酋凤氏刻印的木刻本彝文《劝善经》（张纯德收藏）

台湾“中央研究院”考古所陈列室展品：石林彝族祖灵筒（桶）内的微型生产生活用具（清代遗物）

寻甸彝族祖灵筒（桶）内的微型生产生活用具（清初遗物）

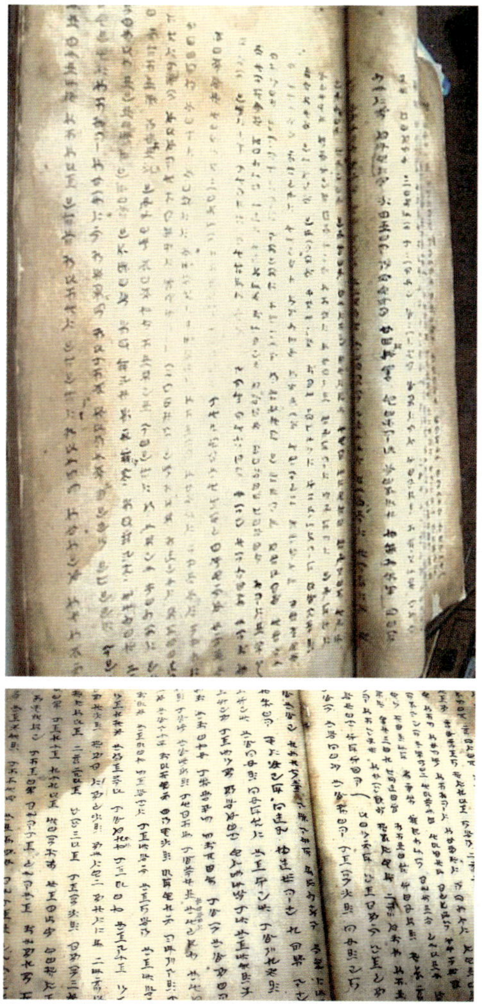

彝族百科全书——《西南彝志》《彝族源流》等，现藏于北京民族文化宫

藏于深山石洞中的寻甸彝族祖灵筒（桶）（清初遗物）

公平秤（架）——耐姆（超度）仪式中打牛祭天

清代《职贡图》上的彝族毕摩形象

护法神带（居中者为九天君，即耿兹天神）

明代乌蒙部世袭毕摩头上的护法神带全貌

彝族罗婺人送祖灵升天仪式场面

参加 2001 年 2 月在云南禄劝县彝村祭祖超度分支大典的彝族毕摩

序　守正创新结硕果　铸牢民族共同体

郭大烈[①]

中华文明是中华各民族共同创造的，彝族作为中华民族大家庭中的一员，彝族文化自然也是中华文明中不可分割的一部分。彝族历史悠久、文化积淀深厚、人口众多且分布广泛，是西南地区具有深远影响的民族之一。彝族和各民族一道在共同开发、建设和捍卫祖国西南边疆的同时，创造了丰富多彩的民族文化。彝族先民创制了成熟的文字并撰写了百科全书式的卷帙浩繁的典籍，彝学研究也是近百年来国内外学者关注的显学，成果丰硕。特别是改革开放 40 年来，彝族文化在研究、保护和传承上取得了显著成就。在每个彝族分布地区，一支支彝学研究队伍茁壮成长，成为当地各级政府推进文化发展和繁荣的得力助手，也是当地政府联系群众的纽带和润滑剂；一次次各种层级的彝族文化学术研讨会，深入持续研究各学科领域，彝学研究水平不断提高；一批批彝学研究专著、译著问世，彝学研究迎来了最好的时期。其中尤以以下成果为代表：

《中国彝族通史》，共 4 卷，300 多万字，2012 年由云南人民出版社出版。正如该书主编之一的彝族学者王天玺先生在序言中所说的，《中国彝族通史》具有七大特色：一是延伸了中华民族的文明源头，二是展现了彝族古代天文历法的先进性，三是展示了彝文的古老和成熟，四是展示了《易经》的源头活水，五是展示了滇、蜀、夜郎等西南古国的历史图景，六是充分肯定了唐代地方少数民族政权南诏的历史地位，七是展示了彝族人民千百年来维护祖国统一的坚定意志。这七大特色，是彝族同胞对伟大祖国和中华民族的贡献。

《彝族毕摩经典译注》，共 106 卷，于 2005 年起，历时 11 年全部完成，由云南民族出版社出版，全套书采用四行体（彝文、音标、直译、意译）的科学方法进行标注，并附有原著局部照片，大大增加了权威性。这套书以楚雄彝族自治州内流传的彝文古籍为主，涵盖了滇、川、黔、桂具有代表性的彝文古籍。《中国彝文典籍译丛》，共

① 郭大烈，系云南省文史馆馆员，云南省社科院民族学所原所长、研究员，云南省民族学会原会长。

3辑37卷，2009年由四川民族出版社出版。《红河彝族文化遗产古籍典藏》，共20卷，2010年由云南人民出版社出版。从20世纪80年代至今，贵州省毕节市先后整理出版了一批有代表性的彝文古籍译著。目前滇、川、黔三省已翻译出版了约170卷彝文经典，集中反映了彝族悠久的历史文化，内涵丰富，价值颇高，其文字之完善、文本之成熟，几可与汉文典籍相提并论。

《滇川黔桂彝文字集》，共355万字，2004年由云南民族出版社、四川民族出版社、贵州民族出版社联合出版。这是滇、川、黔、桂相互协作，历经18年共同完成的项目，其间艰辛，可想而知。

近年来以张纯德教授为主的课题组完成了国家社科重点项目“从百部彝族毕摩经译注看彝族对中华文化的贡献研究”，出版时更名为《彝族文献对中华文明的贡献》。课题组紧紧抓住彝族古老丰富的彝文古籍经典，深耕探底，阐发彝文古籍对中华文明的七大贡献，论之有据，言之成理。费孝通先生说中华民族多元一体，或一体多元。中华文明的形成，正如杨向奎所说：“中国是一个具有五千年文明的古国，这种文明是中华民族的文化结晶。中华民族综合起来是一个集体民族，而分开来说是由五十六个民族组成，这种文明属于五十六个民族共同体。”在这方面，前辈彝学研究者做了大量工作，该课题组深耕阐发，与汉文献互学互鉴，“各美其美，美人之美，美美与共”，贡献突出。诚如该项目鉴定专家所言，此项成果以楚雄彝族自治州等单位组织公开出版的百余部彝族文献经典译注为研究对象，首次全面系统地梳理分析了毕摩经典与西南各民族史，与彝族历史上的六祖分支及彝族在滇川黔桂的分布与发展及其各个时期建立的政权及土司制度，与彝族祖先崇拜及宗教信仰，与传统天文历法及医药、哲学、文学、艺术等各方面的关系，较全面地分析了有彝族传统文化“百科全书”之称的毕摩经典（彝族文献）与中华文化的密切关系，突显出了毕摩经典蕴含的彝族文化对中华文化的影响、吸收与贡献，极具学术价值与现实意义，发前人所未发，是一项具原创性的重要学术成果。项目承担者用功甚勤，匠心独具，观点独到。以下我们就七大贡献举例说明。

一、以大量丰富史料证明自古以来云南及西南地区各民族与中华民族共同体有深厚的历史根基，起到证史之有、补史之缺、正史之误的作用

《史记·西南夷列传》关于古滇国、古夜郎国、古哀牢国的汉文资料少，“西南夷君长以什数”，但内容不详，而在彝族文献中却有详细史料。唐代南诏及彝族各大部落、各大支系、各大土司世系以及众多谱牒都有记载。本书论述了六祖分支与彝族分布格局的形成：笃慕约生活在公元前 5 世纪，因洪水泛滥，迁至金沙江以南，六祖分支应发生在滇东北。基本上也就形成了所谓“武乍两长子，分布在南方，糯侯两次子，到北方开拓，布默两幼子，分布在中部”的分布格局。真正的分布比这复杂多了，六大部也是你中有我、我中有你的一种真实的存在。本书详细记录了六祖分支与彝族在云南省、四川省、贵州省的分布，这是汉文史料中少有的。

二、深入发掘了彝族哲学中所体现出的天人合一思想

哲学思想是一个民族的文化最重要的体现方式之一，也最能够反映出一个民族的特征、性格。彝族先民在漫长的生产生活过程中，从最初独立发展的原始社会之后逐渐与汉族社会有了一定的交往，其哲学思想的发展、变迁是彝汉文化相互交流、对话的最好见证。彝族哲学在与汉族哲学对话的过程中，既保持了自身的特质与精髓，又吸收了汉文化中一些思想特质，并将其与自身思想很好地融合，在保持自身哲学思想独立性与原创性的同时，又体现出以儒、释、道三家为主的狭义的中国哲学（汉族哲学）中的一些特质和品格。

彝族文化是中国传统文化的一个部分，除了有自身的特质之外，也有中国文化所共有的一些共性，其中天人合一思想是最典型的体现。在原始社会中，毕摩这一角色以及毕摩经典的出现、交融之后，天人合一思想更是得到了进一步体现。

毕摩这一职业以及毕摩经典的出现，就是彝族哲学中原始天人合一思想最好的体现。对毕摩角色的历史发展及其作用以及对毕摩经典的梳理介绍中，祭司的职责就是主持祭祀、沟通天人。彝族先民很早就意识到人与天有联系，并且有意识地想要与天进行沟通、交流。在彝族毕摩文化中，人们认为上天掌管着人类的生老病死，掌管着人类社会的运行发展，人类想要与天对话，明白天道运行的规律，知晓上天的旨意，就要依靠毕摩来沟通天人。这一职责最初由部落首领担任，可见彝族先民对于与天沟通、向天祈福、求祷一事的慎重，对天的敬畏以及对天人关系的重视。天与人有联系，希望通过向天祈福、祷告而获得生产生活的顺利，这是彝族先民对于天人关系最初的思考结论，也是天人合一思想在彝族哲学中的最初萌芽和体现。

三、彝族十八月历的调查报告证明中国古代曾有十八月历

楚雄市最显著的标志是太阳历公园的十根天文历法柱。彝族是崇拜太阳的民族，彝族先民创造举世瞩目的十月太阳历。自然界中最重要、最根本的是太阳，天文历法中最重要、最根本的也是太阳历，“人法地，地法天，天法道，道法自然”（《道德经》）。古代中华大地上曾有领先于世界的中华文明，而中华文明中就包括彝族文化，这是对世界文明的贡献。

彝族十月历由争议到有彝族文献《十月兽历》依据而尘埃落定之后，又有十八月历法这一个新的重大发现。距今6000年前的墨西哥玛雅人有十八月历法，让学者们惊讶不已。而中国楚雄彝族自治州内武定县万德乡自乌村毕摩和大姚县昙华乡丫古埂村毕摩等口传有此历法，经课题组成员朱琚元多年调查论证，完成了十八月历调查报告。十八月历的田野调查发现，确立了少数民族在中华科技史上应有的地位。

中国有古训：“中国失礼，求之四夷。”礼就是文化。可是，人们对中国上古许多文化宝典中的真实内涵不甚了解，有的还是个谜。要想解开古文化中的某些谜团，可以试着去少数民族文化中寻求。例如，河图、洛书是什么？明堂中的许多数字表示什么意义？阴阳五行和天干地支原本是什么性质的东西？《周易》究竟是一本什么性质的书？这些问题之所以长期得不到令人满意的解释，原因之一是人们遗忘了对中国传统文化至关重要的十月太阳历。这个文明，至殷商政权建立，便在中原地区被湮没。据说宋代道士陈抟从古羌人遗址中发掘出先天八卦和太极图，可以说当时已经揭开了一层面纱，但由于宋代易学家对十月太阳历的性质阐述得还不够，致使纯粹是科技方面的知识仍然湮没在道学易理的谜团之中。现从少数民族天文历法的角度出发，这个谜团有可能解开。

关于十月太阳历，彝族文献中有记载，某些传统民俗活动亦有所表现。其他有几个民族中也有遗存。该成果中值得进一步研究的问题是十八月历法与玛雅历法的关系。彝文经典中目前虽还没有发掘到十八月太阳历的内容，但中国上古残存的遗迹与玛雅十八月历有渊源关系。

四、以耐姆——祭祖大典为案例，集中体现彝族祖先崇拜，在彝族原始宗教研究基础上阐释了彝族拜祖教，丰富了中国民族宗教内容

拜祖教是以毕摩和毕摩文化活动为核心的一种广泛存在于彝族民间的文化现象。从文化的主体看，拜祖教文化是彝族社会中特殊的群体毕摩们创造和传承的文化。从内容来看，拜祖教以毕摩经籍为代表，是百科全书式的综合性文化，它是彝族传统文化的代表和核心。它以祖先崇拜为中心，贯穿多种学科，是一种不同于民众文化的特殊性的宗教文化。体现在彝族祭祖大典上，它被视为人生头等大事，成为最高的祖先

崇拜的祭祀礼仪，也成为彝族社会习俗之一，具有较强的宗族凝聚力。它是彝族宗支宗族制度的支柱和纽带。拜祖教理论认为，祖先是子孙后代的保护人，是祸福的主要根源，人死后灵魂不但回归祖源地与祖宗团聚，而且要升天成为祖神。因而做好这一仪式对生者和死者都有关系，特别是对生者关系更大，成为以家支为单位，对全宗支共同祖先进行特大集体共祭仪式，对于宗支的优生发展（举行分宗仪式后，才能通婚）有一定的作用。另外，其中某些禁忌起到了对生态环境的保护作用。

民族的繁衍—分支是人类社会的共同规律，而保留有完整而规范分支礼仪，应以彝族为典型代表。因彝族是最注重谱系的民族，可上溯到上千年。彝族六祖分支至今已近二千五百多年，其后，分支—繁衍—分支不断，而分支祭仪也只能在祭祖大典中进行。

以超度祖先灵魂为目的的祭祖大典，彝语称为“耐姆”，“耐”意为氏族或宗族，“姆”意为举办、做。耐姆即是氏族成员共同为上届祭祖大典以来去世的祖妣举行公祭，超度其灵魂升天成为祖先神的仪式。耐姆一般每隔三代举行一次，有的五至六代举行一次，如果是分支大典，则在九代以上才能进行。情况特殊者隔十来代举行的亦有之。时间多选在属鼠、牛、蛇、猪年冬春季的吉利月日。历史上在彝族等级社会里，耐姆亦分等级，其等级彝语称谓及耗时均有别。由于氏族人口繁衍，居地分散，在耐姆的同时，往往进行分支祭仪，氏族原来的长、次、幼三支自行分衍为三个亚氏族，并分别以祖先名或居地，以及崇拜物择取各自名号。分支五代以后，亚氏族间方可通婚。

彝族祖先崇拜观认为，祖先神是无瑕而神圣的。祖先神首先是超度过的，超度过的成为神，未超度过的成为孤魂野鬼，这就是神与鬼的区别。祖先神是子孙后代的保护神和福禄赐予者。在超度（耐姆）之时有严格的资格审查，将缅怀祖先业绩。在审查登记祖灵牌时：（1）拒绝生前为匪为盗、恶霸邻里有民愤的入祭；（2）亡者须60岁以上；（3）属于正常死亡，非正常死亡者不得入祖先行列；（4）无子嗣者不得入祭。成神前的祖先灵魂须反复解罪、除邪、洁净，超度及祈福仪式贯穿于始终。所谓“解罪”，即解除祖先生前所犯下的一切不道德言行，其中也包括虐待动物、任意宰杀牲畜、过度猎杀野物、乱砍滥伐、破坏水源、污染河流、放火烧山等行为；所谓“除邪”，即祛除一切可能袭扰祖先灵魂的邪恶污秽。通过耐姆让受祭祖妣灵魂洁白无瑕地成为祖先神，目的在于护佑子孙后代，增强氏族成员凝聚力，教育和警示子孙后代恪守道德底线，洁身自好，善待自然。由此可见彝族道德观之一斑。

每次耐姆，通过祖灵牌的审查，氏族各支分别依代序记录受祭祖先名单，并续于本支族谱，由此形成了彝族独特而延绵的谱牒。这对于研究彝族历史，是一份珍贵而翔实的史料。彝族谱系有据可查的、有旁证的、较长的已达百代以上。而且彝文君长谱牒中有母系的名字， 记录该女子来自哪个地方，属于哪个氏族，是哪个的女儿，嫁给哪个，生的儿子是谁，脉络清楚。彝族是重视谱系的民族，通过耐姆或分宗支仪式，不断繁衍、分支，最早的大分支成了彝语支民族，其后分支成了彝族各支系，分得晚的便成了家支、家族，这就是彝族支系繁多的原因。

彝族罗婺人的祭祖大典，保留了殷商时代“国之大事在祀与戎”的遗风，其规模之大，内容之多，耗资之巨，费时之长，人数之多（往往达上千人乃至万人），实属国内外罕见。它对于历史学、民族学、民俗学、宗教学、谱牒学等学科的研究，具有极其重要的活化石意义。耐姆祭仪，历史上在四川凉山州，贵州毕节市、六盘水市均有这一习俗，只是名称、规模有所不同，相比较而言，罗婺部故地云南禄劝、武定和寻甸罗婺彝人遗留的祭祖大典耐姆具有代表性，且完整保留着分支礼仪，可称为国内外祭祖礼仪之冠。这种神秘而独特的耐姆即彝族祖先崇拜的祭仪却鲜为人知，每个场次根据不同的目的，用不同的祭牲，念不同的经文，插不同的神枝，用不同的祭品，吟诵不同的腔调。总之，祖妣亡灵须经过若干严格的耐姆程序才能升天成为祖先神。这也是拜祖教形成的重要标志。

五、彝族文学丰富了中国文学

彝族文学丰富了中国文学。以神话为例，彝族神话种类丰富，数量极多。

创世神话，即宇宙起源神话，亦即民间所谓开天辟地的传说，是彝族六大类神话中最重要的类别。具有代表性的作品是《开天辟地》《阿录茵造天地》《兄妹造天地》《黑埃波罗赛造天地》等。

人类起源神话，是关于人类最初来源的神话。它解释和说明人类的诞生、民族的由来。彝族这类神话重要作品有《人的传说》《葫芦里出来的人》《虎氏族》《人祖的由来》《人类始祖的传说》等。

洪水神话，这是世界性神话，是关于洪水暴发，人类在洪水中毁灭，有血缘关系的男女（通常是兄妹）在天神指示的避水工具中躲过洪水灾难而幸存下来，血缘婚配再生人类的传说。与世界古老民族的洪水神话一样，彝族洪水、人类再生神话众多，具有代表性的作品有《洪水淹天》《洪水滔天》《阿霹刹、洪水和人类的祖先》《三族起源》等。

文明起源神话，是关于人类最初使用火、弓箭、文字、医药、衣服、住房等的神话故事，最主要的是讲文字的发明和使用，以及医药的神话。代表作品有《彝族文字由来的传说》《彝文的起源》《尼施传彝文》《彝文的传说》《红皮箱》《天书和回层肚》《找药的故事》《药王呐取日麻》等。

英雄神话，是关于英雄业绩的神话，主要有支格阿龙的神话，已形成系列神话故事，由“认妈妈”“寻找天界”“射太阳月亮”“降雷”“平整大地”“驯动物”“降马”“收妖婆”“治巨蟒”“打蛇打蛙和打蚂蚁”“丈量天地”“遇难”等组成，每个故事都可独立成篇。

彝族古典神话，有母语书面形态神话，主要有创世史诗《查姆》《勒俄特依》《天地祖先歌》《西南彝志》《彝族源流》《训书》《宇宙人文论》《古史通鉴》等。

彝族神话特点——崇高、凝重的壮美。彝族神话在叙述天地创造的过程中，塑造出了格兹天神、恩体谷子（也写作恩体古兹策耿兹）、阿底、黑埃波罗赛等一批创世英雄和神性英雄。在《开天辟地》中塑造了创世英雄神格兹天神形象。格兹天神从天上放下9个金果变成9个儿子，让其中的5个儿子造天。接着，他又放下7个银果变成7个姑娘，让其中4个去造地。天地造出后，天地摇摇晃晃的。格兹天神杀死老虎，用虎骨撑天，用虎的左眼做太阳，右眼做月亮，虎心做天心地胆，虎肚变成大海，虎血变成海水，小肠变成河，虎皮做大地，硬毛变成森林。这些创世英雄神、神性英雄，受到彝族人民大众的顶礼膜拜。彝族创世神话中这种“大”与“力”的结合，极富崇高、凝重、壮美之感，使神话具有“不朽的魅力”，从久远的远古时代一代一代传承下来。

六、彝族文献中毕摩绘画充实丰富了中国绘画

彝经插图源远流长。《华阳国志》等书中有关于“南夷巫画”“南夷图谱”的记载，“诸葛亮乃为夷作图谱，先画天地日月、君长城府，次画神龙，龙生夷及牛马羊，后画部主吏乘马幡盖，巡行安恤，又画牵牛负酒、赍金宝诣之之象，以赐夷。夷甚重之，许致生口直。又与瑞锦、铁券，今皆存。每刺史、校尉至，赍以呈诣。动亦如之”。当年诸葛亮的“龙生夷图”已不可考，但夷人画龙之风犹存，说不定诸葛亮就是根据夷画龙之风而总结和概括的。

国外对彝族毕摩绘画的研究尚属空白，但珍藏有相关资料。清末修建云南滇越铁路时，英法人士从民间搜集到一批彝文古籍运往海外，其中就有两部彝经插图，因其系众多彝族毕摩所画，所以又称毕摩绘画。一部现藏于英国国立图书馆（有18幅插图），

一部现藏于法国亚洲语言学院（有 36 幅插图）。

国内较早涉及彝族毕摩绘画研究的有中山大学的杨成志先生。1930 年，他在昆明西郊搜集到 20 余部彝文古籍，其中一部载有 58 幅完整的系列绘画，杨先生将其定名为《云南昆明西郊彝族生活图谱》，可惜原件已遗失，仅剩 4 幅复印件和 58 条画面文字介绍。

这里要介绍的是已出版的彝族文献主要插图作品。

贵州毕节地区彝文翻译组先后整理出版了"那史"（一种原始古老的绘画，用于丧葬和祭祀活动）和一些彝文经籍零星插图（包括《宇宙人文论》《尼哈数》《柞数》《努讴·摩史数》等，共 489 幅），其中"那史"画与《山海经》插图有类似的地方。

2005 年普学旺等编《彝族原始宗教绘画》（上、下册），上册收录 416 幅插图，下册收录 486 幅插图，其绘画抄本距今 200—300 年。2010 年李俊等主编《红河彝族文化遗产古籍典藏》20 卷，其中 4 卷收录毕摩绘画插图 438 幅。2012 年楚雄州政府编《彝族毕摩经典译注》，第 106 卷收录云贵彝文经籍插图 400 余幅。普学旺、吉彤主编《云南少数民族绘画典籍集成》（彝族卷），藤川信夫等主编的《百乐书影印译注》，王继超、陈光明主编《彝文典籍图录》，每册都收录成百上千幅罕见彝文经典插图，但都没有对毕摩绘画进行深入研究。

国内目前研究毕摩绘画的代表性专著是本书主撰张纯德编著的《彝族古代毕摩绘画》（云南大学出版社 2003 年版），收录了散存于滇川黔彝族分布区包括云南江城、新平、峨山、武定、昆明西郊、昭通、石屏、禄劝，贵州水城，四川凉山以及英国、法国收藏的毕摩绘画，这不同年代、不同支系、不同风格的鲜为人知的彝族古代毕摩绘画作品共有 454 幅彩图。作者对绘画作品做了简要的分析研究，认为毕摩绘画作品展现了彝族社会、政治、经济、军事、宗教、历史文化、艺术、生产、生活、习俗等方方面面的情况，是彝族古代社会生活画卷的缩影，内涵丰富，具有美术学、宗教学、历史学、民族学、经济学等多学科学术研究价值、美学价值和收藏价值，是中国少数民族艺术宝库中的一朵奇葩。在本书《彝族文献对中华文明的贡献》中，张纯德对此做了更详尽的整理和阐述。

七、彝族古医药文献丰富了中华医药宝库

云南名贵药就数云南白药，它的前身是百宝丹，发明人是彝族名医曲焕章（1880—1938 年），云南江川人。他根据师傅姚连钧的真传，以彝族民间用药为基础，创造

了一种具有很强的消炎止血且活血化瘀功能的白色粉末，称为“曲焕章百宝丹”。他非常爱国，抗战爆发时，他给出征台儿庄抗日的每个滇军将士送一瓶百宝丹，共 3 万瓶，伤口上撒一点白药，3 天就愈合，每个将士都视其为救命药。而国民党政府逼他献出秘方，又叫他捐款，最后将他软禁在重庆，折磨致死，年仅 58 岁。新中国成立后，1956 年他夫人缪兰英献出秘方，改称白药，白药厂便成为云南最著名的药厂。

据文献记载，南诏至大理国 500 余年间的彝医古籍遭受毁灭性破坏。明清时期，中央王朝在“改土归流”中残暴镇压彝族地方政权，很多彝医学手写本和古籍散失于战乱中，未能流传后世。古代彝族地区科技文化落后、交通闭塞，与汉族的文化交流受到一定影响，而彝族医药在一定程度上是以父子、师徒口授传承，或以彝文手写方式流传。近 40 年来，除新发现的《元阳彝书》《双柏彝文医书》《新平老五斗彝药书》《元江洼垤彝医书》等外，重要彝医著作还有《医病好药书》（收药 269 种、处方 279 方、病症 123 种，首载推拿、刮痧等疗法）、《寻药找药书》、《医病书》、《三马头医病书》等。楚雄州编的 106 卷毕摩经典译注收医药书 18 部、处方 130 多种。

云南省于 1983 年出版的《彝药志》是我国第一部彝药专著。还有《彝族医药荟萃》、《彝族医药学》、《哀牢本草》、《楚雄彝州本草》、《峨山彝族药》、《中国彝医》、《全国首届民族民间医药学术交流会论文集》（收入 16 篇彝族医药论文）、《滇人天衍——云南民族医药》、《彝族古文献与传统医药开发国际学术研讨会论文集》等书，还有云南省彝族医药研究所编著的《中国彝医基础理论》《中国彝族药学》《中国彝医方剂学》等系列彝族医药研究著作。四川省也出版了《彝族医药史》《彝族动物药》《彝族植物药》《彝汉针灸》《彝族医经》等书。

云南省重视彝族医药发展。1978 年在楚雄州境内开展中草药资源考察，考察队遍访彝医及毕摩，发掘出《齐苏书》（《明代彝医书》）、《医病书》、《医病好药书》、《看人辰书》、《小儿生理书》等彝文医药手写本 10 余部，多数是明清时期的抄本。据这些古籍记载，楚雄地区用来治病的彝药有 420 余种。普查中，发现中草药 1013 种，采集标本进行了分类和鉴定，从中选出药源清楚、临床常用、疗效明显的彝药 103 种，编撰出我国第一部彝药专著《彝药志》。1984 年后，又开展第二次中草药普查，在第一次普查基础上新发现中草药 200 余种。至此，在楚雄州境内发现的中草药达到 1292 种，初步摸清楚雄地区彝药种类、产量及分布情况。

云南中医学院关祥祖先生于 1993 年主编出版了《彝族医药学》，分 7 章收录了彝族医药古籍和现代研究成果。第一章收录《医病好药书》《医病书》《明代彝医书》

《老五斗彝医书》《洼垤彝医书》《启谷署》6部彝医古籍。第二章系统总结彝医基础理论。第三章为彝医治疗学，收入内科、妇科、产科、儿科、伤科、五官科、外科等各病种122种。第四章至第六章收载彝族药物1100余种。第七章为彝医方剂。该书是载录彝族医药内容最为丰富的综合性医书，汇集古今彝族医药基础理论及方药大成，具有较高参考价值。

20世纪80年代初，楚雄州成立彝族文化研究所，全面开展彝族历史、文化、医药等方面的调查研究。楚雄州中医院彝族医药科、楚雄州彝族医药研究所、云南省彝族医药研究所，设立相应的门诊，开设住院病床，多层次全方位开展彝族医药古籍、彝族医药基础理论、彝药新药、临床治疗等研究，并在各级各类杂志上发表许多彝族医药研究论文，取得一大批彝族医药科研成果。2003年，在楚雄州中医院基础上成立云南省彝医医院。随之，彝族医药研究进入快速发展时期，彝药数量扩展至1000余种，研究开发出彝药新药数十种，有的成为全国知名品牌，为全国人民健康事业做出贡献，也推动了楚雄地方产业发展。展望未来，深入进行彝族医药基础理论的继承和创新，加强彝族医药的现代科学研究，扩大彝族医药的临床科研与应用，前景十分美好。

总之，《彝族文献对中华文明的贡献》这一重点科研成果践行了习近平总书记“加强对中华优秀传统文化的挖掘和阐发”“让书写在古籍里的文字活起来”“我国各民族多姿多彩的文化是中华文明的重要组成部分”等一系列指示精神，对增强彝族的民族凝聚力、向心力和对中华民族的认同感具有积极的推动作用，对增强民族团结，提高民族自信心、自豪感，发扬民族优秀文化传统，促进彝学学科的研究和学术交流，推动彝族地区中国特色社会主义现代化建设，都将起到很大的作用。

在该书即将付梓之际，谨以此文为序。

目　录

导论

彝族是中华民族大家庭中的一员，是祖国西南地区人口较多的少数民族。据 2010 年第六次全国人口普查数据，全国彝族总人口有 8714393 人，其中云南省有 5041210 人，建有 3 个自治州、11 个自治县，自治地方总面积 18.7 万平方公里。彝族在西南地区是个大分散、小聚居的民族。彝族有历史悠久、丰富多彩的优秀传统文化，千百年来，勤劳、智慧、勇敢的彝族与其他兄弟民族一道开发、建设、守卫祖国西南边疆，反抗外国侵略者，为维护国家的主权和领土完整，做出了卓越的贡献。

本书是 2014 年国家哲学社会科学基金的重点项目“从百部彝族毕摩经译注看彝族对中华文化的贡献研究”的成果，以云南省楚雄彝族自治州人民政府主持编译的《彝族毕摩经典译注》106 卷（又称“百部彝族毕摩经典译注”）以及相关专著 52 部共 158 卷为基础，阐释彝族对中华文化的贡献。该项目于 2014 年 11 月 15 日立项，2017 年 11 月完成，历时 3 年。2018 年 7 月 12 日结项，被评为良好，随后拟在云南人民出版社出版。出版社初审后认为内容很好，可以考虑安排出版，但书名太长，内容也需修改加工。于是 2018 年下半年至 2019 年 5 月，课题组根据社科评审专家和出版社的意见进行了认真全面修改和调整，书名也更改为《彝族文献对中华文明的贡献》。

现将内容简介如下。

一、以习近平总书记系列重要讲话为本书的指导思想

在党的十九大报告中阐述的新时代中国特色社会主义思想，以及关于社会主义文化建设中民族工作的论述，作为本书的指导思想贯穿始终。

第一，习近平总书记强调要“铸牢中华民族共同体意识”，“我国历史演进的这个特点，造就了我国各民族在分布上的交错杂居、文化上的兼收并蓄、经济上的相互依存、情感上的相互亲近，形成了你中有我、我中有你，谁也离不开谁的多元一体格局。中华民族和各民族的关系，是一个大家庭和家庭成员的关系，各民族的关系，是一个

大家庭里不同成员的关系”。

彝族是中华民族大家庭一员，彝族文化是中华民族文化的重要组成部分，但彝族文化又有自己的特色，与其他民族文化存在着“和而不同”的关系，这也正是其价值所在。“百部彝族毕摩经典”同《纳西族东巴古籍译注》《中国贝叶经全集》等云南少数民族古籍一样是中华民族文化瑰宝，只是从文字到内容各有特点，应该是“各美其美，美人之美，美美与共”。

第二，习近平总书记指出：“我国各民族多姿多彩的文化是中华文明的重要组成部分。”民族文化没有高低贵贱之分，只有姹紫嫣红之别。“优秀作品并不拘于一格、不形于一态、不定于一尊，既要有阳春白雪、也要有下里巴人，既要顶天立地、也要铺天盖地。只要有正能量、有感染力，能够温润心灵、启迪心智，传得开、留得下，为人民群众所喜爱，这就是优秀作品。”譬如，男女爱情是一个美好永恒的主题，汉族有《西厢记》《梁山伯与祝英台》《白蛇传》，白族有《望夫云》《五朵金花》，壮族有《刘三姐》，彝族有《阿诗玛》，等等。《阿诗玛》是中国影响较大的少数民族民间文学作品，国内有 20 多个版本，国外有 20 多个译本，是收入《中国百年百部文学经典》的唯一的少数民族民间文学作品；电影《阿诗玛》在第三届国际音乐舞蹈电影周（西班牙，1982）上获最佳舞蹈片奖；舞剧《阿诗玛》先后获全国舞剧比赛第一名及 8 项一等奖、文化部第四届文化大奖及 4 个单项奖、中宣部“五个一工程”奖及“二十世纪中华民族舞蹈经典”殊荣，已形成了独特的阿诗玛文化。又如彝族毕摩绘画已出版近 10 种图集，据统计有近 2000 幅（内有部分重复），除宗教内容外，许多是彝族先民的真实生活图景的历史写照，是尚未深入开垦的处女地。

第三，习近平总书记指出：“要加强对中华优秀传统文化的挖掘和阐发”，让“书写在古籍里的文字都活起来”。

彝族的毕摩教、纳西族的东巴教、满族的萨满教等都是以教徒名字命名的，都统归于原始宗教。本书通过深入研究，认为毕摩教是“以祖先崇拜为核心的彝族拜祖教”，并加以详细论述，这是本书的创新成果。

第四，习近平总书记指出：“中华民族是一个兼容并蓄、海纳百川的民族，在漫长历史进程中，不断学习他人的好东西，把他人的好东西化成我们自己的东西，这才形成我们的民族特色。”“文明因交流而多彩，文明因互鉴而丰富。”

本书以彝族文献为论述基础，阐述其对中华民族文明的贡献。

二、彝族文献的撰写、采集、整理、传承者是彝族毕摩

何谓毕摩?

毕摩系彝语音译,“毕”为吟诵、念诵,“摩”为老者,意即主持彝族原始宗教各种祭祀并诵经者。毕摩是彝族知识分子,他们身兼数职,扮演着不同的角色:在彝族原始宗教活动中是祭司、祭仪的主持者,人与神的中介;占卜的“贞人”;咒鬼的巫师;佐政时是辅助君长的军师;记史和记氏族谱牒时的史官;普及彝文化的老师;民间原生态歌手;调解民事的“德古”(类似律师、判案的法官);“神药两解”的彝医;彝族传统文化的教化师等。毕摩是彝族文化的集大成者,他们的贡献主要是创造、规范并传承彝族文字,规范彝族的习俗 和礼仪等,发展彝族医药,编制天文历法,总结占卜预测,发展繁荣彝族文化等。彝文古籍是毕摩撰写和传承的成果,是毕摩经典。

三、彝族文献又称为彝族毕摩经典

彝族文献又称为彝族毕摩经典,那么何谓毕摩经典?

彝族毕摩经典是毕摩文化亦即彝族传统文化的载体,包括彝文典籍和口传祭经、创世史诗、英雄史诗、叙事长诗等,种类繁多,卷帙浩繁。综观滇、川、黔、桂四省区现存书目和流传的口碑文献,其内容可概略分为如下类别:(1)原始宗教类有祭祖经、殡葬祭经、祭神经、招魂经、祈福纳祥经、消灾除秽经、驱邪送鬼经、诅咒盟誓经、占卜经、祭祀神座图谱等10种;(2)历史类;(3)谱牒类;(4)哲学类;(5)伦理类;(6)天文历律类;(7)地理类;(8)文学类;(9)艺术类;(10)医药类;(11)农牧生产类;(12)军事类;(13)译著类;(14)文书、文告类;(15)文字类。总体来看,它具有三方面的显著特征:其一,彝族原始宗教的基本观念是万物有灵,认为自然界的一切都是一物有一神,但核心是祖先崇拜;其二,毕摩文化不是封闭的文化,它由早期的原始文化逐步发展为内容丰富而具有鲜明民族性的文化,是自身历史发展的积累,同时善于对外来文化进行改造、吸收,不断充实丰富自身;其三,彝族社会的发展,因受特定历史的制约,各种科学文化知识多由毕摩掌握,并多融于祭祀经典而涵盖其他学科。毕摩文化有助于全面认识和了解彝族社会历史,有助于促进民族宗教研究,有助于深化对彝族传统文化的认识和了解。

四、19世纪以来彝族文献研究概况

(一)国外研究

国外研究。法国传教士较早关注到彝族语言、文字研究。1862年西方传教士克拉

布耶在川南铁炉村传教接触到彝族，撰写了《倮倮人》一文。随后邓明德和马丁进入西南地区传教，开展了彝族语言、文字的研究。邓明德于1881年进入路南（今石林），对撒尼支系进行了深入研究，翻译了大量彝文经籍，撰写了若干论著，并于1909年在香港出版了《撒尼法倮字典》。该书前部为语法，后部为字典，每字下附注彝文，这是第一本彝文字典。后来，李埃达又编写《阿兮倮倮语法概要》。马丁进入大凉山彝族聚居区后，向外界提供了关于大凉山的大量彝族语言、文化信息。1897年，田能德入滇传教，在昭通、大理、宾川，对阿细、撒尼和倮倮泼支系做了细致的研究，出版了《阿细词典》《阿细方言语法》。1866—1906年，法国多个考察团、探险队先后到云、贵、川考察，1898年“法国印度支那古迹调查会”成立，后更名为“法兰西远东学院”，于次年发行《法兰西远东学院院刊》，该学术机构的成立和学术刊物的创办，标志着法国对彝文古籍研究进入新阶段。英国洋枪队队长麦士礼甚至将一份彝文羊皮手抄稿寄给法国汉学家高迪研究。至今仍有若干石刻彝文拓本和彝文经卷存于海外，如法国国家图书馆藏有7卷，东方语言学校藏有15卷。英驻福州领事佩福来于1876年收集《丽江府十种彝图》，现法国亚洲语言学院收藏有《滇南百乐书》36幅毕摩绘画。总的说来，国外彝学研究有如下特点：注重汉文典籍及彝文本和碑文的搜集，探讨族源，观察和记录风俗习惯，用体质人类学方法测量人种特征等。

温克来对汉文史料中的汉译彝文献进行比较研究，认为至少在明清时期甚至更早，居住在川南、滇东北、黔西北、黔中、黔西南的许多彝族尽管属于不同支系，但他们(至少上层人物) 相信彼此有着共同的祖先，是同一族群人，都属于“娄素”（尼苏）。对于彝文经典的研究，始于19世纪后半期，如英美国家的哈里·伏兰克等。当代则有美国的郝瑞、艾瑞克·马格拉、马克·本德尔、司佩娅，德国的托马斯·海贝勒，法国的魏明德，日本的鸟居龙藏、樱井龙彦等，他们对彝族语言、文化有较深入的研究。日本京都大学西田龙雄根据明清“华夷译语”中的《倮倮译语》，于1974年出版《倮倮译语的研究》。该书汇集古今多方面彝语珍贵资料，加注国际音标，条分缕析，加以比较，可算国外第一部全面系统研究《倮倮译语》的著作。国外研究者中最有成就的要数澳大利亚拉托布大学的布莱德莱，他对彝文典籍特别关注，对流传于英法的彝文文本进行拍照，包括英国国立图书馆所藏彝文古籍38册、法国巴黎亚洲语言学院12册，并配合中国学者翻译了一部分彝文古经籍。

（二）国内研究

1. 两汉至明代以前——开创期

晋人常璩在《华阳国志·南中志》中说：“夷中有桀黠能言议屈服种人者，谓之耆老，便为主。论议好譬喻物，谓之‘夷经’。今南人言论，虽学者亦半引‘夷经’。”这里的“夷经”，指的就是古彝文文本。

20世纪80年代先后发现了几件重要的文物。如贵州赫章西汉铜铸擂钵，上有5个彝文，意为“永传祖祠手碓”；云南个旧汉代铜凉壶（残件）足圈有2个彝文铭文，意为“水器”（个旧博物馆藏）；1988年发现于云南昭通怀远街旧货摊的西汉彝文印章（铜质），印文意为“螳琅山统辖手印”等。

2. 明清时期——成熟期

国内最早记录彝文翻译成果的是明清两代官办会同馆和四夷馆所编纂的多种对译辞书，总称《华夷译语》，其中有《倮罗译语》5种，分门排列有彝文单词，每个词下分注汉义、汉字、读音。国内学者对《华夷译语》中的各种语言有不少的研究，其中闻宥先生早年曾撰写过《倮罗译语考》。彝族用古老的彝文，撰有丰富的经籍和珍贵的文献，以往中外学者研究彝族语文，由于资料的局限性，研究成果大多有汉字无彝文。1936年丁文江先生的《爨文丛刻》问世，很多中外学者才知道彝族有丰富的古籍，而且对研究人文科学有重要的价值。贵州省大方县在古罗甸水西时期遗存的彝汉文对照金石铭刻三件：《千岁衢碑纪》是明嘉靖二十五年（1546年）为贵州宣慰使安铨捐资兴修衢道而刻制的；《水西大渡河建石桥记》是明万历二十年（1592年）的碑刻，立在大方县鸡场和黔西县洼水两个公社间的大渡河桥头上，为彝文、汉文两面碑铭对译；《成化钟》为明代成化年间的铜钟。钟面铸有彝文和汉文，均注明该钟铸于明“成化二十一年（1485年）乙巳岁四月十五日丙寅吉旦”；云南禄劝县发明村有刻于明代嘉靖十二年（1533年）的镌字岩彝文摩崖石刻一通，内容为记录凤诏土司谱牒和历史。另有明代彝文翻译的《太上感应篇》木刻本，是现今仅存的最早彝文刻本；明代纂修的《贵州通志·艺文志·夷字演》一书，通篇为汉文、彝文对照，右行为汉文，左行为彝文；明代手抄本有《云南昆明西乡明代夷人手抄经典》，是今存彝文手抄经书中较早的一部，当时云南学者袁嘉谷称其为“空前发现的实物”；明代嘉靖四十四年（1565年）×××白土村毕摩李芳46岁时抄写的土俗经书，可算是较早的彝文翻译作品。

3. 民国时期——活跃期

民国时期，有前辈杨成志、丁文江、马学良等先生率先搜集、翻译彝文古籍及彝族社会、调查研究成果出版，他们是该领域的开拓者。1928 年杨成志滇川之行，单骑“探险”深入千余里，历时近两年收集百余部彝文经书，并翻译了几部，于 1931—1934 年先后发表了《罗罗太上清净消灾经对译》《罗罗族的文献发现》《云南罗罗族的巫师及其经典》《罗罗的语言文字与经典》《罗罗文明源流探讨》，收入《云南罗罗族论丛》。地质专家丁文江（1887—1936 年）到西南地区考察时，在调查西南人种的同时，还搜集了彝文经籍。他第一次见到彝文是在 1915 年，当时路过武定环州，李土司的夫人送他一本彝文《占吉凶书》，从此他热衷于彝文的学习与研究，并翻译了《爨文丛刻》，于 1936 年由商务印书馆出版。此外，林耀华对彝族社会调查研究的成果《凉山夷家》由上海商务印书馆出版；1947 年陶云逵翻译的彝文古籍《鸡骨卜》出版，他还认为彝族的鸡骨卜方式非汉民族传入；马学良翻译了《作祭献药供牲经》《作斋献供牲经》《劝善经》，并于 1942 年通过武定凤氏土司 搜集了上千册彝文古籍，现存北京图书馆、台北“中央研究院”傅斯年图书馆等处。他总结的研究彝文古籍心得是“拾得彝俗解彝经”。

4. 新中国成立至现在——繁荣期

新中国成立后，陆续开展了彝族文化历史研究。20 世纪 50 年代开始，对民族地区进行社会历史调查，搜集各民族大量的历史文化资料，编写了简史、简志及调查资料。特别是改革开放以来，各级政府加大抢救民族文化遗产力度，1981—1984 年党中央、国务院、云南省政府先后发过相关文件；1996 年云南省委、省政府做出了建设民族文化强省的决策，并要求深层次地研究民族文化，必须开发利用民族古籍，这是民族文化建设的核心。1981 年中共中央 37 号文件指出：“整理古籍，把祖国宝贵的文化遗产继承下来，是一项十分重要的、关系到子孙后代的工作。”（国发〔1984〕30）号文件指出：“少数民族古籍是祖国宝贵文化遗产的一部分，抢救、整理少数民族古籍，是一项十分重要的工作。各地、各有关部门要加强对这项工作的领导，并在人力、财力、物力方面给予支持；要为从事整理民族古籍的专门人员创造必要的工作条件和生活条件。”“少数民族古籍范围广，种类多，现懂民族古籍的人已不多，且有的年事已高，在工作中要注意培养这方面的人才，把抢救、整理民族古籍的工作搞好。其他省、直辖市也应做好民族古籍的抢救、整理工作。”根据这些文件的精神和要求，彝族地区对彝文古籍抢救性收集、翻译及彝族传统文化进行全面研究等工作有序开展，取得了累累成果。

五、百部彝族文献范围

彝族分布地区各级政府及相关学术团体与彝学工作者结合，搜集、整理、翻译出版了一批又一批彝文古籍。2005年起，由楚雄彝族自治州人民政府编，云南民族出版社出版的《彝族毕摩经典译注》106卷陆续出版发行，该套书采用四行体（彝文、音标、直译、意译）科学方法，并附有原著局部照片，增加了可信度，该套书以搜集的彝文古籍为主，涵盖了滇、川、黔、桂具有代表性的彝文古籍。耗资上千万元，投入20多人参加编译工作（其中包括本项目首席专家和三个子课题承担人），历经10多年终于全部出齐发行，真可谓十年磨一剑。

凉山彝族自治州人民政府组织编译，由四川民族出版社于2009年出版的《中国彝文典籍译丛》3辑，第一辑4卷，第二辑14卷，第三辑19卷；红河哈尼族彝族自治州人民政府编译、云南人民出版社于2010年《红河彝族文化遗产古籍典藏》出版20卷（其中只翻译几卷，部分为彝文古籍原件影印）；贵州省毕节市从20世纪80年代至今出版了一批有代表性、有价值的彝文古籍译著。目前滇、川、黔已翻译出版170余卷彝文经典，将其又统称为“百部彝族毕摩经典”，本书列出了150多部书目（见附录“百部彝族毕摩经典（译注）书目”）。“百部彝族毕摩经典”集中反映了彝族悠久的历史文化，内涵丰富，价值颇高，文字完善，文本成熟，但也有其自身先天不足的诸多缺陷，这也正是本项目研究的必要性和重要性。

六、为什么要对彝族文献进行研究

第一，由于历史的原因，彝文经典无明确的分类，内容杂糅，一个文本中往往含有众多内容，研究难度大。又大多没有成书年代和撰、抄者署名，一代代传抄，每个传抄者会自觉不自觉地对文字和内容有所改动或加记当代史事，形成了叠加式，就像考古学中的文化层，需要科学谨慎地进行辨别。仅就版本而言，如清代抄本并不等于清代才成书。

第二，在彝文古籍中，宗教专业术语、古彝语较多且生涩难懂。多数人只知有纳西族东巴文，不知道还有古彝文，说明彝文典籍还没有引起足够的重视。对于彝文古籍的收集、翻译，就像开矿一样，开采出来的仅是粗矿，需要深加工、精提炼才能发挥作用。

第三，“百部彝族毕摩经典”的出版对彝学研究而言是件盛事，但对它的进一步挖掘利用却任重道远，只有进行深入细致的研究、评价，上升到理论的高度，才能成为专门的学科直至显学。

随着文化经济化、经济文化化、文化经济一体化及全球化的发展，在主流文化、西方文化的冲击下，民族古籍逐渐被边缘化，甚至濒临消亡。当前从事民族古籍研究的人员，年纪越来越大，人数越来越少，抢救上具有紧迫性。年轻的学者虽有其优势，但也有局限性，一时难以进入角色，庆幸的是，目前还有一部分资深的老学者健在。

对民族古籍的研究，重要意义在于有利于学科建设的原创性、开拓性、可行性、现实性，其价值在于有利于民族团结，有利于抢救濒临消亡的民族典籍，有利于少数民族文化的发扬光大，有助于认识和了解彝族社会历史，有助于深化彝族文化的认识和了解，有利于开发文化产业，有利于推动传统学科、新兴学科、交叉学科的发展，有利于普及而大众化，让更多的人关注和了解。

近年来彝文古籍引起了国家社科规划办的重视：2011 年“中国彝文古籍文献整理保护及数字化建设”列入社科一般项目，2013 年度此项目又列入国家社科基金重大项目（2013 年第二批）。但其重点在于整理保护及数字化建设，这是研究的基础，还未达到研究目的。对彝族文献的研究，其价值在于在上述项目的基础上实现抢救、搜集、整理、保护民族文化的目标，并提炼加工、研究，上升为系统的理论并古为今用，为丰富中华文化宝库做出应有的贡献。

七、彝族文献的深远意义

彝族人民几千年来创造的民族文化也是中华民族文化的重要组成部分。文化是民族的根，也是人民的精神家园和精神支柱。在我国五千多年文明发展历程中，各族人民紧密团结、自强不息，共同创造出源远流长、博大精深的中华文化，为中华民族发展壮大提供了强大的精神力量，为人类文明进步做出了不可磨灭的重大贡献。

“百部彝族毕摩经典”研究，突破了传统历史学科的思路，采用四重证据法：以彝汉文文献为主的文献学；以出土文物为主的考古学；以社会发展观来分析的社会学；以口耳相传、田野调查为主的民族学。也就是以文献研究与人类学、社会学相结合，注重跨学科、交叉学科，集百家之长，既注重原始资料的梳理、解读，又注重多元文化的研究。文化多样性是人类文明的最本质特征，文化是沟通人与人心灵情感的桥梁。不同的地域环境造就了不同的文化底蕴，形成了各具特色的文化形态，使不同文化相互影响、相互交融、相互促进，推动了人类文明的进步。因此，要像保护生物多样性一样，保护民族文化多样性。

（一）提供抢救民族非物质文化遗产的重要举措

毕摩经典是一份珍贵的文化遗产。文化遗产是人类文明的结晶，是人类智慧与记忆的写照。一个民族的文化遗产，是这个民族现存的文化记忆。研究彝族文化遗产需仰视先辈，俯瞰群经，旁视借鉴，平视入手；立足本土，守住精神家园，站在中国传统文化的高度，放眼世界文明。

（1）注重个案的研究。①以彝文谱牒中的父子连名谱系可考者在百代以上，可供具体研究。②根据唐宋时期云南雄冠 37 部的罗婺部谱系，可考证彝族人文共祖笃慕及笃慕之六子（六祖）的历史。③ 根据彝族祭祖经典及祭祖大典礼仪中若干祭仪论证彝族的宗教是拜祖教等。

（2）彝文史料记载的不仅是氏族部落史即彝族史，彝语支民族史与云南民族史、云南地方史、西南边疆民族史有关，是中华民族历史不可分割的一部分。利用“五古”（古夷语、古夷文、古人名、古地名、古事）研究西南边疆档案史料，以崭新的视角重新审视西南边疆档案史料中存在的疑难问题，用民族语考释有关古代本地和周边的地名、人名，对西南边疆地域名称和历史人物研究有据可依、有案可查。

其一，对云贵川已出版的《彝族毕摩经典译注》等主要彝文经典译著，通过通读、精读，概括其每本汉文译注的内容，综合群经异同有所突破，并与汉文化或其他民族文化做比较研究。

其二，理论联系实际的原则。通过列举大量的实例总结概括出规律性的东西，提炼出精华最终升华到系统的理论，使之具有原创性。

其三，微观与宏观结合。整体—部分—整体，既要看“木”又要看“林”、看“森”，重点关键的问题、有疑问的问题要细，文献结合民族学调查相印证，尽量从人物、事件、时间、地点、因果关系来阐述，增强可信度、真实性。

其四，运用多种综合手段。运用彝文古籍、彝文金石铭刻、田野考察、民族考古互补，即考古学、民族学、语言学、民族文献学相结合，彝汉文献对照的方法，大到对一个民族、一个语支，以至中华民族整体的宏观审视，小到对一个人名、一个地名、一件史实的研究。譬如司马迁《史记 · 西南夷列传》中提道：“西南夷君长以什数，夜郎最大；其西靡莫之属以什数，滇最大；自滇以北君长以什数，邛都最大，此皆魋结，耕田，有邑聚。其外西自同师以东，北至楪榆，名为嶲、昆明，皆编发，随畜迁徙，毋常处，毋君长，地方可数千里。自嶲以东北，君长以什数，徙、筰都最大。自筰以东北，君长以什数，冉駹最大。其俗或土著，或迁徙，在蜀之西。自冉駹以东北，君长以什数，白马最大，皆氐类也。”其中提到君长以什数，但姓啥名谁没有下文，而彝文献正好可以弥补这一点。

（二）关于撰写本书的重点难点

彝族人口众多，历史源远流长，分布地域广，典籍数量多，其中已翻译的有近200部，参与译著者上百人。这批译著涉及历史人物众多，历史事件多，如六祖分支等重大史事。彝族支系繁多，各有特点，文化具有多样化。至中华人民共和国成立前，彝族历经各种社会形态（原始社会、奴隶社会、封建领主制、封建社会、资本主义社会萌芽），被喻为活的社会发展史。时至今日，彝族若干历史问题没有定论，研究难度之大，可想而知。

八、彝族文献对中华文明的贡献

“百部彝族毕摩经典”蕴含极其丰富的内容，它对中华文化的贡献是多方面的。

（一）充实了云南地方史、云南民族史及中国西南民族史

由于史籍、史料过简，“百部彝族毕摩经典”不仅记载了彝族史事，而且大量记载了云南和中国西南各民族的史料，补史之缺，证史之有，正史之误，为编写云南地方史、云南民族史提供丰富史料和史籍。

（二）以祖先崇拜为核心的彝族拜祖教

所谓拜祖教，即原始宗教从图腾崇拜发展到以祖先崇拜为核心的本土本民族长期以来的信仰。

（1）彝族拜祖教，崇尚知识，尊重圣贤，尊重德高望重的对社会、对历史有贡献的人，遵守社会道德。

（2）彝族拜祖教，有尊崇生命、慈悲为怀及生死轮回的“灵魂不灭”、转世托生等观念。

（3）彝族拜祖教，多神崇拜。

（4）彝族拜祖教，认为最高神即九天君是冥冥之中主宰世间的神。

（5）彝族拜祖教，拜神不拜鬼。

（6）彝族拜祖教，认为祖先在世时为后代开辟家园，亡故成祖先神仍有庇佑后代子孙的功能，且血缘关系代代相传，所以要敬祖并缅怀祖先业绩。

（7）彝族拜祖教没有什么特殊的禁忌，总的说来是不能亵渎历代祖先。彝族拜祖教也要变革，随着社会的发展，敬祖崇宗的虔诚之心不能变，但不能完全依照古代繁杂的整套祭祖礼节，而要以庄重从简为主，提倡厚养薄葬。要以人为本，尊老爱幼，与人为善，“百善孝为先”，提倡孝文化，能表达对祖先的尊重、缅怀即可。

（三）彝族十八月历的调查报告证明中国古代有十八月历

彝族是崇拜太阳的民族，彝族先民创造了十月太阳历。

彝族十月历由争议到彝文献《十月兽历》的发现而尘埃落定之后，十八月历法是一个新的重大发现。楚雄彝族自治州内武定县万德乡自乌村毕摩和大姚县昙华乡丫古埂村毕摩等口传有此历法，经 1986 年起的多年调查论证，调查人员写出了有关十八月历的调查报告（见第三章）。十八月历的田野调查发现，确立了彝族在中华科技史上应有的地位。

（四）彝族文献中彝医药丰富了中华医药宝库

彝族医药，是中华民族医药宝库的重要组成部分。流传后世的彝族医药古籍始于明朝，鼎盛于清朝。彝文医药手抄本有《元阳彝医书》《双柏彝文医书》《造药治病书》《齐苏书》《医病书》等，基本上都已整理、翻译、出版。彝族名医曲焕章研制出了百宝丹，即云南白药的前身。新中国成立后，彝医药得到了进一步重视和发掘。20 世纪 80 年代后，对彝医药进行了更加深入的研究和整理，并在楚雄州等地的医院设立相应门诊。2003 年，在楚雄州中医院的基础上成立云南省彝医医院。现在，彝族医药研究进入快速发展时期，发展势头良好。

（五）彝族文献对中华哲学伦理道德方面的贡献

彝族的哲学著作，丰富了中华哲学伦理道德方面的认识。其中，彝族对生态环境的保护和彝族的自然崇拜，天人合一观念，崇尚自然、敬畏自然，与自然和谐相处，在保护生态、保护水源、保护山林、保护野生动物等方面的理念是值得肯定的。

（六）彝族文学对中国文学的贡献

彝族的宇宙起源神话，人类起源神话、洪水神话、文明起源神话、英雄神话等丰富了中国文学中的神话。

1. 彝族文学丰富了中国文学中的神话

2. 彝族文学创世史诗填补了中国文学史上创世史诗的空白

创世史诗，又称原始性史诗、神话史诗，是中国南方少数民族民间文学中特有的类别之一。彝族是中国西南少数民族中创世史诗最为发达的民族。据《彝族文学史》统计，滇、川、黔、桂四省区的民间文学工作者已经翻译、整理、出版和内部编印成册 49 部。这些绚丽多彩的作品和其他少数民族的创世史诗，共同填补了中国文学史上创世史诗的空白，不愧为中国文学艺术宝库中的瑰宝。

3. 彝族文献中叙事长诗在中国诗歌的长廊中独放异彩

彝族古代诗坛，叙事诗占主导地位。长篇叙事诗比较重要的有《红白杜鹃花》《可倮古城传奇》《呗勒娶亲记》《布珠笃汝》《南诏国宫灯》等。至明清时期，彝族诗坛上出现了叙事与抒情结合、现实与浪漫相交融的《阿诗玛》《一双彩虹》《甘嫫阿妞》《力芝与索布》等一系列著名长篇叙事诗，以其独特的视野与风格、富有魅力的情节与语言、鲜明的人物形象，在中国古代诗歌的长廊中放出异彩。

4. 彝族文学诗文论丰富了中国文艺理论

彝族早在殷商以前已形成比较完备的母语文字体系。魏晋南北朝时期，即已拥有母语写作的《彝族诗文论》《彝语诗律论》等文艺理论名著。唐宋时期，又出现了《纸笔与写作》《论诗的写作》《诗歌写作谈》《彝诗九体论》《彝诗例话》《论彝诗体例》等论著。明清时期，产生了《彝诗例话》《诗音与诗魂》《论彝族诗歌》《谈诗说文》《古文笔法》《诗苑》《艺翰》《与榆中诸子论文说》等一大批文艺理论著作。这些文艺理论是根据本民族的文学艺术实践和审美观念总结出来的，富有鲜明的民族特色。

总而言之，彝族经典文学为丰富充实中国文学做出了杰出贡献，同时也奠定了其在中国文学史上的地位。

（七）彝族文献中毕摩绘画填补了中国绘画中彝族绘画的空白

彝族毕摩绘画是中国绘画艺术百花园中的一朵奇葩，填补了中国绘画中彝族毕摩绘画的种类和彝族绘画作品的内容。

彝族毕摩绘画是祭司毕摩抽签时对所抽内容进行图解形象化，以彝族文化为背景，以预测占卜人生命运福禄、择日等彝文经籍内容为题材，以彝经为载体，大部分用民间绘画艺术表现手法进行系统生动的图解、释意而再创作的绘画。它有经书系列连环画式的插图，抽签用的《百乐书》抽签图，也有散见于经籍的零星插图，还有用八卦和图表形式概括彝族文化的精华，有表达复杂深奥哲学思想原理的形象化图表。各图之间既有内在联系，又可独立成单幅画，不受任何形式的约束，形成鲜明的民族特色。表现手法朴实生动、构思奇巧、简洁夸张，概括出一幅幅耐人寻味的画面。彝族毕摩绘画是彝族古代社会生活的缩影，也是中国绘画艺术百花园中的一朵奇葩。

第一章　彝族文献充实了云南民族史和西南民族史

历史研究领域里，考古、文献、田野调查是必不可少的三大要素。对中国彝族史、西南民族史、云南民族史的研究，先秦以前，考古材料、田野调查资料不少，但文献材料不足。到了汉代，司马迁在《史记·西南夷列传》中对西南夷的族群归属、生产生活习性、服饰差异、社会结构的属性有着一般模式意义的归类："西南夷君长以什数，夜郎最大；其西靡莫之属以什数，滇最大；……此皆魋结，耕田，有邑聚。其外西自同师以东，北至楪榆，名为嶲、昆明，皆编发，随畜迁徙，毋常处，毋君长，地方可数千里。……在蜀之西。自冉駹以东北，君长以什数，白马最大，皆氐类也。"有"靡莫之属"和"皆氐类也"的区别和划分。汉代以后，少数民族史资料逐渐增多，但有资料不详，彝族毕摩经典文献可以弥补不足。

彝族毕摩经典叙事史，虽然不用编年、纪年、国别、断代、通史的办法，但叙事录史与祖先崇拜相衔接，形成了父子连名谱的记录形式。父子连名谱是以男性为主的家族历史的记录。以崇祖为线索的父子连名谱是真实的。彝族谱系，据《西南彝志·妥阿哲世系》（第 8 卷）、《西南彝志·笃米谱系》（第 17 卷）、《彝族源流·阿默尼》等 10 来部彝族毕摩经典记载，哎哺时代有 90 代；传说洪水泛滥后的彝族人文共祖笃米的世系为"阿默尼家，在笃米以前有 380 代，在笃米以后传了 76 代。阿德毕家，九代与天上通婚"。在贵州水西清康熙三十七年（1698 年），笃米之后传了 85 代。诸如水西安氏谱、乌撒安氏谱、乌蒙禄氏谱、永宁奢氏谱、芒布陇氏谱等谱系，均是有文字记录的父子连名谱中的范本，可相互印证。从彝族毕摩经典记录的彝族谱系来看，哎哺时代有 90 代，分布广泛但不详细；到了尼能时代，尼能氏的分布为尼米举勾，包含了今四川省的大部分地区，其中心能沽录姆即为今天的成都市一带，其活动范围已辐射到了云贵高原上。根据《彝族源流》记载，尼能氏有 45 代父子连名谱，什勺氏的父子连名谱也有 45 代。什勺氏活动范围在今云南西部的苍山洱海及周边地区，从尼能氏开始，到米靡、举偶的三个时期，其活动中心都在苍山洱海及周边，所以部分彝族《指路经》将祭奠后的亡灵一站又一站地指到苍山去归祖。米靡 34 代父子连名谱传到笃米，笃米传 85 代到清康熙三十七年（1698 年）。另外，以彝族八卦中鲁、朵两卦名称命名的氏族传武僰，武僰又传濮夷和哀牢夷，支嘎阿鲁的后代即为哀牢夷，这在杨慎《南诏野史》上卷引《白古记》的有记载："西天天竺摩竭国阿育王骠苴低，娶欠蒙亏为妻，生低蒙苴。苴生九子，长子蒙苴，附罗十六国之祖；次子蒙苴廉，吐蕃之祖；三子蒙苴诺，汉人之祖；四子蒙苴酬，东蛮之祖；五子蒙苴笃，生十二子，七圣五贤，蒙氏之祖；六子蒙苴托，狮子国之祖；七子蒙苴林，交趾国之祖；八子蒙苴颂，白子国仁果之祖；九子蒙苴阂，白夷之祖。"这个记载与支嘎阿鲁的谱牒如出一辙，很可能是支嘎阿鲁谱的翻译和引用。凡此种种，割不断的历史根脉，记录有大量的史实，把彝族毕摩经典推到彝族史、云南民族史、西南民族史研究的前台。

第一节　从彝族文献的记述看中国西南古方国

一、古方国形成的历史条件

卷帙浩繁的彝文献记载，近些年来的考古发现，证明或必将证明，金沙江流域、红河流域、澜沧江流域、南北盘江流域是彝族的发祥地。由于彝文献翻译者视野的局限性，没有把彝文文献中音译的"武"与"濮"的这部分人的古代民族属性搞清楚，误导了一些研究彝族历史的专家学者。

（一）最早的彝族先民原住民是够阿娄、葛阿德为代表的武濮系群体

《曲姐》《陆外》等歌谣和文献《物始纪略》等都记载："阿娄阿德，修天布星斗，阿德苏纳，补地播草木，苏纳拉嘎，把偶像塑造，拉嘎魄魄，把珠宝培育……"在贵州西南部地区，还流传着一部叫《戈阿楼》的英雄史诗，主人公戈阿楼是历史传说中的彝族古代英雄，即够阿娄。作品反映的是历史上封建王朝对彝族地区的掠夺性征伐和彝族英雄够阿娄领导人民顽强反抗的精神。据《彝族源流》《西南彝志》记载：彝

族腊够支系是最早同出自武僰支系的武濮结合的氏族，也就是最早活动在云贵高原的“夷濮”族群。腊够支系，一般简称“够”，异音则作“戈”或“轨”，与“鬼”近音，贵阳、黔西等的古彝语地名的命名同彝族腊够支系有关，如贵阳的古彝语地名作“够诺”或“轨诺”，商周时期的“鬼方”当指贵阳一带，其中的“鬼”是音译，而“方”“诺”彝语的意译，既可以理解为“地”，也可理解为“方”，“鬼方”系半音译半意译的组合。黔西等的古彝语地名作“果仲”“果钟”等，完全是以彝族腊够支系的居住来取名的。这种例子还很多。

武濮系群体与夜郎民族有着直接的联系，可乐是古夜郎国一个时期的中心或“旁小邑”，虽还有待印证，但贵州可乐一带最早的居民是庞大的“武僰”族群中的“夷濮”群体和“卢夷”系统的阿着仇部等，这是没有问题的。根据《彝族源流》《西南彝志》等彝文文献记载，早在春秋时期，在金沙江中下游、乌江和北盘江流域，活动着称为“武僰”的庞大族群。夜郎的主体民族“夷濮”即为其中的分支。夷濮的群体有多个来源，活动在今黔、滇、川境内的够阿娄部族先后结合了“武僰”群体中的武濮所部族、“六祖”分支的第六支默德施氏的两大分支和古侯的两个分支，与发祥于古曲州、靖州地的阿着仇部在此地活动千余年，成为卢夷的阿着仇部等，都是当时的夷濮群体的组成之一。彝族先民的这种分布格局，为古蜀国、古夜郎国、古滇国、古哀牢国等方国的存在与分布提供了时空上的可能。

（二）古滇国

在崇拜神像的彝族先民中，有所谓的“天上三支僰”和“地上五支僰”。《彝家宗谱》载：“在五支僰中，僰阿鲁居首。僰阿鲁一代，鲁阿措二代，措阿滇三代，滇仇叩四代，仇叩若五代。在东南西北，征银塑偶像，征收金造像，征铜制神树，征铁立铁柱。在点苍属地，交十二黑衣管，四处派天赋，四处征地租，定租赋制度，在各地施行，削木牍记数。彝家之刻木，得天赐之酬，享地上俸禄，遍地收租赋，就是这样的。”这段文字记录了古滇国王室是出自武僰氏，也记录了古滇国的政治与宗教的基本面貌。

关于地上五支僰，系武蒂僰所生。《彝族源流 · 武蒂源流》：“僰家的五子，僰家僰阿罗，一代僰阿罗，罗额咪二代，额咪待三代，待仇诃四代，仇诃子孙贤，住堂琅四面，用银塑俑，用金雕偶，炼铜立铜柱，炼铁立铁柱，补那畏作主。四方派天赋，五方派地租，天的租赋，由尼依厦收，菊能阿余，雕木刻竹简，宛如堆柴薪，享天上俸禄，享地上俸禄，武氏如此派租赋，武氏折银为租赋，就是这样的。”滇仇叩与待仇诃系同一历史阶段名词的两种音译用字。根据彝文文献记载，古滇国的建立与主体民族是从滇西移到滇中的，最后在滇中一带消亡。

（三）古夜郎国

根据考古学资料和彝文文献资料判断，彝族先民在新石器时代末期的武洛撮时代，便生活在我国的西南地区。夜郎跨贵州、云南和四川三省之间的一部分地方。夜郎之地，最东在贵阳，最南在安顺，最西在昆明，最北在成都。故汉文文献有大夜郎之谓。彝文献中的“液那”就是汉文献中所称的“夜郎国”，进而认为夜郎又有“广义”和“狭义”之分。夜郎国是彝族先民夷人创立的地方政权。著名民俗学家马学良通过对云南彝族聚居区民俗的考察并结合彝文献的记载而获此认识。他在谈到《华阳国志》及《后汉书》所记竹王传说及夜郎歌时，比较滇东彝族的传说和歌谣，认为“其歌词与今罗(即彝族)语对证，颇为近似，夜郎若为倮罗，则二书所载，亦即倮罗之神话传说矣”。得出这样的结论，一个很重要的原因就是依据了彝族《祭经》等彝族文献。著名地质学家丁文江在抗战时期深入贵州大方县，与彝族经师罗文笔合作翻译整理了《爨文丛刻》，收有《千岁衢碑记》、《说文》(宇宙源流)、《帝王世纪》(人类历史)、《献酒经》、《解冤经上卷》、《解冤经下卷》、《玄通大书》等彝文文献 11 种，于 1936 年由商务印书馆出版，首次将彝文文献公之于世，在学术界引起极大反响。

西安半坡遗址出土陶器上的 50 个刻画符号，其中有 22 个与彝文字形相同或相近；威宁中水出土的陶文，不但与半坡刻符书写的风格一致，而且在不同的 13 个字中，有 8 个字与彝文字形相同或相近；龙山陶文中的文字，完全可以按照彝文释读。半坡文化及龙山文化经测定，距今都已有 5000 年以上的历史，这与《西南彝志》《彝族源流》等彝文文献中所记载的是一致的。相当于汉文献记载的“三皇”后期，夷人中就已出现“心想知识、口讲知识、手写知识”的高级知识分子，表明夷人早已有了文字。贵州出土的“祭祖擂钵”（一说“万古擂钵”）上的 5 个彝文字、夜郎王印上的彝文字，以及赫章可乐银子岩上的汉阳、平夷划界石刻文字，表明夜郎时代的夷人已有了成熟的文字。《华阳国志·南中志》说：“今南人言论，虽学者亦半引夷经。”这里的“夷经”，指的正是彝文文献。丁文江先生经过仔细研究，曾提出彝文字同汉字“同源”的观点，他在《爨文丛刻》的序里说，彝族的文字“根本与汉文同源但是极早就与汉人隔绝，所以看不出他们的直接关系”。既然是同源异流，那么汉字存在的历史时间也应当是彝文存在的历史时间。如果从殷商时期的甲骨文算起，汉字至少有 3500 年以上的历史，那么，彝文字也理当如此。而这与上述考古学的成果也是可以互证的。至于某些彝文献虽不能确证其形成的具体时间，但通过其中记存的历史事件及背景，进行多学科的综合考察，还是可以认知的。

《西南彝志》《彝族源流》《物始纪略》《夜郎史传》《益那悲歌》《彝族创世志》

《宇宙人文论》《土鲁窦吉》《彝族诗文论》《彝文金石图录》等一批彝文文献的汉译本的记载表明，彝族先民所创造的文化。崛起于中国西南，有可与商、周媲美的青铜文化，还有稻作文化。养蚕丝织业的兴起，清、浊二气哲学观的创立，先天八卦及五行学说的创制，十月太阳历的应用，以及在数学、医学等领域内的发明创造，在彝文献中都有记载，因而大大丰富了中华民族的文化宝库。而在西南夷及其夜郎国研究中，彝文献弥补了汉文献的缺失，帮助我们解开了若干历史之谜。

《夜郎史传》载："武僰夜郎根，夜郎僰子孙，夜郎竹根本，夜郎水发祥。"这指明了夜郎国是夷人武僰支系创立的国家，而且清楚地记述了武僰支系的27代谱系，记述了第3世传人夜郎朵立国的经过，也记载了汉武帝时期第24代传人多同弥（即多同）"开辟了新天，开创了大地"的丰功伟绩。而在《益那悲歌》等彝文献里，则详细记述了竹王诞生的神话传说，印证了《华阳国志》中的记载不但是真实可靠的，也让我们厘清了竹王传说的原创者本属夷人。这与《夜郎史传》中的记载可印证。夜郎发祥于水，同汉文献中所记夜郎"临牂牁江"，以及"夜郎"二字的彝意释读，均可互相参证，夜郎国至27世莫雅费时国灭，彝文献中所记述的作为征兆的天象"乱出柴确星，赫万妖横行，赫洪怪乱世，立慎特罢凶"即凶星出现，竟与《汉书》中所记："河平二年十月下旬……岁星，荧惑西去填星，皆西北逆行。占曰：'三星若合，是谓惊位，是谓绝行，外内有兵与丧，改立王公。'其十一月丁巳，夜郎王兴大逆不道，牂牁太守立捕杀之。"二者不谋而合，实在令人大感惊讶。而夜郎国灭后王族的去向，汉文献无载，彝文献则指出："夜郎的残余，迁往啥弭去，住啥弭卧甸（今滇西境），就是这样的。"这正好补充了汉文献的不足。

据彝文献所记，大革洛姆（今安顺）、液那勾纪（今曲靖）等地都曾先后是夜郎国的都邑，这也证实了学术界关于夜郎都邑是漂移的、并无定址的说法。

其次如对漏卧发动的战争，通过战争开疆拓土，向东向南实行武力扩张的历史，以及夜郎国君、臣、师三位一体的政权结构，奴隶制社会特点，其中特别是《夜郎君法规》20条的制定和记述，都为我们研究夜郎历史文化带来了极大的方便。彝文献的记载解开了大量的夜郎之谜，在某种意义上说，《夜郎史传》《益那悲歌》等彝文献，堪称夜郎国的"史诗"。

夜郎文化在汉文献中的记载最少，人们仅仅从片语只字中得知夜郎人"耕田，有邑聚，着贯头衣，椎髻"等，其他不知所以然。彝文献大量的记述弥补了这方面的不足。这主要来自两个方面的彝文献，一种是直接记述夜郎历史文化的彝文献，如《夜郎史传》《益那悲歌》等，对夜郎物质文化的记述，包括冶金，制铜鼓，制银器、铁器，狩猎、畜牧、农耕等生产方式，工匠的分工及地位，雕龙雕虎、九重宫殿的建筑艺术等；在精神文化方面，则记述了椎牛祭天地、祭祖的原始宗教仪式，对歌谈婚、多葬式、尚武好战等；社会文化则有竹王崇拜，龙、虎图腾的信仰，社会结构的体现，君长之位传嫡不传庶，即“嫡贵庶贱，长房为大”，以及奴隶制法律文化方面的丰富内容，对军制、兵器、军纪、战术、奖惩制度等的记载，都十分翔实。另一种是记述彝族先民生活习俗的彝文献，其中包括述史、神话、传说及习俗等方面的内容，如《西南彝志》《彝族源流》《物始纪略》等，这些彝文献中由于记述了古代彝族先民的历史文化内容，可以通过比较、分析及整合，纳入夜郎文化范畴。其中关于笃慕分封六祖后裔列国的风土民情、宗教信仰等的记述，都可作为夜郎文化的重要参照。比如夜郎国灭后王族逃向滇西，据《夜郎史传》《益那悲歌》等书的记载是去到了啥弭卧甸，即滇西地区。那么，夜郎王族为什么要逃向滇西呢？原来滇西以点苍山为象征的啥弭卧甸（今保山地区及大理州一带）本是夷人的老家，即祖源地。夜郎残部来到滇西后，如《益那悲歌》所叙：“益那邪苴隆（即邪务），带上了家人，和少数残兵，向西边逃去，向啥靡（即啥弭）逃去。到了啥靡后，隐瞒了姓氏，改换了名字，若干代人后，才打出旗帜。称益那勾纪，卓雅罗纪家，西边卓罗纪。”其意为得到卓罗氏的帮助，即与之融合。卓罗纪后来以“以那”（夜郎）为号，建“以那勾纪”，实际是延续了夜郎政权，直到许多年后，才成为南诏国。

彝文文献对夜郎历史文化记存的真实性、可靠性，即使是神话传说，也要如同研究《山海经》《圣经》一样，通过对人类学、民俗学、神话学、宗教学及其人文地理学等学科的综合考察、释读，清理出其中所包含的历史文化内容。比如可乐出土的带立耳铜釜上的立虎，印证了彝文文献中记载的夷人的虎图腾崇拜；铜铃上的镂空十字图形，即是彝文文献中所记夷人“大地四方”的宇宙观的象征。因铜铃不是普通之物，而是毕摩祭祀时所用的通天的法具。

据《彝族源流》记载：彝族是居住在贵州省最古老的居民，有文字记载的历史已近500代，约1万年。据《夜郎史传》记载：彝族先民武僰支在可乐建立夜郎古国，当时的辖域为云南曲靖、昭通以西及四川宜宾以南，贵州黔西北、六枝、镇宁以北及贵阳市地域。又据《贵州古代史》记载：春秋时期在今贵州乌江以南为国，至战国初国灭，大夜郎国形成。由此看出：古代的贵州（东汉以前）经历了三个大的政权演变，即鬼方时期、夜郎国与诸君长国并存时期、大夜郎国时期。本文研究夜郎古国的政治、经济和文化，时间从夜郎国时开始至夜郎灭。

夜郎国的法律较为完善。古都还在可乐的时期，夜郎王就发布了20条成文法律。

夜郎国处于奴隶社会和封建社会两个时期，政治上带有明显的两个时期烙印。《益那悲歌》中叙述了鄂靡进攻夜郎，被夜郎打得一败涂地，鄂靡的残兵败将被夜郎人牵到市场上出售的情景："鄂靡的残兵，残兵九万九，牵了一串串，好像牵绵羊，到集市上出卖。"在《夜郎史传》中叙述了武堵土和漏阿古交战后的一些对话，从中谈到了"我败了不但兵士为你的奴隶，而且连我也当你的奴隶"。这些记载反映出将战俘变为奴隶，说明发生的时间为奴隶社会晚期。《夜郎史传》中介绍了夜郎王颁布的20条法律，"第五条，必须缴纳税租，凡违者没收土地、财物，重者坐牢，直至处死"；"第十三条，凡战俘均安家分田，同为平民，若不从乃至潜逃者处死"，反映了封建社会的明显特征，说明法律颁布的时间在封建社会初期。

夜郎国政权组织形式是家传制，流传方式为继承制，管理方式是通过旁邑对所辖区域人民进行管理。《夜郎史传》《益那悲歌》《彝族源流》介绍了夜郎的27代君王，这些君王都是以直系血亲一代一代地往下传。这些君王的姓名均采用父子连名形式表述。第一代君王姓名为阿蒙，第二代就是蒙阿夜，第三代为夜郎朵……一直表述到27代。旁邑是夜郎国的第二级统治机构。这些旁邑大多是夜郎王的亲族，代表夜郎王发布命令，收缴税租等。

《夜郎史传》记载：夜郎及夜郎诸君长国的都邑，是夜郎及其诸君长国的政治、经济、文化中心。战争掳掠的人口和牛、马、羊群及粮食，都集中在各都邑。有的都邑是专门冶炼金、银、铜、铁，铸造弓箭、刀枪等武器的工业城池。城池内有的建筑，比如宫殿，还用金、银、铜做装饰。夜郎的鸡、鸭和牛、马、羊群漫山遍野，还有专门饲养牛、马和羊的羊头人、黑猪人。肥沃的土地，种出的荞麦，食用不完。"黄人"、"青人"和"奴隶"，他们主要的劳动就是种粮食。夜郎的经济已是农、牧、手工业相结合，具有相当的发展水平。

《益那悲歌》中《武陀尼织绸》一章记载：种桑养蚕纺纱织绸首先从成都平原开始，继而引进了夜郎国。夜郎国武陀一支主要负责种桑养蚕织布，其劳动场面热闹非凡：武陀尼女子，种桑树喂蚕，蚕吐丝结茧。收的收蚕丝，纺的纺丝线，浣了纱之后，送到纺织场；武陀尼男士，牵线如蚁行，布线像鸽子。《益那悲歌》中《武古笃打铜》一章说：在铜矿山上，铜矿和铜砂，大岩一样广；臣人办法多，设炉房炼铜。……武夜郎一家，用铜来塑像；在祭祀场所，用铜制铜鼓；打铜制作戟，打铜制作盾。这一段文字说明，在夜郎国，铜已被人们用以塑像，制作用具和武器。现赫章铺处有一处古炼铜遗址可能也就是夜郎古国的炼铜基地。

从出土的器物来看，有铜鼓、铜镜、铜器，铜器中有壶、钫、盔、鼎等。2000年在可乐发掘出土的夜郎将军墓，有头套鼓形铜釜，面罩铜洗。铜釜两侧各用一“龙”做耳，正顶是一只“虎”做鼎。其制作精细，形状栩栩如生。出土文物与彝文记载吻合，反映了夜郎时期的冶炼业水平和人们制作器物的技艺之高。

夜郎国经济的发展是从农牧业开始，相继就是炼铜和制作用具，这表明夜郎国已经进入了奴隶社会。夜郎古国在长期的经济发展中，也孕育了丰富多彩的社会文化。劳动人民不但是物质财富的创造者，也是精神文化的创造者。各族人民在长期的共同劳动、共同生活过程中，缔造了夜郎古国的文化。

彝文献研究者认为彝族是贵州高原的古老土著民族，甲骨文上有关妇好伐鬼方的战争记载，鬼方就是贵州境内的彝族。说明商代后期，彝族已生活在夜郎地区。《夜郎史传》《彝族源流》等文献典籍均记述了夜郎族源来自彝族先民中的武部族。许多彝文献中记述的夜郎历史源远流长，线索清楚，文化内涵丰富生动。夜郎强盛时期土地辽阔，夜郎的社会经济是牧业、农业和手工业紧密结合，牧业经济发达，手工业经济的发展已有相当高的水平，在丝绸纺织、打铜炼铁、制造兵器方面已有产业、行业的分工，有专管产业、行业的更兹（主官）。

（四）古哀牢国

古哀牢国是彝族先民中的哀牢夷所建立。关于哀牢夷，有哀牢九夷之说，且有三个版本。

1. 阁默那版本

据《彝族源流·阁家阁默那》（卷十四）载：“在远古时，僰阿益姆保，一天早起，策举祖跟前，他来到之后，学贤文妙语，三两章，如鸟栖树梢，得到了满足。很快返回家，在路途之中，遇阿妣俄索，问僰阿姆保：‘在今天早晨，额留发少年，头戴金高冠，相貌如日月，这个人，举祖至尊家，说话征求他，那是谁人呢？’僰阿姆保说：‘在那远古时，倒会开亲不开亲，倒会婚配不婚配，毕待鲁（即哀牢）阿买，嫁啥靡格沓。有一个日子，去啥靡格沓，到洗线塘边，浣丝纱，洗绸线。还不到一会儿，像是一截木，却并非木头，一条小黑蛇，从海中出来，变化了一番，身披黑披毡，如此一青年，毕待鲁阿买，她害怕，她惊慌失措，黑披毡青年，开口说道：别害怕，你别惊慌，我并不是蛇，我本是龙君，你我两人，婚配姻缘，应该有一番！毕待鲁阿买，与龙君结合，到了第二年，生下了九子。格（也作阁）氏的九子，八个居水中，幼子赡养父母，名叫格默那。”

2. 支嘎阿鲁所传阿鲁洪吐后裔果尼（葛鲁尼、郭娄亨）九子版本

“支嘎阿鲁的第十一世孙名叫果尼，全称果涅果尼。果尼生九子，即尼舒、尼啥、尼武、尼姆、尼启、尼葛、尼纪、尼古、尼阿哈第九。立一屋的像，专立阿鲁像。果尼十六国，特帕洱海，迪尼国最大。”这段记载，与《彝族源流》《西南彝志》大体一致。《彝族源流·阿鲁的后裔》载：“一代支嘎阿鲁，二代阿鲁洪吐，三代洪吐洪那，四代洪那羿吾，五代羿吾阿欧，六代阿欧苦鲁，七代苦鲁输立，八代输立阿伍，九代阿伍葛鲁，十代葛鲁尼。葛鲁尼时代，尼氏有九子，遍地分布着。先据九高山，米吐山为首，后占八平坝。启逋录时代，左以天边起，直到天地中；右边抵地极，越过鲁安谷。在这片土地上，在啥益卧甸，修高大庙房，修阿鲁的庙，塑上一堂像，塑阿鲁的像。葛尼十六国，由葛鲁尼主宰，靠天威势掌权，凭地威势保境，说是这样的。”《西南彝志·支嘎阿鲁查天地》（第十二卷）载：“一世支嘎阿鲁，二世阿鲁宏吐，三世宏吐宏那，四世宏那局伍，五世局伍阿额，六世阿额苦鲁，七世苦鲁罢黎，八世罢黎阿武，九世阿武郭娄，十世郭娄亨。郭娄亨之时，亨有九个儿子，如花卉繁茂。亨的九个儿子，上段九座高山，姆吐博最高；中段六大山峰，姆褒宏最大；左边九条山脉，如神龙拴在山上；右边八片森林，像飞着的神鸟。这两地之间，在沙米卧底，建一座宗祠，为阿鲁建宗祠，立一尊塑像，工匠十六道工艺（翻译有误，应是十六国），是天下最好工匠（翻译有误，应是第一的国度），掌权治理天下，执政治理大地，说的是这样。”以上三部古籍都提到“十代果涅果尼（葛鲁尼、郭娄亨）”生有尼舒、尼啥、尼武、尼姆、尼启、尼葛、尼纪、尼古、尼阿哈九子。《西南彝志》作“亨伍和亨默，亨卒和亨鲁，亨启和亨果，九是亨雅维”。《彝族源流》中，没有九子的具体名字。这几部彝文古籍的记述，与杨慎《南诏野史》卷上引《白古记》的一段有着一定的共性。《白古记》载：“西天天竺摩竭国阿育王骠苴低，娶欠蒙亏为妻，生低蒙苴。苴生九子，长子蒙苴，附罗十六国之祖；次子蒙苴廉，吐蕃之祖；三子蒙苴诺，汉人之祖；四子蒙苴酬，东蛮之祖；五子蒙苴笃，生十二子，七圣五贤，蒙氏之祖；六子蒙苴托，狮子国之祖；七子蒙苴林，交趾国之祖；八子蒙苴颂，白子国仁果之祖；九子蒙苴阏，白夷之祖。”九子，十六国，所记述的都是同一事，都在叙述哀牢夷的源头，以此而论，阿鲁与哀牢是同一名字在不同地域的发音记录。阿鲁与哀牢夷的直接继承者是勃弄敛，又称勃弄睑，白崖睑等。睑，在贵州彝文献的记音里为“敛”或“蔺”，勃弄敛即勃弄睑。《新唐书·南蛮传上》载“有十睑，夷语睑若州，曰：云南睑、白崖睑亦曰勃弄睑、品澹睑、邆川睑、蒙舍睑、大厘睑亦曰史睑、苴咩睑亦曰阳睑、蒙秦睑、矣和睑、赵川睑。”《大定府志·夷志十二则》称：“君长曰蔺，称为苴慕，犹可汗、标信之称。”

敛、睑，即“蔺”，是彝族宗法制政权的专用名，为政权和族权合而为一的宗法制度，有着典型的家支制度的色彩。活动在云贵高原，有“数以什计”的彝族君长政权，这些君长政权的名称是取其父子连名谱中最具影响的一代祖人的名字为名号，如阿哲蔺、俄索蔺（乌撒）、乌蒙蔺、阿卖蔺（云南宣威等地的磨弥部）等，在洱海边，则有南诏由原来的六睑增至云南、勃弄、品澹、蒙舍、大厘、苴咩、蒙秦、矣和、逻川十睑敛，睑即“蔺”，“蔺”的彝语原始义是祖宗的意思，政权的核心由共祭一位祖宗的有血缘关系的人员构成。阿鲁洪吐第十代孙，分为九支，其中最大的一支，为勃弄睑睑主（贵州彝文献彝音“勃弄尼兹摩”），支嘎阿鲁正宗后代的勃弄睑睑主一支，为彝族中最早使用汉姓的，至少在唐代就取用了“张”姓。

3. 什俄纪优（德细奴）九子版本

蒙（目）确舍之女阿哈侯乌，与独细奴，即什俄纪优结婚，但有趁独细奴外出十二年期间，与龙君野合，生细奴罗等九弟兄（也有三弟兄的版本），有可能是移植了沙壹的故事。即哀牢九夷的翻版，系衍生层次故事。①

第二节 彝族文献记述的彝族发祥之源

一、彝族源头——哎哺

彝族用自己独创的古老文字记录自己悠久的历史，在其史典里，没有国别、断代、编年、通史的体例，而以父子连名谱为链，即谱系脉络为主线来记录史实，体现出自己独特的思维方式。从小看大，从家事的管理经验，放大到对社会和对国家的管理，以父子连名谱替代历史即是这种思维方式所产生的结果。既然以父子连名谱替代历史编写的方法为彝族所独有，而彝文文献中反映最早的谱系又是哎哺谱。那么，彝族父子连名谱的起源势必应当追溯到哎哺时期，是哎哺开启父子连名记谱的新河。《哎哺

① 王继超、王子国译：《彝族毕摩经典译注》第十八卷，云南民族出版社 2007 年版，第 318 页。

氏谱系》记录了 21 个哎氏族、2 个则咪氏族的共 222 代谱系。[①]

哎哺，近“野哺”或“影哺”的音，或译作“夷棘”，如《夷棘榷濮》；或音作“日博”（zybo），如已故岭光电先生译的《呗耄献祖经》（彝汉对照，中央民族学院民族语言研究所 1981 年油印）。哎哺又是彝族八卦中的乾坤两卦名、彝族哲学中认为的最小的物质元素名，最远古的部族名等含义，这里为最远古的部族名。哎哺既是最远古的部族，哎哺作为时期又是极为漫长的蒙昧时期，它已经有了彝族标志性的父子连名谱的记录。《彝族源流·阿买尼》《德布谱系》《阿哲世系》等文献[②]中载，“在笃慕之前彝族有 386 代”的记载，这 386 代当然也包括了漫长的哎哺时期。

美国民族学家摩尔根在《古代社会》一书中，将古代社会分为蒙昧、野蛮、文明三种形态。哎哺时期已具备了人类进入文明社会所有特征，完成了所必需的各种形态。从“人与兽混处。人与兽不分，人同兽混杂，人与人结伴”到“那个时候，智者哎奢举，思考了三年探索了三月，开始聘穆魁。首任穆魁时，以草木点火，有火兽逃避”（《哎哺佚史》[③]）。工具的制造与使用，把人和动物彻底分裂开来。经过新旧石器时代，随着火的使用技术日臻完善，金属的冶炼并被制作成工具，才使人类的手段得以最大限度地延伸，为进入文明社会准备了足够的积累，有“碧天气象新，娇女织锦帛，健男冶青铜”记录为证。

在家庭婚姻方面，从“当时的人们，男子不迎娶，女子不出嫁，知母不知父，像禽兽一样”（《哎哺佚史》）到“哎哺好女根，传到娄师颖”（《哎哺氏谱系》），哎哺时期的母系社会的特征被朴实地记录下来。哎哺的后期，母系社会崩溃，父系社会兴起，于是“哎哺繁衍了，兴起了婚配，兴起了嫁女，兴起了娶妻，订媒妁礼仪，有天地规矩。娶妻嫁女，如此形成”（《哎哺佚史》）。

社会管理方面，哎乾产生了，哺坤产生了，君王产生了。（《哎哺氏谱系》）“天上有贤君”的哎君（又作“更兹”）、“地上有明王”的哺臣（又作“署府”），且“君产生、臣出现之后，叙则君祺祥；君施政祺祥，叙则臣祺祥，臣行权祺祥。朗诵知识，赋祺祥华章，叙则师祺祥；师祭祖祺祥”。

历法是农业文明的标志，“不懂得耕牧，农牧季节，人们不掌握。树木开花时，叫作春三月；树木花谢时，叫作夏三月；果子成熟时，叫作秋三月；树叶枯萎时，叫作冬三月”（《哎哺佚史》）。这显然是历法还不规范时的农事行为的记录，因此就

① 王继超、王子国译：《彝族毕摩经典译注》第十七卷，云南民族出版社 2007 年版。

② 王运权、王仕举译：《西南彝志》第 7—8 卷，贵州民族出版社 1994 年版。

③ 佚名布摩：《彝文文献手抄本·彝家宗谱》，发现于贵州省赫章县珠市乡上寨村。现原件藏贵州省毕节市彝文中心王继超处。

有了“哎君（又作‘更兹’）不知年，就看纪年树；哺臣（又作‘署府’）不知月，就察纪月石。所有都圆满”（《哎哺佚史》）。经验的积累为历法创制做了成功的准备，“古人哺厄阔，根据地面上，五谷的出现，他把耕牧教，上观天象，下察大地，造犁头耙子，耕高山平原，五谷得丰收”（《哎哺佚史》）。这正是用历法指导农业真实写照。水利又是农业文明发展到一定程度的写照，“水退就行船，干旱耕河岸，山退湖萌生。疏通九条河……这九条大河，被悉数疏通，是这样说的”（《哎哺佚史》）。哎哺时期的先民为农业文明已做出了重要的历史贡献。

易学是中华文明的源头，“哎哺举奢哲，想的都完美，在八卦上分，八卦多演生，写卦的重叠知识，飞快地写着，著生辉梼易”（《哎哺氏谱系》）。文段记载表明，中国的易学形成于彝文谱牒文献记录的哎哺时期。“心里想知识，口里讲知识，手里写知识”（《哎哺氏谱系》）的行为告诉我们，在哎哺时期就已有了文字的创制。

二、尼能与昆明族

尼能，氏族名，或作妮乃、女里等，由哎哺繁衍而来，曾是彝族历史上一个时期的代表。尼能氏族与什勺、举偶（根英）、武僰、慕靡等氏族都源于哎哺氏。尼能氏族的分布，一是从今四川省的宜宾、自贡（彝文献称尼伟、尼宾）到成都（彝文献称能沽）平原一带。“尼伟”“能沽”的命名以纺织丝绸做穿着有直接的渊源；二是以洱海周边为主要分布地。彝族历史上，丝绸的纺织、水稻的栽培、茶叶的发现饮用、酒的发明酿造、青铜的冶炼与使用等都在这一时期。

古代的发音中，因“宜”“尼”“夷”为同一个音，古夷人的“夷”、西南夷的“夷”的来源当与尼能有关。彝族的自称“譳素”（亦作尼苏、诺苏、能素等）源于尼能氏，尼或能即是现代的“譳”“尼”“诺”“能”等音的来源；彝族与尼能氏有亲缘关系，彝族六祖为米（慕）靡氏所直传，父子连名谱相连接，米（慕）靡氏与尼能氏直接开亲，如“尼苦姆之女，名苦姆舍妮，是道米能之母”的记录足以印证。彝族以祖先崇拜为核心的原始宗教在尼能时期已形成体系，但这一时期的形式是以制作偶像崇拜为主。《彝族源流 · 尼能氏根源》载：“尼能不拓疆域，不管理土地，做塑俑的君，做造偶的王，尼氏布摩直米赫，能氏布摩乌杜遏。尼能氏布摩制形成，尼能不拓疆域，尼能不管土地，做塑俑布摩，做造偶布摩。能氏臣约岱赫，做塑俑的臣，做造偶的臣……能匠能师颖，是塑俑工匠，是造偶工匠。”

《彝族源流》里，尼能氏有45代父子连名的谱系，其传承为：哎卧尼—尼苦慕—苦慕阿租—阿租阿武—阿武咪—咪祝阿—祝雅能—能朵朵—朵朵里—里米彼—米彼吕—吕武额—武额巴—巴祝里—里阿能—能阿能—能阿颖—颖彼直—能讷阿楚—阿楚遏鞠—遏鞠祖—祖慕阿洛—阿洛直育—直育阿赫—阿赫毕窍—毕窍窦葛—窦葛阿惹—阿惹尼口—尼口苏那—苏那阿吉—阿吉仆兜—奢雅仆—仆洛慕—洛慕阿佐—阿佐吉鲁—吉鲁阿—阿苦礼—礼阿则—则阿哺—阿哺吐—吐哎哺—佐慕慕—慕欧列—欧列佐慕—佐慕啻莫。[①]

（一）尼能氏太阳神崇拜的文化特征

三星堆出土文物中的太阳轮和大量的鸟头造型与兽面具，传递出三星堆文明的创造者的鸟崇拜或人鸟共生文化理念的信息。魏崴先生说："鸟应是杜宇族的图腾象征，因传说杜宇死后化为杜鹃鸟。"[②]《山海经 · 大荒东经》载："一日方至，一日方出，皆载于鸟。"《淮南子 · 精神训》载："日中有踆乌。"……这些记载是把鸟和太阳连为一个整体的。人鸟共生文化在三星堆文化中有着突出表现，人鸟共生文化是彝族古文化中的一个重要特征，两者之间应当有一种历史链的连接。彝文文献《物始纪略 · 米阿媚时代的人》说："远古天出现，地形成以后，人开始产生，人不像人，人像鸟，鸟样过三代。鸟样过日子，果子当饭吃，雾露当水喝，松叶当衣穿……"[③]这当是朴素的人鸟共生的意识，而《策尼勾则》[④]说："鹤为君，（杜）鹃为臣，灰老鹰为布摩。"则是这种意识的升华，表明君长的标志是鹤，臣子的标志是杜鹃，布摩的标志是鹰。为了明示后人或是标明自己的身份，建于明朝万历二十七年（1599 年）著名的《水西大渡河建桥碑》（现存放在贵州大方奢香博物馆内）的彝汉文双联碑上，各雕刻有一对鹤与杜鹃的像；彝文《消灾经 · 鸡替身经》载，"人长两只脚，鸡也两只脚，鸡命人命同，鸡可抵人命，用鸡抵人命，用鸡去抵死，做人的替身"；在彝族的生死礼俗中，生时由一只鸡引来，孩子出生三天后，要杀一只鸡来答谢司生育之神阿匹额素，死后用一只鸡引路，为死者引路的鸡不称鸡，而称"觉呵大"，意为"引路鹰"。鸟与神灵的沟通，《摩史苏》载，由于鹤和杜鹃能从死神那里带来某人即将死亡的音信，所以他（她）的生命行将结束，这是无可挽回的。鹤和杜鹃能沟通人和神之间的信息。[⑤]《物始纪略 · 释鹤》："高脚鹤，咕咕择地徙，正因此缘故，策举祖差遣，派去察宇宙，宇宙巡不尽，在宇宙上下，头鹤能自立，千秋巡不尽，鹤唳于苍昊，有长者风度，形

① 王继超、王子国译：《彝族毕摩经典译注》第十七卷，云南民族出版社 2007 年版。

② 魏崴：《从三星堆、金沙出土金器探索早期蜀文化》，载《文史杂志》2005 年第 2 期。

③ 王继超、王子国译：《物始纪略》第二集，四川民族出版社，1991 年版，第 83—84 页。另参见贵州省毕节地区彝文翻译组藏书 463 号，未译本。贵州省赫章与水城县间史翥氏付德顺毕摩家多部《丧祭经》等合成的抄本。

④ 李荣林：《毕摩手抄 · 策尼勾则》，贵州省的威宁龙场镇贵州省的威宁镇。这一名称和内容的彝文古书，在贵州省的威宁、赫章两县民间和毕节地区彝文翻译组藏有 30 余册。

⑤ 王继超主编：《摩史苏》，贵州民族出版社 2000 年版，第 128 页。

象绘入图，如此释其名。”[①]《物始纪略 · 释杜鹃》：“青杜鹃，到了秋三月，灌木丛中吃野果；到了冬三月，深箐林间，栖身于树荫；到了春三月，果木未萌芽，野花未开时，杜鹃先起飞，飞来催播种，声音很洪亮，杜鹃播时令，是这样说的。如此释其名。”[②]《物始纪略 · 释杜鹃》的叙述和《蜀王本纪》《华阳国志》对杜鹃的描述有着相同之处。

在人鸟共生文化特征中，鹰占据突出的地位，鹰的象征色是白色，象征居于天上，既是农耕文化的尚白部族毕摩始楚的图腾符号，又代表了农耕文化的尚白部族，也代表了彝族毕摩文化的主要核心内涵，即通过人鸟共生文化的特征和虎崇拜文化的特征来表现。《阿买恳 · 声音震动了山谷》载：“……大雕是鸟的屠户，杀猪宰羊由它管……乌鸦是鸟的厨师，切肉炒菜由它管……喜鹊是鸟的樵夫，拾柴烧炭由它管……斑鸠是鸟的奴婢，打柴背水由它管……鹧鸪是鸟的妹妹，省吃俭用由它管……雉鸡是鸟的少妇，刮灰扫地由它管，山咋是鸟的木匠，木工活儿由它管……锦鸡是鸟的君王，亲戚往来由它管。”[③]《彝族曲谷（情歌）相思鸟》，讲述一个叫“小红鸟阿妹和小青鸟阿哥”的爱情故事：小红鸟和小青鸟是有情鸟，小红鸟却被北方灰老鹰抓走，小青鸟分别请雀女孜朵鸟（云雀）、山楂鸟少妇、布谷鸟君长去说情，都为灰老鹰不允，小青鸟气死，小红鸟为之殉情。此是以鸟拟人化，并为人的社会化。

尼能氏这一古老部族活动在今四川盆地并以成都一带为中心的时间是 4000 多年前，这一部族有以鹰、虎为代表的图腾崇拜，并有通过制作偶像来进行祭祀，生产丝绸与稻作和植茶酿酒等几大特点。以鹰、虎为代表的图腾崇拜是在其人鸟共生文化的大文化背景下表现的。鸟类和兽类的崇拜可与太阳及月亮崇拜挂钩，太阳宫中的主管是被称之黑鸟或玄鸟（汉族称金乌）的飞禽；月亮宫中的主管是兔子。民族学家认为，日月崇拜的原生是生殖崇拜，由生殖崇拜而延伸为日月崇拜，日月崇拜又衍生成人鸟共生文化，这是三星堆出土文物中有太阳轮及大量的鸟头造型和兽面具的因由。在这样一种人鸟共生的文化背景下，青铜器中的鸟头造型和兽面具的存在也就成了一种必然性，它释放出三星堆的尼能氏住民以鹰、虎为代表的日月崇拜这一民俗文化的内涵与信息。《彝族源流》卷六载：“在尼米举勾，尼能氏通天。祭了三代祖，尼死化作日，尼氏如荣日；能死化为月，能氏如沃土，普天不拓疆域，普天建俑房，遍地造满俑。尼收明亮光，光照根本美；能氏收白蛋，孵化出根本，尼氏杜纳吐，就是这样的。”[④]关于“尼死化作日，尼氏如荣日；能死化为月”的原句彝文还可直译作：“尼死化作鸟，尼氏如丽鸟；能死化为兽（或虎）。”

① 王继超、王子国译：《物始纪略》第一集，四川民族出版社 1990 年版，第 188 页。
② 王继超、王子国译：《物始纪略》第一集，四川民族出版社 1990 年版，第 190—191 页。
③ 王继超、文朝志主编：《阿买恳》，贵州民族出版社 2002 年版。第 312—314 页。
④ 王继超、王子国译：《彝族源流》，贵州民族出版社 1991 年版，第 149—150 页。

鸟兽（鹰虎）在尼能氏的民俗里地位是神圣的，如《彝族源流》卷六载："赶上五天君，职权如黄金。政权系红裙，大权穿青衣，有权就像鹰，鹰盘旋高空，树梢鸟惊走；小权系红裙，护权如虎啸，虎啸阴森森，虎踞大箐时，政令形成了……哺形成大地，阴阳相结合，生长翅青鸟，生阔耳赤虎。长翅的青鸟，住在苍昊中，扇翅隆隆响；在苍昊极顶，它完善秩序。秩序由鸟定，秩序有虎管。为君定次序，次序无差错，君位不错乱。阔耳赤虎，住在大地上，摇头晃脑的，在大地上面，它掌握秩序，它制定秩序，虎为地上尊，地上兽中尊，为王定秩序。次序无差错，王位不错乱……"[1]《物始纪略·老鹰覆天脊》："……什勺天地里，青鹰和赤鹰，到黄鹰三种，花鹰和斑鹰，到灰鹰六种；白鹰和黑鹰，到紫鹰九种。青鹰掌天经，赤鹰充地络，管天地度数。鹰坐天脊上，绘下鹰的像。治天鹰威高，一只鹰治天，鹰翅嗖嗖扇，征服禽和兽，玄鸟（太阳）见它叫，兔（月亮）见它躲藏，鹰飞入日腹，鹰飞入月腹，太阳无光彩，月亮昏蒙蒙。鹰翅和鹰尾，遮住日和月。有知识的说：鹰来覆天脊。不知道的说：日月藏形象。是这样说的。"鹰覆天脊，虽然"鹰翅和鹰尾，遮住日和月"，但"晴时和雨时，由玄鸟掌握，玄鸟不怕鹰，鹰不抓玄鸟。日内一亭台，给玄鸟来坐"。鹰和玄鸟（太阳）与兔（月亮）在广袤的天空构建了一种和谐。《物始纪略》还有《修造日月》《叙日月谱》《日月形象纪》《地龙纪》等篇目，其中记载的修造日月、埋多余的日月、洗涤日月等神话故事[2]同样留下了日月崇拜的历史痕迹，即与三星堆文化相同的特征。

（二）神树祭祀文化

三星堆遗址的二号祭祀坑发掘出多棵青铜神树，根据《三星堆祭祀坑》一书的介绍，它们的基本形态大体相似，主干挺拔直达树顶，9 条树枝分三层弯曲下垂，树枝上有立鸟、飞龙、仙果、光环及璧瑗等祭器。其中最大的一棵神树高达 4 米，中等的高 2 米多，小型的有 1 米左右。青铜神树应当是所供神像在祭祀时用的。在黔西北一带的彝村，在村寨旁选一棵树做神树来祭祀，或一姓一棵神树，或一户一棵神树。神树神圣不可侵犯，选农历的二月初八或三月初三行祭，祭神树的目的是将其当作桥梁或媒介来沟通人和神的。如贵州省毕节地区彝文翻译组藏书第 376 号《祀土地神经》（贵州省威宁县迤那镇王世顺毕摩家旧抄本）的内容有：向土地神界各司其职的君、臣、毕摩、男、女、压界、把渡、护路、守关及所有处所、角落的土地神献酒献祭，交代乌撒部的属地界线、山脉主峰、河流等，认土地神（下层为猴、水獭，多为黑蛇、灰蛇、花蛇）为父母，要求土地神赐予风调雨顺、五谷丰登、六畜兴旺；把刀、兵、病、死、盗、口舌是非等一切灾

① 王继超、王子国译：《物始纪略》第一集，四川民族出版社 1990 年版，第 188 页。

② 王继超、王子国译：《物始纪略》第二集，四川民族出版社 1991 年版。

难祸祟转嫁给土地神。认为神树有沟通人和神的功能，这表现在毕摩的原始宗教仪式中，毕摩请神和送神都在树下进行，甚至毕摩所插的木杈、神枝虽当作神位，但实际上也是神树的象征。彝族先民的生死观是：生与死都要一样风光，“得的是满意，身穿的华丽，如拂晓的天空，吃的是美食。如谷深坳大，强者好汉，像松柏一样，严冬碧油油，春日开繁花，夏日明晃晃，秋日光闪闪，在世时欢乐，死了也值得，骑蝗头魂马，虽归葬入山，却永垂不朽”。[①]“穿华丽的衣，吃的是美味，活至九十九，有布摩（毕摩）主持丧礼，骑魂马得祭牲。寿衣穿得厚，亡灵有归宿，传统被继承，子孙得发展。在世得欢乐，死也顺如风”。[②]“为人在世时，有温馨家庭，有子女在前，爱抚着孙辈，关照着亲戚，心系于家族，身着盛装靓如鹤，戴的金饰似山花。十天当一天，五夜当一夜，过这种日子”。[③]彝族先民的原始宗教观认为万物有灵，人死魂不灭。“在鲁旺以内，彝人供祖灵，人死留三魂：称‘觉’的魂去翁靡，称‘偬’的魂守墓地，叫‘依’的魂进祖祠。这且不叙述，祖宗灵尊贵，祖宗灵珍奇。死魂标青色，死魂标赤色，瞻仰后心安。孝敬仪式大，录生前功德。到处取好货，银毡作礼毡，珍珠配上玉，着锦穿绸，备珍珠玉器，把功名收录，人死把灵供”。[④]人的亡灵成为神后在神界生活，神界的社会形态相同于人世间一样，那里既有等级，有统治者与被统治者之分，也进行生产生活，尤其是祭祀等活动。这一点，彝族在祖桶中放置微型的生产生活用具、兵器、祭器等亦可作为旁证。三星堆出土的铜神树当是供祭祀众多神像时使用的，应当与彝族的祭神树有联系。

三、什勺与嶲、叟族

什勺氏或作习索、实勺、什叟、神勺、嶲蜀等，由哎哺繁衍而来，曾是彝族历史上第三个时期的代表。什勺氏族与尼能、举偶、武僰、慕靡等氏族都同时起源于哎哺，并平行发展，在历史舞台占据主导地位的时间却有先有后。什勺氏的发祥地是滇西的点苍山麓，洱海周围，并长时期在这一地域活动。根据《罗纪（阁）源流》记载，什勺氏是南诏王蒙氏直接的祖先，从什默采一代分的支。什勺氏在滇西一带繁衍分支出了格踏部(汉时的嶲唐部)，毕待鲁部（哀牢夷，以沙壹为代表，参见彝文经书《祭奠几录经》《物始纪略》等)，支嘎阿鲁的长子阿鲁洪吐分支后亦进入了什勺的领地，还最早使用了“张”这一汉姓，作为勃弄睑的睑主出现在彝族历史的政治舞台上。六祖分支后，六祖的 15 支长子先后迁徙到了滇西，与什勺各个分支的格踏、毕待鲁部等组合为目确舍集团，以“确

① 阿洛兴德整理翻译：《苏巨黎咪》，贵州民族出版社 1998 年版，第 90—91 页。
② 阿洛兴德整理翻译：《苏巨黎咪》，贵州民族出版社 1998 年版，第 261—262 页。
③ 王继超主编：《摩史苏·细祓之三》，贵州民族出版社 2001 年版，第 135—136 页。
④ 王继超主编：《摩史苏·亡灵的名份》，贵州民族出版社 2001 年版，第 163—164 页。

舍”“恒支”的名称出现。“恒支”（可译作八诏），在彝文经书中，“恒支”往往与“六祖”平行出现。什勺时期，彝族以祖先崇拜为核心的原始宗教在体系已经完善，在这一时期虽还保留以偶像崇拜为主的形式，但更注重善死者的个体亡魂，兴起并完善了丧祭习俗与制度。《丧祭歌》上说：什勺时期，人不会生老病死，每家都有十多代人居住在一起。人老以后，经过很长时间，像蛇一样蜕皮后又返老还童，不过在还没有返老还童之前，挺难伺候，要把各家的老年人背到打麦场晒太阳，下雨时要把坐满七个场坝的老年人往家背，十分麻烦。一天，什勺家上点苍山打猎，从远处射中一个像是猿猴之物，什勺家走近一看，哪是什么猿猴，所射之物戴着祖人的头饰和耳坠的先辈，什勺为了弥补自己的罪过，于是为被射死的先辈举行隆重的丧祭。唱的丧歌、跳的丧舞惊扰了天上的耿兹，耿兹先后派出鸦和狐两使者，都未能详查，最后派出苍蝇使者查证，什勺家确实为其先辈举行丧祭。耿兹震怒，降下了病根和死种，人从此有了生老病死，并且什勺传下了丧祭的习俗。

四、武僰与僰人、濮人

武僰和僰人、濮人出自彝族八卦名称中的鲁与朵两卦，也有武僰系出自什勺、尼能、斯里等氏族的记载。这个系统的组成中，有实行水葬习俗的九掐脸白人，实行崖葬习俗的羊头青人，实行林葬习俗的猪毛黑人，他们是“天上”的僰，即恒略的三支僰。僰是古彝文“bu”的记音。僰的含义一是“以石、木、铜等雕塑或铸造出来的像”，二是“雕塑或铸造像来供奉的人”。僰是崇拜与供奉偶像的族群，如同后来信奉道教与佛教的人们。但僰作为古夷人的重要组成部分，是把其信仰与族群被习惯性地混同了，尤其是成了“由神像传下的族群”这种语义了，将原本的代指成了专指。僰系崇天、崇日、尚白，故称为“恒略的僰”。恒略的三支僰，即九掐脸白人、羊头青人，猪毛黑人，是将其崇拜的偶像用来代表其族群的支系。九掐脸白人、羊头青人，猪毛黑人，连同鸡冠黄人、虎头红人，在天上，称为“撮泰”的鬼星。在人与鬼之间，他们因与“六祖”部族属敌对面，故而又被视为勾魂的“司署”鬼。

天下五支僰中，有支嘎阿鲁、仇娄阿摩、偬氏、育氏等分支。天下的五支僰系鲁朵之后的武蒂僰所生，其中武蒂僰所生的滇仇诃，似乎又与古滇国的国王相关。

支嘎阿鲁系武僰第二个支分支的僰阿余后代，支嘎阿鲁的名字在很多彝文古籍中出现过，《彝族源流》《西南彝志》《彝家宗谱》《彝族创世志》《物始纪略》《丧祭经》《祭祖经》《消灾经》《摩史苏》《诺沤曲姐》《阿鲁天干占》《阿鲁二十八星占》《阿鲁失物占》《阿鲁择日期》《阿鲁命运预测》《阿鲁竹卦经》《支嘎阿鲁王》《支嘎阿鲁传》等都有记载，记录支嘎阿鲁的谱系的彝文古籍，以《彝族源流》《西南彝志》《彝家宗谱》《彝族创世志》《物始纪略》等为代表。《彝族源流 · 支嘎阿鲁源流》记载："次为僰雅勒，一代僰雅勒，二代勒叟吾，三代叟吾爵，四代爵阿纣，五代纣阿直，六代直支嘎，七代支嘎阿鲁，支嘎阿鲁时代，天上策举祖，访地上天子，得支嘎阿鲁。天臣依旨意，努娄则把名取。相他的头，生日月之光，相肚腹左右，生着龙虎像；相他的双臂，栖一对雄鹰；相他的双膝，脚踏青红蛇；相他的双唇，红花交绿穗。此人的智慧，再无人可比，观测天地，唯他能完成。到君王身边，天上举策祖，打开天箱锁，赐给测天杖；松开地锁簧，赐给量地带；跨上里直介，带领亥莫赫，斯里九力士，跟着来做伴，塞米法珠海，作起点测天。测天越北方，量地经南方，快速如飞鸟，策马进中央，从勾直啱上天，到举祖身边，'测天地的事，我已经完成。'天上策举祖说：'测天的本领，量地的才能，唯此人而已。'举祖宠阿鲁，赐天上俸禄，给支嘎阿鲁，地上的租赋，由阿鲁享受，治一方天地。年月的划分，依阿鲁推算。地上的天子，为天管大事，出色测完天，圆满量完地。"《西南彝志 · 支嘎阿鲁查天地》（第十二卷）载："哎哺氏形成，密头氏出现，实杓威势大，出现好气候，天地间人烟稠密，住着武古笃。一世武古笃，二世古笃喜宗，三世喜宗卧，四世卧阿匹，五世阿匹则，六世则直洛，七世直洛拟鲁，八世拟鲁阿苏，九世阿苏支嘎。"支嘎阿鲁的谱系传到第十代的果涅果尼时，指向了"哀牢夷"。哀牢夷之哀牢，是阿鲁的变音（"哀牢山"彝语称阿乐本，即"哀牢"之汉语系彝语音译可证）。果涅果尼是支嘎阿鲁的第十一世孙，本书"果尼这一代，在隈卢苦姆，果尼有九子：名尼舒、尼啥、尼武、尼姆、尼启、尼葛、尼纪、尼古、尼阿哈第九。立一屋的像，专立阿鲁像。果尼十六国，特帕洱海，迪尼国最大"的这段记载，与《彝族源流》《西南彝志》大体一致。《彝族源流 · 阿鲁的后裔》载："一代支嘎阿鲁，二代阿鲁洪吐，三代洪吐洪那，四代洪那羿吾，五代羿吾阿欧，六代阿欧苦鲁，七代苦鲁输立，八代输立阿伍，九代阿伍葛鲁，十代葛鲁尼。葛鲁尼时代，尼氏有九子，遍地分布着。先据九高山，米吐山为首，后占八平坝。启逋录时代，左以天边起，直到天地中，右边抵地极，越过鲁安谷。在这片土地上，在啥益卧甸，修高大庙房，修阿鲁的庙，塑上一堂像，塑阿鲁的像。葛尼十六国，由葛鲁尼主宰，靠天威势掌权，凭地威势保境，说是这样的。"《西南彝志 · 支嘎阿鲁查天地》（第十二卷）载："一世支嘎阿鲁，二世阿鲁宏吐，三世宏吐宏那，四世宏那局伍，五世局伍阿额，六世阿额苦鲁，七世苦鲁罢黎，八世罢黎阿武，九世阿武郭娄，十世郭娄亨。郭娄亨之时，亨有九个儿子，如花卉繁茂。亨的九个儿子，上段九座高山，姆吐博最高；中段六大山峰，姆褒宏最大；左边九条山脉，如神龙拴在山上；右边八片森林，像飞着的神鸟。这两地之间，在沙米卧底，建一座宗祠，为阿鲁建宗祠，立一尊塑像，工匠十六道工艺（翻译有误，应是十六国），是天下最好工匠（翻译有误，应是第一国度），掌权治理天下，执政治理大地，说的是这样。”三部古籍都提到“十代果涅果尼（葛鲁尼、郭娄亨）”，生有尼舒、尼啥、尼武、尼姆、尼启、尼葛、尼纪、尼古、尼阿哈九子，《西南彝志》作“亨伍和亨默，亨卒和亨鲁，亨启和亨果，九是亨雅维”。《彝族源流》中，没有九子的具体名字。但都提到了“十六国”《西南彝志》（翻译有误）。这几部彝文古籍的记述，与杨慎《南诏野史》卷上引《白古记》的一段有着共性，《白古记》载：“西天天竺摩竭国阿育王骠苴低，娶欠蒙亏为妻，生低蒙苴。苴生九子，长子蒙苴，附罗十六国之祖；次子蒙苴廉，吐蕃之祖；三子蒙苴诺，汉人之祖；四子蒙苴酬，东蛮之祖；五子蒙苴笃，生十二子，七圣五贤，蒙氏之祖；六子蒙苴托，狮子国之祖；七子蒙苴林，交趾国之祖；八子蒙苴颂，白子国仁果之祖；九子蒙苴阏，白夷之祖。”九子十六国，所记述的都是同一事，都是叙述哀牢夷的源头，以此而论，“阿鲁”与“哀牢”是同一名字在不同地域的发音汉字记音。

仇娄阿摩系武蒂僰所生五支僰之一的僰阿迤后裔，支嘎阿鲁的家族。卢夷之国——朱提国的第22世王。仇娄阿摩谱，在《西南彝志》里有28代，在《彝族源流》里有29代，在本书里有32代（见《彝族源流·武僰源流》《西南彝志·支嘎阿鲁查天地》）。仇娄阿摩部当是古老的卢夷之国，卢夷之“卢”应与仇娄阿摩部的“鲁”与星崇拜有关。仇娄阿摩时期，一是改国名为朱提；二是公元前316年，秦惠文王派张仪、司马错灭巴蜀，株连朱提国，朱提的中心被迫转移。《西南彝志》（第十一卷）、《彝族源流》（第十卷）、《彝族创世志》和本书等四部彝文文献有“仇氏首次受攻击”，或“武家大队人马，从四面进攻，阿卓赤（阿朱提）的宫殿，很快被攻占”，或“武家大皇帝，征召四方人马，从四面开来，向扎沾俄勾，仇地盘攻来，要把仇娄阿摩，从世间铲除。仇家遭武攻击，一度遭了殃”的记录。仇娄阿摩又是彝族车苏支系与车姓之祖，朱提国后为扎沾俄勾，《元史·地理志四》载：“嵩明州，治沙札卧城，乌蛮车氏所筑，白蛮名为嵩明。昔汉人居之，后乌、白蛮强盛，汉人徙去盟誓于此，因号嵩盟。”沾扎俄勾是仇露阿摩彝族尼（蔺、脸）政权形态与体制升格后的名称，阿朱提（“阿着仇”“阿卓稠”）部的“诸此国”在古曲州、靖州地（今云南省的昭通市大部，贵州省的威宁、赫章等地）活动了千余年，被评为2005年全国十大考古发现的贵州省威宁县中水镇的鸡公梁子古人类遗址考古发掘的发现可作为旁证。在这一遗址，考古工作者发现了大量的陶器和迄今3000年左右的稻谷。“诸此国”即朱提国，朱提或译作“阿佐赤”“阿仲赤”“阿着仇”“阿卓稠”等，乌撒（今贵州威宁、赫章）彝语土语是“阿卓仇”，为便于同历史接轨，便译作“阿朱提”，因古朱提郡的郡名是以“阿着仇”或“阿卓稠”这一人名演化的地名来命名的。仇娄阿摩传两代之后，其部名该为阿朱提部，该部约于秦末汉初失败后，经今威宁草海、夸都一带渡可渡河（北盘江上游），过云南宣威（直诺），到沾溢、曲靖发展，再度称雄后，建掌扎俄勾政权于其地，到隋唐时期为“乌蛮”阿芋路部联合南诏灭掉为止。

濮夷（武）即武濮，古夷人（彝）中一个从事工匠的族群，源于武僰氏，为八部武古之一，在象征“六祖”崛起的“洪水泛滥”中，八部武古中的七部被灭，剩下武濮所一部，与“六祖”中的布支系后裔糯雅毕古部结合为一部，不敢待在其故土的今云南省的弥渡一带，往东迁徙，直到今贵州省的西北部、中部等一带。中途又融合了“六祖”第六支系的慕齐齐五世孙舍阿宏、舍补任、舍哺固三部，壮大为一个群体。①“六祖”第六支系的慕齐齐传四世，生德乌舍，德乌舍生舍乌蒙、舍阿宏、舍阿夺、舍补任、舍哺固等五子，舍阿夺与阿朱提氏联姻，融入了“白蛮”中，舍阿宏、舍补任、舍哺固融入濮，舍乌蒙传下默德施各支。武濮以拥有手工技术和各种生产技能特长，为布支系的磨弥、播勒，默支系的阿哲、芒布、阿外惹、德施举乌，侯支系的扯勒、乌蒙等部服劳役。

五、彝族与相关民族的分化与融合

先秦之前，武色吞、武陀尼、武古笃、武德补等部族与武僰族群中的阿朱提、支嘎阿鲁等部族同出一脉，均出自武僰系统，但武色吞、武陀尼、武古笃、武德补等部族至少到汉唐时都融入汉族去了，与彝族的武僰、濮夷实属同源异流了。当然，武色吞、武陀尼、武古笃、武德补这 4 个分支虽然大部分融入汉族，但仍有相当一部分一直保持了彝民族的特征。

在《彝族源流》《西南彝志》《彝家宗谱》等彝文文献中，也有六祖分支后的武支系里有“江西五十寨”的记载。很明显，武支系中“叫输阿那的，迁到东边去。输阿那一代，那雅俄二代，俄扯扯三代，扯扯僰四代，僰叟额五代，叟额阿待六代，赫赫朵八代，朵阿武九代，是东方武氏。在吉朵娄底，住有四支武，孟立九十寨，加斯（江西）五十寨，啥吐九城邑，扯扯安鲁旺，安武吐鲁旺。两鲁旺之间，四战将开拓，开辟新的天，开辟新的地，一方地和平，东方的武氏，就是这样的”。②很显然，六祖分支后的输阿那一支迁徙去了江西等地，最早融入汉族中。

六祖之前的希慕遮数起，米靡传 14 代后，分作 9 支，这 9 个分支中的大多数，都成了彝语支民族的先民。当米靡传到第 29 代时，其 12 弟兄中，11 支均分化为文化与彝族有异的其他兄弟民族去了。

① 王运权、王仕举译：《西南彝志》第 11—12 卷，慕齐齐十三代后裔的各家支，贵州民族出版社 2000 年版，第 44 页。
② 王继超、王子国译：《彝族毕摩经典译注》第十八卷，云南民族出版社 2007 年版。

第三节　慕靡与彝族连续不断的百代传承

彝文文献《米靡卷》分别为《米靡氏源流》《仇叩的三种名份》《毕余的四个名份》《始楚的三个名份》《米靡氏贵族》《恒略工匠谱》《恒略奴仆谱》《六祖溯源》《恒略侯氏谱》《育氏谱》《鄂莫氏谱》《彝人的传承》《堵毕德谱》《笃米的六弟兄》等内容，计 14 个篇目，是围绕米靡 31 代父子连名谱来展开的。除谱系的传承外，《米靡卷》最大的特点，一是社会管理与分工的等级化，二是族群的不断分化。

仇叩（皮耐）、毕余（毕德）、始楚（乍姆）、工匠、奴仆等名称的出现，反映了社会管理与分工的等级化，乃至于后来的职业分工的族群化。仇叩与皮耐是君长的别称，仇叩与皮耐的形象与职责是“头戴神冠，身披大虎皮，不停发号令”；毕余与毕德是臣子（长老）的别称；始楚与乍姆是毕摩的别称。

米靡氏又称“恒特氏”，彝族历史第三阶段的米靡有作“慕靡”或“木米”（天地）王朝，源自《献牲》《丧祭大经》等彝族毕摩经籍，如《丧祭大经·发送丧牲礼》载：“尼米举勾，尼能祖老死，尼能祖去世……布摩尼奢哲，布摩能洪额……把司署镇压，到尼能氏额车，破病魔死灾，破司署之阵。……尼能破死灾之后，俗由什勺袭，在待吐博略；……实勺破死灾之后，俗由恒特袭，在妥米纪抽；……在赖吐珠舍，恒投破死灾之后，俗由额索袭；……在卓雅纪堵，举偶破死灾之后，俗由六祖袭。”这说明彝族历史的各个分段是明确的。希慕遮是米（慕）靡王朝第一代祖，出自哎氏族，所有的彝族都发源于哎哺。哎哺时期号称漫长的 90 代，若按 25 年为一代计算，也有 2245 年，正是原始采集时期结束的新旧石器时期，后来又经过尼能、什勺、慕靡、六祖等时期。米（慕）靡王朝从希米遮传到笃慕为 31 代，《彝族源流·阿默尼》（17—20 卷）载“阿默尼家（活动在今云南省宣威市境的古磨弥部），在笃米以前，有 380 代，在笃米以后，传七十六代”。

米靡王朝的发源地被称为“妥米纪抽”，又作“尼米嘎娄”。“尼米嘎娄”又作娄姆密尼。《爨文丛刻》和《贵州大方彝族指路经》载：“这娄姆密尼，如同姨妈亲，又似姑表亲，外民族称它，叫蒙纪陇卷，彝家人称它，叫点苍实溢。”尼米嘎娄即娄姆密尼，系云南大理苍山脚下大理坝子的统称，是什勺和慕靡氏族的发祥地。米靡第 14 代时，“道米能九子，往水边发展，三支椎青髻，披青甲，手中持青戟；三支椎红髻，披赤甲，手中持赤戟；三支椎黄髻，披黄甲，手中持黄戟。打开云雾门，揭开淫雨门，进入恒举卯，与斯阿武为伍，就是这样的”。道米能九子输（又作“舒”）氏九弟兄，大的 8 支都融入了远离夷这一族群的其他族群，成为语言、文化、习俗、宗教与夷人有异的“武”或“啥”的群体；第九支名输（“舒”）米能，又叫道（窦）米能或道慕尼的，传下了今称“糯素”或“尼”“诺”“能”“乃”等的彝族人。

第 16 代仇阿素氏七弟兄，往水边发展。由仇娄古、仇雅曲、仇阿鲁、仇阿洪等弟兄形成额氏族、索氏族、八支默遮罗、曲氏族、古氏族等。额索（又称“举偶”）在这一代时形成。仇雅素也生有 7 子，“两个椎青髻，两个椎赤髻，两个椎黄髻，在米固法恒，成吃人之祖。”也化分为不同的氏族。第 25 代阿武樊时期，产生了阿武偬、阿武确、阿武舍（鄂莫）等分支。第 29 代时，武珠 12 子，11 子渡过泰溢河，只留下踪迹。渡过泰溢河的 11 支分化为文化各不同的氏族，仅武洛撮一支传承彝文化。到第 31 代，除笃米而外，还有笃直古、笃妥鄂，笃阿古、笃妥鄂、笃叟厄（六部）、笃武古（八部）等六弟兄，都为“洪水”所灭，只有笃米传下了“六祖”。米靡王朝除自身而外，也是彝族“六祖”的源头，成为系统完整而有代表性的一部父子连名谱的开头一段。笃米之后，默部水西阿哲家的父子连名谱不间断地连接，到清康熙三十七年（1698 年），共传 115 代，是父子连名谱中的范本。

第四节　彝文《指路经》指向的彝族发祥地

《指路经》是彝族丧祭活动里必须使用的重要经书。在丧祭活动中，《指路经》是在经过《献酒》《献水》《献茶》《献饭》《献牲》《求助神力》《献药》《洁净》《大型解冤》《斗勾魂鬼》《镇压勾魂鬼》《治星宿》《消除死灾》等祭仪后，才给亡者诵读的。①

所谓《指路经》，顾名思义，就是指引路线的经书，是指引亡灵反向沿着祖先的迁徙路线，回归祖先故地。这一归宿，是通入祖宗故居的“翁靡”，即通往“五地之路”。“五”是五行中土的代表数字，五行序数为金一、木二、水三、火四、土五。在方位

① 陈洛基、王继超主编：《中国少数民族古籍总目提要 · 贵州彝族卷一》，贵州民族出版社 2010 年版。

上，金代表西，木代表东，水代表北，火代表南，土代表中央。五为土，为中央之数，它是远古彝族先民以自己居住地为天地中心这一观念的反映。

彝族原始的宗教观念中，“人死留三魂，禹额守墓地，洪斗归翁靡（祖界），诺色在祠堂”。亡灵回归“翁靡”（祖界）的路，高山峻岭难跋涉，重重关隘，条条河流阻道，在武雅惹舍、哈雅若舍、古楚叟惹的这些原始森林里，山上老虎咆哮，豹子吼叫，路旁站满野狗，道上布满毒虫，处处险象环生。在今天看来，这种描写荒诞不经，然而在古代，云南东部或北部一带的原始森林里确当如此，反映了古代迁徙线沿途的地理概貌。一路走，一路看，一程一站，从亡人住地顺利回归祖先故地。之所以要“原路”回归祖界，目标明确和路线指认，强调血缘关系和地缘关系。透过丧葬气氛的悲郁，毕摩诵经的抑扬顿挫，亡灵走出了一条彝族祖先的历史之路，毕摩每念诵一次《指路经》，就开启了一段历史记忆。历史记忆的“重复”与“诠释”，使彝族的历史传统不断延续。在六祖分支后，彝族先民经过风风雨雨，自强不息，由小而大，伸向四面八方，迁徙各地漂流他乡而顽强生存的各支系，死后魂归故里而得以团聚。

指路是在死者的住地进行的，由毕摩主持，先说死者的功绩和福气。死者为尊，活着的人尊敬死者，对亡灵安慰一番并敬献祭品，然后亡灵走出灵堂到丧祭场，穿戴甲胄，拿起武器，跨上骏马，赶着牺牲开始起程。按照祖宗迁徙的路线返回故土，点明沿途歇息地点。由于山川险阻，猛兽肆扰，要一一指点排难解危的方法，直到把亡灵指引到达目的地。然后告诉亡灵到达目的地之后，要按自己所属的家族去找到自己的位置。各家族亡灵的归宿地都有不同的标志，告诫亡灵要辨认清楚。最后，毕摩向亡灵告别，指路的事就算完成。

一山一水，灵魂回归路漫漫，许多真实可考或待考的山名、地名、河流、湖泊名，折射出彝族祖先迁徙、奋斗、开拓的历史。从收集、整理、翻译的《指路经》来看，因为各家支的迁徙路线和发展地区不一样，每一部《指路经》都展现一个家支生动的迁徙史。起点不同，来路不同，但从四面八方汇聚到今云南昭通、大理一带地区。把各家支的《指路经》集中起来，就构成了一部古代彝族迁徙的路线图。不同地区的《指路经》，因为不同的地域和现实环境而呈现不同的“往事回忆”。以“回首往事”的方式进行文化认同，确认自己处在一个强大而悠久的历史空间和族群文化的链条之中，让他们找到同根同源点，获得了互相认同的基础，保持与祖先精神相通相连的本原性。《指路经》一直是彝族“人死归祖”思想理念的反映，是彝族共同体的认同基础。历史记忆不仅是缅怀祖先的功绩和叙说苦难，同时也是昭示后辈“血浓于水”的族群认同意识。

《指路经》是流传久远、有独特风格的彝文典籍，已经出版的《指路经》有：中央民族学院出版社出版，果吉·宁哈和岭福祥主编《彝文〈指路经〉译集》，包括云贵川三省18家支的《指路经》；四川民族出版社出版《彝族指路丛书·贵州卷一》，包括贵州毕节地区5县（市）的7篇《指路经》；云南民族出版社出版的《彝族毕摩经典译注》三十卷中的《乌蒙彝族指路书》（分《乌蒙卷》《芒布卷》）。云南民族出版社出版的《指路经》（第一集），包括罗平、武定等6县（市）的6篇《指路经》。彝族在繁衍迁徙的悠久历史中，形成了若干支系，而每一个支系都有自己的《指路经》。

《指路经》中的地名一般有40到60余个，《指路经·芒布卷》在威宁、赫章乃至整个黔西北与毗连的云南省昭通、曲靖等市都有代表性。在大方、毕节、黔西、金沙、织金、纳雍的各种抄本中，地点不同的是没指到威宁上帝庙山的那些部分，它和赫章抄本基本是一致的，威宁县东部的抄本中地名和这个抄本也差不多，所不同的只是起点到威宁的部分。威宁县西部抄本中的地名只有1—2个，即指到了威宁县城一带。贵州省毕节地区、六盘水市和云南省昭通、曲靖市一带的《指路经》可归纳为《乌蒙山彝族指路》，路线都是以亡者居住地做起点出发，到威宁草海集中，然后经威宁西凉山、哈喇河、牛栏江，云南省的会泽、沾益、曲靖、寻甸、嵩明、陆良、昆明、玉溪、楚雄、弥渡、祥云、大理等，此与以大方、威宁抄本为典型；也有少部分抄本对大理苍山的记录较模糊。

彝族的形成与发展经历了哎哺、尼能、实勺、米靡、举偶、六祖等6个时期，在《指路书》上，除哎哺而外的5个历史时期都有反映。通过丧事活动中各种仪式的记载，追溯各部族的来源，反映彝族在各个历史时期的分布、分支、迁徙，从事生产生活活动，尤以铜的冶炼、丝绸的纺织，标志着彝族社会进入文明的情况等，具有历史学的价值。

《指路经》的记载，还反映了彝族古代的丧葬习俗，唐代樊绰在《云南志·蛮夷风俗》中载："西爨白蛮死手，三日内埋殡，依汉法为墓。……蒙舍及诸乌蛮不墓葬，凡死后三日焚尸，其余灰烬，掩以土壤，唯收两耳。"大多《指路经》的内容正好涉及这一问题，反映出彝族古代曾实行两种葬俗，即吐实楚兴起土葬，那乍姆兴起火葬。在古代彝族内部，吐实楚是农耕文化的代表，那乍姆是游牧文化的代表。吐实楚、那乍姆是米靡时期（彝族历史第四个时期）十大毕摩学派之首席毕摩，其父子连名谱连至现在，已有160余代，有4000多年历史的概念。彝族普遍实行火葬，则是元明之后的事。书中所记录的彝俗与若干丧俗表明，《指路经》有着民俗学和民族学等方面的价值和意义。

《指路经》深层次的思想内涵还在于它反映了彝族人民的传统心态，就是远离故土，又思念故土，饮水思源不忘其本，得鱼而不忘筌，这是彝族人民的一种传统美德，是整个中华民族的共性，并有助于今天的社会主义精神文明建设。叶落归根，思恋故土，既是热爱家乡的牢固思想基础，也是爱国的牢固思想基础。

从《指路经》的记载中，充分反映出彝族先民勇于开拓、善于进取的精神。由于各种原因，彝族先民辗转迁徙，寻求安身立足之地；为了生存和发展，在各种险恶的历史生存环境中，百折不挠，前赴后继，顽强地拼搏，坚强地生存发展。这种精神，激励着后代不断奋勇前进。

《指路经》是将亡魂一站一站地从其生前的居住点指到祖先曾经居住过的地方，而在《撮泰吉》分布区域曾经存在一种叫作“笃艾诃”①的原始宗教活动则要从祖域的“翁靡”经点苍山沿《指路经》的路线把某一位祖先的灵魂召请回来，附在一两位处女身上，把她或他们的要求，或子孙受挫折的原因说出来后，又沿《指路经》的路线把所召请来的这位祖先的灵魂指回去。

在彝族的原始宗教观念里，认为世界上的万物有生有灭，但灵魂不灭。就人而言，死后还留下三魂，在这三魂中，名叫“禹额”的，它因为愚钝本分，也就守着火葬场或墓地；名叫“诺色”的，可以坐享其成，不劳而获，被恭迎到祖灵位内，常要享受子孙后代的虔诚供奉；名叫“洪斗”的那位，它的命名就与不安分有关，因而注定了它要千辛万苦，沿着老祖宗迁徙而来的路线倒回去，回到“翁靡”与老祖宗会合，找到最后的归宿。

《彝族指路丛书》中的亡魂“洪斗”的归宿是“翁靡”，最终归宿则是星空。翁靡直译为“五地”。彝族先民认为自己居住的地点属世界的正中，即“诺濮”，居住“诺濮”的人即“能素”或“尼苏”、“诺苏”等。然而，各地所确认的“翁靡”所在地则不同，如四川《指路书》中的“翁靡”（额木）在云南昭通、曲靖，贵州威宁等地；楚雄、红河等地的《指路书》确认“翁靡”也有贵州威宁草海一带或昭通，贵州的《彝族指路丛书》一致确认“翁靡”在云南的点苍山麓、洱海之滨。这一点，尤以大方《彝族指路经》说得清楚和形象，《爨文丛刻·指路经》在解释“娄慕密尼”这一地名时说，“娄慕密尼”就是“点苍山”。这与其他的彝文文献记载的彝族先民什勺氏、慕（米）

---

① “笃艾诃”为彝语“ɗ du^{33} η $ε^{33}$ $xω^{55}$”的音译，“du^{33}”音“笃”，意或理解为“祖”，有人亦以“笃”近“蜂”的彝音，仪词中有“蜂子阿二姐”句而俗称这种有巫术性质的活动为《请蜂子神》。“d$ε^{33}$”，音“艾”或“尼”，是巫的意思；“$xω^{55}$”音诃，是引导的意思。这种活动曾经流行的地区有威宁县板底乡的雄英村乌洛一带，威宁县东风镇的拱桥村的七组，赫章县财神镇的马鞍村瓦寡一带，毕节市大屯乡的三官村一带，大方县的白纳、瓢井等乡镇的彝族村寨。在威宁县板底乡的雄英村乌洛一带的做法是，找两位未成年的女孩志愿者，让她们穿上奇特的装束，坐在准备好的木马或板凳上，再给她们举行洁净仪式。由主持者诵词引所请的祖先或其他亡灵附在她们身上，为验证是否灵验，要给借身的女孩熏或灌辣椒水等。的确不被呛着者，才认可有死人灵魂或神灵已附她们身上，让借身的女孩说上一通后，将所请的亡灵及时地按《指路经》的路线指送回去。

靡氏、举偶氏发祥于点苍山麓、洱海之滨的情况是吻合的。

亡魂“洪斗”在毕摩的引导下，经历了千辛万苦后，终于来到了叫“祝斋苦”的地方。《彝族指路丛书》卷七载：“到吉苏博卧，望见祝斋苦，在祝斋苦，三位天君，守在祝斋苦，分开迎送者，迎者爷古匹，送者德啥妣，迎者往里走，送者泪淋淋，送者洪汝里，送者董默妻，送者返回家，全都返回家，骑马返回家。到了祝斋苦，祝斋苦，又叫则额法，又叫笃恒补，有三个名称。天黑星辰出，祝斋苦门庭，三位天君，守在祝斋苦，分送生死者，死者骑魂马，快如纺车转，死者的猪牛，如红柿满枝，送到翁峨吐。送者拄青杖，在人间，在欧古之外，死的去翁靡，活人魂归来。”①

“祝斋苦”有“欧吐峨阁”和“欧那峨奏”两道大门，沽色尼、能色能、布色啻三位天君在此分辨送生死者，即亲友等活人的灵魂与死者的灵魂“倨”。生者和死者的灵魂是不可兼容的，三位天君把死者的灵魂“倨”放进“欧吐峨阁”和“欧那峨奏”两道大门同时，把生者的灵魂挡在了门外。如果说《彝族指路丛书》是人神世界的桥梁的话，沽、能、布三位天君就是这座桥梁的守护者。

死者灵魂要在“翁靡”居住三年三月三天，那是一个理想的世界，在那里，有永恒的自然恒温，无春夏秋冬四季之分，稻谷和荞子的茎秆如碗口，谷粒荞粒斗样大，死者灵魂尽可不耕而食、不织而衣。尽管如此，天上的太阳才是君长的归宿，月亮才是臣子的归宿，称之为“帝星”的北极星才是毕摩的归宿，满天的星斗则任黎民百姓各自去寻找归宿。在这里，把星辰崇拜与等级观念有机地融合到了一起。

第五节　彝族六祖分支与滇西彝族的形成

滇西一带的古人类活动当与彝族先民有关，一是与滇西一带的古夷人著名酋长笃勒策若所代表的部落有关；二是与滇西一带古夷人堵氏国君长撮矮阿颖所代表的部落有关。《华阳国志 · 南中志》载：“夷人大种曰昆，小种曰叟，皆曲头，木耳环，铁裹结。无大侯王，如汶山、汉嘉夷也。夷中有桀、黠、能言议屈服种人者，谓之‘耆老’，

① 贵州省毕节地区彝文翻译组：《彝族指路丛书》，四川民族出版社 1997 年版，第 372—383 页。

便为主。论议好譬喻物，谓之‘夷经’。今南人言论，虽学者，亦半引‘夷经’。”[①] 什勺氏和笃勒策若所代表的部落与撮矮阿颖所代表的部落，即是“大种曰昆，小种曰叟”的古夷人部落。什勺氏的分布主要在今云南西部一带，中心在苍山洱海一带。什勺氏的点仇叩一支繁衍了古滇王族，如《西南彝志》（五）记载：佐阿采（或作佐阿且）是什勺氏的君长，佐阿采为“上天”（滇王室）征讨租赋，因私自加重人们的负担，被认为不贤而受到征伐，被武家的武堵阿育杀死在点吐山上。由于佐阿采被杀，慕氏与靡氏（六祖）交恶，开亲的道路由此而断。在慕靡氏的父子连名谱里，希慕遮下传第 7 代也叫佐阿采。什默采一支则繁衍了后来的南诏王族。

到了慕靡时期，慕靡氏活动在今滇中、滇西、滇东北至四川盆地一带，其活动范围很大程度上超过了尼能氏和什勺氏。慕靡氏的发祥地称 “妥米纪抽”，别称“密慕嘎娄”“娄慕密尼”，根据《爨文丛刻 · 指路经》《彝族指路丛书》《彝族指路经集译 · 贵州大方卷》载：“这娄姆密尼，如同姨妈亲，又似姑表亲，外民族称它，叫蒙纪陇卷，彝家人称它，叫点苍实溢。”[②] 尼米嘎娄即娄姆密尼，系云南大理苍山脚下大理坝子的统称，是什勺和慕靡氏族有文献记录的发祥地，尤其得到《贵州大方彝族指路经》指证。什勺氏族与尼能、举偶、武僰、慕靡等氏族都同时起源于哎哺，并平行发展，在历史舞台占据主导地位的时间则有先有后。什勺氏的发祥地是滇西的点苍山麓，洱海周围，并长时期分布在这一地域。根据《彝族源流 · 罗纪（阁）源流》的记载，什勺氏是南诏王蒙氏直接的祖先，从什默采一代分的支。什勺氏在滇西一带繁衍分支形成了格踏部（汉时的嶲唐部）。

第六节　彝族六祖分支与彝族分布格局的形成

彝族六祖在被称作卓雅纪堵的地方分支后，基本上也就形成了所谓“武乍两长子，分布在南方，糯侯两次子，到北方开拓，布默两幼子，分布在中部”的分布格局。六大部中也是你中有我、我中有你的存在。

① ［东晋］常璩撰，刘琳校注：《华阳国志 · 南中志》，巴蜀出版社 1984 年版，第 364 页。

② 马学良、罗国义：《增订爨文丛刻 · 上 · 指路经》，四川民族出版社 1986 年版，第 569—573 页。

一、彝族六祖分支与彝族在云南省的分布

六祖分支前，武僰第二支支嘎阿鲁的长子阿鲁洪吐到了今天的滇西一带，彝文记载被翻译并引进《白古记》中，再为《南诏野史》所引用，同时，哀牢夷的三个版本都指向了滇西一带。除阿鲁生哀牢夷这个版本，另一个版本介绍毕待鲁之女沙壹嫁格唐生九子，再一个版本叙述南诏祖母乌蛮蒙确舍女阿哈侯乌与龙交媾后生九子，加入哀牢夷。早先分布的尼能、什勺则形成了“昆明夷”或“昆弥夷”。

六祖分支后，六祖中的15支长子翻过多鲁打别大山，迁往今云南的大理、丽江、澜沧、保山一带，以今大理为中心，与格唐部、什勺后裔等若干氏族融合，形成“目确舍”和“目佷诏”集团，正是这两大集团，唐初云南大地形成了六诏（一作八诏）。

武支系以今云南曲靖市陆良，昆明市的宜良、石林和红河州的弥勒、泸西等一带为中心分布，分为9支输氏。9支输氏里，除今巍山的蒙舍苏僰武被默德施部的俄索毕余（额）所灭，其余9支都先后被布和默两支系征服。但武支系中也不乏有强者，如输武余一支以今天红河州的弥勒、泸西等一带为中心，活动于今红河州境内，其谱在武支系中属最完整也是最长的，加上米雅克到武输的7代，计有46代，与六祖系统中的磨弥部等差不多，又根据其所处位置看，南宋时曾在横跨云贵两省地建立过自杞国者当与该部有关。

今楚雄、昆明、曲靖等州市的部分地方分布着由布支系长子诺濮迁及其部众形成的葛濮支系。葛濮支系的君长诺濮迁属布支系嫡传第10代的长子。在今普洱、玉溪、红河、大理、楚雄等州市一带，分布着布支系第二大分支的诺陇邓氏，号称陇邓九子，即9个次分支。在上述地区还分布着布支系的第三个分支，即诺克博五子的分支；在昆明市安宁到楚雄州禄丰县一带分布着纪阿太部，武定、禄劝一带分布着三十七部之一的罗婺部；宣威到沾益一带分布着磨弥部，他们都是布支系在云南的分布。在会泽、巧家、东川等县区一带，分布着默支系的长子勿阿克一支，即史称乌蛮七部落中的阿芋路部。《新唐书·南蛮传》载：“其种分七部落：一曰阿芋路，居曲州、靖州故地；二曰阿猛；三曰夔山；四曰暴蛮；五曰卢鹿蛮，二部落分保竹子岭；六曰磨弥敛；七曰勿邓。土多牛马，无布帛，男子髽髻，女人被发，皆衣牛羊皮。俗尚巫鬼，无拜跪之节。其语四译乃与中国通。大部落有大鬼主，百家则置小鬼主。”还有该支系的仁德部占据了今寻甸县一带，陆良、罗平、师宗、泸西等处则分布着武支系和武僰阿朱提的后裔，并一直延伸到昆明和嵩明一带。

六祖第4支系的后裔从昆明、曲靖向东迁徙，到今贵州省威宁自治县的草海一带举行了9支德额的分支。9支德额之一的德额罗一支，占据了今昭通市的除镇雄和彝良

及威信而外的县区，到清雍正年，一直传承了 70 余代。镇雄和彝良等县则分布着默支系勿阿纳分支的芒布部，与乌蒙部一道，到清雍正年间也传承了 70 余代。彝族的这种分布，都充分反映在了彝族毕摩经典的记录中。

二、彝族六祖分支与彝族在四川省的分布

最先分布在四川省的彝族先民是尼能氏，尼能氏的分布遍及古四川地区的尼米举勾，涵盖了今四川省大多平原与丘陵地区，先以尼伟（或尼毕，今宜宾一带）和能沽（今成都一带）为活动中心，且是以尼伟的养蚕和能沽的织绸闻名而在彝文典籍中被记录下来。

六祖分支后，第二支系乍支系中的一部分到达今天的贵州省威宁自治县的草海和赫章的可乐一带，后又经今云南省的昭通一带迁往凉山地区，在乍支系的谱系中，出现了今凉山地区的雷波（莫博）、普格、布拖等地名①。这个时期，凉山地区分布着 11 个氏族部落或族群，而乍部在 11 个部中占了 6 个部。稍后，六祖第六支系的勿阿克分支的阿芋路部的多个小分支占据了今凉山地区的会理、会东、德昌、宁南、西昌等地方。乍支系所据地方，到唐（南诏）后期被糯侯两支所颠覆，尤其是被糯（两林、勿邓）氏所颠覆。

唐代，六祖第三支系糯氏强盛起来，有大陇邓即勿邓、丰琶、两林（糯在凉山彝语中作涅、两林即两涅）崭露头角，完全取代了原先乍氏的地位，基本占据了乍氏的地盘，故又有了“北边十一部，糯占据六部的”记录。糯支系的君、臣、师、谱系分别传承有 43 代、 38 代等。六祖第四支系的侯支系传到第 18 代时，到今贵州省威宁自治县的草海之滨举行九德额的分支仪式，九德额之一的德额辉一支分布到今四川南部的泸州市所辖地，以今古蔺、叙永为中心，辐射于合江、纳溪、江门、江安、泸县等地，成为后来明代的永宁宣抚司部。德额中的其他小分支，如德额陀等渡过金沙江北上，成为后来称之古侯家的凉山彝族各古侯属系的家支。

三、彝族六祖分支与彝族在贵州省的分布

六祖分支前，贵州地区已分布着大量的彝族先民濮夷，他们由阿娄支系和武僰支系组合而成。六祖分支后，有第五支布支系 7 代后分支而成的阿德布楚最先到今贵州的兴义、盘州市等地；第六支默支系的 5 个分支则进入今天的贵州地区，融入濮夷，被称为东方濮君、兜卧濮、兜凯濮、博卧濮、博凯濮等，② 尔后，又有乍支系和侯支系在今贵州地区驻足，在今贵州安顺一带，有第四支系的侯支系的侯大额卓（侯陇邓所传）

① 佚名布摩：《彝文文献手抄本 · 彝家宗谱》，发现于贵州省赫章县珠市乡上寨村，现原件藏贵州省毕节市彝文中心。

② 佚名布摩：《彝文文献手抄本手抄本 · 彝家宗谱》，发现于贵州省赫章县珠市乡上寨村，现原件藏贵州省毕节市彝文中心。

被后来的播勒部所灭；费夺阿武一支在今贵州遵义市的播鳅区一带被阿者家所灭。东汉初，勿阿纳东进今黔地，数代人后，占据黔西北大部，并向黔中推进，形成了阿者部，成为后来号称六更的罗甸王、姚州刺史、罗氏国、阿者国、贵州宣慰使和水西宣慰使等。阿者部的父子连名谱系是彝族毕摩经典记录中具有代表性和标志性的谱牒。布支系的海邓阿仁部向东发展，在今黔中地区和黔西南的北部形成滇王和罗殿国。勿阿克的另一个分支阿达德到了今天安顺市的关岭叫作克茨额堵的地方，形成慕役部；默支系的勿阿洛一支则占据了今黔西南的南部一带，先后形成了毗那大蛮、毗那国等，成为后来的普安土司。布支系的另一分支与播勒、磨弥部分支后，三国末期自今云南宣威进入今贵州毕节西部，形成了乌撒部、乌撒土司，传承了73代，亦为唐宋乌蛮三十七部中重要的一部。

第七节　唐宋时期的彝族方国与部落政权

一、南诏国

罗纪即唐代的南诏王（云南王）皮罗阁。作为人名时，为云南王皮罗阁的彝语乌撒土语名字；作为群体名时，是对云南王皮罗阁所辖境内各民族的统称，并非专指哪一个民族。彝族的这种专指习惯还有如水西君长妥阿哲所辖境内的各民族都称阿哲，无论将罗纪做群体名，或阿哲做群体名时，往往都省去了后面的“铺”字。在彝语乌撒土语文献中，把卓罗纪（皮罗阁）作为南诏国的代称，即南诏王族与所属族群（支系）以及南诏王统治下的属地居民都一律被今贵州彝族称之为罗纪，或“洛举”（罗举）。

南诏国王蒙氏起源于点苍山的什勺氏，系什默采两子中的一支，其在彝文文献记载中的父子连名谱系为：1. 什默采（什默采“高大的什氏，同高大勺氏配合，生了什默采）—2. 默采铺—3. 铺阿勒—4. 勒阿武—5. 阿武撮艾—6. 撮艾诺舍—7. 诺舍布—8. 布启度—9. 启度武—10. 武毕余—11. 毕余纪优（以上11代，是什勺辅佐）—12. 恒卧苦—13. 苦阿洪—14. 洪笃珠—15. 笃珠苦—16. 苦独烨—17. 独烨额毕—18. 额毕阿纪—19. 阿纪阿棼—20. 棼那待—21. 那待米俄—22. 米俄叟妥—（以上 11 代，是武色吞辅佐）—23. 叟妥棼—24. 妥阿额—25. 额阿偬—26. 偬衡衡—27. 衡诺度—28. 诺度阿纪—29. 阿纪虬—30. 虬诺启—31. 启阿苏—32. 阿苏鲁莫（10 代以内，由武德补辅佐）—33. 鲁莫咪—34. 咪署阿硕—35. 阿硕姆吉—36. 姆吉阿布—37. 阿布阿默—38. 阿默阿笃—39. 阿笃古古—40. 古古阿苏—41. 阿苏毕余—42. 毕余阿额（11 代以内，由武陀尼辅佐）—43. 额额咪—44. 咪启余—45. 余阿侯—46. 侯阿德—47. 德阿姆—48. 姆阿娄—49. 娄阿武—50. 阿武赫者—51. 赫者阿咪—52. 阿咪妥俄（10 代以内，由蒙确舍辅佐，同蒙确舍通婚）—53. 妥俄资—54. 资吉朵—55. 吉朵独—56. 独牟罗—57. 牟罗独—58. 独细奴—59. 细奴罗—60.（奴罗阿）阿罗卓（罗盛）—61. 卓（皮）罗纪（阁）—62. 罗纪凤—63. 凤罗异—64. 异额譶—65. 额譶阿—66. 阿卓达佑—67. 达佑纪丰—68. 纪丰罗纪—69. 罗纪阿佑—70. 阿佑爸佑—71. 爸佑阿诺—72. 阿诺赫妥—73. 赫妥阿俄—74. 阿俄帝罗—75. 帝罗卢宙—76. 卢宙世隆—77. 世隆阿咪—78. 阿咪隆禹，共计 78 代。在彝族父子连名谱系里有其代表意义。

以彝汉文所载的两种南诏十三王谱系做对比，第一种为彝文对比汉文：独细奴—（庞伽独或龙伽独）；细奴罗（或细奴阿罗）—细奴罗；（罗阿罗）—（罗盛）；阿罗卓—（盛罗皮）；卓罗纪—（皮罗阁）；罗纪凤—（阁罗凤）；凤罗异—（凤伽异）；异额譶—（异牟寻）；额譶阿—（寻阁劝）；阿卓达佑—（劝龙晟）；达佑纪丰—（劝利）；撮丰撮仁—（劝丰祐）；撮仁立里—（世隆）；立里爸佑—（隆舜）；纪丰罗纪—（舜化贞）—罗纪阿佑—阿佑爸佑—爸佑阿诺—阿诺赫妥—赫妥阿俄—阿俄帝罗—帝罗卢宙—卢宙世隆—世隆阿咪—阿咪隆禹。

第二种为汉文对比彝文：细奴罗（或细奴阿罗）— 罗盛；盛罗皮—阿罗卓；皮罗阁—卓罗纪；阁罗凤— 罗纪凤（罗阁凤）；凤罗异—赋阿异；异牟寻—异额譶；寻阁劝—额譶阿；劝龙晟—阿卓达佑；劝利—达佑纪丰；劝丰祐—纪丰罗纪；撮仁立里—立里爸佑—爸佑阿隆—阿隆伦赫—伦赫阿俄—阿俄阿里—阿里鲁直—世隆—卢宙世隆；隆舜— 世隆阿咪；舜化贞—阿咪隆禹。彝文谱断了罗盛一代，从劝利到世隆这一段混乱。仅从罗纪谱（南诏谱）的记载，就足够证明了南诏是彝族建立的方国政权。

（一）阿外惹部的形成

《西南彝志》载："毕额勿（第 19 代）之时，娶濮杓阿颖为妻，为毕额勿生三子。"据《彝家宗谱》[①]的记载：毕余（额）勿生有勿阿克、勿阿纳、勿阿洛、勿阿律四子。

① 佚名布摩：《彝文文献手抄本手抄本 · 彝家宗谱》，发现贵州省赫章县珠市乡上寨村，现原件藏贵州省毕节市彝文中心。

勿阿克为阿芋路（陡）即閟畔部祖，这一支分布在今云南省的会泽、东川、昭通，贵州省的威宁自治县，四川省的会理、会东、德昌、西昌一带，属于默支系中的大宗。勿阿纳为水西与芒布两部的先祖，阿哲（水西）部分布在今贵州毕节市所辖的大方、黔西、织金、纳雍、金沙和贵阳市境贵阳、修文、清镇、熄丰、开阳及六盘水市的六枝、水城一带；芒布部分布在今云南省的镇雄、彝良、威信一带。勿阿律一支生有两子，为默部世袭毕摩。勿阿洛传三代，分为4支，住在称之褒佐史卧的地方，褒佐史卧，汉文献记为竹子岭，《新唐书·南蛮传下》载："乌蛮与南诏世婚姻，其种分七部落：一曰阿芋路，居曲州、靖州故地；二曰阿猛；三曰夔山；四曰暴蛮；五曰卢鹿蛮，二部落分保竹子岭。六曰磨弥敛；七曰勿邓。"勿阿洛一支属于卢鹿蛮。褒佐史卧分布勿阿洛的4个追默分支，追默娄一支留在原地做追默君长，阿纳德楚一支迁徙到今贵州关岭的克茨额堵一带，称安慕役家，成了后来的慕役土司。追默洛一支从竹子岭迁徙到今贵州关岭的克茨额堵一带[①]，又迁到今黔西南的兴义市境内的捧鲊和六盘水市的盘县淤泥河一带，以阿外惹为部名，又称濮妥珠益家。《兴义府志》载："阿轮据有梁之漏江县地，蛮语称其地曰'阿外格'，即今之普安县地是也；阿台据有梁之毋掇县地，蛮语称其地为'顺帅格'，即今之兴义县地是也；又使其子分据今之捧蚱地，蛮语称其地曰'霭外则'，蛮语称州为格，霭外犹言岭外也"。[②]阿外惹部属"卢鹿蛮"，与称之为"暴蛮"的德布分支的阿德布楚部、磨弥部和"爨蛮"的阿着仇等部，被地方志混同为"暴蛮"。勿阿洛（勿阿轮）为阿外惹部祖，阿外惹部或称"濮吐珠益家"或称"普安部""于矢部"等。从勿阿洛开始，一共有43代父子连名谱，在默德施的两个分支中，水西部称"慕痐（北方）家"，阿外惹部对应称之"慕卧（南方）家"。《彝族源流·四部的地界》载："阿外惹部，上至克翁谷姆，中为皮能山，下抵布侯旺朵。"克翁谷姆，在今贵州晴隆与关岭间；布侯旺朵，在今广西境内；皮能山，在今贵州盘县境内，又作皮诺山、匹尼山、毗那等，是阿外惹部的活动中心。

（二）阿外惹在东爨境内的立部

唐初，南诏及彝族中的"乌蛮"[阿芋路（陡）]即閟畔部等部联合征服了"爨蛮""沾扎卧勾（云南沾溢、曲靖和富源、盘州市部分地方）""益毕珠吐勾（云南曲靖、东川）""麻纳姆古勾（云南曲靖、马龙）""吐洛勾（云南昆明附近）"这四部称"勾则"，为彝族"白蛮"勾则政权。同期称"勾则"的还有彝族中的"乌蛮"系统，阿哲、

① 佚名布摩：《彝文文献手抄本手抄本·彝家宗谱》，发现贵州省赫章县珠市乡上寨村，现原件藏贵州省毕节市彝文中心。

② ［清］兴义知府张锳纂修：《贵州省安龙县史志办公室校注·兴义府志》，贵州人民出版社2009年版，第748页。

播勒、乌撒、乌蒙、磨弥、芒布等六部与阿外惹部也强盛起来。据《彝族源流》载："先贤俄阿素（一名阿鄂阿妥，慕齐齐第35代，勿阿洛下传的第16代，约公元675年间人，生活在约唐高宗年间，南诏第二代王罗盛的时期），君长俄阿素，臣子叩布余，布摩黎叩布乌，这三贤时代，撵着百条牛，去朴濯多洪地，杀了行大礼。筑城在上面，经营下方地，定居下来后，始招罗布摩。政令出皮能，世袭任君长，治理此地方，实情是这样。"[①] 彝文文献《惹氏好机缘》载："濮妥阿外惹，细数来历，妥勒扎扎，住克庚和克姆；在补娄赖外，迫默洛子孙，鄂叩布余，律克布午，这三贤时代，撵着百牛，经过洛那珐，到濮濯哆洪，祭杀白公牛，立权求苍天，向上天献祭，发执权宣言，得到了法权，奠基皮纳山下。得到基业后，苴足姆家，在鲁旺内外，把各族主宰。苴足额哲家，如耀日当空，把天下普照；招贤纳能人，立下大树根。雾弥漫的山，鹰掌管高空，聚来鸟类栖，以一人为君；平坝雾茫茫，大地虎来守，兽不断涌来，只服从一王。寿命靠智谋，与家族共荣，在东西之间，如天际雄鹰，把众禽威慑，会飞都服从。把强者降服，以坚兵利甲，向远处进军；以权势地位，与亲戚为伍，高空无云挂，太阳威势大，把七层照亮，情形是这样"。[②] 皮能，又称皮纳山，汉文献作八纳山。明嘉靖《普安州志》载："八纳山，在州东北二十里，高二十里，上有平顶，旁有小石百余，顶有潭水极清，木叶落其中，鸟即衔去，泉声抄色当与烟岚掩映，人迹罕到。土俗相传，为土酋益智藏其祖先鬼筒于岩穴间，子孙十年一次登山祭之，每必椎牛羊，持刀弩，鼓噪而往焉。" 势力强盛、地盘稳固后，阿外惹部把中心放在今盘州市淤泥河彝族乡的皮纳山下，着手经营其部所统辖的地方，《彝族源流》载：当时称古口勾家（摩弥部，唐后治云南沾益、宣威）的摩史名叫欧索父奕，走访亲戚，到阿外惹家，居住皮纳山下的府上。"阿外惹家，待以高规格，杀牛行大礼。正因为如此，排场摆得大。拜会的时候，出口成章，三言两语，如鸟投林般，谈得很融洽。欧索父奕，开口就说道：阿勾尼家，杜谟旺奕，嫁阿外惹家。既然如此，我是舅舅辈，你是外甥辈，有句俗话讲：舅舅与外甥，唯不传祖灵。您阿外惹家，或男或女，识《俄莫咪》的，请找个陪我！"阿外惹君长家布摩谋臣定夺后，传（摩史）陀尼阿弥，作诗文陪欧索父奕游览皮能山，"欧索父奕，随陀尼阿弥，来到了山上，万里无云，山花烂漫，飞鸟鸣声脆。欧索父奕，充满了兴致，他开口说道：'我的阿弥呀，九十彝君长，都住好地方，且听我来说：秀丽的地方……优美的环境，当数阿外惹居住的地方。此地的上方，山顶覆盖林，无挽弓地方；在它的下方，平坝有湖泊；在它的四方，山若雄鸡群；在它的中部，稻

① 王继超、王子国译：《彝族源流》第二十四—二十七卷，贵州民族出版社1998年版，第295页。

② 根据赫章妈姑九股村文姓《勃弄尼君长寻源·惹氏好机缘》翻译，此书原抄本现存毕节学院彝学院文献中心，毕节市彝文文献翻译研究中心存有复印件。

长水满田，薅得像绿绸，错落有致，雅若猪睡姿，水草茂盛，用刀容易割。地富饶宜人，大江居第三；大岩居第六；森林居第九。迷人的地方，数阿外惹家居住的环境。”这是地方稳定的太平盛世才有可能得到的悠闲，彝文献对阿外惹家中心地皮纳山的记录与汉文献《普安州志》《徐霞客游记》《读史方舆纪要》的记载都证明阿外惹部的中心在皮纳山下，直到其第60代君长益智（彝名阿姆额陬）时还在皮纳山上“藏其祖先鬼筒于岩穴间”。

（三）于矢部阿外惹曾以“毗那国”的名称出现

提及自杞国，必然涉及于矢部。宋代于矢部阿外惹一度被称作“毗那”或“毗那国”。有关“毗那”“毗那国”的出现，《岭外代答》卷五《经略司买马》载：“产马之国，曰大理、自杞、特磨、罗殿、毗那、罗孔、谢蕃、膝蕃等。每冬以马叩边，买马司先遣招马官赍锦缯赐之，马将入境西，提举出境招之，同巡检率甲士往境上护之。”[①]《岭外代答》卷一《宜州兼广西路兵马都监》载：“宜之西境，有南丹州、安化三州、一镇，又有抚水五峒，龙河、茅滩、荔波等蛮及陆家砦。其外有龙、罗、方、石、张五姓，谓之浅蛮。又有西南韦蕃及苏绮、罗坐、夜回、计利、流求，谓之生蛮。其外，又有罗殿、毗那大蛮，皆有径路直抵宜城。”[②]洪遵《洪文安集》《缴罗殿蕃进马指挥》载：“今罗殿蕃自云：逐年亦卖马于横山，近与毗那国为仇，道路梗塞，遂由宜州。”[③]吴儆《竹洲集》卷九《邕州化外诸国土俗记》载：当时的贩马路线有一条是从横山寨至泗城州的，“又自泗城州稍北出古宜县、古郁县、龙唐山、安龙县、安龙州，渡都泥江，斗折而西，历上、中、下展州山獠、罗福州、雷闻岭、罗扶州，至毗那自杞国，又北出至大理国”。[④]范成大《桂海虞衡志》卷四《志兽》：“蛮马出西南诸蕃，多自毗那自杞等国来。自杞取马于大理，古南诏也，地连西戎，马生尤蕃。大理马，为西南蕃之最。”毗那先后有“毗那”“毗那大蛮”“毗那国”“毗那自杞国”四种名称，前两种名称说明毗那是独立的，后两种名称说明了“毗那国”与“自杞国”，合而为一，成为“毗那自杞国”，成了自杞国的一部分。毗那国的“毗那”，是彝语“皮纳”的汉语记音的不同用字，说明阿外惹部把中心建在皮纳山下，久而久之，“皮纳”即“毗那”就成了于矢部阿外惹的代名词，甚至成了国名。

---

① 文渊阁《四库全书》本。

② 文渊阁《四库全书》本。

③ 《竹洲集》卷一《论邕州化外诸国》，线装书局《宋集珍本丛刊》影印弘治刊本。

④ 《竹洲集》卷一《论邕州化外诸国》，线装书局《宋集珍本丛刊》影印弘治刊本。

（四）于矢部与自杞国加盟

自杞国是一个以彝族“些么徒”部落（东爨阿庐部落中的弥勒、师宗部）为主体的民族政权，其立国的具体时间，始出现于宋代至1260年为蒙古所灭。关于自杞国史料，仅见宋人的《竹洲集》《桂海虞衡志》《岭南代答》中的有关篇章。自杞国的范围包括今贵州黔西南州的兴仁、兴义、普安、安龙和六盘水市盘州，云南省的罗平、师宗、泸西、路南、邱北；广西隆林、西林等。其国力强盛，有精骑万计。南宋参知政事范成大《桂海虞衡志》载：“邕州南江（南盘江）之外稍有名称者，罗殿、自杞以国名，罗孔、特磨、白衣、九道等以道名，此皆成聚落，地近南诏。”“自杞”对于南宋，实际上都保持着相对的独立性。因此，官方将其称为“化外诸国”。[①] 自杞国时期，正是宋金严重对立时期，为抗击金人南下，失去了北方战马来源的南宋朝廷，在广西横山寨、宜州等地设立了马市，购买极善驰骋的云南大理、乌蒙和贵州水西战马，以充军用。范成大《桂海虞衡志》载：“蛮马出自西南诸藩，多自毗那、自杞等国，自杞贩马于大理。”大理国想到宜州、横山寨（在今广西田东县境内）与南宋进行马匹贸易，但北有罗殿国、自杞国，南有特磨道阻隔，不能通行。范成大《桂海虞衡志》载：“蛮马出自西南诸藩，多自毗那、自杞等国，自杞贩马于大理。”因此自杞和罗殿国都从大理贩马，又转手卖于南宋。自杞国以地缘优势，即西部接善阐（昆明），东边出境就到了邕州的属地，道路的便利，能保证年年有战马到邕州横山寨出售。但自杞国人不满足于邕州横山寨为市，还直接到宜州城下求售战马。绍兴三十一年（1161年），自杞与罗殿发生纷争，就取由南丹道径驱马直抵宜州城下，宜人峻拒不去。宜州官员最后不得不答应自杞的卖马要求，“为之量买三纲”，与之约“后不许此来”。自杞、罗殿二国梗塞于宋朝与大理国之间，垄断了南宋的广马贸易，而两国又彼此争锋并常发生纠纷。《竹洲集》卷一《论邕州化外诸国》载：“每岁横山所市马二千余匹，自杞马多至一千五百余疋，以是国益富。”[②] 丰厚的利润使自杞国人把贩马作为主要的经济支柱，通过战马贸易，使自杞国迅速致富，势力超过了其他番国。在巨大的利润面前，为争夺利益，自杞、罗殿两国难免彼此争锋并常发生纠纷，而地处两国之间的阿外惹毗那国更是两边都争取的对象，哪边的惠利优厚，阿外惹毗那国就朝着哪一边。自杞国是一个以贩马立国的彝族政权，常以部落结盟的方式扩大其势力范围，具有很大的流动性，其疆域不是长期稳定不变的。所以，到自杞国的中后期，阿外惹就加盟到了自杞国，于是就出现了毗那自杞国的名称。自杞国的建立者是“乌蛮”中“白蛮”

---

① 线装书局《宋集珍本丛刊》影印清钞本。

② 《竹洲集》卷一《论邕州化外诸国》，线装书局《宋集珍本丛刊》影印弘治刊本。

的“些莫徒蛮”，在阿外惹的“皮纳”（毗那）大本营内，“白蛮”出身的阿恒纠朵担任了相当于首辅或宰相的职务，彝文文献《细沓尼巧》载：“白（彝）死后不披虎皮，不用驮魂马，说法不成立。从前的时候，在濮吐珠益，有阿恒纠朵，年内生了病，月内形如草。他就把遗嘱，留了给子孙：‘到了将来，我死了之后，给东边的武陀尼传讯，他到来就给我作祭，否则不作祭；给西边的卓罗纪（南诏）传讯，他到来就给我作祭，否则不作祭；给北边的阿德葛传讯，他到来就给我作祭，否则不作祭；给南边的阿着仇传讯，他到来就给我作祭，否则不作祭！’留下这番话。在这之后，阿恒纠朵，像青草死，老杜鹃消失。东边的武陀尼闻讯，牵三只豹子到场；西边的卓罗纪闻讯，牵三只豹子到场；北边的阿德葛闻讯，牵三只豹子到场；南边的阿着仇闻讯，牵三只豹子到场。丧祭场四周，拴了十二只豹子，白（彝）死后不披虎皮，纠朵披虎皮；白（彝）死后不用驮魂马，纠朵用了驮魂马。如此作了祭，人间丧祭排场大，数阿恒纠朵，丧祭如此兴。”[①] 阿恒纠朵的做法没有受到阿外惹君长的责难，反而得到准许，是与阿外惹毗那国的加盟自杞国有关。

古乌撒部系三国中晚期，由德布磨靡支分支的君长默遮乌撒的孙子依孟德君长率部，从今云南省宣威市政府所在地靠西的直努吉苏一带，经今云南省会泽县境渡牛栏江，到今贵州威宁县的西凉山并幺站镇的抱都一带立足，初时仅据有今威宁草海及周边的一些地方，到隋唐时期，据有今威宁全境（含六盘水市的大湾镇）并赫章的大部分地方。宋代，除据有今威宁和赫章全境外，还先后占据了今毕节市七星关区所属的青场、以角、长春堡、杨家湾、撒拉溪、阴底、千溪、岔河、朱昌等乡镇；纳雍县的姑开等乡镇；水城县的纸厂、玉舍、发耳、杨梅等乡镇；盘州市的平地、四格等乡镇；在今云南省还占据了淌塘等乡镇，面积约1.5万平方公里。到1664年乌撒部灭亡，历经1200年以上。

（五）彝族毕摩经典记载的云南“乌蛮”三十七部中的一些大部

《新唐书·南蛮传》载：“乌蛮与南诏世婚姻，其种分七部落：一曰阿芋路，居曲州、靖州故地；二曰阿猛；三曰夔山；四曰暴蛮；五曰卢鹿蛮，二部落分保竹子岭；六曰磨弥敛；七曰勿邓。”这七部落即布、默与糯支系里七个部，除此而外的罗婺、纳垢、仁德、于矢、乌蒙、乌撒、芒布七个部都有完整的父子连名谱和简略的史料。

（六）彝族毕摩经典记载的四川勿邓、两林各部

《新唐书·南蛮传》载：“勿邓地方千里，有邛部六姓，一姓白蛮也，五姓乌蛮也。又有初裹五姓，皆乌蛮也，居邛部、台登之间。”《宋史·蛮夷四》载：“凡十二种：

① 佚名布摩：《诺沤苏·特确·赠确》（彝文抄本），贵州毕节市彝文翻译研究中心。

曰山后两林蛮，在州南七日程；曰邛部川蛮，在州东南十二程；曰风琶蛮，在州西南一千一百里；……凡风琶、两林、邛部皆谓之东蛮，其余小蛮各分隶焉。邛部于诸蛮中最骄悍狡谲，招集蕃汉亡命，侵攘他种，闭其道以专利。”汉文献所载的勿邓部即六祖第三支系中大陇邓一部，其谱系为：“米雅纵一代，纵雅惹二代，惹阿武三代，武阿邓四代，邓雅拉五代，拉毕朵六代，毕朵额毕七代。毕多额一代，额毕麻博二代，麻博阿惹三代，阿惹阿大四代，阿大陇邓（勿邓）五代，糯君大陇邓（勿邓），糯臣史雅觉，布摩保雅舍，此三贤时代，带猎人猎犬，在鲁武搜热狩猎……”两林亦是六祖第三支系糯支系中的两支，“两”是汉语数词，林、同涅，在凉山彝语里，东部方言所读的糯即读涅（曲涅），汉文献记作林。

第八节　彝族文献记录的有代表性的彝族土司谱系

一、云南彝族磨弥、仁德、罗婺、乌蒙、芒部、闷畔的土司谱

（一）磨弥土司谱[①]

毕祖米克克。1. 米克克，2. 克迫默，3. 迫默钟，4 钟鲁蒙，5. 鲁蒙娄，6. 娄阿德，7. 阿德毕，8. 毕梯妥，9. 梯妥诺，10. 诺克博。11. 克博维遮，12. 维遮阿默，13. 阿默鲁洪，14. 鲁洪父，15. 父斯索，16. 斯所多，17. 多海邓，18. 海邓葛余，19. 葛余阿羿，20. 阿羿孟德。21. 孟德陡，22. 陡阿姆，23. 姆阿余，24. 余阿朵，25. 朵阿哈，26. 哈雅博，27. 博阿鄂，28. 鄂举足，29. 举足孟德，30. 孟德阿姆。31. 阿姆维遮，32. 维遮阿默，33. 阿默阿采，34. 阿采笃硕，35. 笃硕阿大，36. 阿大阿祖，37. 阿祖阿苻，38. 阿苻陡朵，39. 陡朵阿俄，40. 阿俄周德。41. 周德笃任，42. 笃任笃博，43. 笃博毕余，44. 毕输益白，45. 益白陡斗，46. 陡斗额妥，47. 额妥鲁载，48. 鲁载阿租，49. 阿租濮白，50. 濮白濮娄。51. 濮娄鲁余，52. 鲁勾阿额，53. 阿额阿收，54. 阿收鲁勺，55. 鲁勺额苦，56. 额苦阿姆，57. 阿姆毕垓，58. 毕垓阿索，59. 阿所鲁周，60. 鲁周那苦。61. 那苦果舍，62. 果舍鲁觉，63. 鲁觉诺助，

① 王继超、王子国译：《彝族毕摩经典译注》十八卷，云南民族出版社 2007 年版。

64. 诺助古俄，65. 古俄布约，66. 布约诺勾，67. 阿默尼家。在笃米以前，有三百八十代，在笃米以后，传七十六代。阿德毕家，九代与天上通婚。

（二）仁德土司谱①

《彝家宗谱·仁德谱》载："（勿阿克十代。克阿格一代，格孟德二代，孟德阿芋三代—芋阿鲁）。阿鲁阿芋一代，阿芋阿仁二代，阿仁仁德三代，仁德阿那四代，阿那阿诺五代，阿诺阿租六代，阿租迂叩七代，迂叩毕余八代，毕余鲁叩九代，鲁叩阿侯十代。阿侯阿崩一代，阿崩迂默二代，迂默举俄三代，举俄直拉四代，直拉阿俄五代，阿俄阿注六代，阿注鲁乃七代。鲁乃阿腊八代，阿腊乃鲁九代。在漏乍益恒，彝家四保妥，仁德居其一。勿热叩一代，热叩格二代，阿格孟德三代，孟德阿芋四代。阿芋这一代，在辞吐峨打，住有五阿芋，即芋阿亥、芋阿陡、芋哺蒙、芋阿鲁、芋阿汝五位。在鲁旺之外，大队的武兵，犯五阿芋境，把他们伤害。施雅勒家，地盘狭窄了。芋阿鲁氏，成了舒雅罗。

"芋哺蒙四代，哺蒙濮五代，濮格阿齿六代，阿齿阿维七代，阿维佐野八代，佐野阿鲁九代。佐野阿鲁这代，住格密堕乌，妥叩水冰冷，不能种稻谷，从格密迁出。佐野阿鲁之女，奢徵和奢叩，嫁给卓罗纪。越过格依姆侯吐，住苏娄彼毕，热叩承祖制，就是这样的。"

（三）罗婺土司谱②

布祖米克克。1. 米克克，2. 克迫默，3. 迫默钟，4. 钟鲁蒙，5. 鲁蒙娄，6. 娄阿德，7. 阿德毕，8. 毕梯妥，9. 梯妥诺，10. 诺克博。11. 克博维遮，12. 维遮阿默，13. 阿默鲁洪，14. 鲁洪父，15. 父斯索，16. 斯所多，17. 多海邓，18. 海邓葛余，19. 葛余阿羿，20. 阿羿孟德。21. 孟德陡，22. 陡阿姆，23. 姆阿余，24. 余阿朵，25. 朵阿哈，26. 哈雅博，27. 博阿鄂，28. 鄂举足。29. 举足洛洪，30. 洛洪毕皤，31. 毕皤阿格，32. 阿格阿立，33. 阿立阿义，34. 阿义毕优，35. 毕优阿亥，36. 阿亥额鲁，37. 额鲁阿祖，38. 阿祖阿苻。39. 阿苻周德，40. 周德笃则，41. 笃则阿租，42. 阿租阿沓，43. 阿沓阿德，44. 阿德笃省，45. 笃省额陀，46. 额陀濮秋，47. 濮秋鲁勾，48. 鲁勾阿史。49. 阿史阿额，50. 阿额额洪，51. 额洪仆待，52. 仆待额举，53. 额举阿索，54. 阿索阿奏，55. 阿奏阿博，56. 阿博阿祖，57. 阿祖鲁勾，58. 鲁勾额毕。59. 额毕纪斗，60. 纪斗鲁匹，其谱到此止。

① 佚名布摩：《彝文文献手抄本手抄本·彝家宗谱》，贵州省赫章县珠市乡上寨村，现原件藏贵州省毕节市彝文中心。

② 王继超、王子国译：《彝族毕摩经典译注》十八卷，云南民族出版社 2007 年版。

（四）乌蒙土司谱[1]

侯祖米雅卧。1. 米雅卧，2. 卧雅拖，3. 拖立娄，4. 立娄哺恒，5. 哺恒哈，6. 哈鲜恒，7. 恒雅侯，8. 侯雅妥，9. 妥娄濮，10. 娄濮府。11. 府那党，12. 那党任，13. 任阿律，14. 律阿耐，15. 耐卧僰，16. 卧僰卧勾，17. 卧勾侯，18. 侯德余，19. 德余罗，20. 罗乌蒙，21. 乌蒙恒。22. 恒宙安，23. 宙安苦鲁，24. 苦鲁苦德，25. 苦德舍邱，26. 舍邱举乌，27. 举乌让维，28. 让维阿武，29. 阿武仁依，30. 仁依帕皤，31. 帕皤毕律，32. 毕律阿硕，33. 阿硕笃毕，34. 笃毕阿古，35. 阿古阿努，36. 阿努阿瞿，37. 阿瞿毕余，38. 毕余毕朵，39. 毕朵皤娄，40. 皤娄律，41. 律德朵。42. 德朵阿祖，43. 阿祖阿布，44. 阿布阿洪，45. 阿洪阿甫，46. 阿甫那周，47. 那周阿收，48. 阿收笃毕，49. 笃毕侯亘，50. 侯亘阿洪，51. 阿洪那苦，52. 那苦笃毕，53. 笃毕举足，54. 举足濮色，55. 濮色阿邺，56. 阿邺拉楼，57. 拉楼侯，58. 侯额娄，59. 额娄德初，60. 德初濮德。61. 濮德开依。62. 开依米克，63. 米克阿庚，64. 阿庚阿诺，65. 阿诺麻奴，66. 麻奴阿甫，67. 阿甫那苦，68. 那苦鲁赠，69. 鲁赠鲁硕，70. 鲁硕鲁铺，71. 鲁铺祖匝。72. 祖匝鲁举，73. 鲁举鲁格，74. 鲁格鲁舍，75. 鲁舍诺俄，76. 诺俄菲海，77. 菲海祖遮，78. 祖遮祖斯，谱只叙到此。德歹的范围，由侯家统治。

（五）芒部土司谱[2]

默祖米辞辞。1. 米辞辞，2. 辞阿宏，3. 宏阿德，4. 德乌舍，5. 舍乌蒙，6. 乌蒙纠，7. 纠阿堵，8. 堵阿洛，9. 洛阿勺，10. 勺阿默，11. 默阿德，12. 德阿施，13. 施默武，14. 默武孟德，15. 孟德朵，16. 朵阿迂，17. 迂俄索，18. 俄索毕余，19. 毕余匆，20. 匆阿纳。19 代，第 20 代分 4 个系统。21. 纳阿宗，22. 宗阿补，23. 补阿勺，24. 勺阿妥。在巴底妥太，[妥氏有两子，分支为两部，各建立门户。妥芒布一支，号称“赫海珠舍”。勾洪勾吉地，是芒布本营。妥阿姆（芒布）以下]，25. 姆阿施，26. 施阿翁，27. 翁阿斯，28. 斯武补，29 补默杜，30. 阿杜阿恒，31. 阿恒举足，32. 举足阿鲁，33. 鲁尼阿史，34. 阿史阿鲁。35. 阿鲁阿黎，36. 阿黎阿杜，37. 阿杜濮诺，38. 濮诺洛娄，39. 洛娄阿祖，40. 阿祖阿府，41. 阿府阿勺，42. 阿勺阿史，43. 阿史那周，44. 那周周武。45. 阿武阿巴，46. 阿巴阿守，47. 阿守阿楚，48. 阿楚额借，49. 额借额区，50. 额区觉夺，51. 觉夺陆勾，52. 陆勾濮却，53. 濮却濮摩，54. 濮摩额黎。55. 额黎额觉，56. 额觉阿仁，57. 阿仁鲁勺，58. 鲁勺鲁周，59. 鲁周阿祖，60. 阿祖沽汝，61. 沽汝阿姆，62. 阿姆濮待，63. 濮待举足，64. 举足陇迂。65. 陇迂陇菊，66. 陇菊陇格，67. 陇格陇伦，68. 陇伦姆直。芒布的君长，承袭到此止。

---

① 佚名布摩：《彝文文献手抄本手抄本 · 彝家宗谱》，贵州省赫章县珠市乡上寨村，现原件藏贵州省毕节市彝文中心。

② 佚名布摩：《彝文文献手抄本手抄本 · 彝家宗谱》，贵州省赫章县珠市乡上寨村，现原件藏贵州省毕节市彝文中心。

（六）阏畔土司谱[1]

默祖米辞辞。1. 米辞辞，2. 辞阿宏，3. 宏阿德，4. 德乌舍，5. 舍乌蒙，6. 乌蒙纠，7. 纠阿堵，8. 堵阿洛，9. 洛阿勺，勺阿默十代。1. 默阿德，2. 德阿施，3. 施默武，4. 默武孟德，5. 孟德朵，6. 朵阿迂，7. 迂俄索，8. 俄索毕余，9. 毕余勿，10. 勿阿克。11. 克阿格，12. 格孟德，13. 孟德阿迂，14. 阿芋陡，15. 陡阿租，16. 租毕索，17. 毕索侯汝，18. 侯汝仁邓，19. 仁邓阿芋，20. 阿芋路 .21. 路毕余，22. 毕余阿仁，23. 阿仁额保，24. 额杜保，25. 杜阿朵，26. 朵默诺，27. 默诺布毕，28. 布毕阿纳，29. 阿纳笃则，30. 笃则鲁租，31. 鲁租那德，32. 那德毕尼，33. 毕尼益列，34. 益列布略，35. 布略直武，36. 直武丽，37. 丽阿伦，38. 阿伦阿色，39. 阿色依补，40. 依补那勺。41. 那勺朴举，42. 朴举阿迭，43. 阿迭举足，44. 举足阿姆，45. 阿姆鲁格，46. 鲁格皤娄，47. 皤娄濮额，48. 濮额阿育，49. 阿育阿吉，50. 阿吉阿祖。51. 阿祖阿鲁，52. 阿鲁濮色，53. 濮色额苦，54. 额苦朴格，55. 朴格诺毕，56. 诺毕鲁载，57. 鲁载濮兜，58. 濮兜阿租，59. 阿租禄格，60. 禄格诺默。

阿芋陡部，属默德施一支。在笃米之后，传了 70 代，情况是如此。

二、四川永宁等处土司谱[2]

侯祖米雅卧。1. 米雅卧，2. 卧雅拖，3. 拖立娄，4. 立娄哺恒，5. 哺恒哈，6. 哈鲜恒，7. 恒雅侯，8. 侯雅妥，9. 妥娄濮，10. 娄濮府。11. 府那觉，12. 那觉任，13. 任阿律，14. 律阿耐，15. 耐卧僰，16. 卧僰卧勾，17. 卧勾侯，18. 侯德余。以下：德余辉一支，迁往东边去。19. 德余辉，20. 辉札吉，21. 札吉伯，22. 伯俄阿杜，23. 阿杜莫德，24. 莫德阿尼，25. 阿尼阿姆，26. 阿则默遮，27. 默遮阿车，28. 阿车扯勒。在克阿诺垛，分布着嫡庶。在克雅益特勾，德余氏三支：德余阿鲁，阿鲁楚吾，德余阿洪，阿洪尼吐，成了吐支系。29. 洪阿莫，30. 莫阿鲁，31. 鲁阿姆，32. 姆阿租，33. 租阿博，34. 博阿启，35. 启阿觉，36. 觉阿努，37. 努阿周，38. 周阿亨。39. 亨阿额陔，40. 额陔布德，41. 布德阿侯，42. 阿侯举足，43. 举足陀尼，44. 陀尼侯傣，45. 侯傣阿郧，46. 阿郧阿惹，47. 阿惹濮待，48. 濮待祖楚。49. 祖楚濮谷，50. 濮谷默遮，51. 默遮阿洪，52. 阿洪鲁迂，53. 鲁迂阿合。叙到此为止。君顶一方天，王立一域地，在柏雅妥洪，立下了基业。

奢崇明经奢寅、奢震、奢辰至今有 15 代，奢崇明生四子，长子奢寅管阿市，次子奢辰管大屯，三子奢震管水潦，四子奢政隐居。

其大屯世系为：一世奢辰，奢崇明次子，彝名阿姑，汉名余保寿。顺治年间归顺，奉旨安插卧牛河，娶郎岱土司女奢纶为妻。奢辰死，龙氏以功于康熙年间保土巡检，

① 王继超、王子国译：《彝族毕摩经典译注》十八卷，云南民族出版社 2007 年版。

② 佚名布摩：《彝文文献手抄本手抄本 · 彝家宗谱》，贵州省赫章县珠市乡上寨村，现原件藏贵州省毕节市彝文中心。

未授卒。生三子，长子张凤歧，管阿弄（今田坎彝族乡岩脚村上金井）；次子早卒，名无记，其名下簸洞槽（今田坎乡田坎村）；三子张翔，又名翔歧、杨三，管大吞泻国迪（今大润彝族乡三官寨）。

二世张翔，又名杨三，大屯庄主杨姓始于此，生子杨翰祯。

三世杨翰祯，又名张余亭，彝名龙铿，小子花猛，管大屯，叙永府学生员。生三子，名普习，阿琚，皆早殁。遂以水潦堂侄余钟麒之四子余仲过继管大屯。

四世杨翰祯之子，侄子。

五世杨余仲，四川水潦余钟麒之四子，子宪章，彝名龙约，过继大屯，为杨翰祯承重孙。康熙、乾隆间人，生三子，长子启乾，造年卒，次子朝栋，返继水潦，三子廷栋，承嗣大屯。

六世杨廷栋，字君爱，又名启秀，彝名陇宗，敕授武略校尉。嘉庆丙辰年（1796 年）卒，无嗣，以水潦堂兄余国栋次子余人瑞过继袭管大屯。

七世余人瑞，字五玉，号兰田，小字而相，敕授儒林郎。嘉庆壬申年（1812 年）卒。生二子，长子家驹，次子家骐，家驹过继伯兄余人凤（今林口团结），家骐又继堂兄余人杰奉事水潦，后召回家骐袭管大屯。

八世余家驹，字白庵，小名石哥，贡生，诸赠武翼都尉，道光庚戌年（1850 年）卒，著有《时园诗草》，生子珍。

九世余珍，字子儒，号宝斋，又号海山、坡生，彝名陇灼，袭管大屯、小河。诰授武翼都尉，戴蓝翎。袭大屯土千总，同治甲子年（1864 年）卒。著有《四余诗草》，生子文、惟三，四子象仪，棖仪存，余早殁。

十世余象仪，字雨生，国学生，袭管大屯，咸丰庚辰年卒，无嗣，将水潦余一仪次子余若瑔过继承嗣。

十一世余若瑔，号达父，前清举人，曾留学日本江户和佛法律大学，参加辛亥革命，曾被选为贵州省立法院临时副议长。后流落申沪，创办《斯觉报》。又在京任律师，法政学校教员。后受聘任贵州大理分院刑庭庭长，省政府名誉顾问，民国二十三年（1934）年卒。著有《邃雅堂诗集》《罂石精舍文集》《蠼庵拾尘录》《且兰考》等数十卷传世。生子二，长祥桐，留学殁于日本，次子祥河继承。

十二世余祥河，1937 年生，新中国成立后因病殁于妈姑狱中，生一女名淑英，嫁大方长石杨柳村仡佬族陈永章。

据此，德额辉（德余辉）一支从希慕遮传到笃慕为 31 代，经米雅卧传到现代为 99 代，是连续不断的。

三、贵州水西、乌撒、普安土司谱

（一）贵州水西土司谱[①]

默祖米辞辞。1. 米辞辞，2. 辞阿宏，3. 宏阿德，4. 德乌舍，5. 舍乌蒙，6. 乌蒙纠，7. 纠阿堵，8. 堵阿洛，9. 洛阿勺，10. 勺阿默，11. 默阿德，12. 德阿施，13. 施默武，14. 默武孟德，15. 孟德朵，16. 朵阿迂，17. 迂俄索，18. 俄索毕余，19. 毕余勿，20. 勿阿纳。19 代，第 20 代分 4 个系统。21. 纳阿宗，22. 宗阿补，23. 补阿勺，24. 勺阿妥，25. 妥阿哲，26. 阿哲毕约，27. 毕约孟武，28. 孟武阿勺，29. 阿勺阿德，30. 德阿维，31. 维阿余，32. 余阿赤，33. 阿赤笃，34. 笃阿祖。35. 祖阿德，36. 德阿堵，37. 堵阿博，38. 博阿铎，39. 铎阿沓，40. 沓阿瞿，41. 瞿阿甫，42. 甫那周，43. 那周笃色， 44. 阿笃阿勾。45. 阿勾阿维，46. 阿维阿收，47. 阿收洛那，48. 洛那阿可，49. 阿可额德，50. 额德额啻，51. 额啻自杞，52. 自杞仁育，53. 仁育濮依，54. 濮依益奏。55. 益奏鲁勺，56. 鲁勺笃任，57. 笃任阿租，58. 阿租益耿，59. 益耿濮色，60. 濮色阿尼，61. 阿尼阿诺，62. 阿诺额启，63. 额启大俄，64. 大俄鲁乃。65. 鲁乃鲁载，66. 鲁载霭翠，67. 霭翠陇第，68. 陇第濮直，69. 濮直那苦，70. 那苦那知，71. 那知布则，72. 布责鲁铺，73. 鲁铺毕觉，74. 毕觉直巴。75. 直巴安宗，76. 安宗直俄，77. 直俄鲁则，78. 鲁则补斯，79. 补斯菲弄，80. 菲弄鲁举，81. 鲁举鲁阔，82. 鲁阔鲁德，83. 鲁德额菲，84. 额菲恒宗。

（二）乌撒土司谱[②]

布祖米克克。1. 米克克，2. 克迫默，3. 迫默钟，4. 钟鲁蒙，5. 鲁蒙娄，6. 娄阿德，7. 阿德毕，8. 毕梯妥，9. 梯妥诺，10. 诺克博。11. 克博维遮，12. 维遮阿默，13. 阿默鲁洪，14. 鲁洪父，15. 父斯索，16. 斯所多，17. 多海邓，18. 海邓葛余，19. 葛余阿羿，20. 阿羿孟德。21. 孟德陡。22. 陡阿姆，23. 姆默遮，24. 默遮乌撒，25. 乌撒依，26. 依孟德，27. 孟德格，28. 格阿太，29. 阿太阿姆，30. 姆阿启，31. 阿启阿鲁。32. 阿鲁濮诺，33. 濮诺阿租，34. 租阿塞，35. 阿塞阿那，36. 阿那阿博，37. 阿博杜，38. 杜也阿苻，39. 阿苻阿祖，40. 阿祖阿乃，41. 阿乃那洛。42. 那洛阿收，43. 阿收毕约，44. 毕约毕朵，45. 毕朵笃则，46. 笃则那周，47. 那周德皤，48. 德皤阿歹，49. 阿歹阿谷，50. 阿谷濮格，51. 濮格鲁载。52. 鲁载举足，53. 举足濮兜，54. 濮兜那苦，55. 那苦阿姆，56. 阿姆朴娄，57. 朴娄鲁余，58. 鲁迂诺扎，59. 诺扎鲁格，60. 鲁格毕姆，61. 毕姆克博。62. 克博濮谷，63. 濮谷笃毕，64. 笃毕鲁足，65. 鲁足热朴，66. 诺尼鲁勺，67. 鲁勺举足。其谱叙到此。

---

① 王继超、王子国译：《彝族毕摩经典译注》十八卷，云南民族出版社 2007 年版。

② 王继超、王子国译：《彝族毕摩经典译注》十八卷，云南民族出版社 2007 年版。

（三）普安土司谱[①]

普安部彝语称阿外惹部，其谱系为：从希密（慕）遮到笃慕为31代。

从慕齐齐传到毕额勿为19代：慕齐齐—齐雅洪—洪雅德—德武沙—沙武穆—武穆纠—纠雅脑—脑雅洛—洛雅杓—杓雅默—默阿德—德阿施—施默武—默武德迭—孟迭朵—朵阿于—于俄索—俄索毕额—毕额勿。

从勿阿洛传到阿祖吉汝（那邦）为43代：勿阿洛—洛迫默—迫默毕余—毕余阿格—阿格阿鲁—阿鲁阿律—阿律阿外—阿外惹—惹依阿泡—阿泡阿迂—阿迂阿卓—阿卓孟武—蒙武阿—阿恒阿固—阿固阿鄂—阿鄂阿妥—阿妥阿亥—亥依热叩—热叩阿格—阿格阿史—阿史濮格—濮格阿大—阿大阿祖—阿祖额借—额借阿诺—阿诺举足—举足额僰—额僰那杓—那杓额则—额则阿吉—阿吉额苦—额苦迫默—迫默阿大—阿大濮俄—濮俄额列—额列鲁党—鲁党笃任—笃任那勾—那勾那周—那周阿姆—阿姆额陬—额陬阿祖—阿祖吉汝。到阿姆额陬即益智为41代，到阿祖吉汝（那邦）为43代。

① 佚名布摩：《彝文文献手抄本手抄本·彝家宗谱》，贵州省赫章县珠市乡上寨村，现原件藏贵州省毕节市彝文中心。

第二章　彝族文献大量记载彝族祖先崇拜——拜祖教

彝族信仰以祖先崇拜为核心的拜祖教。

历史上，彝族的宗教信仰主要是原始宗教。原始宗教是人类自发信仰，以万物有灵观为其精神支柱。在人们的观念中，凡有生命之物皆有灵魂，而无生命之自然物，诸如山、石、水、草、木及日、月、星辰等，也都有灵魂。相信灵魂存在，灵魂不灭。因此，灵魂是人们崇拜的对象。

与灵魂崇拜相应，彝族的宗教信仰主要是自然崇拜（或多神崇拜）、图腾崇拜、祖先崇拜。其中，最为突出的是祖先崇拜。祖先崇拜高于各种鬼神的崇拜，居于中心地位。人类社会，随着父权制的确立和私有财产的出现，需要确定和巩固血统以保证财产继承权。这时期，图腾崇拜逐渐向祖先崇拜过渡，“物化的人灵”的崇拜让位于对“人灵”（祖先）的崇拜。

图腾崇拜发展到祖先崇拜，是生产力发展、社会进步和人类认识发展的产物。在图腾崇拜阶段，由于生产力的低下，人们认为动植物高人一等，人受其管束或受其保护，因此敬仰、膜拜图腾。随着社会生产的发展、认识的进步，人类终于认识到自己比动植物要高出一筹，于是崇拜图腾渐渐转向自己氏族祖先。“人在改变自己的自然的时候，也顺便改变着自己对周围世界的看法。既然他对周围世界的看法在改变，那么他的宗教观念发生或多或少的根本变革，就是自然而然的了。”①

彝族祖先崇拜产生于母系氏族社会向父系氏族社会过渡时代。在彝族人的观念中，祖先神能够一如生前对子女的爱护，庇护后代繁荣昌盛，降福子孙兴旺发达。因此，人们敬祖崇祖。彝族是以祖先崇拜为核心的拜祖教。

---

① 《普列汉诺夫哲学著作选集》第3卷，三联书店1974年版，第39页。

第一节　彝族拜祖教与毕摩文化的关系

彝族信仰是以祖先崇拜为核心，祖先崇拜在不同时期有不同阶段的表现形式。拜祖教的宗旨以祭经为其教义，以毕摩为祭司，以室内外各种祭祀仪式为表现形式。

拜祖教的祭师毕摩是彝族知识分子，这个群体身兼数职，在不同场合扮演着不同的角色。在彝族原始宗教活动中他们是祭师，拜祖教祭仪的主持者；是人与神的中介；占卜时是“贞人”；咒鬼时是法师；佐政时是君长下的“大臣”；记史和记氏族谱牒时是“史官”；是普及彝族文化的“教化师”；在民间是原生态“歌手”；调解民事时是“德古”式的“律师”；是判案的“法官”；又是“神药两解”的彝医。毕摩是彝族文化的集大成者，他们的贡献是多方面的：创造和规范彝族文字；规范彝族习俗、丧葬礼仪等；发展彝族医药；编制天文历法；占卜预测；发展繁荣彝族文化等。

毕摩系彝语音译，“毕”是，念诵；“摩”即耄耋。毕摩意即老先生、老知识分子，是专指有学识、有修养的老者。由于时代、地域、彝族支系不同及汉字译写的差异，有关“毕摩”的称谓达10余种，现统一译作“毕摩”。元代李京《云南志略·诸夷风俗》中记载：“罗罗即乌蛮也……以鸡骨占验吉凶，酋长左右，斯须不可阙，事无巨细，皆决之。”明清改土归流后毕摩流落民间，专司祭司职能（不脱离生产）。近现代毕摩的社会职能是组织主持村社、家庭、家族、宗族的拜祖活动，主持神判、盟誓等。

毕摩在社会职能活动中，所使用的法器主要有以下7种：法帽、法衣、神仗、神扇、签筒、神铃（毕摩铃）、经袋。毕摩历史上集大成者有磏实楚、特乍木、毕阿始拉责、呗夺背更、曲木德勒等。民间都有他们神奇有趣的传说故事。

毕摩文化是拜祖教的重要内容，有系统的宗教祭经。

拜祖教祭仪活动有不同规模、不同目的、不同形式、繁杂的宗教祭仪，其活动场地是祭坛。祭坛实际上是叙述家谱、先民迁徙史、创业史的史坛，是赋比、兴五言古歌和诗词娱神的文坛；是祭丧舞、祭祀舞、喜庆舞、祭祀性神鼓舞、花鼓舞、铜鼓舞与神灵共舞的舞坛；是铃声伴奏下毕摩抑扬顿挫、诵经朗朗的歌坛；是讲述伦理道德、传承人生礼仪、颂扬祖先业绩的人生论坛，也是人（毕摩）与神交流对话的活动场所。

拜祖教是以毕摩和毕摩文化活动为核心的一种广泛存在于彝族民间的文化现象。从文化的主体看，拜祖教文化是彝族社会中特殊的群体——毕摩所创造和传承的文化。从内容来看，拜祖教以毕摩经籍为代表，是百科全书式的综合性文化，它是彝族传统文化的代表和核心。拜祖教围绕祖先崇拜为中心，贯穿多种学科，是一种特殊的宗教文化。彝族祭祖大典，被视为人生头等大事，是最高的祖先崇拜的祭祀礼仪，也是彝族社会习俗之一，具有较强的宗族凝聚力，它是彝族宗支宗族制度的支柱和纽带。拜祖教理论认为：祖先是子孙后代的保护人，是祸福的主要根源，人死后灵魂不但回归祖源地与祖宗团聚，而且要升天成为祖神。做好这一仪式对生者和死者都有意义，特别是对生者意义更大，成为以家支为单位，对全宗支共同祖先进行集体特大共祭仪式。这对于宗支的优生发展（举行分宗支仪式后才能通婚）有一定的作用，但这一彝族拜祖教的习俗已濒临消亡。

民族的繁衍一分支是人类社会发展的共同规律，而保留有完整而规范分支礼仪，应以彝族为代表。彝族是最注重谱系的民族，可上溯到上千年。彝族六祖分支至今已是近 3000 年，其后，分支一繁衍一分支不断。而分支祭仪也只能在祭祖大典中进行。

以超度祖先灵魂为目的的祭祖大典彝语称耐姆，“耐”意为氏族或宗族，“姆”意为“举办”“做”。耐姆是氏族成员共同为上届祭祖大典以来去世的祖妣举行公祭，超度其灵魂升天成为祖先神的仪式。耐姆一般每隔三代举行一次，有的五至六代举行一次，如果是分支大典，则在九代以上才能进行。情况特殊者隔十来代举行的亦有之。时间多选在属鼠、牛、蛇、猪年冬春季的吉利月日。历史上在彝族等级社会里，耐姆亦分等级，其等级彝语称谓及耗时均有别，即强权阶层称“粉耐”，耗时九天九夜；富裕阶层称“诺耐”，耗时七天七夜；贫困阶层称“图耐”，耗时五天五夜。由于氏族人口繁衍，居地分散，在耐姆的同时，往往举行分支祭仪，氏族原来长、次、幼三支，自行分衍为三个亚氏族，并分别以祖先名或居地，以及崇拜物择取各自名号。分支五代以后，亚氏族间方可通婚。

彝族祖先崇拜观认为，祖先神是无瑕而神圣的。祖先神首先是超度过的，超度过的成神，未超度过的成了孤魂野鬼，这就是神与鬼的区别。祖先神是子孙后代的保护神和福禄赐予者。在超度（耐姆）之时有严格的资格审查，将缅怀祖先业绩，在审查登记祖灵牌时：（1）拒绝生前为匪为盗、恶霸邻里有民愤等入祭；（2）亡者须 60 岁以上；（3）须属于正常死亡者，非正常死亡者，不得入祖先行列；（4）无子嗣者不得入祭。成神前的祖先灵魂须反复解罪、除邪、洁净，超度及祈福祭仪贯穿于始终。所谓解罪，即解除祖先生前所犯下的一切不道德言行，其中也包括了虐待、任意宰杀牲畜、过度猎杀野物、乱砍滥伐、破坏水源、污染河流、放火烧山等行为；所谓除邪，即祛除一切可能袭扰祖先灵魂的邪恶污秽。通过耐姆让受祭祖妣灵魂洁白无瑕地成为祖先神，目的在于护佑子孙后代，增强氏族成员凝聚力，教育和警示子孙后代恪守道德底线，洁身自好，善待自然。由此可见彝人道德观之一斑。

每次耐姆，通过祖灵牌的审查，氏族各支分别依代序记录受祭祖先名单，并续于本支族谱，由此形成了彝族独特而延绵的谱牒。这对于研究彝族历史，是一份珍贵而翔实的史料。以彝族家支为姓的有上千个，都有自己的家谱，只是代数多少不等，彝族是最重视谱系的民族，通过耐姆或分宗支仪式，不断繁衍、分支，最早的分支成了彝语支民族，其次成了彝族各支系，分得晚的便成了家支、家族，这就是彝族支系繁多的原因。

以彝族罗婺人为例，无论举办何等级的耐姆，祭仪均须六位主祭毕摩各带三至五个助手，共同分工协作完成。一场完整的耐姆祭仪包括了不同内容、不同仪式的 60 余场次；其中给各种祭物洁净仪式 16 场，给亡灵除邪 24 场，另外还有家祭、路祭、压土邪等。毕摩须吟诵的经书达 50 余部（篇）。每场耐姆祭仪都要按神座图插神枝，不同的祭仪，神座神枝的插法和所用材料也就不同。神枝有的要留树梢和杈，有的砍去树梢，也有削一面皮或两面皮，神座且高矮不同。从组合上看，有三棵一丛，五棵一丛，由小丛组成大簇。从方向上看，有的朝北朝南，有的向东向西，插时有的相对，有的相背，极为复杂。没有经验或神座图的毕摩很难以记清和掌握。插神枝需要的材料有松树、栎树、山竹、白栎树、马缨花树、倒钩刺、刺脑包、五倍子、秧草、灯芯草、杉枝、映山红、橛枝等，按神座图插不同数目的神枝，所插法数目难以计数，有的数千之多。神座布局图是一种特有的文化符号，与神座相应的民俗祭仪等蕴藏着这个民族珍贵的文化“基因”，它涉及祖先崇拜、天神崇拜、太阳崇拜、月亮崇拜、星辰崇拜、山神崇拜、田公地母崇拜、水神崇拜和各种动物崇拜。祭祖大典用的各场次神座图有 40 余图，插满上万枝神枝，占地数亩地，是连接天、地、人的桥梁。

祭祖是一种让祖先和后裔都感到欢欣的祭祀仪式，多场次需用彝族传统乐器吹奏喜庆音乐，以烘托祭仪肃穆而热烈的气氛，乐班一般不少于三班；参与祭典的人员，多着彝族传统服饰，除本氏族所有成员外，尚有亲友、邻里及邻村的帮忙，人数往往达数千人，甚至上万人。祭典期间，彝族古歌声、对歌声、讲笑声不绝于耳；同时还开展多项彝族传统体育活动。因此，彝族罗婺人的耐姆，是一次彝族传统文化的全面展示。

彝族罗婺人的祭祖大典，保留了殷商时代“国之大事在祀与戎”的遗风，其规模之大、内容之多、耗资之巨、费时之长，实属国内外所罕见。它对于历史学、民族学、民俗学、宗教学、谱牒学等学科的研究，具有极其重要的活化石意义。耐姆祭仪历史上在四川凉山州，贵州毕节市、六盘水市均有这一习俗，只是名称、规模有所不同，相比较而言，罗婺部故地的禄劝、武定和寻甸罗婺彝人遗留的祭祖大典耐姆具有代表性，可称为国内外祭祖礼仪之冠。

第二节　祭祖（超度）经书及内容

（1）《制作祖灵经》。彝族传统灵魂观念认为，人亡后有三个灵魂，一魂守在坟山上；一魂经指路祭仪回归祖先发祥地，与祖先同聚；一魂附于灵牌，在家堂享受子孙供奉。该书为彝族祭奠亡者中，制作灵牌及其祭仪时诵念的经书，表示后人对亡者的尊敬，同时也期望先人灵魂顾念子孙，保佑子孙平安顺利、繁荣昌盛。

（2）《关闭祖灵洞经》。彝族通过举行隆重的祭祖大典后，将祖灵筒[①]送置于高山悬崖上的氏族祖灵岩洞中，每隔数年，氏族主要成员需前往看望祖灵筒，并为祖灵筒清理清扫，晒干物件。在将祖灵筒取出祖灵洞之前，必须进行开祖灵洞门祭仪；把祖灵筒放置回洞内时，又须进行关闭祖灵洞门的祭仪。

（3）《祭祖绕场送魂经》。其内容为祈求神灵在享用祭献的牺牲后，使牺牲膀卦呈现吉兆，庇佑祭仪顺利完成，并保佑氏族子孙平安，让祖先灵魂顺利升天成为祖先神。

（4）《祭祖续福经》。祭祖大典是彝族为使亡逝的祖先灵魂能升天成神而举行的一种隆重祭仪。其内容主要是祈求祖先神灵不要忘记将生前所享有的福禄留给子孙，并在成为神灵后，顾念子孙后代，将先辈祖先的福禄和祖先神灵赐给子孙的福禄连接起来，使福禄世世代代延续下去。

（5）《祭祖筒献牲经》。彝族纳苏人氏族共同的祖先灵牌，经祭祖大典祭仪后装入木制祖灵筒内，同时放入生产生活微型模具、铜铃、铁制撑天柱、五谷籽种等，然后置于高山悬崖岩洞中，即祖灵岩洞。每隔数年，要选择吉日，氏族主要成员延请毕摩，前往祖灵筒搬放于地面羊毛毡上，翻晒和清理筒内物件，以使其干燥洁净，最后再原样放置洞内。

（6）《祖妣灵魂变化经》。内容为祷祝亚氏族的祖妣灵魂位列氏族祖妣灵魂的首

① 祖灵筒：又称灵筒或祖筒，安放祖妣偶像的木筒，用樱花木整段凿空而成。族人繁多，经做斋后分几个家支，各家支新做各自祖筒，分支三代以上才可联姻。偿奉同一祖筒的族人，为同一家支，严禁通婚。

位（君位），以使亚氏族子孙也能出人头地；如果祖妣灵魂变化转世，祷祝能成为天上的雄鹰、高山的松柏、川流不息的江河水、风雨不动的磐石等，从而护佑子孙具有雄鹰的壮志，似高山松柏常青，如江河永不枯竭地繁衍，基业似磐石永不动摇……

(7)《祷祝猪膀经》。通过祭祀，占测是否已达到预期的目的，看猪膀卦便是其中主要的一种途径。为向神灵供献牺牲（黑猪）时诵念的经书。内容主要是祷祝在猪膀上呈现的是吉利的卦象。

(8)《为祖灵开天门经》。将氏族祖先灵魂超度升天成为祖先神。经过七天七夜或者九天九夜的各种祭仪后，在进行祖先灵魂升天祭仪之前，要敬告上天神灵，祈求其为祖先灵魂打开天门，以便他们能够畅通无阻地上到天上。同时也祭告历次祭祖业已升天的氏族先辈祖先神能够愉快地接纳此次升天的祖先灵魂。

(9)《祖灵入祭棚经》。各户祖灵经过家祭、路祭等祭仪后，护送到氏族公共祭场青枝祭棚前，再经过清洗洁净，登记入祭祖妣名单等仪式后，还要再次进行“祖灵入祭棚”祭仪。为行此祭仪时诵念。内容为祭告受祭祖先灵魂，高高兴兴地进入祭棚，寻找各自位置就座，享受子孙的虔诚供献、洁净，登天永生。

(10)《焚化祖灵经》。最后一天，在祭棚的东北角栽一棵松树称为楗木——上天树，把所有受祭的祖灵牌外衣（竹根祖灵已取出另行安置）悬于树枝上，树下安放一口大铁锅，内盛满香油，待香油烧沸，喷洒使之腾起熊熊火焰将树枝上的全部祖灵牌焚为灰烬。内容主要是告祖先灵魂，他们留在世间的福禄（祖灵外壳）已随火烟上天，上天路上火焰烧通所有障碍，请他们速速援楗木，乘轻烟上天。

(11)《轰送祖灵上天经》。祖先灵魂此时往往留恋世间的一切，在上天的关键时刻犹豫不前，为使他们不致错过机会，此时毕摩口中须大声诵念《轰送祖灵上天经》，手握蛇形神杖挥舞，脚行禹步。众人则手持木制长矛、弓箭同向楗木顶端比画，意在催促、吓逼祖先灵魂快快上天，不要留恋世间。

(12)《祖先领牲经》。各户祖灵经家祭、路祭、驱邪、洁净、登记名单等祭仪后方得进入氏族公共祭场中的青棚。青棚正棚（堂）分为三间，从左至右分别为氏族长、次、幼三房按辈分从高到低地供放各户祖先灵牌，各户祖灵牌供放好后，需同时各献一头黑色肥猪。氏族三房同时各献一头肥猪时三位毕摩都诵念经书。

(13)《公平架盟誓经》。在青棚灵堂后面一棵高约两丈的带干青松（彝语称子尼，俗称轰戗）下，椎杀一头壮黄牛祭献，将牛头嘴朝天，置于青松顶端。然后氏族长、次、幼三房的耆老集于其下，共同盟誓。内容一是祭告天神，某某氏族举行祭祖盛典，祈求天神垂顾、享祭，保佑氏族祖先灵魂顺利升天；二是氏族三房耆老在公平架下对天发誓：祭祖做到氏族成员不分老幼、贫富恩惠一律平等，决不允许恃财恃势作威作福、欺凌贫弱以体现公平合理。

(14)《祭祖成就经》。经书内容为祭告天上柴克、皮能、硕芳等神灵；此次受祭祖先灵魂已解脱于民间一切罪孽苦海，得到了净化，祭祖获得成功，祈求天上诸神灵允许祖先灵魂前往天上，位列神群，并更有神力地保佑氏族子孙后代。

(15)《祖灵变化经》。祖灵变化祭仪在将要进行“焚化祖灵”祭仪之前进行，认为此时祖先灵魂已洁净并解除了生前全部罪孽，只需经祭祀“点化”，便能从一般灵魂变为即将升天的神。祭词内容即祭告祖先灵魂：你们已解除了罪孽，经过洁净，得到了超脱，将要缘撑天树上天，天上神灵已愿意接纳，千万不要对凡间再有什么留恋和牵挂。

(16)《祖灵升天归位经》。内容为祭告祖先灵魂：你经过解罪、洁净，已超脱于凡间，现今该沿着昆仑山，继而缘楗木升到天上，获得了再生；到了天上，要寻找彝族的始祖神，即夷博、奢邓、实勺、尼能、根英、俄莫在天神灵；寻找到自己氏族始祖神，即彝族六祖慕阿额、慕阿枯、慕阿热、慕阿卧、慕阿克、慕阿齐；归位于各自始祖神下，千万不要找错祖位吐鲁本，千万不要归错位。

(17)《祭祖为牛祛污经》。椎杀一头壮黄牛祭献天神，并将牛头嘴天地置于青松顶上，氏族各房耆老在其前共同盟誓。该祭祖为牛解污祭仪在椎牛前进行。彝人认为祭献的牛吃的青草树叶，饮的山涧溪泉，卧的肮脏圈房，难免沾污染邪，需要为其解除污邪，使之洁净，才能祭献给神灵。祭辞内容为：牛身染邪秽，现在来清洁；牛角触过污，牛角染了邪，污邪要祛除；壮牛已洁净，壮牛献天神，祈求神接受。

(18)《祭祖献牲经》。内容为：氏族祖灵简中的伴铃已响动，年是今年吉，月是今月吉，日是今日是大吉；笃慕子孙贤孝，不忘祖恩妣情，为报答祖妣恩情，全氏族成员在吉祥时日举行祭祖盛典，现在用红牛、黑猪、壮羊三牲大礼，虔诚祭献北斗、南斗及以 往已在天上的氏族祖先神……罗尼山永远高耸，阁池黑滇池永不干涸，笃慕之裔永远昌盛。北斗神、南斗神带领在天祖妣神来受礼，来享祭。

(19)《祭祖增福经》。通过安慰、取悦祖先灵魂，期冀求得祖先神灵的护佑，使氏族人丁昌盛出息，年年五谷丰登、六畜兴旺。该祭祖增福即是祈求神灵施福赐禄的祭仪。祭词内容为祭献管天比额、比德神；十二父母神（天地、日月、夷僰、尼能、实勺等）；德施、德布氏族始祖神等，祈求这些神灵护保氏族繁荣昌盛，如那“金树繁茂银叶满枝”；及那“乌蒙山高耸，山麓泉水喷涌”；“氏族人丁代代兴，田地产业日日增”，充分反映了祭祖的最终目的。

(20)《役马解罪经》。“役马解罪”祭仪，是祖先灵魂解除生前过度役使坐骑、驮马，虐待、毒打马匹，使马匹暴毙或瘦死，或者宰杀食用马等所犯下的罪孽。

(21)《役牛解罪经》。“役牛解罪”祭仪是为祖先灵魂解除生前因过度役使耕牛，虐待、毒打家养牛群，使牛暴死瘦死，或过多地宰杀牛，宰杀中不能使其速死，使其过久挣扎等所犯下的罪孽。

(22)《猎杀解罪经》。“猎杀解罪”祭仪即是为祖先灵魂解除生前因狩猎过多，过量捕杀飞禽走兽，特别是猎杀有孕的雌性野物，取走禽鸟蛋或捕杀飞禽走兽，特别是猎杀有孕的雌性野物，取走禽鸟蛋或捕杀哺养雏禽的母禽等所犯下的罪孽。

(23)《祭祖续代经》。“祭祖续代”祭仪祭词说：“天地相连接，日月相连接，管天尼姆兹，管地乃姆芳相连接，夫妇相连接，人死由毕摩与祖先相连接，世间万物都要相连接……祭祖先相连接，祖先代代相接，氏族传宗接代万万年。”

(24)《祭祖祝福经》。“祭祖祝福”祭仪在祭祖盛典末期进行。通过该祭仪为全氏族成员祝福。祭词说：“年是今年吉，月是这月吉，吉年吉月某某氏族来祭祖，氏族祖先已经升上高高天，祭祖获福禄，福禄犹如江水滔滔来，五谷年年丰登，六畜岁岁兴旺，×× 氏族居住地，松柏常青，鸿雁长吟……氏族根基永固，子孙代代聪颖长寿，笃慕的后裔永不辱没祖先。”

(25)《是非解怨经》。“是非解怨”祭仪即为受祭的氏族妣灵魂解除在生前与邻里乡人等人际交往中曾经因告密、摇动口舌、搬弄是非、挑拨离间，致使他人相互结下怨恨，甚至发生人命案或挑起械斗，伤及无辜生命，等等，从而犯下的罪孽，使之从终生感到亏心、愧疚之中得到解脱。

(26)《献酒祭茶经》。内容主要是讲述酒药的发现和酒的酿造过程并阐明酒在彝族社会生活中的重要性；远古的时候没有酒，日月不发光，天地不明朗，鸿雁不吟叫，柏树不开花；为君不理政，为臣不谋事，为呗不献祭……自从有了酒，并且向大地、神灵献酒以后，以上的情况就全部改观了。然后又讲述了茶（野生茶树）的发现、茶叶的制作以及饮茶可以提神、全身轻松的感觉等。向天地神灵、祖先神灵献酒敬茶是向他们表示崇敬并祈求赐给氏族福禄。

(27)《解除邪魔扰碍经》。氏族中已去世的先人中，没有后代、麻风病死、与外族外支系通婚、与奴仆阶层通婚、在外凶死未得收尸而灵魂未得安息者等人的灵魂不在受祭超度范围。在举行氏族祭祀盛典期间，上述未获得受祭超度者的灵魂，往往会含冤而勾结一些魔鬼精怪，同来扰乱、阻碍祭祖盛典各项仪式的顺利进行，甚而阻挡超度的祖妣灵魂升天。“解除邪魔扰碍”祭仪是防止或驱除那些前来扰乱的含怨鬼魂和邪魔的仪式。

(28)《污水、捕杀水生物解罪经》。“污水、捕杀水生物解罪”祭仪，是为祖先灵魂解除生前有意无意污染众人饮用的山泉、河水，诸如在水中解大小便，在河水源头清洗脏物，将动物死尸抛入河中，砍伐水源树木，破坏水源等，以及过多地捞捕享用水中鱼、蛙、蚌蟹、泥鳅等而犯下的罪孽。

(29)《祭祖解除毒誓经》。祖妣生前因事发过的毒誓解除，因为这是不道德的。彝族发所谓的毒誓，一般发生在双方有争执，经调解无效，一方积怨极深的情况下。例如双方因某块土地的产权发生争执，经调解无效甚至打官司，结果有一方仍不服并怨恨难平的情况下就极有可能发毒誓：“×× 向天地神灵发誓，×× 地（田或山林）我和子孙万代永远放弃产权，不再耕种，如耕种了，不得好死。”发毒誓要请毕摩主持，并设祭坛，发毒誓人反穿衣裤，头上顶着脚朝天的三脚架。彝族除非怨恨极深，一般不会轻易发毒誓。

(30)《祭祖子裔昌盛经》。“祭祖子裔昌盛”祭仪是祈求氏族祖先神灵庇佑氏族子孙世代昌盛、聪慧，使氏族根基永远稳固、繁荣强盛的仪式。

(31)《祖妣受洗经》。用一马缨花木树枝，蘸盆中水逐个地洒于送到其面前的祖灵牌上。护送祖灵牌受洗者，要逐个向清水盆中公心地放入一些碎银子，意为祖妣灵魂洗尽邪秽，为后代子孙出钱让祖先洁净，表示对祖先的报恩和崇敬。

(32)《请祖享献经》。“请祖享献”祭仪中祭词说：“阿普笃幕的子孙，承蒙祖先神灵庇佑，代代昌盛，个个聪慧，子孙不忘祖妣恩情，用丰厚的祭品虔诚祭献列祖列宗，恳请列祖列宗尽情享用。祖先高兴，保佑氏族代代有子有女，有子个个聪明，有女个个贤惠，祈望氏族永远昌盛。”

(33)《献祭土地神经》。氏族主要成员每隔数年则要前往探视自己的祖灵筒是否损坏、受潮、鼠虫入内等，并要清扫、翻晒筒内物件。每次前往探视，在开启祖灵岩洞前，都要首先祭献土地、山神。因为一方有一方地神，一山有一山神，献祭祖灵岩洞所在地的土地神和山神，意在祈求土地、山神，好好地保佑氏族祖灵岩洞和祖灵筒，不使出现受损的现象。

(34)《毕摩传承经》。人们通过毕摩向神灵表达崇拜、取悦、安慰、祈求等心愿，由此毕摩要与各种神灵进行沟通。为了沟通，毕摩就要恳请相应神灵降临祭场，甚至对一些进行调遣，毕摩为使自己具有请动或调遣神灵的神力，要通过祭祀毕摩祖师神，以叙述毕摩传承的方式，表达自己是具有神力的毕摩后裔，延请各代祖师神降临为其助阵护法，使祭祀顺利完成。

(35)《祭祖灵筒经》。祖灵筒从岩洞中移置地面一彩毯上，其前设神座，用一只绵羊进行献祭，即祭祖灵筒祭仪。祭词内容首先述说祖灵筒是用彝族工匠鼻祖阿陋、阿来两人传下的工艺做成的，筒内是用银饰做脸、玉做骨肉、丝线做筋脉、绫绸做衣饰的祖妣。“祖灵筒在高高山岩床上，早上首先见到阳光，晚上月亮、星星通宵做伴，通身具有神力、神性，虔诚祭献，祈求氏族子孙吉祥。”祭毕，打开筒盖，清理筒内诸物。

(36)《献祭祖灵筒守护神经》。祭祖灵筒，清理、晒干筒内诸物，关闭岩洞门等祭仪后，最后进行“献祭祖灵筒守护神”祭仪。该献祭对象为管天神捻比额、管地神台乍姆，以及彝族工匠鼻祖阿陋、阿来。通过祭献，祈求上述诸神灵守护好氏族祖灵岩洞及祖灵筒，勿使其遭受雷击、火焚、垮岩等灾难，从而更有力地保护氏族子孙后代。

(37)《解除淫邪污经》。“解除淫邪污经”祭仪，是为受祭的男女祖先解除他们生前曾经犯过的诸如与外民族、外支系（彝族纳苏支系以外的其他彝族支系）、奴仆、同氏族等发生性关系；在山林露天、山神林附近、先祖坟墓附近、庙宇附近、家中住宅附近等地发生两性关系而亵渎了天的神灵、山神、祖先神等诸神灵；未婚先孕而堕胎，氏族内和家庭内的乱伦关系等导致的罪孽、邪秽。

(38)《祭祖祝膀经》。“祭祖祝膀”祭仪，内容为祝祷羊膀上呈现大吉大利的卦象，绝不要出现凶险的卦象。

(39)《解除祖灵筒鼠邪经》。“解除祖灵筒鼠邪”祭仪，驱除因鼠入祖灵筒所致的邪秽。

(40)《祭祖洁净经》。“祭祖洁净”祭仪是若干洁净祭仪之一，在祖妣受洗祭仪之前进行。先将取自河水中且以烧红的鹅卵石放入垫有青松毛的马缨花盆中，上盖青松毛与马桑枝，而后浇上清泉水。

(41)《祭汲福禄水经》。祭汲福禄水祭仪事先备下一只已喂了盐的白色肥壮的公绵羊，届时羊角挂红布，其身架一副马缨花木制就的鞍子，上驮一对亦用马缨花木制成的小扁壶。然后让羊走出祭场随意而行，紧随其后的毕摩边走边吟祭取福禄水经，其余的帮手抱着一只公鸡，带着少量酒、米、盐、香等各种祭品随行，一直走到绵羊驻足饮水处，该处即为该次祭祖盛典祭取福禄水之地。毕摩在水边设下神座，摆上祭品，祭献公鸡，再次诵念祭汲福禄水经。祭毕，将小扁壶盛满水，仍让羊驮着返回祭场。取来的福禄水（圣水）均分给氏族长、次、幼三房，各房将分得的福禄水洒在敬献给祖先的祭品上，表示祭品干净而又神圣了。取福禄时，要记住水边的物象特征，如马缨花树、青松、大石、双石、白石、黑石等。该物象特征将作为祭祖的代名词，写入氏族谱系中，如“××祖先之后，倒钩刺下取福禄水”，说明××祖先之后，氏族举行了一次祭祖盛典。

(42)《祭伐祖灵筒树经》。在择定的吉日早晨，氏族各房主要成员十来人集中，通过毕摩设祭占卜，选定向何方寻树，然后带着祭品、牺牲（一只羊）、工具前往卜定方向寻找，找到合适的树后，在树前设祭献牲。

(43)《迎接福禄水经》。“福水禄水到来了，福禄跟着到来了；福水禄水涛涛来，福禄跟着绵绵至；氏族祭祖获福禄，福禄保佑金银满，福禄保佑粮丰畜成群，福禄保佑子孙永昌盛。”

(44)《叙谱祭迎旧祖灵筒经》。该经在进行叙谱祭迎旧祖灵筒经祭仪时诵念。祭词首先叙述氏族谱系，然后祭告氏族祖先：“今日天地相会合，日月放光辉；高山春鸟鸣，福禄双双隆，今日最吉利；大吉大利日，氏族虔诚来祭祖；大吉大利日，子孙前来迎祖妣……”

(45)《祭祖退邪经》。其意在于祖灵牌从家中送来，免不了在路上被各种邪秽侵扰或附着，所以必须为之驱邪、退邪，使之清洁地进入祭场。彝族不仅在祭祖、亡人祭奠中进行“退邪”祭仪，在平常生产生活中也往往举行“退邪”祭仪，如家中财物被抢被盗，若能将原物追回，须对失物进行“退邪”祭仪；女子离婚再嫁，嫁入夫家前要进行“退邪”祭仪；等等。

(46)《祭迎新祖灵筒经》。“装入旧祖灵筒的祭铃已响过，祭祖吉日已来到，祖妣换新颜，祖妣换新饰，旧筒换新筒，今日今时迎新祖筒；迎回新祖筒，迎回了福，迎回了禄……”

(47)《祭祖播福禄经》。先用一只斗装满苦荞、甜荞、大麦、小麦、燕麦、黄豆、米豆、绿豆、谷、米等，氏族成员齐跪于祭台前，毕摩一边诵念《祭祖播福禄经》：“祖妣上了天，祖妣与日月齐辉，日月照青柏，青柏开满福禄花，结满福禄籽，开花结籽火子孙。”一边用马缨花树枝蘸祭汲来的福禄水（圣水）洒向众人，并不时抓五谷向众人抛撒，同时多次询问：“福禄下来了没有？”“福禄接到了没有？”众人则齐声回答：“福禄下来了！”“福禄接住了！”“福禄随身了。”

(48)《祭祖祈寿经》。该经祈求氏族子孙人人享长寿。祭词说：“年是今年吉，月是今月利，日是今日好，吉年利月好日子，子孙祭祖报祖恩，祭祖祖赐福，祭妣妣赐禄……松柏万年青，子孙享长寿。”

(49)《祭献氏族历代贤能祖先神座名次颂》。氏族历届祭祖盛典中业已祭献超度升天成神的祖先有一场专门的祭献仪式。该祭仪插布的神座繁多，不但祭请氏族历届业已超度成神的祖先神隆临飨祭，同时须祭请天上诸多神灵降临飨祭。词辞内容主要赞颂氏族历代祖先在世时的贤能和功绩，以及他们升天成神后仍然顾佑氏族子裔，从而使氏族兴旺发达。是书通过对祭场插布的神座逐一赞颂，意在安慰取悦历代祖先神及天上诸神灵，祈愿这些神灵高兴地接纳本届超度上天的祖先，一同保佑氏族繁荣昌盛。

(50)《揭丑祛秽经》。该经内容为对氏族受祭祖先中可能发生过的氏族内、支族内乱伦，甚至人畜交媾的行为。这些行为是个人不可饶恕的罪孽，还会导致整个氏族受到不可抗拒的天灾人祸的惩罚，殃及所有的氏族成员进行祛秽。《揭丑祛秽经》语句隐讳，彝语古语成分较多。

(51)《祈生理正常经》。祖先能够保佑氏族子裔昌盛发达，人丁兴旺。影响人口的繁衍，除了诸多因素外，其中氏族成员（男、女）身体、生理不正常而导致不能正常生育也是一种重要原因。祭祖盛典中“祭祈生理正常”祭仪，即是通过祭献、取悦有关神灵及祖先神，祈求氏族成员中不要出现身残缺、生理不正常而不能正常生育的现象，以保证氏族代代后继有人，并且越来越发达。

(52)《祭献氏族首领神座点名经》。氏族先妣神座三丛（成三对）；日神座三丛（成三对）；婚育神座；十二父母神座（十二对）即天地、日月、夷僰、尼能、实勺、奢邓、根英、俄莫等，福禄神座（六对）即天地福禄、阴阳交合福禄、男女福禄、田地福禄、五谷福禄、六畜福禄；氏族首领神座；氏族祖灵筒神座；聪颖十男儿神座；聪慧十二女神座；十二母神座；二十四地神座；毕摩始祖神座；工匠始祖神座；锅桩神座等。这些神座既是祭献对象，也是祈求的对象。

(53)《宣布祖妣名单书》。当氏族成员各户对自家祖灵进行了家祭、路祭，长、次、幼各房分别在青棚祭场附近会合，进行为祖灵祛邪仪式之后，在将祖灵牌送入青棚祭堂前，还需在祭堂之前分别进行祖妣洁净（清洗）仪式，紧接着进行各房受祭祖妣名单的登记。在受祭祖妣名单登记处，氏族三房有威望的耆老自动组成“祖妣受祭资格”评议组，对那些生前因患麻风病而死，抢劫处死，与外族外支系通婚、乱伦、无后裔等夫妇不能让其进入祭堂受祭，也不予登记入名册。对有资格受祭超度的祖妣，则各方分别按辈分大小，逐一登记仅记男性名，以“某某夫妇”排列。全部登记完毕后，还将受祭超度祖妣祭告上天，同时也宣布受祭祖妣名单。氏族祭祖盛典结束后，各房将此名单续写于家谱，一次次相衔接，形成了彝族特有的谱牒。

(54)《开启祖灵洞门经》。要开启祖灵洞门，先要进行祭献。有的场合还须先经猪膀占卜，看祖先是否允许开启洞门即开启洞门是否吉祥。祭词说：“祖灵洞门毕来开，毕摩戴着神帽来，毕摩祭告天和地，毕摩祭告祖先神，祈现吉祥卦，吉卦好启门。”

(55)《氏族分衍（支）祭经》。古代彝族的经常迁徙造成了氏族成员居住分散的局面，相互来往有诸多不便，加上人丁的繁衍，所以滇东北彝族纳苏人举行的氏族祭祖盛典，往往也就是氏族分支的祭仪，氏族祭祖盛典并同时进行分支，须备三个新的祖灵筒，原来旧灵筒中的诸物，除祖妣玉身偶像，祭铃由原氏族长房继承外，其他由三房均分，但各房还需各自完整地备一套筒内诸物，该书在彝族纳苏人祭祖盛典后期进行分支祭仪中诵念。祭词说："人无氏族不繁荣，今日氏族大繁荣，祖先保佑人丁兴旺……今日分支，分支各房亚氏族仍繁荣，氏族基业似那高山红岩永不垮，似那高山密林欣欣向荣……"分支祭仪以后，原来的祖灵洞仍由原长房继承，放置其新旧两个祖灵筒，次、幼两房则将各自新祖灵筒送置于事先选好的新的祖灵岩洞中。

(56)《颂福经》。在祭祖盛典结束时，要专门进行一场"颂福"祭仪。祭词说："高山长满了马缨花吉祥树，山谷淌出吉祥水，祭祖得吉祥，祭祖获福禄，策根兹施福禄，硕芳传福禄，老人有福禄，青年男女有福禄，夫妇有福禄，阖家有福禄……五谷有福禄，六畜有福禄……子孙有福禄，福禄长绵绵。"

(57)《氏族招魂经》。其后期都要为氏族招魂。招魂词说："祖与妣是氏族魂，吉祖美妣裔绵绵……彝魂红通通，氏族灵魂绿茵茵，毕摩灵魂黄生生……今日招氏族魂，氏族更兴旺，福与禄相随，福禄吉上吉，福禄长绵绵。"

(58)《解除祖灵筒蜂邪经》。筒内放置祖妣灵牌（偶像）、生产生活用具模型、五谷种子、撑天铁柱、伴铃（祭铃）等。祖灵筒虽用粗壮原木雕凿并加有厚实的木盖子，但也免不了有蜜蜂或野蜂入内筑巢繁衍。罗婺彝人认为氏族祖灵筒内若有蜂进入筑巢，侵扰了祖妣，就是一种邪秽，会给氏族带来不测。一经发现或毕摩占卜卦象有反映，就必须立即进行"解除祖灵筒蜂邪"祭仪，驱除因蜂入内导致的邪秽，禳解不祥，同时彻底将蜂驱除，并清扫干净，晒干筒内诸物，以保证氏族的吉祥。

第三节　清代祭祖（超度分支）礼仪程序实录

清代同治四年（1865 年），毕摩记录了禄劝普得氏族超度亡灵升天成祖先神的全过程，以供后世参考。

根据禄劝县彝族纳苏人祭祖，即祭祖（耐母）叙谱述根书载，在清同治四年（1865

年）属牛年腊月，普得家支做了一场大祭祖（氏族祭祖分支仪式），时长九天九夜，根据彝文记载，这九天九夜祭祖中具体每天的程序、过程、仪式和内容现详细翻译如下。

当年腊月初二（属蛇日）那天，早晨起来献祭祖先，早饭后半路“秋黑掏”（入祭典场前住青棚一晚）。初三，白天入祭典场，中午削树枝，插树枝（树枝即神座），晚上“特井好井召”（转驱邪场和除净场，祭祀插神座跑庄解罪，度南天透九重，要按顺序转场）。

未入祭典场的前一天，每一个家族内后裔1—2人，带领大毕摩到放祖灵筒处开岩洞门，取回旧祖筒，准备入祭典场，毕摩念经朝前带领：“来呀祖来呀！来呀妣来呀！祖妣在吉地，后裔听吉语，祖妣出门来，后裔得见面，祖妣在吉地，昼吉日来护，白晃晃地护；夜吉月来守，明亮亮地守；金银光同亮，子孙生命祖来护，祖面饰彩线，孙吉妣来守；祖转处来转，妣转处来转，祖坐处来坐，妣站处来站，祖玩处来玩，妣玩处来玩，祖生活处来生活，妣生活处来生活，祖吉处来吉，妣祥处来祥。”

念：“高山十九峰，从高到低处，深箐十八层，从高到低处，（神灵）来了没有？”（众答：来了！来了！）“祖十祖神灵，妣十妣神灵，祖妣神灵降，祭祖场神君和神灵，所有祖灵，到祭祖场了没有？”（众答：到了！到了！）

入斋场之前的早晨，匠师来挖祖筒，“梗毕”来挖新祖筒，挖出来也行，如还未挖出来之时，也背上新祖筒，跟着背老祖筒的一齐转场，背新老祖筒需2棵羊毛绳子。另备有用绵羊毛制作的六顶毕摩帽。背祖筒按老规矩分派，如果还没有着落，按家族内轮流：一个家族背一个晚上，互相替换着背，不要争执，后裔才会昌盛。

入斋场的那天早晨，天刚亮，就到青棚中聚集，一个家族要杀一头猪，向天地四方，日月四门献祭。祭牲猪杀倒后，不能用开水烫，而是要用干松毛烧出来，先把所有大小毕摩各人的份额留下来，然后按女婿后裔有多少人，本家族内有多少人来平分。

入祭典场后的第二天早晨，取福禄水的是毕摩主祭（大毕摩，毕摩的最高等级，以下同），各家族后裔每支来1—2人，备祭米一升，公鸡一只，献山神，还要用一只公绵羊（波罗羊）备上黄木鞍，驮上用马缨花树做的扁壶一对，去取净水。去取水前，毕摩要看鸡卦，然后尾随绵羊去找水源，看绵羊在哪儿饮水后就在哪儿取水。在取水前，毕摩还要念经。驱魔水、污水、瘴气水、恶疮水等，然后再取清净水（福禄水），装在扁壶中给绵羊驮回到斋场，这时家族后裔全部去迎接。

毕摩念经在前领路，问：取福禄水到斋场了没有？（众答：到了！到了！）吉祥、福禄的福气到住地了没有？（众答：到了！到了！）荣华富贵、福禄、吉祥、如意的贤代回到后裔住地了没有？（众答：回来了！回来了！）有知识、有见地的贤代下来了没有？（众答：下来了！下来了！）有福则子贤，有禄则子荣，福来好运至，禄来得发展。（诵）：福禄祖守护，来呀祖来呀！来呀妣来呀！吉来祖吉来，祥来妣祥来，亮呀祖亮呀，祖妣明亮亮：转来祖福来，转来妣禄来，家族后裔来，子孙兴旺又发达。

念：高山十九峰，从高到低处，深管十八层，从高到低处，来了没有？（众答：来了！来了！）祖裔世代贤，妣裔世代良，敬祖得贤良，祖宗神君来，列位先祖个个来福禄祭祖场，遇齐了没有？（众答：来齐了！来齐了！）祭羊角雄壮，牲羊眼明亮，牲羊嘴干净，牲羊气腾腾，牲羊体健壮，牲羊腰修长，牲羊肚壮实，牲羊脚整齐。祭祖按祖妣的规矩，祖先坐处坐，站处站了没有？（众答：站了！站了！）祖开辟处来开辟，妣玩处来玩，祖解罪处来解罪，妣解罪处来解罪，祖洁净处来洁净，妣荣处来荣，祖荣孙也荣，妣美孙也美，祖吉孙得吉，妣福孙也福，超度考祖孙昌盛，超度妣祖孙兴旺，祭典场行礼仪，九支九支昌，六支六支昌，三支三支昌，四支都荣耀，祭君是贤者，祭君是透脑（神），十一祖宗祠，子裔十二节……吉呀祥呀的，"底得"（祖先名）子十个，十二宗子祠，祖荣孙也荣，妣贤孙也贤，祖裔得兴旺，妣裔得发展。

是时，取福禄水入斋场后，驱邪恶，净牲，献牲，播福禄，然后驱邪者，避祸祟，做敬献祖宗仪式，把所来的福禄水分给各家支掺在煮祭祖供品有水中，念逢凶结冤仇解罪径，献酒，献牲，念《净牲经》《祭牲经》，然后打草卦、驱邪，叙神座名，转神座场，搞净化仪式，转到青棚里，十二宗亲（女婿后裔）各背各自的祖先灵牌，还要抬一个斗，跟着大毕摩后面，进行从长支起播福仪式，到次支、幼支、最小家支后又转回长支，诵祝福经。

做斋场里，从长支、次支、幼支、小支后裔，各自按从大至小的顺序让毕摩记在"井讨苏"（叙族谱）上，这本书要藏在毕摩处。各个毕摩各记各的祭仪，祖灵牌各在长支、次支、幼支青棚中放一夜，要好好地将族谱、家谱藏好，到子孙后代祭祖时，一套一套的，每个程序井井有条，哪个毕摩，主持哪场。毕摩（第一掌堂法师）是更探（村名）杨林、额定家主持；"果补"（第二掌堂法师）是康租（地名）罗坦村杨发家负责；"毕期"（第三掌堂法师），是住基高老阔（村中间）吾扣家；"额毕"（第四掌堂法师）是贵城（村名）德莫填沙克家；"高毕"（第五掌堂法师）是万德（地名）者稍家；"更毕"（第六毕摩属工匠技术型毕摩），修祖筒，打制准备装在新祖筒里的人类生产生活小型用具。由升发（地名）恒硬讨家负责，按顺序定下来，记在叙谱寻根的族谱上，到子孙后裔手上做斋之时，才不会发生争执。

祭典要散场时，毕摩会吩咐：要十二宗亲（婿裔们），用一棵马缨花树挖鸟形签筒，挖空插上穿过祖灵的竹条后合拢，在祭典场中代表撑天柱的松树脚，搞一个祭仪，用一头小猪、祭米一升，拌上猪血，十二宗亲（婿裔）一家抓一把放在鸟形筒里，插祖灵竹签，从大到小地插完后，把两半鸟形筒合起来。用细竹线捆扎起来，紧紧地合拢，祭典收尾将所有亡灵送上天界。仪式完之后，让十二宗亲（婿裔）抱着到祭典场上方树脚，找干净处，挖洞隐埋起来。头一天就要插撑天柱等待，插好十七箐林（超度祖先上天界的一场神座）。

撑天柱腰身像葫芦，左边是新祖筒，右边是中老祖筒，前两边两丛是刺脑包树，全是刺（用于解咒怨罪）。另两边两丛是蕨，蕨后边两丛是竹子，竹子后边是两丛化桃树，后边是两丛柏枝树，以下按顺序两边两丛是松——两边两丛是知识神座——两边两丛是智慧神座——两边两丛是箐魔位置——两边两丛是岩魔位置——两边两丛是暴风位——两边两丛是冰雹位——两边两丛是箐神、山神之位——两边两棵是鸟神——两边两棵是子神——两边两棵是蛙神，及除邪池，四角中，插柴桩三棵，绿草神座 30 对，四角插柴 6 对，草神座 32 对——两丛是洞神——两边两丛是鼠神——是坝子神、风神、邪风神——三丛是祖神、妣神、疾病神及退凶灾疾病等处。之后用柴反插回来，插柴 3 对，插神座 5 对七行，五对五行，做祖妣总神之位，在超度之处，安一口大的锅。

最后一个重要的程序是“戏木呆被”“戏木普炒”“戏木夺透”“散阔放拾”“戏木脑”，意思是超度祖灵，祭典收尾将所有亡灵送入天界，做祭典焚灵牌后的收场仪式，破除地狱考妣解罪透天堂，缥缈度南天，即撑天松桂新吊锅，煮清香油，焚祖名单袋，晃亮透九重天，需香油 24 斤，干柴 6—7 背一齐烧，火焰升上九重天，所超度的祖灵也跟着升到天界。

九天九夜祭祖（做斋）共需做除邪 24 场，除净化仪式 16 场，不管做哪场，要念《净牲经》《献牲经》。诵经，要用牲做祭供物仪式、避邪祟、祝祖灵仪式；念清除逢凶、结冤、结仇的《吉祥经》，念《净牲经》《祭牲经》。祭典场中每场祭祀后杀一头（只）牲，留一头。不杀的这牲叫“透牦”，要放生。放朝前走，大毕摩诵经引路，背新老祖筒一齐转斋场，对照叙谱书，背祖筒者，有归属的按老规矩，没有着落的，由本家支内后裔来背，十二宗亲要好好地背着自己祖灵牌跟着转，轮流背，要背一昼夜。

下面是各场隔邪仪式，除净仪式，各场的名称，其含义及由哪个法师主祭，需插什么神座，哪场由哪个家支负责等详细的情况分述如下。

“治波特”：（《歪邪淫乱解罪经》）“治角”、（《消除淫乱重孽解罪经》）插神枝处，由第一掌堂法师（大毕摩也叫毕莫）当主祭师。

做净化仪式，需割秧草（断绝灾殃之意），找马桑树，在长流水的河里找干净的鹅卵石，再把鹅卵石烧热，用马桑树浸泡的水，浇在烧热的鹅卵石上，散发出蒸汽，把要献的供品的都放在蒸汽上绕一圈，口里念“好！好！”（净、净之意）。这场由长支主持。以下所有净化仪式都是按这个程序，不再重复叙述。

“强登”：（献祭邪恶）“苦们台”（叙神座名），“苦夺吊”（插神座处），此仪式属大毕摩（第一掌堂法师）主祭。净化仪式与上同。次支主持。

“也五楚青贡”——善神头冠分论解罪，插神座处，净化仪式与前同，加祭丧仪式，在毕摩主祭。由次支来主管。

“更浓”：岩神座，“果补”（第二掌堂法师）主祭。树枝留尖，白神座，“也台”占卜白神座，做净化仪式。次支主管。

“欠勒特”：驱邪隔邪解罪，“额毕”（第三掌堂法师）主祭。次支主管。

“生欠、柯欠、以欠、法欠等”：隔离疮、水怪、岩魔等污秽扫邪解罪，属“高毕”（第五掌堂法师）主祭。其树枝要留尖，隔离桩3个、隔离树3棵、隔邪桩16对，白的由白柴代树枝，净化仪式同前。第四支主管。

初四（羊日）天亮起来，孝子贤孙们找树枝、砍树枝、插树枝，吃过早饭“台几毕勒戏”（第一、二、三、四掌堂法师）共同插树枝（即神座）。夜晚，杀祭牲（念祭典供牲经），然后“俄也召”（献供物仪式）各位毕摩念经，朝前引路，族人背新第祖筒的跟着转。

“更糯共姆”：岩神座，属重要神台解罪，理宗族源的神座，大毕摩主祭。净化仪式同前。属长支主管。

“俄牛强吐台”重点弓弩白牌神，通绕压解罪的神座，大毕摩负责主祭。松枝，左弩，净化仪式。属次支主持。

“子尼台”嫩绿闪绕桩神牌解罪，玉盏金杯官吏解罪，“果补”（第二掌堂法师）主祭。按常规插神座，净化仪式。属幼支主管。

“注咱苦勒”祭丧仪式，大毕摩主祭。按常规，做净化仪式。属第四支主持。

“更糯万常勒”重点神祇、猪邪、淫乱、插神牌跑庄解罪，“果补”主祭。神座按常规插，净化仪式同前。属次支主管。

“净万普”用雄牲献牲。毕摩四面对念经，逢凶化吉，由第一、二、三、四掌法堂法师共同主祭。白神座12对，鹅卵石12个，杉、化桃树枝，净化仪式同前。属第四支主持。

初五（属猴日）天亮起来，各家支后裔找树枝，砍树枝，中饭后削树枝，由4个毕摩按神座图的要求规格共同插树枝（神座）。

“贡矣扣，贡矣赫，贡非苦。”（取福禄水，隔污水邪，迎福禄水），大毕摩主祭，“野式”（播福）、“俄等素”（诵祝福经仪式），大毕摩主祭。长支主持。

“衣朱”“衣老特”：孕妇临盆解邪污仪式，大毕摩主祭。神座按常规，净化仪式同前，属次支任务。

“注勒俄、注矛且净”：凶化吉，超度祭天插牌神位跑桩解罪仪式，大毕摩主祭。属次支任务。

“耐维持”，安慰解罪经，超度祭天透灵宵。大毕摩主祭。按常规神座，做净化仪式同前，属幼支来筹办。

“乞决特”：冤枉赌骂怨星解罪仪式，“毕期”（第三掌堂法师）主祭。按常规，做净化仪式同前，属幼支持任务。

“能农特”：解赌咒怨“果补”（第二掌堂法师）主祭。常规神座，净化仪式同前。属第四支任务。

初六（属鸡日）天亮起来，家族后裔找树枝，砍树枝，中饭后插树。所有大小毕摩学徒全部来插树枝（神座），晚上献牲，“脑昌”（诵经）、“俄也召”（献供物仪式）诵经，“今台”之后是叙有害、相克的事情避邪凶，祝祖灵仪式，“气登气起透”逢凶化吉，念《吉祥经》。

献酒，“矛扬”（念《净牲经》）、“矛补”（念《夸祭牲经》）仪式之后，大毕摩边诵经，边带路。旧祖筒、新祖筒按家族后裔，轮流背着跟大毕摩后面转，十二宗亲把各自的祖先名字灵牌按从大到小、从高到低，各把自己的祖先灵牌挂在细细的竹竿上，各人记好自己的祖妣名字，灵牌装在花毡子里，转神座场时少喝酒，认真地做仪式。祭祖是好事，要使祖先超度，后裔才会兴旺发达，不会产生口角，不会闹矛盾。

“戏说万普”：献牲取猪膀，法师四面对念，全体毕摩主祭。常规加“灯蕊树”12对、鹅卵石12个、“五倍子树”白神座。属长支主持。

“碾透碾恒”：叙家谱神座仪式，“毕期”（第三掌法师）主祭。按常规，做净化仪式同前。属长支准备。

“错险务特”：电、雷、铁逢凶化吉仪式，大毕摩主祭。神座按常规插，净化仪式同前，属长支准备。

“色醒务特”：三种铁雷神凶煞解罪，“果补”主祭。常规神座、净化仪式同前。属次支主持。

“错险特”：解雷神、火神作祟仪式，“额毕”（第四掌堂法师）主祭。属幼支主持。

“西本冒侬造”：驱除各份献牲。污气解罪仪式，“果补”主祭。常规神座、净化仪式同前。属第四支主持。

初七（属狗日）天亮起来，后裔找树枝，砍树枝，削树枝，早饭后，全部大小毕摩插神座，夜晚转神座场。

“麻迟亚维特”：兵马将帅错跑桩解罪；“衣劳特”解除血盆邪污祭仪，大毕摩主祭。常规神座，净代仪式按常规办，需插白弩（护祖）、黄弩（金弓弩护祖）、皂弓弩（保祖）、花弩（使祖胜利）。属长支主持。

“几鲁万普”：福禄猪膀，四面毕摩对念，逢凶化吉祭仪。全体毕摩主祭。神座按常规插，净化仪式也按常规，加“灯蕊树”12 树、鹅卵石 12 个、五倍子树树枝。属次支主持。

“阿普特兹早勒”：祖先考妣变化观察吉祥祭仪。“果补”主祭。神座和净化都按常规，属次支主持。

“季早特”：邻居借找难，以解罪祭仪，大毕摩主祭。神座、净化同上，幼支主持。

“饰期伴同特”：捆绑支扣拌脚解罪祭仪。“果补”主祭。插神座、净化仪式同上，第四支主持。

初八（属猪日）清早进来，家族后裔找树枝，砍树枝，削树枝，早饭后，所有大小毕摩共同插树枝，（神座），晚上大毕摩诵经带路，所有各家支后裔背新旧祖筒，交替轮换背着转，十二宗亲各背各家祖先灵牌，跟在毕摩后面，所有子孙、女婿各转自己的祭场。

“几朴显闹”“显兹特”：铜田、铁地、铁柱逢凶冤枉解罪祭仪，大毕摩主祭。插神座的规矩和净化仪式的程序按常规，与上同，属长支主持。

“尾微特，能微特”：驱日邪、风邪祭仪，大毕摩主祭。神座、净化的程度同上。属次支主持。

“母夺显兹特”：为撑天铁柱驱邪祭仪。大毕摩主祭。神座、净化仪式同上。属次支主持。

“普妣维特”：解祖妣污邪祭仪，大毕摩主祭。神座、净化仪式同上。属幼支持主持。

“尼钮特”：解牛邪，大毕摩主祭。神座、净化仪式同上、幼支主持。

“木钮特”：解马邪，毕摩（第一掌法师）主祭。仪式同上。属第四支主持。

初九（鼠日）天亮起来，家族后裔找树枝，砍树枝，削树枝，所有大小毕摩一齐出动插树枝（神座），晚上转神座场。

“迟卑、发卑”：解除喜庆吉庆中的邪扰祭仪，大毕摩主祭。插神座，净化仪式按常规程序。属长支来主持。

“微卑特”：祖灵筒（古岩祠堂），全族联合祖筒，驱污邪祭仪，“果补”主祭。常规神座，属次支主持。

“欠海万朴”：祭典青棚献牲取膀观察，毕摩法师因面对念驱凶化吉祭仪。大小毕摩一齐主祭。除插神座、净化仪式按常规外，另加“灯蕊树”12 对、鹅卵石 12 个、“五倍子树”树枝，属次支准备神座，其他属第车支主持。

“朴脑干诗，朴脑维特”：田公地母驱邪污，扫送解罪祭仪。神座，净化礼仪按常规。“额毕”主祭，属幼支准备。

“朴另脑栽”：田邪地邪魔打醋炭祭仪，“毕期”主祭。神座，净化仪式按常规。属第四支主特。

初十（牛日），天亮起来，家族后裔削白柴，砍绿树枝，削树枝，所有大小毕摩共同参观大毕摩翻开的插神座总图，按照图的顺序插神座，晚上，转驱邪场，净场。

“分恩特”：驱危难厄运祭仪，大毕摩主祭。神座、净化仪式按常规。属次支主持。

“麻恩特”：驱噩梦祭仪。“果补”主祭。神座、净化礼仪按常规。属次支主持。

“涛痴特”：惊恐逢凶化吉祭仪，大毕摩主持。插神座和净化仪式按常规程序。属次支主持。

“娄奶多芬，哈务特”：驱祖灵筒，防蜂入、鼠入祭仪，“毕期”主祭。插神座和净化仪式都按常规。属幼支主持。

“万期浩曲普”：猪、绵羊牲献上，取膀观察，四面法师对念解罪，大小毕摩共同主持。除插神座和净化仪式常规外，另需“灯蕊树”12 对、五倍子树枝。属第四支主持。

初十二（虎日），“戎木孜作”（撑天柱、祭柱通度南天透灵霄）即给祖灵升天仪式，头一天就要把撑天柱栽好。

“策戎自奢”：（十七箐林、超度祖先上天界）插此两个仪式的神座。

“戎木普炒”：通天地曲调超度南天透九重。插此神座。

“戎木多透”：破除地狱考妣解罪透天堂，缥缈度南天。插此仪式神座。

“散必”：按吊丧者之客位。

“发施”：关藏祖祠的岩洞门。

“戎木脑”：栽通天松，用新铁锅煮清香油，焚祖先名单，灵袋晃亮透九重，祖妣也跟着上天。大毕摩主祭。

此升天仪式需要香油 24 斤，新铁大锅一口，干柴几背，干柴放锅里，香油倒其上，点火，火光熊熊升天，将祖灵牌一齐拿来烧，凡祖先所有过错，罪过都在此解除，所有污邪都在此隔离、在此解脱，一切邪恶也在此驱除，使祖妣干净。祖妣随着熊熊火光，升上九重云霄，到天上另一世界去了，轻松升天，进入幸福的乐园。至此，祭祖大典超度仪式结束。

做斋（祭祖）时，念诵的部分经文释译如下。

“侬万荣”长支，“侬共色”（次支），“侬非讨”（幼支），是九支九支昌，六支六支昌，三支三支昌，四支来祭祖，高山叫长支，半山约次支，深箐叫幼支，相约在一天，到天南，把金子和银子拿来打，打银做祖面，打金做妣容[①]，君起毕心动，毕起做祭事，时神到之时，在神来之时，神来时祭祖，天时地时到，天地的祖灵，天时地时悦，日时月时降，日时到则亮，月时到则明，祖时妣时到，祖时到则祭，妣时则祀，斋时祭时到，斋时到驱邪，祭祖时除净。走啊走啊的，走到君群列，千里来龙宫居地，万里祖脉降吉祥，走到臣群间，起步似金铺，走到毕群间，毕摩法帽追赶万里祖脉吉祥，实楚知神到，知神到则祭，不到不做祭，见神到宴客，见神不到不宴客，乾天圣阿南，坐在九重天，天君不催种庄稼，祭典神来催，地尾不赶种，祭祖祖灵催，我们九支九贤良，六支六贤良，三支三贤良，四支齐祭祀，我们所有家支后裔汇集一起，我们缅怀祖先业绩，满 60 年会一次，宗族发达，隆重地祭一次祖，子贤想祖德。孙贤思妣德，八月初六找祖筒树，我们把大毕摩也请来了，找祖筒树（化桃树）需祭献 1 只公绵羊，祭米 1 升，占卜用鸡 1 只，逢场作戏迎吉祥，找祖筒到化桃树脚，要举行献山神仪式，要用 1 只叫鸡，草卦净邪，又做鸡卦，卜卦吉利，用黄树（如黄连树）做卦板，用祭牲，做献供物仪式，驱邪避邪，逢凶化吉解仇，做祭祖灵仪式，念净牲经，念祭牲经，找祖筒树，砍祖筒树（化桃树）时，树枝不要断，尖不要折断，找到祖筒树后，念播福禄经，诵祝福经，家支后裔返回后，祭牲煮熟了，献酒献茶，把祖筒树砍好给家支后裔背，替换着背，大毕摩诵经朝前带路，把祖筒背到石房里放置，打草卦净邪，把放祖筒的山门打开，然后放在岩洞里，再做关山门仪式。

找到祖筒后，要做祭典时需查看祭典场——“觉暮”（孵场）。和大毕摩一起，去察看祭典场，场正中，上面盖一排排青棚，作子裔族房，每户一间，各家族 260 家，要盖 260 间青棚，一间接一间，下面盖一排排青棚给女婿后裔，（十二宗亲），后裔每户一间，要盖青棚 260 间，一间接一间，左边另盖九间青棚，右边另盖八间，给小支头，高处是祖灵台，祖灵台脚，女婿住处，女婿住处下面是火塘，下面一排排青棚，族裔住处，“供黑”（祭祖家族住的青棚），“浅黑”婿裔家族住的，青棚间数一样，只是盖的式样稍有不同。“供黑”上面给第一、二、三、四、五掌堂法师，做祖筒毕摩、六毕神等盖 9 间青棚（或 13 间），毕摩青棚前面，是旧祖筒、新祖筒放置处，搭两个大供台，还插一棵柏树，入祭典场进青棚那早，每家支要杀一头肥猪，在青棚里聚餐，

---

① 打银做祖面，打金做妣容：即新雕的祖妣偶像。是放在用麂皮（或牛皮）做成的此袋中，再放入祖筒中，同时放铁制的各种小型家具、农具。另有一根铁柱，名为撑天柱（也称为擎天柱）。还有一铜制的铃，名为祖铃（仙铃）。

天刚亮，举行天地恩礼献猪牲。祭场里杀的猪不能用开水烫，要备几箩干松毛来烧掉毛，天地四角，日月四门前面献饭，猪肉分配方法每个在斋场的长支、次支、幼支、四支所有子孙后裔、大小毕摩等，每人都有一份。大小毕摩们，祭祖像毕摩赶街聚会，大小毕摩需要36个，分别主持，除邪场24场，净场16场，某场属某个主持，某场接某场，献牲取猪膀，福禄猪膀，羊卦、鸡卦等各属哪个面份，哪个毕摩主持都按老规矩。

说明：察看斋场回来之后，老大、老二、老三、老四家族相约到老大家支那里商议祭典事宜，各支出多少祭牲、多少粮食，驱邪场24场，每场用牲一个，放一个，共需48个（用24个，放24个牲。放牲即不杀的那个牲属毕摩酬金）。打卦除净16场，要16只鸡，净场鸭6只，一场驱邪，一场净化，银子7两，金子7分，布9匹，祭米2升，另“万普昂朝”（专对老年亡者的解罪祭祀）用猪一对，鸡一对，布9匹，银7两，金子7分，4个毕摩看膀子卦象，要取鸡卦，做鸡卦，4个家支，4对卦象，九天九夜做祭典，所有的祭牲，这是最低数目。用粮、用钱，祭米、祭酒要用多少，加上大小毕摩（包括做祖筒毕摩），共要40人。这40人的伙食，每个支头要凑多少，共同商议。

请工匠师傅打铁、打银、打铜、铜铃一对，祖先用的所有用具必须打造好：犁、耙、犁铧、犁板、千斤扣、连枷、扫把、钉耙、大勺、小勺、盆、筛子、簸箕、筲箕、土锅、锅、三脚架、大锅、铁罐、铲子、缸、水桶、水缸、钩担、碗、筷、砍刀、斧子、小刀、碓嘴、盐罐、捧头、大磨、手磨、大小秤、升、斗、篾箩、祭碗、瓢、小木钵、锛斧、猪槽、洗脸盆、洗脚盆、梳子、袜子、马鞍、马架子、马缰绳、马笼头、马镫、马褥子、柜子、撑天铁柱、铜田铁地，打造成微缩的生产、生活用品，像真的一样打好，入祭典场两天后，要用1—2岁的红牛来祭祖，把牛头挂在祭牲架上，把牛嘴、牛角、鼻子转朝天，割牛肚皮两旁的皮，给家族内揉，从大到小地揉，用捧头打揉，轮流换班地揉，揉熟后放在祖灵筒口，用凿子一边一边地凿通，用细细的刀子在祖灵筒的两边打出洞来，祖先所有生活生产用品、金银用具等，统统收藏在牛皮里，抬挂在祖筒前竹子上，这样夜晚到驱邪、除净场转场也不会丢失。

祭祖大典（耐母）中需要的生产生活用具，具体分配的数目如下。

长房：大铁锅2只、小盆10个、竹饭箩10个、勺子10把、长把瓢3把、木瓢3把、水桶3对、钩担3副、水缸2个、碗200个。

次房：大铁锅4只、水桶6对、钩担6副、小木盆20个、竹饭箩20个、勺子20把、长把瓢6把、瓢6把、水缸4个、碗400个、筷子160双。

幼房：大铁锅6只、水桶6对、钩担3副、小木盆12个、勺子12把、木瓢4把、长把瓢4把、水缸3个、碗300个、筷子60双。

3个家支(或4个)每个家支几家,每个家支需大小罐几个,碗需多少,按家支合出钱,买来用,大木盆、大钵头、甑子不够的按各家支拿钱出来买,所有各家族后裔不能发生口角,闹矛盾,以后子孙还要兴旺发达、昌盛,凡要做的,从始至终好心好意地去做,好上加好,圆满完成。

插神枝由长支负责青岗栗树神座,白柴做的神座,秧草,鹅卵石(河水中的干净石头)。

次支负责麻栗树,白柴做的神座,“也采”神座,秧草,鹅卵石,烧水等。

第三支,负责青岗栗树留尖,松树枝,松树做的白弩、黑弩、黄弩、花弩、快弓弩。

第四支,负责隔邪,化桃树留枝头的神座。化桃树片,不留头的化桃树枝,化桃树划成两半,化桃树三棵,化桃树桩三个,柏树枝神座,杉、竹枝、蕨枝,烧净化用的鹅卵石,割秧草。

要到祭祖的日子,家族子孙后裔11月24日先在一起,砍4天的柴,在祭祖的家族内,每一家都要来齐,找到祖筒,察看到祭典场后,要找篾箩匠,编8块篾笆到做祭典之时,在青棚旁搭一个竹棚,作为关祭牲处,左边用4块篾笆,围住关羊,盖猪棚关猪,盖鸡棚关鸡,盖鸭棚关鸭子。

到了做祭典日期,给祖宗献礼都在一晚上,献祖前那天,做祭典途中青棚里过夜。青棚要在有河水、河对岸、荒田的好位置上盖,隔1—2里盖一处。一个村子里有20家,盖20间青棚,一连串地盖在一起,高处是放置祖先灵牌,下面是女婿宗亲住处,有水塘,再下面是本家支住处,在做祭典时要叫背祖筒的女婿家、新旧亲戚,哪代哪支,哪些来人背,都按老规矩,约好一齐住一夜,祖妣新旧一齐做一场,新亲新戚也要来,献祖那天,祖妣超度的灵牌统统都要换灵牌外壳,用新的红绸子来换,祖妣灵牌的红绸壳上要写上祖妣的名字。各人按各人的祖妣名单,从大至小,从高到低写;按顺序不要遗忘,要用一床新草垫(草荐)折了放在堂屋供桌脚。要插“透脑”(总管神祇)3对6棵,“更侬”(重要神祇)插5对5行,一整套超度祖妣夫妇的手续。“强拉丰”(挂祖灵牌的地方)用一两把青松毛撒在神座脚前,撒于草荐上面,祭米、祭酒、用马桑树水。打醋碳,做除净仪式,为祭牲除邪,用祭牲。招福禄、除邪、避凶。供祖先财物;念逢凶化吉《吉祥经》,念《祭经》《除净经》,念《祭牲经》《献祭牲经》。之后是献酒献茶,之后是添福禄,播福禄,诵祝福经,让后裔昌盛。吃晚饭后,从房子顶上拿掉一片瓦,祖妣的灵牌从房顶接出来,口里喊“祖妣遭贼了”。接着将瓦盖起来,女婿、宗亲这辈要将祖妣灵牌挂在细细的苦竹上。接着将灵牌,放在花毡子里装好,祖妣名单按辈分从大到小、从高到低地写在祖灵牌位壳壳上,不要写错,用一匹布结成花，拴上背祖妣的绳子。十二宗亲（女婿们）少喝酒，不能把祖灵牌背丢失了，这样的话是害羞的事，也会有罪过。我们所有的祭祖的子孙后裔和女婿后裔们在路上会合，按辈分从大到小、从高到低，按顺序盖青棚。在青棚里住一夜，搞一场播福禄仪式，诵《祝福经》。第二天，吃早饭后，带祖妣灵牌，把青棚拆掉，转一圈，毕摩在前面念诵经文，各支后裔一行行跟着来，从大路上到消除淫乱解污场后，入祭典场。

念："高山十九峰，山箐十八层，从大到小，来了没有？"（答："来了！来了！"）念："所有的祖妣，所有的神灵，所有祖先的伴，祭典场神和相关的人来了没有？"（众答："来了！来了！"）

诵唱："来啊考祖来，来呀妣祖来，转来妣转来，祖妣吉祥啊，子孙也吉祥，白天吉祥太阳来养，太阳光灿灿，夜晚吉祥月来守护，月亮亮晃晃，子孙祖护佑，装饰祖先啊，青年人吉祥妣守护，祖先出门来，子孙能见面，祖先从吉地来，子孙得吉祥，祖先有光辉，子孙也光辉，祖妣能言善道，子孙也能言善道，祖先吉祥幸福，子孙吉祥幸福，祖先得福禄，子孙得福禄。看！祭牲呀，牲角很粗壮，牲眼很明亮，牲头很结实，牲嘴新面貌，牲气粗而大，牲劲长悠悠，牲腰长悠悠，全身很健壮，四脚踏有声……"（形容祭牲健壮。）

"记祖先路线，祖妣顺路来，来了祖来了，来了妣来了。"

念："哎，祖聚商议处，妣聚商议处，祖灵牌新旧，从大到小，从高到低，来了没有？"（众答："来了！来了！"）

念："祖妣新旧，统统亮晃晃，光闪闪，祖妣到祭典场、入超度场来齐了没有？"（众答："齐罗，齐罗。"）"祖先坐处坐，站处站了没有？"（众答："站了，站了。"）"从考祖路，妣祖路来齐了没有？"（众答："齐了！齐了！"）"祖耀处，妣耀处，荣耀了没有？"（众答："荣耀了，荣耀了！"）"使祖先超度，接妣祖安稳，祖超度则吉祥，妣超度则昌盛了没有？"（众答："昌盛了！昌盛了！"）"超度考祖孙昌盛，超度妣祖孙兴旺，祖贤孙聪颖，妣贤孙荣耀，考祖带银者，祖妣有金者，祖银孙来戴，妣金孙来挂，带银光亮亮，带金明晃晃……绿呀一花美，红呀一花美，……天呀产君业，地呀产金来，白雁声声鸣，戴银明亮亮，鸿雁带的金，金子亮晃晃，君带知识神，臣领见识神。如此一场祭。"

在做斋结束之前，即给祖妣超度升天仪式之时，给各家族后裔们及十二宗亲，（女婿后裔）交代：各自收各自的祖灵牌，插竹签的鸟形的那个筒，好好地收拾，抱到做祭典场上面树脚，干净处挖洞埋掉。

做祭典散场回家时各家支后裔要安慰福禄，迎魂，诵迎谷魂回到家里。

做斋场未散之时，长支、次支、老三、老四统统来商议，散场、出场之前，每支来1—2人，带领大毕摩，背老祖筒跟在后，比摩念经在前引路，半路上，安慰祖妣，吃罢中饭，把旧祖筒背到深山林里放隐蔽处藏，背上新祖筒，毕摩一边朝前引路，一边诵“来罗考祖来，来罗妣祖来，森林头上跨，江水中渡来，顺着大路来，悬岩越过来，祖坐处来坐，妣站处来站，祖荣处荣耀，妣美处呀美，祖玩处来玩，妣辟处来辟，来呀子孙来，来呀后裔来，转来子孙转，转来后裔转，十一子孙呀，美的小女儿，子孙见白崖，后裔见白崖，洞口阳光照，放置岩洞里，考祖在处稳，妣祖在处固，祖妣出门来，能见子孙面，祖妣地吉地，子孙听吉语，日吉太阳守，金灿灿地守：夜吉月来护，明亮亮地护；银片和金片，装饰祖考妣，孙福祖来保，孙禄妣来佑，祖也见日出，妣也见月出，考祖光灿灿，孙也光灿灿，祖妣见亮星，孙也见亮星，绿岩祖开辟，绿林妣养育，江水祖到处，祖妣牢固置。”

普待家支、谱系、叙普如下。

祖先（朵吐木更）慕阿克—克普矛—普矛照。

照罗莫—罗莫娄—娄阿德（在召安几都）—阿德布—布朵吐—朵吐努—（涛尼邓特）努且保，从康勒俄更迁到古青俄更住，（在麻能尼以祭祖分支）矣至普待孙。（注：括号内是地名和迁徙路线。）

努且保之子矣至普待就是禄劝武定纳苏颇普待家族的始祖。

普待颇在同治四年（1865年）牛年，腊月初二献祭，吃饭后，半路上青棚中住一夜，初三（马日）入祭典场，普待家支祖筒处，古代在糯呢（地名）放置祖妣灵筒，后到同治四年做一次祭典（祭祖分支仪式）迁到过罗宗科（地名）放置，做斋的地点在过罗宗科山脚，罗吐卧得（地名）普待的三个家支和一支的小支头也来一齐参加祭祖。

普待颇毕摩由第一掌堂法师，更探村头杨林额定家负责，“果补”（第二掌堂法师）卡租罗坦杨发家负责；“毕期”（第三掌堂法师）住基高老阔，吾扣家负责；“额华”（第四掌堂法师），贵城德莫，沙克家负责；“高毕”（第五掌堂法师）万德，者稍家负责；“更毕”挖祖筒，打造祖筒装里的生产、生活用具是升发村恒硬讨家负责，属住基卡信村恩也家负责。

［说明：重抄此本书的是禄劝则黑卡租毕摩李天贵先生，时年74岁时（1989年农历七月初八日）。李老先生对毕摩文化造诣极深，又很谦虚。当时被禄劝县民委古籍办聘用，于1995年（时年80岁）去世，对毕摩文化是一大损失。此彝文本个别地方有重复和零乱现象，为忠实原文，不做改动。这是本书作者1999年春节期间的翻译稿全文，在翻译过程中得到禄劝县民宗局、古籍办李成智、张晋智的协助、支持。］

第四节 耐姆——当代祭祖分支个案

（以禄劝茂山乡纳拥彝族阿保戛弄氏族祭祖超度礼仪为例）

一、制作祖灵牌、安灵、换灵牌

彝族纳苏语称灵牌为“诺斯”（意为灵魂休息处），对祖先灵牌则称“阿普诺斯”。“诺斯”制作是在亡者祭奠中进行，其原料彝语称作“纹”，生长于高山的一种形似茅草的山竹根。在丧葬中，在祭奠的第二天早上，事先经毕摩打卦占卜指出要往哪个方向寻找。随后孝子及三五个青壮年在毕摩或毕摩副手带领下，带着鸡（亡者是男性一只公鸡，是女性一枚鸡蛋）、酒、米、盐、香、纸钱等祭品及小锄，前往山上寻找，发现竹丛后，在其前摆上祭品，插上香，献上鸡或蛋，毕摩诵念《祭迎祖灵经》。据说当经文诵念到一定的时候，竹丛中便会有一棵竹特别地摆动。众人看准后即将其根枝相连土挖出，并在锄挖处烧上一些钱纸后，挖出的根枝由孝子捧着走在前，毕摩则边走边为亡者一路招魂回到祭场。

灵牌由毕摩制作，亡者为男性，则截取有9个根节的竹根；若为女性，则截取七个节子（这种竹根节子密集，截取部分一般长仅2—3厘米）。将竹根经象征亡者面部及性别粗略地雕刻，先用绵羊毛包裹，亡者是男性用黑线从左至右绕扎9道，女性则用红、蓝线从右至左绕扎7道。然后用白色麻布折一个宽约5厘米，高约7厘米的口袋，将扎制好的竹根面部朝前装入袋中，三面缝口用细竹签别缝（不能用针线），于口部即上部穿一根麻线形成提带；另用一根手指粗细，长约8厘米，首端有小丫杈的栗树枝一面削平，根部削尖作为灵牌挂柱；挂柱削平，一面朝后，并用彝文书写亡者名字，首端小丫杈则供灵牌面部朝前悬挂于树枝前面。最后用新鲜稻草或青松毛扎制（扎两端）一把直径约5厘米、长约10厘米的稻草藰松毛把，将其横置，把削尖的栗树枝插于其上而形成灵牌座。至此，一个灵牌制作就绪，摆于灵柩前与亡者一同受祭。

灵牌制作过程中，若夫妇一方已去世，并在灵牌的家堂供奉，在制作后去世一方的灵牌时，需将其配偶录牌从家堂迎来祭场，通过夫妇合灵祭仪，毕摩诵念《合灵经》进行合灵。具体的操作是：将原已去世配偶灵牌（旧竹根）取出，与新灵牌（新竹根）男左女右地排列，重新用绵羊毛包裹后，同时用黑、红、蓝三色线先从左至右扎9道，再从右至左扎7道，然后仍然面部朝前地装入新麻布袋（衣饰）中仍按前述方法制作就绪，灵牌悬挂柱即栗树枝削平面则书写“某某（男性名）夫妇”，仍在灵柩前受祭。

丧葬祭祀的青棚祭奠仪式结束后，在灵柩将移往指路祭场的同时，亡者灵牌则从祭棚中送家堂供奉。彝族家堂供放亡者灵牌的位置有三种情况：其一在堂屋正壁一面放置有木质结构的房屋形神龛，神龛雕刻精细，并分三层。上层有门、窗、柱，内部供置的灵牌，按辈分及长幼从左至右排放，灵牌前放置香炉、灯盏；中层一般放置祭祀器皿、酒罐酒壶等；下层放置日用碗筷、饭箩、油盐等。其二在堂屋正壁高处预先砌有三或五个方洞，灵牌按辈分大小，从左至右置于洞中，下置有供桌或供台。其三用两个木钉将灵牌座及稻草灌青松毛把钉在堂屋正壁高处，并按辈分大小，从左至右依次下矮半个灵牌位置地排列，下置供桌或供台，不管灵牌如何供置，除堂屋为平房外，楼房则距堂屋正壁约一米宽不得铺楼板，意在禁止有人在灵牌之顶楼上走动。

灵牌供奉于堂屋正壁，堂屋火塘终年不熄火。天长日久，灵牌麻布外袋（衣饰）被烟熏得满是烟和灰尘。这就要选择吉利日时，延请毕摩做更换祖灵衣饰的祭祀。用新麻布更换陈旧的祖灵外袋（衣饰），但灵牌座（稻草或青松毛把）不更换。所以，当进入一家堂屋，若见其家供奉的灵牌上下均是较新的，即知该家近年有老人过世；若见其家供奉的灵牌上新下旧，可知该家不久前方做过更换祖灵衣饰的祭祀。祖灵牌在堂屋供奉期间，祖先灵魂只是世间的一般鬼魂，还不是神。彝族纳苏人的祖灵牌要在家堂供奉到氏族（或宗族）举行耐姆，“即祭祖盛典时，经祭献取下送入氏族（或宗族）公祭火化受祭超度后，才能升天成为祖先神”。

二、本次禄劝娜拥阿保矣弄耐姆时间

2001 年 2 月 20—24 日（农历正月二十八至二月初二），参加祭祖的有禄劝县茂山乡娜拥村委会德莫科、五上村、五下村、法脉村、金银村；丽山村委会的斗乌村、武定等村的李姓（阿保矣弄家支）参加祭祖的共 99 户，参加人数 384 人，共超度 102 对祖批。祭祖场地在娜拥法脉村后空地上。

彝族原始宗教观认为，人生在世有三魂。人一旦去世，经子孙虔诚祭奠。三魂之一魂依附灵牌，在家堂享受香火供奉；一魂经指路祭仪，回归祖先发祥地，与祖先团聚；一魂则随灵柩孤守坟墓。这时的亡人（祖先）灵魂，还只是游荡于世间的鬼魂，若受到侵扰而不安，或子孙及他人对其不敬，则往往会作祟祸害于人。

三、祭祖意义

为了让祖先灵魂有永久安宁的居所，并由鬼魂成为神灵，永远护佑子孙后裔兴盛发达，每过三五代或九代，彝族纳苏人就要以宗族为整体共同举行一次彝语称为耐姆（祭祖大典），一般历时九天九夜或七天七夜，对本宗族上一次祭祖盛典以来，先后去世的祖先灵魂进行安慰，为其解罪、洁净，进而祈祷等祭仪，净化祖先灵魂升天成为祖先神。随着宗族人丁繁衍，成员住地过于分散，不便经常联络或其他的因素，彝族祭祖大典往往也是分宗的祭仪。

彝族祭祖大典是彝族原始宗教祭祀活动中规模最大、最隆重且祭仪繁多，耗费财、物、人力的祖先崇拜祭祀仪式，集中体现了彝族历史、宗教、经济、哲学、谱牒、民俗、伦理、文学艺术、语言文字等传统文化，对彝族传统文化的研究，具有很强的直观性和资料性。彝族祭祖大典因耗资巨大且费时，据查近70多年来未曾有宗族再举行过。这里记录的则是古代曾经雄冠唐宋时期东爨三十七部的罗婺部后裔，彝族纳苏人阿保奂弄氏族（李氏）宗族按传统祭仪举行的祭祖大典实况。

彝族纳苏人耐姆是氏族（或宗族）祖先灵魂在家堂供奉的祖先“伊斯”即善魂受祭超度，升天成神的大事和喜事，一般二至三代或五代不等举行一次。

四、祭祖规格

彝族纳苏人不同阶层的耐姆称谓和耗时有别，即土司阶层祭祖盛典称“粉耐”，耗时九天九夜；富裕阶层的称“诺耐”，耗时七天七夜；平民阶层则称“图耐”，耗时五天五夜。本文以“诺耐”为例，概略述说其过程。

五、商议祭祖事宜

宗族耐姆的商议由长房或长、次、幼三房耆老共同提出，经三房主事者共同议定后，就要择定吉利年、月、日。耐姆季节都在冬季或春季，吉日择定后，首先要在立秋后择日祭伐祖灵筒原料树。

六、选备新祖灵筒

彝族纳苏人的祖灵筒用野樱桃（俗称桦桃）树截取直径35—40厘米，高65—70厘米的原木凿制而成，另截取同直径而长45—50厘米的一段，正中劈开取一半制作筒盖。

七、选择祖灵筒树

到了砍伐祖灵筒树的吉日，宗族三房共十来人及毕摩，带着牺牲和祭品上山，寻觅到适合的树后，经向该树用牺牲生祭后动手砍伐，让树向事先占卜择出的吉利方位倒下，并察看树梢是否完好，若出现树梢摔断，预示不吉利，则此次耐姆的时间就改期。若无意外，则向伐倒的树熟祭一次，众人吃过祭饭即可下山返家。

正式耐姆祭仪开始之前，需事先搭建祭棚，迎接毕摩，截取新祖灵筒原料等。祭场需用树枝坐南朝北地搭建一些青棚：上列从左至右分别为新旧祖灵筒供棚、主祭毕摩住棚、更呗即工匠兼毕摩住棚、祖灵筒及筒内诸物件加工棚；此列青棚前面为宽阔的进行各种祭仪的祭场；搭从左至右依次为宗族长、次、幼三房的祖灵牌供奉及各房各家护祖家主的住棚；青棚前面空地分别为宗族三房各自对应的火塘；下列从左至右依次为宗族三房专门背负祖灵牌的各自女婿住棚；最后一列左为笛子、唢呐等吹鼓手、土炮手的住棚；正中空地上刚刚掏挖锣锅般大小，洞口分开，洞底相通的双眼土坑，将供祖灵牌“鬼入神出”之用；右为将供宗族各房各户祖灵牌进入祭场受祭前的洁净青棚。祭场的左侧栽立一棵高丈余、名为“峨克树”的青松，亦即将供祖先灵魂上天的楗木。树脚锅庄石上支一口大锅，将用做烧油锅让祖先灵魂脱离苦海，缘楗木升天成神；右侧从上到下分别为炊事房、杂役住棚、牺牲栅栏。祭场各青棚的搭建，包括将用作祭场各种祭仪插布神座的各种树枝的准备，宗族各房均有各自传统的义务。

八、延请毕摩

耐姆祭仪须由6位毕摩来完成，其中主祭为大毕摩。6位毕摩的彝语称谓为呗莫（主祭大毕摩）、呗庆、呗浩、呗导（又称“果补”）、额呗、格呗（毕摩兼工匠）。整场祭仪繁杂的耐姆，6位毕摩有分工有合作，每位毕摩还带有三五个不等的副手，实际上参与的毕摩一般有30余人。有“祭祖毕赶街”之说，意为祭祖场是毕摩聚会之地。古代彝族各氏族均有各自世传的毕摩，氏族举行耐姆即由氏族毕摩来完成。随着氏族的不断繁衍，其亚氏族、亚亚氏族的规模越来越小，至迟到了19世纪初，纳苏人的这些氏族均只等于或其结构只相当于前称的宗族。因此，有的宗族虽有自己世传的毕摩，但已无能力仅靠宗族自己的毕摩来完成耐姆，有的宗族已没有自己世传的毕摩，所以均存在着必须向外延请的需要。事先请定毕摩，到正式耐姆前夕，宗族分别派出专人，用装饰华丽的坐骑将各位毕摩迎接到场。6位毕摩到来，特别是主祭大毕摩到来时宗族各房耆老与主事者要虔诚跪接、敬酒，然后予以周到地安顿。

九、察看祖灵筒

彝族纳苏人宗族祖灵筒是放置于宗族山林间高山悬崖岩洞里，一般人不易接近，亦是不许随便接近碰弄的神圣洞穴。除了每隔数年或十余年，宗族三房主事者择吉日，带领毕摩前往查看，清扫洞穴，并献牲将祖灵筒吊置于平地，进行筒内灵物清理、翻晒的宗族敬祖祭祀外，到宗族耐姆时才能搬动祖灵筒。

十、备祖灵筒

每次耐姆均须更换祖灵筒，在正式耐姆前数天，须专人去将立秋后业已伐倒的野樱桃树上截取前述备用于凿制新祖灵筒的原料，若事先议定该次耐姆将进行分支（宗），即宗族三房将各自成为一支（宗族），则须同时截取可以凿制三个相向祖灵筒的原料，并将该原料搬置于宗族祖灵岩洞附近的树丛间，以便耐姆开始时，同旧祖灵筒一并迎回祭场。

十一、家祭

耐姆吉日届时的第一天，宗族成员各户先于自家正房后和从家到祭场的半路上（不分路途远近）分别搭建一个较小的青棚，内设临时供台，以备祖灵受祭和半道过夜及路祭。当日傍晚，各户开始用一只公鸡祭献自家祖灵，并将供奉的祖妣灵牌取下，由毕摩诵念《祭祖经》《更换祖灵衣饰经》，用新麻布为祖妣灵牌逐个地更换其外壳衣饰。祖灵牌座（稻草或松毛把）则分别取下在神龛前焚烧，仅留祖灵牌继续供置于神龛或供台上。至半夜时分，堂屋神龛顶上揭去两片房瓦而显出一个洞，将祖灵牌逐个从洞中递出。祖灵牌不能从屋门送出，意在人之生死不同路。这时有人在屋顶上接送，堂屋内家中的老人、妇女、儿童则要装作惊慌模样，口中高叫："祖灵被抢了！……"此意在于祖妣灵魂在家堂安享供奉，不愿轻易离开供位，即使宗族耐姆而不得不离开家堂，因而托名"被抢"。祖灵牌从屋顶递下屋后，将其仍按辈分大小从左至右插于事先准备好的花毡折包上（彝族传统自制，印有花纹的毡子折叠包），用红绸做背带，让自家女婿背负，送入屋后事先搭建的青棚中供置。

十二、野宿

第二天，各家分别用一只白色绵羊生熟两次祭献各自祖先，毕摩诵念《家祭献牲经》，并占测羊膀是否现吉。到了晚上，视从屋后青棚到祭场路途的远近，在适当的时刻起程，打着火把，插放有祖灵牌的花毡包仍由女婿背负，天亮前将祖灵牌护送至半路青棚中供置。第三天，有的家庭仍用一只绵羊，有的则用一只公鸡，在该青棚中进行路祭，毕摩诵念《安慰祖灵经》。当晚祖灵牌及护送者都在青棚中过夜，等待着天亮后将祖灵护送到公共祭场。

十三、公平架

第四天早，宗族三房耆老、主事、六呗师（6 位毕摩），以及帮手二三十人聚集于公共祭场，先于备作宗族三房分别供奉祖灵牌的青棚后面正中栽立一棵高四五米的松树，留有三四台枝丫，枝梢砍去，彝语称“豁强”（意为公平地称肉架的带枝松树），树下设祭坛。当东方太阳升起的时刻，用一头牛在公平架前祭天，毕摩诵念《祭天经》，并将牛头嘴朝天地插放于松树顶端。

十四、宗族盟誓

在大毕摩的主持下，宗族三房耆老及主事者齐跪于公平架下祭坛前饮鸡血酒进行盟誓，即对天发誓：耐姆的宗族成员不分贫富贵贱一律平等，一切行事、分配绝对公平，任何人不得逞强祭场、偷懒耍滑，齐心协力地将耐姆圆满完成。耐姆中共同宰杀祭献的牺牲将统统归到公平架下，再由专人合理地分配。

从宗族成员中选出一位年富力强、行为端正、办事公道的男性为补图，即祭场纠察。该人将头戴特别明显的毡制高帽，手持鞭子，负责日夜纠察。若有在耐姆中逞强霸道、吵嘴、偷懒、偷摸等行为不端和违规者，其鞭可上打尊贵、年老者，下打卑微、弱小者。

十五、各宗支队伍洁身入场

在栽立公平架，进行盟誓的同时，宗族成员各户业已将各自祖灵牌护送到祭场外。宗族三房分别结集，彩旗（红、黄、黑、蓝、绿、白）、大号、长号、唢呐、笛子、锣鼓等分别为前导，本房成员各户依次随后。事先三房各自分别在祭场外路口用刺枝及树枝搭建了一道门，时至门正中摆放用青松毛垫盖着的十来个烧烫的鹅卵石，毕摩诵念《祛邪经》，并用清水浇烫石以打醋炭。各房三声土炮响过，各户祖灵牌仍由女婿背负走在前，家人随后分别从各自刺门中通过，意在为祖灵和人们祛除来路上可能侵染的邪污。然后宗族全部成员齐聚于祭场入口处洁净青棚前。

十六、宗族长老审查超度名单

这里端坐着宗族三房耆老、主事者，其后是专门负责为祖灵洁净的毕摩，再其后是有资格受祭超度祖先名单登记的文书。彝族纳苏人传统习惯法规定，氏族成员生前乱伦、为匪盗、患麻风，或因由此而死，以及与外族和纳苏人以外的彝族其他支系、奴仆通婚，恶霸乡邻有民愤，绝嗣等均无资格受祭超度。

十七、登记灵牌

端坐着的三房耆老、主事者对护送前来的宗族成员各户祖先受祭超度资格予以一一审查，被首肯方能接受洁净仪式，未被首肯者则均谢绝入内；祖灵被审查通过后，由负责洁净的毕摩诵念《洁净经》，并用马缨花树枝从马缨花木制成的木盆中蘸清水逐个地洒于祖灵牌上以示洁净取吉。各户在接受祖灵牌洁净时，都要公心地将一些碎银或小银首饰放入毕摩的清水盆中，意在为祖先付清洗洁净钱；受祭超度祖先名单，是宗族三房分别按辈分大小用彝文“某某夫妇”（仅写男性名）书写于白绸上。一是为了受祭超度祭仪中能逐一地点到其名；二是续在业已受祭超度过的历代祖先名后，装入祖灵筒中表明已升天成神；三是将记入宗族谱牒。所有有资格受祭超度祖灵牌的经过登记名字后进入祭场。

十八、家支祭祖

宗族三房分别将各自成员的祖灵牌按辈分大小，从上至下、从左至右地供于自己青棚中。安放毕，鸣放三响土炮，并在青棚前燃烧火塘。各房用一头肥猪祭献各自的祖先，按远古狩猎时代的遗风该猪只能椎杀，且用干松毛烧后刮干净。

十九、迎新祖灵筒

当天吃过中午饭，各房十余个青壮年及主事者共三四十人分成两路，一路由一毕摩带领，带着一只绵羊及相关祭品，前往宗族祖灵岩洞祭迎旧祖灵筒及新祖灵筒的原料，毕摩诵念《祭迎祖灵筒经》。旧祖灵筒迎回后供置于供棚中，格呗（工匠兼毕摩）加紧凿制新祖灵筒，以及制作将装于筒内的诸物件。

二十、取福禄水

一支队伍牵一只健壮的公绵羊，背上配马缨花木制就的鞍子，驮着用马缨花木特制的木壶，用红布装饰头角，喂盐后让其在前随意走出，一毕摩及众人带着一只公鸡及祭品在后跟随，直走到该绵羊饮水的地方，因为绵羊只饮清净的长流水。在水边祭献水神，毕摩诵念《祭汲福禄水经》，汲满两木壶水，仍让绵羊驮回祭场。来到祭场入门处，场内乐班奏乐，土炮齐鸣，全宗族齐予迎接。汲取回来的水名为福禄水或圣水，根据汲水地点的地形、物象特征，分别取名为团山下、白石下、黑石下、双石下、倒钩刺下、青松下、马缨花树下等，作为该次耐姆的称谓，并记入宗族谱牒，例如“团山下汲福禄水（或圣水），某某夫妇……两代善终超度”。汲回的福禄水，一部分祭献祖先。

二十一、入夜、转场、孵场

当晚及以后两晚宗族成员全部就宿于祭场，除毕摩、各房主事、各户女婿有事先搭建的住棚外，宗族其他成员各户或自用布顶帐篷或搭建临时住棚。至天黑后，各房整顿各自成员，分别仍由各户女婿背负各自插有祖灵牌的毡包在前，彩旗、乐班跟后，各房成员有的打火把，有的手持三炷燃香，三房三声土炮响，大毕摩诵念《祭祖绕场经》，手摇祭铃，和背负旧祖灵筒及手举一大火把的人走在前，宗族长、次、幼三房依次随后，围着整个祭场绕三圈，进行祭灵绕场仪式。此后的第五、第六天夜晚，仍须进行同样的仪式。

二十二、占卜、正祭、除邪、除污

耐姆第五、第六天，毕摩与全体宗族成员集中于上列即第一列青棚前的宽阔祭场上，分别用猪、羊膀骨生、熟两次卜测此次耐姆吉顺与祖先高兴与否、祭祖正祭、毕摩诵念《祭祖正经》《毕摩谱系》《宗族谱牒》，反复逐一地点到受祭超度的祖先名并解除祖先生前所受的疾病痛苦的祭祖献药、祛除刀兵血凶即解除生前因战斗、械斗流血和因意外流血而死的血邪，祛除经孕血邪、解除妇女生前经血不调而病，生产流血痛苦或难产而死等血邪、解除冤咒，解除生前受他人诅咒和受冤受诬，或由此服毒、自缢、投水等而死的邪污，解除生前搬弄口舌、挑拨是非、淫乱、偷盗、抢劫、负约负誓、对老不敬、对小不护、欺凌弱小、夫妻反目、邻里不和、诅咒他人、说谎欺诈、无凭捏造、陷害他人、虐待牲畜、乱捕乱杀野物、过多砍伐树木、破坏水源、污染河流、糟蹋粮食、放火烧山等生前所犯下的罪孽，祈福、播福禄、续宗接代等二十余场次祭仪。祭祀中毕摩有分场负责，但也有合作。每场次祭仪均需更换而重新插不同树枝种类和结构的神枝神座及祭献牺牲，并要诵念内容对应的彝文经书。经过若干场繁杂的驱邪、解罪祭仪，受祭超度的祖灵魂都已无罪无污邪地超脱世间了。

二十三、鬼入土洞、神出土洞

到了第七天早上，宗族三房在供置各自祖灵牌的青棚中，各用一只小胖猪祭献，行过安慰、祝福、告别祭仪后，在太阳升起的时刻，由宗族长房开始，将各户插有祖灵牌的花毡包仍由各自女婿背负到“鬼入神出”土洞旁，大毕摩在这里设醋炭，边诵念《祖灵变化经》，边将送来的祖灵牌逐个地一手从“鬼人洞”口送人，一手从“神出洞”口接出，在醋炭上洁净后，递与该房耆老。

二十四、埋鸟形祖灵棺

各房耆老与主事共同将本房各个祖灵牌中的祖灵，即山竹根解抽出来，放入各事先制就的两半鸿雁形腹中。制法用马缨花木雕制成鸿雁形，将其从头至尾锯剖为两半，并分别凿空其腹部，待装入了全部受祭超度祖灵后，将两半合拢复原，锯缝用苦荞面拌猪血的面浆糊严。各房分别由一毕摩带领三五个本房成员，将各自装有本房祖灵的木鸿雁送到外人不易察觉的一棵繁茂马缨花树下埋藏。

二十五、挂祖灵牌

各房成员祖灵牌余物即麻布外壳（衣）、包裹祖灵的绵羊毛、绕扎的线，以及写有灵主彝文名字的挂柱，分别摆放于一个筛子中。由宗族长、幼两房送到支有油锅的青松前，长房在上、幼房在下地悬挂于青松枝干上；次房的则送到事先扎立好的一堵干柴篱笆前，将其上述祖灵牌余物夹塞于篱笆缝隙中，此意如纳苏人谚语所说："次子不当家。"即次子一般不继承祖业，故古时外出谋生、当兵、入赘等多由次子承担。

二十六、送祖灵升天

接着，长、幼两房成员及毕摩齐聚于油锅前，大毕摩主祭诵念《开七重天经》，并开始燃烧装满菜油的油锅。祭毕，两房土炮齐放，乐班奏乐的同时，点燃业已被烧得沸腾的油锅，熊熊烈焰将悬挂于青松上的两房祖灵牌余物焚化、一股青烟直冲云霄，两房祖先灵魂即乘青烟升天。在点燃油锅的同时，大毕摩手持一根事先特制的蛇形神杖，这根神杖中部还雕有一只呈蹲伏状的猫头鹰对着青松频频舞动，其他毕摩亦用常规神杖指着同一方向予以舞动，同时齐以禹步进行跳跃，大毕摩的蛇形神杖最后抛入油锅中焚烧；两房成员中青壮年分别手持弓箭、长矛、棍棒亦同向舞动跳跃，其余成员则两手做抛送状跳跃，众人口中齐呼"嗬！嗬！……"此情景意在怕祖先灵魂有的留恋世间，安于享受供奉而不情愿升天，偷留人间成不了神，所以进行恫吓轰送，使它们不得不统统升天去成神；在宗族长、幼两房轰送其祖先灵魂上天的同时，次房成员则集于夹塞其祖灵牌余物的干柴篱笆前，由一毕摩用一头肥猪进行祭献，亦诵念《开七重天经》，然后点燃篱笆，其祖灵牌余物随之焚化，祖先灵魂亦乘着青烟自觉升天，所以无须进行轰送。至此，宗族本次所有受祭超度的祖妣灵魂业已上了七重天，位列祖先神列，以后是祭献祈求他们，护佑子孙后裔永远繁荣昌盛的事了。

二十七、祖灵筒——独特的彝人祖先崇拜

彝族纳苏人的祖灵筒放置地即祖灵岩洞，是从宗族所有山林高山中经过占卜选定的吉利福地。纳苏俗语说"乃放普搞岛"，意为高山红岩祖灵岩洞是祖灵的靠背。经过受祭超度，祖先灵魂从青松或乘青烟上了天，此后他们上下天地间，将通过祖灵岩洞所在高山升降，祖灵岩洞亦是他们从天降地时的息处。所以，经过耐姆宗族祖先灵魂上天后，对新旧祖灵筒进行更换，然后仍送回宗族祖灵岩洞即福地洞天中放置。

二十八、分宗支的新祖灵筒

在宗族祖先灵魂上天后，即耐姆的第七天中午，新祖灵筒的凿制、筒内诸物件的

加工业已全部完成，宗族三房耆老、主事集中，由格呗、呗浩两毕摩及其副手为新祖灵筒及诸物件打过醋炭洁净后，在祖灵筒供棚前铺上崭新花毡子，将旧祖灵筒在左，新祖灵筒在右；若属分宗，宗族三房祖灵筒亦按长、次、幼从左至右排放，先把旧祖灵筒中的旧物件逐一取出摆放其前，把新加工的将装入新祖灵筒的物件摆放在新祖灵筒前；若属分宗支，新祖筒内诸物件须制作相同的三套，让宗族成员前来过目。

二十九、清点祖灵筒内的物件

祖灵筒的凿制形状为底部锯开一十字口，形成高约 8 厘米的四只足，足部以上是厚约 4 厘米的筒底，筒内凿空为深 53—68 厘米，内径 30—35 厘米，口部为套颈，靠筒口部安有一横梁；其盖在半圆木的劈面中心凿空，使其与筒口套颈相吻合而能盖严；筒与盖间背部以铁环为背扣，前部以铁门扣为扣。筒装诸物件均为小模型，有一对祖妣偶像，古代为玉石雕制，偶像颈、肩、腰、肘、膝、踝各大关节用金丝连接，金片饰妣面，银片饰祖面，后来则用滑石雕制，其各大关节用丝线连接，黄、白铜片分别饰祖妣面，此对祖妣偶像代表宗族历代业已受祭超度男女祖先的总象征或统一化身；撑天铁柱一根（三足直立，供祖先灵魂上下天地的天梯）；铁制弓、箭、矛、剑等狩猎工具或兵器各一；铁制犁、铧、耙、锄、镰、千斤、砍刀、斧等农耕用具各一；铁制锅、碗、瓢、盆、勺、筷、锅庄、甑、水桶、钩担等生活用具各一；石制磨、臼、杵等粮食加工用具各一；獐皮缝制的褡裢一个，一头供放祖妣偶像，另一头装苦荞、甜荞、谷、大麦、小麦、豆等五谷种子；一份写于白绸上的宗族祖先彝文名单；一个伴铃亦称祭铃，另一个由宗族长房保管；贝钱几枚；黄、白铜片各一（象征货币，古代为金、银片各一）。

三十、祭物重新放入新祖灵筒内、各支队伍出发

众人过目毕，毕摩再次为新旧祖灵筒及新旧诸物件打醋炭以示洁净；宗族各房耆老、主事共同将诸物件逐一装入筒内，若属分宗，各房分别装筒，獐皮褡裢则跨置筒口横梁。旧祖灵筒原装诸物件，经清理完好无损者一并装入新祖筒，若属分宗，各房分一部分，锈蚀已损者将被带到宗族山神树下埋藏。装好筒后，即先差人将空的旧祖灵筒送回宗族祖灵岩洞，放置于洞内后部。将新祖灵筒合上盖，扣上筒扣，用一枝带叶柏杖做插销，有的还加上把铁锁，然后仍复供于供棚中，由大毕摩主持再次祭献，宗族成员共行三跪九叩礼，接着为祖灵筒进行祛邪祭仪，各祭仪均诵念相应的彝文经书。祛邪祭仪包括驱雷电邪以防止雷电击劈祖灵岩洞和祖灵筒；驱鼠邪防止山鼠进入筒内做窝，啮食獐皮褡裢和五谷种子；驱蜂邪防止蜂群入筒、入洞筑巢；驱蛇邪防止蛇入筒、入洞冬眠。这是因为纳苏人传统认为，若宗族祖灵筒和祖灵岩洞被上述邪污所侵扰，将会使宗族

趋于衰落。本次耐姆若属分宗，由大毕摩主持，最后进行一场分宗祝福祭仪，祈求天上祖先神灵，保佑各宗族（原宗族长、次、幼三房）世代兴旺发达。

各场祭仪结束时已到了下午，接着就要护送新祖灵筒回归祖灵岩洞，若属分宗，原宗族祖灵岩洞由长房继承，次、幼两房得各自事先在自己所有山林间卜选新的祖灵岩洞。专人将祖灵筒用红绸带背负着走在前，一手持神枝，一手摇祭铃的毕摩及各房主事、十余个年轻力壮的男子随后，并拉着一只绵羊。当护送祖灵筒的队伍走至祭场出口时，宗族成员打彩旗、鸣土炮、奏乐，齐聚门口予以隆重欢送，若属分宗、三房以长、次、幼为序走出。

三十一、拆祭棚、焚烧

送祖灵筒队伍出发后，宗族成员齐动手，拆除所有祭棚，分堆予以焚烧；送祖灵筒队伍到达祖灵洞前，先为祖灵筒最后打醋炭洁净；然后将其置于祖灵岩祠内前部，洞口放松、柏枝各一束，待人全部下岩后，在洞前设祭献绵羊，毕摩诵念《关闭祖灵岩洞经》。至此，历时七天七夜的耐姆宣告功德圆满。第八天则是专人分别谢送各位毕摩返家，宗族各房主事算清账目等扫尾的事了。

三十二、庆祝祭祖联欢活动

彝族纳苏人耐姆是宗族成员齐聚的热闹喜事，男女都穿戴传统服饰，老人吟唱史曲，青年对歌，并开展打磨秋、跌脚、摔跤、斗牛、斗羊、斗鸡等娱乐活动，自始至终充满了团结、和睦、喜气。

第五节　耐姆——中国彝族罗婺人祭祖大典解说词①

巍巍乌蒙山，滔滔金沙水；
悠悠祖先史，深深铭裔心。

① 《耐姆——中国彝族罗婺人祭祖大典解说词》，由张纯德、郭天龙、毛卫民、朱琚元策划，张纯德编导，朱琚元、张仲仁、李成智编译。禄劝彝族苗族自治县民族宗教局、云南民族大学西部民族研究中心、禄劝彝族苗族自治县罗婺传媒公司联合制作。

彝族是中华民族大家庭中具有悠久历史和丰富传统文化的成员之一，人口800多万，主要分布于滇、川、黔、桂、渝五省区市。彝族有自己的语言和起源时代古老的传统文字。古彝文成就了卷帙浩繁、内容丰富的典籍。以万物有灵，以祖先崇拜为核心的彝族原始宗教，其繁杂的祭祀礼仪，从侧面反映了人类社会发展的轨迹。其中具体体现彝族祖先崇拜的祭祖大典，是彝族最高祭祀礼仪。

云南省禄劝彝族苗族自治县是彝族聚居区之一，是唐宋时期西南三十七部之一的罗婺部发祥地。县境三台山凤家城遗址、不时云遮雾绕的洛尼山、刻于明代的掌鸠河畔镌字岩彝文摩崖、世代流传下来的彝文古籍，都是沧桑历史的见证；一代代德高望重的彝族毕摩，生生不息地传承着彝族原始宗教文化。生活在罗婺故地的彝族罗婺人，拥有底蕴丰厚的历史文化，也完整地保留了彝族祭祖大典祭仪。2001年2月间，该县茂山乡娜拥村彝族李姓阿保矣弄氏族举办了一场耗时七天七夜的祭祖大典。这是一场神圣而喜庆的祭典，是彝族祖先崇拜的生动写照。

每次耐姆，通过祖灵牌的审查，氏族各支分别依代系记录受祭祖先名单，并续于本支族谱，由此形成了彝族独特而延绵的谱牒。这对于研究彝族历史，是一份珍贵而翔实的史料。

彝族罗婺人无论举办何等级的耐姆，祭仪均须六位主祭毕摩各带三至五个助手，共同分工协作完成。一场完整的耐姆祭仪包括了不同内容、不同仪式的60余场次；毕摩须吟诵的经书达50余部（篇），祭祖又是一种让祖先和后裔都感到欢乐的祭祀仪式。

彝族罗婺人的祭祖大典，保留了殷商时代“国之大事在祀与戎”的祭祀遗风，其规模之大、内容之多、耗资之巨、费时之长，实属国内外所罕见。它对于历史学、民族学、民俗学、宗教学、谱牒学等学科的研究，具有极其重要的活化石意义。我们从民族人类学的角度，忠实地摄录了这次阿保矣弄氏族的祭祖程序和仪式。近日由禄劝彝族苗族自治县民族宗教事务局，组织人力将其编译成专题纪录片，这是对抢救、研究、传承非物质文化遗产的一大贡献。

当年参与主祭的多位造诣颇高的彝族民间知识分子——毕摩，已先后谢世，此专题片的编译，也是对他们由衷的纪念。

一、祭祖大典01—1 氏族商议祭典

族人矣弄成智在想：查看祖灵筒，我们倒也三至五年举行一次，现在祖灵筒已腐朽，内部灵物也有所遗失，加之好几代人没有举行过耐姆。于是便起身去找各支头商议。

二、祭祖大典 01—2

彝语意译：我们阿保矣弄氏族，已经好几代没有举行过耐姆了，今年是否要举行一次，我们三个支头共同商议，到底举不举行？我也是这样想的，但我们是幼支，你们是长支，既然有这个打算，我很支持。祭祖大典这个事呢，好几代人没有做了，我们这代如果能做成这件事，是一件很值得高兴的事！

三、祭祖大典 01—3

矣弄成智随即去请毕摩占卜，结果年后是耐姆吉年，所以择定了砍新祖灵筒原料的吉日与祭祖大典日期，并选好了举行祭祖大典的地点。

四、祭祖大典 01—4

彝语意译：我们耐姆的日子已经定在正月二十八日属虎那一天，家支里边要各自安排通知，具体事项到时再共同协商。

五、祭祖大典 01—5

彝语意译：祭祖大典这桩事，这么多代没有举行过，这个愿望现在能得以实现，就要像办一场喜事一样把它办好，我们大家要共同承担义务。过去是每家都要付出很多劳力和财力，包括女婿在内。大家都要齐心协力，在人力、物力上给予支持，才能办好这场祭祖大典。明天每支去两个人，要去砍新祖灵筒原料。

六、祭祖大典 02—1 选备新祖灵筒

每次祭祖大典，都要更换原来的旧祖灵筒。祭祖大典的吉日择定后，就要在头一年秋冬季节，选择吉日，延请毕摩祭山神并吟诵《祭山神经》后，按占卜指示砍伐木料的吉利方位，寻找上好的野樱桃木做祖灵筒原料。

《祭山神经》经文大意：一声叫朗朗　二声再呼唤　坝子的坝神　高山深箐神　风嗦嗦神灵　雨沙沙神灵　白云黑云神　远处背基咪（京城）山神　其后昭洛莫（曲靖）山神　近处根底古（昆明）山神　娄脑说卡紫（富民大营）山神　老台非说高（武定）山神　老好之腊己（禄劝）山神　纳烘佬（茂山乡娜拥村）山神　酒礼献山神　酒礼献祖灵　领祖来享祭　领妣来享祭　子孙祖养育　子孙妣守护　守卫得福禄　守护得吉祥　山神来享祭　祖呀来享祭　妣呀来享祭

七、祭祖大典 02—2

一群男人抱着一只雄鸡，拿着工具，带着炊具，在毕摩的带领下向吉利方位树林

中行进，在选中的野樱桃树下，撒青松毛，插香，摆上米、盐、酒等供品，祭献雄鸡，毕摩吟诵《迎祖灵筒经》。

八、祭祖大典 02—3

将树伐倒后，首先要查看树梢是否完好，若有断损则不能用，必须重新占卜另找。如果第二次砍伐，树梢仍有断损，则要取消本次祭祖大典仪式。

《迎祖灵筒经》经文大意：樱桃呀樱桃　树干很粗壮　树叶也繁茂　长得绿茵茵　处在深谷中　毕摩更阿勒　率先制祖筒　备好使用绳　开好运料路　砍于山林中　往左倒则吉　左倒子孙多　往右倒也祥　右倒产业增　砍后叶莫落　伐后枝莫断　倒后尖莫折　使用是好料　不用是棵树　用则是祖房　用则是妣屋　吟诵到此终

九、祭祖大典 02—4

如果氏族议定祭典并分支，按传统必须分为三个亚氏族，新祖灵筒就要备选三个。木料截取后，将其送至旧祖灵筒附近的岩洞中摆放，待祭典时，与旧祖灵筒一并迎入祭典场加工、受祭。

十、祭祖大典 03—1 迎接主祭毕摩

祭祖大典前夕、矣弄成智换上盛装，准备迎接主祭毕摩来指导制作祭祖所需物件及祭场的布置。当毕摩盛装骑马到来时，氏族三支头要在门前跪迎。

十一、祭祖大典 03—2

在主祭毕摩的指导下准备给毕摩法帽加覆新毡层，因为彝族罗婺人有着每次祭祖大典，都要给主祭毕摩法帽顶面加覆一层新毡片的传统；写出彝文示意牌，以备祭场各个位置都插上示意牌；备好神箭筒、盟酒桶、鹰脚酒杯、装“福禄水”容器、油灯及提箩、树叶披风、锦鸡尾、野猫皮法器袋、绵羊驮“福禄水”的鞍子、鸟形装山竹祖灵的灵棺等等。

十二、祭祖大典 04—1 祭山神

在野外砍树搭建祭棚前，要用一头猪祭献山神，毕摩吟诵《祭山神经》后方可砍伐祭场用的树木。

《祭山神经》经文大意：一声叫朗朗　二声再呼唤　坝子的坝神　高山深箐神　风嗦嗦神灵　雨沙沙神灵　白云黑云神　远处背基咪（京城）山神　其后昭洛莫（曲靖）山神　近处根底古（昆明）山神　娄脑说卡紫（富民大营）山神　老台非说高（武定）

山神　老好之腊己（禄劝）山神　纳烘佬（茂山乡娜拥村）山神　酒礼献山神　酒礼献祖灵　领祖来享祭　领妣来享祭　子孙祖养育　子孙妣守护　守卫得福禄　守护得吉祥　山神来享祭　祖呀来享祭　妣呀来享祭

十三、祭祖大典 05—1 压土邪

地面土层有生熟之分，熟土即耕作土层，其下为生土层。彝族先民认为，生土中有邪气，一旦动到生土，其邪气会散发，对人、畜、植物都有害。所以，动土前，要煮药来压土邪，药材含钻地草、菜花、白生、绿豆、芝麻、樟木叶、鸭毛、鸭蛋壳等。毕摩边吟诵《压土邪经》，边洒药水，助手们用拴有铁链的锄头、挑水的钩担驱赶或压住生土邪气后方可动土。

《压土邪经》经文大意：在祭典场中　压邪最重要　压邪解诸邪　世间不压邪　唯恐赴阴难　世间不压邪　恐阴间不顺　世间不压邪　恐阴间无粮　世间不压邪　恐阴间污秽　作祭压邪气　作祭表哀思　用牺牲压邪　驱了邪和魔　除了污和秽　祸祟驱除后　祭场得吉祥　祭祖要压邪　压邪堵魔道　魔门被堵死　压邪封灾道　灾祸永不沾　压土除邪气　繁荣又吉祥　至此得吉昌

十四、祭祖大典 06—1 家祭

祭祖大典第一天，宗族成员各户经过准备，于傍晚开始分别进行祭献祖灵仪式。每户用一只公鸡祭献自家祖灵，并将供奉的祖灵牌取下，由毕摩吟诵《祖妣安慰经》和《祭祖经》。

《祖妣安慰经》经文大意：丽日当空照　突然乌云涌　起风欲下雨　祖妣莫惊慌　雨过天仍晴　高山密林中　霹雳燃枯木　獐麂乱奔窜　祖妣莫惊慌　雨来火自灭　子孙齐集聚　亲朋纷纷来　人声闹嚷嚷　祖妣莫惊慌　祭献慰祖妣　祭祖敬美酒　祭妣献香茶　慰祖奉白银　慰妣酬黄金　祖妣请安心　安心享祭献

《祭祖经》经文大意：美酒祭祖先　别人打扰祖　咱也打扰祖　别人这样扰　咱也这样扰　为了献酒礼　为了报祖恩　白米拿来净　盐巴拿来净　黑猪祭祖先　壮羊祭祖先　阉鸡祭祖先　叙谱给祖听　快魂去阴间　享祭祀酒礼　善魂守灵位　享献祖酒礼 恶魂守坟茔　享叫魂酒礼　禽类大阉鸡　啄高山之草　饮深箐泉水　觅食走前头　栖时唤鸡群　血有海水多　胆汁满又亮　肠也生得正　人身有脖颈　人用两脚走　鸡也两脚走　人有两肋骨　鸡也两肋骨　人体冷 鸡体暖　人血苦　鸡血甜　用鸡献祖妣　先是献活牲　后是杀了献　再是回熟献　鸡肉似山堆　鸡汤似海水　鸡汤味更美　请祖妣享礼　请祖妣享祭

十五、祭祖大典 06—2

至半夜时分，在堂屋神龛顶上揭去两片房瓦显出一个洞，将祖灵牌逐个地从洞中递出。祖灵牌不能从屋门送出，意在人之生死不同路。这时有人在屋顶接送，堂屋内家中的老人、妇女、儿童，则要装作惊慌模样，大声叫道："祖灵被抢啦！"此意在于祖妣灵魂在家堂安享供奉，不愿轻易离开供位，即使宗族耐姆而不得不离开家堂，亦是迫于无奈，因而托名"被抢"。祖灵牌由屋顶递下屋后，将其按辈分大小从左至右插于用绵羊毛制作的彩毡折包上，用红绸做背带，让女婿背负，送入屋后事先搭建的祭棚中供置。

十六、祭祖大典 07—1 夜祭

各家分别在从家里到氏族公共祭场半路上事先搭建一个祭棚。第二天，各家再用一只白色公绵羊、分生祭、杀后祭、熟祭三次祭献各自祖先，毕摩吟诵《家祭献牲经》，并占卜羊膀是否吉利。到了晚上，视从屋后祭棚到半路祭棚路途远近，在适当的时刻起程，打着火把，插放有祖灵牌的毡包仍由女婿背负，天亮前将祖灵牌护送至半路祭棚中供置。

《家祭献牲经》经文大意：天逢此年间　与氏族商议　祭祖送祖灵　奠祖用绵羊　送祖绵羊送　在去祭场前　用绵羊祭祖　让绵羊开路　绵羊步蹒跚　祖先步稳重　绵羊吐热气　妣步伐轻快　绵羊弯角美　祖妣笑眯眯　到祭场甚远　半路住一晚　祖妣不用愁　那里有住棚　到了祭场后　毕摩棚下方　搭有祖灵棚　灵牌置神台　祖妣聚此处　毕摩有知识　诵经声朗朗　共同受祭后　让祖变祖神　去居祖神房　去住祖神屋　祖升天管天　妣入地管地　天地祖妣管　以便降福祉　保佑祖后裔

十七、祭祖大典 08—1 路祭

第三天，有的家庭仍用一只绵羊，有的则用一只公鸡，在半路祭棚中进行路祭，毕摩吟诵《安慰祖灵经》。当晚祖灵牌及护送者都在青棚中过夜，等待着天亮后将祖灵牌护送到氏族公共祭场。

《安慰祖灵经》经文大意：送祖去祭场　祭场路遥远　半路住一夜　祖妣莫性急　也不用害怕　安心住一晚　现用鸡一只　再来祭祖妣　铭记祖之恩　牢记妣之情　到了祭场后　祖不用当心　高高神台上　有祖妣座位　你坐该坐处　祭场受祭时　毕摩口才好　法铃声清脆　带祖往前走　率妣朝前行　经过祖变棚　路经变化海　祖妣带用具　祖妣带工具　用银饰祖脸　用金饰妣面　身穿绸缎衣　像先祖那样　住在灵筒内　白崖祖宗山　太阳护祖筒　阳光暖筒身　月亮保祖筒　月光照祖筒　与日月同辉

十八、祭祖大典 09—1 半路除邪

各支分别在祭场外路口用刺枝及树枝搭建了一道门，门正中上方系有秧草编成的拴住邪恶的绳子，下方地面上烧有火堆，众人需从火上跨过，毕摩吟诵《祛邪经》。

《祛邪经》经文大意：祭祖需驱邪　诵经驱邪鬼　驱后主顺利　祖灵也清洁　用牲献邪鬼　邪鬼得祭品　邪鬼心中喜　邪鬼得飨祭　邪鬼心满意　把它关好后　送到深谷去　或送高山顶　防止它出来　若邪鬼出来　红鬼手爪长　黑鬼似虎狼　嘴脸变灰色　夜间更凶恶　邪鬼关好后　请神来帮助　锁住邪鬼门　压在九重山　挂在高岩上　让烈日暴晒　邪鬼驱除后　鲜花铺大地　百事都昌顺

十九、祭祖大典 10—1 搭建祭棚

搭建祭棚要先挖插桩的土洞，栽上多棵留有三台树枝，高三四米、直径约 10 厘米的青松。然后用栎树等做梁杆，用栎树枝做棚壁和盖棚顶，棚内要撒上青松毛。祭祖大典多个祭棚的搭建，其位置布局，以及不同功用棚间的划分，都是严格按照传统定制，总计 20 余间。有的内中还搭有祭台或供台。除此，还要搭建若干布蓬。

二十、祭祖大典 11—1 迎接毕摩

耐姆祭典仪式，须由 6 位主祭毕摩主导来完成，其中总主祭司为大毕摩。六位主祭毕摩的彝语称谓，毕莫（总主祭大毕摩）、毕器、毕好、毕叨（又称果补）、额毕、格毕（祭司兼工匠）。整场祭仪繁杂的耐姆，6 位主祭毕摩有分工有合作，每位毕摩还带有三五个不等的副手，实际上参与的毕摩一般有 30 余人，所以有“祭典毕赶街”之说，意为祭典场是毕摩聚会之地。古代彝族各氏族均有各自世传的毕摩，氏族举行耐姆由氏族毕摩来完成。随着氏族的不断分衍，其亚氏族、亚亚氏族的规模越来越小，至迟到了 19 世纪初，彝族的这些氏族均只等于或其结构只相当于宗族。因此，有的氏族虽有自己世传的毕摩，但已无能力仅靠氏族自己的毕摩来完成耐姆，有的氏族已没有自己的世传毕摩，所以在祭祖大典时必须向外延请。事先请定毕摩，到正式 耐姆前夕，氏族分别派出专人，用装饰华丽的坐骑将各位主祭毕摩迎接到场。上述 6 位主祭毕摩到来，特别是总祭司大毕摩到来时，氏族各支耆老与支头要虔诚跪接、敬酒，然后一一予以周到安顿。

二十一、祭祖大典 12—1 入场

三声土炮响过，全体参祭人员，扛着黄、绿、红、黑、白五色彩旗，吹着大号、长筒号、唢呐、笛子，敲锣打鼓，以毕摩为前导，氏族三支成员以长、次、幼为序，

分别抬着五色旗，背着插放有祖灵牌的毡包，拉着牛、羊、猪，抱着鸡、鸭紧随其后，进入用松柏枝搭建的一道彩门，先绕场三圈后，有序地齐聚于祭场入口处审查登记、洁净祖灵棚前。

二十二、祭祖大典 13—1 登记祖灵

棚内端庄坐着的耆老、支头，对护送前来的宗族成员各户祖灵牌的受祭资格进行审查、登记，审查未通过者则拒绝入内；审查通过后的祖灵牌，由负责洁净的毕摩边吟诵《洁净经》，边用马缨花树枝蘸木盆中的清水，逐个点洒于祖灵牌上，以示洁净。各户在接受祖灵牌洁净时，都要将一些银币或碎银或首饰放入毕摩的净水盆中，意在为祖先支付洁净劳酬；受祭祖先名单则按氏族各支辈分大小，分别用彝文书写“超度某某夫妇”于白绸上。“某某”是指男性姓名。分别登记氏族各支受祭祖先名单，一是除了能在此次祭典中逐一点到他们的名外，二是要分别装入分支后各支祖灵筒内，三是便于续于本支族谱。所有经过登记的祖灵牌，从“入场门”进入祭场。

《洁净经》经文大意：深谷十八阶　高低层次明　受祭的祖妣长幼有秩序　长次幼相随　祭献报祖恩　飨礼酬妣情　洁祖银九千　净妣金八万　祖妣受洁净　净首饰椎髻　净口食美味　净手饰金镯　净身着华服　净足登新鞋　净祖棚门口　邪蛊林魔禁　瘟疫杂病止　自裁血污禁　所有不洁净　驱离别入内　远祖名荣耀　远妣位尊贵　祖妣经洁净　为祖入荣位　为妣排耀列　祖妣分长幼　幼者随长者　有序受洁净　洁净得安宁

二十三、祭祖大典 14—1 祭场安灵

“入场门”正中，摆放着用青松毛盖着烧烫的鹅卵石，毕摩诵念《驱邪经》，并用清水浇烫石，让其散发水蒸气，以示洁净，俗称“打醋炭”。氏族各支以长、次、幼为序，各支女婿背负各自祖灵牌走在前，众成员随后，依次从“入场门”中跨醋炭通过。氏族三支，按长在左、次在中、幼在右地分别将各自祖灵牌按辈分大小，安放于祭棚内供台上，以待祭献。

《驱邪经》经文大意：天逢此年间　粮食得丰收　惜遇祖妣病　站时立不稳　坐下凳子倒　魔鬼闯进屋　天君布死令　不能留世间　已经至死期　人死鸡接气　人死寻山竹　迎来　做祖灵　山竹迎回来　福禄迎回来　彝人之亡魂　送回祖居地　要经过平坝　风声呼呼响　邪恶随风来　善终的祖妣　现在由毕摩　为你驱邪恶　你在世间时　所需的用品　绸子和缎子　盐巴和茶叶　均由坝区来　会染上邪恶　祖妣去世后　归祖要渡江　恐遇水鬼邪　怕遇水怪恶　要驱水邪恶　归祖过森林　森林虎豹地

虎豹食野物　恐沾虎豹邪　怕染虎豹恶　为你驱邪恶　才能成祖神

二十四、祭祖大典 15—1 祭场介绍

祭祖大典场地功能的划分及搭建物的布置，须依传统定制进行布局，不能随意更改。

整个主祭场地划分为五个片区，即正中从上至下为三个片区，左右两侧各一片区。

正中上方片区，从左至右依次搭建；旧祖灵筒供奉棚；新祖灵筒供奉棚；总主祭大毕摩“毕莫”及副手住棚，毕摩神位设于该棚内；负责协调众毕摩分工协作的主祭司“毕器”及副手住棚；负责祭祀事务指挥的主祭司“毕导”及副手住棚；负责为祖灵解罪、洁净祭仪的主祭司“毕浩”及副手住棚；负责请神、祛邪祭仪的主祭司“额毕”及副手住棚；负责祖灵筒和筒内诸灵物制作加工的主祭司——“格毕”及副手住棚；专用于新祖灵筒及筒内诸灵物制作加工棚。

中片区为严格按古规栽插若干祭仪场次的神枝、神座，专供诸如祭天、正祭、驱邪、洁净等祭仪的祭场。

下片区分三排。上排从左至右依次为氏族长、次、幼支祖灵牌供奉及守灵棚；中排为氏族三支各自对应的火塘及祭献场；下排为氏族三支各自背负祖灵牌女婿的对应住棚。该片区上排棚后正中栽立一棵彝语称“轰呛”的公平架；下排棚后正中挖掘彝语称“希伍斯朵”，双口底相通的“鬼入神出”土洞。又该片区四角及下排棚后正中各开一道门。右下角门为“入场门”，供进入该片区的所有人员、祭牲、祭品之用；左下角门为“出门”，专供从该片区走出之用；右上角门为“福禄水”门，专供汲取“福禄水”回来的队伍进入；左上角门为“五更门”，专供夜里所有参与绕场者；下排祭棚后正中门为“阴阳门”，专供祖灵牌从供奉棚中背出，接受“鬼入神出”祭仪。

左侧片区也是从上至下分三部分：上部分搭建祭典物品保管及族人住宿布棚。中部分靠左栽立一棵松树为楗木，其下支油锅；靠右用干柴草扎一小堵篱笆。此为“超度祖灵升天”祭仪祭场。下部分为炊事棚及勤杂住棚。

右侧片区同样从上至下分三部分：上部分搭建乐班及族人住宿布棚；中部分靠外侧为祭祀三牲栅栏；下部分外侧搭建一道进入主祭场的松柏门，内侧搭建供登记及洁净祖灵牌的祭棚，各祭棚、祭场按其功用要分别插上彝文示意牌。

主祭场及外围空地组成总体祭场，外围宽敞空地则是放土炮、鞭炮及众人娱乐场所。总体祭场边缘适当处搭建一道高大松柏门，供迎接众毕摩、来客以及所有人员出入。

祭祖大典的始终，不得有人在祭场内偷懒耍滑、逞强霸道、偷摸多占、酗酒衅事、谩骂斗殴，以及有渎于祖先的轻佻动作行为。祭典伊始，即由氏族长支在其男性成员中推举一个办事公正、有一定威望且体健的人为祭场纠察，彝语称“补图”。补图头

戴高帽，身着武士装，手持藤鞭，专事祭场纠察。祭场内不分贫富尊卑、男女老幼，若有违者，均将受到其鞭教训。

二十五、祭祖大典 16—1 立公平架、祭天

氏族三支耆老、六位主祭毕摩，以及帮手十余人聚集于公共祭场，用一头公牛祭天，毕摩吟诵《祭天经》后，在安放祖灵的祭棚后方正中，栽一棵高三四米，留有三台枝丫，砍去枝梢，彝语称“轰呛”的松树。沿用古老的狩猎遗风，用木棒椎杀公牛，并将牛嘴朝天插放于松树顶端，树下设祭坛，毕摩吟诵《祭天献牲经》《祭典献牲经》。

《祭天献牲经》经文大意：祭祖要祭天　先前不祭天　不祭地之时　日出无光辉　月出不明亮　君王不施政　臣也不纳粮　毕摩不司祭　工匠艺不精　人类无知识　天上起旋风　地上风不刮　自从祭天后　才改变一切　祭天要用牛　求神开天门　把天道开通　祖灵要升天　怕挡祖先道　怕拦祖妣路　求天神开门　祖妣才能进　去到天宫后　祖先来管天　祖妣来管地　到了天上后　福光从天降　天天佑子孙　说起种田事　祖先开田地　后裔发展了　耕耘良田多　栽种要靠天　祖妣上天后　求妣佑子孙　要风调雨顺　粮食才丰收　后裔发展了　祖妣亦心安　天有天的道　空中云重重　要把邪云驱　不让云挡道　不让云翻滚　天空亮堂堂　祖先随烟行　祖妣途畅通

《祭典献牲经》经文大意：官吏施号令　舅家叙谱系　毕摩司祭仪　祭仪序井然　祖系笃慕嗣　妣裔似蕨枝　子孙得繁衍　氏族呈兴荣　天地临黄道　日月满周期　天逢此年利　膀骨占得吉　高山呼长子　平坝约次子　深谷唤幼子　阖族来祭祖　祭祖敬美酒　祭祖献壮牛　敬献报祖恩　敬献酬妣情　祭棚层叠叠　祭棚绿茵茵　祭棚祖停处　祭棚妣息地　肃穆祭场中　竖立公平架　公平架之下　盛礼祭祖妣　敬请祖享礼　奉请妣受礼

二十六、祭祖大典 17—1 喝盟誓酒

在总主祭司大毕摩的主持下，氏族三支支头齐跪于公平架下祭坛前，用獐牙尖刺破手指滴血入酒盆，然后按传统共同吸饮血酒进行盟誓，即对天发誓：耐姆，氏族成员不分贫富贵贱一律平等，一切行事、分配绝对公平，任何人不得逞强祭场，偷懒耍滑，齐心协力地将耐姆圆满完成。耐姆过程中，所有祭献宰杀的牲肉，统统归到公平架下，合理分配。

二十七、祭祖大典 18—1 栽插神座

祭祖大典祭场神座的栽插，是严格按照彝文古籍记载的《祭祖大典神座示意图》

进行操作的。在总主祭大毕摩的指导下，各主祭毕摩带领助手协作完成。不同内容、不同祭仪的神座插法和所用材料也不同。作为神枝的树枝有的要留梢和枝杈，有的砍去树梢，也有削一面皮或两面皮，长短、高矮也有区别。从神座组合上看，有三棵一丛，五棵一丛，由小丛组成大簇。从方向上看，有的朝北朝南，有的向东向西，栽插时有的相对，有的相背。神枝的材料有松树、栎树、山竹、白栎树、马缨花树、倒钩刺、刺脑包、五倍子、秧草、灯芯草、杉枝、映山红、蕨枝、松白柴等，数目难以计数，有数千枝之多，栽插占地上千平方米。完整祭祖大典仅“除邪”祭仪有 24 场次，“洁净”“祈福”祭仪有 16 场次。各种神座按其祭仪功用，要分别插上彝文示意牌。

二十八、祭祖大典 19—1 祭取福禄水

用一只健壮的公绵羊，红布装饰头角，驮着马缨花木制成的鞍子和装水的葫芦，并给它喂盐；一行人抱着一只鸡，背着所需祭品，乐班奏乐。在祭场“福禄水门”口，毕摩为绵羊和人们设醋炭洁净，吟诵《洁净经》。然后让绵羊在前随意行走，人们随后，一路奏乐。因为绵羊只饮清净长流水，直到该绵羊饮水的地方，在水边毕摩设祭再“洁净”后，用公鸡祭献山神、水神，吟诵《献山神经》《取福禄水经》。彝族罗婺人每次耐姆，都是根据绵羊饮水而取福禄水，地点的地貌及物象特征取名作该次耐姆的称谓，并将其记入氏族谱牒，例如本次耐姆取名为“水冬瓜树脚石头下取福禄水”。祭献结束，用葫芦汲满水，仍让绵羊驮着，并一路奏乐回祭场。来到祭场，其他乐班奏乐，土炮齐鸣，全氏族齐予迎接。取回来的福禄水分给各支祭献祖先和掺入祭场上祭祀用水，以示所用之水都洁净，且有福禄。

《洁净经》经文大意：用精盐来净　用好米来净　用美酒来净　怕茶叶染邪　怕茶叶染恶　净茶叶的邪　马桑枝也净　净则入祖列　净则归妣列　净后莫沾邪　净后莫染恶

《献山神经》经文大意：高处一山神　白云黑云间山神　低处一山神　一口井山神　一棵树山神　一根草山神　阳光照山神　月光射山神　深箐间山神　水流处山神　聚来山神聚　行来山神行　山神来享礼　远方北边的山神　较近昭洛莫山神　故地武定府山神　禄劝州管区山神　镌字岩附近山神　茂山乡四面山神　曼拉箐一带山神　娜拥村周围山神　请山神们来享祭礼　让道给祖妣通行　顺归祖源地　与先祖同聚

《取福禄水经》经文大意：祭祖需取水　需取福禄水　取水需绵羊　绵羊眼睛亮　能寻到福水　山箐中的水　由天地赏赐　这是圣吉水　有水植物长　有水树开花　耕种能丰产　古时的祖先　祭典取福水　实楚先取水　后由乍木取　这种福禄水　是祖妣福禄　喝后得繁衍　古时迟昂达　去取福水时　用金碗舀水　用银钵装水　此水祖

源水　此水福禄水　此水是圣水　饮则子孙贤　饮后见识增　福禄圣水赐　分给各户饮　子孙从此昌

二十九、祭祖大典 20—1 各支安灵祭

氏族各支在各自祭棚前，燃烧火塘，用一头肥猪祭献祖灵，毕摩吟诵《献祖灵经》和《祭祖献牲经》。按古时狩猎遗风，该猪只能椎杀，且用干松毛烧燎，刮洗干净分解后，将猪头供献于本支祖灵牌前，猪肉则送至公平架下，由毕器统一分配。

《献祖灵经》经文大意：进入祭场后点出祖妣名　天逢此年间　得天神护佑　氏族共相聚　确定祭典日　主听毕摩话　毕听祖妣语 想　象笃慕样　住在木筒间　居在祖岩洞　高处有太阳　高空有月亮　太阳神佑祖　月亮神护妣　白岩有日光　日光射洞中　阳光暖祖筒　月光照祖筒　高高祭台上　有祖妣座位　祖妣来入座　用牺牲祭你　报答祖妣恩　祭棚是变棚　祖筒入场后　祖妣入匠棚　匠棚变化海　祖变海中变　妣变海中变　祖妣变化后　祖妣旧换新　玉石当骨节　丝线接骨节　绸缎祖妣衣　灵物祖用具给祖妣使用　安心居岩洞　到吉月吉日　后裔再来祭

三十、祭祖大典 21—1 迎接新旧祖灵筒

氏族三支分别进行了“安灵祭”仪式后，一行人拉着一只绵羊，来到氏族置放祖灵筒的岩洞下，祭献绵羊，毕摩吟诵《赞牲经》及《开启祖灵岩洞门经》，数人攀梯进入岩洞，将旧祖灵筒取下，用红布带背负返回。与此同时，另一行人也拉着一只绵羊，前往事先存放新祖灵筒原料的林岩下，进行祭献，毕摩吟诵《迎接新祖灵筒经》后，分别用红布包裹三个新祖灵筒原料背负返回。半路上两群人会合，以绵羊为前导，旧祖灵筒在前，新祖灵筒在后，有关人员随后，相继往回行走。即将进入祭场时，场内土炮齐鸣、奏乐，隆重迎接。将新旧祖灵筒供置祭台上。先行彝族传统敬酒八阳礼，随即氏族成员跪拜，毕摩吟诵《安置祖灵筒经》，并向跪拜者撒祭米，问：“祖妣回来否？”众人回答“回来了！”“粮魂、畜魂回来否？”众人回答“回来了！”

《赞牲经》经文大意：看这祭牲呀　牲角很粗壮　牲眼很明亮　牲头很结实　牲嘴也好看　牲气粗而大　牲颈长悠悠　牲腰长悠悠　四脚踏有声　全身很健壮……

《开启祖灵岩洞门经》经文大意：来呀祖考来　来呀祖妣来　林梢飞越来　江上跨过来　顺着大路来　悬崖越过来　祖坐处来坐　妣站处来站　祖荣处荣耀　妣美处美呀　祖玩处来玩　妣住处来住　来呀子孙来　来呀后裔来　转来子孙转　转来后裔转　后裔子孙呀　子孙见岩崖　后裔见岩崖　洞口阳光照　放置岩洞里　考祖在处稳妣祖在处固　祖妣出门来　能见子孙面　祖妣在吉地　子孙听吉音　日吉太阳守　金

灿灿地守　夜吉月来护　明亮亮地护　银片和金片　装饰祖考妣　子福祖来保　孙禄妣来佑　祖也见日出　妣也见月出　考祖光灿灿　子孙光灿灿　祖妣见亮星　子孙见亮星　红岩祖开辟　绿林妣养育　江水滔滔流　祖妣永牢固

《迎接新祖灵筒经》经文大意：远古混沌时　天地未分开　日月不发光　世间无昼夜　后来天地分　日月交替明　人类有生死　逝者即祖妣　子孙来祭祖　祖妣享祭献　祭献驱祖邪　祭献除妣秽　迎呀虔诚迎　迎接新祖筒　迎回做祖房　接回做妣屋　迎呀虔诚迎　迎接新祖筒　祖筒子孙福　祖筒子孙禄　回来呀回来　祖筒迎回来　回来呀回来　福禄接回来

《安置祖灵筒经》经文大意：献呀献香茶　茶种东方来　茶树长南方　茶叶郁葱葱　采茶来烹煮　君长饮了茶　明智号政令　谋臣饮了茶　施政善谋划　毕摩饮了茶　司祭有条理　工匠饮了茶　手巧技艺高　百姓饮了茶　勤耕五谷丰　献呀献醇酒　酒曲十二味　众人不知晓　六味生平坝　放猪姑娘采　六味长高山　牧羊伙子摘　采回碓来舂　拌粮酿出酒　醇酒献神灵　天神见酒喜　地祇见酒欢　日月见酒明　星辰见酒亮　松柏见酒青　鸿雁见酒鸣　威荣有酒高　福禄有酒固　香茶与醇酒　敬献祖灵筒　祖筒佑裔兴　祖筒护裔昌

三十一、祭祖大典 22—1 加工新祖灵筒

新祖灵筒原料祭迎回来后，格毕（毕摩兼工匠）就要加紧凿制新祖灵筒。新祖灵筒是截取直径 35—40 厘米、高 65—70 厘米的原木凿制，另截取同直径而长 45—50 厘米的一段，正中劈开取一半制作筒盖，以及制作将要装入筒内的诸灵物。

三十二、祭祖大典 23—1 三牲祭

第六天，主祭毕摩与氏族三支头及三支男性代表集中于供置旧祖灵筒的祭棚前，首先用牛、绵羊、猪各两牲活祭祖灵，毕摩吟诵《毕摩谱系》及《阿保矣弄氏族谱系》，然后牵着三牲绕神座一周，分别各放一牲作为毕摩酬劳，余下三牲作为祭祖大典最高祭礼的“三牲祭”。

祭仪布设的神座中，杆头包着青松毛且高出的五根木杆称为“五蔟神座”，分别代表天地神、日月神、北斗神、祖先神、毕摩神。毕摩手持树枝搭成的“光热神木梯”，为正祭场地驱除火邪、雷电邪和弓箭邪。接着将余下的猪、牛椎杀，绵羊则扭断脖颈毙命。猪、绵羊尸首及牛头供于祭台前，其上分别放置一双醮血筷，一树叶当碗，内放米、盐，一个青松毛结。牲尸上放的醮血筷表示敬请诸神享用祭牲；青松毛结则表示拴住氏族原来诸多烦恼和不吉。正祭仪式开始，氏族三支头及三支男性代表跪拜，毕摩吟诵《祭

祖正经》。末了，将牲尸上的三个青松毛结分别让氏族三支头磕头接受解结，表示氏族原来诸多烦恼与不吉，已由天地、日月、北斗神收走而解除。

按彝族传统礼俗，祭祖大典中，除正祭外，尚有多个祭仪用牲，得一分为二，即一半是宰牲，宰杀祭献后食用；一半是活牲，即祭献却不宰杀，留作毕摩劳酬，由总主祭大毕摩统一分配。

《毕摩谱系经》经文大意：毕（即毕摩）绿鹞　毕黑鹰　毕签筒　毕法帽　慕克克毕摩　克普矛毕摩　普予照毕摩　照罗莫毕摩　罗莫娄毕摩　娄阿德毕摩　阿德布毕摩　布朵吐毕摩　朵吐糯毕摩　糯且保毕摩　且保罗特毕摩　天毕呀地毕　碾实楚毕摩　特乍木毕摩　摆夺呗更毕摩　知神十二位　见神一十三　知识神养育　见识神守护　世间的毕摩　是天神帮手

《阿保矣弄氏族谱系经》经文大意：祖先来自朵土慕更慕阿克　慕克勒毕招洛莫　洛莫德刀得昂布　涛呢邓提糯且保　迁策来俄更　格兹罗烘居　迁格本问纽　至以坦毕笃　阿保矣弄孙

《祭祖正经》经文大意：笃慕执政时　官吏施号令　舅氏叙谱系　毕摩司祭仪　神座序井然　祖嗣笃慕裔　妣如蕨样衍　祖裔大发展　天逢此年间　天地届周岁　日月满周期　高山杜鹃鸣　箐沟青蛙叫　秧田水斑白　杜鹃花盛开　深夜飞禽鸣　荷塘叶葱葱　吉年宜祭祖　吉月宜祭妣　天逢此年时　天地相撞击　夜来遭苦难　考神跑朝前　妣神随后跟　想去归祖列　黑鹰学飞翔　便去绕山坳　鸿雁学飞翔　飞栖高山地　祖妣享祭典　想入贵人席　想入名祖列　在祖灵筒内　去白岩洞住　祖的灵筒牢　祖的灵筒固　他祖护他家　咱祖护自家　他妣守别家　咱妣守自家　护则寿命长　守则得吉祥　现用一公牛　一阉羊　一黑猪　献给祖先享　报答祖恩情　主神十七神　女神十五位　领祖享祭品　来收献祭礼　牲不是我杀　牲是别人杀　牲不是我用　牲是祖先享　先是献活牲　若不献活牲　就怕牲跑掉　后是杀了献　最后煮来献　祖先原位低　祭后地位高　子孙报恩情　请祖享祭礼

三十三、祭祖大典 24—4 绕场

三牲祭仪后，氏族成员每晚都要就宿于祭场。除毕摩、各户女婿有事先搭建的住棚外，氏族成员各自搭建临时住宿布篷。在“祖灵魂升天”祭仪前，每天至天黑后，各支组织各自成员，由各支女婿背负插放有祖灵牌的毡包在前，彩旗、乐班跟后，各支成员有的打火把，有的手持三炷燃香，毕摩手摇祭铃吟诵《祭祖绕场经》，背负旧祖灵筒的人走在最前，氏族各支以长、次、幼为序依次随后，进行祭典绕场仪式。绕场也称孵场，俗称“转鸡肠”，其意一是向祖先展示氏族人丁兴旺发达，二是通过曲折的绕场，让祖先灵魂迷失世间方向，安心地升天。

《祭祖绕场经》经文大意：远古的时候　白雁树上栖　人语不成调　声调学白雁　仙鹤栖树上　此树有人性　人类学仙鹤　寻到温存地　人类不灭绝　人类学鹤雁　做祭孵人种　孵后种族旺　孵场换生死　孵场人不亡　做祭孵一场　人类得繁衍　古时孵场后　武裔比天高　乍裔比地广　尼裔比日长　恒裔比月亮　布裔比星多　默裔比雷响　孵场呀孵场　氏族互联姻　祖裔得繁衍

三十四、祭祖大典 25—01 除经孕血邪

女性为人类的繁衍付出了极大的代价，流了许多血，忍受了诸多难忘的痛苦。如产前的各种妇科病，以及孕期、产期的不测之难，甚至身亡。又有可能因种种原因而打胎流血。凡此种种，女性祖先身上不免带有血邪。祭仪在于解除女性祖先身上的血邪和生前生育所遭受的痛苦，这样才能毫无负担的与丈夫一同进入祖列。毕摩吟诵《除经孕血邪经》。

《除经孕血邪经》经文大意：邪恶居尘世　时时来缠绕　邪恶到来时　树木起火花　石头成碎片　牛沾邪则疯　马染恶则癫　羊着邪则病　猪着恶则瘟　邪恶曾害妣　毕摩设祭场　来把孕血除　孕血从何来　男女情深浓　不慎同温体　怀孕后打胎　易沾经血邪　如若不祓除　不能归祖列　祓除用鸭子　祭鸭翼颤颤　祓后不沾血　除后不染邪　用牲驱孕邪　驱后入阴曹　子孙得繁衍　死后有三魂　三魂须驱邪　三魂除秽后　祖先身自洁　生者得自慰　再无后顾忧　祖先在世时　终日忙劳碌　未曾享美食　而今祭品全　请祖来享祭　祭祖祈庇护　献妣祈保佑　祖佑子孙繁　妣护子孙昌

三十五、祭祖大典 26—01 除淫邪

除淫邪仪式，仅限男性在场。男性祖先生前可能有过淫乱行为，如抢夺他人妻室，破坏他人婚姻家庭，甚至造成流血的悲剧，故需为男性祖先祓解淫邪，让他洁白无污地进入祖神行列。该祭仪毕摩吟诵《除淫邪经》。

《除淫邪经》经文大意：淫邪从何来　来自于邪念　来自于乱伦　淫邪尖溜溜　污邪毛刺刺　若不驱除淫　或不祓除污　不能入祖列　驱淫用猪驱　用猪血驱赶　驱后淫不沾　驱后邪不染　驱邪用鸭驱　鸭子叫嘎嘎　淫邪没藏处　撵邪鸡来撵　鸡翅扇声大　淫邪被吓跑　为祖驱淫后　去到祖先地　见祖不用怕　见妣莫胆小　站你该站处　坐你该坐处　安心归祖列

三十六、祭祖大典 27—01 除刀兵邪

祖先生前可能因打架斗殴、仇杀、战争而动刀动武地伤过他人，甚至负有人命的罪孽，只有解除此等邪污罪孽，才能摆脱仇怨，无罪的升天成为祖神。此祭仪毕摩吟诵《除刀兵邪经》。

《除刀兵邪经》经文大意：在那古时候　人鬼在一起　魔鬼出现后　就祸害人类　洛莫乃考地　毕摩施法术　寻鬼又找魔　来把魔鬼除　刀邪从何来　兵污何处来　争斗起邪污　来自于战场　长无知责幼　幼无识骂长　拔刀即相戮　驱邪山羊驱　羊血滔滔流　羊血闭刀邪　羊血拒兵邪　驱则邪不沾　驱则污不染　在那宇宙间　有白星黄星　亦有红绿星　死星昏暗暗　会降临人间　这是病灾星　亦是死人星　要驱灾星魔　要除灾星鬼　灾星人不见　灾星鸡看见　灾星鸡来收　人世间事情　小鸡不见鸡　却被鹰看见　鸡被鹰叼去　野兽不见兽　却被狗发现　死于狗嘴下　在那牛圈里　牛也不见牛　却看见青草　替鬼的草人　被牛踩脚下　由毕摩来收　用绳子捆住　用火来焚烧　从此之后呢　凡是人居处　放牧耕作地　魔鬼不敢来　今天日子好　驱魔毕为大　除鬼毕荣耀　收魔弓来收　收鬼箭来收　驱后祖安宁　除后世太平

三十七、祭祖大典 28—01 续宗接代

"续宗接代"祭仪是祈求祖先神灵保佑子孙代代相传，永不中断，像马缨花一样红红火火地兴旺发达，如青松一样万古长青。祭场上彩线连接，黑线代表男性，红线代表女性，象征绵延不断，正如彝谚说："子裔似蛛丝，越接则越长。"毕摩吟诵《续宗接代经》。

《续宗接代经》经文大意：续代续权利　续代续利益　有权则运兴　有利则命长　续完权和利　然后续财帛　祖妣的财帛　留给了子裔　续财财运来　续帛帛运至　养畜则畜增　种粮则丰收　现在述宗代　宗与代两种　传宗可接代　君宗君接代　臣宗臣接代　毕宗毕接代　匠宗匠接代　主宗主接代　接代子裔繁　最后接寿数　寿与命两类　像座白云山　人生八十八　寿数九十九　今日子孙接　子孙会长寿　传宗来接代　告慰祖与妣

三十八、祭祖大典 29—01 禳解罪孽

彝族原始宗教认为，祖先生前难免犯下各种罪孽，诸如咒怨天地、日月、神灵或他人而结下诸多仇恨和怨气，还有杀害和虐待家畜；乱捕野兽、虫、鸟；过多地砍伐树木；乱丢动物死尸，污染河流和环境；负誓违约、说谎欺骗；敲诈勒索、抢夺财物、不劳而获；夺人之妻、道德败坏、行为不轨；不敬长辈、不护幼小，咒骂不休；糟蹋

庄稼、无度耗费财粮；等等。只有将生前所犯下的罪孽禳解祛除，才能清白地升天成为祖先神。该祭仪毕摩吟诵《解罪孽经》。

《解罪孽经》经文大意：罪孽缠祖先　祭奠须解罪　解罪祖平安　能保佑后裔　祭典仪隆重　用牛羊猪鸡　在那古时候　天是天公管　地是地母辖　祖妣佑子孙　岩神护祖筒　耕牧能丰收　嫁娶皆顺利　现在祭祖妣　来给祖解罪　让祖离苦海　清净入仙境　请祖飨祭礼

三十九、祭祖大典 30—01 清点旧祖灵筒内灵物

祖灵筒的凿制形状为底部锯开一十字口，形成高约 8 厘米的四只足，足部以上是厚约 4 厘米的筒底，筒内凿空为深 53—68 厘米、内径 30—35 厘米，口部为套颈，靠筒口部安有一横梁；其盖在半圆木的劈面中心凿空，使其与筒口套颈相吻合而能盖严；筒与盖间背部以铁环为背扣，前部以铁门扣为扣。筒装诸物件均为小模型；一对祖妣偶像（古代玉石为身，金片饰妣面，银面饰祖脸，偶像颈、肩、腰、肘、膝、踝各大关节用金丝连接；后来则用滑石雕刻，黄、白铜片分别饰祖妣面），此对祖妣偶像代表氏族历代已受祭超度男女祖先的总象征或统一化身；撑铁柱一根，三足直立，供作祖先灵魂上下天地的天梯；铁制刀剑等狩猎具或兵器各一；铁制犁、铧、耙、锄、镰、千斤、砍刀、斧等农耕用具各一；铁制锅、碗、瓢、盆、勺、筷、锅庄、甑、水桶、钩担等生活用具各一；石制磨、臼、杵等粮食加工用具各一；獐皮缝制的褡裢一个，一头供放祖妣偶像，另一头装苦荞、甜荞、谷、大麦、小麦、豆等种子；一份写于白绸上的氏族祖先彝文名单；一个伴铃亦称祭铃，另一个伴铃由氏族长支保管（据说当岩洞里的祭铃受到侵扰而发出响声时，长支保管的那个伴铃也会遥感而响，氏族支头就会去山上查看）；贝币几枚；黄、白铜片各一（象征货币，古代为金片，后为银圆）。

四十、祭祖大典 31—01 放入新祖灵筒内灵物

祭祖大典的祭仪已基本结束，接着就将举行分支仪式。首先毕摩为新祖灵筒做“洁净”祭仪，吟诵《洁净祖灵筒经》。然后把旧祖灵筒内的灵物均分为三份，分别装入氏族三支的新祖灵筒，再将新加工出来的三套完整的灵物，经认真清点后依长、次、幼为序装入各支新祖灵筒，加盖封闭严实。分支时三支将各自领取自己的新祖灵筒，背负到选好的祖灵岩洞，经毕摩吟诵《关闭祖灵岩洞经》的祭仪后，平稳地安置在岩洞里，以待来年其后裔查看和祭祀。

《洁净祖灵筒经》经文大意：灵筒置何处　灵筒置高处　祭场祭祖妣　要祭祖灵筒　祖灵临祭场　祭场享祭礼　祖妣之灵筒　放置要稳固　灵筒工匠做　置入岩洞中

置地要坚硬　夏天下雨时　莫落祖栖处　山头禽鸟鸣　祖栖处莫鸣　高山牧童噪　祖栖处莫噪　老树枯萎倒　莫倒祖栖处　蜂子四处飞　莫飞祖歇处　野物游四方　祖栖处莫游　灵筒置安稳　祖妣辖天地　成天地之主　你渴要喝水　不渴也要喝　我们献的水　是君王之水　天宫水价贵　世间水便宜　子孙都来献　献水毕长寿　祖也能长寿　妣也能添寿　献水至此完

四十一、祭祖大典 32—01 献药祭

人生在世时，食五谷杂粮，为生活长年累月辛勤劳作，女性还得生儿育女，为此积劳成疾，痛苦缠身，以至死亡。作为子孙后代为表达孝心，解除祖先生前所遭受的痛苦，走遍天南地北，历尽千辛万苦，找来世间良药煎熬，并配上牺牲苦胆，敬献给祖先。毕摩吟诵《献药经》，认为祖先饮了药，从此根除百病，一身轻松地升天成祖先神。与此同时，众子孙后裔，每人也喝一口药，以期预防各种疾病。

《献药经》经文大意：祭祖要献药　死由疾病起　病魔把人离　药有九十九　病有百二十　病早来一天　药迟来一日　药迟来无妨　良药入体内　病从体内出　做祭的毕摩　告诉采药情　寻药呀找药　寻药到雪山　未见药物生　不见药材长　寻药到深箐　不见药树生　不见药材影　寻药到天边　药树生天上　药枝伸地上　采药姑娘采　捣药小伙捣　用好碓来舂　用好磨来磨　用土锅煎熬　煮药沸腾腾　药味升上天　太阳神来饮　太阳神不死　药味入土去　地母遇药味　服后得永生　药味飘世间　人类六祖饮　六祖得永生　告诉你药情　请祖把药记　天空黑鹰胆　眼花目眩药　天上鹞鹰胆　强身健步药　绿色蟒蛇胆　阴间霍乱药　祖在世之时　未给祖配药　到了祖源地　祖妣去找服

四十二、祭祖大典 33—01 播福禄

祭仪开始前，祭台上摆放五升斗、升子、篾箩各一，里面装满荞、麦、豆、稻谷等五谷；五谷上放有代表黄金的黄刺木片，以及代表白银的灯蕊木蕊卷；五升斗旁摆放一只木盆，盆内装满掺了福禄水的清水，水中浸泡马缨花枝。

祭仪开始，氏族众裔齐跪于祭台前，毕摩将祭台上的物件一一打醋炭进行“洁净”后放回原位，然后边吟诵《播福禄经》，边用马缨花枝向众裔洒“福禄水”，以及抓出五谷撒向众裔。众裔则纷纷展开各自前衣襟，尽量接住毕摩撒来的五谷、金银。末了，毕摩大声发问：“养畜一个成十个了没有？”众答：“成了！成了！”“大小粮仓溢了没有？”“溢了！溢了！”“金银进门了没有？”“进了！进了！”一边加小树枝插于部分氏族成员的衣领或包头上，同时发放一小把青松毛。小树枝表示子裔枝叶发茂，

青松毛则象征氏族发展，万年长青！以此祈求祖先赐福，并接受毕摩祝福。

《播福禄经》经文大意：播福播权利　有权身自威　播禄播利益　有利图吉祥　现在播财帛　财神有九位　帛神有八位　财神绿鸟儿　帛神白雁儿　绿鸟带财来　白雁带帛来　天堂财门开　地殿帛门开　天堂放财源　天财降大地　财帛播命运　长寿则头白　财帛播牲畜　养畜则畜旺　财帛播粮食　种粮则粮丰　播福要全面　播福子孙得　播福重孙得　有福子孙兴　有禄重孙增　子孙均吉祥　子孙均聪颖

四十三、祭祖大典 34—01 入鬼洞出神洞、分解祖灵牌、竹灵入鸟形灵棺、鸟形灵棺埋葬马缨花树下

在祖灵变化升天为祖先神的祭仪中，毕摩一面吟诵经文："变化祖变化，变化妣变化。祖公变成银，祖妣变成金。祖变保佑子，妣变庇荫孙！"一面将受祭祖灵牌逐一从"鬼入洞"放进，经过洞底通道，又从"神出洞"取出，并放在事先铺好的红色毡子上，以示完成祖灵变祖先神的仪式。然后将祖灵牌进行拆解，把竹根祖灵装入鸟形灵棺。鸟形灵棺闭合，其缝隙用猪血拌苦荞面的糨糊抹严，送至祖灵筒祭棚供台，与祖灵筒一同供奉一阵后，把鸟形灵棺送到马缨花树下掩埋，毕摩吟诵《埋葬灵棺经》。与此同时，把氏族长、幼两支的祖灵牌外壳、写有灵主姓名挂柱送去挂在"戏木梓"，即楗木松树上；次支的则夹入篱笆缝中，等待在祖灵升天祭仪上分别焚化。

《埋葬灵棺经》经文大意：人类祈福禄　源于远古时　不知祈福时　太阳无光芒　月亮失银辉　人类无见识　后会祈福禄　祈福禄之后　人间万物生　树木往上长　草也且茂盛　牧畜种庄稼　六畜得发展　五谷获丰收　男人管畜牧　妇女种庄稼　有肉有饭吃　山竹生林中　祭取做祖灵　祭了祖先后　埋在马缨下　子孙后代兴　就像马缨花　吉祥又红火　祈福祈祖先　祖先降福禄　福佑家境兴　禄佑人平安　祈福佑男人　祈禄佑女人　祈福万事顺　求禄人口增

四十四、祭祖大典 35—01 立楗木、扎篱笆

祭祖大典的最后一天，氏族长、幼两支十多人共同栽立一棵高丈余、顶端留有三台枝干、繁茂的青松。此树彝语称"戏木梓"，意为楗木。树下垒灶支一口大铁锅，锅内注入香油、猪油。楗木用于悬挂长、幼两支祖灵牌外壳（衣）及写有灵主姓名。悬挂时长支在上，幼支在下。油锅用于在"祖灵升天"祭仪时点燃。

与此同时，氏族次支亦十来人，在离楗木旁不远处，用干柴、松毛扎一小堵篱笆，其缝中用于夹放次支祖灵外壳（衣）及灵主姓名挂柱，也是用于"祖灵升天"祭仪时点燃。

氏族三支如此有别，意在长子是父亲帮手，幼子则受母亲宠爱，而次子不当家，出兵役、劳役、入赘其他氏族等，大多由其承担。

四十五、祭祖大典 36—01 超度祖灵升天

在楗木和篱笆前各设神座祭坛。两祭坛分别撒青松毛，放置白米、盐、酒等供品。长、幼支众裔集于楗木祭坛前，总主祭大毕摩手持一根蛇形、中部雕有鸟形的神杖。打醋炭祭献，吟诵《开七重天经》；与此同时，次支后裔集于篱笆祭坛前，主祭毕摩“毕器”手持一根一般神杖，用一头猪祭献，宰杀后将猪血供在神座前，吟诵《祖灵乘烟升天经》。总主祭诵经毕，点燃油锅，火焰升腾，用神杖做驱赶状；同时篱笆也被点燃，火焰青烟升腾。此时，土炮鞭炮齐鸣，乐班竞奏，摆动旗子，护卫手持长剑、弓弩、三星钗亦做驱赶状。众裔高举双手欢呼：“祖先升天了！祖先升天了！”表示祖先分别缘楗木、乘青烟升天了。个别不舍人间和子孙的祖先，经驱赶也只得恋恋不舍地升天去了。

《开七重天经》经文大意：天有九重天　地有七道地　从古如此传　慰藉祖与妣　祭祀为首要　用牲祭天地　祖妣上天门　牵羊抱着鸡　以便开天门　用鸡祭神龙　祖先进天门　天门必须祭　祭后能进去　为事可成功　为祖祭天门　用黑猪来祭　道路可通天　到了天门前　可进天门去　祖先进天门　后裔大发展　粮畜皆兴旺　天门为祖开　祖进天门后　一道是祖门　一道是妣门　各进各的门　进门成祖神

《祖灵乘烟升天经》经文大意：在笃慕之前　最早有哎哺　哎哺管八方　后来有舍妫　开始祭天地　毕摩这样叙　天上有九层　地下有八层　祖先来管天　祖妣来管地　男神管天事　女神管地事　四方天君管　靠天来收成　福禄是天给　祖先得飨祭　祭奠天神时　需记笃慕恩　他与天女姻　人类得繁衍　祭奠需除祟　祖妣才无恙　后裔才顺利　祭天是毕摩　鹰是毕摩神　祭典需神枝　牺牲需用猪　祈求始楚神　打开天之门　让祖妣升天　祖妣乘青烟　高兴升天去　升天佑后裔　祖至七重天　天外又有天　世代如此传　进了天门后　又到地门边　看到祖先门　认识祖先门　才能打开门　与先祖团聚　天门很遥远　不能走路去　需像鸟飞行　需乘青烟去　世代如此做　舍妫如此祭　毕摩声朗朗　此场到此终

四十六、祭祖大典 37—01 喝盟誓酒、分支

氏族长、次、幼支各自放齐新祖灵筒内灵物，且分放了旧祖灵筒中的旧灵物，加盖封固，披上红布，与旧祖灵筒一同置于祭台。三支头聚于祭台前，分别用獐牙尖破指滴血入酒。长支头发话说：“我们阿保矣弄三支共同举办了祭祖大典，报答了祖妣的恩情，祖妣会保佑子孙后代，根基牢固、长寿兴旺。阿保矣弄三支人口都兴旺发达，

所以这次祭祖也做了分支。”长支头继续说：“今天我代表阿保矣弄氏向天地神灵发誓：我们都要孝敬各自祖先，让他们安心地坐到该坐的位，站到该站的行列。分支以后，仍要同姓相扶，有事相帮。”誓毕，三支头同用吸管饮血酒，然后各自背负自己的祖灵筒，将其送置于事先占择的祖灵岩洞中，其中长支新祖灵筒与原氏族旧祖灵空筒，仍送置于原氏族祖灵岩洞。

四十七、祭祖大典 38—01 送入祖宗山岩洞

祭祖大典的祭仪已基本结束，氏族长、次、幼三支已分支，次、幼两支各将新祖灵筒送去放置于新卜定的新祖灵位岩洞。长支则出动十多人，抱着一只公鸡，由毕摩和族长带领，两女婿分别背负新、旧祖灵筒来到原氏族放置祖灵筒的岩洞下。毕摩吟诵《关闭祖灵岩洞经》《防雷、防蜂、防鼠侵扰经》，请求山神保护祖灵筒无恙，告诉祖灵放心安居在此。随后数人将新旧祖灵筒小心翼翼地从陡岩上吊上去，稳固地将新祖灵筒安置在原位，旧祖灵空筒则放置在旁边。再次告知祖灵，今后子孙会经常来看望。

《关闭祖灵岩洞经》经文大意：主人请毕摩　始于哎哺时　慈奢传此俗　如今循此理　宗神根基牢　深山密林间　高高悬崖上　雪白岩洞中　是祖安息处　天上太阳神　高山岩崖神　周围森林神　地下土地神　一起来享祭　保护祖灵筒　莫让雷电击　莫让蜂来扰　莫让鼠来害　莫让盗贼偷　祖妣的后裔　要用绵羊祭　为祖增荣耀　给祖添光彩　红岩祖城堡　森林祖屏障　江河祖护栏　悬崖祖妣伴　稳居岩洞中　永世得安居　保佑子孙昌

《防雷、防蜂、防鼠侵扰经》经文大意：高高红崖上　巍巍白崖中　天然生洞穴　此是祖居洞　它是妣福地　周围森林护　渺渺雾绕守　祖安子孙兴　妣宁后裔昌　敬祈众神灵　用心佑祖妣　雷神自天来　雷声莫惊祖　电光勿扰妣　雷击世间秽　切莫击祖居　群蜂林中来　不时乱蹿飞　蜂来会叮人　蜂飞会扰人　蜂群莫入洞　蜂飞勿进筒　切勿扰祖妣　灾鼠三双六　祸鼠五双十　青鼠长利牙　青鼠生长爪　鼠入金银失　鼠进灵物损　鼠来惊祖妣　鼠入损财物　莫让鼠窜入　勿让鼠抓啃　祖妣居岩洞　祖妣得安宁　子孙永昌荣

四十八、祭祖大典 39—01 庆祝活动

祭祖宴客是彝族罗婺人的一件大喜事，人们都穿戴传统服饰。白天打磨秋，开展斗牛、斗羊、模拟斗鸡等娱乐活动；晚上宴罢，男女老幼聚在祭棚和篝火旁，老人吟唱史曲，青年对歌、迭脚，热闹非凡。真是“金沙江水长，彝家调子多，乌蒙峰连峰，彝歌情绵绵”。歌是生活中的盐，彝山无处不飞歌。

罗婺彝歌分家歌、山歌。家歌有“道嘎”“依依”“皂除”“契除”“咪嗷”“纳抗”等不同调式。这是家里唱的歌，曲调古朴、典雅，结构严谨，多用比兴手法，大多是叙述开天辟地、人类起源、英雄故事、民间传说、婚丧嫁娶、祭祀等。人们围着火，边喝酒边唱，传承着民族文化。山歌则根据曲调句式不同可分为“潮除”“潮苴”“四句长腔”“白话夹曲子”等几种类型，内容主要是表达男女情爱。

四十九、祭祖大典 40—01 分支晚宴

祭祖大典，即耐姆，是同一氏族共同为上届耐姆以来去世的祖先举行公祭，超度其灵魂升天成为祖先神的仪式。耐姆分为仅超度祖先灵魂为目的的公祭，以及在超度祖先灵魂而公祭的同时，还举行分支仪式这两种，此次耐姆属后一种仪式，因为阿保矣弄氏族已十来代未举行过分支仪式。

氏族分支有多种原因，除了氏族内讧和按传统凡过九代需分支等原因外，更主要是氏族人口繁衍，不断向外迁徙，居地分散，氏族内部联系松弛，不便在一起祭祖，因此分宗立嗣。但分支不分心，同姓相扶相帮。分支—繁衍—再分支—再繁衍，这就是彝族支系、家支繁多的原因。

禄劝、武定罗婺故地的彝族多为德布氏、德施氏、乍部的后裔，分属上百个氏族，阿保矣弄就是其中的一个氏族。阿保矣弄氏族是彝族共组笃慕 28 代孙根兹罗婺氏族中分支出来的，至笃慕 48 代有阿而以罗婺为部名，于宋淳熙十四年（1187 年），阿而被大理国段氏任命为罗婺部长。其后裔曾先后在不同朝代袭任罗婺部长、罗婺万户侯、武定军民府土官总管、八百司元帅、亚中大夫、武定军民府土官知府、中顺大夫、云南布政司右参政兼土知府等职，罗婺部从崛起至衰落，历时近 800 年。其辖区大时曾除今滇东、滇南外，广及今黔西北。罗婺由人名演变为部落名，今禄劝、武定彝族多以罗婺人为自称。笃慕 66 世孙，罗婺部首领矣弄矣振即与明代石刻镌字岩彝文摩崖记述的凤昭有关。

为庆贺阿保矣弄氏族顺利分支，特设丰盛晚宴待客。在宽广的山野祭场上，青松毛铺垫的宴席似长龙摆开，人们笑逐颜开，频频举杯相庆。

五十、祭祖大典 41—01 篝火晚会

夜幕降临了，篝火燃起了，祭场沸腾了，优雅的笛声，热烈的唢呐声、古歌声、对唱声、迭脚声、欢笑声汇合成一曲生命的交响乐，翩翩歌舞在这里展现！他们歌唱过去、歌唱现在和未来！祭场就是舞场，祭场就是歌坛，祭场就是文坛！这是一场民族文化的盛宴！一代又一代传承着这丰厚的民族文化！人们满怀激情，相信会开创更加美好的未来！

五十一、祭祖大典 42—01 道别

盛大的祭典在欢乐与乐声中结束了，各方来的客人，帮忙的村邻朋友、祭司、乐队、工作人员就要告别了。

彝族留客调唱道："美酒九十九，才喝了九坛，还有九十坛，别走啊客人；黑猪九十九，才用了九头，还有九十头，别走啊别走。"可是如俗语所说："天下没有不散的宴席。"他们互相紧握双手，千言万语难以言表依依惜别之情。回归各自生活，共同记住先辈的业绩，开创未来！道一声珍重！再见了，我的同胞！再见了，我的朋友！

五十二、祭祖大典 43—01 折焚祭棚

隆重的祭祖大典圆满结束，须将祭棚拆毁，并将拆下的树枝树干及所有神枝、神座，一并焚化。毕摩吟诵《打扫祭场经》。此举之意一为让腾升的青烟告知以往历届超度升天的先祖神灵，本届受祭超度的其裔灵魂即将与他们聚合同在；二为防止搭棚树干树枝及神枝、神座散遗山野，受人、畜、野物等践踏亵渎，给子孙带来不利。

《打扫祭场经》经文大意：请毕摩祭祖　毕摩驱祸祟　毕摩除污秽　祭祖祭完了　场地须打扫　在那祭祖时　牲畜进场地　树木进场里　祭天地神灵　事由神灵管　毕摩来司祭　向神灵敬献　送到天上去　祸祟要驱走　由龙王去管　祸祟很厉害　死由祸祟定　如果留地上　人间会不安　灵牌需焚烧　神座需清除　祭棚要拆除　一起焚烧掉　用具要收好　不能留祭场　古规就这样

五十三、祭祖大典 44—01 场地解说

五十四、祭祖大典 45—01 压土邪

祭祖大典结束，所有神枝、神座、祭棚拆除归拢焚烧。原来广布于祭场的神枝、神座、木桩、棚柱等拔除后，留下了插眼及桩柱洞，唯恐眼、洞生土中邪气趁隙钻出为害人、畜、庄稼；又祭场多有牺牲宰杀，也唯恐邪恶魔鬼侵入寻血腥而危害人畜，为此均须将它们镇压和祛除，所以毕摩再次吟诵《压土邪经》，进行"压土邪"祭仪。此祭仪及用药配方与前祭场动土"压土邪"祭仪相同。

《压土邪经》经文大意：祭祖终结后　需要来压土　如果不压土　地气会伤人　要是不祓除　秽气会害人　祖妣曾被害　是因恶邪伤　是因恶魔害　祭了祖妣后　祖妣归祖地　邪魔留世间　仍会害人群　也会害牲畜　若不压土邪　若不除污秽　世间不安宁　压土邪不沾　祓除秽不染　可让族裔旺　能使子孙兴

第六节 彝族原始宗教的新定位——彝族拜祖教

一、何谓彝族拜祖教?

所谓彝族拜祖教是彝族先民（古夷人）在原始宗教信仰中自然崇拜、图腾崇拜、祖先崇拜的基础上发展到以祖先崇拜为核心的一种信仰。

过去学界一般把各民族民间信仰统称为原始宗教，或者把各民族的祭司称为该民族宗教，如彝族以祭司毕摩称为毕摩教，纳西族以祭师东巴称为东巴教，北方民族因祭司萨满称为萨满教。作者研究发现并不是所有的民族宗教都是原始宗教，以彝族为例，它具有原始宗教的特点，但已高于原始宗教的范畴，已具备人为宗教的性质，应简称为彝族拜祖教。因为自然崇拜、图腾崇拜都是祖先崇拜在认识发展过程中不同时期、不同阶段的表现形式。

彝族拜祖教可以表述为：以毕摩为祭司，以祭经为教义，以室内外各种形式祭仪为表现方式，以不同内容不同规格祭祀来达到表现祖先崇拜的目的。

历史上，彝族的宗教信仰主要是原始宗教。原始宗教是人类自发信仰，以“万物有灵”观为其精神支柱。在人们的观念中，凡有生命之物皆有灵魂，而无生命之自然物，诸如山、石、水、草、木及日、月、星辰等，也都有灵魂，相信灵魂存在，灵魂不灭。因此，灵魂是人们崇拜的对象，盛行灵魂崇拜。

与灵魂崇拜相应，彝族的宗教信仰主要是自然崇拜（或多神崇拜）、图腾崇拜、祖先崇拜。其中，最为崇拜的是祖先。祖先崇拜高于各种鬼神的崇拜，居于中心地位。祖先崇拜，是人类社会认识的一大进步。

人类社会，随着父权制的确立和私有财产的出现，需要确定和巩固血统以保证财产继承权。这时期，图腾崇拜逐渐向祖先崇拜过渡，“物化的灵魂”崇拜让位于对“人灵”（祖先）的崇拜。

二、彝族拜祖教的祭典——宗教迷雾下的人文科学，以祭祖经典为主要内容，涵盖百科全书式的彝文典籍

以昆明市禄劝县民宗委所藏的彝文古籍为例：历史类 29 卷，伦理道德类 1 卷，文艺类 3 卷，预测历算占卜 20 卷，祭祖大典经书 90 卷，丧葬礼仪 85 卷，指路经 20 卷，合灵经 2 卷，解咒、反咒经 38 卷，祭祀祈吉经 15 卷，各种档案文书 45 卷，签书 1 卷，

共 339 卷，其中拜祖教经典 221 卷，占彝文典籍近 70%。[①]

又如贵州彝文古籍目录彝族卷（毕节市）共有彝文古籍 2911 卷。其中第一类丧葬习俗类：丧祭献祭 131 卷，丧葬祈解消灾 390 卷，丧祭主体仪式 265 卷，丧葬指路经 55 卷，共 841 卷。第二类祭祖崇宗类 115 卷。第三类祭祀与崇拜神祇类 72 卷。第四类祈福消灾类共 333 卷。另墓碑 58 条、铭文 2 条，涉及祖先崇拜的有 1416 卷，几乎占一半经书。[②]

三、彝族拜祖教活动的主要场地——祭坛（祭场）

拜祖教祭仪活动的场地是祭坛。祭坛是叙述家谱和先民迁徙史、创业史的史坛，是以赋、比、兴为表现手法的五言古歌和诗词娱神的平台，是祭丧舞、祭祀舞、喜庆舞、祭祀性神鼓舞、花鼓舞、铜鼓舞与神灵共舞的舞坛，是铃声伴奏下毕摩抑扬顿挫、颂经朗朗的诗坛，是讲述伦理道德、传承人生礼仪、颂扬祖先业绩的人生论坛。彝族拜祖教的祭司（也是经师）毕摩——民族文化的创造者、传承者、保护者。拜祖教活动有定期或不定期的祭祀及宗教节日活动的不同场地，作为人与神交流对话的活动场所。

拜祖教是以毕摩文化活动为中心的一种广泛存在于彝族民间的文化现象。从文化的主体看，拜祖教文化是彝族毕摩们所创造和传承的文化。从其内容来看，拜祖教以毕摩经籍为代表，是百科全书式的综合性文化，它是彝族传统文化的代表和核心。围绕祖先崇拜为中心，夹杂贯穿多种不同的学科，拜祖教文化是一种不同于民众文化的特殊的宗教文化。[③]

四、彝族拜祖教的特点

第一，彝族拜祖教核心是信仰祖灵崇拜、“百善孝为先”的思想。

第二，彝族拜祖教的功利性，相信祖灵能保佑后代。而后代则“事死如事生”，需给祖妣亡灵喂药，避免生病，并驱邪、除净、献牲给祖妣用，意为祖灵在另一世界中还要生产生活。

第三，彝族拜祖教具有和谐性、宽容性、敬畏自然，与自然和社会和谐共处，与他民族和睦相处，善为先，和为贵。提倡仁爱之心，可称为彝人自己的“儒教”。

第四，有的彝族拜祖教的禁忌具有积极意义，起到倡导尊老爱幼、弘扬孝文化、敬畏自然、保护森林、保护水源、保护生态的作用。如把春节野物生育期禁止打猎理论化、常态化。

① 见禄劝古籍办藏书目录。

② 见贵州彝族卷（毕节卷）总目提要，贵州民族出版社 2010 年版。

③ 张纯德、龙倮贵、朱琚元：《彝族原始宗教研究》，云南民族出版社 2008 年版，第 138 页。

第五，彝族拜祖教的广泛性、群众性。

很多民族都有敬祖法天的习俗，就其形式、内容、程序而言，彝族先民的祭典是复杂的，也是独特的。

第六，在拜祖教祭典礼仪中，隐藏有特殊的含义但还有鲜为人知的古代人类社会生活活化石的痕迹，可见彝经里保留了很多古代文化。按照马学良先生“拾得彝俗解彝经”的方法试析于下。

(1) 祖灵筒是祖先在古代洪水暴发时用木桶避洪水的纪念。

(2) 祖灵筒内装有一对金面具的女老祖、银面具的男老祖偶像，同时装有五谷杂粮和生产、生活用具，置于深山老林的岩洞中，其意有三：一是对远古穴居生活的记忆；二是防备洪水再次发生；三是象征祖先在另一世界的生活。

(3) 祭祖取的圣水，为福禄水，象征源远流长，取水地貌特征为氏族分支迁徙的标志。

(4) 祭祖打牛，要用木棒，不能用铁器，祭牲用猪脱毛要用松毛烧，不用刀刮是木石器时代的记忆。

(5) 祭祖中牛头悬挂于三叉枝松树架上，称公平架，牛嘴朝天，其意为对天发誓：祭场中男女老少均平等分祭肉，公平、公正，不偏心。公平架下家族头人用竹管吸滴指血渗于酒内的盟誓酒，表示家族分支后也要团结奋进。

(6) 彝人还有一习俗，猎人打到野物，见者有份，哪怕是猎人追猎物几天几夜，仍可和半路见者一样平分猎物，猎人只是多得一张皮而已，据说这样以后才会打到猎物，再现了原始社会平均主义的遗迹。

(7) 制作祖灵要用山竹根节做骨架，因为洪水泛滥时祖先拉着山竹得救，以此体现知恩图报的感恩之心。超度时灵牌要烧掉，竹根仍置于鸟形盒中，深埋于马缨花树（吉祥之意）下，这是鸟文化的痕迹。

(8) 古代彝族先民也曾用过人祭，祖灵筒中放撑天柱，与出土的古滇国青铜器上有祭柱的遗迹相似。

诸如以上还有许多用品都有一定的含义，不一一列举。

五、彝族拜祖教和其他宗教的关系

彝族拜祖教不排斥其他宗教，而是互相渗透、互相借鉴、互相影响。

(1) 彝族拜祖教崇尚祖先，遵守社会道德，崇尚知识，尊重圣贤，尊重德高望重对社会对历史有贡献的人并把他们神化。

（2）彝族拜祖教有对生死轮回的“灵魂不灭”、轮回转世托生的说法。

（3）彝族拜祖教与道教崇拜的神有渊源关系，如昆明市彝族散梅人传承的彝经中，就有与道教有关的各种神祇。

（4）彝族拜祖教认为冥冥之中有主宰人间的神。

（5）彝族拜祖教不是拜鬼教，也不叫“鬼主教”，把大小头目称为“大鬼主”“小鬼主”是歪曲。

（6）彝族拜祖教是土生土长，长期社会生活中产生发展而自然形成的，有功利性。因祖先业绩是看得见、摸得着的，认为在世时为后代开辟田地，开创家业，亡故后对后代仍有庇佑保护功能，且与后裔有血缘关系，所以后裔要缅怀祖先业绩，要有感恩之心，不能数典忘祖。

六、彝族拜祖教的独特典型礼仪——耐姆、分宗支仪式

以超度祖先为目的的祭祖大典彝语称耐姆，“耐”意为氏族或宗族；“姆”意为“举办”“做”。耐姆即是氏族成员共同为上届祭祖大典以来去世的祖妣举行公祭，超度其灵魂升天成为祖先神的仪式。耐姆一般每隔三代举行一次，有的五至六代举行一次，如果是分支大典，则在九代以上才进行。情况特殊者隔十来代举行的亦有之。时间多选在属鼠、牛、蛇、猪年冬春季的吉利月日。历史上在彝族等级社会里，耐姆亦分等级，其等级彝语称谓及耗时均有别，即强盛阶层称“粉耐”，耗时九天九夜；富裕阶层称“纳耐”，耗时七天七夜；平民阶层称“图耐”，耗时五天五夜。由于氏族人口繁衍，居地分散，在耐姆的同时，往往举行分支祭仪，氏族原来长、次、幼三支，自行分衍为三个亚氏族，并分别以祖先名或居地，以及崇拜物择取各自名号。分支三代以后，亚氏族间方可通婚。

彝族拜祖教独特典型的代表仪式祭祖大典，成了祖先崇拜中最高的的祭祀礼仪，也成了彝族社会习俗之一，具有较强的凝聚力，它是彝族宗支宗族制度的支柱和纽带，很具有代表性。拜祖教认为：祖先是子孙后代的保护人，是祸福的主要根源，人死后回归祖源地与祖宗团聚是对来世的最大愿望。祖源地是宇宙间最美好的乐土，因而做好这一仪式对生者和死者关系重大，特别是对生者关系更大，所以成为以家支为单位对全宗支共同祖先的最大的集体祭祀，举行特大共祭仪式。这对于宗支的优生发展同宗支经九代以上要举行分宗支仪式后才能通婚，避免近亲结婚，对优生优育也有一定的意义。但这一彝族祭祖教的习俗，逐渐濒临消亡。

氏族的分支和繁衍是人类社会发展的共同规律，而保留有完整的系统规范分支礼

仪。彝族注重谱系，可上溯到几千年。彝族六祖分支至今已有 2500 多年，其后，分支一繁衍一分支，连续不断的祭祖分支，有多学科的学术价值，它是民族文化的缩影。祭典期间，有歌场对歌，赛歌，跌脚，吹奏唢呐、笛子等，融歌、舞、乐为一体，还有斗牛、斗羊、打磨秋等活动，促进了彝族艺术的发展。

彝族拜祖教通过祭典礼仪文化的薪火代代相传，其传承方式有如下几个特点：

彝族拜祖教文化的传承以毕摩经典为代表；彝族拜祖教习俗以拜祖祭仪和民俗活动方式传承；彝族拜祖教活动方式体现在以家庭活动、家族活动、家支活动为基本单位开展。

七、彝族拜祖教中祖先神是怎样形成的

彝族祖先崇拜观认为，祖先神是无瑕而神圣的，祖先神首先是超度过成神的，死后未奠祭的成了孤魂野鬼，这就是神与鬼的区别。祖先神是子孙后代的保护神和福禄赐予者。祖先神是怎样炼成的呢？在超度登记祖灵牌之时就有严格的资格审查：第一，拒绝生前为匪为盗、恶霸邻里、有民愤者等入祭；第二，亡者须满一个甲子，60 岁以上；第三，必须是属于正常死亡者，如是非正常死亡者，不得入祖先行列；第四，要成祖先神，先要超度，成神前的祖先灵魂须反复解罪、除邪、洁净，经超度及祈福系列礼仪贯穿于始终。所谓“解罪”，即解除祖先生前所犯下的一切不道德言行，其中也包括了虐待、任意宰杀牲畜、过度猎杀野物、乱砍滥伐、破坏水源、污染河流、放火烧山等行为；所谓“除邪”，即祛除一切可能袭扰祖先灵魂的邪恶污秽。通过耐姆超度是让受祭祖妣灵魂洁白无瑕地成为祖先神，目的在于护佑子孙后代，增强氏族成员凝聚力，教育和警示子孙后代恪守道德底线，洁身自好，善待自然，缅怀先辈业绩。

每次耐姆，通过祖灵牌的审查，氏族各支分别依代序记录受祭祖先名单，并续于本支族谱，由此形成了彝族独特而延绵的谱牒。这对于研究彝族历史，是一份珍贵而翔实的史料。彝族谱系有据可查的、有旁证的较长的已达百代以上，以彝族家支有名有姓的达上千个，有的上百多代父子连名。通过耐姆（超度）或分宗支仪式，不断繁衍、分支，最早的分支成了彝语支民族，其次成了彝族各支系，分得晚的便成了家支、家族，这就是彝族支系繁多的原因和彝语支民族形成的原因。分支较早的成为单一民族，分支晚的成为支系家支、家族，这是中华民族历史悠久繁衍分成多民族由来的又一见证。

彝族罗婺人的祭祖大典，保留了殷商时代“国之大事在祀与戎”的祭祀遗风，其规模之大、内容之多、耗资之巨、耗时之长，实属国内外所罕见。它对于历史学、民族学、民俗学、宗教学、谱牒学等学科的研究，具有极其重要的活化石意义，可称为

国内外祭祖之冠。

例如，以雄冠南诏大理三十七部的罗婺部彝人至今还保留有上千年历史的祭祖分支大典个案（九代以上）是中国乃至世界非物质文化遗产，其根据是“七冠”。

（1）祭祀场次之多、程序之多，礼仪繁杂之冠。

耐姆（超度）中要做除秽气、清净场 16 场，除邪气 24 场，共计 40 场。

（2）毕摩（祭司）参与祭场数量之冠。

彝人谚语：“耐姆毕棋海。”意为祭祖大典就是像毕摩赶街一样，因为一场大典最少要 6 个大毕摩，加上每个大毕摩带的徒弟就有二三十个，且各有分工。

（3）祭场用牲之冠。

献三牲，最少的牛、羊（山羊、绵羊）、猪（大猪、小猪）。其他祭牲：鸡（用量大），鸭（专用驱邪场）。彝人形容用牲之多有“椎牛堆成山，黑猪像石堆，绵羊如蚕茧，白白的一片”之句，一般一场下来用大小牲数以十计。

（4）创祭祀插神枝之冠。

插神枝（神座）要插几十场神枝，需插几亩地，远看白白的（白柴划成）青青的（带皮树枝）一片神枝林（不同内容、不同类型、不同规模的神座），且有专用规范的不同内容的不同场次的专用神座图。

（5）祭祀时长之冠。

小型祭祀 3 天，中型祭祀 7 天，大型祭祀 9 天（甚至以上）。

（6）所用经书之冠。

彝人毕摩经典中以拜祖教的用书最多，丧葬 60 余部，超度 50 余部，各地大同小异。而以罗婺彝人保留的较全。

（7）祭典后所记录的谱牒多达百余代父子连名谱，可称为谱牒之冠。

以上七冠，在中国乃至世界民族习俗中是少有的，有望成为国家非物质文化遗产，甚至世界非物质文化遗产。

八、拜祖教的发展有简便化趋势

社会的发展，彝人拜祖教也要变革，不可能完全照古代的整套祭祖礼仪，要与时俱进，顺应历史的发展变化而变化，但不会消亡。只要其敬祖崇宗信仰不变，虔诚之心不变，不论什么形式，表达对祖先的尊重缅怀即可，可以做一些规范性的简化礼仪程序。

实际上历史上的祭祀用品、用牲也是有变化的，如开创祭祖礼仪的毕摩大师尼实楚和台乍姆就做过改革。

尼实楚，“尼”意为天（即天毕），又称吐（白）始楚，呗僰毕摩的嫡传弟子，木咪（天地）时期十大毕摩中的第一大毕摩。[①]相传他主张用昂贵的金子、银子做面具，金条银条做仪式中插的神枝，烧白银块做驱邪气用，捉麂子、獐子等野兽做祭牲，锦鸡、雉鸡、鹤、鹰等飞禽腿骨做占卜用，这很难做到。

台乍姆，“台”意为地（即地毕），又称纳（黑乍姆），呗僰毕摩的嫡传弟子，木咪（天地）时期的第十大毕摩中的第二毕摩，主张用普通金属做面具，用杉树、鸡骨做占卜，指出尼实楚的做法太贵重，子孙后裔难做到，不利于普及。他的主张得到毕摩们的认可，所以流传至今。

当今社会条件下不可能完全照古代的礼俗进行下去，其因条件限制：首先找不到像当年的毕摩祭司，在主流文化、西方文化、现代化的冲击下，有淡化、弱化、简化的趋势，即便具有雄厚的财力，也无法达到当年的规模。时过境迁，传统的礼仪作为非物质文化遗产只好保留在古籍文本或影视、译注中或记忆中了，或做一些变通代之。

① 王继超、余海：《传统信仰文献研究》，贵州民族出版社 2010 年版。

第三章　彝族文献中的历法对中华科技的贡献

中国是一个拥有56个民族的和睦大家庭，在历史发展的长河中，各民族都为中华文明的发展做出了各自的贡献。彝族是这个大家庭中的一员，具有悠久的历史和丰富的传统文化。彝族毕摩经典即是彝族传统文化的体现之一，天文历法则是彝族毕摩经典的重要内容之一。彝族毕摩经典的传承人——毕摩，作为彝族传统社会原始宗教的祭司，其职责之一即是相星、占星、历算，用以择日和占卜诸事吉凶行止。他们具有丰富的天文知识，并世代传承，从而构成了彝族较发达且自成体系的天文学，具有鲜明的民族特色。

彝族毕摩经典由近20类的彝文经籍及毕摩知识全凭世代口传的口碑文献组成。彝文起源时代古老且发展完善，其创制到成熟运用并流传的历史，也是彝族繁衍分支拓域而频繁迁徙，最终在滇、川、黔、桂等地形成小聚居、大分散格局的历史。始终处于彝族民间自生自衍的彝文，难免在一些彝族地区失传，其毕摩知识只能靠口耳相传。如彝语六大方言区中的中、西部方言区，毕摩知识即因彝文失传而全凭世代口传得以保留下来，与其他彝语方言区的彝文经籍共同组成了彝族毕摩经典。笔者在多年从事彝文经籍收集、研究，以及彝族文化田野调查工作中，除了接触、阅览或翻译过卷册多为厚实、内容丰富的彝文历算书，以及《十月兽历》（十月太阳历）、《通节苏》（二十八宿记日、择日书）等历书外，还通过对彝族毕摩口传文化的田野调查，发现彝族在历史上曾经创制并使用过“一年十八个月，一个月二十天，外加五天‘祭祀日’，从而全年为365天的十八月历法”的线索，并曾实地调查和研究。彝族“十八月历”及“十月太阳历”是世界历法史上创制最早的历法之一，对这两种历法的深入研究表明彝族十月太阳历法是由彝族十八月历法改进而成的。彝族十月太阳历法的创制历史至迟在5000年以上，彝族十八月历法的创制历史则更早，因此，这两种历法对中华文明史和中华科技史均做出了巨大贡献。至于“二十八宿纪日、择日书”则是彝族毕摩对日、月运行和星相观察的具体运用，有浓厚的民族特色。

现将彝族十八月历法、十月太阳历法的结构、历史，以及《二十八宿轮值日》内容分别做一概述。

第一节　彝族十八月历法的考察与论证

关于十八月历法，笔者以前仅是通过世界历史及一些有关研究玛雅文明译作、美洲印第安人是从亚洲迁居而去的猜想等，支离破碎地大体了解美洲印第安人中的玛雅人在距今 5000 多年前就创制了“一年十八个月，每月二十天”的十八月历法。玛雅十八月历不但是玛雅文明的重要标志之一，而且此种历法在世界上唯有玛雅人所拥有和曾经运用，等等。

1986 年春节期间笔者回老家过节，在与同村一彝老闲谈中，偶然获知武定县万德乡自乌村彝族俚颇（彝族支系自称）毕摩庸光洪给人择日时，“除了看月亮、星宿，用彝族传统择日方法外，还掺和（参考）着使用一种一年十八个月，一个月二十天，外加五天专做祭祀日，全年共 365 天的历法”。那时，笔者正常跟随中国社会科学院民族研究所研究员、楚雄彝族文化研究所所长刘尧汉先生深入滇、川、黔三省彝族聚居区，进行有关彝族十月太阳历法民俗资料的实地调查。笔者将“十八月历法”信息向刘先生做了汇报，刘先生意为目前正进行十月太阳历法田野调查，待告一段落后，如此事属实，再做专题深入调查。

1988 年 9 月始，笔者带队负责楚雄境内彝族民间彝文古籍及彝文摩崖、碑刻等普查收集，重点在武定、元谋、双柏等县。1989 年 5 月，来到武定县万德乡境进行调查，5 月 19 日特意来到自乌村，进行包括十八月历法在内的全面调查。遗憾的是毕摩庸光洪已于 1987 年正月间去世，不过其衣钵已由其继子庸子明完全继承。庸子明当年已有 28 岁，是庸光洪之亲弟庸光荣的二儿子（庸光荣夫妇生有两子一女），两岁时其母去世，又因其大伯庸光洪夫妇无子女，就被过继给大伯家，由他们抚养长大，并从小跟随养父学习毕摩知识。养父过世，他自然地成为庸氏世传第十四代毕摩。彝族俚颇支系民间没有彝族文字的流传，其毕摩知识全凭世代口传。庸光洪生前的毕摩生涯，除了精于各种祭仪及熟记经文，对于相星、历算、择日亦深通，在当地享有名望。庸子明从小跟随他，耳濡目染，加上自己用心，又具有一定的汉文化知识，完全承接了养父的毕摩知识，当时已是个出师的毕摩。

在自乌村停留了一星期，对村情及庸子明的毕摩知识进行了详细调查，关于原来闻知的“庸光洪毕摩给人择日时掺和着使用十八月历法”一事，庸子明将养父教他及他实践的用彝语进行了表述，翻译成汉语大意为：“我们的祖先，在古时候使用过一种一年十八个月，一个月二十天；十八个月完了之后，另加五天，从而一年共有365天历法。另加的五天叫作‘祭祖日’或‘祭祀日’，是太阳日南至（冬至）那天做中心日，加上前后两天共五天。这五天可以不经过推算，都可以用来做祭祖，祭天神、山神、水神、林神等等的吉日。”又说：“一年之所以有365天，是天神家有4个儿子管天地，其中有3个儿子一年中各管91天，有一个则管92天，加起来就是365天。管92天的就是‘土皇’（也指一年中降雨的天数），如果一年中土皇（降雨）满92天，那一年就要有水灾了。”问及十八月历法分不分季节、有无季节彝语称谓、一月到十八月有无彝语月份称谓等问题，庸子明说：“不知道，因为大爹（养父）没有教过我这些，我也不能乱谱（说）了。”

笔者将自乌村关于十八月历法的调查，写了一份调查报告交予所长刘尧汉先生。那时，刘先生主编的《彝族文化研究丛书》正由云南人民出版社陆续出版。刘先生曾将笔者报告内容与时任该社总编辑程志芳先生谈及。程总编于1989年10月24日在《云南日报》第一版发表题为“中华文明史有了新论据：楚雄发现世界上最古老的十八月历法。对研究中外文化关系有重大价值”的报道文章。文章说：“本报讯：鲜为人知的十八月太阳历法，最近在楚雄彝族自治州首次发现。云南省社会科学院楚雄彝族文化研究所科研人员在我国著名民族学家刘尧汉教授指导下，到武定县万德乡自乌村进行民族调查时，从彝族世传星占师庸子明占卜活动中得知，这里历代星占师都使用十八月太阳历法从事占卜活动。……这次彝族十八月太阳历的发现，经初步研究，认为它是彝族十月太阳历形成的渊源。……目前，楚雄彝族文化研究所正组织力量开展对十八月太阳历更深入系统的考察和研究。”当年11月11日，笔者与刘尧汉先生专程到自乌村，用三天时间做了有关十八月历法的第二次调查，对第一次调查材料进一步核实。笔者在刘先生指导下，撰写了《中国文化的延伸——从楚雄州十八月历到墨西哥玛雅十八月历与彝族十月历》一文，发表于《彝族文化》1990年年刊。

就在笔者进行楚雄州境彝文资料及有关彝族十八月历法调查同期，楚雄州部分彝族俚颇人要求将族称改为傈僳族，州委、州政府组建多个民族调查工作组，分赴各县彝村深入调查。调查组不但在武定县自乌村获得十八月历法的简要资料，同时另一调查组在大姚县昙华乡丫古埂村彝族俚颇毕摩李家财那里也获得有关十八月历法的简要资料。但调查报将该历法记成“一年20个月，一个月18天，另加5天祭祀日或过年日，全年共365天”。1990年3月16日，笔者同刘尧汉先生，在大姚县民委有关同志的陪同下，前往丫古埂村找到李家财毕摩调查核实他知道的彝族十八月历法基本情况。该历法基本构架并不是原来民族调查工作组调查报告中记录的情况，而是“一年18个月，一个月20天，另加5天祭祀日或过年日，全年共365天”。这与此前在自乌村庸子明毕摩那里获得的信息完全一致。李家财时年56岁，他作为毕摩，不是祖传，而是小时算命，命带毕摩相而于5岁时拜本乡卡拉地村李严玉颇为师，30岁出师，早已是当地有名望的毕摩。对于他掌握十八月历法知识，一是他祖父曾告诉他，在他高祖在世时，本地（昙华乡一带）彝族民间还有老人知道十八月历法，二是师傅传授观日相星择日知识中有运用。这次调查结束后，笔者与刘尧汉先生再次合撰《中国彝族和墨西哥玛雅人的十八月太阳历法》一文，发表于《云南社会科学》1990年第4期。

为了更详细地了解李家财毕摩掌握的十八月历法，笔者从1990年5月至1992年3月间，又先后到丫古埂村做社会调查及十八月历法调查，每次均有大姚县民委有关同志陪同，最终完全搞清了十八月历法年、月、日等的彝语称谓。即这种历法或一年称为“塌科策喜说”（一年十八月），十八月各月纪月及彝语意分别为：一月梅喳说（风吹月），二月那咪说（鸟叫月），三月斯馁说（发芽月），四月斯余说（开花月），五月筛脑说（结果月），六月梅逢说（天干说），七月木朵说（虫出月），八月梅哄说（雨水月），九月试馁说（长草月），十月那此说（乌窝月），十一月迂文说（河大月或涨水月），十二月本咪说（虫叫月），十三月梅波说（天晴月），十四月本钩说（无虫月），十五月试渴说（草枯月），十六月赔渴说（落叶月），十七月碾公说（来霜月），十八月柯姆说（过年月）。十八月历法的这种纪月，显然是属物候纪月，但次序上显得有些“不合时宜”。李家财也多次说过：“十八月历法每个月彝语叫法就这些，但顺序上不一定都对。”每月20天的纪日称谓及彝语意分别为：姆共尼（开天日），咪共尼（辟地日），告冒姆丕尼（男子开天日），改罗咪丕尼（女子辟地日），姆纳尼（天黑日），姆耐尼（天红日），姆细尼（天紫日），阿告惰尼（火烧天日），唯资尼（冷却日或水冷日），唯那尼（洪水日），颇姆尼（葫芦日或葫芦水上漂日），出颇儒地尼（伏羲大王日），出颇尼地尼（伏羲兄妹日），操冲尼（找人日），补告尼（野蜂日），补咪尼（蜜蜂日），操公尼（成人日或出人日），姆认尼（天窄日），咪尾尼（地宽日），咪户尼（地缩日）。这种纪日，是以彝族传统神话“伏羲兄妹开天辟地”传说为始终。至于18个月完了之后“另加五天”的称谓及彝语意则为“柯姆尼地我尼(过年、祭神五天)”。这五天分别称谓及彝语意为：第一天，起地告资咪西地(祭献山神、土主)；第二天，尼地鲁尼地[祭献水龙（水）神]；第三天，尼谷梭地阿柯尼地（冬至、祭献家神、门神）；第四天，立尼阿迟尼地（祭献羊神、畜神）；第五天，我尼颇颇尼子地（我彝族祭献祖先神）。这五天也是以冬至日为“中心日”，加前后各两天共五天，与此前在自乌村庸子明毕摩那里获得的资料也完全一致。

彝族十八月历法遗迹在大姚县昙华乡有较完整存留。为彰显彝族古老历法文化，丰富彝族传统文化可视形象，1994年10月，昙华乡政府提出希望能建一座“十八月历碑”。经过反映、申请，州财政拨款5万元，由笔者设计图纸，于1995年3月在昙华乡政府驻地附近，丫古埂村近旁一山岗上建成座基4×4米，全高8.2米的彝族十八月历碑。2003年7月10日，大姚县接连发生6.2级和6.1级两次地震，该碑坍塌。2006年，随着昙华山民族文化旅游设施建设，彝族十八月历碑按原设计完整重建。

彝族十八月历法的基本构架遗迹，由楚雄州武定县自乌彝村与大姚县昙华山丫古埂彝村素无来往交流，更是素不相识的两个彝族毕摩所分别掌握且有运用，说明彝族古代先民曾创制并行用过十八月历法不是人为“编造”的，也不是在我国孤立存在的。据李维宝、李海樱《民俗中的天文学》一书述及：据史籍记载，帝尧命羲和(羲氏、和氏)“观象授时”，即观测天象，制定历法供民众使用，但一直不知他们制定的是什么样的历法。直到近几年，在考古发掘中，在山西襄汾县陶寺镇附近发掘出一个观象台兼祭祀台的遗址，经验证，才知道羲和“观象授时”的历法是“二十气”历。该观象台经科学检测，约建于公元前2100年，即距今4000多年前的新石器时代晚期。这里原是古代帝尧的都城，观象台即是帝尧时代所建。该观象台是用土夯筑成圆台和台上的墙，台的中心有观测者站立的位置标志；圆台东面夯筑半圆弧形土墙；墙上留有等距的11条狭缝，狭缝之间的墙看起来又像弧形面的10个土柱；人站在有标志的位置看，当太阳升起，阳光从东南方第一条狭缝射向标志点的时候，这一天就是冬至日，古代是以这一天作为新年开始的。随后太阳东升的方位逐渐向北移动，阳光分别经过第二、三、四……条狭缝，直到射向东北方的第十一条狭缝后，又向南原路返回至第一条狭缝，如此完成一个太阳回归的周期，即阳光先后两次射向10个土柱便是一年。经过多年实测积累，就会得出一年的时间长度在365—366天之间。

这种观天象而制定的历法，只以太阳为观测对象，与月亮无关，所以它只可能是太阳历。由于太阳回归一次要往返于10个土柱之间两次，必然把一年分成20个节气。但民用历法的制定，需要整齐简便，易于记忆，由此将一年365天或366天，平均分成20份，每份的天数是18天有余，这在实际生活中不便应用。要将节气整齐划一，唯一可行的就是安排每个节气为18天，把剩余的5或6天用于祭祀活动。这就是“二十气”历，即上古帝尧时代羲和所“观象授时”的十八月历法面目；山西襄汾县陶寿镇发掘的“观象台兼祭祀台”也是因彼时十八月历法的运用而发挥了其功能。[①]

彝族十八月历法与“二十气”历法亦即十八月历法，实际上是古代华夏先民创制的同一种历法。这种历法在前述山西襄汾县陶寿镇附近老古发掘的观象台兼祭祀台遗址可推断，在距今4000多年前的新石器晚期在中原地区尚在行用。但以彝族十八月历法来说，由于它的“祭祀日或过年日”是恒定的五天，因而它一年也是恒定的365天，这与太阳年每年有近四分之一天的岁差。时间一久，该历法与自然物候或农牧生产规律必然不符，其以太阳运动至最南点（冬至）作为中心日而确定的“五天祭祀日或过年日”更要发生错乱，最终人们不得不对不实用的历法加以改进或废弃另行创制，因而逐渐失传，以至只有彝族民间个别祭司即毕摩掌握或多或少的遗迹。至于“二十气”历法的失传，也不外乎有着与彝族十八月历法相同的命运，只是它的失传是“彻底”而已。中原地区于新石器时代晚期尚在使用的“二十气历”即十八月历法，为何在汗牛充栋的汉文史籍中却不见踪影，而在彝族民间尚有遗亦可寻？这当从华夏民族都是炎黄子孙论起，但这里不赘述。简言之，彝族及彝语支诸民族源于古代自今西北甘、青南下的古羌有关；羲和之羲氏即“伏羲生于成纪”，[②]即今甘南天水一带，此为古羌戎所在地。所以上述现象，诚如《后汉书·东夷传》《三国志·东夷传》等所言，“中国（中原）失礼，求之四夷，犹信”罢了。

前述此前世人只知道北美洲玛雅人曾经拥有和运用过十八月历法，那么，玛雅人及其十八月历法究竟是怎么一回事呢？北美洲土著印第安氏族部落的氏族之一玛雅人，主要聚居在墨西哥东南尤卡坦半岛，有一部分居住在危地马拉、英属洪都拉斯等地。在公元前3000多年时，玛雅人创制出一年18个月的太阳历法，即一年18个月，一个月20天；另外加5天“禁忌日”或称“无用日”，从而全年共365天；每间隔三年到第四年，对其“禁忌日”增加一天，则平均每年为365.25天，这与太阳年基本接近。这一历法，也是玛雅文化或玛雅文明的重要标志。

关于玛雅十八月历法，我国目前尚无专著，也无国外专著译本，只是国内外学者

---

① 李维宝、李海樱：《民俗中的天文学》，云南大学出版社2014年版，第145—146页。

② 黄添、何百根：《墨西哥》，商务印书馆1979年版，第48—56页。

在有关研究美洲印第安人、拉丁美洲、墨西哥、玛雅文化（包括建筑、雕刻、文字、天文、历法）等书籍和报道文章里附带涉及。即使在有关玛雅人、玛雅文化这样较为专门的著作里，中外学者的调查记录、描述，也不尽一致，互有出入乃至相抵牾。现简要摘引一些述及玛雅十八月历法的资料，由此对玛雅十八月历进行简述，并尝试探索彝族与玛雅十八月历法有无渊源关系。

黄添、何百根《墨西哥》说："墨西哥是拉丁美洲著名的文明古国。从远古时代起，墨西哥各族人民就创造了辉煌的奥尔梅克文化。玛雅文化、托尔特克文化和阿兹特克文化，为世界文化的发展做出了卓越的贡献；玛雅人在尤卡坦半岛定居和玛雅文化的开始早在公元前三千年；勤劳的古玛雅人，为了发展农业，还创造了相当精确的太阳历，把一年分为十八个月，每月二十天，外加五天宗教禁忌日，共三百六十五天，而且每四年增加一天，比当时欧洲希腊和罗马的日历还要精确。他们的月名称是按'播种''收割'等农时命名的。"

景振国《古代美洲的玛雅文化》说："三百六十五日的太阳历为十八个月，每月二十天，年终加五天'禁忌日'……玛雅历的纪元开始时间相当于公元前 3113 年。"①

任雪芳《印第安人史话》说："玛雅人：他们的历法以农业季节为基础，把二十天定为一个月，十八个月零五天定为一年，月份的名称都与农业生产季节有关，如耕种月、收割月等。"②

林大雄《玛雅的智慧：浪漫神奇的文化隐喻》说："玛雅民用太阳年……它把 365 天一年分为 18 个月，每月 20 天，剩下的 5 天乃是'禁忌月'（19 月）。虽然太阳年实际上略长于 365 日，而玛雅人也知闰日，但他们对闰日没有明确的规定。这些月份都有各自名称。"③

美国学者 H.B. 派克斯《墨西哥史》说："玛雅人：创制成一种异乎寻常准确的太阳历。"④

美国学者埃里克 · 乌姆兰德、克雷格 · 乌姆兰德《古昔追踪——玛雅文明消失之谜》说："玛雅是那样地先进，那样地不同于地球上的其他民族，它的起源就不能不是一个很大的谜；玛雅从计算太阳年的长度和现代天文学一样精确；……玛雅人算出了一年是 365.2420 日；当玛雅人来到地球上之后，他们得出地球上的一年等于他们的 18 个月，他们仍然以 20 天为一个月；奥尔梅克文化和玛雅文化是一家，远在基督诞生之前，奥

① 景振国：《古代美洲的玛雅文化》，商务印书馆 1983 年版，第 74 页。
② 任雪芳：《印第安人史话》，商务印书馆 1981 年版，第 18 页。
③ 林大雄：《玛雅的智慧》，商务印书馆 1993 年版，第 82 页。
④ [美] H.B. 埃里克 · 派克斯著，瞿菊农译：《墨西哥史》，三联书店 1957 年版，第 10 页。

尔梅克——玛雅体系的肇始，过去估计大约在公元前1500年，而新的考古发现，则是这个数字3—4倍，公元前五六千年左右；玛雅人度过任何其他民族都不曾经历过的艰难岁月。作为地球上的外来户，玛雅人为长期保存这笔遗产（指文字、历法——笔者注）花了不少精力；玛雅这些太阳系外的居民今天竟成了地球上的不速之客……玛雅这些飞碟（UFO）上的人给地球上正萌芽的文明带来了先进的智慧、文字和技术；玛雅神话的大破坏：根据玛雅人的传说，他们在地球上的历史可以分为五个'太阳'或纪元。当前的这个纪元，显然开始于5000年前—公元前3113年。"①

苏联学者乔治·彼得·穆达克《我们当代的原始民族·墨西哥的阿兹特克人》说："大约在公元前4000年，南部及中美洲一带游牧的印第安人，建立了一种新的原始文化的基础……居于领导地位的玛雅族，已经发明了一种象形文字，带零号的计算系统和较欧洲任何日历都要准确的日历；日历对于阿兹特克的生活和宗教具有很大的影响……每月二十天……符号共二十个，同样地周而复始地使用，每月重复一次。例如，每月各天的名称是：1.鳄鱼；2.风；3.房；4.蜥蜴；5.蛇；6.死；7.鹿；8.兔；9.水；10.狗；11.猴；12.草；13.芦苇；14.豹猫；15.鹰；16.兀鹰；17.运动；18.燧石；19.雨；20.花。第二个月又以鳄鱼开始，余可类推。……阿兹特克人同样也知道实际的历年应为三百六十五日，可以分为十八个二十天的月再外加五天。每逢不计数的这五天时，他们就认为这是不吉利的日子而用于休息，避免争吵，也不进行重要的活动。他们不知道校正闰年，所以他们的日历就渐渐地落后了。但这种历法和占星术，仅仅是祭司们潜心研习的玄学之一。"②

苏联学者尤·瓦·克诸罗佐夫《马亚文的释读》说："玛雅人在天文学方面的成就特别巨大，玛雅的天文学家所计算出的一个太阳年的长度，其精确性已达到一分钟[这是对我们目前通用的新历（即现行公历）中的太阳年的长度相比较来说的]。"该书记录的玛雅十八月历法每月二十天的名称依次为：玉米，风，小鹿，玉米女神，响尾蛇的响声，大角枭，绿鹦鹉，豹头狗，鲨鱼，鹦鹉，手艺人，雾，茅屋，美洲虎，制造，蜡，啄木鸟，燧石刀，克沙尔鸟，鹰。③

上引《我们当代的原始民族》一书所记录的阿兹特克历法是采用鳄鱼、蜥蜴、蛇、鹿、兔、狗、猴、豹猫、兀鹰等十种动物；花、草、芦苇三种植物；燧石一种无生物；房子一种器物；风、水、雨、死亡、运动五种自然现象等二十种物名作为一个月二十

① ［美］埃里克·乌姆兰德等著，李宗蕖译：《古昔追踪——玛雅文明消失之谜》，江苏科技出版社1983年版，第42、56、120页。

② ［苏］乔治·彼得·穆达克著，童恩正译：《我们当代的原始民族》，四川民族出版社1980年版，第228、250页。

③ ［苏］尤·瓦·克诺罗佐夫著，丁酉诚译：《马亚文的释读》，文字改革出版社1964年版，第139页。

天的名称。而《马亚文的释读》一书，玛雅人历法亦是以小鹿、响尾蛇、大角枭、绿鹦鹉、豹头狗、鲨鱼、鹦鹉、美洲虎、啄木鸟、克沙尔鸟、鹰等十一种动物，茅屋、蜡、燧石刀三种器物；风、雾两种自然现象，手艺人、制造两种技能；玉米一种植物；玉米女神一种神灵等物名作为一个月二十天的纪日名称。两种纪日名称虽有出入，其实质却相同。因此，阿兹特克文化及其十八月历法，也就是玛雅文化及其十八月历法，故名玛雅——阿兹特克十八月历法。

现再将《马亚文的释读》一书记录的玛雅十八月历法一年十八个月的名称摘引如下："一月：新太阳（意思是白天将从此开始变长的冬至日）；二月：收获（指收玉米）；三月：井（指无雨或需水）；四月：垦新地；五月：白花开；六月：烧林辟地；七月：灭火（烧林之后）；八月：播种；九月：多雨；十月：敲鼓驱鸟；十一月：早熟玉米；十二月：雷雨频繁；十三月：砍树（预备开垦）；十四月：收红玉米；十五月：猎神；十六月：冬蝙蝠（昼短）；十七月：剥玉米粒；十八月：结束（指本月底至冬至日有五个'无名日'）。"①

苏联科学院米克鲁霍——马克来民族研究所编《美洲印第安人》说："玛雅人把一年分为十八个二十天的月，外加五天……年度自冬至那天开始，因此第一个月叫作'什一金'（新的太阳）。"②

苏联学者 A. B. 叶非莫夫和 C. A. 托卡列夫主编《拉丁美洲各族人民》说：玛雅历法"从冬至太阳的位置开始，一年分作十八个月，每月二十天，另加五天，共三百六十五天……"③

又据《光明日报》1990 年 1 月 20 日第 4 版《拉丁美洲文化遗产栏》载李建群《玛雅——有待探索的神秘世界》一文说："玛雅人有一套非常准确的太阳历，他们计算太阳年的长度接近现代天文学的准确。他们计算出的一年是 365.2420 日，并制定了矫正的公式来调整实际年度与历法的误差；玛雅文化繁荣于公元 3—9 世纪，但玛雅石碑上的年代记载却远达公元前 3113 年。……一些富有想象力的科学家竟然推测：玛雅文明也许不能归入任何地球文明类型，他们可能是外星球来客的遗迹，这更使玛雅文明披上了一层神秘莫测的面纱。"

以上摘引列举涉及玛雅历法的国内外书籍和文章中，有的直接提"玛雅历法"或"玛雅历"；有的则称"历法""太阳历""日历""年历"等，但所指即"玛雅十八月历法"。对于玛雅历法的精确度，有一书一文提到"计算出了一年是 365.2420 日"；

① ［苏］尤·瓦·克诺罗佐夫著，丁酉诚译：《马亚文的释读》，文字改革出版社 1964 年版，第 150 页。

② 苏联科学院米克鲁霍—马克来民族研究所著，史国纲译：《美洲印第安人》，三联书店 1960 年版，第 237 页。

③ ［苏］A.B. 叶非莫夫等主编，李毅夫等译：《拉丁美洲各民族》，三联书店 1978 年版，第 83 页。

一书提到“其精确度已达到一分钟”（相对现行公历而言）。对于玛雅十八月历法的结构，有七本书和一文都说：“一年十八个月，每个月二十天，外加五天‘禁忌日’，共三百六十五天。”唯有一本书说：“把一年分为十八个月，每月二十天，外加五天宗教禁忌日，共三百六十五天，而且每四年增加一天。”玛雅十八月历法“置闰”问题，除了前引“每四年增加一天”外，一书说“他们（玛雅人）不知道校正闰年，所以他们的日历就渐渐落后了”。另一书则说：“玛雅人也知道闰日，但他们对闰日没有明确规定。”唯一文说：“制定了矫正的公式来调整实际年度与历法年度的误差。”至于玛雅十八月历法的“元旦”，一书述及“一月：新太阳（意思是白天将从此开始变长的冬至日）”，即冬至日为元旦；一书则明确说“年度自冬至那天开始”。如此种种，即如前述，中外学者对玛雅十八月历法的调查记录、描述，不尽一致而互有出入乃至相抵牾。但通过以上有嫌赘疣地摘引，毕竟对美洲印第安部落玛雅的十八月历法有了比较明晰的了解。

将实地调查获得的彝族十八月法存留遗迹与中外学者对玛雅文明调查研究、记录中涉及玛雅十八月历法的部分摘引资料进行比较，明显可见，两者具有很多的相同或相近之处。首先，从彝族与玛雅人十八月历法的属性来看，彝族十八月历法是将观测的太阳运动到达最南点（日南至）的冬至日作为一年中“另外加五天”的“中心日”，即通过观测太阳运动以确定每年将要到来的冬至日，以冬至日前两天及其后两天共五天作为“祭祀日”或“过年日”；五天“祭祀日”或“过年日”结束，标志着旧的一年结束和新一年元旦的到来。对于“夏至”“冬至”等天文点，作为彝族民间祭司即毕摩世传知识，彝文古籍《地球运日历算》有载：“地球如轮转，日月则不转；日月两条道，左侧日道绿，右侧月道红，一年两相交；五月里夏至，冬月中冬至。”玛雅人十八月历法亦是通过观测太阳运动，并“在两根长短不同的石柱上用刻度标出了至日（夏至和冬至）日出和日落时太阳所在的部位”，或者“在奇琴伊扎保留下来的库库尔坎金字塔……南面保存着玛雅文化的唯一圆形建筑——古天文台，台高近二十三米，通过天文台上面的窗口，可以观察（太阳）和圆周的刻度，以确定春分、秋分的时间。”新的“年度自冬至那天开始，因此第一个月叫作‘什一金’（新的太阳）”。由此可以看出，彝族与玛雅十八月历法都是通过观测太阳运动以确定季节和新旧年的交替，因此，两者都是太阳历法。

其次，从彝族与玛雅人十八月历法的基本构架来看，彝族十八月历法为“一年十八个月，一个月二十天，另外加五天‘祭祀日’或‘过年日’，全年 365 天”；玛雅人十八月历法也是“一年分为十八个月，每个月二十天，外加五天宗教‘禁忌日’

或‘无用日’，（全年）共三百六十五天”。至于“闰日”问题，彝族十八月历法的另加‘祭祀日’是恒定的五天，全年也就是恒定的365天，还没有“闰月”“闰年”的概念。因此，年久发觉历法不准确而废弃，另行改进，重组置闰，才有了其后的彝族十月太阳历法；玛雅人十八月历法是否有“闰日”，中外学者的调查记录则互有出入。有的说，玛雅人十八月历的宗教“禁忌日”是（恒定的）五天，因此“他们（玛雅人）不知道校正闰年，所以他们的日历就渐渐落后了”。有的说：“玛雅人也知道闰日，但他们对闰日没有明确的规定。”有的则说，玛雅人宗教“禁忌日”“每四年增加一天（为六天）”。有的说：“玛雅人算出了一年365.2420日，并制定了矫正的公式来调整实际年度与历法年度的误差。”所以“马亚的天文学家所计算出的一个太阳年的长度，其精确性已达到一分钟（相对于现行公历）”。尽管中外学者对玛雅人十八月法的有关“闰日”及其精确性各说不同，但彝族与玛雅人十八月历法的基本构架则是完全一致的。

关于季节的划分：彝族十八月历法在调查中没有发现明显的“季节”及“季节划分”的概念。不过，该历法是通过观测太阳运动达到最南点（日南至），以确定其五天“祭祀日”的“中心日”即冬至日（彝语称“纪朋”，意为日返）。既然能够观测太阳运动到达最南点以确定冬至日，说明同样能够观测太阳运动到达最北点（日北至）而知道夏至日（彝语称“纪昭”，意为日转），所以一年至少当有冬、夏或者“寒季”和“热季”之分；玛雅人十八月历法季节的划分，一种是“一年可以分为两个季节：旱季（11月至次年5月）及雨季（6—10月）”；另一种是“通过天文台上面的窗口，可以观察圆周的刻度，以确定春分、秋分的时间”。[①]又“在两根长短不同的石柱上用刻度标出了至日（夏至和冬至）日出和日落时太阳所在的部位”。从这两个观测太阳运动的方法，说明玛雅人十八月历法已经有了明确的一年春、夏、秋、冬的划分，因此“他们的历法（能够）以农业季节为基础……月份的名称都与农业生产季节有关，如耕种月、收割月等”。

关于一年中“另外加五天”的确定：彝族十八月历法另外加五天“祭祀日”的确定，是以冬至日作为这恒定五天“祭祀日”的“中心日”，“中心日”（冬至日）前后各加两天共五天。也就是说，彝族十八月历法是冬至日过后两天才是旧一年（本年）的结束，冬至日过后第三天才是新一年的元旦；玛雅人十八月历法则是“从冬至太阳的位置开始，一年分作十八个月，每月二十天，另加五天，共三百六十五天”。亦即新的“年度自冬至那天开始，因此第一个月叫‘什一金’（新的太阳）”。这也就是说，玛雅人十八月历法的五天宗教“禁忌日”就是在冬至日前的五天，即使真的是“每四

① 方国瑜：《彝族史稿》，四川人民出版社1984年版，第12页。

年增加一天”而有六天宗教“禁忌日”的闰年，其“禁忌日”为冬至日前的六天，其新旧年的交替以冬至日为标志，冬至日前一天是旧一年的结束，冬至日即是新一年的元旦。

关于一年中“另外加五天”的吉凶及运用：彝族十八月历法一年中“另外加五天”是恒定的，这五天统称为“祭祀日”，也称“过年日”，可以不经推算用作祭祀吉日。按武定自乌村调查获得的资料说，这五天“都用作过年和祭祖、祭天神、祭山神的吉日”；按大姚丫古埂村调查获得的资料说，则五天各有定规的祭祀对象，且都是吉日。即第一天祭山神、土主；第二天祭龙（水）神；第三天祭家神、门神；第四天祭羊（畜）神；第五天祭祖先神。玛雅人十八月历法一年中“另外加五天”则是作为宗教“禁忌日”，“每逢不计数的这五天（禁忌日）时，他们（玛雅人）就认为这是不吉利的日子，而用于休息，避免争吵，也不进行重要活动。”所以，玛雅人十八月历法“另外加五天”的宗教“禁忌日”也叫作“无用日”。由此看来，彝族与玛雅人对十八月历法一年中“另外加五天”的名称、吉凶观念，运用则是完全相反的。

关于纪月、纪日：彝族十八月历法的纪月之名，显然是属于自然物候纪月，但在物候变化时序上，当因世代口头相传，或者述者记忆上的原因所致而有错乱，显得有些月份“不合时宜”，如三月为“发芽月”，四月为“开花月”，五月为“结果月”，从“发芽”到“结果”还不到60天；又如六月为“天干月”，八月为“雨水月”，一年中天干时日还不到60天，雨水时日却长达300多天，这就明显有违于自然物候的变化时序规律了。纪日日名则是按彝族传统“开天辟地”神话传说为始终。玛雅人十八月历法的纪月，是“以农业季节为基础……月份的名称都与农业生产季节有关，如耕月、收割月等”。根据苏联学者尤·瓦·克诺罗佐夫《马亚文的释读》一书记录，玛雅人十八月历法的纪月名称，其中仅有6个月的名称是自然物候现象，其余12个月的纪月属于农业生产季节的名称。其纪日名称，根据前面摘引的两份资料对比，一份以动物、植物、无生物、器物、自然现象等为纪日之名，没有农作物的名称；另一份亦是以动物、器物、技能、自然现象、神灵（玉米女神）、农作物（玉米）等为纪日之名。两份资料区别在于：一份无农作物及神灵；另一份则有农作物及与农作物有关的神灵。将彝族与玛雅人十八月历法纪月、纪日的月、日名称做两相比较，彝族十八月历法纪月、纪日名称均毫无农业生产或畜业的踪影；玛雅十八月历法纪月则已经有了明显的农业生产季节时序名称，纪日亦有了农作物玉米和农作物玉米女神的名称。

关于十八月历法的创制与传承，除目前众所周知的美洲土著古印第安部落玛雅人曾经使用过十八月历法外，实地调查发现，中国彝族在其历史上亦曾使用过十八月历法，而且这两种历法几乎完全雷同。那这两种历法分别由什么人创制、传承呢？根据调查，现今尚知道并掌握彝族十八月历法基本构架的是为数极少的彝族毕摩（祭司），他们所知亦是从其先辈毕摩习得，以及彝族毕摩在彝族原始宗教活动中尚做参考使用十八月历法，特别是将一年十八个月，一个月二十天，另外加的五天作为吉日用作祭祀日等情况来看，彝族十八月历法当是彝族先民中的祭司，在观测天文的实践中，结合民众经验而创制了这种十八月历法。历法创就后的使用，除彝族先民民众日常依历法的同时，彝族先民中的祭司更是将其与原始宗教活动紧密相结合而世代相传，以至在民众中废弃不用后，还能在少数祭司中生生不息地传承至今。彝族十八月历法废弃后，在此基础上采取改进、重组、置闰等措施而比其更先进准确的彝族十月太阳历法仍多为彝族毕摩所掌握和具体运用等情况来看，彝族十八月历法的创制、运用和传承，主要是彝族毕摩起到了主导作用。玛雅人十八月历法的创制和传承，虽然没有具体研究资料专门谈及，但从前面摘引的中外学者部分记录资料中亦能窥见一斑。如“日历（十八月历法）对于阿兹特克人的生活和宗教具有很大的影响（譬如不吉利的宗教‘禁忌日’的确定）”“这种历法（十八月历法）和星占术，仅仅是祭司们潜心研习的玄学之一”。这说明玛雅人十八月法的创制、掌握运用、传承，亦是玛雅人祭司在起着主导作用。

由于彝族十八月历法废弃年代久远，只有其基本构架及“祭祀日”在极少数彝族毕摩中世代口传和参考运用，因而只留下一些遗迹。但将这些尚存遗迹与玛雅人十八月历法认真做比较，不但可以看出两者基本雷同，而且可以明显看出彝族十八月历法比玛雅人十八月历法要原始得多。据此，对于一个在东半球，另一个在西半球而天各一方的彝族与玛雅人十八月历法之间，可以推测这不是异曲同工或殊途同归的偶合，而是可能存在着源和流的关系，且彝族十八月历法当是源，玛雅人十八月历法则是流。那么，地处东半球亚洲中国西南的彝族十八月历法何以会“流”到了地处西半球的美洲土著古印第安部落玛雅人中呢？这得从彝族族源简要说起。

关于彝族的族源，方国瑜先生曾经指出：“彝族是一个历史上有着共同地域、语言、文化和经济联系的人们共同体，也是一个历史上由种种不同氏族、部落和部族融合起来的人们共同体。”这就是说，彝族是以古代的一个人们共同体为基础，在历史发展过程中，先后有其他不同氏族、部落和部族融合于其中，在一定程度上是多元地最终形成的。那彝族族源的基础即古代的一个人们共同体渊源何在？对此，长期以来，国内外学者曾先后提出过东来说（楚人后裔说或东夷西迁说）、西来说（雅利安人种说）、北来说（氐羌南下说）、土著说等。经过深入研究，近半个多世纪以来，尚有氐羌说与土著说的不同见解。

根据彝族自称为“尼”（夷），结合彝族历史和彝族文字源流，以及彝文与汉文的对比研究，汉字“夷”字原始意为“负弓之人”；彝族自称且用彝文表达的“尼”（夷）字原始意亦为“负弓之人”或“射箭之人”，且汉字“夷”（尼）与彝文“尼”（夷）象形，指事相同，又汉文“羌”字的原始意为“负弓的牧羊人”，与彝文“弓”“弩”音亦基本相同。由此表明了彝族古代先民自称为“尼”（夷），别称为他称的“羌”。因其自称和别称均以“弓箭”为标志，所以不但“夷”“羌”之称开始时“夷”即“羌”，“羌”亦即“夷”，同为远古时代一个族群的称谓，而且还表明是这个自称为“夷”、别称为“羌”的古代族群首先发明并使用了弓箭。对此，笔者有论文《彝与夷、羌——从彝文考察彝族与古羌人的关系》发表，且以弓箭为标志而自称为“尼”（夷），别称为“羌”的古代族群，即是其历史当比中国远古时代东夷、西戎（羌）、南蛮、北狄、华夏等族群还要早的古代夷人即古夷人，此即彝族族源的基础，也就是古代的一个人们共同体。现今彝族极少数毕摩尚掌握并参考运用其遗迹的彝族十八月历法即为古夷人时所创制。

从上述古代“夷”与“羌”的关系，结合彝文古籍《彝族源流》《物始记略》《西南夷志》《彝族古代六祖史》等记载，彝族历史的发展，已经历了“哎哺”时期360代；“尼能”时期81代；“什勺”时期80代；“米靡”（木咪）（天地）时期31代；“举偶”（耿耶）时期28代；“邛补”（六祖）时期到清康熙三年（1664年）共86代。若按此记载的代数而言，则彝族历史的发展，从“哎哺”时期到清康熙三年，已历经了666代，每代以25年计，已有16650年。这个年代，在考古学上相当于旧石器时代末期。亦据以上彝文典籍的记载，彝族自称为“尼”（夷，亦是别称或为“羌”）是始于彝族历史上的“尼能”时期。仍按上述代数计算，仅从“尼能”时期到清康熙三年，彝族历史的发展，亦经历了306代，每代仍按25年计，有7650年。清康熙三年到现今又过去了300多年，从彝族历史上“尼能”时期到如今已有8000来年。这就是说，古夷人时期当是在旧石器时代晚期至新石器时代早期。

古夷人不仅发明和使用了弓箭，并以弓箭作为自身标志而自称为“尼”（夷），别称或他称为“羌”。根据彝族文字源流的研究，亦即彝文与我国新石器时代遗址考古出土的刻画符号等对比研究表明，古夷人已经创制了原始文字。这种古夷人所创制的原始文字，是中国两种不同体系的方块音节表意文字即同源异流的彝文与汉字共同源头（笔者有论文《彝族文字与中华文明史》发表）。同时根据由彝族十八月历法改进而成，现今尚较完整地保留于彝族中的十月太阳历法的研究表明，古夷人创制了十八月历法及原始文字，并发明和首先使用弓箭，古夷人时期的古夷人，其经济、文化均已有了较高的发展，这一时期当是中华文明的肇始。

发祥于西北甘、青一带的古夷人即古羌族群，是构成后来中华民族的重要渊源。古夷人经过发展、分化、四向迁徙，一部分来到中原，与当地土著结合，发展形成了以黄帝族为首的华夏族群；一部分来到河西、太行山一带，与当地土著结合，发展形成了北狄族群；一部分从甘、青或川、陕一带，沿燕山山脉向东迁徙，在今山东一带同当地土著结合，发展形成了东夷族群；一部分则南下到西南一带，经过继续发展，并先后有其他不同氏族、部落或部族融入，形成了秦汉时期的西南夷，其中主要成为后来的彝语支民族。往东迁徙到达今山东一带的古夷人（或古羌人），将古夷人的自称“尼”（夷）带到了山东一带，所以仍自称为“夷”而被称为“东夷”，同时被称为“羌”。到周初今山东齐地有“姜”姓，该“姜”姓乃源于“羌”。古夷人（或古羌人）迁达山东一带的人群，一部分继续往东北迁徙，最后经白令海峡，到达美洲，成了美洲土著古印第安人。“20世纪80年代，在伯利兹北部（位于佩腾地区）的所谓‘奎利奥’地区，学者们进行了考古发掘工作，对玛雅文化遗迹中的木料用放射性碳做了测量，确定它们是公元前2750—前2450年，或公元前26世纪的物质。因此，它们存在的时期比现今人们所知道的玛雅文化起点，还要早1000多年。”[①] 结合前引“玛雅历的纪元开始时间相当于公元前3113年。”“根据玛雅人的传说，他们在地球上的历史可以分为五个‘太阳’或‘纪元’，当前的这个纪元，显然开始于公元前5000—前3113年。”可推断玛雅人文化始于距今6000年左右。古印第安部落玛雅人的十八月历法，以及其与中华民族传统文化相同或相似的文化，即是由印第安人先民亦即亚洲古夷人（或古羌人）迁往美洲时随同带去的。这就是远古时代亚洲中国古夷人所首创的十八月历法“流”到了美洲，为美洲土著古印第安部落玛雅人所继续使用，并有所发展（置闰，以冬至日为元旦等）的十八月历法，亦即彝族与玛雅人十八月历法的源和流关系之因果。

关于美洲土著古印第安人的来源及其古文明起源，到底谁最先发现了美洲等问题，在1492年意大利人哥伦布发现美洲以后的500年间，一直是个世界性的学术争论热点，并产生了各种假说、猜想。其中西班牙神父何塞·德·阿科斯塔在其1590年出版的《印度诸地自然与道德史》中就推断，最早的美洲土著居民可能是从亚洲经过漫长而缓慢的移民来到美洲的。到了1761年，法国汉学家德·吉涅在向法国文学院提出的研究报告《中国人沿美洲海岸航行及居住亚洲极东部的几个民族的研究》中，提出了“中国人最早发现美洲说”，并宣称他在中国古书中发现了中国人慧深在公元5世纪就到了扶桑国的材料，据其考证，扶桑国即是墨西哥。因此，慧深比哥伦布早1000年发现了美洲。1936年，中

① 李春元等主编：《千古之谜——世界文化史500疑案》，中州古籍出版社1996年版，第563页。

国学者陈志良在其《中国人最早移殖美洲说》中，引述了大量的史料，并做了多种考证，推测有部分古代中国殷民族的人，在被商纣王囚禁过的箕子率领下，向东迁徙，渡过茫茫大海，最后到达了美洲。美国学者马克·苏德在其1947年由商务印书馆出版的中译本《印第安人兴衰史》一书中开端就说："印第安人实在几乎就是横渡重洋过来的中国人。"1969年，香港学者卫聚贤在其《中国古代与美洲交通考》中，亦说殷人亡国后，逃亡到了美洲。美国哈佛大学张光直教授1984年4月下旬在北京大学考古系演讲中说："芝加哥大学的何炳棣先生写了《东方文明的摇篮》一书，主要内容就是提出中国的文明是东方文明的摇篮，正如两河流域是西方文明的摇篮一样。"他又说"二三万年以前大部分印第安人通过白令海峡从亚洲到达美洲的时候，他们从亚洲带来的文化内容可能是意想不到的丰富。这便是我们称为'玛雅——中国连续体，向新大陆的延伸'"。[①]

对以上国内外学者关于美洲古印第安人的来源，以及是谁最先到达美洲或谁最先发现美洲大陆等假说、猜想和见解，罗荣渠先生在其《中国人发现美洲之谜》一书中指出："关于美洲印第安人的人种来源，在19世纪以前，由于考古发掘资料很少，很长时期不能得到科学的解释。学者们提出有美洲土著来自欧洲、亚洲、澳洲或土生土长等各种不同的假说，莫衷一是。但近数十年来的古代人类遗骸发掘材料和人类学家研究的结果，已基本上一致同意美洲的史前人类主要来自亚洲大陆，时间大约在25000年以前，从白令海峡来到美洲，而且估计这些蒙古利亚人种移居美洲的运动不止一次。因此，在远古时期，白令海峡地区的狭窄地带，确曾做过人类分布的桥梁。"他又指出："虽然现代考古学研究已基本肯定美洲人类是从亚洲大陆移殖去的，但这是远在1万年以前的事，而不是近一两千年的事。"[②]张光直、罗荣渠两位学者提出的美洲人类是于距今二三万年前，或25000年前，或1万年前从亚洲移殖而去的研究见解，根据前述古夷人创制十八月历法的可能时代即新石器时代早期来看，古夷人或古羌人（亚洲人类）到达美洲大陆当是距今7000—8000年前的事。

另从人种学和血缘上对亚洲蒙古利亚种人与美洲印第安人进行比较研究，两者有相似或相同之处。英国《泰晤士世界历史地图集·人类和冰河时代》指出：印第安人与蒙古种人在体形上的相似第一次被人指出。到18世纪中叶，人们对白令海峡的地形与地图知识都大增以后，最早的美洲居民是跨越白令海峡而来的假说就大致确认下来了。[③]成都《卫生与生活》报1986年7月30日第3版载《中国学者发现印第安人和中国人在血缘上有同一种印记》一文说："近年来，中国学者在中国南部、中部至东北

① 张光直：《考古学专题六讲》，文物出版社1986年版，第113页。

② 罗荣渠：《中国人发现美洲之谜——中国与美洲历史联系论集》，重庆出版社1988年版，第89页。

③ [英]杰弗里·巴拉克勒夫主编：《泰晤士世界历史地图集》，三联书店1982年版。

部的黑龙江省发现一种异常血红蛋白——克锡塔（HbCubat-ta），与外国学者在美国得克萨斯州和加拿大的印第安人中发现的异常血红蛋白属同一类型。这说明中国人和印第安人有某种血缘关系。这是全国血红蛋白病研究协作组组长、广西医学院教授梁徐向记者提供的信息。”据资料记载，两名美国科学家 1961 年曾发现印第安人和美籍华人的血液中存在同一种被称为“转铁蛋白——中国”的蛋白质分子。全世界发现四百多种异常血红蛋白类型。中国经过对 25 个民族 90 多万人进行血液普查，发现异常血红蛋白有 60 来种，其中 14 种是中国在全世界范围发现的。……而在广西百色地区就发现 10 多种异常血红蛋白的类型。广西百色地区的西境那坡、百色、西林、隆林等县与云南富宁、广南、罗平及贵州兴义等县毗邻，并且都有彝族散居。这一带的人群与美洲印第安人都同样具有异常血红蛋白“转铁蛋白——中国”，这从人种与人体基因上也证明了彝族与印第安人具有史前同源关系。

再对彝族与玛雅人的一些文化现象做简单的比较，亦可看出两者所具的一些共同点。如“阿兹特克人的太阳历（十八月历法）的浮雕是圆形，上面刻着八个锐角”。[①]《印第安人史话》一书的封面亦印有圆面刻着 8 个锐角的图形，这是太阳历即十八月历法的象征。八角图形在彝族中尚普遍可见，彝族妇女挎包上最常刺绣的是八角图案；云南石林县彝族妇女上衣扁圆银扣上刻有八角图形；云南武定、禄劝一带彝族老年妇女包头内帽顶部常刺绣八角图案；彝族向天坟三圆台石冠上多刻有 8 个锐角；彝族传统工艺漆器（碗、盘、钵）上多绘有八角图案；等等。彝族的八角图象征空间八方，彝族十月太阳历用八方的一方代表一年，成为轮回纪年的“八方之年”纪年法。彝族的八角图形，特别是十月太阳历法的“八方之年”与阿兹特克人（玛雅人）象征太阳历的圆石面八个锐角浮雕图的文化内涵应是一致的。

前引《印第安人史话》一书中说：“在奇琴伊扎保留下来的库库尔坎金字塔内，有一奇特的老虎座。老虎的身体是红色的，牙齿是白的，眼睛由玉石做成，玛雅人把它作为夜间太阳的象征。”[②]又德国学者诺尔伯特·弗里德《墨西哥见闻录》说：“玛雅历法一年有三百六十五日，在墨西哥湾海岸拉文塔地方‘有巨大的石头人和雕刻着虎面的雕像’”，[③]这是玛雅人文化中崇拜虎的具体表现。彝族也自称为“罗罗”，其意为虎，自视为虎族，现今尚有自称“罗罗”的彝族支系。彝族在诸多崇拜中尤其崇拜黑虎，并视其为图腾，选择吉日以虎日为上吉；云南姚安、大姚一带彝族世代传唱的“梅葛”（创世史诗），其唱词内容有老虎解尸演化成为宇宙万物，其中有“左眼做太阳，右眼做月亮；

① ［苏］A·B·叶非莫夫等主编，李毅夫等译：《拉丁美洲各民族》，三联书店 1978 年版，第 113 页。

② 任雪芳：《印第安人史话》，商务印书馆 1981 年版，第 18 页。

③ ［捷］诺尔伯特·费思德著，陈岭秀等译：《墨西哥见闻录》，世界知识出版社 1958 年版，第 11 页、第 12 页。

虎须做阳光，虎牙做星星”之说。云南彝族村寨有在寨前立石雕虎像以此作为村寨保护神等，都表明了彝族崇虎的文化内涵。彝族与玛雅人均具有崇虎的共同文化传统。

再是玛雅人和彝族还有相同的鹰、蛇文化。墨西哥的银圆铸有鹰图案；墨西哥的国旗以鹰蛇图案为标志；玛雅人十八月历法一个月 20 天的名称中，有鹰和蛇两日。在彝族传统阶层社会中，雁象征君长，鸿象征谋臣，鹰则象征祭司（毕摩）；彝族毕摩的法帽，有一对鹰爪悬挂于左右两侧；彝语中西部方言区的彝族毕摩的法扇用鹰翅制作而成；四川凉山州和云南宁蒗一带的彝族毕摩，其法扇柄上多刻有鹰和虎的图像；彝族还有鹰、蛇并提的神话传说等，也表明彝族与玛雅有相同的鹰、蛇文化。

彝族十八月历法因一年 18 个月之后另加的 5 天“祭祀日”是恒定的，没有置闰以调整岁差，这样，一年也就是恒定的 365 天。自然日久便不准确终被弃而另行改制。又因其废弃年代久远，唯有彝族民间文化人即毕摩世代口头传承，到现代只有极少数毕摩尚对其一知半解，才幸存遗迹。在没有查明彝族历史上曾创制行用过十八月历法之前，世界史或世界文化史学界，只知美洲墨西哥玛雅人有十八月历法。由于玛雅人在距今约 6000 年前使用了十八月历法，学者们为此惊讶不已，以至认为玛雅人的智慧“不同于地球上的其他民族”；他们不是地球上的人，而是“一些太阳系外的居民”；是“外星人”；是“地球上的不速之客”；是“地球上的外来户”；等等，玛雅人就这样被神秘化了。其所以如此，乃因以为玛雅人十八月历法在世界或地球上独此一家而成了唯一性，由此使之产生了其神秘性。彝族十八月历法和玛雅人十八月历法都因不准确，在生产生活中早已不具有实用价值而成为历史。但彝族十八月历法却具有重大的科学史价值，因查明彝族十八月历法，就打破了玛雅人十八月历法在地球上的唯一性，从而也解开了其神秘性。

彝族毕摩经典中对彝族十八月历法的发现、调查而揭开了其真实面孔及其历史，这不仅是对世界科学史，以及中华文明和科技的贡献，而且通过彝族与玛雅人十八月历法的概略性比较研究，证明了亚洲与美洲文化在史前即有了交流而具有一些共性；也为长期以来“中国人最先发现美洲”或“中国人最先到达美洲”等假说、猜想提供了一项较为翔实的史料。

第二节　彝文古籍中十月太阳历法的记载

彝族十八月历法因其“祭祀日”是恒定的5天，一年也是恒定的365天，年久物候及生产生活规律必然与历法不符而废弃。彝族十月太阳历法即彝族十八月历法改制而成，就是将十八月历法的一年月数“十八”加倍为“三十六”，改作十月太阳历法每月恒定的天数；将十八月历法一个月天数“二十”减半为“十”，改作十月太阳历法每年的月数；将十八月历法恒定五天“祭祀日”改作十月太阳历法五至六天的“过年日”。改制后的十月太阳历法由彝族民间所保留。彝族毕摩经典中有彝文古籍《十兽历》流传。云南省弥勒市法果哨村彝族杨家福保存有彝族毕摩黄文彩复抄于清光绪二十年（1884年）的《十兽历》一书，其封面上部绘有一只彝族图腾虎，下部为一圆，等分10份，并依次填写有10个月的彝文月名。该书首页说：“一是老虎定，二是水獭管，三是鳄鱼掌，四是蟒蛇管，五是穿山甲，六是麂子定，七是岩羊管，八是猿天下，九由豹子定，十由蜥蜴掌；十神管十月，一轮为一年。”此“十兽历”即为十月太阳历法。汉民族的传统阴阳历法即农历，至迟从商周始即成为我国历代正统历法而广泛使用，虽然1912年中华民国成立，曾宣布废止农历改用公历，但民间却废而不止；1949年中华人民共和国成立，颁行公历，并用国际通行的公元纪年，但考虑到历史与现状，仍将农历与公历并行使用。因受农历广泛使用的冲击，彝族十月太阳历法使用范围越来越小，到近现代仅有四川凉山一带彝族中尚存以过“十月年”为代表的一些历法民俗遗迹。这些遗迹在20世纪中期，我国一些学者在凉山进行民族调查时也有发现。如1934年，国民政府以中国西部科学院常隆庆、施怀仁、俞德浚三位先生组成的考察团，在现今凉山州雷波、马边、峨边、屏山等县进行民族调查，写成《四川省雷马峨屏调查记》，其中说道：“倮倮之历法，用十二支纪日。依子、丑、寅、卯、辰、巳、午、未……之次序，而以鼠、牛、虎、兔、龙、蛇、马、羊、猴、鸡、狗、猪为各日之称呼，周而复始，与汉人相同。其推算之十二支，亦与汉人历书所载相同，即汉人定是日属牛，凉山亦同为属牛之日。此盖毕摩纪干支之法，胥由汉得来者也。凡积三十支为一年，均分为十月，每月三转，共三十六日。但与汉人交涉时，亦以三十日为一月。每在十月中，即举行过年节，日期临时请毕摩选择，若过年之时，有人死亡，即永不用是日过年，故彼等过年之日，互不相同，可差至一个月以上。”[①]又云南大学历史系教授江

① 常庆隆、施怀仁等著：《四川省雷马峨屏调查记》，《中国西部科学院特刊》第一号，1935年，第101页。

应樑先生曾于1940年冬深入凉山地区进行田野调查，出版《凉山夷族的奴隶制度》一书，其中也说道："大小凉山中统一地实行着一种历法，非阳历也非阴历，是把一年划分为十个月，每个月固定为三十六日，用十二支来纪日。十二支的名称及排列次序均与汉地相同，但没有十干，所以只单纯地称呼为鼠、牛、虎、兔、龙、蛇、马、羊、猴、鸡、狗、猪。每轮转三周，便是一个月；每轮三十周，便是一年，计三百六十日。三十周轮完后，另有五日不属于任何一周，称为过年日，夷人便在这五日中，由毕摩任择二日（各部落的日期不必一致），杀猪、饮酒，亦为汉地之过新年。每隔两年，也把这过年日多加一天，这恰合闰年之数。据说，历法及十二支代表的日子，都由毕摩来排定。"[①]1981—1983年间，陈久金、卢央、刘尧汉三位学者在四川凉山州彝族毕摩及彝族中进行广泛调查，并合作出版了《彝族天文学史》一书，全面揭示出彝族十月太阳历法的全貌及其历史；后又经刘尧汉先生带领数位彝族青年研究人员，继续在滇、川、黔各地彝族聚居区调查搜集尚有不同程度运用十月太阳历法的民俗资料，刘尧汉、卢央合撰出版了《文明中国的十月太阳历》一书，深入阐述了彝族十月太阳历法对中国传统文化的影响及中华文明的贡献。现将彝族十月太阳历法的本真面貌概述如下。

彝族十月太阳历法为一年10个月，一个月36天；以两个月76天为一季，一年分5季；一年10个月终了之后，另加5至6天的"过年日"置于岁末（既不计于上年的末月，也不计于下年首月之内）。此"过年日"通常是五天，每隔三年到第四年置一闰日即为6天的"过年日"。彝族十月太阳历法"平"年365天，"闰"年则为366天，平均每年为365.25天，这与太阳年（回归年）基本迩近。

彝族十月太阳历法以"八方之年"纪年，即以东、东南、南、西南、西、西北、北、东北八方轮回纪年。第一年为"东方之年"；第二年为"东南方之年"；第三年为"南方之年"；第四年为"西南方之年"；第五年为"西方之年；第六年为"西北方之年"；第七年为"北方之年"；第八年为"东北方之年"。如此无限轮回。

一年以每两个月72天为一季，即一年分五季，其五季分别有两种纪季专名。第一种为：第一季"牛耕地"（指春耕），第二季"蜻蜓出"（热天来临），第三季"偿还种子"（指收获），第四季"树叶落"，第五季"雁南去"（寒冷将降临）。这实际上是分为温、热、温、凉、寒五季，属于物候分季，基本上与春、夏、秋、冬相对应。第二种纪季专名，以土、铜、水、木、火分公母即雌雄（单月为公，双月为母），表示五季十个月：第一季为土季（一月为土公月，二月为土母月），第二季为铜季（三月为铜公月，四月为铜母月），第三季为水季（五月水公月，六月为水母月），第四

① 江应樑：《凉山夷族的奴隶制度》，广州清华印书馆1948年版，第72页。

季为木季（七月为木公月，八月为木母月），第五季为火季（九月为火公月，十月为火母月）。这种分别用以表示五季的土、铜、水、木、火，与金、木、水、火、土五行实际相当，因此彝族十月太阳纪月专名体现了阴阳五行观。

彝族十月太阳历法一年十个月的纪月也有两种专名，第一种如上述将土、铜、水、木、火五种元素分公母以纪月。第二种纪月专名则如前述彝族毕摩黄文彩复抄本《十兽历》所载，用虎、水獭、鳄鱼、蟒、穿山甲、麂子、岩羊、猿、豹子、四脚蛇十兽纪月。即一月虎月，二月水獭月，三月鳄鱼月，四月蟒蛇月，五月穿山甲月，六月麂子月，七月岩羊月，八月猿猴月，九月豹子月，十月四脚蛇月。彝族十月太阳历法又称为十兽历，源于用十兽分别称一年十个月。

十月太阳历法每月恒定 36 日，用以虎为首的十二属相（十二生肖）轮回纪日，即一日虎日，二日兔日，三日龙日，四日蛇日，五日马日，六日羊日，七日猴日，八日鸡日，九日狗日，十日猪日，十一日鼠日，十二日牛日。如此三个轮回便为一个月 36 日。

彝族十月太阳历法是以观测太阳运动定冬夏，即太阳运动到最南点（日南至）时为冬至，当太阳运动到最北点（日北至）时为夏至。彝族原来是在冬至日前后过年（彝族年），即以冬至日为中心日，平年加其前后各两日共五天为“过年日”（这与彝族十八月历法五天“祭祀日”选定相同）；闰年则加冬至前三日，冬至后两日共有六天“过年日”，这就是十月太阳历法一年十个月终了之后，另加五至六天的“过年日”选定方法。后来，有如前引学者调查记录的种种原因，现今在凉山彝族民间，过年日就不统一了，形成大部分在冬至前就自行择定过年日，只有极少部分仍在冬至前后过年。

彝族十月太阳历法又以观测北斗斗柄指向定寒暑，即斗柄正下指（南）时大寒，这天彝语称为“巧莫”（“巧”意为寒冷，“莫”为大、最），意为最寒冷的时候；当斗柄正上指（北）时大暑，这天彝语称之为“丛莫”（“丛”意为热），意为最热的时候。原来彝族习俗在大暑附近过“火把节”，后来大部分彝族固定在大暑前农历六月二十四或二十五日过“火把节”，少部则在六月二十一日前后过“火把节”。

根据刘尧汉、卢央等学者考证，彝族十月太阳历有着悠远的历史，它与东周春秋时（前 770 年—前 480 年）的《管子 · 幼官图》有关联，且可以追溯到夏代历法《夏小正》，进而可穷究其渊源于远古伏羲氏族部落时代。

《管子 · 幼官图》载有“五方十图”和一年“三十个节气”（略引），这便是彝族十月太阳历法的反映。“五方”指东、南、西、北、中；“十图”则是“五方”的每方再分为“本”和“副”两方而衍成，即东方本图，东方副图；南方本图，南方副图；西方本图，西方副图；北方本图，北方副图；中方本图，中方副图。此“五方十图”

与彝族十月太阳法一年五季，每季分公母（雌雄）两个月为“五季十月”相对应。彝族十月太阳历法一个月36天，由三个纪日属相周构成，一个属相周12天作为一个节气，一年三十个属相周，即为30个节气，360日为“十个月”——“十图”。因此，《管子·幼官图》中的“三十个节气”即彝族十月太阳历法的一年“三十个节气”。

《管子》撰者管仲所居齐国为周初姜太公的封地，《后汉书·西羌传》载：“西羌之本，出自三苗，姜姓之别种也。”章太炎《西南属夷小记》说：“姜姓出于西羌，非西羌出于姜姓。”认为《后汉书》“姜姓之别种也”的“之”字是“其”字的讹写。周初姜姓源于远古羌人，因此我们能用与远古羌人有着渊源的彝族及其十月太阳历法来阐明齐疆《管子·幼官图》“五方十图”及“三十个节气”之说。郭沫若、闻一多、许维遹三位渊博学者曾合撰《管子集校》一书，其中对《幼官图》中的“五方十图”及“三十个节气”表示“难明其意”，乃因彝族十月太阳历法在当时散流西南丛山间而不为众知，非书本难为功。

春秋时期《管子·幼官图》反映的十月太阳历法是夏代历法，即彝族十月太阳历法的同身。夏代十月历法，自秦汉以来，在中原被现行十二月阴历（农历）所取代而逐渐消亡。春秋时期，幸有孔子率领弟子做实地调查访问，重整夏代历法，写出《夏小正》即十月太阳历法。《礼记·礼运》引孔子语说：“吾欲观夏道，是故之杞（今河南杞县——引者），而不足征也，吾得夏时焉。”《史记·夏本纪》说：“孔子正夏时，学者多传《夏小正》云。”《夏小正》的历法性质，根据以下其内容的两个要点，便可以做出判断。

其一，其“正月初昏斗柄县（悬）在下”，六月“初昏斗柄正在上”。斗柄已经绕了半周，而时间相隔只有5个月。若按一年12个月计算，斗柄从正下指（南）到六月正上指（北）之间只隔了5个月，很显然，这是完全不合自然规律的。实际上，《夏小正》一书所记夏历并非12个月的阴历，它只能是10个月一年的十月历法。同彝族十月太阳历法一样，以斗柄正月（一月）正下指（南——大寒）到六月正上指（北——大暑），以及六月正上指到正月（一月）正下指之间正好相隔5个月，恰为各半年整，这正是《夏小正》历书实为一年10个月太阳历法的强有力证据之一。

其二，《夏小正》说，五月“时有养日”和十月“时有养夜。”《传》说：“养，长也。”意即五月有“长日”亦即夏至，十月有“长夜”即冬至。若把这理解为一年10个月，则“养日”和“养夜”把一年均分为两个半年即各5个月，这又是《夏小正》实为一年10个月的太阳历法的又一个强有力证据。此外，《夏小正》从正月到十月每个月都有星象、物候，唯有十一月和十二月付之阙如。显然，其所谓十一月、十二月乃为后儒妄增成画蛇添足。所以，根据彝族十月太阳历法可以辨明《夏小正》所记历法即是十月太阳历法。《开元占经 · 龙鱼虫蛇篇》引《礼纬 · 稽命征》说："（夏）建寅，宗伏羲。"这表明彝族十月太阳历法渊源于伏羲氏族部落时代。在空间上其行用范围曾遍及于华夏大地；在时间上，可追溯到"（夏）禹津寅、宗伏羲"的远古氏族部落时代。结合彝族十月太阳历法的前身即彝族十八月历法的历史，距今当不晚于5000—6000年。

中国的历法，自商改夏正朔3000多年以来，夏历即农历成为正统，十月太阳历法失去了官方历法的地位而在中原地区衰落，乃至消失殆尽。所幸尚有遗迹散流于西南彝族民间，自20世纪中期以来，有诸多学者对其或有所发现或深入实地调查，以及彝文古籍得到重视和发掘，终将散珠串联起来，恢复其本来面目。彝族十月太阳历法的发掘和深入研究，不仅证明了中华科技史之源远流长，而且揭示了中华文明史不只五千年的成说。同时对汉文史籍中诸如十干、阴阳五行、三十六、七十二、先天八卦、河图、洛书等涉及十月历法内容而长期以来不能解读或难释其源的疑团，在十月历法发掘之后，疑团得以解开。特别像贯穿于经、史、子、集，渗透于中国哲学、历史、地理、医学、经济、军事、文学等各个领域，以及民间的三十六、七十二两个成数的来历，已往至今的众多大学问家，几乎全都采用以经疏经、以史释史、以子证子，以集考集，始终不能穷究其所以然。只有根据"三十六"天为一个月，"七十二"天为一季，一年为五季的彝族十月太阳历法史料，才能揭开这个千古之谜。

第三节　二十八宿纪日、择日

中国古代天文学家把黄道，即太阳和月亮所经天区的恒星分成28个星座，称为二十八宿。亦即二十八宿是特殊的天球赤道坐标系统，它以黄道附近的28颗距星（代表宿与宿之间的距离的标志星）在赤道上的投影为标志点，用入宿度和去极度二数值表示。入宿度是某天体在某宿距星以东的赤道度数即赤经点；去极度则指天体距离北极的度数，它与赤纬为互补关系。也有人把二十八宿通俗形象地称为月亮的旅店，大致每晚停留在一宿。古人对二十八宿的认识，早在周初，部分二十八宿的星座名称已经出现，到了战国时代，二十八宿已完全形成。曾在湖北随县擂鼓墩考古发掘曾侯乙墓，出土的一个漆籍盖上绘有中间一个篆书“车”字，该字周围环书古文二十八宿名，两边则绘左白虎右青龙。据考证这件出土文物是约公元前5世纪初的用物，从而证实了二十八宿在战国时代已完全形成。

彝族对二十八星宿的认识和运用，是彝族天文学方面的一个重要内容。如何观测和运用二十八星宿是彝族毕摩重要世传知识之一，毕摩经典中彝文古籍《通节苏》等二十八宿书籍广泛流传。二十八宿知识也是彝族民间最为普及的天文知识，大多彝老都掌握。彝族相星者通过长期观测发现二十八宿运行周期，有时为28天，有时为27天，这28天或27天称这一个恒星月，并以每天月亮所在星宿作为恒星月每日的名称，同时用于纪日。此每日的名称是以动物或动物肢体名称来命名的。由于彝语不同方言区的差异，不同方言区的彝语二十八宿名称也各不相同。即使是在同一方言区，由于理解和翻译的不同，也往往存在差异。在二十八宿纪日中，由于有时月亮在一个晚上要与两个星宿相会，即或者出现在昴宿和毕宿两个星宿上，或者出现在亢宿和氐宿两个星宿上，这就只能记为一天。彝语将这一天称作“信仲信争叠”或“硕基叠”。“叠”就是“重合”“重叠”的意思，有的彝语方言区则把这种“叠日”统称为“纠斥”。一旦出现这种“叠象”，这一个周期就只有27天了。彝族就是通过这种星宿重叠的方式，把“恒星月”的周期以27天或28天的形式固定下来的。

彝、汉民族对二十八星宿的认识大致相同，但在运用上却有区别。汉民族的二十八宿主要用于星空分野，有的地方也用于纪日；彝族的二十八宿则主要用于与农历日干对应轮回纪日和择日。二十八宿纪日的起首日，彝族地区各地有差异，以彝语东部方言滇东北次方言区而言，是以彝语二十八宿称谓之一的“通节”日，即东方角星日为纪日首日。何日何时刻进入“通节”日，这是毕摩或彝老通过观测星、月相对位置来确定。具体是观测月亮与昴星（俗称鸡窝星）相对运行位置，即当昴星位超出月亮位之前时刻是“通节”，其后十二时辰亦即“通节”日。“通节”之时刻有的月份在夜晚，有的月份则在白昼。其在白昼者，是观测当晚昴星位超过月亮位的距离来推测具体时刻。“通节”时刻在白昼者，其月为阳月；而在夜晚者，其月为阴月。

彝语对二十八宿的具体称谓，仅以彝语东部方言滇东北次方言纳苏土语来说，因毕摩承传家（流）派的不同而有所差异，但“通节”一称及概念却是统一的。这种二十八宿轮回纪日，每轮分别有28天（宿）或27天（宿），如将予以译载下面的农历某平年，其二十宿纪日一轮有28天（宿）的只有四次，其余均为27天（宿）。但农历每年四月固定有两个“通节”日（角星值日日）；五月则固定有两个“基乌”日（氐星值日日），所以彝语有俗语“四月两通节，五月两基乌”。又因恒星昴星与地球运行轨道角度所致，农历五月是观测不到昴星的，彝族传统认为此现象是“昴星（鸡窝星）下海洗澡去了”。该月的“通节”日，是通过二十八宿轮流顺序推算出来的。彝族用二十八宿轮回纪日的同时，还以彝族原始宗教观念分别赋予每宿当值日的行事吉凶。“二十八宿择日”是彝族毕摩不可或缺的传统知识，大多彝老亦掌握。为了能让读者基本了解彝族对二十八宿的运用，现将彝族毕摩经典中彝文古籍《通节苏》中有关（某平年）二十八宿纪日、择日部分简要译注于下。

一、二十八宿轮值日（纪日）

正月初一摆补（指南方井星），初二罗共（指南方鬼星），初三斯曲（指南方张星），初四斯当（指南方翼星），初五斯猫（指西方胃星），初六姆尔（指南方卯星），初七农空（指南方星星），初八通节（指东方角星），初九硕笃（指东方亢星），初十基乌（指东方氐星），十一基浪（指东方房星），十二基仲（指东方心星），十三基猫（指东方尾星），十四纹诺（指东方箕星），十五纹清[①]，十六纹仲[②]，十七纹猫[③]，十八猛奢[④]，十九智初[⑤]，二十智本[⑥]，二十一信曲[⑦]，二十二信纳[⑧]，二十三信清[⑨]，二十四信仲[⑩]，二十五信争[⑪]，二十六信猫[⑫]，二十七颂博[⑬]，二十八摆补，二十九罗共。

二月初一斯曲，初二斯当，初三斯猫，初四姆尔，初五农空，初六通节，初七硕笃，初八基乌，初九基浪，初十基仲，十一基猫，十二纹诺，十三纹清，十四纹仲，十五纹猫，十六猛奢，十七智初，十八智本，十九信曲，二十信纳，二十一信清，二十二信仲，二十三信争，二十四信猫，二十五颂博，二十六摆补，二十七罗共，二十八斯曲，二十九斯当，三十斯猫。

三月初一姆尔，初二农空，初三通节，初四硕笃，初五基乌，初六基浪，初七基仲，

① 纹清：也称“纹呆”，彝语二十八宿称谓之一，指北方斗星。
② 纹仲：彝语二十八宿称谓之一，指北方牛星。
③ 纹猫：彝语二十八宿称谓之一，指北方女星。
④ 猛奢：也称“姆奢”“卯奢”，彝语二十八宿称谓之一，指北方虚星。
⑤ 智初：也称“智图”，彝语二十八宿称谓之一，指北方危星。
⑥ 智本：彝语二十八宿称谓之一，指北方室星。
⑦ 信曲：彝语二十八宿称谓之一，指北方壁星。
⑧ 信纳：彝语二十八宿称谓之一，指西方奎星。
⑨ 信清：彝语二十八宿称谓之一，指西方娄星。
⑩ 信仲：彝语二十八宿称谓之一，指西方昴星。
⑪ 信争：也称“信期”，彝语二十八宿称谓之一，指西方毕星。
⑫ 信猫：彝语二十八宿称谓之一，指西方觜星。
⑬ 颂博：也称“放炭”，彝语二十八宿称谓之一，指西方参星。

初八基猫，初九纹诺，初十纹清，十一纹仲，十二纹猫，十三猛奢，十四智初，十五智本，十六信曲，十七信纳，十八信清，十九信仲，二十信争，二十一信猫，二十二颂博，二十三摆补，二十四罗共，二十五斯曲，二十六斯当，二十七斯猫，二十八姆尔，二十九农空。

四月初一纠斥[①]，初二通节，初三硕笃，初四基乌，初五基浪，初六基仲，初七基猫，初八纹诺，初九纹清，初十纹仲，十一纹猫，十二猛奢，十三智初，十四智本，十五信曲，十六信纳，十七信清，十八信仲，十九信争，二十信猫，二十一颂博，二十二摆补，二十三罗共，二十四斯曲，二十五斯当，二十六斯猫，二十七姆尔，二十八农空，二十九通节，三十硕笃。

五月初一基乌，初二基浪，初三基仲，初四基猫，初五纹诺，初六纹清，初七纹仲，初八纹猫，初九猛奢，初十智初，十一智本，十二信曲，十三信纳，十四信清，十五信仲，十六信争，十七信猫，十八颂博，十九摆补，二十罗共，二十一斯曲，二十二斯当，二十三斯猫，二十四姆尔，二十五农空，二十六通节，二十七硕笃，二十八基乌，二十九基浪。

六月初一基仲，初二基猫，初三纹诺，初四纹清，初五纹仲，初六纹猫，初七猛奢，初八智初，初九智本，初十信曲，十一信纳，十二信清，十三信仲，十四信争，十五信猫，十六颂博，十七摆补，十八罗共，十九斯曲，二十斯当，二十一斯猫，二十二姆尔，二十三农空，二十四通节，二十五硕笃，二十六基乌，二十七基浪，二十八基仲，二十九基猫，三十纹诺。

七月初一纹清，初二纹仲，初三纹猫，初四猛奢，初五智初，初六智本，初七信曲，初八信纳，初九信清，初十信仲，十一信争，十二信猫，十三颂博，十四摆补，十五罗共，十六斯曲，十七斯当，十八斯猫，十九姆尔，二十农空，二十一通节，二十二硕笃，二十三基乌，二十四基浪，二十五基仲，二十六基猫，二十七纹诺，二十八纹清，二十九纹仲，三十纹猫。

八月初一猛奢，初二智初，初三智本，初四信曲，初五信纳，初六信清，初七信仲，初八信争，初九信猫，初十颂博，十一摆补，十二罗共，十三斯曲，十四斯当，十五斯猫，十六姆尔，十七农空，十八通节，十九硕笃，二十基乌，二十一基浪，二十二基仲，二十三基猫，二十四纹诺，二十五纹清，二十六纹仲，二十七纹猫，二十八猛奢，二十九智初，三十纠斥。

九月初一智本，初二信曲，初三信纳，初四信清，初五信仲，初六信争，初七信猫，

① 纠斥：也称“觉苟”，彝语二十八宿称谓之一，指南方转星。

初八颂博，初九摆补，初十罗共，十一斯曲，十二斯当，十三斯猫，十四姆尔，十五农空，十六通节，十七硕笃，十八基乌，十九基浪，二十基仲，二十一基猫，二十二纹诺，二十三纹清，二十四纹仲，二十五纹猫，二十六猛奢，二十七智初，二十八智本，二十九纠斥。

十月初一信曲，初二信纳，初三信清，初四信仲，初五信争，初六信猫，初七颂博，初八摆补，初九罗共，初十斯曲，十一斯当，十二斯猫，十三姆尔，十四农空，十五通节，十六硕笃，十七基乌，十八基浪，十九基仲，二十基猫，二十一纹诺，二十二纹清，二十三纹仲，二十四纹猫，二十五猛奢，二十六智初，二十七智本，二十八信曲，二十九信纳，三十信清。

冬月初一信仲，初二信争，初三信猫，初四颂博，初五摆补，初六罗共，初七斯曲，初八斯当，初九斯猫，初十姆尔，十一农空，十二通节，十三硕笃，十四基乌，十五基浪，十六基仲，十七基猫，十八纹诺，十九纹清，二十纹仲，二十一纹猫，二十二猛奢，二十三智初，二十四智本，二十五信曲，二十六信纳，二十七信清，二十八信仲，二十九信争，三十信猫。

腊月初一纠斥，初二颂博，初三摆补，初四罗共，初五斯曲，初六斯当，初七斯猫，初八姆尔，初九农空，初十通节，十一硕笃，十二基乌，十三基浪，十四基仲，十五基猫，十六纹诺，十七纹清，十八纹仲，十九纹猫，二十猛奢，二十一智初，二十二智本，二十三信曲，二十四信纳，二十五信清，二十六信仲，二十七信争，二十八信猫，二十九颂博。

彝族这种将二十八宿用于与农历日干对应轮回纪日，主要是彝族毕摩以彝族原始宗教观念，对分别赋予二十八宿每星宿当值日的行事吉凶进行择日。有的研究人员通过彝族地区田野调查，提出彝族除行用农历之外，还行用一种二十八宿轮回纪日，一个月 28 天或 27 天，一年 13 个月的所谓“星月历法”即“十三月历法”。彝族二十八宿轮回纪日，它是依附于农历日干对应纪日，离开农历日干，其单独纪日便失去了实用意义。所谓彝族“星月历法”或“十三月历法”实际上是不存在的。

二、二十八宿择日

逢通节之日：祭祖宴客，建房装修，娶妻嫁女，因该日有游邪不吉；除此别的则事事吉。

逢硕笃之日：做百解①和娶妻不吉；为羊群祭销神②。阉割牛、马、猪、鸡则吉。

① 百解：彝族原始宗教衬衣禳解邪秽祈福的祭仪。

② 销神：也称“封神”，彝族原始宗教中的福禄神之一，彝族地区多有祭祈福禄的“锁神山”或“销神树”。

逢基乌之日：祭祖宴客，扎篱笆和施肥吉；别的诸事则不吉。

逢基浪之日：割草垫圈，做百解，行善则吉；别的事都不吉。

逢基仲之日：祭祖，行善，做百解，联姻嫁女吉；别的事都不吉。

逢基猫之日：嫁女娶妻吉；除此别的事都不吉。

逢纹诺之日：撒播种子吉；建房装修则不吉。

逢纹清之日：嫁女娶妻，扎篱笆，施肥吉；若建房装修，日后会有大灾不吉。

逢纹仲之日：祭祖宴客，联姻嫁女吉；建房装修则不吉，除此别的事也吉。

逢纹猫之日：祭祖宴客，联姻嫁女吉；外出远行因日子不好而不吉。

逢猛奢之日：牧畜种粮、剪绵羊毛、擀毡等为穿戴而劳吉，别的事则不吉。

逢智初之日：吉星掠空，是人类繁衍日；塑佛、娶妻嫁女、乔迁入新房、播种等事事都吉利。

逢智本之日：祭祖宴客，联姻嫁女，为穿戴而劳都吉。

逢信曲之日：是为君王出兵日，做大事则吉；联姻嫁女则不吉。

逢信纳之日：所做的事都吉，有病寻药服用他吉。

逢信清之日：做百解、行善、尝新粮吉；别的事则不吉。

逢信仲之日：联姻嫁女、割草垫圈、播种、做百解祛邪都不吉。

逢信争之日：祭祖、祈福、为羊群做百解则吉；联姻嫁女则不吉。

逢信猫之日：播种、扎篱笆、建房装修则吉；联姻嫁女则不吉。

逢颂博之日：播种、扎篱笆、联姻嫁女、买卖牲畜、阉割牛马吉；别的事则不吉。

逢摆补之日：撒播种子吉；做百解伤主人；联姻则伤祖先不吉。

逢罗共之日：联姻嫁女、播种、扎篱笆、尝新粮吉；别的事都不吉。

逢斯曲之日：出门远行、建羊圈吉；别的事因日子不好都不吉。

逢斯当之日：割草垫圈、尝新粮则吉；别的事都不吉。

逢斯猫之日：联姻嫁女、尝新粮则吉；别的事都不吉。

逢姆尔之日：所做事都不吉，娶妻伤舅子更不吉。

逢农空之日：联姻嫁女、做百解、行善则吉；别的事都不吉。

逢纠斥之日：做耕牧事则吉；别的事不吉，出门远行是凶日。

彝族用二十八宿择日外，还用来预测年成好坏。如根据二十八宿的基乌（氐宿）在农历七月间与月亮相会的早、迟来进行预测，即月亮与基乌（氐宿）如果相会于该月的初六、初七，则该年庄稼果实不成熟、不饱满而年成不好；如果相会该月初八、初九，则该年庄稼果实半熟半饱，年成一般；如果相会于该月初十、十一，则该年庄稼果实成熟得好，是丰收之年。

从以上彝族对二十八宿认知和运用的概略介绍，不难看出彝、汉民族对二十八宿的认识基本相同。但彝族对二十八宿的运用则更具体和普及，且对二十八宿及月亮仅凭肉眼注意观测更有细微之处，这是彝族毕摩与彝族毕摩经典对中华天文科技的特殊贡献。

第四章　彝族文献中彝医药丰富了中华医药宝库

第一节　概　述

据彝文古籍《帝王纪》及《西南彝志》记载，彝族的医药文化可追溯到5000年以前。彝族医药，在彝族文化中独树一帜，内涵丰富，是中华民族医药宝库的重要组成部分。

彝族医药的文献记载，最早的是彝族神话人物支呷阿鲁在与雷神的医药问答中，谈到了腹痛、腹泻、咳嗽、疟疾、麻风、秃疮、冻疮、牙痛、眼睛红肿等9种病症治疗，论及彝药的11种临床应用方法。这11种彝药中，有动物药4种、植物药7种。这是迄今为止最为古老的彝药临床应用记载（见《支呷阿鲁》）。李耕冬、贺廷超编著的《彝族医药史》认为，在汉马王堆出土的《五十二病方》中，所记载的247种药物，大多数是彝医临床常用药物，如菖蒲、麝香、犀角、盐等。汉代许慎《说文解字》云："菖蒲，益州（今云南曲靖、蒙自等地区）生。"《图经本草》收录彝医使用菖蒲的经验，如"蜀人用治心腹冷痛者，取一两寸捶碎，同吴茱萸煎汤，饮之良。黔、蜀、滇蛮人亦常将随行，卒患心痛嚼一两寸，热汤或酒送，亦效。其生蛮谷中者尤佳"。《名医别录》云："犀角，生永昌及益州。"传说彝族古代毕摩那则，曾在达日波（今四川西昌泸山）追赶一只独角野兽。这只独角野兽的角，就是后来被汉人收录于《名医别录》中的彝药"犀角"。盐也属于彝药，在云南、四川一带主要以岩盐和井盐入药。《汉书》云："定笮出盐。"《华阳国志》云："定笮县有盐池，积薪，水灌，焚之成盐。万寿（牂牁郡属地）出盐。蜻蛉（今云南大姚县）出盐。有盐官。"《滇略》云："南诏时有女牧羊于此，羊舔土，驱不去，掘地得盐泉，名白羊井。"在楚雄彝族自治州禄丰县的元永井、黑井、琅井、阿井产盐闻名全滇。

“诸葛亮南征，将士于落马坡误食哑姑泉，将士三百余人失声喉痛。”后遇孟获之兄孟优，“孟以苦良皮、黑霸蒿、青茶、紫茎菊熬水服食，而肿消毒平”（明《淮城夜语》。淮城指云南大理市）。《云南志》说：“韭叶芸香，治瘴症，解毒，治疮毒。一切疮毒瘴症，并捣汁服。”明兰茂《滇南本草》谓：“昔武侯入滇，得此草以治烟瘴。”

明《三迤随笔》云：南诏高僧龙鉴，大理人，幼出家竹峰寺，精通医术。“求医皆愈，为南诏第一神医。救人上万，寺若赶会，人称小药王菩萨。九十四，无疾坐化。留世有《百药论性》，中载南诏诸药三百余等及药性，遗方六卷。”龙氏医书可惜焚于兵火，未留传后世。

古时毒箭成为战争及狩猎利器。“弩箭多为剧毒，其毒药有两种。一种为毒藤，产澜沧江崖畔，叶如橡藤，加断肠草，即可凝血；又一种用雪上一枝蒿、断肠草，取浆露干，外加青核桃皮点之，加马蜂尿即成。可见血封喉，亦曰七步倒。”（《三迤随笔》。三迤指云南）直至解放前，楚雄州武定县境内彝民采集“马蜂尿、凤茄花、射罔（乌头类）、雪上一枝蒿”等剧毒彝药炼制箭毒，用于狩猎，以之射杀猎物，据说有见血封喉、百步即倒之效。

南诏名医罗赞：“善医蛇伤，药到立愈……瓜州地多麻风，患者脱肢，罗赞以双首乌蛇令服，多愈。赞曰：毒以攻毒，以消其毒。”（《叶榆稗史》。叶榆为今大理）“洱泽多疠，染者若枯槁，腹若箕。罗赞以蓼叶、苦楝熬水煎服，多奇效。”（《叶榆稗史》）《云南卫生志》记载：“唐昭宗天复三年（903 年），名医溪智治愈大长和国公主重疾。”大理国时期，有个高僧，叫作本慧，“精岐黄，所得赏赐，皆济贫者”（《三迤随笔》）。在大理国时期，彝族名医杜清源被尊为药王，在彝族民间享有极高声誉。其孙杜广和将遗著及其经验整理成《点苍药王神效篇》（后失传）载，“草、木、虫、石四类，千四百余种，详记色形、药性、配方、忌解、提炼丹丸，盖皆古南诏至大理国七百余载诸验方”。杜清源治疗“断足，接好，以羊肠线缝之，外敷丹药，以松明削片缠裹，即渐愈”（《淮城夜语·药王杜清源》）。

元宣和年间，在滇西一带，以彝药“龙珠草、重楼、天南星、虎掌草、百毒消，疗外伤，有显效”（《淮城夜语》）。

在四川凉山地区发现两本《此母都齐》残卷，系彝药验方古籍。还发现诊断治疗牛、马、羊的兽医药学，治疗手段采用彝药灌服和针刺放血疗法。彝医特殊用药经验和彝族地区丰富的药物资源，构成彝族医药的自身医疗特点。

彝医将人体脏器和五行相配合，说明脏器之间是相互联系、相互影响及相互制约的，以及疾病发展和转归，形成自身五行学说和整体论和天人相应观。据《西南彝志》记载，有关“清浊二气、二气六路、五行”理论，在彝族哎哺原始时期就已经产生，属于原始古朴的彝族哲学思想和彝族医药理论的基础。《西南彝志》和《宇宙人文论》是发掘、整理和研究彝医基础理论的重要典籍。

《迤施河彝医书》内容相对完备一些，具有典型的新平县彝族文字特点及用药习惯。两种抄本经新平县翻译整理成书，命名为《聂苏诺期》并公开出版，全书有三章，收录内科、妇科、儿科、外科、皮肤科、骨伤科、疮疡科等病33种，彝医方剂130余方，彝药275种，具有临床参考价值及实用性。

清同治九年（1870年），川东地区流传着刘善述编著的《草木便方》，属本草和验方集，基本收录该地区大部分天然动物药、植物药、矿物药。《草木便方》分元、亨、利、贞四卷，元、亨二卷收载药物508种，利、贞二卷收载验方约700方，分为8部125目。元、亨二卷的药物性味功效以七言四句歌概括写成。药物和验方具有临床应用价值，药物品类多数为彝药。

清光绪二年（1876年），川西人龚锡麟著有《天宝本草》，系地方性本草书籍，以七言歌诀记述药物疗效，载药149种，有药名而无歌诀的33种，计182种，无附方。内容虽然不多，但便于背诵记忆，是普及川西地方性天然药物的简明读本，在四川、云南广泛流行，收载的药物多为彝族习惯用药。

清赵学敏著的《本草纲目拾遗》共10卷，收载药物716种。有很多药物产于西南彝族聚居区，《本草纲目拾遗》也因之成为研究彝医药物和验方的重要参考书。该书引用了很多西南地区文献，如五色石斛一物，引《云南志》云：“产禄劝普渡河濒江石壁间”，“色绀红者佳。疗胃热，益虚羸”。昭参则引《金沙江志》：“昭参即人参三七，产昭通府。”其他如菊花参“产云南东川巧家汛江边”。雪茶“出云南永善县，生于高山雪中”。狐麝引《金沙江志》：“产云南东川、昭通。”脆蛇引《云南志》：“顺宁府出脆蛇，见人则断，人去复续。取而干之，可治肿毒。”又引《滇黔记游》：“脆蛇出滇黔土司中，长尺余，伏草莽，见人则跃起，跌数段，顷复合。”又说：蜣娘鱼，产云南抚仙湖。又引《滇南各甸土司记》：“棕虫产腾越州各土司中……食之增髓益血，尤治带下。”记载彝药的内容不胜枚举，都是研究彝药的重要历史文献。除《本草纲目拾遗》外，唐以后的历代中药本草，都不同程度地吸收很多彝药，充实丰富中医自身用药范畴和经验，从而也可看出彝医和中医在用药方面互相交织和融合。

流传后世的彝族医药古籍始于明朝时期，鼎盛于清朝。彝医方药的内容及专著数量较多，彝医基础理论专著却相对较少，其内容及专著数量均明显少于彝医方药。彝医基础理论形成与发展处于滞后状态，彝医基础理论主要见于《西南彝志》及《宇宙人文论》的专篇论述，形成“彝药方书内容详备，基础理论内容简略”的特点。彝族医药基础理论记载，始于哎哺原始社会，如今能够看到的彝族医学古籍多是明清时代的，明代以前的彝医古籍大部分已经失传，形成了彝族医学史上的一大“断代”。

有人类就有疾病，有疾病就有医药。据彝文献记载，南诏至大理国时期，产生过许多彝族医学古籍，但在元灭大理国时，彝医古籍遭受毁灭性破坏。明清时期，中央王朝在“改土归流”中残暴镇压彝族地方政权，很多彝医手写本和古籍散失于战乱中，未能流传后世。古代彝族聚居区科技文化落后、交通闭塞，与汉文化的交流受到一定影响。彝族医药在一定程度上是以父子、师徒口授传承，或以彝文手写本方式流传，发展受到限制。全国各地彝族聚居区之间的彝文及彝语表达形式也各不相同，还有地区方言之别。西南地区彝文从来就没有形成过统一的文字，彝族聚居区也缺乏相应的印刷技术和设备，虽然有很多彝族医药手写本，但流传范围有限。

著名彝医曲焕章在民国时期，研制出“万应百宝丹”，即后来的“云南白药”，以其疗效显著被誉为“伤科圣药”而蜚声海内外。如今和“漳州片仔黄”一起，成为中国完全拥有自主知识产权的两个医药产品，以国家绝密级别保护产品。我国最权威医书《实用内科学》及全国医学院校教材《内科学》，都将云南白药作为治疗上消化道出血和咯血的常用药物。云南白药的药理作用和临床广泛应用，引起国内外医学界关注，并被应用于内科、外科、妇产科、儿科、五官科、皮肤科、肿瘤等多种疾病的治疗。

云南省于 1983 年出版的《彝药志》，是我国第一部彝药专著。出版了《彝族医药荟萃》、《彝族医药学》、《哀牢本草》、《楚雄彝州本草》、《峨山彝族药》、《中国彝医》、《全国首届民族民间医药学术交流会论文集》（收入 16 篇彝族医药论文）、《滇人天衍——云南民族医药》、《彝族古文献与传统医药开发国际学术研讨会论文集》等书。云南省彝族医药研究所编著出版了《中国彝医基础理论》《中国彝族药学》《中国彝医方剂学》等系列彝族医药研究著作。四川省出版了《彝族医药史》《彝族动物药》《彝族植物药》《彝汉针灸》《彝族医经》等书。

云南省重视彝族医药发展，1978 年在楚雄州境内开展中草药资源考察，考察队遍访彝医及毕摩，发掘出《齐苏书》（《明代彝医书》）、《医病书》、《医病好药书》、《看人辰书》、《小儿生理书》等彝文医药手写本 10 余部，多数是明清时期的抄本。据这些古籍记载，楚雄地区用来治病的彝药有 420 余种。普查中，发现中草药 1013 种，采集标本进行了分类和鉴定，从中选出基源清楚、临床常用、疗效明确的彝药 103 种，编撰出我国第一部彝药专著《彝药志》。1984 年后，又开展第二次中草药普查，新发现中草药 200 余种，至此在楚雄州境发现的中草药达到 1292 种，初步摸清楚雄地区彝药种类、产量及分布情况。

云南中医学院关祥祖先生于 1993 年主编了《彝族医药学》，分七章收录了彝族医药古籍和现代研究成果。第一章收录《医病好药书》《医病书》《明代彝医书》《老五斗彝医书》《洼垤彝医书》《启谷署》6 部彝医古籍；第二章系统总结彝医基础理论第三章为彝医治疗学，收入内科、妇科、产科、儿科、伤科、五官科、外科等各病种 122 种；第四章至第六章收载彝族药物 1100 余种；第七章为彝医方剂。《彝族医药学》是收集彝族医药内容最为宏富的综合性医书，汇集古今彝族基础理论及方药大成，具有较高医学参考价值。

20 世纪 80 年代初，楚雄州成立彝族文化研究所，全面开展彝族历史、文化、社会、经济等研究。楚雄州中医院又相继成立彝族医药科、楚雄州彝族医药研究所、云南省彝族医药研究所，设立相应的门诊，开设住院病床，多层次全方位开展彝族医药古籍、彝族医药基础理论、彝药新药和临床治疗等研究，在各级各类杂志上发表许多彝族医药研究论文，取得一大批彝族医药科研成果。2003 年，在楚雄州中医院基础上成立云南省彝医医院。随之，彝族医药研究进入快速发展时期，彝药数量扩展至 1000 余种，研究开发出彝药新药数十种，有的成为全国知名品牌，为全国人民健康事业做出贡献，也推动了楚雄地方产业发展。展望未来，深入进行彝族医药基础理论的继承和创新，加强彝族医药的现代科学研究，扩大彝族医药的临床科研与应用，仍是不懈努力的方向。

第二节　彝医药与中医药的关系

一、彝族医学的文化根源

第一，冬至、夏至是阴阳转换的两个重要时令点：华夏文化与彝族文化同根同源表现之一，根源是远古太阳历中的两点两线。太阳历可以分为十个月、十二个月，可以分为四时五行，可以分为八节或二十四节气，无论怎么细分，两点两线（冬至、夏至，南回归线、北回归线）的基础性地位都不会改变。构成中华文化与中医文化、彝医文化基础的阴阳理论，就是从两点两线出发的。

在古代，中医和彝医都没有先进仪器，他们凭什么方法去认识疾病和诊断疾病？首先就是要弄清楚冬至、夏至，南回归线、北回归线。而这两点两线是怎样确定的，又有什么重要的意义和作用呢？

经研究太阳，观测太阳，中华先贤确定了两个重要的时令点，确定了内衡、外衡两条天文线。两点两线完整的记载，是在《周髀算经》中出现的。《周髀算经 • 七衡六间》："故曰夏至在东井，极内衡。曰冬至在牵牛，极外衡也。"东井，二十八星宿之一，南方七宿第一宿。《礼记 • 月令》："仲夏之月，日在东井。"夏至这一天，太阳的位置在东井。"极内衡"之"极"，即抵达也。夏至这一天，太阳到达了七衡之中的最内衡。牵牛，即民间著名的牛郎星，二十八星宿之一，北方七宿的第一宿。《礼记 • 月令》："仲冬之月，日在斗。"冬至这一天，太阳的位置在东井。"极外衡"之"极"，指的是冬至这一天，太阳到达了七衡之中的最外衡。两个时令点，是冬至、夏至。内衡，是夏至点对应的天文线，实际上是北回归线。外衡，是冬至对应的天文线，实际上是南回归线。

从地球上看太阳，太阳是动态的。太阳之动具有严格而严肃的规律性，即其运动是在一定时间、一定空间之内。时间即冬至夏至两个时令点，空间即南北两条回归线。以两点两线为基础，界定出了永恒而常青的太阳历。两点两线，太阳法则也。①

在这里，需要特别强调的是：在彝族文化中，同样有冬至、夏至这两个时令点。彝族文化解释这两个时令点，是在十月太阳历中出现的，而十月太阳历是用鲁素（华夏称洛书）表达的。彝族文化告诉世人，远在文字产生之前，彝族先贤就以太阳为基准确定出了冬至、夏至。

第二，彝族文化以太阳论阴阳：彝族文化保留了中原早已失传了的彝族十月太阳历。十月太阳历以太阳论阴阳，以太阳论五行，以太阳论干支，以太阳论奇数中的一与九，等等。先讨论太阳与阴阳，彝族十月太阳历将一个太阳回归年分为前后两节，前一节为阳年，后一节为阴年。阴年阳年，合于太阳在两条回归线之间的一来一往。太阳南来，即从南回归线到北回归线，这一节为阳年。阳年，天气一天天变暖变热；太阳北返，即从北回归线返回南回归线，这一节为阴年。阴年，天气一天天变凉变寒。阴阳，与太阳相关，与天气的冷热相关。彝族先贤以太阳论阴阳，时间与空间上是两个线段：从时间上看，夏至到冬至这一时间段为阳，冬至到夏至这一时间段为阴；从空间上看，

① 刘明武：《两点两线下的中医文化》，《彝族文化》2014 年第二期。

南回归线到北回归线这一空间段为阳，北回归线到南回归线这一空间段为阴。彝族十月太阳历规定了两个年节，冬至过大年，夏至过小年（火把节）。冬至，是太阳回归年的起点；夏至，是太阳回归年的转折点。以冬至、夏至为大小两个年节说明了什么？对太阳的敬畏，是对太阳法则的自觉遵守。

第三，华夏文化以太阳论阴阳：阴阳与冬至、夏至有直接联系，阴阳与太阳又有间接的联系，《周髀算经·天文历法》有如下之论述："故冬至从坎阳在子……故曰寒。夏至从离阴在午……故曰暑。"冬至论阳，夏至论阴，一阴一阳是由冬至、夏至决定的。冬至、夏至由何而定？由日影而定。以两至论而出的阴阳，是可以定量的，而且可以严格定量。阴阳定量，一定量在空间中，二定量在时间中：阴阳的空间定量，是冬至日影最长，夏至日影最短。《周髀算经·天体测量》中记载的实际数据是：冬至，日影一丈三尺五寸；夏至，日影一尺六寸。冬至夏至，定量于日影之下。一阴一阳定量于两至之中。阴阳的空间定量，定量于日影的长短两极。阴阳的时间定量，是冬至、夏至可以定量于一定的天数之中。《周髀算经·七衡六间》："凡为日月运行之圆周，七衡周而六间，以当六月节，六月为百八十二日八分日之五。"从冬至到夏至 6 个月，时间长度是 182 天；从夏至到冬至 6 个月，时间长度是 182 天。冬至论阳，夏至论阴，两个时令点中阴阳同样可以定量。阴阳的时间定量，定量于太阳回归年时间的一分为二。这一定量完全吻合于彝族十月太阳历一年分两节，前半年为阳，后半年为阴的结论。一阴一阳在彝族文化中，就是寒暑分界的两个线段。①

第四，两点两线与五行：春夏秋冬四时，是今天所采用的太阳历。金木水火土五行，是四时之前太阳历。四时五行，名称不同，实质相同，都是太阳历季节的划分，都是两点两线基础上进一步的细分。两点两线间距的一分为二即一寒一暑（一阴一阳），一分为五即金木水火土五行，一分为四即春夏秋冬四时。

第五，两点两线与六气：两点两线间距一分为十二即十二月。六气，发源于十二月太阳历。六气有两种分法，是在彝族文化中出现的。具体分法如下。

（1）一年分六气：冬至，萌气；夏至，沉气；立春，生气；立秋，收气；立夏，长气；立冬，藏气。萌气、生气、长气，从冬至开始的前半年的三气，从萌气到长气，气一步步上升。沉气、收气、藏气，从夏至开始的后半年的三气，从沉气到藏气，气一步步沉降。六气一年一循环，周而复始，原始反终，终则有始。

（2）一年两分的六气：《宇宙人文论·论闰年闰月和大月小月》②中有一幅"闰

① 刘明武：《两点两线下的中医文化》，《彝族文化》2014 年第二期。

② 罗国义、陈英翻译：《宇宙人文论》，民族出版社 1982 年版，第 138 页。

年闰月图”，这幅图的注释中出现六气之说：十一月为天一气，五月为地一气；十二月为天二气，六月为地二气；正月为天三气，七月为地三气；二月为天四气，八月为地四气；三月为天五气，九月为地五气；四月为天六气，十月为地六气。天论阳，地论阴。一月一气，前六个月为阳六气，后六个月为阴六气。重大的变化点是太阳相交于南北回归线决定的。十一月即子月，太阳相交于南回归线；五月，即午月，太阳相交于北回归线，子午两点是寒暑（阴阳）二气的转化点。彝族文化以太阳为坐标合理地解释了六气的来源。六气，实际上是十二月一分为二分出的阳六气、阴六气。为何以十一月为天一气？因为冬至在十一月。

（3）以太阳论六气：六气，是在十二月、二十四节气中出现的。《周髀算经·日月历法》：“外衡冬至，内衡夏至，六气复返，皆谓中气。”内衡，夏至点的太阳轨迹；外衡，冬至点的太阳轨迹。太阳从内衡到外衡，一共六个月，从外衡到内衡，也是一共六个月。太阳在内外衡之间循环一次一共十二个月。

十二个月含二十四节气，二十四节气分十二节十二气，每个月一节一气，月初为节，月中为气。从内衡到外衡的六个月中亦含六节六气，从外衡到内衡的六个月中含六节六气。“六气复返”一共十二气。六气，一具有严格的规定性，二具有无限循环的规律性。六气与五运一样，均出于太阳历——五运出于分五季的十月太阳历，六气出于分四时的十二月太阳历。五运六气，均是两点两线之间距离的进一步细分。①

第六，从天文学看冬至、夏至：从今天天文学的立场上看，冬至太阳相交于南回归线，夏至太阳相交于北回归线，这里是寒暑转换的起始点。寒阴暑阳，阳极生阴，阴极生阳。阳旦是阳气萌发的第一天，阴旦是阴气萌发的第一天。阴旦、阳旦，可以合理地解释寒暑二气的循环与转换，也可以合理地解释“阳极生阴，阴极生阳”。天文，表达的是太阳与地球的两个对应点；地理，表达的是寒暑二气即阴阳二气的两个升降点；物理，表达的是万物“一岁一枯荣”的两个生死点；气候，表达的是无穷交替的一寒一暑；在历，表达的是两个重要的节令冬至与夏至；运动，表达的是太阳视运动在南北回归线之间的一来一往；时间之中，表达的是一岁的起点与转折点；立杆测影，表达的是日影最长点与最短点。人文之文起于天文，人文之书起于无字之书，中华大地上的第一部书——洛书是无文字的数字书，数字书是表达史前天文历法的。②

第七，从子午两点的转换看冬至夏至：月序、日序是时间。子午对应南北，子北午南表达的是空间。十二支，从古至今无时不在、无处不在。日中为午，夜半为子，

① 刘明武：《两点两线下的中医文化》，《彝族文化》2014年第二期。
② 刘明武：《天文历法与中医十大基础问题解答》，《彝族文化》2013年第二期。

这里的子午表达的是一日之内的阴阳转换。医院住院部的临床医生会发现与“子午流注”有关的奇特现象：人的生命力中午 12 点最强，夜里 12 点最弱。笔者过去在住院部当值夜班医生时，就发现半夜去世的病人最多，这就是与“子午流注”有关。午表夏至，子表冬至，这里的子午表达的是太阳回归年的阴阳转换。子午两点的阴阳转换，规律而永恒。地图上的子午线，表达的是空间，十天干同样可以表达空间。明白了干支的时空意义，认识了干支与天文历法的关系与冬至、夏至，南回归线、北回归线的关系，就明白了《黄帝内经》以干支为基础的奥秘所在。万物与人，其生命过程均与循环运行的气候相关，这就是《黄帝内经》以五运六气为基础的所以然。气候正常，万物正常，人也正常。气候异常会引起动物与人的疾病，严重的气候异常会引起大面积的疫病。以气候异常论疫病，这一论证方式具有永恒性。天干地支，在彝族文化中也有解释，彝文典籍《土鲁窦吉》《宇宙人文论》《彝族通史》中都有记载。干支在今天有没有意义，看看每张地图的子午线，看看《辞海》中的干支纪年表，马上就会一目了然。

第八，天地之正纪与冬至、夏至的关系：《黄帝内经》出现了“以四时论之”的论证方式。以四时论养生，以四时论脉象，以四时论脏腑，以四时论气血，以四时论针刺，以四时论疾病。一时有一时之病，四时有四时之病。春夏秋冬四时，中医文化称之为天地之正纪。《黄帝内经·素问·至真要大论》：“气至之谓至，气分之谓分，至则气同，分则气异，所谓天地之正纪也。”这句话的意思是：一种气的极点谓之至，冬至、夏至是也。二种气的平分点谓之分，春分秋分是也。冬至，阴气之至；夏至，阳气之至。春分秋分，阴阳二气平均平分。春分秋分，是太阳相交于赤道的两个点：太阳在两条回归线间由南而北，相交于赤道，这个点是春分；由北而南，这个点是秋分。冬至夏至是太阳相交于南北回归线的两个点。天地之正纪，就正在太阳与地球的四个对应点上。阴阳二气规律而循环在这四个点上：冬至，阴气的极点，阳气的上升点；夏至，阳气的极点，阴气的下降点。升降出入，阴阳变化，四个点规律而永恒。冬至，万物萌芽点；春分，万物生长点；夏至，万物茂盛点；秋分，万物成熟点。太阳与地球的四个对应关点，被《黄帝内经》界定为“天地之正纪”。而“天地之正纪”，正是中医文化、彝医文化论证养生、论证疾病的基本依据。

第九，八节八风与冬至夏至的关系：八节，以冬至为首，又以冬至为终，依次顺序是冬至、立春、春分、立夏、夏至、立秋、秋分、立冬；八风，即东风、西风、南风、北风，东北风、东南风、西南风、西北风。

《黄帝内经·灵枢·九宫八风》揭示出了八节与八风、正风的对应关系：立春，对应东北风；春分，对应正东风；立夏，对应东南风；夏至，对应正南风；立秋，对应西南风；秋分，对应正西风；立冬，对应西北风；冬至，对应正北风。《黄帝内经·灵枢·九宫八风》中的八种邪风判断标准如下：春分，西风为邪，南风、北风亦为邪；夏至，北风为邪，东风、西风亦为邪；秋分，东风为邪，南风、北风亦为邪。冬至，南风为邪，东风、西风亦为邪；立春，西南风为邪，偏离东北45°的风均为邪；立夏，西北风为邪，偏离西北45°的风均为邪；立秋，东北风为邪，偏离西南45°的风均为邪；立冬，东南风为邪，偏离西北45°的风均为邪。邪风判断标准，是中医文化的瑰宝。世界民族之林中，这一瑰宝是唯一的。邪风致病。“风为百病之始”。相同的话，相似的观点，在一部《黄帝内经》中重复了多次。风致百病，实际上是邪风致百病。四种邪风四种病：春，邪风伤肺；夏，邪风伤肾；秋，邪风伤肝；冬，邪风伤心。八种邪风会引起多种疾病，《黄帝内经·灵枢·九宫八风》揭示了八种邪风与多种疾病的对应关系：冬至南风为邪，内伤心脏外伤血脉，主热性疾病；夏至北风为邪，内伤肾脏外伤骨骼，主寒性疾病；春分西风为邪，内伤肺脏外伤皮肤，主燥性疾病；秋分东风为邪，内伤肝脏外伤筋节，主湿病；立春西南风为邪，内伤脾脏外伤肌肉，主衰弱性疾病；立夏西北风为邪，内伤小肠外伤手太阳经脉，会致人猝死；立秋东北风为邪，内伤大肠外伤两胁肋、腋下、骨骼及肢节，主衰弱性疾病；立冬东南风为邪，内伤脾胃外伤肌肉，主身体沉重。一种邪风一种病，八种邪风八种病。邪风致病，病是流行性疾病。邪风致病，病是流行性疫病。邪风致病，病一方，病在千家万户。正风也可致病，正风致病，病在一人，病在一家一户。

至于五行解释空间，彝族先贤留下了一篇《说五行方位》的文章，摘录于下。

说五行方位

有了清浊二气，形成了天，形成了地，日月得以运行。

宇宙形成的初期，五行还没有形成的时候，天的威望不高，地的威望不显，虽然给万物以生命，但是没有赋予万物生存的根本条件。

清气和浊气不断地变化，产生了五行。金、木、水、火、土，遍布地面上，一行居一方，各有各的根本：五行中的木，主管着宇宙的东方，东方的一切权力归它管；五行中的金，主管着宇宙的西方，西方的一切权力归它管；五行中的火，主管着宇宙的南方，南方的一切权力归它管；五行中的水，主管着宇宙的北方，北方的一切权力归它管；五行中的土，主管着宇宙的中央，中央的一切权力归它管。

从此以后，天上的星宿、地上的江河，有生命会动的，有气血循环的，根本都很好，一向很美满。之所以如此，全靠五行管着。

这里所说的五行，首先是解释空间的。五行解释了空间中的东南西北中。同时，五行也解释了天上的星宿，地上的江河，以及一切生命。

第十，五行中的时间观。云南天文台李维宝先生在其大作《云南少数民族天文历法研究》中，专门介绍了汉族文献所记载的五行十月太阳历：

其一，《尚书》中的五行历。《尚书·洪范》：“五行：一曰水，二曰火，三曰木，四曰金，五曰土。”李维宝先生认为，位于九畴之首的五行，所表达的是五行十月历。依据有二：一是从农业生产角度上看，早期的历法是安排生产的根本大法，所以早期的君王均以历法为立政之本；二是从皇权角度上看，历法象征皇权，所以早期的君主上台后，第一件事就是颁布历法。五行，位于九畴第一畴，所以应该是历法——五行十月历。

其二，《礼记》中的五行历。《礼记·礼运》：“故圣人作则，必以天地为本，以阴阳为端，以四时为柄，以日星为纪，月以为量，鬼神以为徒，五行以为质。……是故夫礼，必本于大一，分而为天地，转而为阴阳，变而为四时。”李维宝先生认为，这段话解释的是历法。一年之内，首先分阴阳两截，彝族、苗族等同胞都是这样划分的。太阳从南回归线出发到达北回归线，这半年温度一步步升高，为阳年。太阳从北回归线出发到达南回归线，这半年温度一步步降低，为阴年。苗族同胞以冬至为阳旦，以夏至为阴旦；阳气始于冬至，阴气始于夏至。一年先分阴阳两截，再划分四时五行。圣人做则，做的是阴阳五行历。

彝医对人体三阳经（清气）、三阴经（浊气）的描述，虽然不是系统完整的经络理论，但已经认识到命门是生命的根基（气出于七窍，脐底之上生），心脏是生命的主宰（气路第一条，由心中经过），生命是以运动的方式存在（气血流通了，运动不停息），身体健康，必须得保持气血流通。水不能制火，是由于木燥火发金伤（水不经火处，金不能克木）。

二、河图、洛书是彝医基础理论的重要基石

彝、汉两个民族源头文化上的相似性，说明了这样一个问题：在早期的中华大地上，在最初的先贤那里，两个民族一定有过相当长的频繁的交往期，否则，无法解释源头文化的相似性。源于《周易》的图书，几千年来像谜一样地吸引、困惑后人。中原汉族无法解答的问题，去山上，去边疆，去云贵川民族地区找，我们就会惊奇地发现：

彝族文化里有图书，有图书之形、图书之数和图书的解释。中华文化的源头在图书里，借助彝族文化，我们对中原的图书会有新的认识和解读。

西北大学孟凯韬教授认为：世界有十二大规律，即对立统一规律、三五生成规律、顺逆转化规律、物极而反规律、消长对称规律、正反相抵规律、分浑交替规律、量变质变规律、渐变突变规律、性状无穷规律、差异永存规律和否定之否定规律。这十二大规律是世界万物发展变化的普遍规律，其中的顺逆转化规律和物极而反规律决定世界万物发展变化的总体趋势，消长对称规律和正反相抵规律统摄世界万物发展变化全过程，更是世界万物无法逾越的。河图、洛书是古代先贤留下的一本“无字天书”，几千年来，像谜一样吸引着、困惑着无数后人，这是哲理科学值得研究的问题。

（一）图书的由来与无法解释、隐藏的谜底

图书之说源于《周易》。《周易·系辞上传》曰：“河出图，洛出书，圣人则之。”这里是图书之说的发源地。1973 年马王堆出土的帛书《周易》中，同样有这句话：“河出图，洛出书，圣人则之。”“图”与“书”，在《周易》里是两个单音词——图是图，书是书，《汉书》将二者合二为一，变成了一个双音合成词——“图书”。《汉书·五行中》曰：“河洛出图书。”从此，中华大地上有了“图书”一词。

儒家十三经与道家三玄皆以《周易》为首，《周易》以六十四卦为首，六十四卦源于八卦，按照这一顺序就可以得出结论：中华文化的源头在八卦。如果没有图书之说，这一结论是坚实可靠的。问题是，流行本《周易》与马王堆出土的帛书《周易》中都出现了图书之说。两种《周易》在卦序、文字上有相当的区别，但在“河出图，洛出书，圣人则之”一说上却是完全一致的。两种《周易》谈图书，都是独立而论的。图书与八卦有没有关系？是什么样的关系？追溯中华文化之源，无论如何不能回避图书与八卦的关系。

八卦是圣人的作品，是“仰观天文，俯察地理”之后的产物，这是两种《周易》的共同结论。图书是圣人“则之”的图书，这也是两种《周易》的共同结论。则，在名词中有准则与参照坐标之意，在动词中有效法之意，在哲理中有“必须如此”之意。图书是圣人效法的坐标，八卦是圣人的作品，由此论之，图书是不是比八卦更具有根本性？根本性起码体现在两个地方：一是时间上在先，即图书产生在八卦之前；二是图书本身就是八卦的参照物，即八卦诞生时曾经参照、参考过图书。如此推理，在《周易》找不出直接与间接的答案，所以，图书问题像谜一样，吸引着，也困惑着一代代研究者。对图书的研究，在汉代，尤其是在宋代，出现了一大堆成果。但是，这些成果因为欠

缺根源上的依据，所以并没在真正解开图书之谜。[①]

（二）彝族文化里有图书

近20多年来，云、贵、川三地的彝族同胞将先贤传下来的典籍结集出版。《西南彝志》《宇宙源流》《土鲁窦吉》《宇宙人文论》等一批典籍，出现在了世人面前。

广东珠海的刘明武先生，在云南彝族的古籍文献里发现了图书之数，在贵州古籍文献里发现了图书之数与图书之形，更为宝贵的是，在这里还发现了对图书的文字解释。洛书在先，河图在后；洛书中含有的是十月太阳历，河图中含有的是十二月太阳历，这种解释出现在贵州的《土鲁窦吉》一书中。土、鲁与图、洛，只是字音上的一点儿方言差异。土鲁窦吉，汉语的意思是“宇宙生化”。彝族文化解释图书，从一开始就解释在了宇宙发生论上，从一开始就解释在天文历法上。这里没有出现汉族关于图书的神话，例如河马、神龟。

（三）洛书中的十月太阳历

洛书，彝族名称为“鲁素”，译为“龙书”。龙书图形与汉族洛书图形一模一样。彝族说：抽象之图可以表达书不能尽的言，可以表达言不尽的意，可以表达宇宙演化的大道理。洛书首先表达的是由天文转化出的历法——十月太阳历。为了方便读者，本书称“龙书”为彝族文化里的“洛书”。

第一，十月太阳历的基本结构。彝族十月太阳历的基本结构由年、季、月、日、节气与过年日六大元素组成。一年分五季、十月、20个节气，过一大一小两个年。以五行论五季，以十天干论月序，以阴阳论奇数月与偶数月，以十二属相论日，大小年独立于月之外。详细介绍如下：

（1）关于季。一年分五季，五季用土、铜（金）、水、木、火、土五行分公母来表达。土公土母一季72天，铜公铜母一季72天，水公水母一季72天，木公木母一季72天，火公火母一季72天，五行五季共360天，一季分公母两个月，一月36天，十个月360天。

（2）关于月。一年十个月，月序一为五行即土、铜（金）、水、木、火分公母纪月，亦即一月土公月、二月土母月、三月铜公月、四月母铜月、五月水公月、六月水母月、七月木公月、八月木母月、九月火公月、十月火母月；二为十兽即以虎、水獭、鳄鱼、蟒、穿山甲、麂子、岩羊、猿、豹子、四脚蛇为序纪月。

一月36天中有两个节气，18天一个节气，一年有20个节气。

（3）关于年。五季十个月360天，加上5—6天的过年日即365天或366天为一年

---

① 南京中医学院编著：《黄帝内经素问译释》，上海科学技术出版社1991年版，第28、56页。

的时间长度。在冬至、夏至两个节气过大、小两个年。平均有 5 天过年日，大年 3 天，小年 2 天。闰年有 6 天过年日，大、小年均 3 日。过年不计算在月内，单独计算为阴阳生生不息、周而复始的交替日。

每四年一闰，年的平均数据为 365.25 天。这个数据，在《周髀算经》中是太阳回归年数据。年在彝文中有回转之意，指的是太阳视运动在南北回归线之间的回转。

（4）关于日。一月 36 天分三旬，每旬十二日。用虎、兔、龙、蛇、马、羊、猴、鸡、犬、猪、鼠、牛为序来纪日。十二日转三圈，就是一月。十二月转 30 圈，就是一年。同样是十二属相，彝汉两族的排列顺序有所差别，汉族以鼠为首，彝族以虎为首。

（5）关于月的阴阳属性。月分雌雄（公母），一季分雌雄两个月。彝族将一季中的两个月分雌月与雄月。以阴阳论之，则是奇数月为阳，偶数月为阴。

（6）关于大、小年的确定。以太阳在南北回归线之间的视运动确定冬夏，再以冬夏确定大、小年。当太阳视运动达到最南点（日至南）时为冬至，到达最北点（日至北）为夏至。冬至过大年，夏至过小年。不同地方的彝族，大、小年过法也有不同，有些地方冬至过小年，夏至过大年。

（7）关于北斗星的介入。十月太阳历还要兼顾北斗星的因素。以北斗星的斗柄指上下两个指向确定寒暑。北斗星斗柄正下指时为大寒，北斗星斗柄正上指时为大暑。大暑，是彝族的火把节。

第二，洛书中的十月太阳历。先看彝族文化里的洛书之形，彝族龙书与汉族洛书完全一致。

再看彝族文化里的洛书之数。《土鲁窦吉·论十二支》中出现了洛书之数：

天一与天九，合二生成十，居南方北方。

天三与天七，合二生成十，居东方西方。

地二与地八，合二生成十，居东北西南。

地四与地六，合二生成十，居西北东南。

天一与天九，天三与天七，地二与地八，地四与地六，天数论阳，地数论阴，四组天地之数的和均等于十。这里的天地之数，与宋代文献里的洛书之辞“戴九履一，左三右七，二四为肩，八六为足”相似相通。

洛书中的天地之数可以论空间，论时间中的年月日，论一年中的 365.25 天。具体的论述如下。

以阳数九论夏季 72 天，以阳数一论冬季 72 天，以阳数三论春季 72 天，以阳数七论秋季的 72 天。这里的四个 72 天，分布在洛书的四方。

以阴数八论冬春之间的 18 天，以阴数二论夏秋之间的 18 天，以阴数六论秋冬之间的 18 天，以阴数四论春夏之间的 18 天，这里的四个 18 天，分布在洛书的四隅。

72×4=288，18×4=72，288+72=360（天）。

四个阳数四个阴数表达了一年五季，表达了 360 天。

阳数五，为中央中枢之数，对应的是夏季。

十月太阳历，在洛书之中与天地之数，亦即奇偶之数融合在了一起。

第三，洛书与先天八卦的融合。关于洛书与先天八卦的融合，《土鲁窦吉》的解释是：乾卦在天九的位置上，坤卦在天一的位置上，离卦在天三的位置，坎卦在天七的位置上；乾坤离坎四卦分布在东西南北四方。

震卦在地八的位置上，巽卦在地二的位置上，艮卦在地六的位置上，兑卦在地四的位置，震巽艮兑分布在东北、西南、西北、东南四隅。

洛书与先天八卦如此融合在了一起，凡洛书所表达的所有内容，先天八卦一样能表达。

（四）河图中的十二月太阳历

河图的彝族名称为“付托”，意思是阴阳相配，彝译汉翻为“联姻”。与洛书一样，河图表达的是宇宙演化的大道理，但首先表达的是历法。与洛书不同的是，河图表达的是十二月历。

第一，十二月太阳历的基本结构。十二月太阳历与十月太阳历的基本结构完全一样，同样是分季、分月、分日、分节气。所不同的是，变五季为四季，变一季 72 天为 90 天，变十月为十二月，变 20 个节气为 24 个节气。详细介绍如下。

（1）关于季

一年分四季，一季 90 天。四季继续用金木水火土五行来表达，多出了一个长夏对应五行之土。

（2）关于月。一季三个月，一年四季十二个月，月序一、二、三、四、五、六、七、八、九、十、十一、十二，用地支子、丑、寅、卯、辰、巳、午、未、申、酉、戌、亥来表达。月分大小，大月 30 天，小月 29 天，一个月有两个节气，15 天左右一个节气，一年十二个月有 24 个节气。月份分大分小，是朔望月的特征。月亮的因素进入了十二月历。

（3）关于年。一年的时间长度仍然是 365.25 天，实际五年中有两个闰月，这和《周易·系辞上》中的“五岁再闰”是一致的。五年有两个闰月即“五岁再闰”是太阳历与太阴历合二为一的特征。彝族的十二月历与《周髀算经》《黄帝内经》的太阳回归年论岁、以月亮圆缺论月的阴阳合历具有一致性。

第二，河图中的十二月太阳历。先看彝族文化里的河图之形，彝族图书与汉族河图没有任何差别。

再看彝族文化里的河图之数。河图之数与洛书之数同一个出处，都出于《土鲁窦吉·论十二支》中：

天一地六水，地二天七火，
天三地八木，地四天九金，
天五地十土，立天地根本。
五十五数中，天有二十五，
用来象征天，地数有三十，
用来象征地。

天一地六，地二天七，天三地八，地四天九，天五地十，天数论阳，地数论阴，五组天地之数论五行金、木、水、火、土。

在《土鲁窦吉》一书中，金木水火土五行可以对应时间上的春夏秋冬，可以对应空间中的东西南北中。以五行为桥梁，就可以顺理成章地理解图书之数所表达的十二太阳历了。

图书之数与十二月太阳历的关系，具体融合如下：

以三八论春季 90 天；以二七论夏季 90 天；

以四九论秋季 90 天；以一六论冬季 90 天。

三八、二七、四九、一六四组奇偶之数，一可以表达东西南北四方，二可以表达春夏秋冬四季。一季 90 天，四季（4×90）360 天，再加上两个过年日的 5—6 天，五年闰两个月，平均下来，一年的时间长度仍然是 365.25 天。河图以极其简易的方式，表达了四季十二月。

洛书的五季在河图中变为四季，洛书的一季 72 天在河图的一季变为 90 天。五季变四季，只是术之层面的变化，而不是根本依据上的变化。十月历、十二月的根本依据，是太阳的视运动，是太阳在南北回归线之间的视运动，冬至、夏至太阳回转的规律没有变。

五年闰两个月，这与中原大地上阴阳合历的“三年一闰，五年再闰”是一致的。显然，彝族十二月太阳历汲取了月亮朔望的因素。

第三，河图与后天八卦的融合。关于河图与后天八卦的融合，《土鲁窦吉》的解释是：

震、兑、离、坎四卦分布于东西南北四方；坤卦位于西南，乾卦位于西北，巽卦位于东南，艮卦位于东北。

震卦合于三八之数，兑卦合于四九之数，离卦合于二七之数，坎卦合于一六之数。乾坤巽艮四卦分布在四方之数相交的四隅的位置上。河图与后天八卦如此融合在一起，凡河图能表达的内容，后天八卦一样能表达。①

源头清，底气足。有其源，才有浩浩荡荡之长江；有其根，才有郁郁苍苍之大树。自然哲理原本如此，从来如此。那么，人文哲理呢？刘明武先生认为：真切地希望借助彝族文化重新认识源头的中华文化——图书与八卦。因为，源头的中华文化孕育出了领先于世界的中华文明。彝族文化里一有图书之形，二有图书之数，三有对图书的文字解释。彝族文化里的图书，从根本上说是表达宇宙发生论的，从具体上说首先表达天文历法——两种太阳历。可以肯定地说：在没有文字之前，彝族文化用抽象的符号河图、洛书和八卦来表达历法。

三、一阴一阳的四大特征

（一）人文的源头在天文

研究中华文化，一定不能忘记“仰观天文”这个基本点。请看下面两个论断。

其一，《周易·贲·彖传》：“观乎天文，以察时变；观乎人文，以化成天下。”

其二，《周易·系辞下》：“古者包羲氏之王天下也，仰则观象于天，俯则观法于地，观鸟兽之文与地之宜，近取诸身，远取诸物，于是始作八卦，以通神明之德，以类万物之情。”

天文在先，人文在后，这是第一个论断揭示出的先后顺序。“观乎天文”的落脚点在“以察时变”，“观乎人文”的落脚点在“以化成天下”。人文化天下，核心在一个“时”字。时间之时可以论天道，《尚书·大禹谟》中有“时乃天道”之论。没有时间之时，就没有自觉地耕种。没有自觉地耕种，就没有农业文明。以天时论人时，这是从天文到人文的第一步。人时合于天时，是天人合一的第一合。天人第一合是从“观乎天文”开始的。

仰观天文在先，创造八卦在后，是第二个论断揭示了前因与后果。观天文，观地理，观鸟兽之文与地之宜，取诸物取诸身，如此“三观两取”，是创造之前的观察。做出“以通神明之德，以类万物之情”的八卦，这是观察之后的创造成果。全部活动，是从仰观天文开始的。全部活动，其结果是世界的东方出现了八卦。八卦表达的是太阳历八节，

① 南京中医学院编著：《黄帝内经素问译释》，上海科学技术出版社 1991 年版，第 76、96 页。

这一问题会在下面讨论。此处强调的是，人文的创造是从仰观天文开始的。

（二）天文观测的第一对象是太阳

对于大地即地球来说，天文中第一重要的是太阳。仰观天文，是从观测太阳开始的。请看以下两个佐证。

其一，尧时代仰观天文，首先是从仰观太阳开始的。《尚书·尧典》："历象日月星辰，敬授民时。"日月星辰，太阳排位第一。"民时"者，天文历法也。一个"时"字，是从天文历法开始的。"四时"一词，是在《尚书·尧典》中出现的。四时者，春夏秋冬也。四时者，民时之时也。

其二，伏羲氏时代仰观天文，首先是从仰观太阳开始的。《周髀算经·日月历法》："古者包牺神农，制作为历，度元之始，见三光未如其则，日月列星，未有分度。日主昼，月主夜，昼夜为一日。"包牺，后史称伏羲氏。伏羲与神农时代的中华先贤，就开始了"三光"的观测。三光者，日月星。日月星，太阳排位第一。"制作为历"，首先制作的应该是太阳历。

仰观天文，太阳是第一观测对象。制定天文历法，太阳历应该是第一历。没有天文区分出的岁月、节令，绝对不会出现农业文明。天文学是人类第一学，这是东西方学界的共识。历法是人类第一法，则是笔者的结论。天文历法，中外皆有。特殊的是，中华先贤从天文历法中抽象出了一套完美的哲学。

完美的哲学以阴阳五行、天干地支为核心，最为基础的是一阴一阳。只有清楚地解释了一阴一阳，中国哲学的全部奥秘就会一览无余，所以本文讨论的重点在一阴一阳。

人文的源头在天文，天文中第一重要的是太阳，研究人文，如果忘记了天文，如果忘记了太阳，根本无法打开中华文化的大门。

（三）冬至夏至的确定与一阴一阳的抽象

第一，冬至夏至的确定。观测太阳，中华先贤发现了一个规律性的现象，即日影长短两极的变化。

立竿测影，中午的日影有长短两极之变：长极而短，短极而长。

日影最长点，日影长度长达一丈三尺五寸。日影最长这一天，中华先贤定名为冬至。

日影最短点，日影长度仅一尺六寸。日影最短这一天，中华先贤定名为夏至。

日影一长一短的这两个极点，即太阳历的两个基本节令点。

日影长短两极的长度，以及冬至夏至这两个节令名称，是由《周髀算经》记载的。《周髀算经·天体测量》："冬至晷长丈三尺五寸。夏至晷长一尺六寸。"

中华大地上的太阳历，实际上经历了多次改革，但是无论怎样改革，日影长短两极这两个基本点没有变，冬至夏至这两个节令点没有变。

在民族大家庭，中原华族有太阳历，苗族有太阳历，彝族有太阳历，水族有太阳历，凡是有太阳历的民族，都非常重视冬至、夏至这两个节令。

从太阳历入手，也许会找到各民族文化在源头处的同根同源性。

第二，一阴一阳的抽象。正是在日影长短两极的变化中，正是从冬至、夏至这两个节令点之中，中华先贤抽象出了一阴一阳。太阳，是一阴一阳的第一发源地。关于这一点，中原文化与少数民族文化中均有记载。

《苗族古历》："冬至阳旦，夏至阴旦。"这是苗族太阳历所记载的阴阳。冬至夏至，是太阳历的两个基本节令。苗族文化中的一阴一阳，抽象于太阳历的两个时令点。苗族太阳历告诉世人，阴阳的第一发源地在太阳。

"一年分两截，两截分阴阳。"这是彝族十月太阳历所记载的阴阳。两截之分，分于太阳回归的一来一往。彝族文化中的一阴一阳，抽象于太阳历回归年的两个时令段。彝族十月太阳历告诉世人，阴阳第一发源地在太阳。

《周髀算经·日月历法》："故冬至从坎阳在子，日出巽而入坤，见日光少，故曰寒。夏至从离阴在午，日出艮而入乾，见日光多，故曰暑。"中原华夏文化中的阴阳，区分于冬至、夏至这两个时令点。《周髀算经》告诉世人，阴阳的第一发源地在太阳。

阴阳的第一发源地在太阳，是苗族、彝族等多个民族的共同结论。

除了第一发源地之外，一阴一阳还有第二个发源地，这就是太阳与月亮。日月论阴阳，昼夜论阴阳，集中在以下三个论断中：

《周易·系辞上》："阴阳之义配日月。"

《黄帝内经·素问·阴阳离合论》："日为阳，月为阴。"

《周髀算经·陈子模型》："昼者阳，夜者阴。"

日往月来，形成的是昼夜。昼夜，是周日的一阴一阳。阴阳的第二发源地在日月。

寒暑与昼夜，可以实证，可以重复，可以测量，可以定量。

第三，一阴一阳构成的人文成果。源于太阳月亮的一阴一阳，构成了一系列基础性的人文成果。文字之前的一阴一阳，组成了洛书、河图、八卦。

洛书（彝族称鲁素，汉语意思为龙书），表达是十月太阳历，这是彝族典籍《土鲁窦吉》（汉语翻译为"宇宙生化"）的解释。十月太阳历分五季，五季称五行。十月太阳历的五季，是五行的发源地。一季连着一季，这是五行相生的奥秘。这一时间段的所生之物，在相隔的那一时间段会成熟会枯萎，这是五行相克的奥秘。敬请注意，洛书与鲁素，语音极为相近。

河图（彝族称付托，汉语意思为联姻），表达是以十二月太阳历为基础的阴阳合历，这同样是彝族典籍《土鲁窦吉》（汉语翻译为“宇宙生化”）的解释。十二月太阳历分四时，从此四时取代了五行。但五行所区分出五方（东西南北中），仍然完整地保留在了四时之中。敬请注意，河图与付托，语音极为相近。

八卦，表达的是太阳历八节。这是汉族、彝族的共同解释。《尸子》：“伏羲始画八卦，别八节而化天下。”一卦一节，八卦八节。以冬至为起点，依次顺序是立春、春分、立夏、夏至、立秋、秋分、立冬，太阳历的八节，这就是八卦的原始意义。

阴阳五行、图书八卦的形成时期，在中华大地上，这是人文的奠基时期。《易经》、《黄帝内经》、《周髀算经》和失传了的《乐经》，如此一部部经典的形成时期，在中华大地上，这是人文的辉煌时期。百花齐放的诸子百家时期，则是人文的茂盛时期。这三个时期的基本标志是：大原则是以天文天道为纲，具体原则是以太阳为纲，以日月为纲。

这里有必要区别一个问题：源头的算卦与今天算卦。源头的算卦，计算的天文变化，推演的节令变化。今天街头的算卦，计算的寿命长短与功名利禄的有无。天道与迷信，南辕北辙，风马牛不相及，这就是古今算卦的原则差别。

（四）基本特征

发源于太阳的一阴一阳，具有规定性、循环性、永恒性、常青性四大特征。分述如下。

第一，规定性。规定性，是一阴一阳的第一特征。规定性，体现在 5 个地方。

其一，空间中的规定性。中午的日影，一岁之中变化在长短两极。影长一丈三尺五寸，这是日影长极的长度。一尺六寸，这是日影短极的长度。极点之极，就是空间中的规定性。日影的长短两极，是一阴一阳在空间中的严格的规定性。

其二，时间中的规定性。从冬至到夏至为 6 个月，从夏至到冬至同样是 6 个月，6 个月的时间长度，《周髀算经 · 七衡六间》的记载是 182 天。太阳回归的两截之分，是一阴一阳在时间中的严格的规定性。

其三，节令定名之中的规定性。日影最长点，冬至。日影最短点，夏至。至者，止也。日影到此为止也。冬至、夏至的命名，一个“至”字，体现的是严格的规定性。

其四，南北两条回归线的规定性。冬至，太阳直射于南回归线；夏至，太阳直射于北回归线。太阳与两条回归线之间两点一线的对应关系，不会出现一丝一毫、一分一秒的差错。南北两条回归线，体现的是不是严格的规定性？从两条回归线抽象出的阴阳，具有严格的规定性。

其五，日出方位的规定性。日出东方，这是一日的规定性。日出变化在东南、东北两个方位上，这是一岁的规定性。“日一南而万物死，日一北而万物生。”这是汉朝扬雄在《太玄 · 玄摛》留下的论断。“日一南”，指的是日出方位从东北向东南的变化。“日一北”，指的是日出方位从东南向东北的变化。日出东北，冬至；日出东南，夏至。从冬至到夏至万物生，从夏至到冬至万物死。万物随太阳的回归而变化，变化体现在万物一生一死上。从日出方位中抽象出的阴阳，具有严格的规定性。

第二，循环性。无限循环性，是一阴一阳的第二特征。第二特征，体现在 4 个地方：

其一，寒暑的循环性。冬至，寒；夏至，暑。一寒一暑，是循环变化的。“寒往则暑来，暑往则寒来，寒暑相推而岁成焉。”描述寒暑的循环性，《周易 · 系辞下》留下了如此至理名言。

一寒一暑的循环，是无限循环。无限循环，亘古不变。寒暑论阴阳，从寒暑抽象出的阴阳，具有无限循环性。

其二，日出方位的循环性。太阳回归，除了日影长短两极的循环，还有日出方位东南、东北两方位之间的循环。日出两方位之间的循环，是无限循环。无限循环，亘古不变。从日出方位抽象出的阴阳，具有无限循环性。

其三，万物枯荣的循环性。“离离原上草”为什么会有“一岁一枯荣”的循环？其根源在于太阳在南北两条回归线之间的无限循环。

“离离原上草”的枯荣循环，是无限循环。无限循环，亘古不变。从草木枯荣循环这里显示出的阴阳，具有无限循环性。

其四，阴阳二气升降的循环性。阳升阴降，是中华先贤认识到的自然哲理。《黄帝内经 · 素问 · 六微旨大论》：“是以升降出入，无器不有。”“升降出入”，说的是阴阳二气的循环运动的形式；“无器不有”，指的是勃勃生机的万物。

阳气何时升？阴气何时降？何时出？何时入？

阳气上升的时间点在冬至，阴气下降的时间点在夏至；阳气露出地面的时间点在春分，阳气沉入地面的时间点在秋分。冬至夏至、春分秋分这 4 个时令点，决定着万物生长收藏的 4 种状态。冬至夏至、春分秋分，这 4 个时令点，一年一循环，年年如此，从远古到永远。升降出入的阴阳二气，具有无限循环性。

第三，永恒性。永恒性，是一阴一阳的第三特征。第三特征，体现在地球与太阳的两点一线对应关系上。

地球，属于太阳系。地球形成的年龄，世界地质界普遍接受的数据是 46 亿年。地球从形成的第一天开始，与太阳之间就构成了两点一线的对应关系。一阴一阳，就形成于地球与太阳的对应关系之中。

在运动中形成的地球，形成之后继续运动。地球运动有三种形式：一是公转，二是自转，三是地轴的倾斜。

地球围绕太阳公转一周，有日影的长短两极之变。地球公转一周，就是一个太阳回归年。整个公转的过程之中，产生了两个点：近日点与远日点。这两个点，是日影长短两极的根源。两点之间的间距，即彝族十月太阳历的“一年分两截”。由近日点到远日点，天气一天天变凉变寒；由远日点到近日点，天气一天天变暖变热。这里是彝族十月太阳历“两截分阴阳”之说的奥秘所在。北半球的远日点，即太阳历中的冬至；北半球的近日点，即太阳历中的夏至。远日点与近日点，是苗族太阳历中的“阳旦阴旦”的奥秘所在。阳旦阴旦，界定出的是两个精确的时间点。“两截分阴阳”，界定出的是两条精确的时间段。——地球公转中的远日点与近日点，是一阴一阳的第一发源地。

地球自转一周，有日影的有无之变。地球自转一周，形成了昼夜。从现象上看，昼夜形成的根本原因在日往月来。从实质上看，昼夜形成的根本原因在地球自转。地球自转一周，产生两个面：向日面与背日面。向日面，白昼；背日面，黑夜。白昼黑夜，形成于地球的自转。向日面为阳，背日面为阴，这里是一阴一阳的第二发源地。

日往月来，是视觉中的现象；昼往夜来，同样是视觉中的现象；背后的决定因素是地球的自转。

地球与太阳之间，始终是动态的两点一线对应关系。太阳历的节令，日影长短两极的变化，均产生于动态的两点一线关系之中。46 亿年以来，动态的两点一线关系，从来就没有改变过。这一关系的永恒性，体现一阴一阳的永恒性。

第四，常青性。常青性，是一阴一阳的第四特征。第四特征，体现在 4 个地方：

其一，太阳回归，年年回归。去年有，今年有，明年还有。源于太阳回归的一阴一阳，展示出常青性。

其二，冬至夏至，一年一循环。去年有，今年有，明年还有。源于冬至夏至的阳旦阴旦，展示出常青性。

其三，日影长短两极，一年一循环。去年有，今年有，明年还有。源于“寒极生热，热极生寒”与“阴极生阳，阳极生阴”之说，展示出常青性。

其四，地球公转一年一循环，地球自转一天一循环，源于地球公转与自转的以阴阳为基础一阴一阳，展示出常青性。

第 五，普遍性。实际上，一阴一阳在四大特征之外，还有另外一个特征——普遍性。

一阴一阳，是从太阳回归抽象出的。一阴一阳，具有普遍性。

（五）一阴一阳抽象与宇宙观的创立

中华大地上的“宇宙”一词，源于一阴一阳。

洛书中的○●两个符号，被彝族文化解读“宇”“宙”。○●可以代表一阴一阳。○●可以解读为“宇”“宙”。

“宇”与“宙”，在先秦被解读为时间与空间。《尸子》：“上下四方曰宇，往古来今曰宙。”

上下一维，四方之中东西一维、南北一维；上下四方，三维空间也。往古来今，一维时间也。四维坐标，形成在“宇”与“宙”的解读之中。

“宇宙”一词中隐含有四维时空，宇宙是○●两个符号的读音。○●为一阴一阳，等量代换，中华先贤所建立的宇宙观起于一阴一阳。

（六）以阴阳为基础的东方数学

太阳回归，变化在一寒一暑即一阴一阳之中。这，本身就是一个严密的数理体系。

第一，奇偶之数。在古希腊，最早重视单双之数的是大哲学家毕达哥拉斯。在中华大地上，奇偶之数是谁的发现，已无从可考。《周易》与《黄帝内经》两部经典共同告诉后人，奇偶抽象于阴阳。阳奇阴偶，这是《周易》与《黄帝内经》的共同结论。

在现代欧洲，利用奇偶之数做出重大贡献的，是德国数学家、哲学家莱布尼茨。奇偶之数在今天，是不是还大有文章可做？！

第二，整数、分数、小数。制定太阳历，中华先贤创造了整数、分数、小数。汉族、苗族、彝族三个民族的太阳历中均记载了 6 个数字：365、365、365、366、1461、365.25。太阳回归周期，有大小之分：一次回归是小周期，四次回归是大周期。大周期之中，前三次回归的时间长度为 365 天，第四次回归的时间长度为 366 天。大周期的时间长度为 1461 天，平均数据为 365.25。几个数据中，出现了整数、小数与分数。

第三，四则运算。彝族十月太阳历分五行（五季），一行的时间长度是 72 天。《管子 · 五行》篇中的五行，每一行同样是 72 天。得出这一数据，需要减法、除法两则运算：

（365-5）÷5=72

（366-6）÷5=72

太阳回归年平均数的得出，需要乘法、加法、除法三则运算：

（365×3+366）÷4=365.25

在太阳历这里，中华先贤已经熟练掌握了加减乘除四则运算。

第四，机械化算法。“观阴阳之割裂，总算术之根源。”追溯算术的源头，大数学家刘徽在《九章算术》的序言中留下了如是论断。算术的根源在阴阳，阴阳的第一发源地在太阳。研究中国算术，一定不能忘记太阳。

源于太阳历的中国算术，与西方的数学并列为东西方两大体系，即中国的机械化算法与西方的逻辑演绎。而今天的计算机数学，恰恰是源于太阳历的机械化算法。

（七）根本问题的解答与根本哲理的揭示

第一，根本问题的解答。宇宙与人生，这是文化与宗教必须回答的两大根本问题。一个简单的“道”字，回答了这两大根本问题。

道论宇宙，老子留下了“道生一，一生二，二生三，三生万物”的论断。

道论人生，老子留下了“人法地，地法天，天法道，道法自然”的论断，孔子留下了“朝问道，夕死可矣”的论断。

何谓道？《周易 · 系辞上》的归纳是：“一阴一阳之谓道。”

四个字叫“一阴一阳”，一个字叫作“道”。一阴一阳组成的自然之道，解答了“宇宙与人生”两大根本问题。

太阳被认为是道的代表，比如以下两个论断：

其一，“日中立竿测影，此一者，天道之数。”（《周髀算经 · 陈子模型》）

其二，“道之在天，日也。”（《管子 · 枢言》）

抽象于太阳的天道，是先秦诸子论证问题的根本依据。老子论德，以道论之；孔子论礼，以道论之；管子论政，以道论之；孙子论兵，以道论之；音律与医学，全部在“以道论之”之内。

抽象于太阳回归的阴阳，是先秦诸子论证问题的重要依据。“无处不在”，用这四个字来形容阴阳在诸子百家中的地位，恰如其分。如果说天道是诸子论证问题的一级模型，那么，阴阳就是诸子论证问题的二级模型。以阴阳论证问题，在今天还有意义吗？这里仅以老子的“万物负阴而抱阳”为例来说明问题，以阴阳论万物，老子留下了这一论断。

从远古到先秦，以道论之，以阴阳论之，论证问题的方式一直没有改变。

第二，根本哲理的揭示。以太阳法则为基准，中华先贤揭示出了丰富的人文哲理。这些哲理一是具有穿越时空的常青性，二是具有不可违反的严肃性。合理地运用这些哲理，人类会进步；违反这些哲理，会给整个人类带来灾难。现选择几条，介绍如下：

相反相成：一寒一暑，在温度坐标上完全相反，但寒暑一体两面，所以相反相成。

同理可证一阴一阳的相反相成。

在今天的自然科学领域，这一哲理还有意义吗？请看美国科学院院士、美国物理学会主席、物理学教授惠勒的一段话：

“在西方，并协观念似乎是革命性的。然而，玻尔高兴地发现，在东方，并协观念乃是一种自然的思想方法。为了采用象征性的方法来表述并协性，玻尔选中了中文的‘阴阳’以及拉丁谚语‘相反相成’。在玻尔看来，并协性所代表的思想方法是如此之重要，以至于每个小学生都应该学习它。”

并协观念，即量子力学原理。玻尔， 是量子物理学大家、丹麦科学院院士。玻尔与惠勒共同认为，一阴一阳所展现出的是一种自然思想方法。这种自然思想方法，与量子物理学的基本原理完全一致。

惠勒教授的这段话是在其演讲集《物理学和质朴性》一书的第一页上出现的，这段话旁边的插图就是阴阳太极图。

非常遗憾的是，玻尔与惠勒，都不知道“相反相成”的谚语本来就发源于一阴一阳。

值得继续追问的问题有二：

其一，中国古代的哲理为什么吻合现代物理学原理？

其二，作为一种自然思想方法，一阴一阳仅仅适用于物理学吗？

合和互动：一阴一阳一分为二又合二而一，两种之间的关系为合和关系，为相互联系、相互推动的关系。

描述阴阳合和，《周易·系辞下》有“阴阳合德”之论，《周易·乾·彖传》有“保合太和”之论，“合和”二字是阴阳关系的准确定位。

描述阴阳互动，《周易·系辞下》一有“日往则月来，月往则日来，日月相推而明生焉”之论，二有“寒往则暑来，暑往则寒来，寒暑相推而岁成焉”之论。阴阳互动，才是正确的阴阳关系。

一阴一阳是一比一的关系，描述这一关系，《周易·系辞上》留下了“一阴一阳之谓道”的经典之论。

合和的阴阳关系，被董仲舒变质为“阳为阴纲”；互动的阴阳关系，被董仲舒变质为“一阳独动”。

动静变化：动静有常，永恒变化，是一阴一阳揭示出的重要哲理。昼夜可以论动静，昼动而夜静。只要昼夜还存在，一动一静的自然状态就不会改变。动，绝对之动；静，相对之静。动静有常，揭示出了人类必须信守的自然法则。违反了这一法则，就会危及生命。

日出日落的方位有变化，描述这一变化，《鹖冠子·王鈇》有“日诚出诚入，南北有极”之论。“南北有极”，指的是冬至、夏至两天太阳出没的方位。冬至日出东南方，日落西南方；夏至日出东北方，日落西北方。太阳出没有南北之变，决定着万物的生死之变。“日一南而万物死，日一北而万物生。”描述日出方位之变与万物生死之变的关系，扬雄留下了如此名言。诚信之哲理出于日月。天，不能没有日月；人不能没有诚信，丢掉了“诚信”二字，最终会出现众叛亲离的后果。

日月星辰在变化，气候在变化，万物在变化，宇宙间的一切，时时刻刻都在变化。人，必须研究变化，并且必须适应变化。与宇宙变化同步，《周易·系辞下》留下了“唯变所适”的谆谆教导。墨守成规，必然落后于他人！一个人是这样，一个民族也是这样。

物极必反：日影长极而短，短极而长；月亮盈极而亏，亏极而盈；气候热极生寒，寒极生热；斗柄南指之时开始北转，北指之时又开始回南；中华先贤在种种自然现象中归纳出了“物极必反”的哲理。

各从其类：万物是分类的。天上飞的，水里游的；开花结籽的，开花结果的；两条腿的，四条腿的；造好每一类，神都会叮嘱一句“各从其类”。

物与物之间有亲和性、伴生性，但是物类不能乱。《周易·乾文言》中出现“各从其类”一词。“各从其类”，在《周易》中属于天理。

物类不能乱，这是神理与天理的共同主张。

尚象制器：站在自然科学的立场上看，源头的中华先贤，个个都是发明创造的工程师。火、草木屋、网罟、耒耜、舟车、衣裳，所有这些都出之以源头先贤。器具的发明创造，一是靠聪明，根本上靠哲理。“尚象制器”，就是《周易》所记载的关于发明创造的哲理。尚，模仿也，比拟也。象，形象之象与抽象之象也。制，制造也。器，生活器具、生产工具也。模仿一定的象，制造出生活生产各个领域内的先进器具，这就是“尚象制器”。象分两种：一物一象，万物万象，这是自然界的形象之象。一阴一阳组成的太极八卦，这是人文抽象之象。枫叶下落，有螺旋桨的影子。带刺的草叶，有木工锯的影子。仿生学，就仿在形象之象里。抽象之象，比形象之象更深邃更博大。面对抽象之象，物理学家、数学家、生物学家都会发现自己学科所需要的依据。抽象之象为何有如此魅力？因为抽象之象源于太阳。

道器并重：一是研究道，二是发明器，然后以永恒的天道教化天下，以先进的器具促进生产、改善生活，这就是中华先贤所界定的“事业”。

《周易·系辞上》：“形而上者谓之道，形而下者谓之器，化而裁之谓之变，推而行之谓之通，举而措之天下之民谓之事业。”

一是让天下之民认识与信守天道，二是让天下之民会运用先进器具，如此两全者，先贤之事业也。天道者，日影区分出的节令也。

天人合一：人天两者之间的关系，应该如何定位？太阳历给出的答案是：天人合一。

寒暑出于太阳。人类的生产生活必须合于寒暑之序，这是最为根本的天人之合。

四时出于太阳。养生与医病，必须合于四时之序，这就是《黄帝内经》所强调的“因天之序”。“因天之序”，即中医文化中的天人之合。

节令出于天文，出于太阳。播种与收获，人时必须合于节令。民以食为天！没有粮食，什么文明也不可能产生，这是整个人类的天人之合。

表达太阳法则，中华先贤最早给出的两个成熟符号是○●。这两个符号具有多重人文意义，例如阴阳、奇偶、宇宙，但是第一重意义是阴阳。天人合一，彝族文化留下了“一人一宇宙”的论断。天人合一，彝族文化留下了“人体同于天体”的论断。这两个论断告诉世界，伤害了天，伤害了宇宙，就是伤害了人类自身。

人天两者的关系，西方哲学给出了“天人两分”的解释。短短几百年，今天的世界，出现了“人类只有一个地球”的哀叹。这一哀叹，就是对“天人两分”恰如其分的注释。

在中华大地上，人文中的天人合一，是从○●这两个抽象符号出发的。

今天，重新认识阴阳，不是为了复古，而是为了创新。先贤以太阳历为基础，创造出了属于他们的辉煌，在先贤的基础上再出发，后世子孙更应该创造出新的辉煌。

第三节　彝族医学理论体系

《西南彝志》中有“天开于子，地辟于丑，人生于寅”的理论记述。这是当时彝族先民以朴素唯物观洞察大自然和宇宙奥秘变化所得出的天地形成理论，以及天地与人的关系。《西南彝志》亦云：“人死气血断，气出于上窍。”认识到气血是构成人体的基本物质，是人体生命活动的根本。

彝医对病证、病因、病机的认识是在“天人相应”“阴阳五行”等医学理论基础上形成的。彝医认识病因病机多从风证、箭证、毒证、毒气、邪气、蛊证、尔证、麻风证、色劳证、虚劳证、月劳证、干枯、闭证、崩证、霍乱证、麻脚证、缩阴证等分而析之。

风证，既是病因，又是病名。彝医认为，在正常情况下，风为生产、生活之动力。自然界中风、雨、露水都是清、浊二气充溢旺盛所形成的。水热蒸发为气，到处弥漫，流动而形成风。春风吹了，万物发生，叫生风；夏风吹了，万物兴盛，叫盛风；秋风吹了，万物成熟，叫熟风；冬风吹了，万物收藏，叫藏风。晴天、雨天，由风来识别；云雾游行，由风来拨动。风促使有生命的东西繁殖，人们的生活离不开风。从致病因素方面认识，风邪为诸病因之首。彝文献《公史传》云："吹风成了气，吹风成了力，吹风成了毒，成了千万毒，所有病邪从此来。"所有病邪都由风引起，并分为山风、火风、水风、岩风、冷风、雪风、神风、湿风八种。风证多具有起病急、传变快、部位不定等特点，常表现为发热、恶风、恶寒，肌肤红、肿、痛、痒，头身、肌肤、关节疼痛，游走不定，手足麻木不仁，抽搐、呕吐、腹痛、腹泻等症状。

箭证，《公史传》记载："风成了箭，雨成了箭，木柴成了箭，大鸟成了箭，野兽成了箭，树木、石头成了箭。"认为各种箭邪均可伴随着各种风邪来伤害人体。箭证皆由风引起，又分为游风箭、神风箭、火风箭、水风箭、岩风箭、冷风箭、雪风箭。

毒证，《公史传》对毒的记载有狗毒、兽毒、蛇毒、蛙毒、蜂毒、虫毒、饮毒、菜毒、草木毒、铁毒、石毒、岩毒、风毒、水毒、人毒、火毒等。水毒指污水，火毒指天火、明火、风火；虫毒指毛毛虫、蜈蚣、蛇、蜂、蜘蛛等，铁毒指刀枪伤、铁锈、磨刀石水；石毒指石头伤、跌仆伤，还有酒毒、草乌毒、菌子毒等，均是致病因素。

中医是中华民族传统医药的主流，如中华民族之源一样，是各民族传统医药的数理化部分融合发展形成的以汉医为主流的传统医药。中医药是大树，彝医药是枝蔓，相互借鉴，共同推动中国传统医药向前发展，为民族健康服务。

一、彝医治病特色

彝医在治疗疾病方面，通常采用药物治疗，把与生产生活密切相关的许多技能也用在治疗疾病和养生康复方面，产生灵活便捷的治疗效果。

（一）药物治疗

彝医治疗疾病的主要方法是药物疗法。彝医根据不同疾病，选用多种植物、动物、矿物药配方，或者配制各种方药，通过服药等方式治疗疾病。治疗原则有汗、清、消、补、温、吐、下等。剂型主要有酒剂、散剂、水剂、油剂、炖剂、蒸剂、粥剂、敷剂、擦剂、洗剂等。

药物外敷治疗，分冷敷、热敷。冷敷止血，如在颈背冷敷，可止鼻衄；热敷，治跌打肿痛或风湿疼痛。

药物涂擦治疗，也分冷擦、热擦。如豺狗肉泡水冷擦，治风湿瘫痪；药酒烧擦，治跌打肿痛或风湿疼痛。农家多泡制跌打药酒，以备外伤跌打涂治之需。

药物烧灼治疗，有麝火烧和爆灯花等几种。以火草和少许麝香共搓绒而成，直接烧灼患处或穴位。或用灯草蘸上清油，在清油灯上点燃，直接烧灼患处或穴位。烧灼治疗以四肢穴位为主，兼有胸、背、头、眉、耳、脐周等穴位。

药物熏蒸治疗，以药物置烧红的石板上，投水或酒后蒸熏，为防疫和治疗的普通常用方法。彝族民间常用的如打醋碳法等。

药物洗浴治疗，药物煎洗，多用于皮肤、感冒、风湿、蛔虫等病。如产后满月时，以透骨草、海风藤、地肤子煮水洗澡，可以润肤除寒，有利于产后恢复体能。

（二）其他治疗

刮治法，也叫刮痧疗法。以铜钱、硬币、手镯等物蘸清油或白酒或水刮患处或胸背部，致出红斑取毒驱邪，多配以拔火罐，用于治疗喉证、发痧、腹痛、背寒痛等。

按摩、推拿、提筋法。用于治疗跌打肿痛、风湿痛等。

针刺放血法。用三棱针等刺穴位或患处，挤出血，也有配以拔火罐者，主要用于瘀、寒、痈、毒及危重证候。

割治法。割小儿虎口，致出血斑或出点紫血，用于治疗小儿疳疾；割切伤口毒肉，以治毒蛇咬伤。

捆治法。用于外伤大出血或毒蛇咬伤，压迫止血后包扎，或者包扎止血。毒蛇咬伤则有阻止毒液扩散（配放血）之效。

挑治法。异物刺入肌肤，用针挑出，需注意清洁，针需消毒，多烧红以消毒之。

取治法。有火罐取、蜡纸取、灯草取、药物取、鸡取 5 种。

（1）火罐取。彝医在牛角、竹筒、木筒等等，的底部钻小孔，周围敷上蜂蜡，制作成火罐筒。拔火罐时，医者先口对小气孔，用力吸尽筒内空气，待其吸稳后，用舌尖将已被温化的蜂蜡舐封住小孔即成。若狂犬病人或毒蛇咬伤病人，医者宜口中含白酒，以免中毒。待火罐把毒气吸到一起时，在起包处点针见血再拔，吸出毒血。多用于狂犬病、风证、箭毒伤、毒蛇咬伤、扭伤等。也有火罐内放陈艾、花椒、火葱、韭菜等药末或药泥，祛风、拔毒力更强。

（2）蜡纸取。此法用于忧思、郁怒、暴气引起的不思食，口渴欲饮，清瘦无力，肌肤变黑，或咳嗽，因气火伏心证。气火上冲头部，双侧太阳穴部痛，头重，昏晕，目发黑或黄。

（3）灯草取。用于不慎食入羊蹄岔肉中被肉包裹着的小毛团，而致脘腹剧痛。俗称“羊毛针痛”。

（4）药物取。用于虫牙痛，把闹洋金花子研末，置烧红石板上，加猪油，周围敷上泥土，中间留孔，插上一根竹管，痛牙接在竹管上端，痛牙里的“小虫”就会寻香气而爬进竹管。

（5）鸡取。通过剖鸡，把病人身上病灶及毒气取到鸡身上，从而减轻或消除患者身上的毒气；彝族民间还常用活鸡剖开，紧贴患者胸部，以抢救休克和危重症，挽救病人生命。其他动物也可以用来取象及取毒。①

二、彝医用药特点

近些年来，云南、四川、贵州通过大量发掘整理，以彝汉文对照出版发行的彝族医药古籍有20多部，大部分以彝文手抄本的形式世代相传，这是古代彝族医药智慧的结晶，是对丰富彝族文化内涵的一大贡献。

彝族先民大多居住山区，以耕牧狩猎为生，深山密林中盛产各种草药、矿物及飞禽走兽，彝医就地取材，以特定的植物、矿物及禽兽的血、胆、筋、骨、角、皮、脏器等入药。根据病情，以单味药或两味以上的配方对症施治。从彝族医药古籍的用药情况看，主要有如下特点。

第一，单味药物治疗疾病，这是最原始朴素的用药方法，相当于中医“七方”中“单行”的方剂类型，为古代方剂产生的雏形。成书于西汉时（一说战国时）的中医古籍《五十二病方》中也大量使用单味药物来治病，这种方剂仍被民间或临床采用。用单方治病，优点是“单一量大，力专效宏”，用之对症，效如桴鼓。如治“口舌生疮，用倒挂刺根煎服”，“脸肿，重楼煎水内服”（清代《治病好药书》）。

第二，两味以上药物配伍组方。大部分彝族医药古籍中方剂的药物组成都在六味以内，较之中药方剂，配伍药物少而不庞杂。多味药物配伍与单方相比较，是用药上的一大发展，主要针对病情复杂者或主症外尚有兼症者而设，被古今临床用药广泛采用，是方剂构成的主体。

如治疗“腹痛腹泻，用老鸦果、杨梅根煎水服”，“小便不通”，伴口渴，面色黄，胸腹膨胀，呼吸困难，用“萹蓄15克，地肤子25克，陈皮15克，升麻15克，水煎服”，同时用“老葱一大把，麝香0.1克，冰片1克，捣如泥，布包敷脐治之”。（清代《启

① http://www.cnkang.com/zyzy/200704/82737.html 彝族医学特色诊疗

谷署》)。

第三，彝族人民多居山区，狩猎是生活中的常事儿，而猎物易于获取。彝族医药古籍记载，各种动物的血、筋、骨、角、皮、蹄、胆、脏器等用来入药治病，与中医相比，彝医用动物药来治病更为广泛，颇具特色。如羊血解菌毒，虎粪、麂胎、蜂房疗疮疡，麝香敷蛇咬，岩羊蹄治消化不良，刺猬皮医胃病及痔疮，虎骨疗风湿筋骨萎弱，乌梢蛇治风疹，獭肝、野猪胆疗哮喘，熊胎盘或马胎盘炖服治月经淋涩不尽，穿山甲治乳痛，斑鸠血及肉透水痘等。(明代《双柏彝医书》)。

第四，治疗外伤和疮疡多见。古代彝族先民经常出入深山，进行狩猎、放牧等活动，容易被毒蛇、虎、狼等虫兽所伤，易致跌打损伤、骨折脱位等外伤。又因生活困苦、卫生条件差，易患疥癣疮疡等皮肤病。彝族医药典籍中治疗外伤、疮疡的内容记载详细，积累了不少宝贵经验。主要采用药物内服外敷，骨折或脱位则首先手法复位，然后敷药，以杉木皮或竹片或芭蕉茎壳做夹板包扎固定。

第五，广泛吸收中医药物、有效验方及症候分类，以充实彝族古医籍的内容。以清代彝医古籍《启谷署》为代表。该书分5门，38类，263方。其中内科门分传染病、呼吸、消化、循环、泌尿、生殖、精神等7类76方；妇科门分调经、带下、妊娠、产后、乳症、杂病等6类40方；儿科门分传染病、胃肠炎、疳积、杂病等4类19方；外科门分痛疽、结核、疔疮、梅毒、疥疮、黄水疮等12类77方；五官门分割耳疮、眼病、口齿、鼻、咽喉等5类5方。大多数方药与各种中医古籍上的记载相同或相似，只是有些方药在剂量加减上有所变动，所选方药大多是古代中医名家配伍组成，经历代临床选用，疗效可靠者。在病种、症候分类上与中医相同，《启谷署》彝族医书编撰者对中医理、法、方、药比较熟悉。

第六，常见病、多发病及地方病是古代彝族医药治疗的主要对象。明代《双柏彝医书》收伤症9种、疮疡23种、痛症9种、风症13种、产后症4种、不通症8种，其他症8种。大多属于地方病和常见病、多发病。各种彝族医药古籍记载的治病用药上，往往是一病多方，以灵活对症选方用药。对病情和用药的文字描述通俗易懂，不少古籍中广泛使用方言俚语。如对症状的描述，有“老倌发热怕冷”“妇女月经不止”“眼睛发花”“姑娘怀怪胎”等，治疗上用某某药“煨水吃”“泡酒吃”“舂细外包”等，这是彝医古籍不同于中医古籍之处。

第四节　彝医药古籍述略

一、《元阳彝医书》

《元阳彝医书》是 1985 年春，在云南省红河哈尼族彝族自治州元阳县攀枝花公社彝族社员马光福家中发现，该书以发掘地命名。据《元阳彝医书》首页记载，成书年代有二说，一说为道光二十二年（1842 年）十月初五，一说为大理国二十年（957 年）。原书藏存于元阳县卫生局。

《元阳彝医书》丰富的内容，是千百年来彝族人民防病治病的经验总结。如果真的成书于大理国二十年的话，是迄今为止发掘的彝族医药古籍中最为古老的一部。大理国二十年，即公元 957 年（有学者认为：此书成熟年代应为道光二十二年十月初五，而不是大理国二十年）。“道光”和“大理国”彝语音同，可能为翻译者有误。[①] 全书收载动植物药 200 余种，病名 80 多个，以及一些简易外科手术，反映当时彝族先民对疾病有了一定认识。通篇没有巫术咒语和符章，内容简洁，文字洗练，是了解宋代以前彝族药物、医疗技术及当时常见病的第一手资料，也是研究早期彝族医药的主要素材。书中在每个病症下都列有治法和方药，有的附有服药效果或服药中毒救治药方。一病数方，一方数药，一药多用。部分药物至今当地彝族民间仍有使用；一些治疗方法，特别是治疗难产、肿痛、风湿病等的药方，至今沿用。该书的发掘，说明早在彝族封建社会之初，便有较为完整的彝文医书，说明彝族医药在此时期进入了一个新的发展阶段。

二、《双柏彝文医书》

《双柏彝文医书》，又称《明代彝文医书》，是 1979 年楚雄彝族自治州药检所在双柏县发掘的一本古彝文医书。原件无书名，因其发现于双柏县故称为《双柏彝文医书》，又因其成书于明代，所以也称《明代彝文医书》。

《双柏彝文医书》抄本原件“序”称，此书成书于明嘉靖四十五年（1566 年），以后历经清代、民国多次传抄。这次面世的是民国五年（1916 年）抄本，有古彝文约五千字，记录病种 56 个，处方 87 个，药物 324 味。全书内容丰富，叙述较详，以病症

① 参见刘宪英、祈涛主编的《中国彝医》，科学出版社 1996 年版；也有学者认为，从此书中记载的药物考察来看，此书仍应为大理国时代的古籍文献，参见曾育麟编著《滇人天衍——云南民族医药》，云南教育出版社 2000 年版。

为纲进行编写，所列病症或体征60种左右。有的直接以病名出现，如疟疾、蛔虫、奶疮等；有的则以病因命名，如蛇咬伤、菌子中毒、皮肤湿疹等；多数是对症状的描述，以症状为病名，如老母猪风、恶心呕吐、噎脖子等。书中内容涉及临床各科，属内科者20多种，属外科（包括皮肤科、花柳科）者16种；属五官科者6种；属妇产科者5种。还有少数属于骨科、神经科和儿科。在一病一症下，少则一方，多则十方，也有一方通治数病者。全书列方药243个，复方多于单方。复方由二三味或五六味药组成，未见10味以上者。所列治疗多种多样，在内服外治基本治法下又衍生出多种治法，譬如外治的药水外涂、湿布散热、药渣外敷、针挑、拔火罐、小夹板固定等。某些病症还注明禁忌，有的禁吃腌菜，有的禁吃鸡肉、猪肉，尤其是禁吃母猪肉。这些内容体现了彝医对疾病产生、病情消长、药物生克关系的认识。该书内容基本是一本方书，体例与晋代葛洪著《肘后备急方》极为相似。虽然理论不完善，但从内容看却自成体系，而且受到汉医影响。譬如彝医认为风、寒、湿、害虫（蛔虫）和有毒食物、瘀血、饮食不节等，均使人致病，即导源于中医病因学说；某些治疗原则如祛风、驱寒以及忌口等提法，同样导源于中医。对于不同病因及病症，采取内服外治和物理疗法等方法与措施，具备因症论治思想萌芽。

《双柏彝文医书》是对16世纪以前彝族人民医药经验的总结，是内容丰富的彝族医药专门书籍。彝族的医药经验，多数散存于各种经书、史书中，多为零星片段，而《双柏彝文医书》在近五千字中，详细说明了多种疾病的治疗药物和使用方法，这些疾病和药物，都具有很强的民族性和地方性。《双柏彝文医书》的出现充分说明16世纪中叶，彝族医药已取得很大成就，证明当时主要以行医为业的彝族医生已经出现。他们在治疗疾病的过程中，有意识地收集本民族医药知识，并将其归纳、整理为专门的药方专书。既概括医药知识，又具有指导人们行医治病的作用。所载病种是彝族聚居区常见、多发疾病；所录的药方和治疗方法是彝族人民迫切需要的。

《双柏彝文医书》除有指导彝族人民同疾病作斗争的实用价值外，还具有彝族历史、哲学、语言等各方面的研究价值。从哲学角度讲，全书完全脱离巫的影响，是实实在在的科学知识，说明随着彝族社会向封建制过渡，彝族奴隶社会所特有的鬼巫信念正在逐渐被信医不信巫的彝族人民所抛弃。书中所载各病名也为研究明代彝族社会疾病流行情况提供依据。有研究彝族医药的学者把《双柏彝文医书》的发现称为“彝族医药史研究中的一次重要发现”。①

① 参见李耕冬、贺廷超《彝族医药史》，四川民族出版社1990年版。

三、《造药治病书》

《造药治病书》，彝谱原名叫“此木都且”（音译），意为《造药治病解毒》。成书年代在16世纪末17世纪初，全书共19页，用凉山彝文书写，自右向左横书，共约有六千彝文字，译成汉文约1万字，分278个自然段落。书中绝大部分是关于医药的叙述，夹有少量巫术咒语。其医药内容，共收载疾病名称142个，药物201种。其中植物药127种，动物药60种，矿物药和其他药物14种。所载病名多为凉山彝族当时的常见病和多发病。所收药物大都产于当地。

本书充分反映了凉山彝医的特点。不论是用药方面，还是在治疗方法上，与云南的彝医有一定的区别。该书记述了内、外、妇、眼、杂病及许多畜病。在论治疾病时，不是笼统地直述患某病用某药，而是遵循治病求本的原则，病名不同，治则各异。书中记载的内科疾病，包括哮喘、咳嗽、头昏、眼花、心发慌、虚瘦、风湿、风毒、腹痛、胃痛、腹泻、痢疾、肝病、肺病。眼科疾病包括胬肉攀睛、迎风流泪、火眼、飞丝、视物不明等；外科疾病包括疮疡类、皮肤病类、外伤类等；妇科病包括月经过多，胎衣不下、妊娠恶阻、不孕症、产后腹痛、堕胎、闭经、小腹痛、月经不调等，还记述了关于避孕的方法；儿科疾病包括麻疹、夜啼哭、夜尿、乳糜尿；杂病包括疟疾、牙痛、肾痛、恶性传染病；口、眼破溃、鼻痛、性交后尿闭。此外，还记载了大量兽医治疗方法。值得一提的是，书首的一段话开门见山：“这是造药治病书。”点明了本书的主题，是重医轻巫的。可以说，这是一部在“巫”的统治下产生，却又竭力冲破“巫”的束缚的医书，是彝族人民聪明才智的结晶。

四、《医算书》

《医算书》，是在四川省凉山州发现的，彝文抄本医书，成书年代不详。医算，是古人将天文历法知识运用于推算人的生老病死的一种方法。它主要解决寿命的测量，疾病的预测，以及生命周期性节律的推算，是一种生命运动与天体运动的结合。

彝族医算主要依据太阳历和阴阳历来推算病人的年龄、禁日、衰年。

年龄的推算：彝族太阳历是完全用“十二兽”来表达的，这十二兽为：虎、兔、龙、蛇、马、羊、猴、鸡、狗、猪、鼠、牛。凉山腹地居住的一些彝族老人，几乎不知道现行的公历和汉族惯用的农历，同时也很难回答出他是出生于何年何月何日这个问题。但是，他们却能准确地说出自己的岁数。秘密在于他们所使用的十二兽纪年的太阳历。用这种方法，只需牢牢记住一个字就行了。这个字便是自己出生这年的属相。因此，十二兽推算年龄的意义，就在于解决了彝族医算中有关生命长度的度量这个首要问题。

禁日的推算：禁日，彝语称为“戳戈忌”，意为人体可能发生危险的日子，故又叫“人辰日”。这里所指的“禁日”是指医算方面，非医算方面的内容，则归之于忌日的范畴。彝族先民的针刺有别于汉医，是一种针刺与放血相结合的疗法。彝医发现人体不同部位对针刺的反应，因日子的不同而有变化，有时甚至可能发生致命的危险，因此要用历算来掌握和避开这些日子，这就是在大量的观察、实践后积累起来的“禁日”知识。它主要是针对针刺反应而言，所以也可以说，禁日就是禁止针刺人体某些部位的日子。

衰年的推算：十二兽纪年法在彝族医算中最有意义的运用，便是推算生命的周期性衰弱时间，从而使人的生命过程呈现一种以八年为周期的节律性变化。衰年是在“十二兽年——阴阳五行——八方位年”这个系统中推算出来的生命节律中人体表现衰弱的年份。在这种年份中，机体抗病力下降，容易患病或受伤，且伤病后不易恢复，故衰年又叫危险年。只要衰年一过，人体机能便又恢复正常。这就是彝族医算中衰年的概念。按照生命力的推算，一个人出生后，便按十二兽顺序排列的“年”增长着岁数。当他30岁之后，生命周期开始出现较明显的节律性变化。这种变化的发生随个人属相在生命历上的位置不同而有早有迟。但第一个衰年的出现总在31—38岁之间，此后每隔8年，这种周期性衰年便会重现一次，而且越来越明显。

无独有偶，中医《内经》亦有这种以8年为周期变化的生命节律思想。其《上古天真论篇》描述一个男人的生命过程时说：“丈夫八岁，肾气实，发长齿更。二八，肾气盛，天癸至，精气溢泻，阴阳和，故能有子。三八，肾气平均，筋骨劲强，故真牙生而长极。四八，筋骨隆盛，肌肉满壮。五八，肾气衰，发枯齿槁。六八，阳气衰竭于上，面焦，发鬓斑白。七八，肝气衰，筋不能动，天癸竭，精少，肾藏衰，形体皆极。八八，则齿发去。”过去对这段记载，一般理解为人的生理过程划分为若干阶段，逐步变化，由弱到强，再由盛而衰。而没有或很少从节律性方面考虑。彝族生命历中以8年为周期的生命节律，可以提示人们：《内经》的这段描写，除了原有的“阶段性”外，是否还具有与彝族生命历相似的“节律性”？如果是这样，则《内经》中“五八、六八、七八、八八”这些中年以后的岁数，便具有一层新的含义，也就是：成年人，生命过程大约每隔8年，便有一个全身机能处于低潮的衰年，这个衰弱之年，是生命的危险年，其时抗病力降低，病后恢复较困难和缓慢，精神较紧张，容易发生各种意外的事故和疾病，甚至治疗也显得困难。表现在对针刺、药物以及其他疗法均易发生变态和危险反应。

《医算书》中的药物治疗，在以阴阳历推算禁日中，还附有一些药物治疗方法。这些药物几乎全为动物药，是作为万一在禁日中因施行针刺损伤了身体以后的应急治疗来使用的。这不仅说明了彝族使用药物治疗的思想和方法，还证实了彝族医算的目的是治病、防病，并且医算与药物治疗是共存互用、不可分割的。

五、《老五斗彝医书》

《老五斗彝医书》，是1987年聂鲁、赵永康在云南省新平彝族傣族自治县老五斗乡一带发现的。此次发现的是民国三年（1914年）的彝文手抄本，是一本较珍贵的彝族医药文献，它可以提供研究彝语南部方言区的医学流派和发展情况。

该书记载疾病53个。其中，内科疾病17个，伤科疾病5个，外科疾病18个，妇科疾病4个，虫咬伤4个，中毒性疾病2个，儿科疾病3个。针刺部位5处：人中、七宣、百会、涌泉、太阳；火罐拔毒一种。记载动物药123种。其中多数属动物内脏，如胆类药13种，肺脏3种，肝脏4种，脂肪类5种，血类3种，肾脏1种，骨灰12种，胎类2种，肉类15种，分泌物18种，卵类8种，昆虫类23种，皮毛类9种，蛙蛇类9种。记载植物药235种，其中树脂类9种，果子类13种，块茎类15种，粮食饮食类5种，草木类194种，金属化学类21种。方剂301首。此书的特点是动物药中昆虫类、胆类及分泌物类药物较多；记载毒蛇咬伤的疾病较多；内脏药、昆虫药较多。同时也记载了不少针刺部位。

六、《洼垤彝医书》

《洼垤彝医书》，是1986年在云南省元江县洼垤李春荣家发现的。据考证属于晚清著作。书中记载疾病48个，其中内科28个，妇科3个，儿科2个，外科2个，伤科8个，误吞异物2个，虫兽伤5个，中毒性疾病3个。动物药75种，其中脑类2种，脂类3种，肉类6种，内脏类6种，胎类6种，生殖器类216种，鱼蛇类6种，昆虫类7种。植物药261种，其中寄生类14种，参类12种，树皮类19种，草木类216种。本书同《三马头彝医书》是在同一地方发现的，但从记载的疾病和药物来看各有特色。可以看出，两书不是互相传抄的。

《指路书》又名《人生三部曲》，彝语称《卓莫苏》。此书属彝族丧葬仪式唱诵经书，内容主要是给死者的灵魂指明道路，让死者的灵魂从住地沿着祖先迁徙来的路线回归祖先的发祥地，但书中记载有大量的医学理论。对一个人生平活动的描述及对妇幼保健、人体发育、胎产的认识，如对产后接生保健的情景是这样叙述的："到你出生时将你地上放，阿爸拿刀来，割断你脐带，刀下血淋淋……"刀割断脐带后，出血不止处理方法是："用火来烧脐带头。"根据彝族的风俗习惯，对婴儿的处理是从头到脚全身洗擦，至婴儿皮肤发红，以布紧裹婴儿，再由母亲哺乳，这反映了彝医对婴儿的护理和喂养的认识。对人的生长发育，书中描述了从婴儿降生 3 月至 20 岁的关键过程。书中还记载了“二三十人携带药篮药锄上山挖药”。反映了彝医对疾病的态度是积极采药治疗，而不是“降志屈节，钦望巫祝，告穷归天，束手受败”，体现了唯物史观在彝族医药上的反映。

七、《查诗拉书》

《查诗拉书》是一本流传在哀牢山区彝族村寨中较为完整的殡葬祭词，它系统地介绍哀牢山地区彝族丧葬习俗。但是书中涉及了不少彝族医学知识，如对新生儿期、婴儿期、幼儿期、幼童期、少儿期的生长发育过程进行了全面的描述。在治病用药上表现为大胆使用动物胆类药，体现了彝族医药的特色。本书还提出了很多卫生防疫及处理措施。

除以上简介的几部彝文彝医古籍外，其他重要的彝医著作如《医病好药书》，该书收载的药最多（269 种），记录彝药方剂较多（279 方），记载病症较多（123 种），在彝医古籍中首载推拿、刮痧等疗法。另外还有《作祭献药供牲经》《医病书》《好药医病书》《启谷署》《聂苏诺期》《寻药找药经》《三马头彝医书》《尼苏夺书》《斯色此特依》等。

第五章　彝族文献蕴含的哲学、伦理道德思想

第一节　彝族文献的资料梳理

毕摩是彝族历史社会中一个十分重要的角色，彝族古代社会将人分为5个等级，分别为兹、莫、毕、格、卓，这是彝语音译，汉文意译则为：君（最高首领）、臣、毕摩、工匠、百姓。毕摩最初是充当部落中完成敬拜天地神祇、祭祀、祝祷等活动的祭司，后由于在祭祀过程中需要掌握大量天文、地理、医学、农学等自然科学方面的知识以及历史、伦理规范等人文社会科学方面的知识，毕摩逐渐成为彝族社会中知识分子的角色，自觉承担起了彝族社会中记录、传承、传播知识的职责，成为彝族社会中百科全书式的人物，这与儒家文明中的“儒者”的社会角色十分相似。

在上述彝族古代社会的5个等级中，其中前三者为统治阶层，后两者为被统治阶层。毕摩处于统治阶级的最后一级，地位仅次于部落首领和谋臣。按照人数比例来看，部落首领为最少，谋臣作为辅佐首领治理部落的角色，亦只有少量人群，毕摩作为专门从事祭祀活动的职业，一般在一个部落中也为数不多，彝族社会的大部分人属于第四、五阶层，即工匠、百姓。因此，毕摩在彝族社会地位上虽居部落首领和谋臣之下，却居于大多数彝族平民之上。

彝族有自己的语言和文字，从最初的彝族原始社会就产生了记录彝族社会的起源、发展历史以及时人生存状态的原始神话和创世歌谣。这些神话和歌谣一开始是通过口耳相传的形式在彝族先民中代代相传，进入文明社会产生文字之后，毕摩作为文化传承的知识分子，对这些历史神话和歌谣进行了收集、整理并用彝文记录下来，成为彝族社会中的原始性创世史诗。此外，毕摩们同时也撰写记录自己生活时代对天文、历

法、地理、历史、哲学、伦理等各个方面知识的理解，这些原始史诗和毕摩们撰写的书籍被统称为“毕摩经典”。这些毕摩经典记录了彝族先民对宇宙、人类的起源、人类社会的形成、天人关系等多方面的理解和思考，以及彝族的伦理道德思想的具体内容，是研究彝族社会历史、哲学、伦理思想等十分宝贵的史籍。通过对毕摩经典的梳理、研究，可以深入地了解彝族人民的哲学思想和伦理道德思想。

一、毕摩角色的历史发展及其作用

毕摩是彝族社会所特有的一个称谓，原意是指从事占卜、祝祷、祈福等活动的祭司，后逐渐发展为彝族社会中知识渊博的知识分子。

彝族是我国历史悠久的古老民族之一。据考证，其祖先是远古时期的氐羌族群。今天彝族主要分布在我国云南、四川、贵州、广西等省区，其中超过一半的人口居住在云南。云南彝族集中在楚雄彝族自治州、红河哈尼族彝族自治州等地。川黔的彝族均集中在紧邻云南的地区，四川彝族集中在凉山彝族自治州，贵州彝族集中在黔西，如威宁彝族回族苗族自治县等。此外在东南亚，如缅甸、老挝、越南、泰国等国还生活着几十万彝族人民。

彝族有自己的语言文字，彝族文字是一种表意音节文字。在彝语中，彝族自称“No-Su”（诺苏），此为音译。“诺”在彝语中表示“黑色”，“苏”在彝语中表示“人”或“族群”，故“诺苏”连在一起表示“崇尚黑色的族群”之意。

（一）毕摩历史发展

“毕摩”一词是彝语音译，因方言的差异，又有称作“毕木”“白马”“白毛”等。毕摩这一职位来源于彝族父系氏族公社时代的祭司和酋长。“毕”原意为诵读经文、敬献神灵，引申为主持祭祀，通过诵读经书为人祈福、驱鬼消灾；后引申为两重含义：一是指原始宗教礼仪、法事、祭祀等职业；二是指从事上述职业的人员。根据其社会职责的不同又可分为两类：一为专门从事祭祀、法事等活动的传统法师，称其为“神毕”或直接称“毕”，一为在彝族政教合一的历史阶段专门掌管原始宗教祭祀，以及文化教育的官员。毕摩一开始就与祭祀、法事、礼仪、文化教育有千丝万缕的联系。在毕摩教经典《毕摩献祖经》中有“毕毕献祭毕”的语句，其中第一个“毕”指从事祭祀、祈福的祭司，第二个“毕”用作动词，指祭祀祈福的动作，第三个“毕”指先祖。“摩”意为“智者、师长”，“毕摩”意即可以与神灵沟通，通过念诵经文为人祈福消灾者。随着历史发展，毕摩的社会职能进一步扩大，不但掌握专门的祭祀、祈福等法事活动，还掌握彝文，并熟悉天文、历法、哲学、伦理道德、历史、农业、医学等各个方面的彝族文化。毕摩这一职业的产生及其社会职能、社会地位的变化是随着彝族历史社会的发展而不断演变的。

毕摩文化萌芽于原始社会。彼时人类生产力低下、人们对于风雷雨雪等自然现象不能做出合理、科学的解释，而是怀着崇敬、畏惧的心情将一切的自然现象归结为各种神灵意志的体现，万物都有神灵在主宰。因此敬拜神灵以及由此发展出来的图腾崇拜、祭祀、祝祷、祈福、驱鬼等活动成为原始社会各个氏族、部落非常神圣、重要的一件事情，由此产生了专门从事这一活动的职业，即祭司。作为沟通人神的重要媒介，祭司一般由氏族部落的首领担任。据史料记载，彝族最早的祭司产生于武洛撮时期（此时对应于中原原始父系氏族公社时期）。武洛撮是彝族远古始祖希母遮的第二十九世子孙，被称为“密阿典”或“密阿叠”。

公元前4世纪，中原处于春秋战国时期，奴隶制度进入末期，并逐渐向封建制度演变，直至封建制度最终确立。而此时的彝族刚进入奴隶社会时期，此时依旧延续着原始社会部落首领和祭司合二为一的制度，并在此基础上形成政教合一的政治制度，部落首领同时也从事祭祀、祝祷、祈福、驱鬼等活动，是处于执掌社会政权的统治阶级，祭司尚未作为一种单独的职业产生。随着彝族氏族部落与中原地区的交往，汉文文献中出现了“耆老”“鬼主”等词汇来称呼融祭司与酋长为一体的彝族部落的首领。晋常璩《华阳国志·南中志》中记载：“夷人……有桀黠能言议屈服种人者，谓之‘耆老’，便为主。论议好譬喻物，谓之‘夷经’。”[①]这是说在彝族部落中部落首领被称为耆老，他所使用的经书称为“夷经”。唐朝樊绰《云南志》中记载彝族部落“大部落则有大鬼主，百家二百家小部落，亦有小鬼主。一切信使鬼巫，用相制服”[②]；《宋史·黎州诸蛮传》也记载西南彝族“夷俗尚鬼，谓主祭者曰鬼主，故其酋长号都鬼主”[③]。可见，作为部落首领的“鬼主”，这一称谓首先来自其主持敬拜鬼神的祭祀活动，此即后来毕摩的社会职能之一，这也佐证了在这一时代，祭司尚未作为一个独立的职业从部落首领中分离出来。到元代，元世祖忽必烈在统治西南地区后，对西南各地的氏族部落实行了政权归属中央政府，但允许部落首领自治的民族政策，彝族部落的首领“鬼主”被任命为朝廷官吏“土司”“土官”。作为正式的、专职的朝廷官员，土司、土官们不再负责祭祀、祝祷、祈福等法事，专门从事该项工作的祭司职业应运而生，从部落首领中逐渐分离出来，成为独立的职业。虽然元朝属于少数民族政权，但此时彝族的氏族部落和中原地区的汉文化已经有了一定的交流，在汉文文献中第一次对彝族

① ［晋］常璩撰，刘琳校注：《华阳国志·南中志》，巴蜀书社1984年版，第364页。

② ［唐］樊绰撰，赵吕甫校注：《云南志》，中国社会科学出版社1985年版，第35页。

③ ［元］脱脱等撰：《宋史·蛮夷四》（第40册，总第496卷），中华书局1977年版，第378页。

祭司这一职业确定了正式的名字：奚婆。由于“奚婆”与“毕摩”一词的发音较为接近，学术界普遍认可“奚婆”即为“毕摩”，而且是最早的汉语音译。这一时期，由于占卜、祝祷、祈福等祭祀活动对于氏族部落的政事有直接的影响和指导作用，因此作为祭司的奚婆并未彻底与政事相分离，而是作为军师的角色，为决策者出谋划策，辅佐首领治理部落。因此作为与政治尚有联系的奚婆，与后来彻底与政治无关，仅仅作为祭司以及彝族民间知识分子角色的毕摩，二者并不能够完全等同。至明代，实行改土归流政策，曾经作为朝廷正式官吏的部落首领即土司、土官已不再具有实权，辅政的奚婆也因此逐渐丧失其政治身份，演变为专门从事占卜、祝祷、祈福等祭祀活动的祭司。由于其在各种各样的祭祀活动中需要运用到天文、地理、历史、医学、农学等各个方面的知识，祭司们渐渐转变为全面掌握彝族文化的百科全书式人物，并承担起彝族文化的教育传承这一职责。至此，曾经仅具祭司身份的奚婆，其民间知识分子的角色逐渐确立，成为彝族文化传承的重要力量，这便是我们今天所说的毕摩。

（二）毕摩的社会职能

其一：祭司。

这是毕摩最原始的职业，作为祭司，他是沟通天地和神与人的中介，毕摩生活在普通人中间，有着凡人的一切生理特征，但同时又具备超越凡人的能力，即能与天地和神灵沟通、交流。当人们遇到事情需要求问天地和神灵，或要敬拜天地和神灵以表达自己的感恩敬畏之情时，就延请祭司通过一系列的祭祀仪式来沟通。

其二：文化的传播者——教师与艺术者。

教师。这是毕摩由祭司这一角色发展出来的一个重要的社会角色。毕摩在占卜、祝祷的过程中需要运用到天文、地理、历史、农学等各方各面的内容，在无形中积累了诸多方面的知识，逐渐形成一套系统、完整的知识体系，成为彝族社会中最具有知识的智者。毕摩将自己对自然界和人类社会的理解用文字方式记录下来，并且每一位都在前人的基础上进一步加入新的内容，这便是我们今天所看到的毕摩经典，这是狭义的毕摩经典。此外，在文字还未产生时，彝族原始社会形成许多口耳相传的神话和创世歌谣，记载了彝族先民对生命起源、人类社会形成、发展的认识。文字产生之后，毕摩们经过收集、整理，将这些神话和歌谣用文字方式记录下来，这被称为原始性创世史诗。这些原始性创世史诗和狭义的毕摩经典构成了我们今天所说的广义的毕摩经典。这些经典涵盖了彝族社会哲学、历史、天文、历法等各个方面的内容，建立起了完整的彝族文化体系，是研究彝族文化的宝贵第一手原始资料。

毕摩职业知识的传承采取传统而古老的世袭制或者师徒制。毕摩选定的接班人通过背诵、抄写经书，再加上前辈的答疑解惑，系统学习毕摩文化的各个方面。但毕摩文化的传承不仅仅局限于毕摩内部，而是在毕摩所在的部落中广为流传。解放前彝族部落中的富人家庭就有延请毕摩传授知识的传统，这与我国古代的私塾文化十分相似，可见毕摩不仅是彝族文化的收集整理、传播者，还承担着与汉族文化中传道授业解惑的教师十分相似的角色。

艺术者。毕摩是彝族民间的音乐家和舞蹈家。毕摩在进行祭祀和祝祷活动时，通常伴随着大量的吟诵、说唱和肢体语言，因为毕摩经书中有许多内容是要通过吟诵、说唱等方式来表现的，这些唱腔有一定的节奏、旋律，并且随着表现内容和情绪的不同而有抑扬顿挫、轻慢缓急之分。在吟唱的同时，还要配以与所表达内容相应的舞蹈动作，如表现狩猎、田间劳作等，或表现喜怒哀乐等情绪。每一次祭祀活动都涉及舞蹈、歌曲等相关内容，祭司在无形当中也承担了彝族社会舞蹈家和音乐家等作为艺术者的职责。每一部毕摩经书、每一具体的祭祀或祝祷的仪式，都有完整的一套充满节奏韵律的舞蹈动作相配，这些歌舞伴随着毕摩们代代相传而得以保存、流传，生动展现了彝族民间歌舞艺术的精华和特点。

其三：医生

这是毕摩由祭司这一角色发展出来的另一个重要的社会角色。在人体生理卫生知识尚不发达的古代，人们遇到病痛便会求助祭司，请其帮助自己向神灵祈祷，请求神灵除去病痛，恢复健康。因此，毕摩在祝祷祈福中替人“祛病纳福”。为了帮助人们祛除病痛，毕摩们也会学习一定的医学知识。随着毕摩的一代代更迭，医学知识也随之逐渐流传开来，得到积累和丰富，并在毕摩中代代流传。在毕摩经典中有许多与医药相关的篇章，如《献药经》《避烫经》等，前者记录了一些常见病治疗的药方，后者则针对烫伤病人提出了治疗方法。毕摩也在无形中承担了彝族人民医生的角色。

二、毕摩与儒者的比较

毕摩是彝族社会早期的巫师和祭司，也承担了彝族文化传承者的角色，被看作彝族民间的智者。毕摩的起源、历史作用、社会地位及其他特征与儒家学派的“儒者”极为相似。接下来通过分析彝族毕摩与汉族儒者两个社会角色的相似与区别，以期更好说明毕摩在彝族社会中的地位与作用。

（一）原始“儒”的发展

“儒”字与“毕”字一样，一是指代一种职业，一是指代以“儒”为职业的一类人。在古文中“儒”与“濡”互为通假，二字从“需”。“需”在甲古文中是沐浴之意，后演变为“濡”字，原意为用水沾湿身体这一动作，即沐浴。与彝族文化一样，在古代汉文化中，祭祀、祈福、祝祷是一件十分神圣的事情，在做此事之前必须斋戒沐浴以示虔敬，因此最初古时用“濡”字指代从事襄礼、祝祷等职业的人，后为了与单纯的“沐浴之濡”相区分，加入祭祀、祭司等与人相关的含义，故将“濡”字的三点水替换为指代人物的单人旁，用以表示专门从事祈福、祝祷等职业的人，此即“儒”字的来由。

“儒”这一职业兴起于我国殷商之际，商朝灭亡后，周朝统治者对殷商遗民采取亡国不亡族的治理政策，在原商王朝旧址划出一块区域安置他们。作为殷商文化的后人，殷商遗民在政治上虽生活在周王朝的统治之下，但在文化上则自觉维护、保留、传承自己的文化传统，包括殷商文化基本的礼乐、襄礼知识以及占卜、祝祷等技能，其中能够熟练掌握这些文化的一批殷人被称为“殷士”。在生产力十分低下的古代社会，人们普遍需要通过体力劳动来求得生存，而殷士们因为较为完备地掌握了上述知识技能，便以此作为谋生手段，故逐渐摆脱繁重的体力劳动，在客观上养成柔弱的身体素质。在主观上，在周王朝的统治之下，作为前朝遗民，殷士们始终抱有寄人篱下、甘居人后的心理特征，逐渐形成软弱、安静、谦逊的性格特质。《说文解字》对“儒”的解释为：“儒，柔也，术士之称。”① 随着时间推移，居住一地的殷商遗民和周朝人民有了一定的交流，随着商周民族杂居，两个朝代的文化进一步融合，殷士襄礼、祈福祝祷的文化及其阴柔的性格特征、谦逊的文化特质也逐渐在周朝得以承袭和发展，并在后来的朝代中不断丰富、扩大内涵，最终发展成为中国传统文化中的儒家文明。

从原始之儒发展到儒家文明之间，还有一个十分重要的环节，即“儒”从一个不涵盖道德内涵的普通职业到内蕴道德意义的儒家最高人格理想的转变过程。在孔子之前，“儒”仅仅作为一种从事襄礼、占卜等工作的普通职业，并不具有高尚的人格道德内涵这一特质。不仅如此，当时的儒者甚至因其自身人格道德的不纯善而受到时人诟病：“众人之命儒也妄，常以儒相诟病。”② 这是孔子批评当时从事襄礼、祝祷的儒者因为各自道德的良莠不齐，才会让“儒者”这一称谓被时人笑话、侮辱，汉人郑玄注解此句：“诟病，犹耻辱也。”也正是基于上述情况，孔子认为真正的儒者应该具有高尚的道德人格。《礼记·儒行》是专门记载孔子对儒者的各个方面规定的一篇文章，包括儒者的言谈举止、动作神态、性格品性、道德修养等人格形态的各个方面，向人们展示出了一个仁义兼备的具有儒家最高人格理想的儒者。此外，他也教导学生

① ［汉］许慎著，［清］段玉裁注：《说文解字注》，上海古籍出版社 1988 年版，第 366—367 页。
② 陈英翻译：《四书五经·礼记》，中华书局 2009 年版，第 451 页。

“汝为君子儒，无为小人儒”①，“君子儒”即指具备高尚道理内涵的儒者，而“小人”在这里并非指道德低下之人，而是指代普通的、没有加入道德内涵的以儒为职业的人，他们不具有“君子儒”那样极强的人格理想、道德修养，行为举止也不一定符合孔子在《礼记·儒行》中对儒者的定义，但并不意味着他们一定就是道德低下、人格卑贱之人；“小人”在这里只是指单纯从事祝祷、襄礼、祈福等这一普通职业的人员的一个中性词，并非贬义词。

由此可见，孔子为儒者这一职业加入了道德内涵的成分，自孔子之后，儒者不再仅仅是懂得礼仪、文化并以传授礼仪文化、念诵诗书为职业的人，而是懂得礼仪文化并具有高尚道德的人。这二者缺一不可，甚至道德内蕴成为评判儒者的终极标准。因为高尚的道德必定包含着对知识、礼仪的熟知，所谓知书才能达理。从知行关系来说，外在的行必定有内在的知作为动因和支撑，知得明才行得出。道德的涵养除需自身的努力，也需要外在的规范教育，因此具备高尚道德的儒者必定熟练掌握礼乐文化及儒家伦常规范。

正是在这一意义上，我们说孔子是儒家学派的创始人，他极大地丰富了“儒”的内涵，在其中加入了理想人格、理想道德的成分。将儒由一种普通职业上升为儒家最高人格理想，并将这一特征上升为判断儒者的终极标准。也正是在这一意义上，我们将孔子所创立的这一学派称为儒家学派。

毕摩与儒者十分相似，最初也从事襄礼、祝祷、祈福等工作的祭司职业，并逐渐成为本民族的文化传承者。

（二）毕摩与儒者的相似和区别

毕摩和儒者，二者在角色起源、历史作用、社会地位、内涵特征等许多方面都有相似之处。首先，二者的最初职业都是占卜、祝祷、襄礼的祭司或巫师。其次，二者都很好地掌握了伦理道德、礼仪规范、哲学历史等本民族文化，承担起本民族知识分子的角色，并在本民族文化的保护和传承中起到了十分积极、重要的作用。最后，二者的社会地位都很高，毕摩是彝族阶级社会中仅次于兹、莫的统治阶级，受到人们的尊重，而儒家自古就有尊师重道的传统，儒者更是成为儒家文明中最高人格理想的象征。由此可见，毕摩和儒者作为熟悉礼仪规范和民族历史的“文化者”，在各自的文化中承担着十分重要且极为相似的角色。

但毕摩和儒者也有着很大的差别。

首先，虽然二者在本民族中都受人尊敬，但儒者从原始之儒发展到儒家学派，其

① 杨伯峻译注：《论语译注》，中华书局 2009 年版，第 58 页。

内涵加入了理想人格、理想道德的成分，成为儒家最高人格理想、终极道德追求的标志。而毕摩在彝族社会中的地位虽然较高，也受人尊重，能担任毕摩这一神圣职责之人也必定是受到族人认可的德高望重之人，但他并未上升到作为彝族文明中的最高人格理想、终极道德追求的标志这一程度。因此就各自在社会中所具有的影响力来看，毕摩和儒者有一定的区别。其次，从起源上看，原始之儒起源于商代亡国后生活在周朝统治下的殷商遗民，属于被统治阶级，最初的社会地位十分低下，后随着商周文化的进一步交流、融合，才逐渐为统治阶级所接受，又经过孔子将其加入道德成分的内涵，最终成为儒家人格最高理想的标志，是历朝历代知识分子毕生的终极价值追求，其社会地位经历了一个由低转高的过程。而毕摩则源于统治阶级上层建筑部落首领，之后逐渐分化、剥离出来作为一个独立的职业，在由部落首领—土司土官—奚婆—毕摩的演变过程中，毕摩的社会地位虽然日渐式微，但仍处于被人尊敬的地位。

三、彝族原始性创世史诗及毕摩经典梳理

毕摩在对彝族文化的积累、传承过程中通过文字记载的方式将这些文化保存下来，代代相传，这就是狭义的毕摩经典。在毕摩经典产生之前，彝族还有许多长篇原始性创世史诗，它们起源于彝族原始社会末期。彝族先民们在漫长的岁月里通过劳动、实践不断探索，通过直观的体验感受来认识世界，总结规律，逐步形成自己对天地万物等自然界和人类社会起源、运行发展规律的系统认识。他们通过口耳相传让这些认识代代流传。这些认识一部分成为彝族神话传说，另一部分则成为朗朗上口、节奏押韵的民间歌谣。彝族文字产生之后，人们将这些体现着先民智慧的神话传说和歌谣用文字的方式记录下来，这便是彝族的原始性创世史诗。这些史诗内容涵盖了天地万物、人类社会的起源、本氏族的发展历史，生动体现了彝族历史社会的文明进程。彝族不同的氏族或支系都有自己的原始性创世史诗，它们包含着彝族最原始的哲学和伦理思想的萌芽。彝族由原始社会进入奴隶社会后，毕摩对原始性史诗进行了系统的收集和整理，并用文字记录下来，成为毕摩经典的组成部分，这是研究彝族文化宝贵的第一手原始资料。现在以这些毕摩经典作为基本的文本，对彝族哲学和伦理思想进行探讨分析和系统梳理。

（一）原始性创世史诗

1.《查姆》

“查”在彝语中是“起源”之意，云南省楚雄、红河、玉溪等地的彝族将表现天地、万物、人类起源等内容的诗歌用“查”字命名。据考证这类诗歌共有120多篇，流传

于楚雄、红河、玉溪等地不同彝族地区，各地对同一个“查”有不同的称谓，其中所述内容也不尽相同。这些诗歌的内容起源于彝族远古的原始时代，最初为口耳相传，后由毕摩们将这一百多个“查”收集整理并用彝文记录，用“查姆”作为它们的统称，指代万物的起源。

今天我们看到的《查姆》一书共有 11 个“查”，共计 10 章，分为两个部分，第一至第四章为第一部分，记录了天地万物和人类的起源，主要涉及上述地区彝族人民对万物起源、发展的理解；第五至第十章为第二部分，记录人类诞生后人类社会的演化发展过程。《查姆》一书主要涉及彝族哲学中的本体论和人类起源说。

2.《梅葛》

“梅”在彝语中最初表示“光线、影子”，后引申为历史、道理，即文化、历史之意；“葛”有吟诵、念唱之意，“梅葛”二字合在一起表示“念诵历史”，现在也用“梅葛”表示彝族诗歌中的一种曲调，即“梅葛调”，用此调吟唱的彝族诗歌也称“梅葛”。“梅葛调”流传于云南省楚雄彝族自治州，一般在彝族的节日、庆典中由毕摩吟诵，无文字记载，通过毕摩们一代代口耳相传得以保存，20 世纪 50 年代由专门研究者根据毕摩的系统吟唱直接整理、翻译为汉文。现在我们看到的《梅葛》一书分为 4 个部分，按照自然界万物和人类社会的起源、发展规律，依次是《创世》《造物》《婚事和恋歌》《丧葬》。《梅葛》一书主要涉及彝族哲学中的本体论和生死观。

3.《阿细的先基》

阿细是彝族的一个支系，阿细支系主要居住在云南省红河哈尼族彝族自治州的弥勒市。“先基”在阿细人的语言中指“歌”，与梅葛一样也是一种曲调的名称，也用“先基”一词指代用先基调唱颂的诗歌，“阿细的先基”意为“阿细支系的歌”。它们与《梅葛》一样无文字记载，通过历代毕摩口耳相传得以保存、流传，于 20 世纪 50 年代由专门研究者根据毕摩的系统吟唱直接整理、翻译为汉文。全书共 4 个部分：《引子》《最古的时候》《男女说合成一家》《尾声》。《最古的时候》记录天地万物和人类的起源，《男女说合成一家》记录人类社会产生后婚姻家庭制度的形成过程和劳动生产。

4.《勒俄特依》

“勒俄特依”是彝语音译，“勒俄”汉语意译为“历史、传说”，“特依”汉语意为“书籍”，二者合起来意为“记录本氏族历史传说的书籍”，流传于四川凉山地区，除口耳相传外，还有彝文抄本。全书共 13 个部分，主要记叙了天地万物、人类的形成、不同氏族的起源、社会发展以及彼此间交流、融合的历史。

5.《尼苏夺节》

《尼苏夺节》是流传于云南省红河州红河、元阳等地区的彝族史诗，全长六千余行，由毕摩用彝文记录。共十章，每一章以一个独立的神话或传说为内容，涉及天地和人类的起源、婚姻产生、战胜洪水、采药治病、延寿、歌舞民俗、冶炼金属、伦理道德、文字创造等方面。虽为原始史诗，但除了记载原始时期的民情外，有部分是后人加入的反映彝族原始社会之后期的生活的内容。该诗的文体风格颇为独特，句式整齐，韵律和谐，可歌可舞。

6.《阿赫希尼摩》

“阿赫希尼摩”是彝语音译，“阿赫”与“阿细”一样是彝族一个支系的名称，该支系生活于云南哀牢山地区。“希尼”是人名，为阿赫部族的一位先祖，“摩”为“母”之意，“阿赫希尼摩”意为“阿赫部族的起源”。本诗有毕摩用彝文记录的手抄本，全书有《万物的起源》和《人类社会的形成》两个部分。

上述六部原始性创世史诗均起源于彝族原始社会末期，其内容主要记录彝族先民对自然、人类起源的理解和人类社会（彝族各氏族部落）的发展历史，以及人类社会婚姻、伦理等基本社会制度和生产劳动的形成、演化过程。其中有的只有口耳相传的诗句或歌谣，有的则通过毕摩用彝文记录保存。20世纪50年代由专门的研究人员对这些口头流传的诗句歌谣和手抄文本进行系统的收集整理并译为汉文。原始社会是彝族哲学思想的萌芽阶段，这些原始史诗是最早记录与彝族哲学伦理思想内容相关的文献。

（二）奴隶社会与封建社会时期的毕摩经典

公元前4世纪左右彝族由原始社会进入奴隶社会，毕摩职能由原始部落首领分化出来成为独立的职业，在行使职能中需要吟诵各种诗歌、经文，因此就用彝文记录彝族社会方方面面的知识和历史文化，这是继原始史诗之后出现彝族哲学思想的一类文献。

毕摩经典根据内容不同可分为三类：一类是对天地、自然敬拜的经典，用于遇到自然灾害或疾病时向天地、神灵祷告、祈求；一类是关于巫术的经典，记载占卜的过程及咒语的念法；一类是用于丧葬和祭拜先祖的经典，在葬礼或祭祀礼仪中指引亡灵归回先祖发祥地以及祈求先祖保佑子孙平安、昌盛。

1.《裴妥梅尼——苏颇》

这是一部结构恢宏、篇幅完整的毕摩经典，用于丧葬和拜祭先祖祭礼。本书是由若干代毕摩代代相传长期积累而成，成书于明代之后。全书共44篇，抄书人《自叙》

一篇，余 43 篇为正文，以彝文押韵的五言诗体撰写而成，共计六千余行，三万余字。本书的核心是灵魂，包括灵魂的本质、万物的起源，其中最重要的一个观点是人皆有死，死后有灵魂，灵魂要与祖先的灵魂会合在一处才算圆满。书里大量内容用于指领灵魂归回先祖故地，并记录与阳世相对应的阴间的生活，认为阴间在阶层划分、社会规范、道德伦理方面与阳世有许多相似的地方，因此教育灵魂不忘先祖在阳世留下的各种道德规矩。此书是研究彝族生死观、灵魂观的重要典籍。

2. 指路经

指路经并非只一本书，而是指彝族毕摩经典的一个类别。云南彝族生死观中有一个十分重要的观点，即认为人去世后灵魂要归回祖先发祥地，因此产生了专门记载在葬礼中指引灵魂归回先祖发祥地并与之团聚的指路经。主要内容有三个方面：一是指引亡者带领灵魂归回先祖故地；二是教导灵魂不要忘记先祖在世时定下的伦理道德、社会制度，因为彝族文化认为阴间是阳世的翻版，这些道德规范在阴间同样适用；三是在灵魂与先祖灵魂团聚后，祈祷其保佑、庇佑在世的子孙族裔平安昌盛。

指路经根据地区的不同分为《罗平指路经》《宣威指路经》《峨山指路经》《禄劝指路经》《武定指路经》《双柏指路经》等。

彝族由奴隶社会进入封建社会后，产生了专门论述彝族的哲学典籍。较之毕摩经典中零散、片段式地表达出哲学思想，这些专门的哲学典籍行文更加规范，内涵更加丰富，逻辑更加缜密，呈现出系统完整的彝族哲学体系。

3.《宇宙人文论》

本书是以鲁则、笃仁两位著名毕摩对话的形式撰写的一部彝文著作，其内容涵盖哲学、天文历法、人体生理等方面，是一部十分重要的彝族哲学著作，也是彝族进入封建社会后十分重要的百科全书式的书籍。从书中内容推断成书年代约在宋至明代之间。本书的哲学观点如下：本体论方面认为世界的本原是清浊二气，万物都由上升的清气和沉降的浊气构成；天人关系方面强调“人生天为本”，这里的“天”泛指自然，意为人是自然的一个部分，人体的生理结构、生命过程与自然运行规律相行不悖，这与中国哲学传统命题天人合一思想颇为相似；认识论提出“眼有所见、心有所知”的命题，认为认识来源于物质世界。

4.《宇宙源流》

《宇宙源流》是用彝文撰写的一本彝族古代哲学书籍，又译为《说文》《训书》。全书共八章，包括天文、地理、人道、治国、婚姻、慎终追远、父母等。在 1936 年该书首次出版时，《序例》中记载作者为生活在公元前100多年前彝族先民的部落首领宓阿迭，他借彝族神人联纪的口吻行文撰写此书，但从书中内容判断，本书与《宇宙人文论》成书时间相当。是彝族哲学方面的专著，其中所记录的哲学思想也不是零散的、片段式的只言片语，而是对天地万物、人类社会形成系统的哲学认识，已上升到理论的层面。《宇宙源流》认为天地由气凝结而成，人与天地亦由气凝结而成，且天地人均遵循一定的规律，天地依其轨道运行，人的性命依五行运行。在治国方面提出“君民一体”和“修德”的治国原则。

5.《彝汉天地》

这是用彝文写作的记录彝族伦理思想的诗集，后译为汉文，流传于云南省武定县彝族地区。对于其内容，译者朱崇先先生在著作《彝族典籍文化》中有所记录：“书名《彝汉天地》，但依其内容，通篇论述人之成长过程与为人处世之道，实为伦理道德之著述。假若以书名与内容相联系的话，书中所论述的是伦理道德之天地，为人处世之天地。”[①]《彝汉天地》认为人与人的关系中最基本的是亲情关系，因此家庭教育、亲子教育的主要内容在道德教育。为了规范这些关系，书中对人伦道德原则做了基本的规定。治国治民的核心也是依据道德原则进行道德教化。

6.《西南彝志》（又译作《哎哺啥额》《影形及清浊二气》）

这是用彝文撰写的一部彝族古代百科全书式的历史文献，共37万余字，后被译为汉文。本书编纂者为今贵州彝族水西热卧土目家族的一位慕史（歌师）益果拉埃拔，人们习惯称其为“热卧慕史”。热卧慕史收集了千百年来贵州水西地区各彝族支系的文献典故，通过自己的整理编纂成书，记录了天地的起源、天文地理、谱牒、人文历史、医学等水西彝族各个方面的思想和历史，结构恢宏，内容丰富。作为水西彝族地区不同时代、不同支系的文献汇编，《西南彝志》记录了许多不同甚至相悖、对立的理论观点，如对天地起源的问题各个支系就有不同的看法，《西南彝志》均一一记录，这对于分析、对比、研究彝族不同历史时期、不同支系的哲学思想是十分宝贵的资料。

《西南彝志》认为天地产生于哎哺啥额四物，此四字均为彝语音译，意为影、形、清气、浊气。《西南彝志》为该书的汉文名称，其彝文本名即为《哎哺啥额》，据此意译应为《影形及清浊二气》。用“哎哺啥额”四物作为书名，即想表明影、形、清浊二气为万物的本原，是万事万物的基础和根本，统领书中余下所讲的天地万物、人类社会中的一切。书中主要哲学观点为：在生成论方面，认为天地起源于哎哺影形四物，

① 朱崇先：《彝族典籍文化》，中央民族大学出版社1994年版，第73页。

并提出了对立统一和变化的观念，清气和浊气既相对立又相辅相成，共同诞生万物，万物产生后也要经历不断的演变和发展。在认识论方面，强调知识的重要性，认为历史是通过知识的变化发展而不断前进，并提出五行、八卦说。

7.《彝族源流》（《能素恒说》）

这是另一部用彝文撰写的彝族百科全书式的历史文献汇编。《能素恒说》为彝语音译，“能素”彝族的自称，“恒说”意为追寻、探求本原，后意译为《彝族源流》。据书中记载，毕摩以及部落首领与毕摩尚未分化之时的彝族远古时代即开始收集整理书中的各类内容，至清初成书。但据书中内容考证，本书“所汇集的内容从远古开始直到明末清初的都有，而收集工作大约是从君、臣、师三元一体政权建立开始直到清初。所以其内容十分复杂，有封建社会的也有前封建社会的”[①]。本书的作者尚无考证，据推测为明清两代多人编纂，其身份可能与毕摩有关，但亦不完全是毕摩。全书共30万字，包括数十篇文献，其内容、体裁、全书结构与《西南彝志》十分类似。该书大致内容如下：彝族各氏族支系的起源、发展历史，天地万物及人类社会的来源和发展，人类的教育与伦理道德等相关内容。

上述是彝族社会原始史诗和部分毕摩经典的大致梳理。

第二节　彝族哲学的本体论

一、宇宙的本原

对“宇宙的本原是什么”这一问题的终极追问，是所有哲学和哲学家都要面临的一个最基本的哲学命题。对这一问题的讨论被称为哲学本体论，对此问题的探索亦可看作哲学思维开始产生的标志。

对于本体论的讨论和关注，西方哲学开始于哲学思维诞生之初的古希腊哲学，最初对这一问题产生关注的是古希腊第一个哲学学派米利都学派的创始人泰勒斯（约前

① 伍雄武、普同金：《彝族哲学思想史》，民族出版社1998年版，第198页。

540—前 470 年），他在哲学方面最大的贡献是在哲学史上首次提出了“世界的本原是什么？”这样一个对宇宙终极本体进行追问的哲学命题，开启了西方哲学史上的“本体论时代”。凭借这一开创性的哲学命题，泰勒斯不但成为希腊最早的哲学学派米利都学派的创始人，也被公认为“哲学史第一人”。对于自己首创的这一哲学命题，泰勒斯的回答为“水是万物的始基”。他通过观察发现许多生命都诞生于水，故得出“水生万物，万物复归于水”的结论，这一首次对世界统一性与本原性的问题的提问和回答，也成为西方哲学史开始“本体论转向”的标志。泰勒斯之后，其学生曾用“无定”“火”等范畴规定过世界的本原。

需要注意的是，泰勒斯使用“始基”一词来表达本原之意。这一个词语原指“万物的根源或基本”，由泰勒斯及其学生赫拉克利特将其引入哲学领域并赋予了其本体论意义，这其中包含两层含义，“始”指万物的起初、源起；“基”指万物的基础。这一词的本体论意义在于：当宇宙间混沌一片时，并非一无所有，这“混沌”中内蕴着构成万物的基本存在，用语言指称、描述这一存在，就将其称为“始基”。泰勒斯和赫拉克利特之后，后世更多地用“本体”一词来指称万物的本原。“本体”一词来源于拉丁语 on（是，存在）和 ontons（存在者），在英语中与之对应的是 be（是，存在）和 being（存在者）。

至苏格拉底（前 469—前 399 年）提出“自知无知”与“认识你自己”的观点，认为认识自己最重要的就是使自己成为一个好公民，具有美德。而只有具备了美德的知识与概念，才能做出具有美德的行为。因此提出“美德的概念”这样一个范畴，这一范畴被称为“概念论”，其基本观点认为应该崇尚理性，通过理性寻求事物共同的本性，并为其下定义，只有反映事物性质的概念才是永恒不变的知识。从“自知无知”到“认识自己”再到“概念论”的提出，苏格拉底将“存在”或“存在者”这样一个事物的本质落实为具体的“是什么”，追求事物的普遍定义和一般共向，此时本体论的发展更为清晰。

柏拉图提出理念论，将世界二重化：可见世界指我们具体可感的世界，可知世界指独立于可见世界之外的理念世界，看不见摸不到却可凭借思维、理念来把握它。柏拉图认为理念、概念（idear）不仅仅是思想范畴，存在人们心中，而是独立于事物和人心之外的一种存在，它是绝对、永恒不变、唯一真实的存在，由理念构成的理念世界是客观独立存在的、唯一真实的世界。认为理念是世界的本原、根本、本体。

到亚里士多德，他将所有学科按人类活动分为三类：一为制造学术（making），包括医疗、建筑、缝纫等；一为实践学术（doing），包括政治、经济、伦理等；一为理论学术（looking），包括数学（量）和物理（质）。亚里士多德学派的传人安德罗尼柯系统整理了亚里士多德的著作，发现一部分文章其内容是讨论可见事物之外的超感觉、超经验的抽象存在，不能归为上述三类学科中的任何一类，在这些书中，他认为研究完有形物体、可见事物之后，还应研究、探寻它们背后的原理。安德罗尼柯将这些文章统一编排在一起，放在物理学（physics）之后，将其命名为《物理学之后诸篇》（*metaphysics*）。中国学者严复将该书引入中国时，将 metaphysics 一词译作“形而上学”，该词出自《周易》“形而上者谓之道，形而下者谓之器”一句，因为物理学（physic）是研究具体的、有形状、可感可触的物体，因此这一批物理学之后研究超感觉、超经验的抽象对象的文章就被严复释为“有形物体之上”的学说，亦即形而上学。它们研究的内容是作为存在的存在，亦即存在本身。亚里士多德首次明确了“有形物体之外”的一类学说的确立，此即后世所说的本体论，以亚里士多德为代表的哲学家认为哲学就是本体论之学。

至 16 世纪末 17 世纪初，德国经院学者郭克兰纽（1547—1628 年）结合拉丁文 on 和 ontos 两词创造出 ontology 一词，并将该词解释为 metaphysics（物理学之上）一词的同义语，认为有形物体之上的这样一个超感觉、超经验的研究对象，即对于事物背后原理的研究，而事物背后原理才是真实的存在。因此“有形物体之上”（metaphysics）一词与“存在、存在者”（ontology）一词可以等同。中国学者将 ontology 一词译为本体论、实体论或存在论。至 18 世纪理性主义学家沃尔夫（1679—1754 年）将 ontology 一词的内涵由存在、存在者扩展至存在者的本质，更加突出了对事物的本质、本源内涵的研究这一层含义，因此用 ontology 比其同义语 metaphysics 更具有指代“关于万事万物本原的研究的学说”这一研究范畴的意义。至此，后世更多用 ontology（本体论）一词表示哲学上对研究万事万物的最终的解释、最高的价值、最终极的本原一类问题的学说。在西方哲学史上，本体论有几种划分方法，从属性特征来看，包括唯物论、唯心论、合一论、中立论等；从数量来看，包括一元论、二元论、多元论；从宇宙起源论来看，包括决定论、目的论等。

中国哲学对本体论的关注起源于先秦时期，被严复用于翻译 metaphysics 一词的“形而上学”语出《周易》“形而上者谓之道，形而下者谓之器”，认为规律、道理、法则等是没有具体、可感形状的，故称有形物体之上，简称“形而上”；器用之物是具体、可感、有形的，故称“形而下”。在此处《周易》很明确地将世界划分为二个层面：本体世界与现象世界，有形物体之上的本体世界被称为“道”；有形物体存在的现象世界被称为“器”。道是器得以存在的终极依据，但道也借助器得以展现。形而上与形而下这一对概念经《周易》提出后，被后世哲学家引申为表示本体和现象、抽象与具体的一对概念范畴。

上述引文中提出的“道”成为中国哲学史上第一个用于表述万物本体的概念。道有三层意思，最初是指人们开辟出来的规整的、用于行走、交通的路，因为道路具备一定的规整性、指向性、目的性，后逐步引申为“规律、法则”这样一个具备抽象意义的内涵，再根据这样一个抽象的含义进一步引申为“万物的本原”这一本体论意义。《周易》中对道的解释为“一阴一阳之谓道，继之者善也，成之者性也”。[①]这是指阴阳对立转化就成为道，这是天下万物运行的基本规律。天下万物继承了这一“道”就可被称为“善”，把这个“道”在自己身上显现、完成，就被称为自己的天性或本性。这里的“善”不是伦理学意义上形容人道德纯良的褒义词，而是指天下万物秉承了阴阳之道，把这一天下万物运行最基本的规律内蕴于自己本性之中的这样一种状态。“道”在这里已经有了“作为万物基本运行规律”的这样一个抽象的含义，即道的第二层含义。但真正将其上升为“万物的本原”这一本体论意义则是《道德经》一书。作为世界的本原、万物的终极本体的道，万物产生于它，最终复归于它，它是天下万物产生的本原、基础，是万物之所以然的终极原因，但对自身而言，道则以自己为本原，自我产生、自我发展、自我完成，同时生成万物、孕育万物，帮助万物按自性发展、生长，以达到最终的圆满。而对于这样一个万物终极本原的描述，老子给出了“道可道，非常道”，“道常无名”，“吾不知其名，强字之曰道”[②]这样的解释。他认为恒常不变的“大道”是不可以用语言来描述、解释的，也无法给它命名、称谓，如果一定要勉强给它命名的话，就称为“道”。可见老子认为“道”是无法言说的：“微妙玄通，深不可知。”[③]因此对于“道”究竟是什么，他并未给出肯定的定义或解释，而是用“道”不是什么来解释“道”：“视而不见，名曰夷；听之不闻，名曰希；搏之不得，名曰微。此三者不可致诘，故混而为一……绳绳兮不可名，复归于无物。是谓无状之状，无物之象，是谓恍惚。迎之不见其首，随之不见其后。”[④]但对于道与天地万物的关系，老子则给出了明确的答案：“有物混成，先天地生”，“大道泛兮，其可左右，万物恃之以生而不辞”。[⑤]这里先天地而生的混成之物即是“大道”，此处的“先”包含两层含义：一是时间在先性，“道”产生的时间在万物之前；一是逻辑在先性，有了事物的本体才有具体的事物。当“大道”

---

① 周振甫译注：《周易译注·系辞上传》，中华书局 2013 年版，第 248 页。

② 《道德经》一章，三十二章，二十五章。

③ 《道德经》十五章。

④ 《道德经》十四章。

⑤ 《道德经》三十四章，二十五章。

先天地产生之后，它作为混沌的整体，广泛而普遍地流行、弥漫开来，无所不在，天地万物凭借着它、依靠着它产生、发展。而“道”最大的特点就是“道常无为而无不为”，因此对于化育万物，“大道”既不推辞，也不居功为自有。认为天地万物都是按着自性自然而然地生长、发育，“功遂身退，天之道”[①]，这恰恰是“大道”之为“大道”最根本之所在，无为而无不为。可见，在《道德经》中，老子不仅将“道”提升为一个哲学范畴，更赋予了道“天下万物之本原”这一本体论意义的内涵，正是在这一意义上，我们将老子创立的学派视为道家学派，并将老子称为道家学派的创始人。需要注意的是，在《道德经》中，对万物承接、吸收“道”而内化为自己的天性以至在“道”的帮助下生长、发展最终得以自我成全、自我完善的过程这样一个状态称作“德”。换言之，“德”是指万物承接“道”这一终极本体而具备了自己的天性、本性，这是对“成之者性也，继之者善也”的进一步继承和完善，也为作为万物本原的本体之“道”与万物本身找到了最好的沟通桥梁。

老子的“道”本体论是将宇宙生成论和本体论合在一起，而道家学派另一位代表人物庄子则更倾向于关注“道”的本体论意义。他认为“夫道……无为无形……自本自根”[②]，面对东郭子提问“道”在哪里的问题，庄子回答“物物者非物”“道无所不在”，但东郭子一定要庄子说出“道”的具体位置，并且连问几次，庄子依次回答“在蝼蚁”“在稊稗”“在瓦甓”，直至庄子回答“在屎溺”后，东郭子才不再言[③]。可见，庄子认为“道”自己就是自己的本原，也是万物成其为万物的本原。但它自己却无形无象，不是任何具体的存在物（无为无形，物物者非物），却又无所不在，即便是在最卑贱的蝼蚁、屎溺中，它也并不缺席，并且它恰恰是蝼蚁之为蝼蚁、屎溺之为屎溺的根据所在。可见，庄子对“道”的探究更多地是从本体论意义上展开，对于“大道”怎样生成天地万物的过程，他并不如老子那样做过多的探究。可以说，老子对“大道”的描述将宇宙生成论和本体论合二为一，而庄子则是单纯关注于“道”在本体论上的意义。

相较于道家关注于“道”之本体意义本身，儒家更关注本体之道对于人的现实意义。孔子认为“朝闻道，夕死可矣”[④]“人能弘道，非道弘人”[⑤]，“道”是世界万物存在的终极依据，自然也是人之为人的根源所在。人有德性（仁、义、礼等）就是因为人

---

① 《道德经》九章。

② 《庄子·大宗师》。

③ 《庄子·知北游》。

④ 《论语·里人》。

⑤ 《论语·卫灵公》。

秉承了天道，并将“道”内化为自己的本性、天性，表现出来即仁德、礼、义等道德品质，这就为人的道德寻找到了终极根源。孔子对“道”的讨论，不是为了关注作为形而上本体的“道”本身，而是为了人的德性的合理性、合法性树立起终极的本体依据。从中国哲学天人合一的角度讲，老庄之“道”更关注天，孔孟之“道”更关注人。至孟子和荀子，则分别从关注人的德性内涵与关注天道本体本身二个维度进一步发展了儒家哲学的本体论。孟子进一步强化了孔子对人德性的关注。孟子认为人天生具有仁义礼智等善性，这是人的本性、天性，源自天，是天赋予的，他将人的这一善性称为“天爵”：“仁，天之尊爵也”①，“仁义忠信，乐善不倦，此天爵也”②。这一“天爵”是天所赋予，其终极依据也必定源自天。孟子将人天共有的本体之“道”（终极依据）称为“诚”：“诚者，天之道也，诚之者，人之道也”③，本体之“道”在天的体现为“诚”，这是人之善性（天爵、仁义忠信）的本体论依据，具有终极的价值意义，“本体之道”在人的体现，即体味、追求、完成天道之“诚”（所谓“诚之者”），这是人的终极价值目标。而这一体味、追求完成天道之“诚”的具体方式就是内求于心，通过内求的方式寻求到天之道所赋予人的天爵，并通过行为将其最大化地显现于外在。仁义礼智既是由天道所赋予的，必定是内在于人本性、天性当中，是人生而有之的，“仁义礼智，非由外铄我也，我固有之也”④，这种人本性固有的善，人只有通过内求于心才能获得：“尽其心者，知其性也，知其性则知天矣”⑤，内求于心，便知晓、显现出从天道而来的善性，明确了内心中仁义礼智这样的善性，也就明了了天之道，也就真正完成了对天道“诚之者”的人道使命。可见，孟子对本体之道（天道）的讨论和关注，目的不是本体之道本身，而是为了人道的善性寻找到最高价值根源和终极依据。对此有学者总结道：“孟子阐发的本体论，不是客体存在意义上的本体论，而是主体价值意义上的本体论。用牟宗三的话说，孟子的本体论可叫作‘道德形而上学’。”⑥从孔子萌芽至孟子进一步深化、明确，开启了儒家哲学十分重要的一个传统：将关注的重心放在人的德性方面，本体之道仅仅是为了作为德性的终极价值和终极意义这一作用和角色而存在，而不对本体本身具有的意义和价值加以关注和讨论，这一哲学特质成为整个中国哲学的基本特征之一，后世哲学家尽管也有对形而上本体本身的讨论和关注，但都无一例外地将其与人的德性紧密相连。

① 《孟子·公孙丑上》。

② 《孟子·告子上》。

③ 《孟子·离娄上的》。

④ 《孟子·告子上》。

⑤ 《孟子·尽心上》。

⑥ 谢志林：《中国哲学的本体论思路》，《船山学刊》2004 年第 1 期。

孟子之后的儒家哲学的另一位代表人物荀子即如此。相较于孔孟，其本体论思想更注重了对本体本身的价值和意义的关注（这一点与先秦道家老庄较为相似），但最初亦肯定了人的德性的价值。荀子将万物本体归结为气，认为气是天地万物得以统一的终极依据，也是万物各自为自身，得以与他者相区别的终极依据；人也由气构成，并且是所有具体存在中最高级、最宝贵的存在，在关注本体本身的同时肯定了人的价值和意义。

先秦百家争鸣之后，中国哲学本体论发展的高峰是魏晋玄学时期。魏晋玄学的主题有体用、本末、有无等。王弼提出以无为本、以有为末，认为世间万物仅仅作为具体的现象而存在，因为它们是有具体形态的存在，因此称作“有”；而现象背后的规律作为万物存在的终极性依据的本体，王弼认为它不是任何具体的存在物，并非实体性的存在，因此称为“无”，强调以“无”为本，以“有”为末。“有”“末”不能独立存在，必须依附于作为本体的“无”，本末有无关系即是本体与现象的关系。王弼强调不能仅仅关注现象世界，而要关注现象背后的抽象本体，以无为本，关注无，关注本，被称为“贵无论”。王弼的思考方式是典型的哲学本体论式的思考方式，他是魏晋时期首位提出本体论问题的哲学家。其后，裴頠认为“有”才是万物的本体，提出“自生”的概念，认为万物并非由无而生，而是自生：“夫至无者，无以能生，故始生者，自生也……自生而必体有。”① 因此万物的本体是“有”，但“有”也是一种抽象的存在，并非如万物是具体可感的实物此即“崇有论”。贵无论和崇有论虽然对本体的定义和规定不同，但它们都肯定本体的超越性、非实体性和终极价值意义，这是本体论哲学最显著的特征。至理学奠基人周敦颐提出“无极而太极”的本体论；张载提出“太虚即气”的气一元论；二程提出“天理”；朱熹吸收二程和张载的思想建立完备的理学体系，均是为了论证人的道德品性、儒家的伦理纲常的合法性、合理性，为此寻找本体论的形上依据。而较之先秦儒家更进一步的是，宋明理学家不仅为儒家的道德伦理寻找本体论依据，更是通过彼此间的联系将二者等同，间接赋予这些道德伦理以本体论意义。无论是“无极”“太极”，还是“太虚”或“理”，都是人的德性的直接化身，这被后来学者称为“道德形而上学”。而陆九渊的“心即理”和阳明心学，则跨过了先寻找抽象终极本体作为德性形上依据这一步，直接将德性本身定义为本体，不仅是自己存在的终极依据，也是万物存在的终极依据。所谓“心即理”，换言之，德性即本体，心外无物，万物存在的终极价值意义就在于它被人心（德性）所发现、所感知，成为人世界意义的一部分。“心外无物”并非说事物被人注意、发

① ［晋］裴頠：《崇有论》。

现之前是不存在的，而是说它被人注意、发现之前，它的存在对人是没有任何意义的，这是从价值意义的角度来对本体论进行探讨。至此，不同于西方哲学本体论的中国哲学“道德形而上学”本体论建立起来了。

二、彝族哲学的本体论

彝族哲学在奴隶社会时期就有从特殊到普遍、从具体到抽象的归纳意识，并在这种归纳中开始思考宇宙中最大的普遍——万物的本原是什么。彝族先民对此提出了“根”这一抽象存在，认为万事万物都有各自的“根”，这是它们的本原所在，如诗有“诗根”，病有“病根”：“谈诗要寻根，有根方为上。彝诗无根底，不算好诗章”①；“人变成妖怪，再变成病根，病根他们变，到处去害人”②，虽然推断和结论并不科学，但通过对各种具体事物的“根”的追问，已经出现了从整体认识万物的意识萌芽。此外，不仅有将不同的个别事物统一起来的“小根”，还有将不同类别的“小根”进一步统一的“大根”：“若不抓根本，小事难弄清，理出大根来，小者自然明”③，这种从个别到普遍“寻根”的逻辑思路，虽还未达到对宇宙本体终极追问的层面，但已经有了“寻根”这样一种探寻万物本原的意识。

对于万物的“根”，即宇宙本原的追问与探寻，彝族哲学在不同阶段有不同的回答，提出了水、风、雾、气等不同范畴。

（一）原始性创世史诗中的宇宙本原观

彝族原始性创世史诗《查姆》一书其名称的意译即为“天地的起源”。这本论述彝族对天地万物、人类社会起源认识的书籍认为，天地万物的本原是“雾露”：“最古的时候，天地连成一片，下面没有地，上面没有天，分不出黑夜，分不出白天……天地混沌分不清，天地雾露难分辨。”④在这混沌一片的状态下，只有雾露是唯一真实的存在：“只有雾露一团团，只有雾露翻滚滚，雾露里有天，雾露里有地。”⑤在天地混沌不清时，只存在一种最基本最原始的物质“雾露”，天地都包含于其中，随着雾露的进一步运动，天地开始分离，万物开始产生，所谓“雾露变气天地间，天地生长育万物”⑥；“这就是天地的起始，这就是万物的本原”⑦。可见《查姆》认为世界存

① 王子尧、王治新、何积全汉译：《彝族诗文论》，贵州人民出版社 1989 年版，第 111 页。
② 王子尧、王治新、何积全汉译：《彝族诗文论》，贵州人民出版社 1989 年版，第 35 页。
③ 王子尧、王治新、何积全汉译：《彝族诗文论》，贵州人民出版社 1989 年版，第 80 页。
④ 郭思九、陶学良整理：《查姆》，云南人民出版社 1981 年版，第 139 页。
⑤ 郭思九、陶学良整理：《查姆》，云南人民出版社 1981 年版，第 139 页。
⑥ 郭思九、陶学良整理：《查姆》，云南人民出版社 1981 年版，第 8 页。
⑦ 郭思九、陶学良整理：《查姆》，云南人民出版社 1981 年版，第 15 页。

在一种客观物质“雾露”，作为天地万物的本原，万物包含于其中，由它而生。

另一部彝族原始性创世史诗《阿细的先基》认为万物的本原是云：“最古的时候，没有天和地……云彩有两层，云彩有两张，轻云飞上去，就变成了天……重云落下来，就变成了地”[①]，这是将云彩分为轻云和重云两种属性，轻云上升为天，重云下降成地，天地由此产生，紧接着产生万物。

上述两部史诗中的“雾露”和“云”，作为万物的本原，它们究竟是具体可感的实体性存在，还是抽象、超验的形上本体，文中并未具体说明，但从二者的直观性物质基础来看，类似于汉族哲学中物质性的“气”，由于“气”这一范畴在中国传统哲学中既有实体性的含义，又有抽象的形而上本体的含义，故在此将两种可能性均列出。

《勒俄特依》则认为万物的本原是“水”：“天地还未分明时，洪水还未消退时，一日反面变，变化极无常，一日正面变，变化似正常。混沌演出水是一，浑水满盈盈是二，水色变金黄是三，星光闪闪亮是四，亮中偶发声是五，发声后一段是六，停顿后又变是七，变化来势猛是八，下方全毁灭是九，万物全殒尽是十，此为天地变化史。”[②]这是说天地还未形成之前，“水”是唯一的存在，在一片混沌中，“水”开始逐渐分化，经过一系列的变化发展产生天地。在此将实体性的水作为万物的本原，可能是彝族先民观察到生命起源于水，这与前面所提到的希腊哲学的第一个本体论命题“水是万物的始基”十分相似。

此外，还有一部彝族创世歌谣《彝族古歌》则认为万物的本原是“风”：“遂古之初呀，乾坤尚未分，天还未出现，地还未产生，一片混沌沌……在那混沌中，有风先出现……和风轻轻吹，就把天地造，就来造万物。”[③]这是说“风”是宇宙的本原，是构成天地万物的基本物质。此外《彝族古歌》中还提到一位掌管风的风神唤作“米恒哲”，他通过吹风来创造天地万物。虽然存在一位“风神”，但风神在创造万物时，还是要借助风来完成和实现这一动作，因此构成万物的基本物质还是风，万物是由风运化而成，故本文还是将《彝族古歌》对万物本原的理解看作“风”。

上述彝文文献都是彝族原始社会时期的原始性创世史诗和创世歌谣，在考察天地万物的本原时，它们的共同特点是都将自然界某一具体可见、可感的物质形态当作宇宙万物的始基和本体，这与西方哲学产生之初古希腊哲学的米利都学派的观点极为相似。这一学派认为构成世界最基本的物质是水、火、空气等，其中代表人物泰勒斯提出最著名的哲学命题“水是万物的始基”。位于地球两端的两个民族在这一古老的哲

① 云南民间文学红河调查队收集：《阿细的先基》，云南人民出版社 1959 年版，第 6 页。

② 《凉山彝族奴隶社会》编写组：《凉山彝文资料选译·勒俄特依》，西南民族学院印刷厂 1978 年印，第 1—2 页。

③ 王子尧译，康健整理：《彝族古歌》，贵州人民出版社 1989 年版，第 1—3 页。

学命题上的答案不谋而合，这一相似性体现了人类哲学思维的产生所具有的共性特征，恩格斯评价这一特征为：“（它）十分自然地把自然现象的无限多样性的统一看作是不言而喻的，并且就在具有某种固定形体的东西中，在某种特殊的形体中寻找统一。”[①]这是人类早期思维发展的共同特点，这种在“某种特殊形体中寻找统一”的特点一方面体现了人类思维方式由具象思维向抽象思维的过渡，另一方面也呈现出具象思维的特征：直观性、表面性，通过对可知可感事物的观物取象来解释说明万物的起源。

但这种直观思维也体现出由具象思维向抽象思维发展的萌芽，如《查姆》在将雾露看作万物的本原而创生万物时，还有一个变气的过程：“雾露变气育万物，万物生长天地间。”[②]雾露首先变为气，接下来再化育万物。此外《阿细的先基》提出的云，《彝族古歌》提出的风都是具有抽象形态的客观存在。

（二）气本原论

在对世界本原的追问中，上述的抽象思维在彝族哲学思想中有较为明显的体现，最典型的代表即将宇宙的本原看作“气”。彝族毕摩经典《裴妥梅尼》《宇宙人文论》《宇宙源流》《西南彝志》等都不约而同地将清气和浊气看作产生天地万物的物质。

《裴妥梅尼》认为万物由气、雷、风三物相互作用而产生，其中气分清浊，是构成万物最原始的物质基础，清浊二气在雷电作用下产生天地：“远古的时候，天地混沌沌，明暗难分辨。过了数百年，生出气神来……又过几千年，雷神出现了，再过万万年，风神也现身……清气升为天，浊气沉为地……三个大神仙，互相来配合，造了天和地。”[③]《宇宙人文论》则直接说“万事万物的总根子都是清浊二气。天地由它形成，哎哺且舍由它产生，天地人和各种事物都出现了”[④]，书中认为气分清浊之前是一片混沌的存在，此混沌是气的初始状态，其第一个变化就是自身分为清浊二气。《西南彝志》则用更多篇幅讨论清浊二气，如前所述，其书名彝语音译《哎哺啥额》中的“啥额”二字分别指清气和浊气，用此做书名是为了表明哎哺（影形）与啥额（清浊二气）即万物的本原、根本。

在对万物本原的考察中，从水、风、雾等具体自然的现象过渡到更为抽象普遍的气，彝族哲学在此已显现出一定的概括性思维和抽象思维水平，虽然对天地万物的成因描述各不相同，但对于万物本原的终极追问最终都归结为“清浊二气”。认为世界的本

① 恩格斯著：《自然辩证法》，人民出版社 1971 年版，第 164 页。
② 郭思九、陶学良整理：《查姆》，云南人民出版社 1981 年版，第 8 页。
③ 杨家福释读：《裴妥梅尼——苏颇》，云南民族出版社 1988 年版，第 3—4 页。
④ 罗国义、陈英翻译：《宇宙人文论》，民族出版社 1984 年版，第 59 页。

原就是“气”，这种气本原论贯穿了彝族哲学的整个思想体系，是彝族哲学本体论的一个基本思想。

彝族哲学的气本原论有以下特点：

与汉代哲学的“气一元论”相似。彝族进入封建社会之后与汉地的交往逐渐密切，在哲学思想上也受汉代哲学的影响，如西汉哲学著作《淮南子》曾描述宇宙的生成：“宇宙生气，气有涯垠，清阳者薄靡而为天，重浊者凝滞而为地。”① 可见气本原论都将物质之气看作天地万物的生产者和化育者。

作为宇宙本原的气并非静止不动，而是运动变化的，同时二者也并非孤立地、没有对话地各自独立运行，而是相互对立又相辅相成的，所谓“二气成对，如浮叶飘飘，又起变化”②，正是清浊二气“成对飘飘”的变化消长，使得万物得以产生、发展，最终构成丰富多样的世界。

三、宇宙起源论

明确了构成宇宙的基本物质，世界的本原，接下来所要讨论的即这些基本物质怎样产生万物。彝族哲学的宇宙生成模式分为创生说和孕生说两类，以前者较为普遍。

（一）宇宙创生说

《查姆》将万物的生成总结为“雾露”的自然演化，并认为其演化的动力在于自身的运动：“天地间的事情，地动是第一……万物在运动中生，万物在运动中演变……不动嘛不生，不生嘛不长。”③ 可见《查姆》认为宇宙是由原始物质雾露通过运动变化生成的。《勒俄特依》则说“天地还未分明时，洪水还未消退时，一日反面变，变化极无常，一日正面变，变化似正常”④。书中记载从起初的混沌状态开始到天地万物产生，共经历了十个阶段，每一阶段都在变化中产生新的事物。

这种“动中生”的宇宙生成观并不局限于上述两部史诗，而是见于多部彝族典籍，在描述宇宙的生成时它们都认为天地万物由气生成，而作为一种客观存在的自然物，其产生、运行都是依自性而动，自然而然，没有其他外力或第三方动因，天地万物是自然界客观变化、发展而生成的。

---

① 陈广中注释：《淮南子》，中华书局 2012 年版，第 56 页。

② 罗国义、陈英翻译：《宇宙人文论》，民族出版社 1984 年版，第 16 页。

③ 郭思九、陶学良整理：《查姆》，云南人民出版社 1981 年版，第 14—15 页。

④ 《凉山彝族奴隶社会》编写组：《凉山彝文资料选译·勒俄特依》，西南民族学院印刷厂 1978 年印，第 1—2 页。

（二）宇宙孕生说

相较于上述的客观自然物（气）创生说，彝族哲学的宇宙生成论还有与之相对的孕生说。这一观点仅见于原始史诗《阿赫希尼摩》，书中记载“希尼摩”是万物之母，相较于无生命的客观自然物“清浊二气”，它是一个有生命、有思想和自由意志的存在，正是这样一个有生命的存在孕育了天地万物，书中记载:“希尼万物母，肚中的万物……全部生下来，苍天和大地，日月和星星，白云和浓露，还有那彩霞，还有风和光，所有这些物，样样生下来。”[①]天地日月星辰风光等宇宙万物全部装在作为万物之母的希尼摩巨大的肚腹中，待它生育万物之后，还要用乳汁哺育它们成长：“阿赫希尼摩，用奶喂成物。奶育天和地，奶育日月星。”[②]

这种由生命体孕育万物的宇宙生成论，将万物的起源归结于某一万物之母，与以人类为代表的哺乳动物的个体繁衍具有明显的相似性，由人类的繁衍来推断天地万物的起源，可见原始社会时期彝族先民的思维具有极为明显的直观性、表面性，其哲学思维虽过于浅显、粗糙，但通过对人类的繁衍进而考虑到宇宙万物的起源问题，则又体现了这种直观、粗糙的思维中已开始有了抽象性、普遍性的哲学思维萌芽。

四、宇宙起源图式（模式）/ 宇宙起源论的世界图式

原始史诗中已提出“气生万物”这样一种“动中生”的宇宙生成论，但对于气怎样生万物、“动”的过程和步骤则未做详细的解说。而产生于唐中叶至宋末年之间的《宇宙人文论》则更为具体、细致地描述了气创生万物的步骤和天地万物形成的过程，相较于原始史诗中较为粗糙、笼统的宇宙生成模式，它更系统、细致地提供了一个完整的宇宙形成的图式。

（一）二气五行八卦宇宙起源说

《宇宙人文论》记载了两种天地形成的图式。

其一为较简洁的“气—天地—五行—万物”的生成模式，其二为较复杂的“气—天地、乾坤—八方—五行—万物”的生成模式。第一条宇宙生成图式认为清浊二气接触之后形成天和地，天和地出现之后空间（四方）随之产生，二气向四方弥漫就产生五行，这五种元素就是产生天地万物最基本的物质基础，它们通过自身变化彼此结合，化育万物：“天地产生之前，清气熏熏的，浊气沉沉的。清浊二气相互接触，一股气、一路风就兴起了；两者又接触，形成青幽幽、红彤彤的一片，清的上升为天，浊的下

① 云南少数民族古籍办公室编：《彝族创世志——阿赫希尼摩》，云南民族出版社1990年版，第1页。
② 云南少数民族古籍办公室编：《彝族创世志——阿赫希尼摩》，云南民族出版社1990年版，第7页。

降为地……随着清浊二气起变化，从四方漫到中央，金木水火土门门产生……五行自身变化成各种事物。”[①] 需要注意的是天地与五行都产生于清浊二气，只是在产生时间上有先后顺序。天地在先，五行在后，并非天地产生五行，而是气产生五行，天地出现之后，上下前后空间随之产生，气弥漫飘散至四方空间各个角落，便产生五行。

第二种宇宙生成图式则是在气先生天地之后，再生五行之前，中间多了一个产生八卦的环节。清浊二气分别上升下沉产生天地之后，南北方位随之形成，彝文表示为哎哺。哎哺除了具有空间方位属性，还有八卦的属性。此时哎哺分别对应南、北方位以及乾、坤二卦。南北方位、乾坤二卦确定之后，天地间被进一步精雕细琢，开始形成其余 6 个方位及 6 个卦象，其中哎、哺分别为父、母，其余 6 个方位、卦象为子女，均由哎哺所生，它们共同掌管宇宙八方。在此之后，“这宇宙的八方，从中变化出五行。从此以后，地上凡间就产生了会动的生命”[②]。

上述两种观点，可以总结为“二气五行八卦”的宇宙生成论。以清浊二气为万物的本原，以五行作为万物产生的基本物质元素，以八卦作为万物运行生长的空间方位。在时间观念上，最初的本原之“气”并无“时间”概念，它无始无终，一片混沌，但“气”分清浊二气各自升降为天地，又彼此交融生成万物之际，便开始有了最基本的时间观念，并有了“哎哺先产生”，“天地产生之前”，“从此以后”等时间观念和先后顺序。同时，此时也产生了区别白天黑夜的意识，《彝族古歌》载：“天空的星辰，天空的月亮，天空的太阳，进出应有序，干活有时辰……太阳一露头，白天就开始，月亮一出来，夜晚就降临。”[③] 从日月出现的“有序”到以此来区别时辰和白天黑夜，可见时间观念已深深印入彝族先民的意识中。这是一种将宇宙本体论和宇宙生成论合二为一的宇宙观，是将物质和其存在的时间、空间相结合的宇宙生成图式。

（二）五生十成说与十生五成图

“二气五行八卦说”与原始史诗中的宇宙生成模式衔接较为密切，此外，《宇宙人文论》还有另一个宇宙生成模式图，与原始史诗中的元气论并无太多关联，而是受到宋明时期兴起的河图洛书的影响而形成，以“象”和“数”来解释宇宙的形成和万物的演化。这一宇宙生成模式又分为“五生十成说”和“十生五成图”两种观点。

“五生十成说”以上古流传的河图作为蓝本来描述宇宙生成模式。根据《易经》中记载，河图为上古时代神话传说中的伏羲通过观察出现在黄河中龙马身上的图案绘

① 罗国义、陈英翻译：《宇宙人文论》，民族出版社 1984 年版，第 11 页、33 页、46 页。
② 罗国义、陈英翻译：《宇宙人文论》，民族出版社 1984 年版，第 41 页。
③ 《彝族古歌》，贵州民族出版社 1991 年版，第 14 页、16 页。

制而成，河图以十数合五方、五行、阴阳、天地之象。“五生十成说”的宇宙生成模式内容如下：“天一生水地六成，地二生火天七成，天三生木地八成，地四生金天九成，天五生土地十成……五生十成是天地间事物产生和发展的图形。”[①]引文表明了宇宙的成因以及五行产生的顺序和过程，以五行作为万物生成的基本物质元素，用图形而非文字的方式表明万事万物运行发展的规律。

“十生五成图”则以与河图齐名的洛书作为蓝本来描述宇宙生成图式。其图与洛书相同，但对图的解释则有自己的特点，与洛书相区别。“十生五成图”认为：天数一与天数九合成十，二者通过彼此的交会融合发展变化而形成“尼老”人群，掌管着空间方位的南北二方；天数三与天数七合成十，形成“尼少”人群，掌管东西二方；地数二与地数八合成十，形成“能少”人群，掌管东南、西北二方，以此类推，“人类出现了。他们各管一方”[②]。通过不同数字的变化，再与天地（乾坤）相匹配，形成不同的人群，掌管不同的空间方位，这是“十生五成图”说的宇宙生成模式。

五、彝族哲学本体论特点

通过对彝族哲学宇宙本体论和宇宙生成论的分析，可以看出彝族哲学的本体论具有以下几方面特点：对本体本身的关注；阴阳对立统一；阴阳观念与气观念；动中生，变化发展、由简单到复杂；和谐、分类有序。

（一）更关注本体本身

在宇宙生成模式中，雾露、云、水、风、气，都是自然客观的存在，且彝族先民在讨论这些事物时，更关注“万物均由气本原化生”这一结论的叙述以及气本原化生、演变万物的过程。如《查姆》一直强调“雾露里有天，雾露里有地……雾露变气天地间，天地生长育万物”[③]；《彝族古歌》则强调“在那混沌中，有风先出现……和风轻轻吹，就把天地造”[④]。都是直接给出明确的结论。但对于这一结论并未做出详细的论证过程，换言之，对于万物本原为何是此物而非他物，该本体何以为万物本原，其原因为何，其推理过程如何，彝族哲学并未对此给予关注和讨论。

在直接给出本体为何物的结论之后，彝族哲学更关注本原生成万物的过程，即宇宙生成模式的讨论，如《阿细的先基》认为云彩分为轻重两层，上升为天，下降为地；《勒俄特依》认为水通过十个步骤化育了天地万物。还有多部书中提到的气本原论则更为

① 罗国义、陈英翻译：《宇宙人文论》，民族出版社1984年版，第60页。
② 罗国义、陈英翻译：《宇宙人文论》，民族出版社1984年版，第66页。
③ 郭思九、陶学良整理：《查姆》，云南人民出版社1981年版，第139页。
④ 王子尧译，康健整理：《彝族古歌》，贵州人民出版社1989年版，第1—3页。

详细地描写了气生成万物的过程，并提出了二气五行八卦的宇宙生成模式。从宇宙生成的方式来看，彝族哲学的宇宙生成模式分为创生说与孕生说，从生成的动静状态来说，分为动态的二气五行八卦说、静态的五生十成说和十生五成图。这与前面所分析的道家老庄在本体论方面的关注和讨论十分相似，如老子将宇宙生成论和本体论合在一起讨论，庄子则更倾向于关注本体本身的意义，都十分相似。

（二）本体与道德的无关联性

与传统儒家哲学中关注人的道德伦理，形而上本体仅作为道德的合理性、合法性的终极依据以及宋明理学直接将人的德性、心性确立为本体的道德形而上学不同，在对本体论的讨论和关注中，彝族哲学更多关注本体本身，对于本体与心性、道德伦理的关系则未做过多的讨论。不仅如此，彝族哲学中万物的本原，全是自然之物，更未将人的道德、心性确立为万物本原的理论出现。至于是并未考虑到二者之间的关系，还是认为二者并无关联，并未说明。

（三）本体的确定性

传统中国哲学中道本体论最初起源于道家学派代表人物老子，其最大的特点在于道本体的模糊性，对于“道”究竟是什么，老子并未给出明确的回答，只说“道可道，非常道”，它没有具体的形状、相貌，不能通过感官认识它，如果非要给它命名，则勉强称其为“道”。而中国哲学本体论的另一典型代表气本原论，其特点却在于气本体的确定性，对于“气”究竟为何物，历代哲学家都给出十分明确的答案：如汉代王充认为宇宙由元气、精气、和气等自然之气相互交融而生成万物，宋代张载认为“太虚即气”，明代王夫之认为“阴阳二气充满太虚，此外更无他物”。都明确了气是一种可感的存在物，并不如“道”那样玄之又玄，不可言说。

无论是原始史诗中的本体论还是进入封建社会，与汉族哲学相互交流而产生的气本原论，都无一例外清晰明了地指出本体为何物，体现出本体确定性的特点。如原始史诗中提出的万物本原是雾露、云彩、水、风，都是具体可见可感的自然物，后世出现的各类毕摩经典中的气本原论，亦是明确了气是一自然物，肯定了气的自然属性与客观属性。毕摩经典提出的清浊二气、影形，虽具有一定的抽象含义，但依旧是可见可感的事物，以这些事物作为万物的本原，无一例外地体现出彝族哲学本体论中本体的清晰性、确定性。

（四）阴阳对立统一的观点

“阴阳”一对范畴最早出现在汉族社会的西周初年，此时彝族社会处于原始氏族时期，阴阳最初用于表示阳光照射的情况，阳光可以照射得到称为阳，照射不到则为阴。《周易》将“阴阳”上升为中国哲学最基本，也是最具特色的一对哲学范畴，表示两种相互对立的存在状态、属性：“一阴一阳之谓道”[①]“立天之道曰阴与阳，立地之道曰刚与柔，立人之道曰仁与义”[②]。这是将阴阳的相互对立与彼此间的交互对话看作宇宙间万事万物的存在和发展的基本法则，也是宇宙间最普遍的法则，这一法则被称为“天道”，地道和人道都必须受这一法则支配。

彝族哲学借用汉族哲学中“阴阳”一对概念来概括相生相长、对立统一的观点：“阴阳两相合，广阔的苍穹，美车连连转。”[③]认为宇宙万物处于不断运动变化之中，但这种运动是有章可循的，这种变化也是循序渐进的，这个“章”和“序”就是宇宙万物发展的最基本规律：阴阳对立统一。无论是彝族原始史诗还是本章一直提到的《宇宙人文论》，随处可以看到许多相生相长、对立统一的范畴：哎哺、清浊、天地、形影、上下等，而阴阳是这些统一又对立的范畴最抽象、最笼统的表示。

（五）阴阳观念与气观念的结合

“气”是中国哲学另一个基本范畴。“气”的观念出现时间比阴阳的观念要晚。“气”来源于雾气、烟气等自然现象，《说文解字》对“气”的解释为“气，云气也”，后成为表示万物本原的一个概念。气在最初并无阴阳的属性，而是仅仅作为一种物质性的元素，并成为中国哲学中表示万物本原的最基本形态，其最大的特点是具有流动性。气的观念很容易与阴阳的观念结合，将阴阳的对立交融扩展至阴气和阳气通过彼此对立、交感而生万物的本体论意义。《庄子》首先为气赋予了阴阳的属性：“阴阳者，气之大者也。”[④]《周易》认为气不仅分阴阳，它们作为宇宙间最基本的元素，不仅相互对立，而且相互感应，通过彼此间的交感结合而生成万物。阴阳二气的对立与交感是宇宙存在与变化的根源。

彝族哲学也体现出这一特点。气本原论认为元气首先分化为各有特点、彼此相区别的清气和浊气，二者又分别形成天地，这是分，是对立；清浊二气虽有清浊之分，本质上却都是气，作为具有不同特性的二气又彼此交融结合生成五行八卦，这是合，是

---

① 《周易·系辞上传》。

② 《周易·说卦》。

③ 《彝族源流》，贵州民族出版社 1994 年版，第 76 页。

④ 《庄子·则阳》。

统一。分与合，对立与统一，矛盾双方始终是共生的，互为彼此存在的逻辑前提。清是相对浊而言，没有浊就无所谓清，高是相对低而言，没有低就无所谓高。这种矛盾双方彼此共生的关系就是对立统一，对立统一规律是宇宙万物变化发展最基本的规律。

（六）“动中生”：变化发展的观点

气最大的特点是具有流动性，将气作为万物本原的哲学本体论必定是将世界看作生生不息、不断变化发展的。当代著名哲学家陈来认为不是存在而是变化才是中国哲学的基本问题意识[①]，可见变化发展的观点在中国哲学中所起到的重要作用。彝族哲学作为中国少数民族哲学的重要组成部分，同样也体现出变化发展的特点。无论是二气五行八卦的宇宙生成论，还是五生十成或十生五成的象数模式图形，为我们呈现的都是一个动态的宇宙生成模式图。从混沌的元气分清浊开始，变动成为宇宙万物生成必不可少的重要因素，清浊二气分别上升下降形成天地是动，清浊二气相互交融形成四方空间、八卦五行是动，八卦五行在四方空间中又产生万物还是动，可见宇宙天地万物的形成一切都不是一幅静止的画面，而是一幅动感十足、不断变化发展的画面，宇宙在动中生，万物在动中长。

（七）由简单到复杂的发展过程

由混沌一团的气发展到热闹纷繁的整个世界，无论是空间上还是时间上，所有的东西都不是一蹴而就、瞬间产生的，而是有一个混沌之气首先一分为清浊二气，清浊二气其次四分为四方、五分为五行，四方再次四分为八卦，八卦之后生万物，最后生人类，这是一个由少到多、由简到繁的过程。

（八）和谐

由清浊二气产生宇宙万物，再产生人类社会，这一切的发展和宇宙间的分类，都是和谐有序的。彝族哲学中首先分阴阳，万物都可以归结为这两种对立又统一的属性，如属阳性的有天、明、日、昼、大、上，属阴性的有地、暗、夜、小、下，之后阴阳进一步产生八卦。《宇宙人文论》中以八卦五行将宇宙中万物分类后又贯穿、联结起来，宇宙中所有的事物最终都可归结为八卦中所提到的八类元素。这是将宇宙看作一个统一整体，这一整体中的各个部分彼此运行不悖、相互关联。作为一个整体，其中各个部分不是简单机械地罗列、堆砌，而是以八卦的系统排列方式相互关联，有机结合，经过八卦的整合，宇宙由最初一片混沌的无序状态逐渐发展为井井有条、和谐有序的

---

① 该观点见陈来《中国文明的哲学基础》一文，文章发表于《中国高校社会科学》2003 年第 1 期。

状态。作为整体的宇宙，既纷繁复杂又秩序井然，既能一生多又能多返一，这是彝族哲学的宇宙本体论体现出的作为整体的宇宙和谐有序的特点。

综上，可见彝族哲学本体论中，一方面对本体的关注更多集中于本体本身的特质、属性、本体化育万物的过程，宇宙生成的模式，这不仅与道家较为相似，也与西方哲学本体论对本体本身的关注较为接近。但又与西方哲学中十分严密的逻辑推理论证不同，对万物本原为何是上述提到的事物，彝族哲学并未做出详细的推理论证，而是直接给出明确的结论，不做解释。另一方面，彝族哲学并未对人的心性道德伦理做过多的讨论，既未考虑形上本体与心性、道德二者的关系，即天道本体与人的道德伦理之间是否有联系，前者是不是后者的终极本体依据，后者是否来源于前者，还是二者并无任何关联；若二者无联系，则人的道德伦理终极依据为何，彝族哲学并未做详细的论证说明。

第三节　人类起源论

人类对自身的关注是任何一派哲学都无可回避的一个重要问题。当人类的生存状态从自在发展到自觉，开始意识到“我是存在的，我生活在世界上”这件事情，其必然要追问“我是谁”“我从哪里来”“我今后将要到哪里去”这样涉及人类自身存在的基本问题，对于其中前两个问题的答案，不同时代的彝族先民给出了各种各样的答案，我们将其归为哲学中的人类起源说。对于第三个问题的讨论将放到下一节彝族哲学的灵魂观、生死观中展开论述。

一、神创说

在原始性创世史诗中，多是用一些创世神话来记录人类的起源。

《查姆》上部集中讨论了这一问题。对于人类起源共记载了两种观点。其一认为人类是由神人创造的。天地生成后，“雾露缥缈大地，变成绿水一潭，水中有个姑娘……水中的姑娘依得罗娃，造出人类第一代祖先”[①]。神人出自“绿水”这一观点颇类似于“生命诞生于海洋”的生命起源观，可见彝族先民已敏锐地注意到水源对于生命的重要意义。

① 郭思九、陶学良整理：《查姆》，云南人民出版社 1981 年版，第 16 页。

另一种观点认为人是由猴子变成："独眼睛那朝，没有人，猴子变成人。"在承接上述第一种观点神人创造人类之后，《查姆》将人类演化发展过程分为了三个阶段，其中"独眼睛"人是第一阶段。从逻辑上讲，既然是神人依得罗娃造人类之后产生了人类第一代祖先独眼睛人，则是已经认可了人类由神人所造，此处又认为猴子变成人，这二者并非矛盾关系，即人类既可由神人所造也可由猴子所变，并非人类由神人所造就不能由猴子所变。这二者可以共存，但问题在于，这两个观点在《查姆》记载中无任何内在的逻辑联系，并未有一个观点能够阐释为何人类既可由神人所造，又可由猴子所变，出现毫无逻辑联系的两种人类起源说，恰可以看出当时彝族先民对于人类起源说的解释是以对自身观察所得到的结果作为推测根据，他们首先意识到水源对于生命的重要意义，但并未确实观察到一个从水中生出的人，故只能将人类最初的起源归结为"神人所生"，但为了表明生命个体与水的关系，故将这一"神人"看作来自水中（绿水一潭）。此时彝族先民也注意到在自然界中的动物与人类最为相似的就是猴子，因此推断人类最初产生时，必定与猴子有某种联系，所以才有了在独眼睛时代"猴子和人分不清""人和猴子一起生"[①]这样的推断，最终得出"人是猴子变的"这样的人类起源说。

在完成了人类起源的考察之后，《查姆》继续探索人类的演化过程。书中记载：人类自诞生之日起，共经历了三个阶段的演化，才变成我们今天的人类。这三个阶段分别被称作"拉爹""拉拖""拉文"时代。"人类最早的那一代，名字叫拉爹……拉爹的下一代，名字叫拉拖，拉拖的后一代，名字叫拉文"[②]。这三个时代的人在外貌上最大的区别在于眼睛，分别为独眼睛、直眼睛、横眼睛。

在人类的拉爹时代，即独眼睛的第一代人，除上述提到过的"猴子和人分不清，猴子生儿子，也是独眼睛"[③]，以及与神人造人毫无内在逻辑联系的"没有人，猴子变成人"之外，其在生理、智力和对世界的认识上都还与现代人有很大的差别。在生理特征上，他们除了独眼睛之外，"手指像竹节……脚像龙爪子，脚裂有筷子宽"[④]，在智力和对世界的认知方面，他们"渴了喝凉水，饿了吃野果……困了睡树下"[⑤]，"没有找到火种，冷热不知道，生熟两不分"，[⑥]"不过问昼夜，年月他不分……四季分不

① 郭思九、陶学良整理：《查姆》，云南人民出版社 1981 年版，第 20 页。
② 郭思九、陶学良整理：《查姆》，云南人民出版社 1981 年版，第 3 页。
③ 郭思九、陶学良整理：《查姆》，云南人民出版社 1981 年版，第 19 页。
④ 郭思九、陶学良整理：《查姆》，云南人民出版社 1981 年版，第 38 页。
⑤ 郭思九、陶学良整理：《查姆》，云南人民出版社 1981 年版，第 18 页。
⑥ 郭思九、陶学良整理：《查姆》，云南人民出版社 1981 年版，第 20 页。

清”，① “石头当工具，木棒当武器”，② 在人伦方面，“人吃野兽，野兽也吃人，有时还会人吃人”，③ “道理也不讲，长幼也不分，儿子不养爹妈，爹妈不管儿子，饿了就互相撕吃”，④ 可见，“拉爹”时代的人还处于人类原始时期，生理特征更接近动物，生存方式也与动物更为接近，没有语言，也没有基本的人伦规范，像动物一样生存着。会使用工具，懂得用树叶遮盖身体，已经意识到自身与动物有联系，又有区别。从记载的种种迹象来看，这应该是人类诞生后的原始氏族时期。

《查姆》接着谈到人类发展的第二个时代，即“直眼睛”的拉拖时代，这一代人由第一代拉爹时代发展而来是因为神人的意志。《查姆》对这一过程的描述颇具故事性和趣味性：因为第一代“独眼睛”人类不能正确地认识世界，也没有较强的生存能力，“不知道种粮食，渴了喝凉水，饿了吃野果”，并且也不懂得基本的人伦规范，因此众神之王召集众神商议用新的一代“直眼睛”人来替换“独眼睛”人，繁衍新的人类：“于是众神决定：独眼睛这代人心不好，要换掉这代人，要找好心人，重新繁衍子孙”⑤，由神女“罗塔纪”用水洗去第一代人类身上的污垢。首先从生理特征上，第二代人最显著的外形特征，是独眼睛变成直眼睛，“有两只眼睛，两只眼睛朝上生”⑥，其余还有“白发变黑发”“粗手变嫩手”“脚裂合拢了”⑦ 等；在生存能力方面，从最初的躺在树下、寄居岩洞到学会建造房屋，“选树下作房基……树枝作椽子，树叶作瓦片，树皮当板墙”，⑧ 学会种植高粱、玉米等粮食作物，并学会用火，同时“脱去绿叶裤，全身换新装”。⑨

上述在描述人类在第一、二时代的演变、发展的原因时，虽然归因于“神人”，但其中却有这样一个观点的萌芽：第一代人和第二代人有着内在、必然的联系，神女塔罗纪并未彻底消灭第一代人，从无生有重新生出第二代人，而是用水洗去第一代人身上的缺点（污垢），然后在其基础上改造、发展出第二代人。进一步推论，这个观点其实表明彝族哲学认为人类无论是在生理特征、智力结构，还是对世界的认知能力方面都是逐渐发展、不断变化的，后人是在前人的基础上发展而来的。从记载中可以

① 郭思九、陶学良整理：《查姆》，云南人民出版社 1981 年版，第 25 页。
② 郭思九、陶学良整理：《查姆》，云南人民出版社 1981 年版，第 17 页。
③ 郭思九、陶学良整理：《查姆》，云南人民出版社 1981 年版，第 17 页。
④ 郭思九、陶学良整理：《查姆》，云南人民出版社 1981 年版，第 25—26 页。
⑤ 郭思九、陶学良整理：《查姆》，云南人民出版社 1981 年版，第 47 页。
⑥ 郭思九、陶学良整理：《查姆》，云南人民出版社 1981 年版，第 3 页。
⑦ 郭思九、陶学良整理：《查姆》，云南人民出版社 1981 年版，第 40 页。
⑧ 郭思九、陶学良整理：《查姆》，云南人民出版社 1981 年版，第 44 页。
⑨ 郭思九、陶学良整理：《查姆》，云南人民出版社 1981 年版，第 40 页。

看到：第二代人类已经学会建造房屋，种植粮食，证明此时人类已经初步有了定居的趋势，进一步掌握了生活生产资料的使用。

人类发展的第三个时代是“拉文”时代，这一代人替换第二代直眼睛人的原因与第二代人替换第一代人的原因十分相似，是因为缺乏基本的道德规范：“直眼睛这代人，心肠实在差，要重新换一代人……要用洪水洗大地，要用洪水洗万物。”[①]第三代拉文时代的人是被明确认可为与现代人最为接近的一类人，《查姆》将其看作人类真正的祖先：“拉文是我们的祖先。”[②]首先在生理特征上他们已完全与现代人相同，其最大的外形特征在于“有两只横眼睛，两眼平平朝前生”[③]，因此这一代人被称为横眼睛人。在生存能力和对世界认知方面，第三代人已学会制造斧子、弯刀等更加精致的工具，学会开垦田地，种植油菜、芝麻等更广泛的食物，并开始养蚕、采桑，甚至学会开采、冶炼矿石。在智力方面，人类从最初不会说话到产生语言，进而创造更为高级的沟通交流方式——文字，那时的文字是通过简单图画来表示的象形文字：“天地日月画出来，草木风雨画出来，粮食种子画出来，马鹿野兽画出来，男人女人画出来……世上万物一起画出来。”[④]并为世界万物取了名字：“天地的名字自己不会取，天地的名字要人来取……天王地王的名字自己不会取，天王地王的名字人来取……坝子、海子的名字自己不会取，坝子、海子的名字人来取。”[⑤]

这时的人类，已经成功地成为与自然界其他动物区别开来的智慧生命，开始对自然界进行改造和利用，在自然界从事着有意识、有目的的生产生活活动。更重要的是，此时人类已经意识到了自己超出其他生命的智慧和能力。可以看出，这时的人类已进入文明时代，“拉文”时代的人，是名副其实的“人类的祖先”。

神创说除了《查姆》，还有《阿细的先基》和《梅葛》。《梅葛》中记载“格兹天神来造人，天上撒下三把雪，落地变成三代人”。[⑥]《阿细的先基》记载：“造人的男神阿热，造人的女神阿咪……称八钱白泥，称九钱黄泥；白泥做女人，黄泥做男人。”[⑦]与《查姆》的不同之处在于《梅葛》和《阿细的先基》认为人类产生之后经历了四个阶段才发展成为现代人的祖先，这四代人分别是“蚂蚁瞎子那一代”“蚂蚱直眼睛代”“蟋蟀横眼睛代”“筷子横眼睛代”，还是以外形眼睛作为区别的标志，与《查姆》相比

① 郭思九、陶学良整理：《查姆》，云南人民出版社 1981 年版，第 54 页。
② 郭思九、陶学良整理：《查姆》，云南人民出版社 1981 年版，第 4 页。
③ 郭思九、陶学良整理：《查姆》，云南人民出版社 1981 年版，第 3 页。
④ 郭思九、陶学良整理：《查姆》，云南人民出版社 1981 年版，第 115 页。
⑤ 郭思九、陶学良整理：《查姆》，云南人民出版社 1981 年版，第 118—122 页。
⑥ 云南省民族民间文学楚雄调查队收集整理：《梅葛》，云南人民出版社 1959 年版，第 18 页。
⑦ 云南民间文学红河调查队收集：《阿细的先基》，云南人民出版社 1959 年版，第 6 页。

在直眼睛时代前多了一个无眼睛时代，少了一个独眼睛时代，横眼睛由一个时代变为两个时代。

上述三部史诗的共同特点在于将人类的诞生归于神的创造，将人类的进化归于自身的不足和神的喜好、意志共同作用的结果。认为神用新一代人替换旧一代人，一代代替换，推陈出新，但这种替换并非神无原因的随意动作，而是旧一代人有诸多不足，神人就创造了更为优秀、高级的新一代人代替旧一代人。

二、自然演化说

彝族哲学的人类起源说，还有另一类称为“自然演化说”。其中，原始创世史诗《勒俄特依》认为人类起源于天上降下的一棵桐树，《阿赫希尼摩》认为人由猴子变成，而《宇宙人文论》《宇宙源流》《西南彝志》认为人生于气，《彝族源流》则认为人生于哎哺（影形）和啥额（气）。

《勒俄特依》关于人类起源和发展的观点最为特别，它认为人类产生于上天降下的一棵桐树：“天上降下桐树来，霉烂三年后，起了三股雾，升到天上去，降下三场红雪来……变成雪族的种类，为成人类化，为成祖先化。”[①] 书中认为生命起源于天上降下来的一棵树，在经历了“树—雾—雪”的运动、演化之后，最终变成了雪族的种类。这里的“雪族”是生命的统称。而后诗文将雪族划分为“有血的”和“无血的”两个类别，雪族种类共 12 种，有血的与无血的各 6 种。其中“无血的”指植物，包括草、树、藤等，“有血的”指动物，其分类为“蛙为第一种，蛇为第二种，鹰为第三种，熊为第四种，猴为第五种，人为第六种”。对于动物的生命诞生过程，书中记载，桐树经历从上升为雾到下降地面为红雪的演化后，“九天化到晚，九天化到亮，为成人类化，为成祖先化。做了九种黑白，结冰成骨头，下雪成肌肉，吹风来做气，下雨来做血，星星做眼珠，变成雪族的种类”[②]。这是说包括人在内的动物其肌肉、骨骼、血液都是由雪构成的，因此被称作“雪族”。

《勒俄特依》的这一人类起源说已经意识到生物与非生物的区别，并学会将生物划分为动物和植物，同时将人与其他动物一起划归为“有血的”，并将人排在 6 种“有血的”的最后，可见意识到人与动物的联系与区别。这与其他史诗中对人类自身的看法相比，无疑向前迈进了一大步。将动植物、人类的起源看作来自同一个自然事物（桐树—雾），认为它们是具体可感的自然物无意识、无目的的演化，一切生命最初都起源于自然，这一观点与“神创论”有很大不同。以雪作为生命的来源和材料，并且描

① 《凉山彝族奴隶社会》编写组：《凉山彝文资料选译·勒俄特依》，西南民族学院印刷厂 1978 年印，第 26 页。

② 《凉山彝族奴隶社会》编写组：《凉山彝文资料选译·勒俄特依》，西南民族学院印刷厂 1978 年印，第 26 页。

述最初降下的是“红雪”，一方面是注意到人体血液是红色，要为此寻找合理的解释，在人体生理学认知尚不发达的原始社会，便将其归为最初构成人体的材料——雪——自带红色。另一方面，将一切的起源归因于雪，结合该书产生于滇川凉山彝族地区的自然环境，可推断成书时周围的地理环境必定是有着厚厚积雪之地。可见彝族先民对人类起源及发展的解释受客观的自然条件影响。这一解释又表明彼时人类已经注意到自身与他物的区别，并开始有意识地寻求原因，寻求自身的起源及与他物的区别之因。

将《查姆》中猴子变成人的思想进一步发展的是《阿赫希尼摩》。书中认为生命的进化过程是“鱼—猴子—人”这样的顺序：“天覆地又转，白鱼与红鱼，黄鱼与黑鱼，还有那绿鱼，慢慢地演化，日渐变成猴……猴子渐演变，变成了人样。猴子指依若，先把人来变，变成独眼人……猴子指依若，变人未成人，不久便夭折，猴子又演变，变成竖眼人，才把人变成。”[①]根据这一记录，猴子第一次变成的人属于独眼人，其手脚各只有一只，既不能走路也不能干活，这次进化并未成功，不久便夭折。猴子第二次变成的竖眼人，才真正是人类的祖先，这一次变人才算取得成功。鱼怎样变成猴，猴又怎样变成人，诗中并未说明，但从这个顺序可以看出，一方面，诗中已经意识到生命来源于水。但与《查姆》不同，《阿赫希尼摩》认为生命是客观存在的事物自然演化的结果，故将最初的生命定位于水中常见的鱼，再由此演化出其他生命——猴子和人。这样，似乎解释了人类的起源，但对于生命的起源“鱼”从何处来，《阿赫希尼摩》并未给出合理的解释，只描述天地运动反转之后鱼就产生了。可以看出彝族哲学思维此时的缺陷和进步。另一方面，彝族先民观察到鱼与人在外形上和生理特征上巨大的差异，认为直接由鱼变人过于突兀，而猴子与人在外形上则有几分相似，故将猴作为人与鱼之间的中介。这一“鱼—猴—人”的演变过程较之《查姆》更好地融合了“生命起源于水”与“猴子变人”这两个观点，并构建了一条较为完整、合理、严密的逻辑体系。虽然这种融合显得粗糙而直接，但已经意识到要去寻找这两个观点之间的联系，较之《查姆》中单纯地给出来自一潭绿水的神女造人与“猴子变人”毫无任何逻辑联系的两个观点，《阿赫希尼摩》的人类起源说显得更为精致、合理，逻辑更加缜密。同时将人的起源归因于同为自然生命体的鱼，表现了十分明显的自然演化说的观点。

三、“气”生人的观点

《宇宙人文论》与《宇宙源流》认为生命由清浊二气产生。

① 云南少数民族古籍办公室编：《彝族创世志——阿赫希尼摩》，云南民族出版社1990年版，第16—17页。

（一）《宇宙人文论》的人类起源说

《宇宙人文论》认为人与日月星云一道是由清浊二气产生的："清气往上升，浊气往下行，日月星云出现了，人类产生并繁衍了"①，"天地产生之后……便产生了哎和哺，哎是天子，属阳，哺是地女，属阴。哎哺的子孙，像云雾那样多得数不清，它们就是天地间的实勺。千千万万的人群，有如百川归海，汇集融合，成为六祖的后代，到处繁衍"②。其中"实勺"为彝语中对原始部落称呼的音译。六祖指彝族历史上6个氏族部落。引文首先总述人类由清浊二气交融产生，再详细描述具体产生过程为：清浊二气—天地—哎哺(影形)—人类。其中哎与天一道属于阳性，哺与地一道属于阴性。阴阳对立的双方一经结合，就产生了最初的人类和其后的氏族部落。

《宇宙人文论》还将五行八卦的宇宙生成模式与人类的产生以及人体构成相结合："由于'十生五成'的变化，宇宙出现尼、能两类原始人群……随着五行的变化，形成人体的根本。"③五行中的金木水火土，分别形成人体的骨骼、筋络、血液、心脏、肉体。这里的"十生五成"指五行相克，而在上一节所讨论的"五生十成"指五行相生。二者相结合，即五行相生相克，引起天地万物的产生，也包括人的产生。在前面宇宙本体论和宇宙生成论的讨论中已有叙述，《宇宙人文论》认为五行也由清浊二气产生："随着清浊二气起变化，从四方漫到中央，金木水火土门门产生。"④因此本段引文并非说人类起源于五行，而是说人类起源于清浊二气，随着五行的产生，又经历了五行的相生相克、结合分离才产生最初的原始人类。但五行也由清浊二气产生，因此清浊二气才是人类产生的物质基础，五行只是推动清浊二气交感生人的外在动因和中间环节。

对于五行所产生的静态的、没有生命体的各个部分（骨、筋、血、心、肉体），为什么能组成一个动态的生命体，《宇宙人文论》则显然未考虑过这个问题，而是理所当然地认为"在五行成为人体雏形之后，就开始有生命，会动，仿着天体去发展变化，成为完整的人"⑤。这样的解释显然难以回答问题。这体现出此时的哲学思维还并未考虑到灵魂与肉体的关系，真正对这一问题展开讨论的是彝族封建社会时期的彝族《指路经》。

综上所述，加入了五行相生相克的人类起源说虽然理论上仍有所欠缺，但较之前面直接论述"清浊二气产生人类"的观点更系统、详细地阐述了清浊二气化生人类的过程，生动、细致地展示出一幅人类起源的动态生成模式。较之前"清浊二气产生人类"

① 罗国义、陈英翻译：《宇宙人文论》，民族出版社1984年版，第85页。
② 罗国义、陈英翻译：《宇宙人文论》，民族出版社1984年版，第85页。
③ 罗国义、陈英翻译：《宇宙人文论》，民族出版社1984年版，第96页。
④ 罗国义、陈英翻译：《宇宙人文论》，民族出版社1984年版，第33页。
⑤ 罗国义、陈英翻译：《宇宙人文论》，民族出版社1984年版，第96页。

这样一笔带过的描述，这一理论显得更为精致、深入、丰富。气—五行—人的人类生成说，通过人体与五行的简单类比来解释人的产生虽不科学，但把人的产生看作客观自然的过程，并认为人与万物一样是自然的一个部分，这是十分可贵的。

（二）《宇宙源流》的人类起源说

同样提出“气生人”说的《宇宙源流》，其基本思想与《宇宙人文论》相似，区别在于《宇宙源流》明确提出身体与灵魂两个概念：“清浊二气凝聚，形成人的身体……他们有身体和灵魂，有血有气……太初勿始生，人像空气吸，身体赋灵魂，血存以气存，荣耀二泉水，荣果昭所食，耀水穇所饮，智慧融融长，聪明计心祥。”① 这是说气形成了人的身体，再由身体赋予生命灵魂，血也是由气所产生的，“荣耀”二眼泉水分别提供了生命得以延续的食物和水源，在解决基本的温饱问题之后，人类的智慧得以增长。由气—身体—灵魂—生命这一发展顺序可以看出，较之《宇宙人文论》，《宇宙源流》已经意识到生命作为运动变化发展的存在不仅包括肉体，因此提出了“灵魂”这一范畴，认为生命由肉体和灵魂共同构成。但对于灵魂的构成形式，是同肉体一样由气所构成还是另由其他方式构成，文中并未明确说明。

对于人体的形成过程，《宇宙源流》提出了两种观点，一个是与《宇宙人文论》类似的五行说，具体内容在此不再赘述，其中值得一提的是在描述完五行产生身体各个部分之后，此观点还描述了五行的相生相克对人体健康及命运的影响：“金木水火土，抚养着人的生命，五行相生就顺，就有福禄……寒暑反常候，饥渴更不一，气不中，候不合，五行相克病。”② 若构成人体的五行是相生相长的秩序，可看作“五行根底厚实”，则其命运可较为顺利，即所谓的“有福禄”，身体就可健康，反之，若五行相克（作息时间不符合人体自身规律），人体内部气血不调，阴阳失衡，则有损身体健康。

另一观点是“人体取法于天地之体”的人类起源说，认为人基本的生理特征如头部、臀部、双眼、毛发、呼吸等都是效仿天地自然而生，与自然界有着密不可分的联系：“在密姆尼苟的天空，覆盖着圆圆的天顶，天顶居高而成圆旋，人头顶的圆旋取法于高高的天盖子。在特米能亥，地做底广阔而厚实，人的臀部肥厚，取法乎地的广阔厚实以承天。人的两眼，炯炯闪光，象征天上的太阳和月亮，鼻中出气，象征着天上吹风，血行毛生，象征着地上水草。”③

这两个观点，都认为人体的外部特征取法于天地，内部构造与五行相类似，这样一

① 马学良主编：《彝文丛刻·宇宙源流》（上册），四川人民出版社 1986 年版，第 49 页。
② 马学良主编：《彝文丛刻·宇宙源流》（上册），四川人民出版社 1986 年版，第 66 页。
③ 马学良主编：《彝文丛刻·宇宙源流》（上册），四川人民出版社 1986 年版，第 66 页。

种“天人相配”“人副天数”的天人合一的观点，虽然生硬而机械，没有一个合理的逻辑论证来证明之，但这一观点最基本的理论出发点是人属于自然的一个部分，人与自然有内在的和谐与统一，这种统一不但是外在形态的统一，更是内在运行规律的统一。

《西南彝志》中的观点较之单纯的气生说更为复杂，是气生说与哎哺（形影）生说共存，提出“哎哺”这样一对范畴，与清浊二气并列，成为生成宇宙万物、人类的本原。如前文所述，《西南彝志》的彝文本名为《哎哺啥额》，此四字的汉文意分别为“影、形、清气、浊气”，将此四字作为书名是为了表明书本内容要将此四物作为包括人类在内的万物的本原。作为万物本体的存在，其特点之一必定是所有事物所共有的属性，除了清、浊二气，彝族先民发现事物的影与形也具备这一特征，具体的事物有生有灭，有成熟，有衰败。但作为实体性的存在，它们的共同特点即都有影子，并且影子紧随事物的左右，所谓影物不离。虽然不同形状的事物的影子不同，但就“影子”本身这一范畴而言，这是所有事物都共同具备的特征，因此它作为事物的共性，被彝族先民与其他具体事物相区别开来，看作一种本体性的存在。此外，彝族先民将事物的形态、形状（哺）也看作产生事物的本原，则从另一角度证明，此时他们已有了十分精致的抽象思维，他们已经意识到虽然事物具体形态各有不司，但作为同一类事物，必然具有相似的“形”，且这个“形”不生不灭，亘古长存。如就马这一种类而言，虽有白马、黑马、公马、母马、老马、幼马等不同外形特征的马，但它们必定要符合马这一动物最基本的定义。而这一定义中的马则是抽象的、仅存在于人的思维中，规定着所有马的具体形态特征的马，就是马的“形”，它所定义的马的外形必定是对所有马的外形的概括与总结。因此这样一个马的“形”也必定是所有马的共性。此外，具体的某匹马有出生、成长、去世的过程，有生有灭，但作为马的“形”则是不生不灭的，无论何时何地，只要有马这一事物的存在，它必定要符合“马的形”中所有对马的定义。古往今来，斗转星移，任何一匹具体的马都具备“马的形”这一抽象属性。因此不同的事物形状不同，但就“形”本身这一范畴而言，这也是所有事物共同具备的特征，因此它也作为事物的共性，被彝族先民看作本体性的存在。上面举例可以看出“形”与“影”一方面都是事物的共性，另一方面都是不生不灭，故彝族先民将它们与清浊二气一道看作万物的本原。

但仔细分析文本中关于人类起源的内容，在清浊二气与形影产生的先后顺序上，《西南彝志》产生了两种观点。

一是认为人类起源于啥额（清浊二气），哎哺（影形）与其他万物一道是由啥额所产生，这一观点与前面史诗所说的气生说相同；一是认为哎哺或自身独立作为人类起源的根本，或与啥额共同作为人类起源的根本。

第一种观点："哎哺未现时，只有啥和额，啥清与额浊，出现哎与哺。清气翻成哎，浊气翻成哺。"[①]这一种观点中，彝族先民通过观察发现，影和形都是具体存在物所具有的共性，离开具体的存在则无所谓影形。宇宙万物产生之前，虽然具有某种原始物质（始基），但此时这一始基处于一片混沌状态，并不是一种实体性的存在，因此不可能产生影子和具体的形状。这一片混沌的始基开始翻滚运行，上升、下降，划分为清气和浊气，则宇宙有了第一类实体性的存在，它们有了事物所具有的共性影和形，此时"影"和"形"的概念或者说这一对范畴才开始产生。可以看出，对于宇宙原始物质（或者说万物的本原）的看法彝族先民还是认为是气，影与形仅是作为一种气所天生固有的属性，在清浊二气分化之初，还未来得及产生其他事物之际，影形就伴随着清浊二气的产生而产生。当然从时间先后顺序来说，哎哺（影形）与啥额（清气、浊气）可以是同时产生，即气在分清浊的一瞬间就具备了各自的影与形，但从逻辑先后顺序来说，则必定是啥额（气）在前，哎哺（影形）在后，没有清气、浊气就没有影与形，没有本体就没有本体的属性或特征，属性总是依附于本体而存在。这种观点正是从逻辑顺序先后的这一角度来看待气（啥额）与影形（哎哺）的关系，认为啥额（气）在先，哎哺（影形）在后，对于人的产生，则"清气降下去，升去成为天，浊气升上来，降下来成为地。天乃生于子。天与天相配，高天自生了，地乃辟于丑，地与地相配，大地自成了。人乃生于寅，哎与哺结合，人类自有了……有血又有气，有生命会动"[②]。这是说清浊二气分化之后，分别产生了各自的影与形，影形相互交感人类就诞生了，生命是血气共同运行的结果，"血"这里代表着构成人体的物质基础，"气"则代表着为静态的肉体注入灵气（或者说生命力）的一类存在，借后世出现的概念或范畴可将其称为"灵魂"，可见在此处《西南彝志》已注意到生命中灵与肉的关系。

第二种观点认为影形（哎哺）是天地万物的本原。作为气（啥额）的固有属性的影形（哎哺），同时也是万物的共有属性，因此它们与气（啥额）一道构成天地万物的本原，《西南彝志》提到哎哺（影形）产生天地万物的各种情形："哎与哎相交，哺与哺相配，他俩又结合，各种哎各种哺形成……这样一来后，哎与哺一对，成了苍天，成了大地，是哎与哺生成的"；[③]"天出于哎，地出于哺，有君有王了，人如繁星，如星闪烁，源出于哎哺"。[④]这是说宇宙一片混沌之际，影与自身相交感，形成多种影，形与自身

① 《西南彝志》（第三—四卷），贵州人民出版社1991年版，第27页。
② 《西南彝志选》，贵州人民出版社 1982年版，第11—12页。
③ 《西南彝志》（第三—四卷），贵州人民出版社1991年版，第54—55页。
④ 《西南彝志》（第三—四卷），贵州人民出版社1991年版，第205页。

相交感，形成各种形。不同的影与不同的形彼此互动结合，各自成对，产生了天地，天地产生之后，人类随即诞生。但书中对天地产生后怎样产生人类的过程则未做说明，仅是笼统地说“天出于哎，地出于哺，有君有王了”，且强调人类“源出于哎哺”。

《西南彝志》在论述气（啥额）与影形（哎哺）的关系时，则说“美丽的清哎，像耀日产生，清气显威荣；初入金叶样，沉沉的浊哎，像华月产生，浊气显威荣”①。所谓“清哎”指清气的影，“浊哎”指浊气的影，这里明确区分开了“气”与“气的影”两个概念，但对于二者的关系，是概念性的气（气影、气形）的变化而生成实体性的气，还是混沌的气分化为清浊二气后产生了“气的影”“气的形”的属性或特征，即先有实体还是先有概念的问题，文中并未给予详细解释。

若按第一层意思理解，即先有气的“影”（概念性、抽象的气），才有实体性的气，先有概念再有实体，则只有影形（哎哺）是天地万物的本原，清浊二气也由哎哺产生，人类仅起源于哎哺。

若按第二层意思理解，混沌的气分化为清浊二气（啥额）后产生了影形（哎哺）的属性或特征，在这一观点下理解“哎哺是根源”“人如繁星、源出于艾哺”这样的话语，则如前文所述，是从时间先后的角度理解气与影形的关系，认为作为气的固有属性的影形，在混沌分为清浊二气的一瞬便随之一同产生，在时间上与清浊二气的出现无所谓先后，是共生的，因此与气一道构成万物的本原。在这样的理论背景下，则可理解为哎哺与啥额共同作为天地万物的本原，人类起源于哎哺啥额共同的交感融合。

由于根据文本与推理难以判断诗中所表达的是哪一类观点，故在此将两种可能性分列出来，分析讨论。

（三）《彝族源流》的人类起源论

《彝族源流》关于人类起源的观点与《西南彝志》的相似，认为影形（哎哺）是天地万物的本原，也是人类的起源。由影形（哎哺）化生的五行则是人类直接产生的物质基础，因此“五行是人的根本”，人体的骨骼脉络血液各个部分也与五行及天地一一对应，此处不再赘述。其值得一提之处在于本书对人类代际更迭的原因的分析及对人自身价值的肯定。

与《查姆》中认为人类发展经过不同的阶段相似，《彝族源流》认为人类发展也有不同阶段的区别。最初哎哺所生的人类“天人”是在天上生存，它们作为人类的先祖，有一个“从天入地”的过程。而由第一代人类“天人”发展为第二代人类的原因，《彝族源流》并不如《查姆》一般将其归结为前一代人在生理特征的不足（独眼—直眼—横眼）

① 《西南彝志》（第三—四卷），贵州人民出版社1991年版，第66页。

和伦理道德的缺失，而是将其归结为人类对自然过分开采使用："六支叟厄，八部武古，布满了山岗，住满了深谷。一日毁树木，一日毁石头，一日毁湖海……九天住不下，扬言上天庭。天上策举祖，也怒不可遏。"① 这是说彝族先民中的笃叟厄氏族、笃武古氏族为了族群生存，不断加大对自然的破坏，最后已不满足在凡间居住，打算上天居住，这一行为惹得天上神灵"策举祖"十分震怒。最终的结果，这两个氏族遭到了毁灭。在这一故事中已透出保护自然、与自然和谐相处这一质朴的思想。认为氏族的毁灭是因为对自然的过度开采、掠夺，因而遭到了自然的报复，这一观点在今天看来也是十分正确的。而另一个故事则透露出彼时彝族先民对人自身价值的认可：彝族先祖笃米氏族三兄弟，因为在开垦山林时伤到一条小蛇，小蛇向天人举策祖状告人类对自己的伤害："（人类）挖肿我的头，挖伤我的腰，无容我之地。"② 而举策祖的回答则出乎意料："世上不唯蛇，蛇在地四沿，你可不生存，他不可不种。平日不种地，饿了无粮吃，平日不制衣，无衣御寒冷……你不在也得，他不种不得。"③ 不唯小蛇，其他动物控诉人类为了自身生存而毁灭了其他动物的生存环境，天神的回答一样如此："无你在倒可，他不种不可。"④ 这些动物无一不是"告状无门，泪淋淋回归"⑤。倘若这位天神真的掌管世间生命万物，它对人类的偏爱与对其他生命的漠视很难被认为这是一位明君。而如此有失公允与客观的回答，恰恰体现出一个事实：这是人类借天神策举祖之口表明了人类对自身和其他生命的价值判断，肯定了人比其他生命更重要，更高一等，从价值判断上认为人类的生命价值更宝贵。这一观点一方面认识到了人类的自身价值，认识到人类与其他动物的区别，另一方面也认识到人类自身对自然的过度开采与掠夺会影响到其他生命的生存，否则不会有小蛇告状的记载，但也有以人类中心说的萌芽。可见这一记载虽然说明彝族先民一方面意识到人类对自然的过度掠夺会造成对其他动物生存的影响，但另一方面又没有为自身行为的合理性与合法性找到解释（合理性：合逻辑性。合法性：合目的性）。故只能以一种武断的价值判断来解释自身行为的正当性：人天生就比其他动物更高一等。所以人类有权利为了自身生存侵占其他生命的生存机会。所谓"你（动物）不在也得，他（人类）不种不得"即此意。

① 《彝族源流》（十三—十六卷），贵州民族出版社 1994 年版，第 16 页。
② 《彝族源流》（十三—十六卷），贵州民族出版社 1994 年版，第 30 页。
③ 《彝族源流》（十三—十六卷），贵州民族出版社 1994 年版，第 31 页。
④ 《彝族源流》（十三—十六卷），贵州民族出版社 1994 年版，第 31 页。
⑤ 《彝族源流》（十三—十六卷），贵州民族出版社 1994 年版，第 32 页。

四、彝族哲学人类起源论的特点

彝族哲学的人类起源说最具特色的两个观点，一是代际更迭说，一是气生人说。代际更迭说认为人类的进化发展分为三个部分，其外部特征以眼部的区别最为明显，而人类代际更迭的原因包括生理的缺陷（独眼）、人伦规范的缺失以及对自然的破坏和过分开采。气生人说则认为气分为清浊两种属性，清浊二气相互交感、相融就产生了人类，气的聚合则构成了人体。

气生人说与宋明理学中的气论颇为相似。以朱熹和邵雍为代表，认为我们所在的宇宙世界并非亘古不变的，而是不断变化、推陈出新、发展的世界或宇宙。宇宙本身作为一种存在，会经历产生、变化、消亡并被新的宇宙所取代这样一个过程，同样某一宇宙的产生也是取代旧的宇宙而成。因此我们的这一宇宙并非亘古不变，它既取代了旧的宇宙也会被新的宇宙再次取代。而宇宙们的生成与消亡是通过气的聚散而完成的。气聚而宇宙成，气散而宇宙灭。这一聚散成灭反复循环，没有终点，没有穷尽。这里的“气”除了有客观存在的物质之性的内涵，还被理性化，具有了带有“天理”属性的本体意义。而这样一种宇宙通过气的聚散而进行代际变化的观点与彝族哲学中人类的代际更迭十分相似。所不同的是，彝族哲学中人类的代际更迭是一代更比一代强的线性式发展，由独眼人到直眼人再到横眼人，除了生理特征一步步健全、完备，其道德伦理也一点点完善，直至发展成为现代人。这种代际更迭是一种进化、发展的模式，且每一阶段的变化都不可能再回到过去阶段的状态，而是向更好、更完善的阶段发展。而宋明理学中的气论则不同，气的聚散导致宇宙成灭是往返循环的圆环式发展，后一个宇宙较之前者并无好或坏的变化，其消亡并非因为自身有什么问题而被更好的宇宙所取代，仅仅是因为气散导致了它的消亡。而气散之后的下一次气聚，则又生成新的宇宙，其与上一次气聚形成的宇宙并无区别。气散之后它便消亡，由此完成一次循环。等待气再次聚拢即下一次循环的开始。气聚气散，循环往复，宇宙的成灭，也随之进入圆环式的变化中。此外，彝族哲学中的“气”只是一种客观存在的物质之气，与宋明理学中已被理性化为“天理”带有道德本体属性的“气”具有很大的区别。

第四节 彝族哲学的生死观与灵魂观

上述解决了“我从哪里来”和“我是谁”的问题。接下来分析梳理彝族哲学对“我将要到哪里去”这一问题的看法。

一、生死观

彝族哲学的生死观和灵魂观极具智慧和辩证，一方面看到了生命的可贵，另一方面也肯定了死亡的价值。

彝族先民意识到生命的逝去如同生命的诞生一样是客观而必然的自然现象，它不因人的喜好而发生转变。从主观上该怎样接受这样一个不可回避的问题，一方面，彝族先民认为生命的可贵在于死亡的存在，若生命永恒存在，则无所谓生与死，生与死的价值判断亦不再有意义，则生作为一种单一、永恒的状态，也丧失了与“死”相对时应有的意义与价值。另一方面，这涉及彝族先民的灵魂观：人有灵魂，死亡不过是肉体的消逝，灵魂则会通过毕摩们的指路归回先祖发祥地，与先祖灵魂会合，这才是人生真正意义上的圆满，因此死亡只是让人生得以圆满的一个过程。在这样的逻辑理路下，彝族先民对死亡的态度是：节哀而致乎乐。面对死亡有哀戚之情是十分自然的，死亡意味着生命的逝去，意味着从有到无，意味着与生者的分离。但是对于这样的“哀”要节，要止，再进一步，要从节哀而“致乎乐”。因为个体存在最终的圆满（即真正的乐）是自身灵魂与祖先之灵会合，得到安宁，这才是真正意义上的善终。可见这种乐并非强颜欢笑，而是发自内心地对“死亡是生命的一个部分，是灵魂回归先祖发祥地必须经历的过程”这样一种观点的认可。

彝族史诗中有两个故事描述了彝族先民的死亡观。

一个创世神话《人类和石头的战争》，故事记叙了天地产生之初，人与石头都有生命且长生不死，但人类有智慧，石头没有智慧。二者无限制地繁衍，因争夺生存空间发生了战争，天神调解这一争战时，人类因为具备智慧讲出道理打动了天神，而石头则因为无智慧不懂得道理，没能与天神进行有效交流。最终天神判定拿走石头的生命，让其由活物变为普通物体，不能继续繁衍；而人类虽保有生命，但生命有了时间限制，有诞生也有死亡，以此解决了世间生存空间不够的难题。从这一故事可以看出，彝族先民对死亡的意义与价值的理解首先出于对人类生存空间的考虑，认为人类若没有死亡并不断繁衍，会出现生存空间的危机，因此个体生命的有限是整体人类得以生存和延续的前提和保证。这是从客观的人类生存所需要的基本条件来看待死亡。

另一故事名为《爱慕死亡作祭》，故事记叙古时动物有死而人类长生不死。一日，生而不死的人类颇感时光难熬，便从山中抬回死虎、死猴、死鸟等动物的尸体，以此设灵作祭，羡慕有死动物们的死亡。这一行为被天神所知，认为人类愚蠢至极，竟会好死恶生，便对人类降下死亡，从此之后人皆有死。这一故事提出了一个有趣的命题：生而不死是一种烦恼。这也正是"节乎哀而致乎乐"的彝族死亡观的根源所在。人们都在追寻长生不死，但真正做到长生不死，恐怕是另一个烦恼的开始。因为无死，人们对生就没有了盼望，因为生命无休止的延续，每一天都在重复前一天，看不到尾的未来不断重复着看不到头的过去，在没有任何改变和时间限制的日复一日中，生变成了另一种意义上的死。正是在这一意义上，人对"不死"产生了恐惧和绝望，以期通过死亡让生命结束无休止的静止，通过死亡让生命进入下一个轮回，开始真正的新生，因此，死其实是为了更好地生、真正地生。死是生最初的起点。正是在这样的逻辑中，彝族先民提出"节乎哀而致乎乐"的死亡观。

二、灵魂观

以死为乐的死亡观，认可了生与死各自不同的价值，那么人在死亡后如何完成生命的圆满，真正能够让人"死得其所"，这就涉及彝族哲学的灵魂观。

彝族先民认为人的生命由身体和灵魂组成，判断生死的标准即灵魂与身体是否结合在一起，灵与肉的结合是生命的开始，灵魂离开肉体则意味着个体生命的终结。但死亡仅仅意味着肉体的逐渐消亡，而灵魂则依然存在。离开肉体的灵魂，并不会继续存在阳世，而是要回到所有灵魂会合的地方：阴间。这是与阳世相对应的另一个世界。彝族哲学认为阴间是阳世的翻版，那里同样有着时空顺序和社会伦理规范。灵魂在阴间就如同生命在阳世一般，需要最基本的物质生活："灵魂如活人，亡魂会腾雾，亡魂能驾云。阴魂会吃喝，阴魂会着衣。"① 不仅基本物质生活相同，连伦理道德与社会制度都相同："世间分六等，阴间有六级……阴世有等级，兹莫毕三人。你魂归祖后，要行君臣礼。"② 这是说阴间和阳世一样，也有君臣师的等级制度，也要尊君礼臣。

可见彝族哲学认为阴间是阳世的另一翻版，一样有道德伦理，要遵循诸多礼仪规范。阳世生命有终结之日，阴间的灵魂则是一种永恒的存在，不再会有终结之日。换言之，因为灵魂不灭，因此肉体生命的终结或者说阳世的死亡，只是另一种形式的生的开始。

① 杨家福释读：《裴妥梅尼——苏颇（祖神源流）》，云南民族出版社 1988 年版，第 138—139 页。
② 杨家福释读：《裴妥梅尼——苏颇（祖神源流）》，云南民族出版社 1988 年版，第 91 页，第 136 页。

彝族先民认为灵魂最重要的是归回阴间，但这并非终极的完满，这仅仅是第一步，找到先祖的灵魂，与之会合，才是找到个体存在最终的归宿，才真正达到圆满的状态。所谓“人人要归祖，各个回原地”①“灵魂需归祖，先祖亦如此，人人都要归”②。而要顺利地回归先祖所在之地，则需要两个条件，其一为人在阳世就必须遵守伦理道德和社会规范，由于彝族先民认为阴阳两世存在同样的伦理道德，因此若生前行了不义之事，如行窃、作恶、不孝顺父母等，则死后灵魂被视为不洁，不能回归先祖发祥地与之会合。因此只有生时遵循道德规范，死后灵魂才得以寻到祖先之灵魂，真正地实现最终完满的结局。

其二，灵魂初至阴间，犹如由故地入新地，对一切均不熟悉，尚不能独立完成寻祖的路程，还需要有专人的指领，才可以平安到达先祖发祥之地。这一指引亡灵归回先祖之地的过程被称为“指路”，记录这一过程及其他相关内容的书籍称为《指路经》，承担这一角色的人即之前所提到的毕摩。不同的地区有不同的《指路经》，指引亡灵回归的路线也区别，但其主要内容大体相似。在彝族传统的葬礼中，由毕摩为亡灵回到先祖发祥地，此“路”是指先祖们由亡者今日的住地反向回归先祖发祥之地的这一段路程，而“指路”则包含了三层意思：一是指引亡灵寻路归祖，认祖归宗，与祖宗之灵魂会合共居；二是安慰亡灵，劝慰其放弃对生的眷恋，知晓认祖归宗之重要意义，并教导生的人谨遵先祖在阳世定下的伦理道德、社会制度，因为他们在阴间同样适用；三是向亡灵祈祷，在与先祖之灵顺利团聚，完成自身的完满之际，也要保护在阳间的子孙和族群平安、繁荣、壮大。

彝族哲学的死亡观与灵魂观一方面肯定了生命的价值，认为人生在世的行为影响着亡灵最终可否顺利归祖，另一方面也赋予了死及死后世界以意义，在主观上提出了“节哀而致乎乐”的态度，是十分可贵的。

三、彝族哲学生死观与灵魂观的特点

比较彝族哲学与传统中国哲学中的生死观和灵魂观，二者既有相似之处，也有各自的特色和特征。儒家的生死观放在“礼”和“利义之辩”中来进行。孔子认为无论生或死都必须按照相应的“礼”，一方面，他对死亡表现出常人应有的悲恸之情，如颜渊去世时，孔子十分悲伤，甚至发出“噫！天丧予，天丧予”③的痛苦之声，天丧予者，甚若丧己，一言又再，可见对颜渊的去世痛惜之甚。但另一方面，孔子又对死亡表现

① 杨家福释读：《裴妥梅尼——苏颇（祖神源流）》，云南民族出版社 1988 年版，第 96 页。
② 杨家福释读：《裴妥梅尼——苏颇（祖神源流）》，云南民族出版社 1988 年版，第 120 页。
③ 《论语·先进》。

出理智的态度，他认为“生死有命，富贵在天”。在遭遇追杀时也表现出极为淡然的态度。桓魋要杀他，威胁他，他说：“天生德于予，桓魋其如予何？”[①] 匡人要杀他，他又说：“天之未丧斯文也，匡人其如予何？”[②] 而面对诽谤子路、诋毁自己的学生公伯寮，鲁国大夫子服景伯想要杀了他，孔子更是淡然：“道之将行也与，命也；道之将废也与，命也。公伯寮其如命何？”[③] 孔子认为自己有承接着从上天而来的使命，将“道”传播天下，因此如果上天要他继续履行使命，桓魋、匡人都不能把自己如何，一切自有定数，都是命中注定。这种对命运的自信来自对上天赋予自己传道授业这一使命、这一理想信念的执着与坚定。可见孔子一方面承认了生与死的必然性与不可抗拒性，另一方面也用“命”范畴豁达接受了这种不可抗拒性，消解了对死亡的恐惧和生死的对抗性。

但孔子对于死后的世界并未做过多的关注或讨论。对此他做出明确的回应：“未知生，焉知死，未能事人，焉能事鬼”[④]；“子不语：怪、力、乱、神”[⑤]。可见对鬼神的态度是敬而远之，说明孔子并非忽略掉对死后世界的关注讨论，而是认为对人有直接、重要影响的当下世界的认识还没有达到完备的状态，就不要去探讨更为玄远、深奥的死后世界，而是继续将关注点放在活生生的，与人的生命、生存息息相关的当下世界。而对当下世界的考察，儒家认为最重要的就是重礼讲仁。孔子云：“朝闻道，夕死可矣。”[⑥] 其学生曾子又云：“士不可以不弘毅，任重而道远。仁以为己任，不亦重乎。”[⑦] 将弘扬大道、实现仁德作为自己毕生职责。既然死不可抗拒，不如积极努力地实现生的价值，而生之价值的最大实现就是弘道。道是人之为人的根源所在，人秉承天道就有了仁德，仁德的外在表现就是仁义礼智。因此生的最大价值就在于实现仁义礼智的儒家价值理想。孔子不关注死后世界，不表示他不注重死亡。在他看来，死亡的意义不仅在于这是人不可避免的一部分，更在于对死亡的态度可以体现出对“礼”的尊崇，“生，事之以礼；死，葬之以礼，祭之以礼”。[⑧] 提倡不逾礼的厚葬。

孔子之后的孟子、荀子分别从仁义、礼两个方面发展孔子的生死观，孟子进一步将孔子“朝闻道，夕死可矣”的观点发展到了极致，认为在极端情况下当义与生处于

① 《论语·述而》。
② 《论语·子罕》。
③ 《论语·宪问》。
④ 《论语·先进》。
⑤ 《论语·述而》。
⑥ 《论语·里人》。
⑦ 《论语·泰伯》。
⑧ 《论语·为政》。

对立面时，提出“舍生而取义者也”。在价值层面上将仁德、礼义放到了高于生死的地位。荀子则着重发挥了孔子“葬之以礼，祭之以礼”的观点，突出通过祭祀和葬礼所体现出的对“礼”的尊崇，强化了儒家文明的礼治文化。

对于去世之后，儒家不关心灵魂将去往何处，更看重的是在当下生的世界里个人为自身留下怎样的名声以及为后世留下怎样的榜样，即所谓“死而不朽”。春秋时鲁国大夫叔孙豹提出“立德、立功、立言”的三不朽，宋张载横渠四句“为天地立心，为生民立命，为往圣继绝学，为万世开太平”，追求德性的不朽和弘道的无止境，成为历代儒者生命意义的价值最大化所在。

彝族哲学不但对人生在世的道德伦理给予关注和讨论，同时也十分重视死后的世界及灵魂所往之处。不同于儒家哲学追求成仁与精神的不朽，将生命的终极价值定位于弘道立德，彝族哲学对人生终极价值的追求不在于生的世界，而在于死后灵魂的安宁。彝族哲学认为人生最终的完满在于死后灵魂归回先祖发祥之地，与先祖灵魂会合。生时具备好的德性、遵守伦理道德、施行仁义理智等，其重要作用之一在于保证去世的灵魂得以顺利与先祖灵魂会合。倘若此生行了不义之事，则去世后灵魂不被先祖所接纳。遵守道德伦理是保证灵魂回归先祖发祥地、人生得以善终的重要措施之一。

儒家哲学和彝族哲学都关注仁义礼智、道德伦理，但儒家的目的在于德性本身，认为德性本身就是生命的终极价值追求，即所谓“道德本体论”。而彝族关注德性的目的不在德性本身，而在于死后灵魂的归回，这才是彝族哲学的终极追求所在，德性只是保障灵魂顺利回归的必要条件。德性不再是目的本身，而是为了达到目的所使用的方法、工具。

可见双方都在追求人生终极的价值目标，但在终极价值目标的判断上，彝族哲学指向的是死后的世界，而儒家哲学指向的则是生的此岸世界。儒家奉行“人能弘道”“舍生取义”，追求死后德性的不朽。彝族哲学强调用生前的德性保证死后灵魂的安息、完满。

庄子认为生死不过气之聚散，无论生存时间的长短，万物生命始有气聚生成的一刻，终有气散消亡的一刻。因此生与死都是客观而必然的：“生也死之徒，死也生之始，孰知其纪！人之生，气之聚也；聚则为生，散则为死。若死生为徒，吾又何患！故万物一也。”① 就死生二者都不可避免又不可永恒，彼此互为对方的起始这一特性来看，生与死看似对立，其实并没有本质上的区别，都是一普通自然现象，且彼此可以互换，“方生方死，方死方生”②，二者消融了相互对立、区别于彼此的规定性，彼此指向对方，

① 《庄子·知北游》。

② 《庄子·齐物论》。

互通为一，在“万物一也”的视域下，生与死形成了相同合一的共通性。而生与死相互为继，彼此通融，又何必为死亡感到担忧，又何必悦生恶死？因此真人“不知说死，不知恶生”[①]，因此对于生死的看法，应该是顺其自然，“安时而处顺”，庄子称之为“悬解”：“适来，夫子时也；适去，夫子顺也。安时而处顺，哀乐不能入也，古者谓是帝之悬解”[②]；“死生，命也，其有夜旦之常，天也”[③]。因此才会有“庄子妻死，鼓盆而歌”的记录。妻子去世后，庄子坐在地上一边鼓盆一边唱歌，全无悲哀之情，这不是对妻子无感情，因为他在鼓盆而歌之前也曾有过“是其始死也，我独何能无概”的不舍与难过，但后来想明白生死是相以为继的道理，妻子已经睡到天地大房子中，获得最终解脱，想到这里自己不仅不伤心，反而为此感到高兴，这一“节乎哀而致乎乐”地对待死亡的观点十分豁达。

而庄子虽未明确肯定或否定死后是否有阴间世界的存在，也并未过多地讨论死后的世界，但可以肯定的是死后世界无论存在与否，他认为人的伦常道德规范在去世之后也随之消失。

彝族哲学的死亡观、灵魂观与以庄子为代表的道家哲学相比，二者都将生命的诞生与消亡看作自然客观的物质之气聚散和合而成；彝族哲学名著中《宇宙源流》与《宇宙人文论》均认为人由清浊二气交感融合而生成，庄子则说：“人之生，气之聚也；聚则为生，散则为死。”[④]且二者都意识到生死的客观性与必然性，对死亡都采取欣然接受而“致乎乐”的态度。

二者不同之处在于论证的过程。

彝族哲学并未否定死亡本身所具备的遗憾、恐惧等属性，而是在死亡之后又创造了一个与生的世界高度吻合、匹配的阴间世界。其中君臣尊卑、上下等级、伦理纲常一一具足，与阳间世界完全等同。在彝族哲学体系中，这一阴间世界的存在让死亡仅仅成为阳世生命的终结，而是另一种生的开始。人对生命的渴求。这一作为阳世翻版的阴间世界的存在，消融了死亡作为个体存在的终结这一属性，由这一属性所带来的对死亡的恐惧、遗憾等感受，也被消融。个体存在在阳间以肉体生命的形式而存在，在阴间以灵魂的形式而存在，死亡仅仅是将存在的形式进行了转化，而并非终结了个体的存在。更进一步，肉体存在有终结，而灵魂的存在没有终结，个体的存在反而因为死亡而得以延续。在这一意义上，死亡不仅不是个体存在的终结，反而是得以永恒

① 《庄子·大宗师》。
② 《庄子·养生主》。
③ 《庄子·大宗师》。
④ 《庄子·知北游》。

存在的重要环节和必要条件。

同样是对死亡欣然接受并“致乎乐”，庄子并未在生的世界之外另外创造一个作为其翻版的阴间世界以消融死亡作为个体存在终结的属性。庄子不再就生死本身的意义进行讨论，而是跳出生死的层面，提出“万物一也”的观点，而站在了更高的层面，更广阔的视域。在“万物一也”的视域下，生死齐同：“道通为一。其分也，成也；其成也，毁也。凡物无成与毁，复通为一。”[①] 从万物本原的“道”的角度来看待万物，即从“以道观之”的层面来看，“道”贯通了一切事物，在大道的层面一切事物都是一个整体，整体分化便构成万物；万物都会消亡，万物消亡也都要复归于道。因此，从道通为一的角度看，事物的成灭并无意义，一切由大道而来又归于大道。凡事都有生成和毁灭，与万物一样，个体生命的生与死不过是气之聚散而产生的自然现象，二者并无本质区别，并且方生方死，方死方生，生死循环往复，彼此互为开始，因此二者也就“互通为一”。既然生与死在本质上都没有区别，则对生的眷恋和对死亡的抗拒不再有任何意义。对死的恐惧和对生的眷恋一同失去了价值。而彝族哲学则是认可对生的眷恋和不舍，在此前提下让死变成另一种生的延续，以此消融对死的恐惧。二者一为“以道观之”，一为“以生观之”。虽然共同由“气生人”出发，共同得出不要好生恶死的结论，但由于对生赋予了不同的意义，站在不同的层面和视域来看待生死，因此形成了不同的生死观。“以生观之”的彝族哲学不但肯定了对生的渴望和不舍，而且用“灵魂归回先祖发祥地才是个体存在最终的完满”这一观点将死转化成了另一种生。较之肉体的可以朽坏，灵魂的不朽才是生的最终目标，才是个体存在的终极价值所在。而“以道观之”的庄子则是用“万物一也”的观点从价值上齐同了包括生死在内的万物，生与死在本质上并无区别，“复通为一”，对生的渴望、不舍和对死的抗拒、恐惧在价值观上受到了双重的否定。

综上所述，相较三家哲学的死亡观与灵魂观，儒家哲学更多地关注生的世界，强调生命有死，道德不朽，人生的价值更多地指向生时通过内圣外王实现德性的不朽。道家则从本体“道”的层面观生死，在生死“互通为一”中消除了二者的区别。在生死齐同的前提下，好生恶死也失去了意义。而彝族哲学则受到儒道死亡观的双重影响，既同儒家一样承认生的世界的价值意义，承认伦理道德的现实意义，关注了死后的世界。不但赋予死后的世界以现实意义，认为阳世的道德伦理在阴间也存在，更通过灵魂归回先祖发祥地作为个体存在最完满的归宿，用灵魂不朽赋予死后的世界以终极价值意义。此外，彝族哲学既同道家一样反对了好生恶死的生死观，又没有像道家那样站在道本体的角度齐同生死，从本质上消解了二者的区别，而是在承认生的世界以及道德

① 《庄子·齐物论》。

纲常的现实意义上的基础上，将死转化成生的另一种形式，且是个体存在的最完满的归宿。

总而言之，儒家的生死观是伦理学意义上的生死观，更多地关注生。道家的生死观是本体论意义上的生死观，从“以道观之”的视域消解了生与死的区别，使二者从本质上获得统一。彝族哲学的死亡观则是既关注了现实的此岸世界，认可了道德伦理的现实意义，又关注了死后的世界，并且使灵魂归回先祖发祥之地获得安宁成为个体存在的最高完满，从而构建出与儒道哲学不同的终极价值追求体系。

第五节　彝族文献中的伦理学思想

早在原始性创世史诗中，彝族先民就有了尊老亲亲等一些最基本的人伦道德思想的萌芽。《梅葛》记录了人类的进化和繁衍大体分为三代，第一代人“独眼睛人”正是因为缺乏最基本的人伦道德观念才被第二代人“直眼睛人”所替换：“独眼睛这代人，道理也不讲，长幼也不分，儿子不养爹妈，爹妈不管儿子，饿了就互相撕吃，吵嘴就打架，时时起纠纷。于是众神决定：独眼睛这代人心不好，要换掉这代人。要找好心人，重新繁衍子孙。”① 这里将社会变更的根源归因于“心”的好坏，此“心”即为我们后世所说的道德观念。《查姆》认为第一代人由于缺乏最基本的道德观念，逐渐走向衰败，为第二代人所替代。在此处，最基本的人伦道德成为人类区别于其他动物的根据之一，亦是人类族群得以继续繁衍的基本保证。由此可见，人伦道德在人类生存、种族延续中的重要地位，也表明原始社会时代，彝族先民就有了最基本的人伦道德观念的萌芽。

一、道德伦理的具体内容

从最初有了人伦道德观念的萌芽开始，到确定人伦道德最基本的内容，是一个循序渐进漫长的过程，最终系统完整地记录彝族伦理思想的是彝族封建社会成文的《彝汉天地》一书，书中系统概括了彝族先民伦理道德的具体内容。

彝族先民所论述的伦理道德的具体内容是和德育顺序相联系的，提出了与儒家“修

① 郭思九、陶学良整理：《查姆》，云南人民出版社 1981 年版，第 26 页。

齐治平”相同的修德和德育的顺序。

首先个人修德方面提出要语言美，行为正：“奇妙的大地，世间的人类，语言美、讲话雅、行为正的人，得到好报应。思想坏、行为丑，必得恶报应。”[①]语言、行为都要合于道德，才会给自己带来福禄：“所有的人类，福禄并道德，道德带福禄，事理是这样。”[②]

语言如何为美，行为如何为正，则涉及“修齐治平”的第二步齐家：“奇妙的大地，人类生其间。必遵循政令，须深谋远虑；当惧怕官吏。该知晓族史，应亲近舅家。要崇拜祖先，要孝顺父母，要尊重老师，并非尊重老师，而是尊重文化。孝顺父母者，报答养育恩。崇拜祖先者，求佑子裔昌。亲近舅家者，源于孝母亲。害怕官吏者，怕的是政令。”[③]引文阐明了道德的具体内容。从形而下的处理人与人的关系来看，道德的内容是“尊上”，对师长、父母、舅家、官吏都应该敬重，尤其对于祖先，还应更进一步达到崇拜的心理状态；从形而上的价值原则来看，道德的内容是“重道”，解释了“尊上”是因为尊重文化、报答父母养育之恩、遵循政令等基本的价值观念作为引导。对于彝族伦理道德思想的具体内容，可用儒家伦理思想中一个最常见的词概括：尊师重道。此处“师”泛指一切处于自身上位关系的人群。

彝族十分重视亲族关系尤其是甥舅之间的关系：“祖暴裔不昌……舅贤甥不劣……父慧子不愚……贤祖传贤代，众甥如贤舅。”[④]长辈的行事为人是后人所模仿的对象，直接影响后辈的道德性为；无论是宗族之间，还是父子舅甥之间，彼此“相依存，此乃人之情”[⑤]。这是说亲族关系之间的相互依存是源于人的本性，这与儒家所讲的“亲亲”十分相似。区别在于彝族特别强调舅甥关系的重要性，认为“亲近舅家者，源于孝母亲”；“在舅家面前，亲敬地应承，舅贤甥不劣”。“亲敬”表达了两层关系，亲是就血缘关系而言，因为母亲的原因应该与舅舅的关系密切，敬则就对待长辈而言应该怀有敬畏之心。就齐家而言，彝族认为最重要的是处理好宗族、亲人之间的关系，尤其是对处于自己上位的长辈要尊敬，这样就很好地遵循了道德伦理的基本原则。

在处理好自己的家庭关系之后，要更进一步到“治国平天下”的程度，彝族哲学认为要做到这一步最重要的就是要将伦理道德规范教授于人：“若心正仁慈，教育不良者。若善良明智，教化坏民奴。若欲求洪福，好心教于人。”[⑥]彝族哲学中伦理道德

① 朱崇先：《彝族典籍文化·彝汉天地》，中央民族大学出版社1994年版，第75页。
② 朱崇先：《彝族典籍文化·彝汉天地》，中央民族大学出版社1994年版，第81页。
③ 朱崇先：《彝族典籍文化·彝汉天地》，中央民族大学出版社1994年版，第76—77页。
④ 朱崇先：《彝族典籍文化·彝汉天地》，中央民族大学出版社1994年版，第78页。
⑤ 朱崇先：《彝族典籍文化·彝汉天地》，中央民族大学出版社1994年版，第79页。
⑥ 朱崇先：《彝族典籍文化·彝汉天地》，中央民族大学出版社1994年版，第81页。

的具体内容，就是在行事为人中要语言得体，尊敬长辈，注重亲缘关系，努力将好的道德伦理传授于人。彝族哲学认为伦理道德的形成是一个循序渐进的过程，要经过长时间的学习和教育："长到二十二三岁，所言有道理，所讲尽知识。双手亦灵巧，做事也稳实；政令合民心，脚步走得正……长到四十四岁，似山泉清明，善思又博识。会鉴别文理，讲授亦透彻。"[①] 道德教育是一个终身进行的活动，在不同阶段有不同内容和目标，应根据年龄阶段的不同而有不同的修养侧重点。这与儒家孔子对自己人生的评价与期望"三十而立，四十而不惑，五十而知天命，六十而耳顺，七十而从心所欲不逾矩"非常相似，都是强调道德修养的持续性和阶段性。

二、注重伦理道德的必要性

彝族传统认为人去世之后要仔细记述其生平："在他生前呢，做过哪些事？哪些是好事？哪些是坏事？无论是善事，无论是恶事，要一一明叙。"[②] 好、坏、善、恶这些词表示着最基本的道德判断，用这样的道德判断来总结和评价人的一生，表明彝族哲学此时已经意识到伦理道德在人的一生中的重要性和必要性。

从切身利益来看：第一，伦理道德关乎自身形象。虽然生死自然，但人生在世的言谈举止、事迹会留在世间，代代相传。"世人去世后，样子仍活着。今生你已去，你生前做事，合道又善良。人死形不消，活在人心中。"[③] 注重伦理道德，言谈举止合乎规范能够让自己在亲人乡党以及后人之中形成良好的印象。第二，伦理道德关乎自身福禄。好的言谈举止可以产生好的结果，增添自己的福禄："语言美、讲话雅、行为正的人，得到好报应。思想坏、行为丑，必得恶报应"[④]；"所有的人类，福禄并道德，道德带福禄，事理是这样"[⑤]；"是道则多行，非礼者莫为。逢凶能化吉，福禄常相随"[⑥]。彝族先民认为人一生的命运福禄是会随着自己的行为而有所变化的，多行善事会增加福禄，反之则减少，遵守道德规范十分重要。第三，伦理道德关乎去世后灵魂的归宿。彝族先民认为人去世后灵魂要归回先祖的发祥地，与先祖灵魂会合才算是达到真正的圆满。但灵魂与祖先会合的标准之一就是在世间要行善事，若生前行了不义之事，则去世之后灵魂被视为不洁，不能归回祖先发祥地与之会合，因此只有遵守道德规范，不行恶事，去世之后灵魂才能够得以真正与先祖会合，获得最终完满的归宿。

---

① 朱崇先：《彝族典籍文化·彝汉天地》，中央民族大学出版社1994年版，第83页。
② 朱崇先：《彝族典籍文化·彝汉天地》，中央民族大学出版社1994年版，第74页。
③ 杨家福释读：《裴妥梅尼——苏颇（祖神源流）》云南民族出版社1988年版，第138页。
④ 朱崇先：《彝族典籍文化·彝汉天地》中央民族大学出版社1994年版，第75页。
⑤ 朱崇先：《彝族典籍文化·彝汉天地》中央民族大学出版社1994年版，第81页。
⑥ 朱崇先：《彝族典籍文化·彝汉天地》中央民族大学出版社1994年版，第83页。

从对后代的影响上看，长辈的行事为人会作为榜样让后人模仿、跟随：“祖暴裔不昌……舅贤甥不劣……父慧子不愚……贤祖传贤代，众甥如贤舅”[①]，“是道则多行，非礼者莫为……今世已幸运，后世族裔昌”[②]。所谓父慈子孝，父辈的品行正在先，子孙效仿父亲的慈爱与仁厚，代代相传，后代族裔自然知礼重道，子孙兴旺。

三、彝族伦理学思想的特点

伦理学之所以产生是源于人类对于“人是什么”这一问题的思考，在这一问题视域之下，人被赋予了双重属性，就其物性（或感性）而言，人类具备着动物生存所具有的一切属性，如“饥而欲食”“渴而欲饮”“寒而欲衣”，这一点，人与动物并无本质上的区别。而人的第二层属性，即人的理性，则是人区别于动物的本质属性，一方面表现为人具有明显超越动物的智慧，另一方面则表现为人具有动物所不具备的伦理道德。

人的理性是区别于动物的本质属性，而理性所具备的多重维度之一即人与人之间所产生的伦理关系。由人类的诞生、繁衍而产生出第一层人与人之间的关系，即夫妻关系与亲子关系，由这一关系产生的亲情观念即为第一个，也是最基本的伦理观念，由亲子关系引申出君臣、长幼、兄弟、师徒、朋友、邻里等一系列社会关系，再由此产生一系列的伦理规范、伦理秩序。这是伦理关系产生的基础，也是“伦理学”的基本内容。

儒、道两家注意到了人的双重属性，且两家都对人的德性与天性的关系有所关注，儒家强调超越自然、物性的天性，上升到具有社会意义的天性，同时又进一步化德性为天性，认为人的天性内涵德性，是天性的外在体现。宋明理学直接将人看作天理的体现或化身，认为天地之性是由人性体现出来的，因此依乎道心的伦理生活就是人生价值的最大体现。

而道家则认为人的德性即人未经过后天教化而呈现出的最自然的天性。所谓“德者，得也”，“德”本义是指万物秉承宇宙运行的基本规律“大道”，将其吸收而内蕴于自己的天性之中，内化为自己的本性。万物所具备的这一内蕴着大道的本性、天性，就成为万物的“德”。不同的事物因其自身特点而体现出的德性不同。这些德性都遵循着大道运行的基本规律。而道家认为道法自然，即大道的运行规律就是帮助万物按其本性自然地生长，所谓“道生之，德畜之”，大道化生天下万物，但万物须借着从大道而来的内化为自己天性的德性来成长、发展，得以最终的自我完善、自我成全。

万物的德性也就是在“大道自然”的帮助下按其自然本性是其所是地发展最终得

---

① 朱崇先：《彝族典籍文化·彝汉天地》，中央民族大学出版社 1994 年版，第 78 页。

② 朱崇先：《彝族典籍文化·彝汉天地》，中央民族大学出版社 1994 年版，第 83 页。

以自我成全、自我完善。与此相联系的理想伦理形态即为“民居不知所为，行不知所之，含哺而熙，鼓腹而游”① 的小国寡民的生活方式，在伦理关系中强调保护人的天性，否定以人为的教化去约束人的天性。从这一逻辑出发，道家哲学认为未经后天人为教化作用的自然状态即人最理想的状态。外在的道德教化、规范是应该被摒弃的东西，它们的产生是因为人本性中从道而来的伦理天性已经丧失，才需要外在的规范、教化来约束人的行为。但此时经后天矫正的行为虽从表面上看符合人的德性，却已不是人发自内心、发自天性、为自己内心接受的纯真本性的外在体现，而是因为外界束缚而被迫、不得已而为之。因此《道德经》中有“大道废有仁义；慧智出有大伪；六亲不和有孝慈；国家昏乱有忠臣”② 的说法。与此相联系的治国方略为“古之善为道者，非以明民，将以愚之。民之难治，以其智多。故以智治国，国之贼；不以智治国，国之福”③。

彝族哲学在伦理道德方面的思想与儒家伦理思想比较接近。首先，彝族哲学中伦理教化的主要内容和德育的顺序与儒家的个人德性修养的内容极为相似，都是遵循修齐治平的顺序。在个人修德方面提出语言美、行为正；在齐家方面提出崇拜祖先，孝顺父母，处理好宗族、亲人间的关系，在治国平天下方面强调以“伦理之德”治天下人，将自己所掌握的伦理道德规范教化于百姓、后辈。彝族哲学思想也注重外在的规范、教化，认为可以通过外在的教化来规范人的行为，使人明理。这与儒家哲学所强调的人性是区别于动物的基本属性，而德性是理性的内涵之一，因此外在的教化能够规范人的行为，使人外在的行为符合内在的道德是十分相似的。

其次，彝族哲学中对于人的教化提出须根据人的认知能力的不同而分阶段来进行。《彝族典籍文化》中记载了人在不同年龄阶段的性格特征以及所对应应该学习的内容。在十二三岁时开始进入青春期，对一些较为冒险、过程激烈的生产生活活动产生了兴趣，如猎犬、射箭；十年之后，二十岁左右开始尽数掌握抽象的道理、知识；至不惑之年对生活、学问则逐渐形成自己的体系，能够善思博识，鉴别文理；至知天命的五十岁上下，则其能力、成就都如清水中的果子、枯水河中的鱼群一般一目了然。彝族先民已经意识到人在不同年龄段思维意识具有不同的特点，要根据其特点来进行不同阶段的教育和道德修养。

而这一观点在儒家伦理学中也有十分明显的体现。儒学中将对人的教育分为大学和小学。“学”字早在甲骨文中即出现，其所包含的意思之一即为学校教育，且在商代已有小学与大学之划分。《礼记·明位堂》记载“殷人设右学为大学，左学为小学，

① 《庄子·马蹄》。
② 《道德经》18 章。
③ 《道德经》65 章。

而作乐于瞽宗”①，郑玄注：“右学，大学，在西郊；左学，小学，在国中王宫之东。”古人以西为右，殷人尚右尚西，将大学设在西郊，也叫右学。瞽宗是商代大学的名称，是当时贵族子弟学习礼乐的学校。右学和瞽宗，都是属于大学性质，实是同一机构的不同名称。商代学校已分为两级施教。二者的区别在《大戴礼记》有记：“古者年八岁而出就外舍，学小艺焉，履小节焉……束发而就大学，学大艺焉，履大节焉。”宋代朱熹更为明确说明：“人生八岁，则自王公以下，至于庶人之子弟，皆入小学，而教之以洒扫、应对、进退之节，礼乐、射御、书数之文；及其十有五年……皆入大学，而教之以穷理、正心、修己、治人之道。”② 明确说出了小学与大学的区别：小学教以事，大学教以礼。二者在教育内容、对象年龄、教授顺序等方面都有所区别。小学入学年龄为八岁，教授内容包括两个方面，一是洒扫应对等基本生活规范，一是礼乐射御书数等文化基础知识，其中“书”特指文字学、训诂学等具体知识的总称。《汉书》记载：“古者八岁入小学……教之六书，谓之象形、象事、象意、象声、转注、假借，选字之本也。”③ 可见，古代小学既是最基本的教育，也是最基础的文化教育，此谓“教以事”。大学则在小学的基础上进一步教育成人以“穷理、正心、修己、治人之道”，此谓“教以理”。此即“大节大义”，不仅要“见”，更要“践”，不仅要知，更要行，知行合一。体现于修齐治平之现实，才是大学所授之根本意义。大学入学年龄在 15 岁左右，孔子所教授则为大学内容。从“教以事”到“教以理”，从“见小节而履小义”到“见大节而践大义”，小学与大学经过了一个由简入繁、由浅入深、循序渐进的教化过程。朱熹明确规定二者的区别为“小学涵养此性，大学则所以实其理也。忠、信、孝、弟之类，须于小学中出；然正心、诚意之类，小学如何知得？须其有识后，以此实之”。④ 小学是知其然，学习事物本身，大学是知其所以然，寻求事物背后的道理。而由小学入大学，最终目的是要通过外在的学习教养而明人伦。此“明”字有二义：一指自身知晓人伦规范，一指将人伦规范张显明白，使得人伦规范得以在社会中广为流传，百姓都知晓礼义，社会就可以和谐、稳定。

而彝族伦理学在论证伦理道德的重要性时，均是从实用性的角度来阐明伦理规范之必要性。认为伦理道德关乎自身形象、今生的福禄、灵魂的归宿以及子孙后代的兴旺。

较之传统中国哲学中儒、道两家的伦理思想，彝族伦理学更接近于儒家伦理思想。二者都强调人和动物有所差别的根源在于人的理性，而伦理道德是人理性的重要体现

---

① 《礼记》。

② [宋]朱熹注：《宋本大学章句宋本中庸章句》，国家图书馆出版社 2016 年版。

③ 《汉书·艺文志》。

④ 《朱熹语类》。

之一。故而外在的德育教化是使人之为人、社会得以稳定、发展的基本保障。

但是，彝族哲学的伦理思想与儒家伦理思想也并非完全相同，虽然在肯定人与动物有所区别，肯定外在的教化、规范方面，二者的价值取向十分一致，但对德性在人生中体现的意义、德性与天性之间的关系等方面，彝族伦理学与儒家思想还有十分明显的差异。

就个人的价值而言，两家都认可人有着区别于动物的特殊价值，都体现出最早期的人本主义观念。在彝族经典《宇宙源流》中，记载了人为了自身生存而伤害到其他动物，其他动物前去告状，掌管万物之神则回应说："你（动物）不在也得，他（人）不种不得"；"无你在倒可，他不种不可"[①]。这体现出人更优于其他动物的存在价值。而《论语》中记载孔子对于马厩失火的态度："伤人乎，不问马"[②]。在孔子所处在的社会，由于生产力低下，较之单个的人，马具备较高的生产力，因此在一些奴隶主眼中，马比奴隶更有实用价值。而孔子的态度无疑是反对这种观点的，将人的价值置于动物之上。这也表明儒学在先秦时期就有了对人价值本身的肯定。在这二则记载中，人都被当作了目的本身，人的存在、人的生命本身就是有意义、有价值的，人之所以有价值、之所以尊贵就是因为人本身，人不再是工具，人之为人就是价值的根本所在。人本身就有这种应当被尊重、比其他动物更加重要的存在价值和意义。

首先，就人区别于动物的价值而言，儒家从先秦起就有思考人与动物区别的"人禽之辨"命题。孟子最早提出这一问题，认为人与禽兽有许多共同点，而差别却很少，即人的"四心"。这"四心"人皆有之，恰恰是这一很少的差别"四心"成为人最重要的属性："恻隐之心，仁也；羞恶之心，义也；恭敬之心，礼也；是非之心，智也。仁义礼智，非由外铄我也，我固有之也。"[③]这"四心"分别是仁义礼智的开端，动物无此心，故动物无仁义礼智的观念。人具备此"四心"，因此人具备道德情感和道德底线。这是人不同于禽兽之根本所在，是人之为人的标志，也正是人价值的根本原因所在。因为具备道德情感，人的存在才是有价值的，有意义的，人才成为比动物更为高贵的生命体。

彝族哲学则未从人具备伦理道德的层面来论证人的价值所在，而是直接用结论式的判断来肯定人具有比动物更高贵的价值意义。在《彝族源流》中记载的动物状告人类的故事，人类因为扩展自己的生存空间而掠夺其他动物的生存之地，损害动物们的身体，而这些动物状告的结果无一不"告状无门，泪淋淋回归"。天神用"你不在也得，他不种不得"来回复这些告状的动物。可见，彝族先民肯定了人比其他生命更重要，

① 《彝族源流》（十三—十六卷），贵州民族出版社 1994 年版，第 31 页。

② 《论语·乡党》。

③ 《孟子·告子上》。

更高一等，从价值判断上认为人类的生命价值更宝贵，所以人类有权利为了自身生存侵占其他动物生命的生存机会。但另一方面，他们也意识到人类对自然的过渡掠夺会造成对其他动物生存的影响，否则不会有小蛇告状的记载，可又没有为自身行为的合法性与合理性（合目的性、合逻辑性）找到解释，故只能以一种武断的价值判断来解释自身行为的正当性。

相较而言，两家都意识到了人的价值与人具有的德性，这是动物所不具备的。但儒家有意识地将二者进行了逻辑上的联系，认为人的价值是因为人具备德性。而彝族哲学则未将二者相连，就人的德性而言，一是在记录人类起源的彝族史诗中将人类代际更迭的原因之一归结为人类道德的丧失；二是讨论了道德伦理存在的现实意义和必要性。就人的价值而言，借掌管世间万物的天神之口给出直接的定论：人的生命比其他动物的更宝贵，人的存在较之其他动物更有意义和价值，但对于人的高贵与价值从何而来，则并未给出理由和论证。其次，就德性和天性的关系而言，从孟子提出人有“四心”起，儒家伦理学将德性内化于天性之中，认为德性是天性的一个部分，外在的教化规范是为了让人内蕴于天性之中的德性苏醒，使人外在的规范符合德性。天性是德性的形上依据与终极根源所在。而至宋明，陆九渊提出“心即理”，阳明提出“致良知”，则直接除去了为德性寻找形上依据这一环节，直接将“心”“良知”等代表德性的存在当作本体本身。即德性自己就是自己的形上依据，不需要到外界去寻找其他外在的依据和根源。这被后世称为“道德本体论”。而彝族哲学则未过多探讨二者的关系，是没有思考过这个问题，还是认为二者并无特别的联系，现有的文献中并未说明，也没有为德性寻找过形上依据与终极根源的痕迹或证据，并未从形上层面论证其合法性与合理性，而是从现实意义对现实生活的影响的角度来论证德性存在的必要性，因此更没有将德性本身当作形上根源的这样一种“道德本体论”的观念。

四、彝族伦理道德译著精品——彝文《劝善经》（《太上感应篇》）①

彝文《劝善经》对道教经典《太上感应篇》进行对译加注解而形成的一部译著，也是滇、川、黔彝族聚居区目前发现的 8 部彝文木刻印刷本中字数较多且较早、较精致的一部。共 59 个印版（每版 2 页），前 3 个印版（6 页）为《太上感应篇》每句的对译和通译，后 56 个印版为彝人自己加以发挥解释，逐句注释与解说。全书 26000 余字，它有两个刻本，即明代刻本与清代刻本。结合该书用纸、彝语词汇、语法结构、作品风格等多方面进行考证，先是由武定罗婺部酋凤氏土司主持首次刻印于明正德年间（1506—1521 年）。可

① 楚雄彝族自治州人民政府编：《彝族毕摩经典译注》第 106 卷，《太上感应篇》译注，朱琚元、钱丽云、张纯德编译，云南民族出版社 2012 年 10 月。

能因战乱，雕版散失，原藏书残损，到清代嘉庆年间（1796—1820年）又由武定县万德那氏土司基本按风氏土司原版，主持重刻印刷过一次。两个版本的区别在于前者规格为22cm×14cm，后者规格为25cm×20cm，两个版本今皆有遗存，明代版至今已500多年。

（一）彝文《劝善经》简介

彝文《劝善经》是明代木刻本，是卷帙浩繁的彝文典籍中一部较大的典型的译注，将汉文道家名著《太上感应篇》全篇译为彝文外，又以《太上感应篇》的首句为题，用彝族传统文化思想与伦理道德观念加以宣教说理，全书22900余字。

该书对于彝族历史、文化、语言、文字、风俗、习惯、伦理观念、巫术、宗教、传说、禁忌，以及心理情态、社会状况等都有重要的价值，直至今日，对于精神文明建设仍有现实意义。

当然由于历史的局限，不可避免地会有一些糟粕，特此，我们应采取批判继承和发扬民族文化传统的态度。

《太上感应篇》以“天人感应”和“因果报应”的理念，劝人行善，所以俗称《劝善经》。《太上感应篇》约成书于北宋中期，它是融儒释道为一体的经典，全文1270余字，但内容丰富，其列出善行26条，恶行183条，谆谆劝导人们从善去恶，奖善惩恶。这本书影响非常广泛，符合彝族社会道德评判标准，故而当地彝族土司将它翻译并作注释，两次刊刻。

为《太上感应篇》作注的人很多，清代惠栋的《太上感应篇注》，俞樾的《太上感应篇缵义》，都是比较知名的。而彝文注释与汉文注释完全是两个风格，除原文部分彝汉文对译外，注释举例部分各自发挥。

彝文《太上感应篇》翻译准确，语言生动、简练、字体规范清秀且保留了大量的古彝语词汇，是翻译、彝文写作、彝文书法难得的学习材料。今存传抄彝文古籍多为五言体经文，而该书以散文叙事说理，是彝族文体的另一特点。其解说结合了彝族宗教礼俗、心理情态、社会思想、伦理道德、风俗习惯等内容，并借题发挥，宣理说教。其劝善理念对人们的精神生活、家庭道德、身心健康以及维护社会稳定等方面都产生了良好的影响，对构建社会主义和谐社会仍具有积极作用。

（二）彝文《劝善经》的现实意义

彝文《劝善经》提倡的伦理道德是多方面的，至今仍有现实意义，这里仅略举彝人先贤提倡生态方面的伦理道德、敬畏自然、和自然和谐相处的劝诫为例，联系彝族聚居区社会存在的不良行为作批判。这对今天的生态文明建设仍有启发。

第一，“填穴覆巢，伤胎破卵”。填穴覆巢说的是填昆虫蚂蚁的洞口，把走兽飞禽产子的巢毁掉。伤胎破卵说的是人们为了吃，把有身孕的野物打杀掉，把飞禽等下的蛋打破，这是不应该做的。另外有一种，春旱鸟群寻水之时，它正像我们人疲倦口渴一样，或鸟筑巢下完蛋之时，有人把鸟胶放在水井旁，待小鸟来饮水时成百上千地将它们捉拿。这种用鸟胶捕鸟的行为，不但鸟捕来不够宴请亲友，还伤害了太多的生命，行善的人是不该这样做的。还有一种，母猪产四仔、小母猪产七仔、母羊产双仔、骒马母牛产双仔都认为不吉利。实际上有的产得多，有的产得少，这跟俗语说的“冬小马，春水牛”，有的产得早，有的产得晚一样，都是符合牲畜的生理特征的。另外，公鸡上屋啼鸣，这是公鸡在争鸣；母鸡下小蛋，这是母鸡有病，它不是什么祸害。有的乱信别人的话，把它们杀掉，真是不应该。①

第二，“射飞逐走”。射飞是指射杀所有会飞的；逐走是指追逐捕杀所有会走的。其意思是说作为一个人，小鸟小雀不够一家人一顿菜，这样不够吃，又伤害了许多生命，所以不该去射杀它们。春天雏鸟出蛋时，更不能射杀它们，小鸟在窝里，等待母鸟来喂食，射母则儿亡，更是没有阴德。对于走兽，古时候的人，到了腊月农事不忙了，兽类停止繁殖了，才去打一次猎：耕种时候到了，要忙着种庄稼，不再去打猎。作为人，不去种庄稼，专门去狩猎，不但耽误了耕种，还把走兽的生命伤多了，也就作了恶，不应该这样做。②

第三，“昆虫草木，犹不可伤”。不要说牲畜野兽飞禽那些生命大的，就是昆虫蝼蚁小生命，以及野草树木会长的，在用不着时，也不该胡乱地去伤害它们。有的人移蜂包烧蜂窝，这些本来不够招待客人，是嘴馋想吃而伤害了成千上万的生命。这些烧蜂多的人，不行善，无阴德就不会昌盛。人们引水遇到昆虫蝼蚁巢穴时，应该将它撮放到干燥处；挖地碰到昆虫蝼蚁巢穴时，应该将它撮送在不挖的地方；砍树处有昆虫蝼蚁巢穴，应该抖掉它。古时候，汉族地方有个叫宋交的人，他见到蚁巢被水淌来，就用一根竹根搭救蚁群，成千上万的蚂蚁通过竹棍得救了。天君认为宋交救蚂蚁救得多，他行了善，就给他福禄和寿粮，并决定给他做辅佐皇帝的宰相。过了不久，他真的做了宰相，终生富贵，无人超过他。所以，不要说牛马等大的生命，即使救了一个昆虫蝼蚁生命，也是行善。③

① 楚雄彝族自治州人民政府编：《彝族毕摩经典译注》第106卷，《太上感应篇》译注，朱琚元、钱丽云、张纯德编译，云南民族出版社2012年版，第288页。

② 楚雄彝族自治州人民政府编：《彝族毕摩经典译注》第106卷，《太上感应篇》译注，朱琚元、钱丽云、张纯德编译，云南民族出版社2012年版，第292页。

③ 楚雄彝族自治州人民政府编：《彝族毕摩经典译注》第106卷，《太上感应篇》译注，朱琚元、钱丽云、张纯德编译，云南民族出版社2012年版，第288页。

第四，“非礼烹宰”。这里的非礼指的是不按礼俗办事。按照礼俗办事，春节、火把节、祭献祖先、娶妻嫁女、亲朋好友到来时是要宰杀牲畜，按礼俗是应该的。可有的人不是这样，仅是为嘴巴想吃美味，又以为有了牲畜，就可以胡乱宰杀，伤多了畜命，这就不行善了。另外，为了宰杀而饲养的牲畜主要有山羊绵羊和猪鸡；饲养了不该宰杀的是马、牛、狗这三种。马可以骑或驮，上山下山长途运货，代人劳力，使人省力气，它对人好处多，宰杀它不合道理；牛中有水牛，牛与水牛犁地耙地，出力耕种给人吃，养人利人；孤儿被家族冷落的，只要有一头耕牛，肚子全靠它，等于有父，等于有母，所以杀牛吃不合理；富家有耕牛，庄稼耕种全靠它，等于有奴婢，杀它吃不合理。不论是首领或主子，个个死了要祭奠，包括娶妻嫁女，我们若学汉礼，只杀猪羊，不杀牛，百姓耕田种地，耕牛才用不完。还有一种，杀了小牛，母牛从山头叫到山谷，这是一种最可怜的事。汉族有好人行善的，祖宗三十代，人家都不吃牛马肉。不过也有人杀牛多，干巴做得多，到死时，像牛一样吼叫着死了，死后还会变成牛。至于狗，它是人们的好帮手，去野外，它替主人追逐野物，在家里，房屋周围不分白天黑夜守护，这样的帮手杀吃不合理。我们彝族人是不吃马肉、病死牛肉、狗肉这三种肉的。行善得善报，就会无人超过他。百姓有牛马用来踩粪，但牛圈不该水深粪深。牛为人耕，马让人骑驮，做的都是好事，毫无罪过，我们应该喜欢它们，怎能让它们泡在粪水中关起呢？牛马在白天耕累驮累了，不能睡不能坐，天晚才得回来，不但得不到一块干处睡，反而泡在尿粪里，水淹到肚子，这样一夜站到天亮，小牛小马则在粪水里窒息而亡，这样做没有道理可讲了，这跟活埋无区别，不该这样做。养牛马要它们踩粪，牛圈马厩要盖好，周围水沟要深挖，牛马尿就干得快，还要抱草厚垫，牛马屎尿夹草踩，圈肥就成了。这样牛马也得睡，也不伤其身，牛马自然就会兴旺了。作为平民百姓，养有耕牛，到了十月上，若不得喂精料，也要让它们草饱水足，还要经常喂盐。不断有盐吃，又草饱水足，到了腊月正月间，就是降雪，只要关在暖圈，也不会瘦死，到了雨天，耕牛就不用担心了。又有一种，牛马瘟病流行时，不要让它们站在一起，互相不闻气，就是眼相见也不会互相传染。所以牛马瘟病流行时，只要好好避，好好防就不怕了。再有一种，不仅牛马粪便会传染瘟病，而且人在别处吃了病牛肉回来，或者路遇吃病牛肉、背病牛肉的人，或者背病牛肉的人来到村中，病牛肉的气息也会传染。所以要避好、防好、封锁好，这样才有效。有一年牛瘟流行，我们教人们隔离封锁，结果牛眼相见，牛气不相闻，就把牛瘟避开了，这是相信我们的话。可有的人不相信我们的话，认为牛瘟避不开而不避，结果他的牛死了。从这件事来看，谁说防避不行呢？

实际上是能避开的，希望养牛的人们都好好地记在心。①

第五，“埋蛊魇人”。埋蛊指的是拿别人的头发、指甲、烂衣、烂裤去掩埋；魇人指的是让人得病而死。有人不行善，不愿人家好或心怀怨恨，但没办法公开害人，就暗暗地偷人头发、烂衣烂裤或雕木人来掩埋，想让人家死掉绝掉。这样做，他也不会得到什么好处。有一个例子，有人在马年得病，连病了三年，人人都说是被人埋蛊而得病，就请巫师额跃来挖蛊，挖到了两处。额跃说：“埋蛊者的姓名，我的巫神知道，是否要说出来？”这人说：“只要病好了，就很感激你了，鬼怪这东西跟埋蛊者无关，他的名字就不用说了。”至于请巫师挖蛊，主要是宽慰父母，解除他们的忧心。其后这人的病，服了汉药，到该好时就好了，也不责怪谁害的。这人说年轻的时候，也不信埋蛊这种话。人在一生中，梳头的掉发，何处不丢弃；小孩剃头，毛发何处不落；破衣烂裳成碎布，何处不丢弃。若是相信埋蛊这种事，人人都已经死完了。埋蛊雕木人这种事，莫信巫师的话，但可以按巫师的话去做，说埋蛊就挖蛊，说雕木人就砍木人，病人该好时就会好，至于是谁埋蛊就不要问也不必说。如果相信巫师的话，硬要说出埋蛊者姓名，就会挑起纠纷，会使兄弟、郎舅、主奴、邻里等不和而相斗相仇，相损相害，这就不是好事了，因为病和死与埋蛊无关。人生了痨病，自然会干瘦，别人不知病因，就说被埋蛊雕木人。人生了肺痨病，嘴里咳嗽，肚子也疼痛，有人会说是被人埋蛊下毒。实际上这种病要服汉药，注意休养，慢慢会好的。周基是一个官员，犯了砍头之罪，要上法场去受刑，但他觉得羞愧，要吞金而死。先吞一两粗金不死，后吞一两纯金也不死，再后来再吞金加服毒，仍然不死。从这样吞金服毒而不死看来，服毒而死或生病而死，都好像不真实了。还有一个例子，者同的妻子朋窝，不孝敬她的婆婆，婆婆将她的头发、指甲埋在了屋旁。其后碰巧朋窝生病，请巫师跳神，巫师说她被埋蛊了，但她婆婆不许她挖蛊，结果病了两三年，她的病到该好时候就好。从这件事上来看，埋蛊之事也不真。再有一个例子，沙瑙妻子莫希，跟着沙瑙来到婆婆家，她的烂衣烂裤被婆婆埋了。碰巧莫希病了，请巫师跳神，巫师说她被埋了蛊。她婆婆却不许她挖蛊，结果病了两三年，到该好时就好了。再从这件事上来看，埋蛊之事确实是不真。②

第六，“用药杀树”。药者，指杀树药；杀树者，指用药搽抹树身使树枯死。心肠歹毒、心地不善良的人，看见他人育林木、栽果树，心存嫉妒，用药搽抹别人家的树木，使人家的树木全部枯死，这样做是不应该的。此一例，用药杀树的人，可以算是不行善

① 楚雄彝族自治州人民政府编：《彝族毕摩经典译注》第106卷，《太上感应篇》译注，朱琚元、钱丽云、张纯德编译，云南民族出版社 2012年版，第295页。

② 楚雄彝族自治州人民政府编：《彝族毕摩经典译注》。第106卷，《太上感应篇》译注，朱琚元、钱丽云、张纯德编译，云南民族出版社 2012年版，第297页。

的不良行为。用毒杀人、谋害他人性命的人，罪该绝嗣。现今有人说，下毒害人者也有安享富贵的人。天父母并不是要让他享受荣华富贵，而是将其子孙后代的福禄份额收拢在一起让他这一代一次性使用完，让他快速地无后绝嗣。若非如此，下毒者害人后窃喜自以为得计，天父母他们怎么还会帮他助他呢？用药毒人者是不会不绝嗣的，这是他注定的报应。古时候的下毒者，而今已不存。下毒药害人的人，遭到厌恶失掉威荣死去，自己给自己寻了一条绝路。所谓毒药，有些真的有毒，有些并非真的有毒，会冤枉了他人。是否有毒，须好好甄别清楚。生活世间的人，男子恋妇人，妇人思男子，实乃人之常情。欲望太过而死的人，肤黑龇牙，指甲、脚趾甲黑，会下毒会害人。故有常言说：相互存有误会者，要好好说清楚。为人之一世，喜食鱼肉者，应该捕食，不该下毒来捕捉。古人格言云：毒鱼鱼不倒，毒鱼虾蟹倒。毒鱼的毒药撒在河流里，毒药沿着河水流满一条河，不仅仅捕捉取得鱼，凡会游会动的虾蟹，成千上万被毒死漂浮满河面。因此，下毒药毒鱼的人，无人得善报，寿命不久长，子孙不聪慧，故此不应该有下毒药毒鱼的行为。①

第七，“春月燎猎”。春月燎猎的意思是，春季到，野兽怀胎，禽鸟孵蛋，昆虫蝼蚁也产卵，我们猎野兽、射禽鸟，放火烧田鼠，烧山烧箐焚烧山林，烧死成千上万昆虫蝼蚁，实在不应该。故而放火焚烧山林野地多的人，没有积下阴德，有子孙会患麻风病的说法。②

第六节　彝族文献中的伦理道德观

一、红河彝族行孝积德故事

红河彝族文献中行孝积德的故事有《彝族福禄神》和《贾相孝继母》。

《彝族福禄神》记述一位家贫如洗，打柴度日的穷小伙吉乐（汉意为“福禄”），

① 楚雄彝族自治州人民政府编：《彝族毕摩经典译注》第106卷，《太上感应篇》译注，朱琚元、钱丽云、张纯德编译，云南民族出版社2012年版，第301页。

② 楚雄彝族自治州人民政府编：《彝族毕摩经典译注》第106卷，《太上感应篇》译注，朱琚元、钱丽云、张纯德编译，云南民族出版社2012年版，第306页。

因一窝小鸟之缘深受母亲启蒙教育而加深对母亲的热爱。因无知向母亲询问别人都有爹，我为何没有爹之事，加剧了母亲痨疾突发而不省人事。孝子吉乐听说如果要救母，除了仙草外无法治愈娘病，于是他下定决心找仙草救母。一路上经历抢救落水小孩、背老妪涉河、伐木搭桥方便民众过河，深山老林救急老翁、独自登天岭而坠岩半死、被护灵芝仙鸟白鹤啄死在途中等考验，感动天神将他救活并派仙女同往救治，治愈了母亲痨疾，教会群众识药、用药和保健。吉乐深受民众欢迎，被拥戴为世人崇奉的福禄神。

《贾相孝继母》讲述金童投胎的贾相，三岁生母病逝成孤儿，继母程氏一手拉扯大，母子关系非同一般，继母生病，贾相割肉喂母不嫌痛。母病复发，素服观音托梦指药，暗示贾相到青龙山梧桐林中射孔雀，服孔雀胆并食肉病会好。贾相为救继母独自前往青龙山射鸟，正逢包公持天子圣旨四处捉拿贾相而遇险；贾相一为父母而孝；二为天子而忠；带鸟回家治愈治好继母病后，自觉投案献首级，感动包公不忍杀害，包公为保贤才而入地府探访，升天庭查寻，据实向宋仁宗禀奏贾相的一片孝心和忠心，并推荐给皇帝赐封官职，竖为人间孝子的楷模。这个故事反映了彝族忠孝仁义的传统道德观，也证明不是每个继母都不好。

这两个故事，用神话的形式教育后人要尊老爱幼、遵循孝道、仁慈待人、不畏艰险、勇于向前，好人终究会得到好报。如被尊称为福禄神的“吉乐”，先是普普通通的凡人、穷人，只因有高尚的品德和情操才被后人尊为神加以崇拜。贾相不管经受多少委屈，遇到多少坎坷，只因始终不渝孝敬继母，在生与死的考验中，转危为安，受到当朝皇帝的重用，使全家人又重新团聚，而且被尊为天下重孝道之楷模。①

二、红河彝族伦理道德经书

《红河彝族道德经》一书是通过教育，让社会成员在高度自觉的基础上自觉遵守社会公德。

彝族先民历来重视道德的教育，其教育贯穿于一切社会活动之中，要求社会成员热爱学习，热爱劳动，孝敬父母，尊重兄长，关爱幼小，家族和睦，团结邻里，说话和气，平等待人，严以律己，对人宽容，言行一致，不占不贪，不骗不诈，不欺不虐，不嫖不赌，不偷不摸，不抢不打，不霸不杀。如有违法，公众鄙视，舆论谴责，家族责罚。

彝族地区的道德教育分正面教育与反面启迪两种。一种为“感恩戴德”，是接受

① 楚雄彝族自治州人民政府编：《彝族毕摩经译注》第29卷，《红河彝族行孝积德故事》，普璋开译，云南民族出版社2012年版。

正面教育的内容。一种为“因果报应经”，是反面启迪的形式。天地神鬼合作，《红河彝族道德经》有以新平县城内诵堂主持闻道子为主的组成地府考察组，对地府一至十层地牢进行考察。围绕“善”“恶”二字展开，得出“人间分穷富，阴间分善恶”的结论。劝导世人在世时多行善道，切忌缺德作恶。地府阎王按天君旨意现场施刑，辨别“善”与“恶”。闻道子一行所到之处，有现场，有案例，有行善者受表彰优待，作恶者受刑罚、认罪伏法的种种场面，最后由闻道子以考察见闻编撰成《因果报应经》。通过有文化人向无文化的公众宣讲，达到受教育的目的。[①]

三、四川凉山彝族的《玛牧特依》（教育经典）

彝语之“玛牧特依”，“玛”有教育、教导、教诲之意；“牧”有聪慧、明智、贤能之意；“特依”即书、经典。其就是教人聪慧的书（经典）。该书是广泛流传于大小凉山的长篇训世箴言录，是记录和宣传彝族传统伦理道德规范的文本。主要讲述一位男性主人公从呱呱坠地、牙牙学语、天真烂漫的童年到血气方刚、风华正茂、人到中年、花甲之年，直至老态龙钟、寿终正寝的人生旅途的全过程。依据这条线按照各不同年龄段的生理特点和心理特征，指出应具备的“德”和应为的“行”，告诉人们适应社会和为人处世的道理。内容涉及伦理、哲理、心理、生理、宗教、历史、社会、民族、民俗以及教育、语言等诸多学科。语言通俗，思维敏锐，是古代彝族人民在长期的社会实践中哲学思想、伦理道德及自然知识和社会知识的概括和总结，也是古代彝族人民在其社会内部中人与人之间相互关系上和行为准则上规定性的法则。它反映出了彝族奴隶制社会时期的社会状况、意识形态、风俗习惯等面貌。[②]

四、台湾“中央研究院”傅斯年图书馆彝族文献藏本中，有关伦理道德教育的书

（一）《艾简审觉》（善恶有报）

主要内容：善恶分明果不同，善如金花永不谢；阳间贫富由天赐，阴间扬善又惩恶；知书达理循伦理，行善有功莫居功；剖肚割肝治母病，贪得无厌食苦果；人间伦理是根本，切莫欺人和骂人；不义之财不可取，不知羞耻被人弃，欺孤凌寡天不容；不讲礼仪如畜生，死后要变牛和马；儿孙行善祖慰藉，祖宗庇佑儿孙盛；行善世人尊，

① 楚雄彝族自治州人民政府:《彝族毕摩经典译注》第29卷,《红河彝族行孝积德故事》,普璋开翻译,云南民族出版社,2012年。

② 楚雄彝族自治州人民政府：《彝族毕摩经典译注》第84卷，《教育经典》，肖建华、周德才译，云南民族出版社，2011年。

心善阴君爱，伦理道德传万代，人人都要遵伦理。

（二）《孝顺父母》

主要内容：普天下的人，都要经历父身怀三月，母体孕十月，呱呱落地。出生后父母千辛万苦哺育，成人后还要为儿女操办婚事成家。头上发丝数得清，父母恩情说不完，因而做儿女的要孝敬父母，养老送终，报答父母养育之恩。并用长有四只脚的小羊羔前足跪下才吸母乳、长有双翼的小乌鸦长大后衔食来喂老乌鸦的事例，来教导人们要孝顺父母，赡养老人。否则，禽兽不如。

（三）《和睦乡里》

主要内容：三棵树木才算树林，三个石头才能支锅煮饭，三户人家以上才能称村寨。作为同村共寨的人，要相互尊重，相互帮扶，相互谅解；和睦相处，相亲相爱，富不嫌穷，穷不妒富，强不欺弱；男婚女嫁，有喜同庆，有难同当。

（四）《尊师重教》

主要内容：一日为师，终身为父，师如父母如天地。天下之人，无师者，无聪无慧，无知无识，一切聪明智慧来自师授。师者，教书育人，循循善诱。不论功名赫赫的高官，还是平民百姓，都要尊师重教，终生不能忘却师恩。师长赴阴归祖，逢清明节时，弟子应祭奠尊师，以此报恩。若不尊师者，还不如一条狗。其中还插叙了从前王胡丹虽考取了赫赫的功名，但从不尊师重教，且遇师视而不见，忘却师恩，最后一事无成之下场的故事。

（五）《无胡作非为》（不可作恶）

主要内容：普天下之人，切莫吃喝嫖赌，打架斗殴，聚众械斗，酗酒闹事，无理取闹，欺弱凌寡，欺男霸女，笑里藏刀，占为己有，偷鸡摸狗，偷牛盗马，拦路抢劫，为非作歹，杀人放火，否则没有什么好结果。

（六）《高柯观烟赌恨》（高柯观嗜赌下场）

主要内容：高柯观吃喝嫖赌没有好下场的经过。传说高柯观生长在富贵人家，但父母归祖后，他不务正业，终日吃喝嫖赌，妻儿劝他改邪归正当耳边风，最后倾家荡产，甚至赌输了自己的爱妻。爱妻绝望而在家中上吊自尽。娘家喊冤上告，官府派人查实，罚高柯观赌友赌徒买棺木办其妻的葬礼，把高柯观缉拿归案，先挖眼珠，剁指头，穿指心，后抽筋，刮鼻子，最后剜心脏，剥皮，一命呜呼。告诫天下人莫学莫行高柯观之行为。

（七）《裘拾善良人故事》

主要内容：传说裘拾从小善良诚实，勤劳聪明，尊老爱幼，助人为乐，不论远亲近邻，父老乡亲，只要求到他，宁愿放下手中的活计，乐意去帮人助人；只要有一口饭，半口给乞讨儿吃。虽终身未娶，无儿无女，但晚年因为邻居及父老乡亲照料，寿终正寝，后人为他立碑塑庙，视为楷模。

（八）《善人冲美孝母记》

主要内容：古时冲美十分贫穷，但善良厚道，对失明的母亲十分孝顺，时时问寒问暖，从不让失明的母亲受半点饥寒。失明的母亲去世，冲美撕心裂肺悲泣，不思茶饭守孝。冲美孝母之心深深感动了君王，封冲美为当地之官，辖民拥戴，去世归祖，当地百姓为其树碑立传。[①]

以上所引八部原件除第六部红河县乐育镇毕摩家有藏外，其余均为台湾研究院傅斯年图书馆独藏。

五、彝族族规、乡规民约中的伦理道德

如云南省巍山大仓区甸中乡有食村清代咸丰年间制定的村民行为规范；楚雄彝州彝族村寨多有乡规民约；贵州彝族也多有族规；昆明市寻甸县彝族高弄颇、阿自颇、普吉颇等立有祖姓祠堂碑，碑上都刻有族规；大理吊草彝村和武定万德彝族土司还立有戒赌碑。

以上族规、乡规都是正面教育，使伦理道德深入民间，对现今乡村文化建设能起到潜移默化的作用。它与当今的社会主义精神文明社会主义核心价值观是统一的。

六、彝族习惯法、格言、谚语（尔比）中的伦理道德[②]

个人的道德文明修养，是社会道德的基石，可以概括为以下几个方面。

（一）孝为先（尊敬老人）

彝族谚语说：“后生力气大，长辈知识多。”所以话听老人话，佳肴敬老人，长辈进室，站立迎候，敬烟酒；路遇老人要让路；婚嫁喜庆，让老人坐上方。尊重长者，信任长者，崇拜长者，孝顺父母。

---

① 费晓辉、龙倮贵：《红河地区彝文古籍文献研究》，中国商务出版社 2016 年版，第 173—178 页。

② 参考苏克明等著《凉山彝族道德研究》，四川大学出版社 1997 年版。

（二）善为本（重视人伦关系）

家庭是社会的细胞，家庭成员之间朝夕相处，休戚与共，是彝族伦理思想中人伦关系的核心。倡导父义、母慈、兄友、弟恭、子孝、夫爱、妇贤的伦理原则，是建立和谐家庭、文明家庭的基础。扩大到家支内部人与人之间的人伦关系上，父欠子债，娶妻成家；子欠父债，养老送终。尊老爱幼，互相帮助，抚弱济贫，良好风尚，因此过去彝族社会没有乞丐，出了乞丐是家支的耻辱。

（三）义为重（讲信义，诚为信）

彝谚语说："人无信用不能活，钱财是一阵子，朋友是一辈子。"以诚相结，相互守信，与人为善，诚实做人。狡猾奸诈、不诚实、不守信的被认为是不道德之人。

（四）和为贵（彝族聚居区常有其他民族杂居，彝族不排外，善待外族人）

重视名声、荣誉，重名而轻财。"人死留名，虎死留皮。""劳动之日当怕死，打仗之日当怕死，待客之日不吝啬。""贪食莫修荞，贪肉莫修鸡，贪色莫奸幼。"忠孝礼仪，"孝悌忠信，本礼义廉耻根"，此乃强国治家之本，孝敬父母，忠于国家，和睦乡邻，明辨是非曲直，堂堂正正做人。

（五）尊女性（尊重妇女）

特别是对幼女的保护，有"贪色莫奸幼"的格言，谁违犯将以重惩。哪怕是冤家械斗，也不能伤妇女，如果双方械斗，妇女去劝，两边要立即停止。

（六）语需美（语言文明）

"好口不说怪话"，在家里没有人会说丑话、脏话，在家里不能唱情歌、山歌，只能唱喜歌、古歌，说谚语，语言文明是家庭文明、社会文明的窗口。

（七）乐于助人

一家有事百人帮，一家有难百家挡。如修造房屋，婚丧嫁娶，农忙时节，人力物力上互予以帮助；特别是白事不请自到，不计报酬，主人最多供顿饭，不需付工钱的；若遇灾害，全村人都会主动送给生产生活用具，尽早使其恢复元气，对社会团结安定起了作用，因此彝族没有行乞的。

（八）礼待人（文明待客）

素有热情、好客之美誉，心地善良，为人友好，在彝族聚居区即使身无分文，也能出门行路，汉人待客先敬茶，彝人待客先敬酒。

七、红河哈尼族彝族自治州彝族文献中的伦理道德系列丛书

该套丛书有《伦理起源经》《艾简审觉》《孝顺父母》《教训子孙》《和睦乡里》《教为非作歹》《君王恩情》《颂父母恩情》《尊师重教》《鹦哥孝母记》《孔夫子训示篇》《父母恩情经》《善人冲美孝母记》《董永与七仙女》《善人求拾故事》等。有的伦理道德方面的知识散载于其他古籍中，如《饯行经》《孝子献夜宵经》《孝女献夜农经》《亲朋献夜宵经》《外甥女献晌午经》等丧葬祭祖经，被彝族历代先民视为家教、社教的启蒙读物。《伦理起源经》记载："在人世间里，美德有十种：能孝敬父母，能尊老爱幼，能听众人张言，能良言善语，能做公众事；不欺负老小，不偷摸抢劫，不杀人放火，行路要让道，来客要让座，美丑与善恶，一定要分；恶小也莫为，善小也莫轻。养成好习惯，美德代代传。"《尼苏史诗·造字著书》中记载得更明了，如贤德的十种：当君做臣的，这是第一德；会数会算的，这是第二德；孝敬父母的，这是第三德；宗族和睦的，这是第四德；已富济贫的，这是第五德；借赊别人的，这是第六德；人来起身的，这是第七德；起身让座的，这是第八德；不言丑话的，这是第九德；能说会道的，这是第十德。缺德则有十二：见君不下马，这是第一种；生儿不养父，这是第二种；育女不赡母，这是第三种；老来幼不起，这是第四种；打骂妇女的，这是第五种；遇见亲和戚，互不打招呼，这是第六种；说脏话丑话，这是第七种；遇见宗族人，互不问声好，这是第八种；手持尖刀，拿刀吓唬人，这是第九种；放毒害死人，这是第十种；偷人骗人的，这是第十一；谋财害命的，这是第十二。

善恶有报的例子如：今世修路搭桥者，来世可骑马坐轿；今世糟蹋五谷粮食者，来世可能是乞丐；今世哄人骗人者，来世可能是聋哑人；今世勤俭持家者，来世吃穿不愁；今世铺张浪费者，来世缺衣少服；今世施善积德者，来世贵人贤达；今世毁路拆桥者，来世瘸腿断脚；今世偷鸡摸狗者，来世短臂秃手；今世作恶者，来世没好下场……体现了因果报应思想和生死轮回观。

八、弘扬传统伦理道德必须与法治德治结合，物质文化与精神文化一同提升

俗话说："没有规矩，不成方圆。"无论一个人、一个家庭，还是一个社会、一个国家，人们在社会交往中必须共同遵守一个规则，社会才能有序地生产、生活。如没有交通规划，在城市无法正常出行，人类社会是复杂的，相互联系，相互影响。在物质文化、精神文化、制度文化都需有一定的制度约束，如：政治、经济、文化、思想、伦理道德、

宗教信仰、风俗习惯、民族交往、人际关系，需要有合法行政，合理行政，程序正当，高效便民，诚实守信，权责统一的依法行政，还要有调整人们行为的一种规范，即法和法律，各种法规。除了以法治国之外，坚持以依法治国与以德治国相结合，国家和社会治理需要法律和道德共同发挥作用，以法治体现道德观念，以德治提高道德滋养法治精神，相互支撑，相辅相成，相得益彰。

第七节　彝族哲学中所体现出的中国哲学的特性

哲学思想是一个民族的文化最重要的体现方式之一，也最能够反映出一个民族特征、性格。彝族先民在漫长的生产生活过程中，从最初独立发展的原始社会到之后逐渐与汉族社会有了一定的交往，其哲学思想的发展、变迁是彝汉文化相互交流、对话的最好见证。彝族哲学在与汉族哲学对话的过程中，既独立保持了自身的特质与精髓，又吸收了汉文化中一些思想特质，并将其与自身思想很好地融合，在保持自身哲学思想独立性与原创性的同时，又体现出以儒、释、道三家为主的狭义的中国哲学（汉族哲学）中的一些特质和品格。

彝族哲学中所体现出的中国哲学最典型的特质之一是天人合一的思想。天人合一思想是中国哲学最基本的观点之一，亦是中国哲学最具代表性的精髓之一，这一观点对中国少数民族哲学同样具有深远影响。

天人合一的思想起源于西周时代，但这一四字词语最初出现于宋张载《正蒙》篇中。天人合一这一命题中天共有三种含义：一指头顶上的天，即广大自然之天（宋代朱熹语：莽苍苍者）；二指最高主宰，天是人与万事万物的最高主宰；三指万事万物的最高原理（宋代朱熹语：理之所出者）。

按照上述含义理解，天人合一思想最初起源于西周周宣王时期，《诗经》有云：“天生庶民，有物有则。民之秉彝，好是懿德。”[①] 这是说事物的法则和人的好品性都是来源于天。可见这时已经有了“人的善性来源于上天”，即“天赋人善性”的观点。孟

① 《诗经·大雅·荡之什》。

子进一步发展了这一性天相通的思想，他借孔子之名赞扬此诗："孔子曰：'为此诗者其知道乎'。"①认为作此诗者是真正知晓"天赋人性"这一道理的人。孟子的性善论认为人性本善，其性善的外在体现为四心，其内在依据是"天"，因此通过四心就能够知晓自己的善性，通过知性就能够知天。所谓"恻隐之心，仁也；羞恶之心，义也；恭敬之心，礼也；是非之心，智也。仁义礼智，非由外铄我也，我固有之也，弗思耳矣"②。认为性的具体内容是"四心"：恻隐、羞恶、恭敬、是非。这不但"人皆有之"且人天生就有，只是人们没有努力向内寻找、觉察而已。四心之所以人皆有之且是天生的，就是因为四心是人的天性，而人性都是源于"天"的。孟子尽心知性知天的说法不但贯通性和天，也体现了其"反求诸己""内求于心"的内求的修养路程，成为中国传统哲学中"内圣外王"之"内圣"的典型代表，对后世影响极大。至汉代董仲舒提出"人副天数"，将人体五脏六腑与四季运行、年月四时进行了牵强的类比。认为"以天合之，天人一也"③，提出"天人感应"之说；又提出"道之大原出于天，天不变，道亦不变"④的观点，将封建社会中尊卑有别、长幼有序的等级秩序的合理性、合法性归结于天道。天人合一四字明确提出是在宋代张载的《正蒙》篇："儒者则因明致诚，因诚致明，故天人合一。"⑤用出现在《中庸》中的"诚"与"明"两个概念来解释天人合一："诚"包括两层含义，首先指"天道之诚"，即天是真实存在的，且天的运行具有一定的规律；其次指"人道之诚"，即圣人对于天道之"诚"的体悟与认识是"不勉而中，不思而得"的这样一种"从容中道"的状态和境界。"明"则是指对于圣人"从容中道"这一境界、状态的理解和认识，"诚"是最高的精神、德性修养，"明"是最高智慧。因此圣人的行为是合乎原则的，而这原则是来自天道运行的规律。在天人合一命题中，张载用一"诚"字囊括了天与人，又用"明"字使得天人沟通得以可能。至此天人合一命题被正式提出。之后，二程进一步完善这一命题，程颢提出"一天人"之说："天人本无二，不必言合……合天人已是为不知者引而致之，天人无间。"认为天人本就一体，不需言"合"，说二者合一时已经将天人主客二分了，已经间接证明天是外在于人的。但为了使不明白天人合一道理的人知晓、明白之，才不得已用"合"字。并进一步提出"心即是天"的观点取代天人合一，认为人心与天本无别，通过尽心而知性、通过知性而知天，进一步发展了孟子内求于心、尽性知天的观点。程颐则用"道"贯通天人，

① 《孟子·告子上》。
② 《孟子·告子上》。
③ 《春秋繁露·阴阳义》。
④ 《春秋繁露·举贤良对策》。
⑤ 《正蒙·乾称》。

认为天是道性亦是道：“道未始有天人之别，在天则为天道……在人则为人道。”至此，天人合一观点在中国哲学史中得以明确，此后，朱熹、王夫之、戴震等均对此观点有所发扬。

彝族文化作为中国传统文化的一个部分，除了有自身的特质之外，也有中国文化所共有的一些共性，其中，天人合一思想是最典型的体现。在原始社会中毕摩这一角色以及毕摩经典的出现，就体现出彝族先民追求天人合一的思想。而在彝族文化与汉族文化有了对话、交融之后，天人合一思想更是得到了进一步的体现。

首先，毕摩这一职业以及毕摩经典的出现，就是彝族哲学中原始天人合一思想最好的体现。毕摩的社会职能之一，也是其最基本、最原始的角色定位就是祭司，祭司的职责就是主持祭祀、沟通天人。彝族先民很早就意识到人与天有联系，有意识地想要与天进行沟通、交流。在彝族毕摩文化中，认为上天掌管着人类的生老病死，掌管着人类社会的运行发展。而人类想要与天对话，明白天道运行的规律，知晓上天的旨意，就要依靠毕摩来沟通天人。而这一职责最初由部落首领担任，可见彝族先民对于与天沟通、向天祈福、求祷一事的慎重，可见其对天的敬畏以及对天人关系的重视。天与人有联系，希望通过向天祈福、祷告而获得生产生活的顺利，这是彝族先民对天人关系最初的思考结论，也是天人合一思想在彝族哲学中最初的萌芽和体现。

其次，在宇宙生成论中，彝族哲学有一个独具特色的观点即宇宙孕生说，这一观点仅见于原始史诗《阿赫希尼摩》。相较于无生命的客观自然物“清浊二气”产生万物，书中记载希尼摩是万物之母，它是一个有生命、有思想和自由意志的存在，正是这样一个有生命的存在孕育了天地万物，天地日月星辰风光等宇宙万物全部装在作为万物之母的希尼摩巨大的肚腹中，待它生育万物之后，还要用乳汁哺育它们成长。这种由生命体孕育万物的宇宙生成论，将万物的起源归结于某一万物之母，与人类等哺乳动物的个体繁衍具有明显的相似性。由人类的繁衍来推断天地万物的起源，虽然这表现出极为明显的直观性与片面性，但也可以看出彝族先民以人观天的思维方式。这是另一种意义的天人合一。传统讲天人合一更多的是以人副天，人副天数，以天的运行为标准，人的行为方式必须遵循、效仿天的运行规律。而宇宙孕生说则相反，是以天副人，将人类孕育、诞生的方式作为参照，以此得出宇宙诞生、发展的规律与人同，是通过孕生的方式得以完成。这以天副人的思维方式在天人合一思想中极为罕见，也因此而显得颇具特色。宇宙孕生说是在彝族哲学甚至是中国哲学天人关系问题中十分值得进一步深入探索的命题。

再次，在人类诞生这一问题上，彝族哲学中的人类诞生与广大自然之“天”紧密相连，是天人合一观点的又一体现。彝族哲学中关于人类诞生有以下几个观点：一是神人创造了人类，但这一神人出自一潭绿水。这一观点与生命诞生于海洋的生命起源观颇为类似，彝族先民已敏锐注意到水源对于生命的重要意义。此外，人类的起源还有猴子、天上降下的一棵树等具象的事物以及抽象的气。其中气生说认为气是一种客观自然物，在气一分为二产生清浊二气之后，人与天地万物就随之产生了。在上述观念当中，绿水、猴子、桐树是自然界中客观、具体的存在物，而气虽为一抽象存在，根据文献分析也是一种具有客观、自然属性的存在。彝族哲学将人类的诞生归结为上述客观自然存在物，就天之“广大自然”这一含义来看，这些人类诞生说是在人与自然关系层面的天人合一。

最后，彝族哲学中还有一种观点认为宇宙以及天地万物、人类都是由气产生的。气是宇宙万物的本原，是构成万物最原始的物质基础。它由混沌状态分为清浊二气，清浊二气相互交感，就产生天地万物和人类。气作为宇宙万物的本原，从彝族文献中分析，它是具有客观自然属性的物质性存在。将天地万物人类的起源归结为一个客观存在物，是肯定人与广义的自然之间有密切的联系，因此在天之“广大自然”这一层含义中，“气论”可以被归纳为天人合一观点的具体体现。

综上所述，彝族哲学中所体现出的天人合一的观点在“天”的三层含义中更多表现为第一层含义，即“广大自然”之天与人的合一。其中既有较为多见、普遍的人副天数的逻辑进路，也有十分独特的天副人数的思维方式，但总体呈现出一种直观性的特征，理论上并未作过多解释和说明，对天人为何合一、怎样合一，并未做进一步的逻辑论证，也并未直接提出天人合一的命题，但从上述提到的哲学观中已经很明显地体现出彝族先民对于天人关系已经有意识地进行了思考，且在天人关系上更多体现出的是天人有联系、天人相合的思想。

第六章　彝族文献对中华文学的贡献

彝族文献中的经典文学，主要包括神话、古典史诗、民间传说、民间故事、民间长诗、文艺理论等。

神话，是民间散文体口头叙事文学一种最古老的体裁。它是古代人民对自然及文化现象的理解与想象的故事。按其所表现的内容，有关于天地开辟、人类起源的，有关于日月星辰、自然万物的，有关于洪水、人类再生的，还有关于工艺文化起源等。这些神话在远古人们幻想解释中多方面说明了天地宇宙、日月星辰、山川草木及人类、民族的由来，呈现远古人对天地万物的天真美丽富有趣味的艺术想象。

古典史诗，是中国少数民族诗歌的一大门类。一般分为创世史诗、英雄史诗、迁徙史诗三类。创世史诗以开天辟地、人类起源、万物创造、民族形成主要内容，与创世神话一脉相传。英雄史诗是对氏族祖先、部落首领和民族形成过程中的英雄祖先崇拜式的礼赞。它充满尚武精神和壮烈色彩。迁徙史诗则以民族迁徙为主要内容。

民间传说，是民间散文体口头叙事文学的一种古老体裁。它是由人物传说、史事传说、地方风物传说组成。人物传说，以人物为中心，叙述他们的事迹和遭遇，也表达人民大众的评价和愿望。故事主人公大都是可以稽考的历史人物，也有个别是无从查考的虚构人物，但人民大众往往将其作为历史人物看待。史事传说，是描写历史上各种重大事件的起因、发展、结局、影响等的故事。它们以口碑的形式生动地再现了各历史时期的社会生活，展示出人民群众对各历史事件的认识和评价，寄托人民群众的理想和愿望。地方风物传说，是叙述地方的山川湖海、名胜古迹、花鸟虫草、风俗习惯和乡土特产等的由来、命名的故事，往往赋予叙述的对象以富有意义的或富有情趣的说明、解释，表达了人民大众热爱乡土的情愫以及他们对生活的理想和信念。

民间故事，是民间散文体口头叙事文学的一种重要体裁。它有广义和狭义之分。广义的民间故事，指所有的散文体口头叙事文学，包括神话、民间传说和狭义的民间故事。狭义的民间故事，则不包括神话、民间传说的民间散文体口头叙事文学。狭义的民间故事，通常分为幻想故事（也称民间童话）、写实故事（又称生活故事）、民间笑话、民间寓言四个门类。幻想故事包含丰富的想象成分，充满浪漫色彩，以各种具有神奇本领的角色和曲折离奇的情节再现生活，表现人民大众的思想情感、理想愿望，展示人民大众的审美风尚、艺术情趣。写实故事，取材于现实生活而加以虚构，具有较强的现实性和真实感。从艺术形式来看，写实故事一般较为短小，情节简单，风格质朴。民间笑话，是诙谐逗趣、引人发笑的短小故事，可分为嘲讽笑话、劝诫笑话、谐趣笑话三类。民间寓言，是包含明显的教训意义的口头散文体故事，主要采取比拟的手法，用极其短小、生动形象的故事来说明某种经验、教训，阐述某种哲理，给人以启迪和教益，是人民群众的智慧、经验的结晶。此类故事大致可分为人事寓言、拟人寓言两大类。动物故事，以动物为主人公。故事里的动物常被拟人化。这类故事，有的借动物之间的纠葛表现某种社会现象、人与人的关系，有的着重解释动物的习性、特征，还有的寄寓着比较明显的教训意义。

民间长诗，是民间长篇诗歌。分抒情长诗和叙事长诗。抒情长诗偏重于主观感情的抒发。叙事长诗则叙述人世故事为主，以塑造人物为中心，即使带有抒情的色彩，也要借写人叙事来抒发情感。它具有密切联系现实、叙事完整、情节曲折、富有传奇性、故事性、戏剧性的特征。

第一节　神　话

神话，是民间口头叙事文学的一种古老体裁。它是用叙事语言和象征手法，借助想象和幻想把自然力和客观世界拟人化的故事，是古代人民对自然现象和社会生活的一种天真的解释与美丽的向往。它充满丰富的想象和神奇的幻想，富有积极的浪漫主义精神，具有高度的审美价值。

神话是古代人民在改造自然的斗争中形成的。在久远的古代，各民族都创作了自己的神话。神话的产生是必然的，是世界文学史上的一种规律性的现象。它是各种样式叙事文学的源头。

彝族神话源远流长。彝族先民从有生命的那一天起就与自然进行艰苦卓绝的斗争，他们积极地寻求着战胜自然的方法，表现出强烈的征服自然、改造自然的愿望和决心。当时生产力低下，人还不能控制自然，不能科学地解释一切自然现象。在这种情况之下，人们就按自己的认识、理解和要求，不自觉地把自然界和社会生活加以形象化、人格化而形成想象丰富、幻想奇特的民间故事，于是便产生了神话。高尔基在《苏联的文学》中指出："一般来讲，神话乃是自然现象，与自然斗争以及社会生活在广大艺术概括中的反映。"同时，人们也按照自己的形象创造了神，并把人类的集体力量夸大、理想化、英雄化以至于神话。

彝族神话丰富多彩，主要可分为六大类别，即创世神话、人类起源神话、洪水神话、文化起源神话、文化英雄神话、古典神话。限于篇幅，本节只能介绍其中六大类别神话中有代表性的作品。

一、创世神话

创世神话，即宇宙起源神话，亦即民间所谓开天辟地的传说，是彝族六大类神话中最重要的类别。具有代表性的作品是《开天辟地》《阿录茵造天地》《兄妹造天地》《黑埃波罗赛造天地》等。

《开天辟地》讲：

很久以前，格兹天神从天上放下九个金果变成九个儿子，让其中的五个去造天；又放下七个银果变成七个姑娘，让其中的四个去造地。造天的儿子没衣穿，用彩云做衣裳，以露水当口粮；造地的姑娘没衣穿，用青苔做衣裳，以泥巴当食粮。造天地没有模子，就用伞做造天的模子，蜘蛛网做天的底子；用轿做造地的模子，蕨菜根做地的底子。造天的儿子们好吃懒做，造地的姑娘们勤勤恳恳。结果，天地造出来了，天造的小，地则造得过大，天盖不住地。格兹天神让阿夫来解决这个难题。阿夫便叫三个儿子抓住天边往下拉，把天拉得又大又凹。阿夫又放下三对麻蛇，围着地箍拢来，放下三对蚂蚁去咬地边，放三对野猪、三对大象去拱地，把地拱出了高底深沟，有了高山、坝子，有了大海、河流。天拉大了，地缩小了，这样天地才相合起来。天地造好以后，格兹天神用打雷试天，用地震试地。试的结果，天裂了缝，地通了洞。格兹天神叫造天的五个儿子用松毛做针，蜘蛛网做线，云彩做补丁，把天补起来。又叫他的四个姑娘用老虎草做针，酸绞藤做线，地公叶子做补丁，把地补好。天地补好了，但新开的天地总是摇摇晃晃的。为了让天不垮，地不塌，格兹天神又叫造地的姑娘捉公鱼来支地角，捉母鱼来撑地边，鱼不眨眼睛，地才稳了起来；叫造天的儿子捉来老虎，用虎的脊梁骨撑住天心，四肢撑住天，天才不摇摆了。天地造稳实了，可格兹天神觉得人世间太寂寞，便取下虎头做天头，虎尾做地尾，虎鼻做天鼻，虎耳做天耳，虎的左眼做太阳，右眼做月亮，虎须做阳光，虎牙做星星，从此地上有了光明。格兹天神又取虎油做云彩，虎气做雾气，虎心做天心地胆，虎肚做大海，虎血做海水，大肠做大江，小肠变成河，排骨做道路，细毛变成秧苗，骨髓变成金子，小骨头变成银子，虎肺变成铜，虎胆变成铁，脾脏变成锡，腰子做磨石，大虱子变成老水牛，小虱子变成黑猪黑羊，虱子蛋变成绵羊，头皮变成雀鸟，……从此世上才有了万事万物。

此神话不仅在民间口头流传，且著名创世史诗《梅葛》的《创世》部分中亦有记载。

《阿录茵造天地》讲述：

远古时候，天地一片混沌。有个长生不老的阿罗，叫他五个力大无比的儿子造天，天造好后，他又叫姑娘阿录茵造地。阿录茵勤劳地造地，造出的地比天大，天地合不拢。阿录茵将地打上一些皱，变成了地上的高山和深谷，天地合拢了。天地有了，可是天上没有日月，地上没有草木江河。阿罗叫五个儿子取下自己的眼睛去做日月，五个儿子都不愿意。阿录茵自告奋勇，取下自己的左眼做太阳，取下右眼做月亮，然后又分解自己的肢体，做成了大地上的草木和江河。从此，天上有了日月，地上有了草木和江河。

《勒俄特依·天地变化史》叙述：

远古的时候，上面没有天，有天不结星；下面没有地，有地不生草；中间无云过，四周未形成，地面不刮风；起云不成云，散又散不了，说黑又不黑，说亮又不亮之时：天的四方黑沉沉，地的四角阴森森。天地还未分明时，洪水还未消退时。一日反面变，变化极反常，一日正面变，变化似正常。混沌演出水是一，浑水满盈盈是二，水色变金黄是三，星光闪闪亮是四，亮中偶发声是五，发声后一段是六，停顿后又变是七，变化来势猛是八，下方全毁灭是九，万物全殒尽是十。此为天地变化史。

二、人类起源神话

人类起源神话，是人类最初来源的神话。它解释和说明人类的诞生、民族的由来。彝族这类神话重要作品有《人的传说》《葫芦里出来的人》《虎氏族》《人祖的由来》《人类始祖的传说》等。

《人的传说》讲：

很古时候，大地上无人类，一片死气沉沉。为使大地充满生机，母兹莫（天神）和咪兹莫（地神）决定派群兽去变成人。于是，咪兹莫召集群兽，指派麂子、山羊、老熊、豹子等去变成人，但这些兽类都不愿意，而猴子自告奋勇愿去变成人。这样，猴子们吞食了咪兹莫赐予的仙丹就变成了人群，只是眼睛生成竖的，心肠毒辣，时常你吃我，我吃你，相互残害。母兹莫得知大怒，要咪兹莫收回竖眼人，要重换人种。咪兹莫叫野牛、喜鹊去变成人。野牛和喜鹊都不愿意去变成人。后来，母兹莫和咪兹莫在竖眼人中发现了一对好心的兄妹。咪兹莫就摇身变成一位白发苍苍的老人，来到兄妹面前，指点他们度过洪灾的方法。洪水淹没大地，一代竖眼人都淹死了，唯有兄妹俩按老人的指点，躲藏在木槽里，随洪水漂流，幸存下来。为了繁衍人类，兄妹俩经过滚磨盘、簸箕“验证”后，结成为夫妻。可是，妹妹生下的不是小孩而是一大块肉团。兄妹俩急得大哭起来，哭得天昏地暗。忽然东、西、南、北刮了一阵大风，肉团被吹散变成一群人，都长着横眼。从此，大地上的人种变了，竖眼人变成横眼人了；人心也变了，变成人爱人了。

《葫芦里出来的人》讲述：

蚂蚱直眼时代的人，良心不好。那时有哥弟三人，老大、老二良心不好，只有老三是个善良人。天神查访人间的好人，变成一个白胡子老人，拄着拐杖，一家家试探。最后白胡子老人查访了老三，发现他是个好心人。于是将要发大洪水的事告诉了他，并给了他一颗葫芦种，要他躲在葫芦里避难。老三按白胡子老人的吩咐，种下了葫芦籽，得了一个大葫芦。发大洪水淹天时，老三躲在大葫芦里避过了灾难。天神又打发他的三女儿到人世间，与老三结为夫妻。不久，三仙女怀孕生下个大肉口袋。老三依照天神的指点，剖开肉口袋，把肉团砍成几百几千块，丢向四面八方。有的肉块丢在柳树上，落地就变成一家人，这家人就姓柳；有的丢在树叶上，落地变成一家人，这家人就姓叶；有的落在桃树上，这家人就姓陶；有的落在花枝上，从此就姓花：还有一大块肉丢在竹子上，落地就变成四个男娃娃、四个女娃娃。老三把他们带回家里，但他们都不会说话。老三又按照天神的吩咐，砍了一棵金竹，架个大火，把四对哑娃娃叫到火旁烤火。火烧得正旺，竹子“嘣，嘣!”炸开，火星落在大儿子、大姑娘身上。两人发出“啊呀呀”的叫声，他俩变成了汉族；火星落在二儿子、二姑娘身上，他们发出“啊乍乍”的叫唤声，成为彝族；火星落在三儿子、三姑娘身上，他们发出“啊背背”的叫喊声，成为纳西族；火星落在四儿子、四姑娘身上，他们发出“啊哟哟”的呼唤声，变成了苗族。苗家、彝家、纳西、汉家，都是葫芦里出来的人。

三、洪水、人类再生神话

洪水神话，是世界性神话。它是关于洪水暴发人类在洪水中毁灭，一对有血缘关系的男女（通常是兄妹），在天神指示的避水工具中躲过洪水灾难，幸存下来，血缘婚配再生了人类的传说。与世界古老民族的洪水神话一样，彝族洪水、人类再生神话众多，具有代表性的作品有《洪水淹天》《洪水滔天》《阿霹刹、洪水和人类的祖先》《三族起源》等。

《阿霹刹、洪水和人的祖先》讲述：

古时候，有一家三兄弟和一个妹妹，他们开荒种地，头天犁过的地，次日又被复原。他们认定是有人存心捣鬼，就半夜手持棍棒看守地。果然，夜里一老头子用拐杖将他们犁过的地复原回去了。大哥、二哥看见这情形，便要打老头，三弟却主张不打老人。老头子告诉三兄弟，他是雷神阿霹刹，并告诉他们世上要发大水了，还给他们三只箱子：一只金箱、一只银箱、一只木箱。叫他们待大水来时，各自躲进箱子里，还要带一个妹妹。大哥、二哥贪心，分别要了金箱、银箱，三弟和妹妹要了木箱。老头子又一人给了一个鸡蛋，叫他们挟在胳肢窝里，听见小鸡叫时，揭开箱子盖。当他们躲进箱子，盖上盖子时，洪水暴发了。过了七天七夜，大哥和二哥听见小鸡叫，便揭开盖子。洪水灌了进去，金箱、银箱沉下水底，他俩被淹死了。三弟和小妹躲在木箱里，漂浮在水面上。后来漂到一座山顶上。山顶上生着一丛野毛竹和几株青冈树。兄妹俩便攀着野毛竹和青冈树，带着小鸡，在那里住了下来。这时，洪水退了，三弟和小妹就对野毛竹和青冈树说："多谢你们搭救了我们兄妹两个，我们世世代代把你们当神主来供。"洪水淹死了人类，灭绝了谷物种子，兄妹俩活不下去了。正在这时候，阿霹刹又来到他们面前，给了他们各种作物种子和牲畜种。为了传人种，三弟只好向妹妹求婚。可是妹妹不答应，说："问问老天爷的意见吧！"于是，妹妹拿起根针，三弟拿起股线，对天说："如果世上还有旁的男人女人，线就不要穿针眼，要是穿针眼，我们兄妹便成亲了。"他们将针和线向天抛去，结果，线穿了针眼。接着，兄妹俩又各持一扇磨盘，从两座山头滚下磨盘，磨盘又滚合到了一起。这样，兄妹便成了亲。过了三年，妹妹怀孕了，生下一大团血肉。他们认为这是老天爷不愿让他们兄妹成亲，便把血肉团剁成块，挂在树上。几天过去，那挂在树上的肉块变成了一群青年男子和女子，成双成对，有说有笑，在树上吃果子。从此，世上的人就一天接一天繁衍，一天比一天多起来。

《洪水淹天》讲述：

相传古时候人类曾经历了三个时代：第一个时代叫拉爹时代，人只有一只眼睛，长在脑门儿上，故又称独眼人时代。这代人不会用火，不会种粮食，不会穿衣裳，也没有房子住，人同野兽住在一起，虎吃人，人也吃虎。后来在天神的指点和帮助下，学会了用火，种出了粮食。但此代人心不好，不讲道理，儿子认不出爹，姑娘不认妈，老少分不清；马乱踢人，牛乱顶人，鸡也乱啄人。因此，天神认为这代人心不好，于是就天大旱，把独眼人都晒死了。重新换了一代人，叫拉拖时代，人的眼睛是直的，所以又叫直眼人时代。这代人妹妹配哥哥，一个配一个，经常吵嘴打架，各吃各的饭，不管爹妈，不管亲友，老人死了丢在山沟里。天神认为"树多了不砍看不见青天，草多了不割看不见道路，不讲道理的人不换掉看不见纯朴和善良"。于是就决定"洪水淹天"淹死了直眼人，只留下好心人阿卜笃慕（也译为阿朴多莫、阿朴独姆、阿普都木、阿普笃慕）兄妹，让他们躲进葫芦里度过洪水之灾然后婚配繁衍子孙，成为横眼人，人类进入了拉文时代。

四、文化起源神话

文化起源神话，是关于人类最初用火、弓箭、文字、医药、衣服、住房等发明与使用的神话故事。

彝族的文化起源神话，最主要是讲述文字的发明和使用及医药的神话。代表作品有《彝族文字由来的传说》《彝文的起源》《尼施传彝文》《彝文的传说》《红皮箱》《天书和回层肚》《找药的故事》《药王呐取日麻》等。

《尼施传彝文》讲述：

哀牢山区的彝族原先没有文字，记事靠刻木结绳。天神为人们焦愁不安，便派一个管文字的仙女下凡人间给彝家传授文字。仙女在哀牢山顶上种了一棵金花、一棵银花，金花开了三千朵，银花开了三千朵。这时候，仙女与一个青年猎人结为夫妻。不久，他们有了一个儿子，取名叫尼施。尼施聪明伶俐，生来就爱画画。他画花草鸟兽，画什么像什么，可就是画不像金花银花。他阿妈告诉他：金花三千朵，是三千个字，银花三千朵，是三千个字，要把金花银花摘下来，照着描画才描画得像。尼施照着做了，描画出的字像金花银花一样美丽。传说这就是最早的彝文。后来，尼施遵照阿妈的嘱咐，把彝文传遍哀牢山彝家山寨。

《红皮箱》讲述：

相传很早以前，彝族没有文字，人们用刻木结绳记事，多么希望有自己的文字。那时，西南角的连天山上，住着一个石洞仙翁。一天，他化作道士到人间巡游，见一对年轻猎人夫妇在竹片上刻木格，一问才知道是在记事。仙翁对猎人夫妇说：如果你们勇敢不怕吃苦，找来那只红皮箱就有文字了。猎人苞葸夫妇表示一定战胜千难万苦，找来那只红皮箱。这样，在仙翁的指点下，他们战胜了毒蛇猛兽，历尽千辛万苦，在菁云山取到了天神放置的红皮箱，又到异石山山洞里取到了打开箱子的钥匙，打开了红皮箱，取出了箱里的书。仙翁又教他们识字。猎人苞葸夫妇学会字后，仙翁叫他们教给彝族人民。猎人苞葸夫妇记住了仙翁的话，把文字传给了彝胞。从此，彝族有了自己的文字。

五、文化英雄神话

文化英雄神话，是关于文化英雄的业绩的神话。彝族这类神话，最主要文化英雄支格阿龙的神话。它已形成系列神话故事。整组系列神话由“认妈妈”“寻找天界”“射太阳月亮”“降雷”“平整大地”“驯动物”“降马”“收妖婆”“治巨蟒”“打蛇打蛙和打蚂蚁”“丈量天地”“遇难”等组成，每个故事都可以独立成篇。在云南楚雄彝族地区，不仅有散文体的有关英雄支格阿龙（亦称创造万物的巨人尼支呷洛、支呷阿鲁、阿鲁举热，滇、川叫法略异）的故事流传，而且有长篇韵文一体（《阿鲁举热》）流传。其中，《认妈妈》叙述在远古的时候，有只岩鹰从空中飞过，滴了一滴血在一个姑娘身上。这姑娘便怀孕生下一个儿子，可儿子不吃她的奶，她认为是一怪物，将他丢弃在山沟里，和蛇生活在一起。因蛇从龙，所以人们便叫他“支格阿龙”。后来，支格阿龙得到公鸡送的宝瓶的帮助，他妈才把他认为儿子。

另一个传说细节略有差异，说是老鹰的影子在姑娘的身上罩了三罩，老鹰身上的水，一滴滴在姑娘的罗锅帽上，一滴滴在姑娘的披毡上，一滴滴在姑娘的百褶裙上。姑娘怀孕以后，在属龙的那天生下了儿子，生下来后放到树上由老鹰哺育，因此取名“阿鲁举热”。彝语“鲁”为“龙”，“举”为“鹰”，“热”是儿子，意即“老鹰的儿子阿龙”。支格阿龙诞生后，生长神速，他一岁去放猪，两岁去放羊，三岁离家远行，四岁去寻找天涯地角。支格阿龙长大以后，几经周折，最后找到了妈妈，但妈妈不相信。要他找回三四拃长的人头发来，才能认他为儿子。支格阿龙在找头发的过程中，救了一只鹅，鹅因此感激，送给他一个宝瓶。支格阿龙凭借宝瓶的神力找到了三四拃长的人头发，妈妈才认是自己的儿子。其余故事叙述支格阿龙治妖婆、驯动物、降野马、打杀蚊子、青蛙（一说大石蚌、巨蟒）、射太阳和月亮、降雷公、丈量天地等英雄业绩。

六、古典神话

所谓古典神话，是从口头形态向书面形态过渡的神话。

彝族古典神话，有母语书面形态和汉语书面形态神话。母语书面形态的神话，主要记载于彝族创世史诗《查母》《勒俄特依》《天地祖先歌》等中和其他彝文典籍《西南彝志》《彝族源流》《训书》《宇宙人文论》《古史通鉴》等中。这里评述汉语书面形态的神话于下：

（一）《竹王神话》

《竹王神话》曾为古夜郎人所传承，最早记载竹王神话的是晋朝常璩《华阳国志》，南朝范晔《后汉书》转载。《华阳国志·南中志》云：

> 有竹王者，兴于遁水。先是，有一女子浣于水滨。有三节大竹流入女子足间，推之不肯去，闻有儿声。取持归，破之，得一男儿。长养，有才武，遂雄夷濮。氏以竹为姓，捐所破竹于野，成竹林，今竹王祠竹林是也。

《后汉书 · 南蛮西南夷列传》所引略异：

夜郎者，初有女子浣于遁水，有三节大竹流入足间，闻其中有号声，剖竹视之，得一男儿，归而养之。及长，有才武，自立为夜郎侯，以竹为姓。

可见竹王故事本为古夜郎人的族源神话。夜郎是战国时期出现在中国西南地区黔西滇东的古老部落国家，西汉末年成帝时亡国。类似竹王神话的传说至今仍在滇、黔、桂彝族中间广泛流传。

据我们了解，古老的《竹王神话》，在滇、黔其他民族中亦有流布，我们推测，这可能是各民族间文化的相互交流融合，也可能是包括彝族先民在内的古代多民族先民共同创作的民间神话。

（二）《九隆神话》

《九隆神话》最早记载九龙神话的可能是东汉杨终的《哀牢传》。西汉初年，哀牢部落统治的中心地区在今滇西澜沧江流域的中游，是滇西最古老的土著居民。东汉人杨终根据哀牢贵族的自述，撰写了《哀牢传》，记载了古哀牢人的九龙族源神话。《哀牢传》已佚，其主要内容保存在东汉应劭《风俗通义》中，并为《后汉书 · 南蛮西南夷列传》《华阳国志 · 南中志》转载。《后汉书》云：

哀牢夷者，其先有妇人名沙壹，居于牢山。尝捕鱼水中，触沈木若有感。因怀妊。十月，产子男十人。后沈木化为龙，出水上。沙壹忽闻龙语曰："若为我生子，今悉何在？"九子见龙惊走，独小子不能去，背龙而坐，龙因舐之。其母鸟语，谓背为九，谓坐为隆，因名字曰九隆。及后长大，诸兄以九隆能为父所舐而黠，遂共推以为王。后牢山下有一夫一妇，复生十女子，九隆兄弟皆娶以为妻，后渐相滋长。种人皆刻画其身，象龙文，衣皆著尾。九隆死，世世相继。

《华阳国志》的记载略有差异，沙壹作沙壶，九隆作元隆。

九隆的故事是西南夷民族信仰的神话，故三国蜀汉诸葛亮平南中后曾"为夷作图谱，先画天地、日月、君长、城府，次画神龙，龙生夷及牛、马、羊，以赐夷。夷甚重之。"又："南中昆明祖之（哀牢），故诸葛亮为其国谱（即图谱）也。"（《华阳国志 · 南中志》）孔明所画"神龙生夷"，依据的就是九龙故事，以示对少数民族信仰的尊重，故"夷甚重之"。

九隆神话长期在西南夷区流传，唐代南诏国建国后，即将改编过的九隆故事作为南诏开国神话，南诏蒙氏首领"自言本永昌沙壶之源也"（唐代樊绰《蛮书》卷三）。此后元代张道宗《记古滇说》、元代佚名《白古通记》、明代倪辂《南诏野史》均以九隆故事为南诏开国神话。

值得注意的是，南诏建国，将《九隆神话》作为开国神话后，其流布范围更加扩大，影响也更深远，不仅在彝族地区广为传布，在云南白、傣、布朗等民族中亦有传布，并产生了深远影响，经久不衰，已成为云南多民族共有的精神财富。

（三）《金马碧鸡神话》

《金马碧鸡神话》，是彝族古典神话记载于汉文史籍中较早的神话之一。西汉时，《金马碧鸡神话》在大姚、会理一带彝族人民中广为流传，记载于《后汉书·郡国志》《水经注》《华阳国志》《蜀中广记》等史籍中。概括诸史籍记述为：禺同山（今楚雄彝族自治州大姚县一带）上，很早就有人见到过金马、碧鸡了。金马，是一匹浑身金灿灿、黄澄澄的神马，有日行千里的脚力，能飞善走。碧鸡，是一只羽毛白生生、亮闪闪的神鸡。它们那斑斓的色彩，秀丽的身影，不时闪现在人们的眼前。可惜的是，它们时隐时现，一晃眼就不见了。禺同山下，有一条银带般的河水，叫蜻蛉河，向北流入金沙江。金马、碧鸡时常出没在秀丽的蜻蛉河两岸。老百姓就常把自己的马赶到山下放牧，与这匹神马相配，能生下千里小骏马。禺同山下，而今还有金马的足迹。那蹄印，历历可数，十分清晰。可惜后来，金马死于金沙江中了。为了纪念这匹神奇的金马，人们在四川江原亭，砌了一座金马坟；在会理，建造了天马祠。司马彪《续汉书·郡国志》载："青（蜻）蛉有禺同山，俗谓金马碧鸡。其源始于宣帝时，方士言益州有金马碧鸡之神。"西晋著名文学家左思《蜀都赋》里有"金马骋光而绝影，碧鸡倏忽而曜仪"的名句。孙髯翁的著名长联（昆明大观楼长联）有"东骧神骏，西煮灵仪"的千古名句。《金马碧鸡神话》历久不衰，至今仍在川、滇大小凉山，金沙江两岸以及楚雄、昆明、玉溪、曲靖、大理等地区的彝族人民中广为流传。

七、神话特点——崇高、凝重的壮美之感

彝族神话在叙述天地创造的过程中，塑造出了格兹天神、恩体谷子（也写作恩体古兹）、阿底、黑埃波罗赛、阿录英等一批创世英雄神和神性英雄。在《开天辟地》中塑造了创世英雄神格兹天神的形象。格兹天神从天上放下九个金果变成九个儿子，让其中的五个儿子造天；接着，他又放下七个银果变成七个姑娘，让其中的四个去造地。天地造出后，天地是摇摇晃晃的。格兹天神杀死老虎，用虎骨撑天，用虎的左眼做太阳，右眼做月亮，虎心做天心地胆，虎肚变成大海，虎血变成海水，小肠变成河，虎皮做大地，硬毛成森林。

恩体谷子派儒惹古达、署惹尔达、避惹低尼、阿俄署布四仙子开辟天地。阿底天神见天没有安稳，拿四根金柱子、四根银柱子、四根铜柱子、四根铁柱子，竖在东、南、

西、北四方抵天，“把天抵得高高的”，再用四包金宝、四包银宝、四包铜宝、四包铁宝压在天的四方，把天压稳了。

《阿录茵造天地》，是一篇创世造物与化生型神话结合于一体的作品。作品主人公阿录茵是一位女性神性英雄。她造出天地以后，取下自己的左眼做太阳，取下右眼做月亮，身躯化生草木、江河万物。这个创世女巨人，是一个抟土造人的始祖女娲式的人物，也是以她巨人的身躯化生天地万物的盘古式的人物。

文化英雄支格阿龙，射日射月，治雷公，丈量天地，惩治了巨蛇、巨蛤蟆，收妖婆，驯动物，为民除害，让民众安居乐业。

以上这些创世英雄神、神性英雄、文化英雄，受到彝族人民大众的顶礼膜拜。

彝族创世神话中这种“大”与“力”的结合，极富崇高、凝重的壮美。正是这种崇高、凝重的壮美之感，使神话具有不朽的魅力，从久远的远古时代，一直在民间一代又一代地传承，历久不衰。

第二节　古典史诗

古典史诗，是中国少数民族诗歌的一大门类。古典史诗，一般分为创世史诗、英雄史诗、迁徙史诗三类。

毕摩经典古典史诗，包括创世史诗和英雄史诗。

一、创世史诗

创世史诗，又称神话史诗、原始性史诗，是一种结构庞大、气势磅礴、富有综合性特征的民间长篇叙事诗。它产生于人类社会发展的特定历史时期，即人类生产水平和认识水平十分低下的原始社会末期，是一种特定的历史范畴的文学现象。它以幻想的形式，丰富奇特的想象，叙述了原始人类对宇宙开辟、人类起源、万物创造、民族形成、民族迁徙等的认识和解释，与创世神话一脉相传，充满了瑰丽的想象。一部大型创世史诗，它往往跨越时间和空间，在长期传承过程中，融进大量的英雄神话、英雄传说、民间故事、民间歌谣和民间谚语等，是一个民族历史、政治、经济、文化和生产生活知识以及宗教信仰、风俗习尚等的一种特殊的总汇。所以一个民族的创世史诗，常被认为是这一民族的百科全书，也被学术界称为“史前的史诗”、民族的“形象历史”。

彝族是中国西南少数民族中创世史最为发达的民族之一，已形成繁盛的创世史诗群。最著名的作品有《查姆》《梅葛》《阿细的先基》《天地祖先歌》《勒俄特依》《阿黑西尼摩》《尼苏夺节》《尼迷诗》等。这些气势磅礴、雄浑壮丽的创世史诗，对营造寰宇及人类生存空间之难、人类历劫之险，进行了动人心弦的生动而形象的描述。下面介绍几部具有代表性的创世史诗。

（一）《查姆》

《查姆》流传于楚雄彝族自治州双柏县，玉溪市新平、峨山、元江及红河哈尼族彝族自治州红河、石屏、弥勒等县市彝族地区。以口头形式流传，也以彝文手抄形式传布。“查姆”，彝语音译，意译为“万物的起源”。彝族把记述天地间一件事物的起源叫作一个“查”。据说，这部史诗共有120多个“查”，全书名为《吾查》，已搜集整理出版的只有11个“查”，3500余行，分为上、下两部。上部名为《吾查》，包括序诗、天地的起源、独眼睛时代、直眼睛时代、横眼睛时代4章，主要叙述天地、日月、人类、风雨、种子、树木等万事万物的起源。史诗创造了大量神奇的神和神性英雄形象，诸如涅依撒萨歇、涅依倮佐颇、涅滨矮、罗阿玛、罗塔纪等。史诗生动地叙述了彝族先民对天地、日月、星辰、山川河流等各种自然现象及物种起源所作的天真烂漫的解释。下部《买查》，分为6章，主要叙述万物的起源，包括天文地理、占卜历算、文学、诗歌、麻和棉、绸和缎、金银铜铁锡、纸和笔、书、长生不老药等。

（二）《梅葛》

《梅葛》流传于楚雄彝族自治州大姚、姚安、永仁等地彝族地区。“梅葛”，彝语音译，是姚安、大姚一带彝族中最流行的一种主要民间曲调“梅葛调”的调名。因史诗是用“梅葛调”来演唱，故定名《梅葛》。全诗长5770多行，分为创世、造物、婚事和恋歌、丧葬四大部分，每部分又由许多小篇章组成，每个小篇章既是全诗不可分割的组成部分，又可以独立成章。史诗虽然没有一个完整的贯穿始终的故事，但内容十分丰富，生动形象地反映了彝族人民从原始社会到奴隶社会和封建社会各个不同历史时期的社会生活，叙述彝族先民开天辟地、创造万物、人类起源，展现出古代彝族先民的恋爱、婚事、丧葬、怀亲等奇异的习俗风尚。创世部分，与其他开天辟地神话有着较大的差异。彝族先民按着自己的形象塑造了一个格兹天神。他叫自己的5个儿子造天，4个姑娘造地。天地是由神创造的。神话色彩很浓厚，反映了原始先民与大自然的艰苦卓绝的斗争。造物部分，神话的色彩已经大大减弱，分为盖房子、狩猎和畜牧、农事、造工具、盐、蚕丝等六章，比较真实生动地表现了彝族先民古代的劳动斗争生活。《梅葛》属民间口头流传，无文字记载。在长期流传过程中，由人民群众不断地补充、加工、修改、润色，内容更加丰富完整，艺术上更加精美，是一部文采斐然的古代彝族社会生活的百科全书。

（三）《阿细的先基》

《阿细的先基》流传于红河哈尼族彝族自治州弥勒市西山一带彝族支系阿细人聚居区。“先基”是阿细人一种民间曲调“先基调”的名称，是阿细语音译，即“歌”的意思。《阿细的先基》是阿细人用“先基调”传唱的创世史诗。但用“先基调”演唱史诗，有特定的内容，并非凡是“先基调”演唱的民歌都可归入《阿细的先基》。该诗早在 1943 年就由光未然搜集整理成两个部分，第一部分为序诗、创世记、开荒记、洪水记；第二部分为谈情记、成家记。由当时昆明北门书屋以《阿细的先鸡》为书名出版，李公朴先生发行。中华人民共和国成立后修订重版时，改名为《阿细人的歌》。1953 年袁家骅根据 1945 年用国际音标记录整理的《阿细民歌及其语言》出版，分为序诗、开天辟地、垦荒、洪水、求家、成家和悲歌 7 部分。1958 年又由云南省民族民间文学红河调查队搜集整理出版《阿细的先基》，全诗约 5500 多行，由引子、最古的时候、男女说合成一家和尾声 4 部分组成。以最古的时候和男女说合成一家两部分为主体，生动具体地记叙了天地、万物、人类的起源及其各种现象的成因，并记录了阿细人恋爱婚姻的独特习俗和奇异的见解，较广阔地反映了阿细人民从原始社会到阶级社会这一漫长历史阶段的社会生活。

（四）《天地祖先歌》

《天地祖先歌》主要流传于贵州省七星关区彝族聚居区。该诗记载于彝文古籍中。根据贵州彝族阿侯家家藏资料翻译整理而成。全诗约 1400 余行，分为“天的形成”“风的产生”“雾的产生”“万物生长”“野人根源”“种粮”“季节”“女权”“医药”“农耕”“权制”“笃慕支系”“君制”“冶炼”“养蚕”“结亲”“管天地”“繁衍”“传知识”“收妖”“人的生死”“战争和庆功”“祭祀”“祭祀后”等 27 章，先是叙述天地的形成，万物的兴起，以及人类的起源，然后叙述种粮等。史诗说，是管天门的勾阿德把树、荞、麻的种子撒到地上，地神乌阿庇管种庄稼，之落咪阿庇管传知识，在他们三神的帮助下，人们学会了种粮食。又说，人们在长期的生活、生产中不断观察，逐渐懂得了季节和气候的变化。“一年分四季，四季四变化：春天绿油油，夏天热腾腾，秋天刮大风，冬天有凌棒。冬去春又来，变化又从头。”那时，“男女聚成群”，“孩子不知父，孩子只知母，一切是母大，母是一切根”，“女人当君长”，“一切听从她，她说了就行”。女人带领大家去烧坡、撒种，“才有苦荞吃”。后来又学会冶炼、养蚕。随着知识的增长，人们懂得了用知识记史、记事、祭天、祭祖、管理宇宙。后来妖怪危害人类，人们就“拿起刀和枪，背起弓和箭”，制伏了妖怪，妖怪“从此不害人”，“听从人吩咐”。那时候，“部落与部落经常来交战”，“战争打赢后，就要把天祭，杀牛又杀羊”，载歌载舞庆贺。歌场上，青年男女谈情说爱，情投意合，便结为夫妻，繁衍人类。又因为“老天死了父，老天死了母，太阳不放光”，“一片昏沉沉”，人们只好在牛角上挂上灯笼劳动，请来告阿喽祭祀，他用公鸡叫出太阳，百鸟叫出月亮，从此，“天空明亮亮”，“大家种养子，养子得丰收”，“为了下一代，部落不打仗，互相来通婚，通婚结成亲”。《天地祖先歌》生动具体地记述了彝族先民从蒙昧时代到野蛮时代，再由野蛮时代进入古代文明社会的过程。

（五）《阿黑西尼摩》

《阿黑西尼摩》流传于红河哈尼族彝族自治州元阳县一带彝族聚居区。分为序歌、西尼摩生万物、人类的起源、分天分地、叽依定历法、旱灾、洪水泛滥、天地的生日、长寿和死亡、婚姻的起源和演变、祭奠的兴起等 11 章。叙述宇宙未形成之时产生了一个巨人阿黑西尼摩。她是万物之母。她的头像狮子，身躯如一座山，脊背长龙鳞，有十四只耳朵、六双眼睛和二十八只大奶，胃有九千零八十二层，肚有九千层，绿、红、黄、黑、白及天、地、日、月以及万物都孕育于她的肚中。孕期满后，阿黑尼摩先生下了天、地、日、月、星辰和风、云，然后生下了奢俄木、奢则黑、彻埂兹、黑得坊及其他所有的天神、地神。接着，她又生下了大象、老虎、豹子、老鹰、牛、羊、马等走兽、牲畜、飞禽和虫类，用她二十八只大奶哺育，最终把这些飞禽走兽、牲畜和虫类哺养成了。史诗也形象具体地叙述了人类从水生动物演变进化为猿猴，再由猿猴发展为会走路的直立人的演变进化以及从竖眼人发展为横眼人的演变进化历程，并记录了人类婚嫁和祭祀的兴起。史诗内容丰富，想象富丽而神奇，对天地、人类、万物的起源以及各种自然现象的成因的见解奇异，生动、形象地反映了人类母系氏族社会的广阔社会生活。

（六）《尼迷诗》

《尼迷诗》流传于昆明市石林彝族自治县彝族支系撒尼人聚居区。叙述人类被冰雪冻死，只剩下阿果和阿尼一男一女。阿果把阿尼挑绣的花布系在箭上，射向天空，请求天神救灾。天神目斯帕和目斯玛放出七个太阳把冰雪晒化，不料天气又热得受不了。阿果用箭射落多余的五个太阳，留下一个仍做太阳，另一个做月亮，万物得以复兴。后来，世间燃起了大火，烧了一年，万物都被烧死，人类只剩下阿资和阿若。不知过了多少年，到阿拉和阿乃夫妇的时代，他们生下三个儿子和一个女儿。兄妹四人去开荒，头天开过的荒地第二天又复原。一连几天都是这样，他们很奇怪。后来他们才发现是一位白发老人所为。老大和老二说要打老人，老三和妹妹劝说不能打，心平气和地和老人对话。老人把即将来临洪水的事告知四兄妹，并将他的金柜、银柜、木柜送给他们躲避洪水。老大、老二心狠手辣，不愿带妹妹，各人抢先躲进金柜、银柜里。老三心肠好，带着妹妹躲进木柜里。“黑雨下三天，白雨下三夜”，洪水滔滔，淹没万物，金柜和银柜沉下水底，老大、老二被淹死了。木柜漂在水上，老三和妹妹才幸免于难。洪水退却后，大地一片荒凉。天神给兄妹二人各种物种，兄妹两人种出了庄稼，有了牛羊牲畜。可是他们“走了九夜路，踏遍千山岭”，“千里没人烟，万里没伙伴”，哥哥找不着姑娘配成一对，妹妹寻不到小伙子结成一双。后来，兄妹两人在天神的授意下，通过滚磨盘、滚簸箕等“验证”后，兄妹二人配成婚，繁衍人类。年复一年，人烟兴旺，大地回春，充满生机和活力。

（七）《史纳俄特与紫妮史色》

《史纳俄特与紫妮史色》流传于川滇大小凉山彝族聚居区。叙述史纳俄特八代生子不见父，“没父去寻父”，他长到十九岁时，便约了九个伙伴，驮了九驮银，驮了九驮金，踏上了寻找父亲的征途。史纳俄特和随行人，越过九重大山，跨过九条大河，穿过平坦的坝区，走了七天七夜，来到了草原平坦坦的约木介乃，遇见了漂亮的紫妮史色姑娘。史色姑娘挽留他道：“异乡的表哥，要到何方去？夜幕快降临，晚也我家宿，不晚也要我家宿。”史纳俄特道：“异地的表妹，我要去遥远的地方，没父去买父，没父去找父，晚也不歇了，不晚也不歇了。”史色出谜语考问史纳俄特，答对了她就告诉他买父找父该到哪儿去。史纳俄特回答不出来，流了三日泪，回到瓦革克机（也译为瓦格克及）去，讲给姐姐（也有说妹妹的）俄洛听，姐姐告诉他谜底。史纳俄特转回去讲给史色姑娘听。史色告诉史纳俄特：“娶妻配成偶，生子可见父。”于是，史纳俄特几经曲折，娶紫妮史色姑娘为妻，“人类社会啊，婚嫁从此始”，“一家一户居，养儿应叫父，养女应叫母，叫父有父亲，叫母有母亲。”史诗曲折、生动、形象地描绘了“生子不见父”“只知其母，不知其父”的母系向父系过渡、转变的社会生活。

（八）《勒俄特依》

《勒俄特依》流布于川滇大小凉山和楚雄彝族自治州元谋、永仁等地彝族聚居区。

特别是在大小凉山的彝族人民中，流布最广泛，影响最深远，被誉为“著名古典诗”。《勒俄特依》史诗名，是彝语音译。“勒俄”，意为“历史”，“特依”，意为“书”或“书本”。全意为“历史书”或“历史的书”。史诗不仅存活在彝族人民口头上，而且很早就记载于彝文典籍中，以彝文手抄本形式流布于民间。《勒俄特依》有多种不同的彝文手抄本，每种详略、重点都各自不尽相同，各有优点和长处。史诗《勒俄特依》与另一部史诗《古侯》相对应，称为“母史篇”和“公史篇”。这两部史诗交相辉映，相得益彰，成为大小凉山彝文典籍文学中两颗耀眼的明珠。《勒俄特依》，分为天地演变史、开天辟地、阿俄署布、雪子十二支、呼日唤月、支格阿龙、射日射月、喊独日独月出、石尔俄特、洪水漫天地、兹的住地、合侯赛变、古侯主系、曲涅主系等14章，约2200行。史诗前五章，主要是叙述开天辟地、创造万物、繁衍人类的情况，歌颂了恩体谷慈、儒惹古达、署惹尔达、司惹低尼、阿俄署布等五大天神开天辟地的英雄业。接着，史诗用两章的篇幅描写英雄支格阿龙一生的英雄业绩。史诗开始部分叙述英雄特异的诞生和神速的成长：一只鹰飞来，在其母身上滴三滴鹰血，其母便怀孕，生下支格阿龙。支格阿龙诞生后，生长神速，他一岁去放猪，两岁去放羊，三岁跟着游人旅行，四五岁后去寻找天涯地角。他一岁会制箭，两岁会挽竹弓，三岁会挽木弓，四五岁已经是神箭手。那时，“白天六个太阳一起出，晚上七个月亮一起出”，树木被晒枯，江水被晒干，人和动物难以生存。支格阿龙射落了多余的五个太阳和六个月亮，世上又充满了生机和活力。后来，人类又受到毒蛇害虫的威胁，支格阿龙惩治了巨蛇、巨蛤蟆等，为民除了害。史诗歌颂了人类征服自然、战胜自然的伟大力量，歌颂了支格阿龙的英雄主义气概和征服大自然的神奇功绩，想象奇特。史诗石尔俄特一章，描述母系氏族社会“只知其母，不知其父”的社会生活；兹的住地一章，则主要记述古代彝族先民两次大迁徙的情况；合侯赛变一章，是反映彝族黑彝中合侯两个家支间矛盾的产生，以及两个家支长期打冤家的情况；古侯主系和曲涅主系两章，是叙述古侯和曲涅两大支系的主谱。幻想成分较少，理想与现实融合。由幻想向现实主义的发展，从创世造物向记述历史事件的发展，是创世史诗《勒俄特依》的艺术创作上一个显著特点。与这一特点相应，由创造神向塑造人物形象的发展，是史诗《勒俄特依》的艺术创作上另一个显著特点。史诗《勒俄特依》是一部从原始史诗朝着英雄史诗发展，介乎于二者之间的过渡型的作品。这正是这部史诗在彝族文学史上的价值和地位。

二、创世史诗的特点

综观彝族创世史诗，卷帙浩繁，结构宏伟，内容古朴，想象奇特，构思巧妙，其主要特点，可归纳为如下几点。

第一，创造神，讴歌创世神的英雄业绩。创世史诗以神性代替人性，幻想代替现实，用浪漫主义创作方法创造神，讴歌创世神创世造物的英雄业绩。彝族创世史诗《查姆》创造了神王涅侬倮佐颇及其长子撒赛萨若埃、龙王涅侬罗阿玛及其女儿罗塔纪以及造人之神儿依得罗娃、仙王入黄作当地等一群富有个性特征的创世造物之神。《阿细的先基》创造了安稳天地的阿底神和银龙神，安太阳的阿洛神，安星星的阿耐神以及造人的男女神阿热和阿咪等众多创世之神。史诗讴歌创世神及他们开天辟地、创造人类和万物的英雄业绩。

第二，史诗主要解释和描述开天辟地、人类起源、万物创造、民族形成、民族迁徙等，与创世神话一脉相传。史诗构思奇妙，想象丰富，对创世的艰辛进行了动人心弦的描述，曲折地反映了人类与自然的矛盾与斗争，表现了人类不畏困难、坚忍不拔的斗争精神和毅力，歌颂了人类征服自然、战胜自然的伟大力量，歌颂了为群体生存而献身的大无畏的英雄气概。

第三，史诗采用连环式故事结构。创世史诗卷帙浩繁，规模宏大，但它没有一个完整的自始至终贯穿成一气的故事，而是采用连环式故事结构，把各个篇章（故事）连贯起来，顺理成章，从而使内容繁杂的篇章之间发生有机的联系，使不同的场面有秩序地出现，最终构成一个自然的程序、系统的整体。如彝族创世史诗《梅葛》分为《创世》《造物》《婚事和恋歌》《丧葬》四个部分，每个部分都叙述一个相对独立的完整的内容，而每个部分之间，又有着内在的自然的紧密联系，承上启下，从而构成一部完整的史诗。

总之，无论从其内容看，或从艺术形式去看，创世史诗有原始的朴素而优美的特点。

三、英雄史诗

英雄史诗的产生稍晚于创世史诗。它产生于人类社会发展的特定的时期，即原始社会末期、奴隶社会开始之初。这一时期，马克思称之为“军事民主制”[①]时代，恩格斯称之为“英雄时代”[②]。这一时期，作为神话时代已基本结束，人类对氏族祖先和部落首领的崇拜取代了对自然的崇拜。氏族祖先和部落首领成为英雄史诗的主人公。他们是“青铜英雄”。他们金戈铁马、叱咤风云、驰骋疆场浴血奋战的丰功伟绩，构成了英雄史诗的主要内容。它是对氏族祖先、部落首领和民族形成过程中的英雄祖先的崇拜式的赞歌。这类史诗洋溢着强烈的英雄主义气概，诉说着民族坎坷的命运，热情

① 马克思：《摩尔根〈古代社会〉》，人民出版社 1965 年版，第 180 页。

② 恩格斯：《家庭·私有制和国家的起源》《马克思恩格斯选集》第四卷，人民出版社 1972 年版，第 103 页。

歌颂英雄的丰功伟绩。这里就具有代表性的英雄史诗进行介绍。

（一）《阿鲁举热》

《阿鲁举热》流传于金沙江南岸的元谋、永仁县一带彝族聚居区。阿鲁举热是一个在彝族人民群众中广泛传扬的英雄祖先形象。史诗讲述了阿鲁举热一生中的重要经历。“阿鲁举”是史诗主人公的彝语音译名。阿鲁举热的特异诞生与《玄鸟生商》同属于“感生”现象，他是鹰和人交感而生的后代。史诗开头描写主人公名字的来历及英雄特异的诞生：天上飞来一只鹰，在卜莫乃日妮姑娘头上绕三转，滴下三滴鹰血在她身上，于是，姑娘怀孕，生下一个儿子，取名叫作“翅骨阿鲁”。译成汉语，“翅骨”意为好人，“鲁”是龙，“翅骨阿鲁”意为好人阿龙。“儿子有了妈，可是没有爹”，姑娘把儿子抱去给老鹰养。老鹰把他抚养大后，人们就叫他“阿鲁举热”。译为汉语，“举”是鹰，“热”是儿子，“阿鲁举热”就是“鹰的儿子——阿龙”。阿鲁举热长大成人以后，告别了老鹰，去寻找自己的母亲。母亲没有找到，在途中，他沦为部落头人日姆的娃子。后来，他战胜了部落头人日姆，射落了天上的六个太阳和五个月亮，制伏毒蛇猛兽，为世间除掉了祸害，让大家过上了太平安康的日子。尽管史诗最后以悲剧告终，但阿鲁举热仍然是一个具有时代精神的英雄形象。史诗塑造了各种生动的人物形象，他们分别代表不同的社会阶层，各有不同的鲜明性格，反映了彝族先民在原始母系社会向奴隶社会过渡时期的社会生活，歌颂了民族、部落以及部落和民族形成过程中英雄祖先。史诗继承了原始神话的浪漫主义因素，以广阔的社会生活为背景，以彝族历史上的重大事件、重要人物及其演变而成的传说为基础，反映出当时彝族先民对英雄祖先的礼赞已代替或超过了对自然神的顶礼膜拜。它使彝族文学从古老的创世史诗中脱胎出来，进入了英雄史诗的行列，完成了从造神到塑造人的历史转折。《阿鲁举热》是一部过渡类型作品，承先启后，继往开来。它既吸收了神话的浪漫主义的幻想色彩，又是文学即人学的开端。它具有承前启后的里程碑意义，为后人的艺术创造提供了极为丰富的借鉴。

（二）《哈依迭古》

《哈依迭古》流传于川滇大小凉山及楚雄彝族自治州永仁、元谋县一带彝族聚居区。描写哈依迭古“生年是虎年，生日也是虎日”。在他幼年的时候，他的猎人父亲被恶兹莫阿呒普卜杀害，从而在年幼的哈依迭古心里埋下了复仇的种子。他自小“玩弓习弩箭，射天上的黑雕”，练就了一身好武艺，也练成了浑身胆略。长大以后，他“打仗雄赳赳，比武气昂昂”，发誓要报杀父之仇，“不把父仇报，不算男子汉”。他离乡寻得一柄宝剑后，就天天练剑，直到能将飞着的苍蝇在空中一剑砍成两段，能把风吹过来的草砍成两段，他才带着剑来到甘洛只孜阿呒普卜部落之地，准备报仇雪恨。哈依迭古等候了七天七夜，终于等到恶兹莫阿呒普卜骑着高头大马来了，“左右人如林，前边有九千，后面跟九百”，好不威风。“英雄见敌狠，见仇人手发痒”，哈依迭古拦住去路，“边走边通名：我是日哈洛莫人，名叫哈依迭古，专来报父仇，来杀恶兹莫”，通报名之后，他挥剑把阿呒普卜一剑劈在地。报了父仇后，哈依迭古回家“向妈妈报告，妈妈开了心”。他阿嫫叫他离开家乡，到远方投靠舅舅阿吉。哈依迭古来到舅舅兹米阿吉家。他为阿吉出谋划策，并帮助他打败了老冤家仇敌阿格家，收复了被阿格家占领的祖先领地，安居乐业。后来，哈依迭古离开舅舅家，来到兹兹地（古地名），做了兹米阿支（一大部落首领）的一名将领。从此，哈依迭古“和兹米阿支，常去纠纷场，有时去打猎，有时骑马玩”。就在这时候，兹兹地各部落之间，发生“争不该争的事”，“争我大你小，争我强你弱”，“争草场牧地，争耕牛牲畜”，“争娃子奴隶”，“弓箭相对射，宝剑相对杀”，“家族尸遍野，家支尸成堆，人血结成块”，一场部落战争发生了。哈依迭古带兵打败了阿支家的强敌阿格楚尔家，从此，哈依迭古的名声四扬。过了几年，哈依迭古思念阿嫫，便回了日哈洛莫看望他阿嫫。阿格楚尔家得知带兵打仗的英雄哈依迭古走了，并乘兹米阿支带兵出征转战之机，突袭兹米阿支部落。兹米阿支的两员将领，奋力抗击，兹米阿支闻讯赶回助战。连战数天，最后兹米阿支部落战败，兹米阿支被阿格楚尔部落抓去杀死。哈依迭古得知这消息，立即赶回兹米阿支部落，他召集兹米阿支部落人马，发誓：“一群不争气，一群被人割；一家不争气，一族被人欺；一个不争气，一片被杀绝；好汉不争气，世人被杀绝；阿支家的气，不争不得了。”于是，哈依迭古率兵，浩浩荡荡杀向阿格楚尔部落，一场更大的部落战争开战了。两个大部落血战，“人尸堆成山，人血流成河”。哈依迭古发动的这场复仇之战，最后是取胜了，但部落首领兹米阿支已成“蕨根下的鬼”，几员战将也战死。他自己也因对战争惨状过于哀伤，拔剑“刺进自己的心窝”。战争的结果：“战败者倒下了，战胜者也倒下了。”哈依迭古死后，人们怀念这个“带兵打胜仗”的英雄，把他的尸体砍成三截，放在三个地方火化，立了三块石头做标记。“从此以后啊，古侯的后代，立三个锅庄，堂屋里面支”，“当作纪念石”。据说，人们祭锅庄、祭火，也就是祭英雄哈依迭古。

（三）《夜郎在可乐》

《夜郎在可乐》流传于贵州彝族聚居区。收入《夜郎史传》，四川民族出版社 1998 年出版。史诗描写武夜郎、武堵土两兄弟和漏卧家的阿苦、阿古两兄妹从连年战争至最后罢战并联姻的故事。武夜郎君长，以可乐城为中心，威慑四方。他与崛起南方的漏卧家打了三年仗，未能取胜，便怀着“攘外必先安内”的思想，欲谋害其胞弟武堵土，兼并武堵土的领地古诺，然后再夺取漏卧疆域。其阴谋诡计被武堵土识破，反被武堵土起兵打败。从此，武堵土掌握夜郎国的大权，治理夜郎国。这时候，称雄南方的漏卧君长阿苦，趁武堵土“立足尚未定，正好战仇敌，雪恨夺江山”，兴兵攻打可乐。武堵土统兵抵抗，两军交战多年，不分胜负。阿苦君长原想速战速决夺取可乐，但战争未能取得预期效果，又遭到其妹阿古的数落、斥责，便强打硬仗，欲打下可乐。武堵土则采取诱敌深入而后围攻的战术，大败漏卧，漏卧君长阿苦被俘。夜郎君长武堵土以礼相待阿苦君长，倡导武漏两家和好，不结冤仇，并治愈伤兵，释其兵将，归还武器。阿苦深受感动，表示：“以后我两家，永远是一家，互相不攻战”，“攻同来繁荣，一起来兴旺”。当漏卧君长阿苦带着残兵败将回到漏卧时，其妹阿古严厉责备，奚落他打败仗归来，丢尽了漏卧家祖宗的脸面，丢尽了漏卧家“一世的威名”，要他交出兵权让她来统兵，再攻打武家，攻下可乐，讨回丢掉的脸面。阿古掌了兵权后，立即整顿漏卧家兵马，出兵攻打可乐。这次两军交战，武堵土见漏卧家统兵的是个女将，轻敌麻痹，防守不严，于是阿古攻下了可乐城池，武堵土被俘。武堵土很不服气，声言要杀便杀，绝不讨饶，绝不认输。阿古说：“你放过我兄，我饶你一回。这样一来呀，两家不相欠。”她与武堵土相约，整军再战，以决胜负。阿古放了武堵土和他的兵将，班师回漏卧，而后秣马厉兵，再次攻打可乐，要与武堵土决个胜负。这一次，武堵土吸取教训，一改轻敌麻痹思想，做了充分准备，严阵以待。两军接触，打得惊天动地，昼夜不息，杀声震天。打了数天，仍不分胜负。武堵土施“诱敌深入而围歼”之计，佯装败退，将重兵撤走，可乐城守军也佯装投降，使阿古骄傲轻敌，进入可乐城。武军从四面包围了城池，打得漏卧军溃不成军，阿古被俘。阿古不服输，提出要与武堵土比武决胜，若比武输了，心甘情愿沦为奴隶。比武结果，武堵土取胜。武堵土以礼相待，并向阿古求婚，愿联姻结盟，武漏两家和好，永不争战。阿古心悦诚服，表示拥护武堵土的倡导和主张。武堵土和阿古一同去见了武夜郎，恢复他为君长，治理夜郎国。武堵土和阿古则带着他们的军队离开可乐，来到古诺大革定居，“永享太平日，再不谈战争”。英雄史诗《夜郎在可乐》最后以“冤家成亲家”，联姻结盟的“大团圆”结局，反映了彝族人民反对侵略、反对掠夺、反对战争，追求“安定和幸福”的理想和愿望。

（四）《益那悲歌》

《益那悲歌》流传于贵州彝族聚居区。描写了在东方禹甸，益那部族与鄠靡部族“为争夺地盘，展开了大战”的故事：鄠靡君长鄠阿那统率鄠靡军，兵分左、中、右三路进攻益那辖地禹甸比毕、禹甸洛略、禹甸谷姆。益那君长局阿邪在禹甸叟施召集谋臣，“杀百牛议事，定御敌大计”。益那军诱敌深入，采用石战、水战、火战痛击来犯之敌，鄂靡三路军都大败。鄂靡君长鄂阿那不甘于失败，要雪洗耻辱，于次年在多妥米谷又与益那君长局阿邪“大战了一场”。益那君长的谋臣苦苦诺布下鹰阵御敌，鄂靡军又吃了大败仗。鄂靡君长鄂阿那重整旗鼓，欲破益那军的鹰阵，结果又被益那军虎阵击败。鄂靡军一次次强攻益那军，结果一次次惨败。鄂靡君长鄂阿那采用布摩鄂直愚的计策，用美酒美女收买了益那君长的谋臣苦苦诺。苦苦诺叛变，打乱了益那三军的部署，更换了三军主将，两军再度交战时，益那军不敌强敌，大本营被攻陷，益那君长局阿邪遇害，益那灭亡。益那君长局阿邪的妻子玛依鲁带着年幼的子女邪苴隆和迷喜露兄妹逃出家园，躲过鄂靡军的缉拿，避难于洛甸地方。从此，复仇、光复益那国成为玛依鲁母子的精神支柱。后益那邪苴隆练就了复仇本领。在复仇之前，他祭奠亡灵，走遍东西南北，向四方的毕摩、贤人求问复仇大计，历经千难万险，终于在斯铺和斯嫫两位圣贤的帮助和指导下，获得了能调遣、指挥天兵的兵书《恒投骂孜数》和神角斯去。益那邪苴隆打开了《恒投骂孜数》，吹响了斯去，“天兵闻号令，顷刻就出动”，“九支雄师，如虎破囚笼，冲出了卧甸”，“复仇的大火，烧向了敌营；复仇的利箭，射向了敌营；复仇的战马，冲向了敌营；复仇的利剑，刺向敌心窝；复仇的利斧，砍向敌头颅”，“恶战九十九，在洛略展开；九十九种阵法，在洛略展开；九十九种战法，在洛略使用”。益那天兵骁勇善战，一举打败了鄂靡军，获得复仇战的胜利。益那邪苴隆班师回卧甸，大摆酒席，庆贺胜利。鄂靡君长鄂阿那惨败心不甘，趁益那邪苴隆沉醉于胜利之际，派出奸细潜入益那地，混入卧甸，探得益那的军情，并探得益那取胜是靠能号令天兵的神角斯去和《恒投骂孜数》的秘密。鄂靡君长鄂阿那于是又派出精明的奸细，用一只金角从益那迷喜露手中换走了神角斯去。计谋成功之后，鄂阿那趁益那邪苴隆庆贺胜利之际，发兵大举进攻益那军。益那邪苴隆带领家人及少数残兵败将向西边逃亡。益那灭亡，谱写了一曲悲壮、雄浑的战歌。

（五）《铜鼓王》

《铜鼓王》流传于文山壮族苗族自治州富宁县和广西那坡县及中国与越南接壤的彝族地区。由攀鼓、铸鼓、争鼓、迁鼓、赞鼓、传鼓、跳鼓、祭鼓、卜鼓、诈鼓、祈鼓、卫鼓、赠鼓、借鼓、追鼓、分鼓、哭鼓、盗鼓、换鼓、承鼓等20章组成，以“铜鼓王”名义，一贯到底。诗开篇有开场白性质的“序歌”，诗末有歌唱结束时的余韵“尾声”。描写南诏国时期彝族先民昆明人与蒙舍诏、滇人及外族官府因争夺铜鼓发生战争而逼迫大迁徙的故事。“那时雪山地，处处是密林。雪山高又大，群峰耸入云。在那雪山脚，天然大海滨，海滨几百里，遍地是草坪。人少地又多，任人去开垦。”昆明人就生活在这里。首领波罗和妻子罗里芬，铸造了一对一公一母铜鼓，“鼓声传千里，洪亮又动听”，人们遵奉他们夫妻为“铜鼓王”。那时候，雪山地大小有六诏，“大诏欺小诏，强诏压弱诏”，“因为争铜鼓，年年起战火”。波罗是越析诏人，他死后他的十代孙波享当昆明人首领，蒙舍诏攻打越析诏，争夺铜鼓。越析诏战败，首领波亨被杀。波涛当首领，率领昆明人携铜鼓迁入滇人地区蒙胡诏（指滇池一带），那时，滇人正受“黑面人”的侵扰。波涛统领昆明人帮助滇人击败“黑面人”。滇王受感动，“接纳昆明人”，并将其女儿结配给波涛，“划地三百里，作为姻粉地”，让昆明人开垦。从此，“昆明和滇人，成了一家人”。昆明人“效法滇族人，修沟又打井”，开发滇池地区。而滇族人向昆明人学铸造铜鼓的技艺。从此，滇人也会铸造铜鼓，使用铜鼓。“滇鼓名声大，滇地大振兴”。后来，滇王和波涛相继死去。滇人由滇王孙当滇王，昆明人由都罗当首领。小滇王要都罗用公母鼓各两百面换取老滇王划给昆明人的三百里姻粉地，遭到都罗的拒绝。于是，小滇王发动滇人向昆明人开战。战争打了一年又一年，“鲜血染滇池，尸骨堆成山”，终因昆明人力弱，被滇人击败。昆明人又一次逼迫往南大迁徙到都蒙，开辟田园。不久，官府强迫昆明人上贡锅，逼交铜鼓。首领都罗率众卫护铜鼓，抵抗官兵，英勇牺牲。新首领都来，率领昆明人，再次大迁徙来到普厅河安家立业，与当地的布越人（富宁县境内壮族）和睦相处，一同开拓普厅河。后因昆明人参与布越人首领侬智高起事，“建立南天国”，而遭官兵追剿，逼迫迁徙到普梅村、普梅河、南利河（地名、河名，位于中越边境）。官兵追至普梅一带，昆明人聚族抵抗，击败官兵。之后，认为“分散不惹眼，隐蔽好扎根”，昆明人就在普梅举行分支，一共分为八支，四支散居普梅，四支东迁居滇桂边境。昆明人分支后，化整为零，躲开了当时官兵追剿，才得以定居下来。而“铜鼓传后代”，也才一代代地保存了下来，成为“彝家宝”，“鼓歌年年唱，鼓舞岁岁跳。彝家血和泪，千载永记牢”。史诗气势宏伟，结构严密，从“序歌”到“尾声”，一环扣着一环，生动地描绘了彝族先民昆明人的五次大战争、五次大迁徙，从头至尾都充满了火一样的战斗热情。

（六）《戈阿楼》

《戈阿楼》流传在贵州盘州市一带彝族地区，收入《一双彩虹》，贵州人民出版社 1983 年版。史诗分为古老古代、老祖宗、开荒得宝、赛马、皇帝夺宝（此章又分为“第一次出兵”“第二次出兵”“第三次出兵”三节）、戈阿楼之死、哭戈阿楼等七章，前面有“开头”，后面有“尾声”，构成一个严密的故事结构，且全诗贯穿着侵略与反侵略、掠夺与反掠夺这一主题思想。戈阿楼是个“能人”头领，百姓们“说他是月亮，说他是太阳，说他心肠好，说他武艺强。配当诺苏头，配当诺苏王”，因此，公推他为诺苏头领。他身边有两个猛将，一个叫妮比额阿玛，一个叫哥摩倒阿西。他们领导的诺苏人，“亲热像蜜蜂，不爱‘打冤家’，只爱勤做工”。但是，一旦“外敌来欺侮，大家都出动，好言来劝说，愿吉不愿凶，如果不听劝，杀敌快如风”。“诺苏地方宽，山外还有山，诺苏地方大，坝外还有坝。有山好开荒，有坝好跑马”。戈阿楼和他的两个将领，率领百姓，“平时练武功，忙时种庄稼”。为了“多开田和土”，他们在“泽泥不戛糯”开荒，“开荒获得宝”（也可理解为劳动果实），“宝石抬回寨”，“人人心里乐，又逢‘火把节’，大家多快活。”于是“打猪又打羊”，欢度节日。当皇帝得知诺苏开荒获得宝的消息后，要“夺宝占宝地”。为了诺苏人的利益，戈阿楼和他的两个将领率领诺苏人将来侵犯之敌——皇帝将领希路和麦额埋葬于山坳坳。“诺苏打胜仗，功成志气高。”戈阿楼教大家：“打赢莫骄傲，蜂死箭还毒，虎死威不倒，贼兵还会来，武艺不可少，加紧练武功，不怕狗强盗。”果然不出他所料，皇帝又派出另一将领富略统兵来夺宝占地。戈阿楼施计，将敌兵引入寨后，乘机劫了敌寨营，杀死敌将领富略，将其“兵丁全打垮”。皇帝不甘心失败，又再次派兵侵犯，又被戈阿楼击败。皇帝武力征不服戈阿楼，便派人化装为叫花子，进入诺苏寨，企图暗杀戈阿楼。其罪恶阴谋被识破，皇帝的侵略野心彻底破产。诺苏人取得反侵略战争的胜利。

史诗《戈阿楼》更接近于现实生活，记述了古代彝族人民的反侵略、反掠夺的斗争，但也有许多美丽的幻想，如哭戈阿楼一章中，描写戈阿楼死后，当人们给他办丧事念经时，“毕摩叫点火，霎时火焰升，空中朵朵云，云中有好马，一人骑马上，人马再盘旋，忽隐又忽现，忽高又忽低，转眼都不见，只见雨雪飞”。这是神话和现实交织，理想与事实融合。它寄托了人民的理想、愿望，也表现了彝族人民的智慧和才能。

四、英雄史诗的特点

如前所述，英雄史诗产生于原始社会末期、奴隶社会初期部落纷争、战争频繁的时代，即“英雄时代”。从上述介绍的几部英雄史诗，我们可以看出，英雄史诗自形成之时，就具备了如下鲜明特点。

第一，塑造人，歌颂氏族英雄祖先和部落英雄的英雄业绩和他们为群体生存而献身的精神。史诗集中塑造的主人公是崇尚武功、渴望建功立业、智勇双全、武艺高强、叱咤风云的人物。史诗《戈阿楼》塑造了诺苏头领戈阿楼和他的两个将领英雄形象：“阵阵吆喝声，闪出一个人，乌黑浓眉毛，炯炯大眼睛。他是戈阿楼，满脸笑盈盈，纵身上鞍马，抖开马缰绳。”“说他是月亮，说他是太阳，说他心肠好，说他武艺强。

配当诺苏头，配作诺苏王。”“头领戈阿楼，身边有猛将：妮比额阿玛，名字响当当，身高五尺多，圆脸高鼻梁，嘴比荞花红，眼比星星亮，胸中有谋略，是只‘金凤凰’。歌摩倒阿西，名字传千里。一双鹰鹞眼，两道冲天眉，手杆像碓杠，脚板一尺几。说话嗓门大，是个‘叫天雷’。”《戈阿楼》运用想象、夸张的艺术手法和粗线条的笔触，勾勒刻画了三个栩栩如生的人物形象。英雄史诗，完成了从造神到塑造人的历史转折，在彝族诗歌史上，无论是从内容上还是形式上都是英雄史诗发展成熟的一个里程碑。

第二，描写部落纷争、征战，表现人民要求和平、安宁、繁荣生活的强烈愿望。史诗以浪漫主义与现实主义相结合的手法，描写英雄时代部落林立，互相劫夺，刀兵四起，烽火激荡的战争。《哈依迭古》以哈依迭古征战为主，将部落纷争、征战、“血族复仇”编织在一起，经过残酷的血与火的洗礼，铲除了暴虐无道的恶兹莫阿吪普卜、阿格楚尔等邪恶势力，人民得到安居乐业。《夜郎在可乐》中的武赌土经过大小无数次战争，将时常纷争的武漏两家联姻结盟，“冤家成亲家”，平息战火，使百姓得到了和平安宁。这正反映了彝族人民反对侵略、反对掠夺、反对战争，追求安定和幸福的理想和愿望。

第三，史诗故事结构完整，主题思想贯穿始终。《哈依迭古》分为 14 个篇章，但每个篇章均以史诗主人公为主线将其贯穿起来，一环紧扣一环，在故事情节上保持着连续性和完整性，有着严密的、完整的故事结构层次，成为一个有机的整体。同时，全诗贯穿着“血族复仇”这样一个主题。《铜鼓王》分为 12 个篇章，每个篇章都描写一个相对独立的内容，各篇章之间又以“护卫彝家宝”为主线，一环扣一环，紧密相连，从而构成一部完整的史诗。同样，《益那悲歌》，内容广阔，结构庞大，但故事结构完整，正义与邪恶的斗争贯穿始终。

第四，史诗运用浪漫主义与现实主义相结合的手法。创世史诗，运用浪漫主义手法，以丰富的想象，大胆的夸张造神、叙事，而英雄史诗，则运用浪漫主义与现实主义相结合的手法，直面现实，塑造人物，描述故事。

总而言之，英雄史诗故事情节富有传奇性、戏剧性，人物形象鲜明，是彝族民间文学宝库中一颗闪闪发光的明珠，与数目众多的创世史诗相映生辉。

第三节　民间传说

民间传说，是散文体口传叙事文学的一种古老体裁。它产生于民众的言谈话语中，是人们口头讲出来的，而不是唱出来的。所以它必须是散文体，同时又必须是叙事的。民间传说与神话有某些交叉，它们之间都存在着一定的模糊带。有一部分古老传说，其来源可能就是神话，或有浓厚的神话色彩。

彝族民间传说，按其题材大致可以分为三类：人物传说、史事传说、地方风物传说。

一、人物传说

人物传说，以人物为中心，描写他们的事迹、际遇、业绩、品格、志向，也表达了人民大众的评价和愿望。

彝族人物传说，具代表性的作品是夷帅孟获的传说、南诏开国君主细奴罗的传说、杰出的女政治家奢香的传说、农民起义首领普应春的传说等。

（一）夷帅孟获的传说

三国时期，彝族历史有件重大事件，就是彝族先民抗击诸葛亮南征。汉献帝建安十九年(214年)，刘备入蜀，企图恢复对“南中”的统治。并于蜀汉建兴三年(225年)，诸葛亮率兵南征，遭到彝族先民“夷帅”孟获、“叟帅”高定、“耆帅”雍闿的联合反抗。几经反复较量(即汉史所谓的“七擒七纵”孟获)，诸葛亮采取“和抚”政策，平定了“南中”。《孟获的传说》《诸葛丞相与“蛮王”孟获》等传说，就反映这一历史事件。

（二）南诏开国君主细奴罗的传说

细奴罗（617—674年），又作独罗、独罗消。细奴罗为彝族先民乌蛮哀牢夷后裔，蒙舍龙（又名龙伽独）之子，唐太宗贞观二十三年（649年），蒙舍龙卒，细奴罗继承父位登上蒙舍诏（南诏）诏王之位，改国号为大蒙国，称王，时年32岁。卒于上元元年（674年），在位26年，享年57岁，谥号奇嘉王。细奴罗立国后，将彝族先民古典神话九隆神话作为开国神话，推崇九隆。细奴罗幼时，随父蒙舍龙躬耕于蒙舍川巍宝山麓（今巍山县巍宝乡前新村）。细奴罗生有奇相，聪慧能干，富有感召力，其势力逐渐壮大。他称王后，唐朝帮助其巩固政权，扩大领地，而他则帮助唐朝打败大勃弄（今弥渡江岩一带）酋长杨承颠，唐朝让其统领大勃弄、小勃弄（在今祥云县境内）之地，大蒙国疆土扩大。永徽四年（653 年），细奴罗派遣其子罗盛率使团入朝觐见，唐高宗封他为巍州（今巍山）刺史，并赐予锦袍。自此，细奴罗每年都派人入朝朝贡，与唐朝的关系更加密切。细奴罗治国，重用武将郭群矣、文臣罗傍、“神明大士”杨波远等。在他的治理之下，蒙舍诏势力日益强盛，为“六诏合一”奠定了坚实基础。

《南召开国君主细奴罗》讲述：

细奴罗的母亲摩利羌十八岁时，一天，她到龙潭边洗衣服，看见水面上漂来一块滑溜溜的木板，便捞起来蹲在木板上洗衣服。摩利羌怀了孕，生下了九个儿子。在九个儿子出生的那天晚上，有一条龙飞进了屋子，变成一个英俊的青年对摩利羌说：“这九个儿子是我的，我领走八个，留下最小的一个给你，他的名字叫宠龙。”八个儿子不见了，只有最小的一个还在，身上闪着一圈红光。宠龙一天天长大，他身子周围的红光也显得更明亮了。有一个天师观测天象，发现西南边天上出现奇异的红光，就禀报给皇帝：“南天出现红光，必有圣人降。”皇帝就派大臣到西南方向来察访，要抓有红光的人。当察访到摩利羌家时，摩利羌的哥哥施计保护了宠龙。摩利羌带着儿子逃离家园，来到巍宝山脚开荒种地度日。为了躲避朝廷的追赶，摩利羌改名为“羌壶”，宠龙改名为细奴罗。住了十几年，细奴罗长成一个力大非凡的小伙子。他协助蒙舍诏诏主张乐进求打败了蒙嶲诏，统一了蒙舍川。有一次，蒙舍诏举行祭铁柱大典。祭柱开始，铸在柱顶上的金丝鸟突然飞了起来，在空中盘旋了三圈，然后落在细奴罗的左臂上，停了一天才飞走。这事引得人们议论纷纷，说：“细奴罗要当王了！”诏主张乐进求知道细奴罗是个能干的人，就想让位给他，但细奴罗不肯。过了不久，一天中午，细奴罗在吃饭，忽然梭来一条青蛇盘在他的脚上，过了一会儿，青蛇才慢慢梭走。梭走时在地上拖出了几条线，组成“守境术”三个字(后人说，这是神蛇教细奴罗的治国术)。诏主张乐进求知道这事后，更是要让位给细奴罗。细奴罗还是不肯。他指着一块巨大的石头说：“如果我一剑砍得进这块石头，我就当首领，砍不进，还是你当。”他举剑砍去，砍进了石头三寸深。细奴罗不好再推辞，就当了蒙舍诏的首领。

（三）杰出的女政治家奢香的传说

奢香（1361—1396 年），彝名卜娄舍洪，又名舍兹。其先世是彝族六祖时代恒部慕阿卧的后裔，川南蔺州（今古蔺县）宣抚使奢化之女，默部第六十六世孙陇赞阿期（霭翠）之妻。明代贵州彝族杰出的女政治家。

奢香生年，史籍无明确记载。按清代黔西州知州吴嵩梁《奢香墓诗》“顺德夫人宣慰史……年华十四嫁通侯，二十孀居守孤子”的记载来推算，奢香应该出生于元至正二十一年（1361 年），洪武八年（1375 年）出嫁到水西。

奢香执政 12 年，于洪武二十九年 (1396 年) 逝世。朱元璋为了肯定奢香对维护国家统一做出的贡献，表彰她高尚的爱国思想，特“遣使祭之”，并诰封为“大明顺德夫人”，给予崇高的荣誉。奢香的墓地，位于大方城北云龙山下。1964 年被贵州省人民政府列为省级文物重点保护单位；1979 年国家拨款修复陵园，并经批准列为全国重点文物保护单位。

几百年来，奢香的历史形象并未磨灭。她的英雄事迹，在彝、汉文史籍中均有记载。明清以来，文人为她写下了不少赞颂的诗词。有关她的民间传说，久经流传于黔西北各族人民的口中。奢香的传说由《奢香岭》《飞越马》《绣花崖》《玉龙坡》《济火庙训子》《上京告状》《选马进贡》《朵泥桥》《公鸡山捉妖》《访马店》《不准偏冠鸡叫》《一碗亭》《抢才子》等系列故事组成。

《上京告状》讲述：

> 明太祖朱元璋派马烨为都督，统领三万多人马，浩浩荡荡，开到水西，一方面镇守疆土，一方面搞好与水西各民族人民的关系，使他们拥护朝廷，减少国家的忧患。时继夫出任贵州宣慰使的奢香，深明大义，隆重迎接马烨。马烨竟把朱元璋对他的叮嘱忘得一干二净，想杀尽诛灭异族，罢掉土官，从外地放官到水西来统管一切。于是，他决定首先在奢香身上开刀，就寻找借口，将奢香抓去，剥衣鞭打。奢香受了侮辱，十分恼怒，水西四十八部首领怒火冲天，整齐地排在香军门，一个个高喊“起兵，反！起兵，杀！”在这千钧一发之际，奢香说服众首领，千万不要起兵，动兵正中马烨的奸计。她力主用政治解决，要进京去告马烨。奢香说服众首领不起兵后，带两个侍女，骑上水西有名的乌骆马，日夜兼程，赶到了南京城。朱元璋与高后立即接见了奢香。奢香把马烨将她赤身鞭打侮辱，想激她造反之事一一陈述。朱元璋听了，认为马烨违背他政治争取归附土司的抚绥政策，动摇大明的根基，便将马烨召回南京，问罪斩首。

大明皇帝的这一果断处理，感动了奢香。她表示愿为维护国家的统一，交流文化，促进通商，做些有益的事。于是她回到水西后，组织领导水西各族人民，开龙场九驿，增修十八站，使水东到水西、云南、四川的官道一齐沟通。朱元璋知道后十分高兴，赐奢香珠冠、银花、金带和一套精美的朝服，封为顺德夫人，仍然袭任她的丈夫的官职。

一场通天的官司打赢了，水西各族人民载歌载舞，欢庆反抗邪恶势力的胜利。自此以后，朝廷对水西连年减免赋税，鼓励发展农业生产，水西各族人民得到休养生息，天遂人愿，连年风调雨顺，过着温饱的日子。

（四）农民起义首领普应春的传说

普应春（？—1591 年），出生于云南新平磨盘山（又说新平扬武），彝族农民起义首领。为了反抗明王朝地方官吏的横征暴敛，他在广大彝族人民的支持下，率领今新平县磨盘山一带的彝族人民进行了反抗斗争。曾一度攻占平甸县全境（今新平县平甸区和扬武区），声威直震明朝廷。明万历十九年（1591 年），他领导的农民起义军被邓子龙残酷地镇压下去了。起义失败后，普应春惨遭杀害。彝族人民怀念自己的民族英雄，编织了许多有关普应春的可歌可泣的神奇传说，至今在彝族人民中广为流传。普应春的传说由《牧羊得刀》《逛昆明城》《杀死头人》《奇遇神马》《应春聚众》《攻占平甸》《朝廷征讨》《应春不死》《杀不死的普应春》等系列传说组成。

《普应春》讲述：

相传普应春从小失去父亲，母亲千辛万苦把他抚养长大。他十岁就帮山寨头人放羊。一天，他在磨盘山岩壁上获得一把刀光闪闪的宝刀。这天夜里，一个慈祥的老人指点他说："得到了宝刀，要好好做人，穷人不可欺，强人不可惧，宝物收藏好，以后得神马，便可战天下。"果然不久，普应春从舅舅家得了一匹神马。普应春有了宝刀，又有了神马，大家就公推他为磨盘山彝家的首领。穷苦的彝家人，在普应春首领的率领下，举起义旗，一举攻占平甸县赶走县府官。这事震动了省府和明朝廷，便派大将邓子龙带兵数万人，前来征剿起义军。但普应春有宝刀，又有神马，所向无敌。后邓子龙派奸细，杀死一只狗，将狗血浇在宝刀上，又毒死了神马。这样，宝刀失灵，神马死去，起义军寡不敌众，被官军镇压下去了。官兵捉住普应春，把他砍成碎片，这些碎片仍然说："我普应春没有死！"官兵瞠目结舌，又用大甑子蒸他的尸体，普应春在甑子里说："你们把火加大一点，我还有点冷！"普应春最终被官兵杀害了，丁苴寨子的人民将他的尸体抬回去，走到化念老鲁官坡头，尸体突然沉重起来，再也抬不动了，就把他埋在老鲁官坡头。从此以后，每天夜里，从他的坟上射出一束亮光。人们说这是普应春的灵光，他还在牵挂着丁苴人民，人民也在深切地怀念着他。

王志高编纂的《新平县志》载："万历十九年（1591 年），丁苴白改彝普应春等叛，抚镇吴宝沐昌遣参将邓子龙讨之，破敌军山，平核桃箐，焚白改寨，扫麻栗湾，擒斩万计。普应春等既诛，七月二十三日，于鸣鼓勒石纪功。清割元江、石屏、河西、新化等建立县官，以镇抚夷众，名曰新平。"普应春的传说，历久不衰，四百多年来一直在彝族人民中广为流传。

（五）英雄人物龙在田的传说

龙在田（？—1652年），今石屏县龙朋镇旧寨人。明天启二年（1622年），随军安效良、张世臣有功，由龙朋土守备擢升都指挥使。崇祯八年（1635年），李自成农民起义军进攻凤阳，龙在田率士兵应诏勤王，并辗转战于湖广、河南一带，以军功擢为副总兵，被崇祯皇帝誉为“南天御柱”。崇祯十年（1637年），龙在田击擒水西土司郭三海。崇祯十二年（1639年），兵部尚书熊文灿诱降农民起义军领袖张献忠，张献忠伪降。熊文灿令龙在田驻守谷城监视张献忠。不久，李自成暗潜谷城劝张献忠起事，张献忠遂重举起义大旗，带领农民起义军向东突围而去。熊文灿因未能遏制张献忠，被逮下狱，次年论死。龙在田因熊案受牵连，亦被罢官回籍。清顺治三年（1646年），龙在田至贵州请李定国、孙可望击擒沙定州，消灭沙定州势力。龙在田退归故里，卒于家中。

《龙在田的传说》讲述：

相传龙在田是其母与村边龙潭里的龙交欢而生，但其母难产而亡。他与外公外婆相依为命，为外公外婆放牧牛羊。他喜欢拿锄头当马骑。有一年，发生战乱，皇帝梦见天庭洞开，神龙传话西南龙在田可平定战事。于是皇帝密旨令大臣查访西南异人。钦差大臣明察暗访，终于找到了龙在田。龙在田告别外公外婆和父老乡亲，复命圣旨，并在复命途中按照其父神龙的旨意用九万两黄金买了龙马。到了京城，皇帝命他去水溪平战乱。可皇帝不给他一兵一卒，只给他三千两银子，要他自己去招兵买马。龙在田一路打着“龙”字大旗。招兵买马，用火牛战术，一举攻下水溪城。战后皇帝嘉奖他，并为他更衣，看见他一身文龙鳞状，才知他是龙子。晚年，他看到朝廷腐败，便告退返乡，安度晚年。

二、史事传说

史事传说，是民间传说的一大门类。指叙述历史上各种重大历史事件的起因、发展、结局、影响等的民间传说。它以口碑的形式生动地再现了各个历史时期的社会生活，展示了人民大众对各历史事件的认识和评价，寄托人民大众的理想和愿望。此类传说，大都从各个角度、各个侧面去表现历史事件，而不去记述历史事件的全过程，具有显著的片段性。它往往与各类人物传说有所交叉，但两者各有侧重，前者以叙述历史事件为主，后者以写人为主。

彝族史事传说，以《六诏传说》《龙王和铁柱庙》具有代表性。

《六诏的传说》讲述：

相传六诏王的父母祖师爷和祖师娘，耕耘于巍宝山彝家山寨里。老两口辛勤耕耘，年近六十花甲，却无儿无女，得子心切。他们六十岁那年，一天，祖师娘送午饭给山上犁地的老伴。她来到遇仙峰，遇见太上老君和他的两个徒弟张天师、李天师，他们都说还没有吃饭。祖师娘送了三次饭给他们吃并将这事一五一十地告诉了祖师爷，祖师爷说遇着仙人。于是老两口拜见了太上老君师徒。老君对老两口说："我包你们家香火不断，儿孙满堂，世袭为王。"自拜见老君后，祖师娘怀了三次孕，每胎都是双胞胎，生了六个儿子。六个儿子长得神速，转眼长成大人，一个个英俊威武。老大叫细奴罗，浓眉大眼，仪表非凡。他十八岁那年，跟兄弟五个一起去金雀寺朝拜，得知部落长张乐进求下了一道诏书，说：谁能把铁柱上的金雀拜下来，就让位给他，并把独生女儿嫁给他为妻。细奴罗一拜，铁柱上的金雀飞落到他左肩上。张乐进求见了，就让位给细奴罗，并把独生女儿嫁给了他。细奴罗即位后，建号大蒙国，自称奇嘉王。随后，他带兵收复了洱海地区的许多小部落，分设蒙舍诏、邓赕诏、施浪诏、浪穹诏、越析诏、蒙嶲诏。并派自己的五个兄弟去当邓赕诏、施浪诏、浪穹诏、越析诏、蒙嶲诏的诏王，自己为蒙舍诏王。六诏中蒙舍诏在南方，因称南诏。细奴罗死后，到他的曾孙皮罗阁时，统一了其他五诏，在大理洱海地区建立南诏国。

《龙王和铁柱庙》讲述：

相传一女子在密滴河打鱼，翻船后怀孕，生九子。九子到河边玩耍，八子被黄栗木变的龙吓跑，老九不跑，龙便认九子为儿，给予龙珠。九子得龙珠，呼风唤雨，逼退山妖水怪，百姓安宁，推九子为王。王位传至三国时，九子世系出孟获，诸葛亮念其为龙孙，不敢杀害，封其官职。孟获感恩，建铁柱庙，塑诸葛亮像供奉。孟获又传至二十一世孙独罗，白王张乐进求念及两族手足之情，率其朝拜铁柱庙，见金丝鸟落于孙独罗肩上，即招为驸马，授大权，登王位。后传与罗盛、盛罗皮、皮罗阁，开创了南诏基业。

红军长征传说《红军八哥》讲述：

1935 年 4 月的一天，红军来到禄劝翠华坝子。红军开出坝子时，住在黄应宗家的一位红军干部，送了黄家一只八哥。这只八哥很乖巧，会学人说话，常说："红军来了！红军来了！""打土豪，分田地！"因此，村里人都非常喜欢这只八哥，都叫它"红军八哥"。那时，黄应宗才十五六岁，非常喜欢这只八哥。每当人们想念红军时，就问八哥："红军哪里去了？"八哥就回答："红军来了！红军来了！"一天，地主老财勾结伪乡保长到村里"清乡"，忽然听到"红军来了！红军来了！"吓得胆战心惊，以为红军真的来了呢！后来，地主老财听出是八哥叫声，便闯进黄应宗家，八哥高叫起来："红军来了！红军来了！打土豪，分田地！"地主老财气得要对八哥下毒手，黄应宗就把八哥从笼里放走了，让它远走高飞。可是，八哥不愿离开它的主人，放出去，它又飞了回来。地主老财便放出猫去咬八哥。八哥这才飞进山林里去了。以后，每年到了红军路过翠华坝子的日子，八哥成群成群地飞翔在翠华坝子上空，人们就想起“红军八哥”来，大家情不自禁地说：“红军八哥”又回来了！

三、地方风物传说

地方风物传说，是民间传说中重要的一个类别。它叙述地方的山川、古迹、名胜、花鸟虫鱼、风俗习惯及乡土特产的由来和命名，往往赋予叙述的对象以富有意义的或富有情趣的说明、解释，表现了人们热爱乡土的情愫以及他们对生活的理想和信念。

彝族风物传说的数量不可胜数，择录几则于下。

风俗传说《香堂人家为什么供木人人》叙述：

相传有两母子，儿子天天上山种地，母亲给他送饭。送早了或送迟了，儿子都不高兴，恶语责骂母亲。一天，儿子在山上犁地，看见地边一棵大树上有一窝小乌鸦（一说小鸟）。老乌鸦整天抬食回窝喂给小乌鸦，小乌鸦在窝里张着嘴“唧唧唧”叫着接食。他看到这情景，想到自己的母亲老了，还天天上山来给他送饭，稍不按时，就责骂母亲，心里很内疚。这天中午，他远远看见母亲又给他送饭来了，便吆住牛，急忙跑向母亲，准备去接饭。他急忙中却忘了放下手中的牛鞭。母亲误以为儿子要来打她，心一急，撞跌在一棵柏树桩上跌死了。儿子悔恨万分，痛哭了一场。他埋葬了母亲后，将母亲撞死的柏树桩挖回家去，刻成木人人，供奉在家堂上，每天献水、献饭，表达对母亲的怀念。从此，每当老人去世，都要用柏树刻一个木人人，供奉在家堂上。直到现在，香堂人还供奉木人人。

火把节的传说。火把节，是彝族全民族的传统节日，被誉为“东方的狂欢节”。火把节历史悠久，在汉文史书中多有记载。范承勋《云南通志·种人门》载：“焚夷在镇南（今南华县）者，（农历）六月二十四日，集众燃炬，哗而赛神。”许实在《禄劝县志》云：“六月二十四日为火把节，亦谓星回节，老人以此为度岁之日，犹汉人之星回于天而除夕也。”许印芳《五塘杂俎》云：“节之日是夕，在所人户，同时燃树，入室遍照幽隐，口中喃喃逐疫送穷语，而农人持火照田祈年，樵牧渔猎各照所适，求利益大光明中。……倒树当门卧，男女撩衣跨火过，群相贺曰：‘灾星除矣，秽气解矣。’”关于火把节的传说颇多，内容各不相同。一类是把火把节与人类同自然作斗争联系起来，另一类则是与反奴隶主、反异族侵略相联系。流传于金沙江南北两岸彝族聚居区的《火把节》讲天上的大力士斯热阿比与地下的大力士阿提拉八摔跤、比武，天上的大力士斯热阿比被摔死后，天神发怒，放蝗虫危害地上的庄稼，人们点火烧虫，因而形成六月二十四为火把节。流传于昆明市寻甸彝族回族自治县的《火把节的传说》讲天神恩体古兹忌妒人间富足生活，便派十大力神到人间践踏庄稼。愤怒的人们斗败了十大力神。

恩体古兹恼恨，向人间撒下蚱蜢、蝗虫啃吃庄稼。人们便举火把灭害虫。为庆祝灭害虫的胜利，将六月二十四日定为火把节。节日里举行斗蟋蟀、斗屎壳郎、斗鹌鹑活动。《彝族阿细人的火把节》讲奴隶主把很多穷兄弟关于牢中，阿真等在羊角上绑火把，冲向奴隶主那迢迢家，烧死奴隶主，且烧掉拴在身上红蓝丝线。为纪念这次胜利，六月二十五日举火把游行，相沿成俗。《彝族撒梅人的火把节》是纪念撒梅王与异族抗争的节日。相传撒梅王被杀了一个头，星宿出时又长出一个头来与异族抗争奋斗厮杀。最后，由于奸细出卖，砍头后以尖刀草扫脖子，从此，撒梅王再也不能复生。而今尖刀草是撒梅王的血染红的，人们以六月二十四日、二十五日打火把纪念他，并寻觅他的精灵。

上述种种传说，都反映彝族火把节风俗的形成与演化，同时又促进民间传说的丰富与发展。古代称火把节为星回节，民间有火把节“星回于天而除夕”的说法，说明火把节实际为彝族的新年。节日源于远古先民对火的崇拜，又有纪念英雄，除秽禳邪、祈年求丰、敬天祭祖、以火占田、以火照岁等多重民俗内容。

节日传说《跳宫节》叙述：

那坡彝族一般在农历四月初欢度节日，节期为三天。富宁彝族支系白倮倮人，在四月初七、初八两日欢度节日。节期里，人们身着节日盛装，会集在寨旁宫坪上，踏着芦笙、铜鼓声，欢乐起舞，欢庆一年一度的节日。相传有一次，官兵来攻打白倮倮人。白倮倮人奋起抗争，但终因寡不敌众，被官兵追赶进深山老林。这时候，白倮倮人的首领设了一个巧计：四月初七这天，他独自冲进官兵营盘，然后边杀边退，将官兵引入白倮倮人的埋伏圈。白倮倮人一举打败了官兵。白倮倮人以智取胜，人们在草坪上敲响铜鼓，吹起芦笙，踏歌起舞，庆贺胜利。从此，就有了“跳宫节”(也写作“跳公节”)，代代相传，历久不衰，一直沿袭至今。

地名传说《鸳鸯坝》叙述：

昆明阿拉乡宝象河口有一道坝，称为鸳鸯坝。相传美丽的彝家姑娘阿香，因扑蝶落水，被汉族小伙子李兴救起，两人相恋。撒梅山头王看中了阿香，派管家丢下一挑彩礼，要娶阿香做他的第十个小老婆。在约尼大爹的指点下，阿香和李兴逃婚，李兴被管家射死在宝象河里，阿香被逼，佯装允婚，要山头王祭李兴，乘其不备，把山头王推入宝象河淹死，自己也跳水自尽。为此，被人们称为鸳鸯坝。

器乐传说《阿乌的传说》叙述：

相传很早以前，子君人住在龙宝山上，一天，寨中一家公孙两个，赶着牛群去乔山放牧，往日，这里草嫩水清，可今日，龙潭干涸，草儿枯黄，一切都变得这么突然，为什么呢？啊！原来是乔山龙潭的小白龙被抬走了，龙去水干天大旱，牛群啃着枯黄的草根，放牛娃抓起塘泥，捏了一个空心饺子形的泥玩具，放于嘴边吹着玩，玩具发出“阿乌，阿乌”的声音，放牛娃很喜欢，对着天空，天天吹，突然，乔山龙潭有水了，小白龙回来了，龙宝山的旱情解除了，牛群有草吃，旱谷能下种，子君人高兴极了，从此后，娃娃们吹的这种“阿乌”就流传下来了。后来，子君人搬到了平坝后，为了求得农业丰收，每年栽秧时节，保留了吹阿乌，祈求苍天降雨的习俗。

器乐传说《口弦的传说》叙述：

从前有个老阿妈，生得两个姑娘，姊妹俩聪明伶俐，勤劳能干。可是因病，两个姑娘都死了。老阿妈日夜思念自己的女儿，非常伤心难过。她就削了一厚一薄的两块竹片，在竹片上刻出了舌头和脑袋。老阿妈想念女儿时，便把两只竹片含在嘴里，用手指轻轻拨动，两姊妹就唱起歌来，讲起话来，安慰老阿妈不要难过和悲伤。从此，老阿妈便把两只竹片好好地保存在一个十分精巧的小竹筒中，时时揣在怀里，思念女儿时，就掏出来悠悠弹响，听女儿唱歌、讲话。后来，这两片奇妙的竹片被彝家人称作“响篾”或“口弦”。大家学着做，学着弹。口弦成了彝族人传情的乐器，青年们更是爱口弦像宝贝一样。

歌舞传说《打歌的传说》叙述：

有一次，彝族与异族发生战争。在二月初八这一天，彝族队伍被团团包围在一座山头上，情况十分紧急。彝族头领急中生智，指挥士兵在山顶、路口烧起几堆大火，火光冲天，叫士兵围着火堆尽情地歌唱，尽情地踏跳。彝族兵围着火堆跳来跳去，有如千军万马，声震四野。异族兵误认为彝族援兵赶到，就急忙撤退了。为了庆祝胜利，彝族人民就把二月初八这天定为年节。每年二月初八晚上，就燃起熊熊篝火，载歌载舞。一代传一代，发展成为一种民族歌舞——打歌。另一传说讲有个彝家小伙子叫米那诺，他带领大家拒交官粮，官兵就来攻打彝家。因彝家人少，寡不敌众，退守到一座大山上，被官兵团团包围，情况十分危急。这时，米那诺急中生智，对大家说：“彝家人活要活得有志气，死要死得有骨气。大家唱起歌来吧！跳起舞来吧！”于是，大家吹起竹笛，弹起弦子，“阿哩罗——阿哩，阿哩罗”的呼喊声，声震山野。官兵听了胆战心惊，以为彝家搬来援兵，就急忙退兵。彝家乘机冲杀，大败官兵。这一天，正好是二月初八。为了纪念彝家打败官兵的日子，就把二月初八定为跳歌节。年复一年，一直流行到现在。

山川传说《龙泉山》叙述：

龙生对瞎眼妈妈特好。他去挖野菜，听见岩下深洞中有一个被龙王锁了五百年的老奶奶在呻吟。他救了老人。老人使他的母亲的双眼复明，又送他一个宝瓶，可用来施雨，但只能喷一口，喷二口变虾，喷三口变成癞蛤蟆，喷四口便见不着妈妈。他为了乡亲，毅然喷了四口，遍地降下甘霖。龙生也就化龙而去，见不到母亲了。龙生降雨化龙的那座山，后来就称为龙泉山。

山川传说《石甑子的传说》叙述：

禄依江（即星宿江）中有一个叫禄衣绣彩的妖怪，颇有法术，能呼风唤雨，兴风作浪。这个妖怪，经常在星宿江一带调戏彝家妇女，受人唾骂。它恼羞成怒，便赶来石牛，堵住星宿江，使禄丰坝子变成大海，对人们进行报复。正巧，法力无边的刘真人来到这里，绿衣绣彩害怕就跑，躲在一个岩洞下，刘真人施法术，岩子倒下来把绿衣绣彩压死了。但它赶来的石牛也施行妖法，把良家妇女拖入江中，弄得妇女不敢出门。刘真人用一口大锅，把石牛罩入江中，搬来石甑压住石牛，永远把它镇住。从此，金沙江上游风平浪静，江畔的人民安居乐业，五谷丰登。

乡土特产传说《木耳的传说》叙述：

一对夫妇晚年得一女，取名珍珠。珍珠姑娘长大成人，不仅美丽漂亮，而且勤劳善良，乐于助人，深得人们的喜爱。有一年，她阿爸病了，要金鹿崖头的鹿筋草才医得好。珍珠去采鹿筋草时被黑熊吃了，只有跟她去的追山狗衔回鹿筋草治好老人的病。珍珠给老人托梦说：老熊吃她时她的两只耳朵掉落在老熊箐的树上，日后箐里的栗树上就会长很多像耳朵一样的东西，很好吃，可以捡了换些油盐过日子。老人按珍珠姑娘在梦里的嘱咐去捡木耳。后来，捡木耳的事传开了。人们为了纪念珍珠姑娘给人们带来的好处，把木耳称作珍珠耳。

四、民间传说的特征

民间传说的内容丰富，有着深刻的思想意义。同时，它具有鲜明的艺术特征。其特征是历史性、解释性、传奇性。

历史性，是民间传说的特征之一。它与一定的历史事件、历史人物及地方风物有关联。但传说与严格意义的历史有本质的区别。传说既不是真实人物的传记，也不是历史事件的记录（其中包含真实历史的某些因素），而是人民大众的艺术创作。通过艺术创作，使它成为艺术化的历史，或者是历史化的艺术。比如《孟获的传说》，与历史上他率领彝族人民与诸葛亮打过仗有关联。《南诏开国君主细奴罗》，则与蒙合诏崛起灭其他五诏，建立南诏国这一历史事件和历史人物有关联，是彝族人民对他在历史上所起的积极作用进行艺术概括与加工的结果。其他人物传，如杰出女政治家奢香的传说、农民起义首领普应春的传说、英雄人物龙在田的传说以及史事传说《六诏的传说》等，有的作品与史实相符的成分多一些，有的作品与史实相符的成分少一些，情况各有不同，但都有或多或少的历史影子，在本质上反映了彝族人民群众对于这些历史事件、历史人物的认识和评价，具有可信性和可传性。这是这些传说虽有比较浓厚的神话色彩却与神话不同的最根本的区别所在，也正是民间传说的历史性特征所在。

解释性，是民间传说的又一个特征。它具有解释和说明有关事物的成因、由来、特点、作用、意义的特征。例如，风俗传说《香堂人家为什么供木人人》生动、形象地解释了彝族支系香堂人供奉木人人风俗的由来；《火把节的传说》《跳宫节》，解释了节日的来历；《口弦的传说》《打歌的传说》，解释和说明器乐、歌舞的由来；《木耳的传说》，则解释和说明乡土特产木耳的来历。这些生动、形象、有趣的解释和说明，有的有一定的依据，有一定的历史影子，比较可信、可传；有的则通过幻想和虚构，铺叙演化而成，无从查考。但不论属于哪种情况，它们都反映了彝族人民群众的褒贬、爱憎、理想、愿望，体现了他们的历史观。

传奇性，也是民间传说的一个特征。民间传说，特别是古代人物传说和地方风物传说，一般都或多或少地吸收一些神话色彩的情节，具有幻想、夸张的神奇色彩。比如，有的人物传说，篇幅不太长，但其故事情节显得离奇、曲折，引人入胜。传说故事主人公具有“超人间”的神性因素，有一种神奇的超凡力量。如彝族传说南诏开国君主细奴罗的诞生，属“感生”，他成年后，又力大无比，有超凡的本领。同样，农民起义首领普应春、英雄人物龙在田都具有“超人间”神性因素，有一种神奇超凡的力量。传说塑造的这些艺术形象，显得那么神奇、夸张，但又以现实为基础，是符合生活本身规律的。传说的故事情节、主人公，富有浪漫色彩，使人感到既在情理之中，又在意料之外，奇而可信，信而又奇，具有传奇色彩。

总之，彝族民间传说，蕴含了深刻的社会内容，表现出鲜明的艺术特征。它们优美而生动，形象而鲜明，富有思想性、趣味性和知识性，深受彝族人民群众的喜爱。

第四节 民间故事

民间故事分为广义与狭义两种。广义的民间故事，包括神话、民间传说、狭义的民间故事；而狭义的民间故事，则不包括神话和民间传说。本节所写的民间故事，是狭义的民间故事，而不是人民大众口头上的广义民间故事。

狭义的民间故事，是散文体口传叙事文学的一种重要体裁。通常分为幻想故事、写实故事（又称生活故事）、民间笑话、民间寓言四个门类。

一、幻想故事

幻想故事，包含丰富的想象成分，充满神异浪漫色彩，以各种具神奇本领的角色和曲折离奇的故事情节，再现生活，反映人民大众生活、风俗、信念、人与人之间的关系和某些社会矛盾，展示人民大众的审美风尚与艺术情趣。这类故事包括精怪故事、鬼怪故事、神异故事、动物故事等。

幻想故事，我们着重评述神异故事中演变为著名故事类型故事和动物故事。

（一）著名故事类型故事

彝族著名故事类型故事有狼外婆型故事、百羽衣型故事、灰姑娘型故事、鱼姑娘型故事、龙女型故事、蛇郎型故事、蛙郎娶亲型故事、狗耕田型故事、找幸福型故事、十兄弟型故事等。

（二）狼外婆型故事

狼外婆型故事，是世界性著名故事类型之一。通常写狼（或虎、熊、猩猩、妖精）吃了孩子（多为女孩）的母亲（或祖母），并伪装成母亲或外婆来孩子家中。半夜，冒充的母亲或外婆吃掉妹妹，姐姐逃到树上，最后终于机智勇敢地将它除掉了。

这类故事迄今仍在彝族民间广泛流传，异文甚多，都体现同一主题，只是情节繁简不一而已，如《老妖婆》《老变婆的故事》《妖精婆》《老人熊的故事》《老毛人的故事》《猩猩》《智斗老秋夫》等。

《老妖婆》讲：

> 有一独户人家母女三人。大姑娘名叫阿三，小姑娘名叫阿四。有一天，母亲上山看守庄稼，被一个凶恶的老妖婆吃了。然后老妖婆扮作母亲，在天黑骗开了阿三家的大门，花言巧语要阿四和她睡。半夜，老妖婆吃了阿四。聪明机智的阿三想了巧妙的办法，跑出了家门，躲到一棵梨树上。当老妖婆追到梨树下，哄骗阿三下树来时，阿三用计将长矛刺进老妖婆的咽喉，老妖婆被刺死了。嘴里喷出的血淌了一地，一会儿长出荨麻围住梨树。阿三困在梨树上。后来她被一个猎人救了下来。

《老变婆的故事》讲：

> 有一家姐弟俩和妈妈住在山坳里。有一天，妈妈在回家的路上被老变婆吃了。老

变婆变成妈妈的模样来到家里，聪明的姐姐从老变婆的声音和举动中怀疑她不是妈妈，幼稚的弟弟却没有看出。夜里，老变婆把和她睡一头的弟弟吃了。姐姐发现后，就借故起夜到门外。老变婆为防止她逃跑，就用线的一头拴住她的手，另一头自己捏着。姐姐把拴自己的线拴在母鸡腿上，然后爬到了屋后的桃树上躲起来。天亮后，老变婆到屋后发现了，要姐姐扔桃子给她尝尝。姐姐说够不着摘，要老变婆到家里拿梭镖给她。姐姐在树上对准老变婆张大的嘴巴，一梭镖把老变婆杀死了。老变婆倒地变成一片荨麻围住桃树。三个牧羊人路过此地，姐姐向他们求救。三人解下披毡铺在荨麻上让她下了树。

狼外婆型故事，从头至尾所有的情节，都着力描写老妖婆的凶恶、狡猾，小姑娘的聪明、机智以及彼此之间的正面冲突与斗争，突出了小姑娘机智勇敢的形象和与邪恶顽强斗争的精神。

（三）百羽衣型故事

百羽衣型故事，又称羽衣仙女型故事、天鹅处女型故事，是著名故事类型之一。通常写一勤劳、善良的青年（猎人或樵夫）与一美丽、俊俏的姑娘结为夫妻。丈夫因爱妻子甚深，一刻也不愿离开她。妻子画了自己的像，让丈夫将画像插在地头（也说带在身上），一边劳动，一边看画像，就像妻子在自己身边。一天，一阵大风吹来，把画像吹到皇宫里，国王看见画像，被迷住了，便立即派人将画像上的姑娘抢进皇宫。姑娘临走时，吩咐丈夫缝羽衣（或百兽衣）进京救她。丈夫照妻子吩咐，带着百羽衣到了京城，与妻子团聚，并将国王处死。此类型故事至今在彝族民间广泛流布，异文颇多，如《聪明美丽的姑娘》《长工小珠珠》《白鸟》《跳笙的传说》等。

《聪明美丽的姑娘》讲述：

一个有钱人的聪明美丽的姑娘，与一个忠厚勤劳的穷小伙子成了亲，过着美好幸福的日子。每天，姑娘在家里做针线活，料理家务事，小伙子上山做活。小伙子因为爱恋妻子，每天吃午饭就转回家来。姑娘剪了一张自己的纸像，让小伙子带在身边。一天，小伙子在山上做活，歇息时，他拿出妻子的纸像来看，突然刮起一阵旋风，把纸像吹走了。后来纸像飞落到一家老财主家院里。老财主见纸像上的姑娘十分美丽，便派人一查，知道了纸像上的姑娘是小伙子的妻子。老财主想霸占姑娘做他儿子媳妇，就派人把姑娘抢走了。临别时，姑娘告诉小伙子一个计策。到了三年三月零三天，小伙子穿上兽皮衣裳，帽子插上野鸡毛，骑着老母猪，吹着笛子，来到老财主家院子。姑娘被抓到老财主家后，不说不笑，成天愁眉苦脸。这天，财主的儿子见姑娘看着院子里的小伙子欢笑，他想逗姑娘欢心，就与小伙子换穿了衣裳，骑上老母猪。这时，姑娘吩咐管家把老财主的儿子杀死了。小伙子和姑娘团圆。

《百兽皮衣》（又称《跳笙的传说》）讲：

从前有一个彝族男人，自从娶了个美貌的妻子后，天天在家守望着妻子。一天，其妻对他说："你不出去劳动，我们吃什么？"丈夫说舍不得离开她。其妻只好画了一张自己的像给丈夫，让他把画像挂在田边，能时时看见她。一天，大风把妻子的画像吹到了皇宫里，皇帝看到了画像，就下令手下官兵寻找画像上的人。官兵带着画像终于找到了这个彝家美女，要她进皇宫。临别时妻子告诉丈夫去打一百种野兽，制成百兽皮衣穿在身上到京城的大街上跳芦笙舞，夫妻即可见面团圆。彝家美女到了皇宫不吃不喝、不说不笑，整天愁眉苦脸。一天，当她得知有个穿百兽皮衣的人在街上跳芦笙舞时露出了笑脸，皇帝也格外高兴。美女要皇帝把跳芦笙舞的人请进宫来，并与他换穿衣服。皇帝为了求得美人欢心只好照办。到夜晚，官兵们误以为穿龙袍的皇帝正在与美人吹笙跳舞，就把旁边穿五花百兽皮衣的人杀了。彝族男子做了皇帝。

此类型故事，描写彝族人民的生活，反映了他们真挚的爱情和对幸福生活的憧憬、向往。财主、皇帝、统治者破坏了他们的幸福生活。故事男女主人公与剥削、统治者进行了巧妙斗争，最后将财主、皇帝处死。此类型故事表现彝族人民不只为了争取爱情自由，而且要除掉残暴的剥削、统治者，给人民大众过好日子。此类型作品的深刻的思想意义就在于此。

（四）灰姑娘型故事

灰姑娘型故事，是世界性著名故事类型之一。通常描写故事主人公姑娘受继母虐待，但不断得到死去的生母的暗中帮助。后盛装外出参加歌舞会或宴会，与英俊的王子或富家少年邂逅。经过一番周折，两人终于结为美满夫妻。后母的女儿忌妒，将女主人公害死并冒名顶替。女主人公几经幻化复生后揭穿其真面目，并与丈夫重新团聚。

这类故事在彝族民间流布极为广泛，作品也多，如《阿茨姑娘》《牧牛姑娘阿依》《阿赤与阿考》《阿芝与阿菲》等。

《牧牛姑娘阿依》讲述：

阿依姑娘从小就死了母亲，与阿爹相依为命。后来阿爹娶了个后妈。后妈带来一个比阿依小一岁的姑娘。后妈疼爱自己的亲生女儿，百般虐待阿依。她让阿依每天上山放牛，还要她一边放牛，一边搓很多麻线，搓不完就毒打，不让她吃饭。一天，阿依想起自己的苦日子，思念自己的亲生母亲，不禁伤心落泪。这时，忽然走来一条母牛，对阿依说："苦命的姑娘，别哭了，我会帮助你。"母牛把乱麻吃了，屙出一团团搓好的麻线。这以后，母牛天天帮助阿依搓麻线。后妈知道这事后，便叫自己的亲生女儿去放牛，也让牛吃麻线，母牛却屙稀屎弄脏她女儿一身。她生气，把母牛杀吃了。母牛被杀前吩咐阿依不要吃牛肉，捡点骨头藏在箱柜里和马厩里。阿依按照母牛的吩咐做了。不久，附近一家黑彝贵族家请毕摩念经并宴请亲友，非常热闹。后妈带着她亲生女儿去参加宴会，却不带阿依去，还叫她把泥土里的荞子捡完，不捡完就不许出门。阿依在一只喜鹊的指点下，捡完了荞子，打开箱柜，她藏的牛骨头变成了一套绣花的衣裙、披毡和金银首饰，又到马厩里一看，牛骨头变成了一匹高头大白马。她穿上新衣裙，戴上金银首饰，披上披毡，骑上大白马参加宴会去了。英俊的黑彝家儿子一眼看中了仙女一样漂亮的阿依。当众宣布，他要娶阿依做妻子。婚礼举行了三天三夜。一年后，阿依生了个小儿子。她背着孩子，带着厚重的礼物回娘家探亲。后妈母女非常忌妒，便起了歹心，把阿依害死。后妈生的女儿乔装打扮成阿依回到黑彝家。阿依死后灵魂不灭，化为一只小花雀歇在黑彝家地头一块大石头上，不住地叫唤黑彝家儿子的名字。犁地的黑彝家一个娃子，把这事告诉了黑彝家的儿子。黑彝家儿子来到地里，小花雀叫着他的名字飞落在他肩膀上，他很奇怪，就把小花雀带回家养着。小花雀用翅膀摸阿依生的小孩，假阿依起了疑心把小花雀丢进火塘烧死了。隔壁一孤老妈妈到黑彝家点火，发现火塘里有一把剪子，就悄悄带回家放在箱子里。剪子变成一个漂亮的姑娘。她是复活了的阿依，与孤老妈妈生活在一起。黑彝家儿子到孤老妈妈家认出了自己的妻子。他牵来高头大马把阿依接回家，夫妻俩重新团圆。那个歹毒的假阿依见了惊慌失措，被马踩死了。

《阿茨姑娘》讲述:

阿茨姑娘的生母不幸病死了，父亲娶了一个后娘。后娘偏心，疼自己亲生女儿，百般虐待阿茨。让阿茨每天上高山放牛，还要她一边放牛一边搓麻线，如搓不完，还要毒打她，不许她吃饭。小母牛同情阿茨姑娘，把麻吃了，屙出一团团麻线来。后娘知道了这件事后，便叫自己亲生女儿去放牛，也让牛吃麻屙线。哪知牛不吃麻也不屙线。后娘生气，就把牛杀吃了。阿茨按照喜鹊指点的话，把牛骨头藏到马厩角、门角和屋后的空坛子里。有一次，邻近寨子里有一家富人请毕摩念经并宴请亲戚朋友，非常热闹。后娘只带着亲生女儿去参加，却不带阿茨去。阿茨姑娘自己偷偷去了，她藏的牛骨头这时变成了金光闪闪的马鞍、各式各样的丝绸衣服以及金银、玉石、珊瑚首饰等，阿茨取出马鞍配在马上，将各色丝绸衣服和首饰穿戴在身上，便骑着高头大马参加宴会去了。有个披着金线黑披毡的英俊小伙子，名叫吉木阿基，他见阿茨像天仙一样漂亮，十分爱慕，便派媒人来求婚，把阿茨姑娘娶为妻子。后娘的女儿见吉木阿基家很富有，忌妒阿茨，终于想出一条毒计，把阿茨推下悬崖摔死，她自己换上了阿茨的衣服首饰，冒充阿茨去做吉木阿基的妻子。最后在水鸟的指点下，吉木阿基认出了假妻子，事情败露，假妻子回她娘家去了。吉木阿基从穷娃子家里见到了真妻子阿茨，把她接回家，夫妻重新团圆。

此类型故事，情节曲折、复杂，描写故事主人公（某女）受继母虐待、残害，后死而复生，并与丈夫重新团聚。故事表现了彝族人民同情善良的弱者，无情鞭挞残暴、邪恶者的主题和他们的是非、道德观念。此类型故事广泛传布，深受彝族人民大众称赞赏识。

（五）鱼姑娘型故事

鱼姑娘型故事，是著名故事类型之一。通常写一年轻农夫（或渔郎、孤儿）捞到一条鱼（或一个蚌等），拿回家中喂养。这条鱼变为一个漂亮的姑娘给他做饭、收拾家务。他发现这个秘密后便与鱼姑娘结为夫妻，日子过得十分美满。过一段时间，他受（如有钱的舅父）挑唆，气走了鱼姑娘，随即后悔。在一动物（如青蛙）的帮助下，他赶到龙宫同岳父龙王多次进行较量。在鱼姑娘的暗中帮助下，他接连取胜，夫妻俩终于团圆。

彝族此类型故事主要作品有《小红鱼》《金鱼姑娘》《红鱼公主》等。除散文体作品外，尚有韵文体长篇叙事诗《则谷阿列与依妮》。

《小红鱼》讲的是：

从前有一个小伙子靠卖柴过口子。一天，他在挑柴途中去井边喝水时，看见井里有一条小红鱼，就把它捞回家放在水缸里养着。第二天，小伙子挑柴回到家时桌上已经摆好了热气腾腾的饭菜。一连几日都如此。这到底是谁做的？小伙子想弄个清楚。一天，在挑柴途中小伙子返回家一看，原来是放养在水缸里的小红鱼脱下皮变成一个漂亮姑娘在给他做饭，做好饭后又变成鱼回到缸里。这事好心的村人知道了，他们给小伙子出主意，教他把鱼皮藏起来，姑娘就变不回去了。小伙子照办了。后来小红鱼姑娘便做了他的妻子。可惜好景不长，小伙子因听信谗言，把妻子赶回井里去了。从此以后，他回家再也吃不上热饭菜。小伙子十分后悔，天天趴在井边痛哭。一天，一只田鸡答应替他把井水吸干，嘱咐他不能笑。但小伙子在田鸡把井水吸得能看见小红鱼时高兴得忍不住笑起来。他这一笑，却让田鸡的嘴涨破了，井水又满起来了。小伙子和原来一样，卖柴为生，过着孤苦伶仃的日子。

《金鱼姑娘》讲的是：

普度河岸边住着一个名叫阿莱毛的孤儿，每天以捕鱼度日。一日，他捕鱼时捕到一条非常美丽的金鱼，带回家放养在水缸里。自从这以后，阿莱毛每天捕鱼回家来，见家里都做好饭菜，屋里也收拾得干干净净的。他非常奇怪。后来他发现是水缸里的金鱼变成一个美丽的姑娘为他做家务事。他热泪盈眶地向金鱼姑娘求婚。金鱼姑娘欣然允诺。阿莱毛与金鱼姑娘结为美满夫妻。穷孤儿阿莱毛娶了个美丽聪明贤惠的妻子的事，像一阵风传开了。歹毒的国王得知后，企图霸占金鱼姑娘，就千方百计出些凡人做不到的难题刁难阿莱毛。阿莱毛在金鱼姑娘的指点帮助下，都一一化解了。国王没有难住阿莱毛，仍不甘心，还百般非难阿莱毛。于是，金鱼姑娘施展法力，变出一只凶猛的老虎，把国王咬死。从此，阿莱毛和金鱼姑娘过着幸福美满的生活。

此类型故事，故事情节曲折、离奇、怪异，表现彝族人民群众的思想感情和理想愿望，歌颂劳动人民纯真的爱情生活。

（六）龙女型故事

龙女型故事，是著名故事类型之一。通常写有个穷苦青年（或孤儿）因搭救了龙女（个别为鱼姑娘、蛇姑娘），他俩相爱并结为夫妻。皇帝（或大官、土司、财主）妄图霸占龙女，百般刁难其丈夫。龙女施展法力，不断进行回击，最后将其除掉。此类故事在彝族民间广为流布。如《孤儿和龙女》《长工与龙女》《龙女》《布阿诗嘎尾》等。

《长工与龙女》讲述：

在一条河的两岸住着两户人家。住在河东岸边的叫作河东，家里很有钱，住的是四合五天井的大瓦房。住在河西岸边的叫作河西，家里很穷，靠在河东家当长工赡养瞎眼妈妈。到了年三十，河东逼着河西去打鱼来过年。河西捞得一条小红鱼，瞎眼妈妈用手去摸，红鱼跳起来，水溅到瞎眼妈妈眼睛里，瞎眼妈妈重见光明。母子俩商量把红鱼放回了河里。红鱼下到水里后对河西说："谢谢你救了我。你有了困难只要到河边喊三声'龙三姐姐'，我就会来救你。"河西打得一条红鱼，又放回河里的事，被河东知道了，把河西的脚打跛了。年三十晚上，河西走投无路，忽然想起红鱼对他说过的话，便来到河边对着河水叫了三声"龙三姐姐"。过了一会儿，水面泛起银光，掀起微微的波浪，从水里走出来一个漂亮的姑娘，愿与河西成家。姑娘跟着河西回到河西家里，她把伞撑开，伞立即变成了一座四合五天井的漂亮房子。姑娘又对着她带来的葫芦说了需要的衣服、家具和吃的、用的，不一会儿房子里什么都有了，河西从此过上了幸福的日子。河东财主知道后，便起了贪心。一天，他找到河西，要跟河西换房屋财产和妻子。河西不答应。后他听媳妇的话，答应了，立了契约。当换了房子后，龙三姑娘施展法力，一切都变成乌有，让河东躺在刺棵里睡着了。然后，龙三姑娘变回一条红鱼，顺着河游走了。当河东一觉醒来，却睡在刺棵里，龙三姑娘不见了，财产、房子也不见了，变成一无所有的穷光蛋。

《孤儿与龙女》讲述：

孤儿阿乔命比黄连苦三分，但心地善良。一夜于窝棚早醒来，见香喷喷的肉饭热气腾腾地摆在桌上，一连数天如此。阿乔惊奇，暗中窥见一姑娘，为他正摆上一桌肉饭。阿乔上前一把拉住她，就要跪谢。姑娘说明自己是龙王的七女儿，奉父王之命，前来与他成家立业。他们婚后，县官起了歹心，企图霸占龙女，抓来阿乔，出难题，要他三日之内开出七十二架牛的耕地来。龙女按时完成，惊呆了丈夫。县官又要阿乔三天把二升稗种均匀撒于地里，三天之后再如数拾起交回衙门，如若少一粒龙女就是他老婆了。阿乔回家唉声叹气，龙女劝慰他，便动用水族的兄弟姐妹全部拾起稗种交回衙门。县官未能难住阿乔十分恼怒，领一群爪牙抓走龙女。突然狂风大作，雷鸣电闪，暴雨如注，九龙河的巨浪滚滚，把县官一伙卷入河中淹死。龙女仍回自己的瓦房小院和阿乔过着幸福生活。

此类型故事描写皇帝（或土官、土司、县官）妄图霸占聪明美丽的龙女，百般刁难其丈夫。龙女施展法力，不断回击，最后将其除掉。故事神异、曲折，让有情人历经种种磨难而团圆，体现了彝族人民的审美风尚。

需要指出的是，此类型故事，有时与田螺女型故事有所交叉，如《孤儿和龙女》就属这两种故事类型的结合体。故事情节曲折、复杂，真挚动人，颇有艺术魅力。

（七）蛇郎型故事

蛇郎型故事，是世界性著名故事类型之一。它通常写蛇（或四脚蛇、蟒）向一家求婚。这家姐妹中，只有小妹体贴父母，愿意嫁蛇郎。婚后蛇郎变为富家的一个英俊小伙子，夫妻俩过着甜蜜的日子。二姐（大姐）忌妒，害死回家探亲的妹妹，然后乔装打扮成小妹去跟蛇郎一同生活。小妹变为一只小鸟揭露姐姐的丑行，后来得以复活，与蛇郎重新团聚。狠毒的姐姐得到惩罚。此类型故事，在彝族民间广泛流传，如《三妹和蛇郎》《四妹与蛇郎》《蛇大爷的妻子》《花花蛇与三姑娘》《小兰光》《西哩色勒婼》等。

《三妹和蛇郎》讲：

一条蛇要娶员外家的姑娘，老大、老二不愿意，只有三妹体谅父亲的难处，愿意嫁蛇。后来蛇变成一个帅小伙，与三妹生了一个儿子。儿子满三岁时，三妹领他回父母家。大姐忌妒三妹，起了坏心，骗取了三妹的衣服首饰后，把她推进井里，并装扮成三妹到蛇郎家，用花言巧语打消蛇郎的疑心。一天，帮蛇郎放牛的侄子告诉蛇郎说，有只小鸟在山上叫："你叔叔好吗？孩子哭吗？"蛇郎跟着侄子去看，对小鸟说："如果你是我妻子，就飞进我的袖子里。"小鸟就飞进蛇郎的袖子里。蛇郎将小鸟带回家。大姐烦小鸟叽叽喳喳的叫声，把它丢进了火塘里。后来她见火塘里有一把剪子，就把剪刀放进衣柜里，结果自己的衣服全被剪刀剪烂了。她又把剪子丢出门外，剪子变成一头牛顶开门，进来把大姐顶死了。这天晚上、龙王给蛇郎托梦说了真情。第二天早上，蛇郎照龙王的指点，到井里捞起妻子的尸体，喂给她灵芝汤，妻子复活。从此，夫妻俩又过上恩恩爱爱的日子。

《花花蛇与三姑娘》讲：

王老汉家有三个女儿，大女儿矮小，脸上有麻子，二女儿爱打扮，三女儿美丽勤劳。

有一天，一条花花蛇威胁王老汉，若不嫁一个女儿给它，它就要咬死王老汉。王老汉回家询问三个女儿，大女儿、二女儿都不愿嫁给花花蛇，三女儿为了救阿爸的命便答应嫁给花花蛇。娶亲路过一条河时，花花蛇变成一个英俊小伙子，三女儿和他过上了恩爱生活，并生了一个男孩。三女儿背娃娃回娘家时，大姐听说花花蛇变成英俊小伙子，心里很忌妒，便在和妹妹打秋千时害死了妹妹，自己乔装成妹妹的模样回到蛇郎家中。妹妹变成一只小鸟来到丫鬟割马草处鸣叫，丫鬟心慌意乱割不到马草，回家告诉缘由，蛇郎便把小鸟带回家饲养。大姐把小鸟打死了。小鸟又变成了一蓬竹子，大姐又把竹子砍了搭床睡，但她睡在床上休息不好，就把竹床塞进灶洞里烧了。隔壁大妈来借火，从灶洞里点回家的是一团红彤彤的东西，于是就把它供在桌上。原来这团红彤彤的东西是由三女儿的精灵变成的，它还原了她的人身。蛇郎得知后便把她领回家中，从此三女儿与蛇郎又过上了幸福生活。

此类型故事，表现善良的小妹（或三妹、四妹）嫁给蛇郎，夫妻恩爱，过着幸福美满的生活。歹毒、贪婪的大姐（或二姐）非常忌妒，害死小妹后，乔装打扮，假冒小妹骗取蛇郎，最后恶行被揭穿，并受到应有的惩罚。作品赞美真、善、美，批判假、恶、丑，反映了彝族人民的崇高美德。

（八）蛙郎娶亲型故事

蛙郎娶亲型故事，是著名故事类型之一。通常写一穷苦人家老年得一青蛙孩子。青蛙孩子长大成人后到大富人家（或皇宫）求婚，遭到拒绝。他施展魔力，笑几声将房屋震得要倒，哭几声立刻洪水滔滔，跳几下大地不断抖动，终于讨得一个美丽俊俏的媳妇。青蛙小伙子在当地赛马活动中大显身手，这时，他的妻子发现了他的秘密。为了不让丈夫再变为青蛙，便偷偷地将其蛙皮烧掉，他们夫妻过上幸福生活。

这类型故事在彝族地区流布很广泛，如《癞蛤蟆娶亲》《癞蛤蟆讨媳妇》《癞疙宝讨媳妇》《绿青蛙》《蛤蟆仙子》《阿布欺漆》《癞蛤蟆的故事》《癞蛤蟆》等。作品主题思想相同，只是故事繁简有差异。

《癞蛤蟆娶亲》讲述：

一老妈妈无儿无女。癞蛤蟆主动来做她的孩子，并且要去娶亲。它向有三个女儿的人家提亲，主人不愿这门亲事。它咕咕大叫，水淹到胸，那家大姐只好答应。大姐想用线棰把蛤蟆打死，两次都没打着，新媳妇只好与它过日子。不久癞蛤蟆变成一个小伙子，参加邻居嫁女婚礼，唱“阿米麦”获全村第一；蛤蟆又变成一只鹰叼去牛扇骨；再变成一个漂亮的小伙子，参加本村丧葬跳脚。老妈妈偷见小伙子是癞蛤蟆把皮脱了丢在篱笆下变的，就把蛤蟆皮拿来丢在火中烧掉。小伙子再也不会变了，就跟老妈妈、新媳妇在一块儿过着幸福的日子。

《绿青蛙》讲述：

很久以前，有一对无儿无女的老夫妇。一天，老夫妇俩到南瓜地里干活，忽然有一只绿青蛙从南瓜中跳了出来，说愿做他们的儿子。这只绿青蛙很有胆量，跑去寨主家，拿回了老夫妇俩上贡的牛肉。绿青蛙还说自己要盖房娶媳妇，并真的盖起了新房。新房刚盖好，寨主却说盖房子用的木头、石板、土地都是他的。绿青蛙很生气，它一哭，眼泪变成洪水，冲毁了寨主家的房屋田地；它一笑，笑声变出火海，烧死了寨主一家。寨里人为了感谢绿青蛙，都愿意把女儿嫁给它。绿青蛙却要娶俄木（皇帝）的三女儿为妻。俄木提出种种做不到的事难为绿青蛙。绿青蛙施展计谋，巧妙应付，一一化解了难题，迫使俄木将三女儿嫁给它。迎娶的路上，俄木的三女儿几次想用盐棒捶死绿青蛙，绿青蛙都躲过去了。后来，绿青蛙变成了英俊的男子，与俄木的三女儿过上了幸福的生活。

此类故事，描写青蛙伙子勤劳、能干，助人为乐。他凭借自己的神异本领，迫使大富人（或皇帝）将其女儿（公主）嫁给他为妻。婚后，几经曲折，青蛙伙子与妻子过上幸福美满的生活。故事情节离奇、曲折，富有浓厚的浪漫主义色彩。

（九）狗耕田型故事

狗耕田型故事，是世界性著名故事类型之一。通常写兄弟二人分家，兄生性贪婪、刻毒，只分给弟一只狗，一点儿瘦田（或贫地），弟用狗耕田，过着艰辛生活。后获得宝物，一改贫困生活，过上好日子。其兄夺宝物（或仿效弟去觅宝），结果受到惩罚，甚至丧生。

此类型故事，在彝族民间流传相当广泛，异文也颇多，主要作品有《两兄弟》《兄弟俩》《兄弟俩分家》《卖香香屁》等。

《两兄弟》讲的是：

从前，有两兄弟，哥哥贪心又狡猾，而弟弟老实又憨厚。两兄弟分家时，贪心的哥哥只分给弟弟一条狗和一块地，其他都被他霸占了。当哥哥得知弟弟用狗犁地，使庄稼收成很好，就叫弟弟借狗给他犁地。哪知，狗不愿帮他犁地，不听他使唤。他把弟弟的狗打死，挂在一棵栗树上。弟弟知道后，找到被打死的狗，伤心地哭了。这时，忽然从挂死狗的栗树上掉下两坨银子。哥哥知道这事后，也像弟弟一样跑到那棵挂死狗的栗树下痛哭。可他没想到，树上掉下来的却是一堆狗屎。他气得把树砍了。弟弟把被砍倒的栗树扛回家，挖成一个木槽，放上水，再放进了一些盐。山上的动物都跑来喝木槽里的盐水。弟弟将来喝盐水的动物赶进圈里。哥哥眼红了，又把弟弟木槽借去，可山上的动物都不来喝木槽里的水，气得他把木槽当柴烧了。弟弟将木槽的炭灰撮去放在岩洞里。哥哥以为又会发财，就悄悄来到放炭灰的岩洞里。忽然“轰隆”的一声巨响，岩洞倒塌了，把他压死了。

《兄弟俩分家》讲的是：

有一家弟兄两人，父母双亡。哥哥娶了妻子后同弟弟分了家，只分给弟弟一间破草房和一条狗。弟弟无牛就用狗耕地，种出了庄稼。哥哥家的耕牛病死，就向弟弟借狗耕作。狗不听哥哥的话，被哥哥打死了。哥哥把死狗埋在弟弟的地里，弟弟在埋死狗的地方挖出了一堆银子。弟弟不想白得这些银子，又用土盖住。哥哥和嫂子为一块银子打架，弟弟让他们去挖自己地里的银子。哥嫂却挖出很多斑毛虫。哥哥把斑毛虫倒进弟弟家里。斑毛虫变成了银子。弟弟见银子从房顶上掉下来，连忙感谢菩萨。哥哥见斑毛虫变成银子，就头昏眼花，从房顶上栽下来掉进水井里。嫂嫂用竹竿拉丈夫，却被丈夫拉进水井里，夫妻俩淹死在井里。弟弟却过上了好日子。

此类型故事，描写勤劳、善良、诚实的弟弟深受狠毒、贪婪、奸诈、懒惰的哥哥的虐待。弟弟获得宝物。宝物赐福于他，使他一改贫苦生活，过上好日子。哥哥夺取弟弟的宝物。宝物不但不赐福于他，还给予他惩罚。作品揭示好心得好报，黑心受惩罚。

（十）找幸福型故事

找幸福型故事，是著名故事类型之一。通常写一青年外出寻找幸福（或寻找聘礼、寻找起死回生的办法等）。中途多次（大多为三次）遇见正为各种困难犯愁的人（庄稼人、种树人、牧羊人、船夫等），托他帮助打听解决困难的办法。他见到太阳姑娘（或佛祖、仙人等）后，达到了目的，也替别人一一找到答案。后来，他热心帮助别人克服了困难，自己也获得了幸福。彝族此类故事有《淌来儿》《木呷问神》《金蚕、金珠和金针》《小罗愣说亲》等。

《淌来儿》讲述：

一个荒唐皇帝在一次打猎中，歇住在一户烧炭人家，巧遇女主人生小孩。他听说小孩长大“要当皇帝”，便心起杀机，乘人不备，将女主人扼死，骗走了婴儿，藏入一铁箱之中，投进大河里溺死，幸遇一渔夫救起收养，取名“淌来儿”。十七年后，皇帝打猎路过渔村，得知淌来儿是他的仇人，便写密书让淌来儿送信到皇宫，信中让皇后将送信人杀死。谁知有一仙人发现皇帝的诡计，趁淌来儿夜宿庙中睡着时，将密书改写为与公主订婚。皇后见信，立即为淌来儿与公主举行了婚礼。皇帝回宫，百般刁难女婿，要他取回太阳姑娘的三根金发。淌来儿在太阳妈妈的帮助下，终于取得了金发，一路上还解答了别人请他向太阳姑娘打听的三件难题，最后跟公主过上幸福生活。皇帝却奇异地接替江边划船老人变成一个划船人。

《木呷问神》讲述:

孤儿木呷问一个穷苦老爷爷，为什么黑彝家不下地干活却有吃有穿？为什么奴隶家天天劳累干活却挨冻受饿？老爷爷要他去问住在东方的阿甫阿萨神仙。临行时，老爷爷托他帮助问一件事:为什么门前的桃树和李树只开花不结果?他走到半路上,一个老太婆,也托他帮助问一件事：她的女儿为什么十多岁了还不会说话？他再向前走，经过一条河，碰上一条蟒蛇。蟒蛇用自己的身子在河上搭了一座拱桥，让木呷顺利地渡过了河。蟒蛇托他问一件事：为什么它的头老是疼痛？见到神仙阿甫阿萨，木呷首先问的是别人的三件事，神仙说：挖出树下的金银，桃树李树就会结果了；老太婆的女儿只要见了她的丈夫，就会说话了；取出蟒蛇脑袋里的磨刀石，它的头就不疼了。木呷分别转告了神仙的话：蟒蛇取出了脑中的磨刀石，头就不疼了。磨刀石是宝物，帮助孤儿回到家乡。老太婆的女儿见了他突然开口说话，他俩便结为夫妻。老大爷把树下的金银挖出来分给穷人，桃树李树就结果了，穷人们也过上了好日子。

此类型故事情节曲折、奇异、巧合，历尽艰辛，寻找幸福的青年不仅自己获得福祉，亦为别人解决了生活中遇到的各种特殊困难，过上好日子。而残害青年的皇帝，受到应有的惩罚，做了摆渡的船夫。

（十一）十兄弟型故事

十兄弟型故事，是著名故事类型之一。通常写一家弟兄（有时以朋友身份出现）若干人各具特殊本领，并各有一个相应的绰号，如千里眼、顺风耳、万斤力、长手杆、长脚杆等。他们敢于起事反抗压迫、剥削，公开同国王、皇帝作对，任凭反动统治者怎样加害于他们，都毫不奏效。最后，他们终于把欺压百姓的家伙统统给收拾了。这类故事在彝族地区流传广泛，代表性作品有《大风天和他的兄弟们》《九兄弟》《土雪十兄弟》《五个神奇的儿子》《神奇的九兄弟》等。

《九兄弟》讲:

有一对老夫妻，一直无儿女。有一天，一个花白头发的老人给了妇人九颗药丸，她把药丸一次吃下去之后，结果一胎生了九个儿子。九兄弟名字叫大力士、吃不饱、饿不死、打不死、烧不死、长脚杆、冷不死、砍不死、淹不死。有一天，皇宫里的一根龙柱倒了，没有人能抬得动它。大力士来到皇宫，毫不费力地把龙柱安好了。皇帝见了，心里一惊，下令调查大力士的身份。有人告诉皇帝，他是九兄弟当中的一个。皇帝不相信，叫人用好几斗米煮了饭，让安龙柱的人来吃，若是他吃完了，就证明这是真的；若是吃不完，那就是假的，要治罪。命令传到了九兄弟家里，九兄弟商量，叫吃不饱去。吃不饱来到皇宫，一会儿工夫，米饭全被吃光了，问皇帝还有没有饭。皇帝害怕起来，赶快把吃不饱打发走了。这以后，皇帝想出了一条又一条狠毒的计谋想害死九兄弟，九兄弟一次又一次地战胜了皇帝，最后一次淹不死含一口江水向皇帝吐去，皇帝一家连着他的宫殿一同滚进了大江里，被水冲走了。

《土雪十兄弟》讲：

从前，峨山土雪村有一户人家，大儿子媳妇三年未育遭人冷眼。有一天，一个老者给了她十颗米粒大小的东西，嘱咐她三年吃一颗，可她一次全吃了，结果她一胎生了十个男孩，家里人不但不高兴，反而数落她。她伤心地跑到后山的一棵树下哭泣，遇见了给她米粒一样东西使她怀孕的老者，老者给十个孩子取名为：大力士、二天风、三钉耙、四铁脖子、五粪箕、六才子、七水瓢、八地洞、九缸量、十大肚。孩子们长大后干什么活都很行。有一次，县城的城墙倒掉了，县官请十兄弟来修，从开工到第二十九天，他们都嬉戏玩耍不做活，到了第三十日一早，他们一下子就把城墙修好了。又一次，绿汁江淤泥阻塞，县太爷张榜招募能人，说疏通者赏钱三千。十兄弟揭了榜，只是二天风一人轻轻一吹，江中淤泥就全被吹走了。一个雨夜，县城通往京都的路塌方了，三钉耙和五粪箕两三下就把路修好了。从此，县衙门里的人害怕他们，欲把十兄弟关进监狱处死，但所实施的砍头、抛江、投无底洞、灌酒等手段都对十兄弟一无所用。从此谁也再不敢刁难十兄弟。

此类型故事突出表现具有奇异本领的十兄弟（或九兄弟），敢于起事，反抗统治者的压迫，公开与皇帝、土司、县官作对，并战而胜之。

（十二）动物故事

动物故事，是以动物为主人公或主角的故事。故事中的主要形象是各种被人格化的动物。在这些形象身上，同时又具有动物本身的特征。故事在表现动物生活习性的时候，也曲折地反映着人的社会生活心理，表现某种社会现象和人与人之间的关系；有着重描写和解释动物的习性、特征；也有寄寓比较明显的训诫意义。

《鸟语》描写：

从前，厄黑乌煮酒，小画眉帮它去卖。穿山甲赊酒。赊酒时请的证人是猫头鹰和瘪嘎六。猫头鹰记的日子：初五；瘪嘎六记好账目：九十两。日期过了，不见穿山甲拿钱来。于是小画眉就天天讨账："酒钱！酒钱！"瘪嘎六证明："九十两！九十两！"猫头鹰也做证："初五！初五！"杜鹃站在树枝上："布——谷！布谷！是吧！是吧！"(意即：不认得！不认得！)斑鸠在箐头，听得不耐烦，喉咙里咕哝道："谷咕咕——咕！谷咕咕——咕！"(意即：啥也不知道！不给也不知道！)而穿山甲呢，躲藏在洞里头，不予理睬。

《聪明的竹鸡》描写：

一只狐狸在林子里觅食，突然，它听到一阵"咯咯咯"的叫声，抬头一看，见树枝上站着一只竹鸡。狐狸打起坏主意，便对竹鸡说："叫声这么清脆迷人，原来是竹鸡大姐呀！我从前只听到过你的名声，没有见过你端庄的美容，你跳下来让我好好看看行吗？"竹鸡知道狐狸的坏心肠，没有上它的当，说："我虽然站在树上，可这树并不高，你有话就讲吧，我听得见的。"狐狸见竹鸡不肯下树来，转了个念头，又说："狮子大王下了命令，叫我来和大家商量，从今以后，凡是林子里的动物，不管飞禽走兽，大家都要相亲相爱，不许互相残杀。如果你同意这样做，就请下来一起商量商量。"竹鸡故意伸长脖子看看远处，说："狐狸大哥，这样吧，前面来了一条猎狗，你先征求它的意见吧！"狐狸一听，慌忙逃走了。

《斑鸠和鸡》描写：

高山缺水，禽鸟们都感到口渴，斑鸠约鸡一起去挖沟引水来解渴。但鸡偷懒，不愿挖沟，跑到大树底下睡觉。当斑鸠挖好沟，引来清清的泉水时，鸡见了跑到沟边要抢着喝。斑鸠很生气，责备它说："挖沟的时候你睡大觉，水引来了就来抢喝，你这个懒汉，不怕天上的雷公劈你吗？"鸡听了心里害怕，但仍然胆怯地喝着。它每喝一口水总要抬起头来向天上看一眼，随时害怕雷公来劈它。直到现在，鸡每喝一口水要抬头往天上看一眼，就是这个原因。

二、写实故事

写实故事，是民间故事的一类。这类故事，大多不带幻想色彩，以写实的手法描述现实生活中的人物、事件，涉及社会生活的各个方面，具有较强的现实性和真实感。有些故事幽默、风趣，表现人民大众的聪明和智慧。

（一）爱情故事

爱情故事，是男女相爱的感情故事。彝族这类故事很多，非常优美动人。试举一二例于下。

《玛颇与玛嫫》描述：

玛颇和玛嫫，从小一起生活一起牧羊。冬去春来，两人在牧羊过程中渐生爱慕之情，并私下约定在二月初八"龙相会"这一天成亲。谁知，有钱有势的李财主垂涎玛嫫的美貌，想占玛嫫为妻，便带人送彩礼到玛嫫家。玛嫫妈妈在李财主的威逼利诱下，将女儿许给李财主，玛嫫死活不答应母亲应许的婚事说："山羊怎能和豺狼在一起？！"并称她要嫁给一个称心如意的人。于是，玛嫫逃出家约玛颇双双逃婚。不幸的是，他们"逃出家的虎狼口，又被野兽把命伤”。在逃婚的路上，玛嫫被老虎咬死。玛颇肝胆俱裂，射死老虎，从虎口抢出玛嫫尸体，将其火化，自己也投入烈火中殉情。后从火灰堆中长出两棵合抱的树，青枝绿叶，万古长青。

《翠竹常青》描述：

穷苦的孤儿阿山与一个贫苦人家的美丽姑娘阿依相爱。残暴的寨王想霸占阿依姑娘，便派家丁抢走了阿依。荒淫无耻的寨王威逼姑娘做他的小老婆。阿依誓死不从。她遍体鳞伤，逃出寨王土牢，要去找阿山为她报仇雪恨。不料被寨王发现，带着家丁追来。前面滚滚的河水挡住了去路，阿依姑娘走投无路，便纵身跳入河中。阿山得知赶来，拉开弓，搭上箭，箭头点燃火，对准寨王的山寨射去，然后也纵身跳入河中，双双殉情。一瞬间在河边上冒出了两棵茁壮的竹笋。竹笋越长越高，青枝绿叶，并排长在河边。寨王生气，令家丁砍掉这两棵竹子。但“竹子刚砍掉”，“又长出两棵新竹”。寨王更气，“家丁又再砍，竹子又再生。两棵、四棵、八棵，一丛丛，一片片，在河边，在山上，在深箐，到处都在长，不论天晴下雨，风吹过，雨打过，竹子总是那么青翠，谁也砍不尽啊！”

（二）巧女故事

巧女故事，是称赞妇女聪明、智慧、机智的故事。彝族这类故事，具有代表性的作品有《聪明的媳妇》《围腰布的传说》《三兄弟分鹿肉》等。

《聪明的媳妇》讲的是：

从前，彝族山寨有一户穷人家有四个儿媳，她们个个都有歌艺才能。婆婆善待儿媳们，而公公对媳妇们却常常大骂。一个雨天的早上，儿媳们刚做活回来，公公出难题粗声喊她们拿出大鱼大肉招待贵客，她们只好想法对付，并念道：“门前细雨飘，家中无柴烧，客人堂前坐，四人怎开交？”客人听后就走了。公公大骂，并到衙门告发。县太爷受理此案，他先考几个女人是否真能吟诗作对。四儿媳先吟道：“老爷堂前一蓬竹，风吹青绿绿；刻成一支箫，百样吹得出。”县官赞不绝口，听明原委后，判她们无罪。从此一家人和睦相处。

《围腰布的传说》讲的是：

一户农家，农夫勤劳憨厚，妻子美丽聪明，过着幸福的生活。一天，农夫正在挖地，有一个骑马的人问他一天能挖地多少锄。农夫一时答不上来，骑马人让他回去想想，第二天再回答。农夫闷闷不乐地回到家，妻子知道了此事，让农夫反问骑马人，他一天骑马走几步路。第二天，农夫把骑马人问得哑口无言。骑马人想知道是谁教农夫的，就说第二天他要到农夫家吃饭，让农夫准备千只眼的桌子，七十七双筷，百十百个碗，九十九样菜，另加烧箕菜，龙须虎掌菜。农夫回家找妻子商量，妻子听了一笑置之。第二天，骑马人来到农夫家，农妇在门前迎接，骑马人问她是下马好还是上马好，农妇反问他是进门好还是出门好。骑马人一时无言可答，便问饭准备好了没有。农妇请他进屋吃饭。只见桌子上摆着一把筛子，筛子中有一双漆筷子，一个白瓷碗，一碗韭菜，一碗瓜头菜，一碗米汤。骑马人心想这个农妇真了不起，让民间农妇这样聪明那还了得，得想办法治治她。饭后骑马人从马鞍上拿下一块花花绿绿的布来送给农妇，农妇见这块布好看，就把它系在腰间，成了后来的妇女围腰布。原来那骑马人是走马皇帝。

（三）呆子故事

呆子故事，又称“傻子故事”“愚人故事”，是嘲笑、讽刺呆傻、蠢笨言行的故事。故事主人公多为男性（多为憨姑爷、傻汉子）。此类故事以逗乐为主，艺术性较强，而思想性较弱。

《憨姑爷送礼》讲：

山苏寨子里有个憨姑爷，他是寨子里闻名的一块笑料。有一次，憨姑爷的小舅子要结婚，其妻先去娘家帮忙，叫他随后带着重礼去。憨姑爷翻箱倒柜，拿出银圆、棉被都觉得轻，不算重礼。最后看到石磨，就把它装进麻袋里当重礼背着去了。妻子打开麻袋一看，气得哭笑不得。憨姑爷忙解释说：“家里最重的东西就是这石磨了。”

《傻汉子的故事》讲：

有一位汉子，尽做傻事，人们叫他傻汉子。妻子教他：“说话做事，就像赶街子做买卖，不会买，比着买，不会卖，比着卖，你就学着人家说，仿着人家做。”傻汉子记住了这话。一天，他碰见一起吹打送灵的人。他想起妻子的话，学起吹鼓手来。送丧的人见他胡闹，就揪住打了他一顿。傻汉子挨了打，回家告诉了妻子。妻子对他说：“以后碰见，该尾随在后陪哭一会儿。”傻子又记住了。一天，他碰见一起吹吹打打的娶亲人，他追上去，“爹呀妈呀”地哭起来。娶亲人认为不吉利，揪住他打了一顿。妻子又告诉他，遇上娶亲的，应该说：“红红绿绿真好看！恭喜啰！”傻汉子碰上一家房子起火，左邻右舍都帮忙救火。傻汉子突然想起妻子的话，便大声喊着：“红红绿绿真好看，恭喜啰！”救火的人见他幸灾乐祸，打了他一顿。妻子知道后，告诉他要端水去灭火。这一天，傻汉子走到一个铁匠铺，他见炉子里火光四射，端水去灭火。铁匠打了他几锤。妻子告诉他说：“师傅辛苦了，我来打几锤。”傻汉子又把这话记在心上了。有一天，他碰上一家两口子在打架，傻汉子举起一根扁担，说：“师傅辛苦了，我帮你打上几锤。”说着就去打女人。打妻子的丈夫见了，转过身来打了傻汉子几棍。妻子告诉他，见人家打架，应该去劝架。一日，傻汉子见两条牯牛在斗架，跑去劝架，被牛顶伤了。妻子教他要跑躲开。又一日，傻汉子见两只公鸡在斗架，他连忙跑躲在门背不出来。他的妻子见此情景，气得只摇头叹气，说不出一句话来。

（四）机智人物故事

机智人物故事，是由一个特定的传奇式人为正面主人公贯穿起来的故事群或系列故事的总称。故事主人公是彝族人民在与各种邪恶势力的斗争中塑造出来的理想化的艺术形象。故事主人公勇敢、幽默、乐观，富于智慧和正义感，敢于蔑视一切社会恶势力。通过故事主人公的种种言行，表现人民群众的斗争智慧、反抗意志和乐观主义精神，深为人民大众喜爱和赞美。

彝族机智人物故事比较著名的有《罗牧阿智的故事》《张沙则的故事》《松谷克忍的故事》《普丕的故事》《吆刀爸的故事》《错尔木呷的故事》《查尔木呷的故事》《搓羌阿布的故事》等。试举《松谷克忍的故事》。

故事主人公松谷克忍，是余黑彝家的奴隶，他常以机智勇敢的行为，往往在日常生活中惩治、戏弄余黑彝，导演了一出出令人捧腹大笑的讽刺喜剧，长了奴隶的志气，灭了余黑彝的威风。其故事有《犁地》《打麦子》《敬祖的贡品》《捞鱼》《哭》《夜宿》《娘子拿错了新衣》《借马》《倒缝的蓑衣》《黑彝挨打》《松谷克忍死了》等。这些故事幽默风趣，短小精悍，展现了故事主人公的聪明智慧和勇敢斗争精神，成为人们喜闻乐道的民间故事。松谷克忍的故事收录于《娃子的笑声》《彝族民间故事选》《云南少数民族机智人物故事选》《中国民间故事集成·云南卷》等多种故事集中。

《犁地》描写：

一天早晨，雾特别浓。奴隶主余黑彝吩咐松谷克忍去犁地。松谷克忍想：雾这么浓，天气这么冷，怎么犁地呢？他打了个主意，便笑呵呵地对余黑彝说："天气这样冷，要多准备点晌午饭和晚饭啊！"来到地里，松谷克忍把牛拴在地角一棵小树上，自己披上披毡坐在地边，嘴里却不停地吆着牛："阿热（走啊）！阿热！""阿打打！阿架干（歪下去，死牛）！"就这样，反反复复地一直吆到晚。余黑彝在家听到松谷克忍吆牛犁地，心里高兴，就给他多准备点饭菜。第二天，浓雾散了。余黑彝来到地里一看，连一块土也没犁翻，气得他连连咂嘴。

《敬祖的供品》描写：

小凉山的黑彝贵族有一条规矩，逢年过节杀猪时，先要把猪腰子、猪肝、猪肠烧熟一点，拿去敬祖先后，主人食用。有一年过年，余黑彝派松谷克忍烧猪腰子。松谷克忍越想越生气：烧猪腰子是我的事，吃猪腰子就没有我的份！一气之下，他干脆把敬祖的供品吃了。余黑彝问他："你烧的猪腰子呢？"他回答："你的祖先嘴馋，我刚把猪腰子供上去，还不等我磕完头，他们就吃完啦！"余黑彝惊恐地说："阿巴巴！真灵！真灵！"

《哭》描写：

松谷克忍的主子死了，他一点儿也不在意。黑彝娘子责问他："松谷克忍，你为什么不哭？"松谷克忍便放声哭起来，说道："主人活着的时候，待我们很凶，连家里的棍子都给打断了。"黑彝娘子听了很生气，便拿一根柴打松谷克忍，并问他道："你为什么这样哭？"松谷克忍说："娘子，我哭的都是实情，我不哭，你要打！我哭，你也要打！你到底要我怎么办呢？"

三、民间笑话

民间笑话，是活跃在民众口头上诙谐逗趣、引人发笑的故事。它是一种独特的讽刺文学形式。用笑声来否定虚伪、贪婪、邪恶、愚昧、陈腐、蠢笨等思想行为，使人发笑之余，引人深思。录几则笑话于下。

《劝我莫嫁你》讲述：

一对热恋的男女青年在山上谈情说爱。男青年赌咒发誓说，若天崩地裂，自己愿为姑娘去死。正这时，突然从箐里钻出一头老熊，吓得他丢下女友连忙爬到树上。姑娘急中生智，装死躺在树下。老熊围着她转了几圈，又闻了闻她，就走开了。老熊走后，男青年才下了树扶起姑娘，忙问道："老熊对着你的耳朵说了些什么？"姑娘说："老熊劝我莫嫁给在危难的时候抛弃你的人。"

《送礼》讲述：

阿贝幽默风趣，喜欢说幽默话，常常逗得人们捧腹大笑。他要结婚了，就去请结拜兄弟，说如果不来贺喜，就证明看不起他；如果来贺喜，则说明贪杯好酒。阿贝结婚这天，弟兄们来了，笑着递上了厚礼，并风趣地说：如果收下，证明贪财；要是不收，说明见外。

《三个都一样》讲述：

村东有个结巴出门办事，来到一个岔路口，不知走哪一条路。这时，前面来了一个人，结巴就问这人怎么走。来人也是个结巴，只能结结巴巴地告诉他。村东的结巴以为对方在学舌，故意拿他的短处取笑，于是两人指着对方的鼻子争吵了起来。此时，来了一个年过花甲的结巴老农，结结巴巴地叫他俩不要吵了。原来，三个都一样。

四、民间寓言

民间寓言，是含有讽喻或明显教训意义的故事。它的结构大多简短，具有故事情节。

故事主人公或主角可以是人，可以是动植物，也可以是非生物。它通常用借喻的手法，通过故事借此喻彼，借小喻大，使富有教训意义的主题或深刻的道理在简单的故事中体现出来。其主旨在于通过虚构的故事，生动形象地说明某种经验或教训，阐述某种哲理，给人以启迪和教益。它是人民群众的智慧、经验的结晶。

《母鸡和老鹰》讲述：

很早以前，母鸡和老鹰结拜为姊妹。老鹰飞到很远的地方，捕回小虫给小鸡们吃。小鸡们称老鹰为阿姨。那时，老鹰有一串珍贵的项珠。它像爱护眼珠一样珍惜。秋天，老鹰和大雁相约远行。老鹰把那串珍珠交给母鸡保管。一天，母鸡和小鸡们互相争着赞赏珍珠，不小心把珍珠的金丝连线扯断了，一串珍珠散落了，母鸡着急地找呀，抓呀，刨呀，总找不到一粒珍珠。冬去春来，老鹰回来向母鸡要它的那串珍珠。母鸡说珠珠散落地上找不到。老鹰认为母鸡欺骗它，一下子翻了脸，叼起一只小鸡飞走了。从此，老鹰每次来要那串珍珠，都要叼去一只小鸡。母鸡一见到天上的老鹰，就“咯咯咯”地叫唤，小鸡们吓得四处躲藏。直到现在，母鸡还在找呀，抓呀，刨呀，寻找散落的珍珠。

《蛐蛐》讲述：

一到黑夜，蛐蛐就不停地叫着：“唧唧唧，唧唧唧，唧唧唧，盖房子，盖房子，盖房子……”可是，一到白天，当太阳暖和和地照着万物的时候，它便忘了晚上挨冻的滋味，躲在草丛里呼呼地睡起觉来。当黑夜又到来的时候，冻得它直打哆嗦，它又不住地叫着：“唧唧唧，唧唧唧，唧唧唧，盖房子，盖房子，盖房子。”日复一日，每当夜晚，蛐蛐在不停地叫“唧唧唧，盖房子……”但它只是空口叫嚷，总不肯动手，所以直到现在蛐蛐始终没有盖起房子，夜里，它仍然不住地叫着：“唧唧唧，唧唧唧，唧唧唧，盖房子，盖房子，盖房子……”

《虎王的愤怒》讲述：

一只老虎走到海子边，准备喝水。这时，它见海子里有一只老虎。老虎认为这地盘是它称王的地方，便抖抖身子，龇牙咧嘴朝海子里的老虎怒吼起来。海子里的老虎也张牙舞爪地向它耍威风。虎王更火了，朝海子里的老虎猛扑下去。它没有扑到那只老虎，想挣扎上岸，谁知一挣就沉下海去了。它喃喃骂道：“该死的家伙，我都快沉到海底了，你一定还在我身子底下。”

五、民间故事的艺术特色

民间故事，以活的艺术语言，生动地记录了彝族人民群众的生活和斗争，形象地反映出他们为追求美好的理想和愿望而表现出来的民族气质、人格品行、处世准则和审美风尚。它不仅在思想内容上有自己鲜明的民族特点，而且在艺术上也有自己突出的特色，概括起来主要有如下几点：

第一，现实性与幻想性结合。民间故事之所以历久不衰，能在广大人民群众中久久地广泛流布，那样引人入胜，一个重要原因，那就是故事艺术表现手法，总是把幻想与现实相结合，使幻想性色彩浓厚的作品有现实的因素，而现实性较强的作品赋予幻想的色彩，因而加强了艺术的表现力和感染力。比如彝族宝物故事《宝石缸》，故事开篇对两家农户共同耕种一块地所产生的矛盾的描写，是写实的手法，是现实生活的再现；而宝石缸赐福给那个诚实的农户和惩罚那个奸诈的农户及贪婪的官爷的情节，则是奇妙的幻想。这种幻想虽然离奇，但又不让人感到荒诞。故事发展和情节安排是合情合理的，是符合生活逻辑的。它充满浓厚的幻想色彩，又是建立在坚实的现实生活基础上的，是幻想性与现实性相结合。在著名故事类型故事和爱情故事中，这种以幻想为主的艺术手法，铺陈的传奇性情节就更为突出。如爱情故事《玛颇与玛嫫》《翠竹常青》，是两出纯洁的爱情悲剧，但善良的彝族人民用自己美好的愿望，奇丽的幻想，给悲剧故事安排了一个奇幻的境界、喜剧性的结尾，使悲剧带上了鲜明的色彩。

第二，注重人物形象的塑造。通观彝族民间故事，不论是长篇故事，还是较短小的故事，都着力描写、塑造一个或几个血肉丰满、栩栩如生的艺术形象。在塑造人物形象时，它不像作家文学那样，去进行气氛烘托，环境渲染及心理的描写、刻画，而是注重人物的行动和对话（对话成为一种重要的艺术手段）的描写。这种描写，通常是通过特定环境中人物的行动和对话来完成的。比如，聪明智慧、敢于斗争、善于斗争的孤儿和机智人物，是通过他们与凶残的奴隶主、山官、土司、头人进行斗争，并战胜他们的描写塑造出来的。同样，彝族民间故事中，还有视财如粪土，施计杀死财主、山官、头人的一个个聪明美丽的姑娘……这一群血肉丰满、生动鲜明的女性形象，是通过她们同对立面人物的斗争中描写塑造出来的，是彝族人民理想化了的艺术群像，集中体现了彝族人民崇高的思想品质、道德观念，是歌颂的对象。彝族人民不仅赞扬了她们的外在美，更着力歌颂她们勇于反抗的内在美。故事中那些奴隶主、财主、头人、寨王以及虐待孤儿孤女的后娘、兄嫂、大姐、二姐的丑恶形象，也是通过对他们的言行的描写塑造出来的。残暴、贪婪的奴隶主、土司、皇帝，荒淫无耻、抢夺民女的寨王、财主，心狠手毒、丧尽天良的后娘，虐待弟妹的兄妹，因妒忌而暗害妹妹的大姐、二姐，是现实生活中的丑类，是反面人物，是彝族人民在故事中竭力鞭挞的对象。这一正一反、一褒一贬充分展示彝族人民的爱憎感情，给人留下深刻印象。

第三，拟人化手法。彝族民间故事，表现手法上，还常常运用以物拟人的艺术手法。彝族人民赋予大自然中的日、月、花、草、木、虫、鱼、鸟、兽以人的感情、意志和性格特征，把它们加以人格化、形象化，让它们扮演社会上各种人物的角色，借它们之间的纠葛，表现社会某种现象、人情世故、人与人之间的关系，使作品委婉曲折，寓意深刻，耐人寻味。

总而言之，彝族民间故事，题材广泛，思想内容丰富，艺术特点鲜明，成功地塑造出各式各样的艺术形象，形成了五彩缤纷的艺术画卷，在彝族文学中占有重要地位。

第五节　民间歌谣

歌谣，习惯上通常称为民歌。实际上，歌谣是包括了民歌和民谣两个部分。歌与谣的分称，最早见于中国第一部诗歌总集《诗经 · 园有桃》：“心之忧矣，我歌且谣。”

关于歌与谣的不同，主要有两种解释:“曲合乐曰歌，徒歌曰谣”(《毛诗故训传》)；“有章曲曰歌，无章曲曰谣。”（《韩诗章句》）可见，歌与谣的区别在于一个是合乐，一个是不合乐，即歌为合乐之歌，谣为徒歌。也就是说，民歌是有曲调、能唱的；民谣则是语言有一定的节奏，依靠吟、念、诵而流传。歌因为配乐和受曲谱制约，歌词有与之相适应的句法章法结构，节奏一般比较徐缓。谣不配乐，没有固定曲调，取吟诵方式，章句格式比较自由，节奏一般比较紧促。古人对歌与谣，也常联用，统称为“歌谣”，简称民间歌谣为“民歌”。

民歌起源于人类维持生存的物质活动，特别是生产劳动。它是人类社会最早出现的口头创作形式，也是最早成熟的文学形式之一。

彝族有悠久的歌唱传统。智慧的彝族人民以歌抒情言志，用歌表情达意，以歌作为自我娱乐、自我教育的工具和斗争的武器。其历史以及生产生活经验也都无不用自己的歌来保留和传承。因此，彝族民歌数量之多，简直难以数计；其题材内容之广泛，几乎涉及了彝族社会生活的各个方面。诸如传承民族历史有创世歌谣、创世史诗、英雄史诗，祭祀祈福有祭祀歌、悼亡歌，狩猎有猎歌，农事活动有生产劳动歌，请客设宴有酒歌，婚嫁有婚礼歌、哭嫁歌，并伴随各地方言的差异和题材的差别，形成了多姿多彩的各种曲调和不同地域的风格。每个民族的文学都有自己的民族形式，歌谣就是彝族文学的最基本的民族形式。

彝族民间歌谣，其种类众多，按其题材，大体可分为创世歌、仪式歌、风俗歌、生活歌、情歌、儿歌、新民歌等类。它以歌唱为主体，通过歌唱的方式一代又一代得到传承。而歌唱的形式也多种多样，有独唱、对唱、领唱、齐唱等。

毕摩经典歌谣，最主要是创世歌谣、酒礼歌、婚礼歌三类。本节着重介绍这三类歌谣。

一、创世歌谣

创世歌谣，即天地或宇宙（世界）起源的歌谣。它是民间歌谣中重要的类别之一。它热切关注的焦点，反反复复歌咏的对象，正是关系人类生存的至关重要的问题。

高远的苍天，广袤的大地，即宇宙（世界），是怎样形成的？这是人类最初给自己提出的哲学命题之一，也是最早的哲学学说的主要内容之一。世界上各古老民族都对此作出各种回答。彝族先民也不例外。他们生活在生机勃勃、气象万千、瞬息万变的大自然界中，生活于征服大自然的艰苦斗争中，根据自己的实践和认识，对这一与人类生存息息相关的重要问题，做出了自己的解答。

流传于贵州大方县一带彝族地区的《天地产生歌》唱述，是清浊二气演化为天地的：

从根来叙起：清气浮在上，形成了高天，天体白皑皑，它自然生成。浊气沉下来，形成大地。[①]

彝文典籍《彝族创世志·艺文志》记述：

清气往上升，牵起了天盖，上空的天体，这样形成的。……浊气往下降，凝成了地底。广厚的地底，这样形成的。[②] 彝文典籍《物始纪略》中也有类似的记述：

> 很古的时候，天地未形成，混混沌沌的。先产生清气，大风轻轻吹，青赤渐渐分，青赤色剧升，浊气往下沉，青气变为天，赤气变为地。[③]

彝文典籍《彝族源流·天地人文篇》也记述，天地尚未产生时，出现自然物质“哎”与“哺”清浊二气，清浊二气是天地的成因：

> 远古哎未出现，哺未产生时，先出现徐徐清气，沉沉浊气。哎哺未产生，采舍未出时，徐徐的清气，不断往上升；沉沉的浊气，连续往下降。清浊气不断变化，呈现出黑空空，黑旷旷的样子。高高的苍天，同茫茫的大地配合。朦胧的高天，朦胧的大地，出现浩荡哎，出现浩荡哺。[④]

---

① 《贵州彝族回族白族歌谣选》，西南交通大学出版社 1993 年版，第 6 页。

② 《彝族创世志·艺文志》，四川民族出版社 1990 年版，第 1—4 页。

③ 《物始纪略》第 1 集。四川民族出版社 1990 年版，第 1 页。

④ 《彝族源流》（1—4 卷），四川民族出版社 1989 年版，第 215—216 页。

彝文哲学著作《宇宙人文论》记述：天地未产生之前存在有清浊二气。由于清浊二气的演化发展，形成天和地。彝族先民认为：在天地未产生的时候，整个太空是一片“哪赫赫、哪贾贾”的“无极”空间，即“大空空、大虚虚”的混沌景象。后来，由于自然物质“气”的发展变化，“清气上升为天，浊气下降为地”，从而形成产生天和地。[①] 该书记载云：天地产生之前，清气熏熏的，浊气沉沉的。清浊二气互相接触，一股气，一路风就兴起了；两者又接触，形成青幽幽、红彤彤的一片，清的上升为天，浊的下降为地。

著名彝族文艺理论家阿买妮在其著作《彝语诗律论》中认为，在天体产生之前，已存在着自然物质“雾”“混沌”“风”“云彩”，“云彩”出现后，“空中就变化，变出天体来”，“接着地又生”。阿买妮在《彝语诗律论》中论述彝族“三段诗”时，列举“三段诗”格式时写道：

在那古时候，天还没有产，地也没有产，四面八方呀，到处雾蒙蒙，一片黑压压，混沌又昏沉。其后先有风，大风吹出云。云彩出现后，空中就变化，变出天体来。天体变出后，接着地又生，大地生出来。这样一来呢，天便产生了，地也出现了，天地就有了。[②]

彝族先民关于天地形成有物质演化说、神创造说、人创造说、动物创造说、“垂死化身”说等诸说。其中，物质演化说最具有普遍性、代表性、权威性，是彝族先民的主导宇宙观。

天地形成的问题，历来是唯物主义与唯心主义斗争的焦点之一。物质演化说摆脱了上帝创造天地的唯心主义学说，而用物质性的“气”“雾”“云”“水”等来说明天地的起源和形成。它蕴含的古朴韵味，有两方面显示出其特点。

一是反映了物质是宇宙的本源朴素唯物主义思想。比如，宇宙物质演化说所征引的创世古歌、创世史诗、彝文典籍，都反复歌吟、大量记载，最初宇宙“上没有天，下没有地”，宇宙“大空空、大虚虚”“混混沌沌”。而“混沌”中却有自然“物”，这个自然“物”，可概括为二说：一说是“气”，即“气”为宇宙的本源；二说是“云”“雾”，即“云”“雾”为宇宙的本源。彝族先民探索宇宙奥秘认为，最初的宇宙即天地，是由“气”“云”“雾”“水”经过变化、发展而演化成的。这种认识、理解和解释，虽然未能正确（科学）反映宇宙实际的复杂纷纭变化过程，但它却蕴含有最初的世界（宇宙）在本质上是物质的，是物质的存在、演化、天地和万物产生、变化发展的认识，已显示出一种原始的、自发的、古朴的唯物主义的认识，这是难能可贵的。

---

① 参见罗国义、陈英翻译，马学良审订《宇宙人文论》前言，民族出版社 1984 年版。

② 《彝族诗律论》，贵州人民出版社 1988 年版，第 55 页。

二是体现了物质在运动、演变、发展的原始观念。彝族先民生活于大自然界中，生活于征服自然的艰苦斗争中，他们不断总结、积累经验，不断增长自己的科学知识，意识到大自然界时刻都千变万化，处于“变”“化”“发展”之中，并认为这种变化具有一定的自然变化顺序，先有天地日月，而后有万物和人类。“有天有地方，天上有日月，地上长草木，人和动物还没有”（《赤梅葛·人和动物的来历》）。彝族先民凭他们的直观感觉，借对某些事物的直观所获得的印象，得出此物可以转化为彼物，彼物可转化为他物，一物可化生多物的规律，并由简单到复杂，由低级向高级变化、发展，这是把事物内部对立统一，相互结合、相互协调、相互作用推动运动、变化、发展的规律的一种探索和认识。这种探索和认识，是彝族先民最初的、最原始的哲学思维方法。彝族先民在与大自然的斗争中，目击大自然千迷万幻、瞬息万变的种种自然现象，用主观幻想的因果关系解释和说明天地开辟。在他们的认识、解释中，剔去那些“原始谬论”，确实也蕴藏着合理的因素，极其朴素的唯物观和发展观的思想火花，透露出文明进步的曙光。

二、酒礼歌

酒礼歌，是祈年节庆、贺喜祝福以及日常迎客送友等习俗活动中饮酒而吟诵歌唱的歌。

彝族嗜酒。彝谚云：“无酒不成宴。”饮酒必歌，所以酒歌相当丰富，异彩纷呈。仅表示尊敬好客的酒歌，就多达数十种。而歌唱形式大多以集体齐唱为主，并兼有独唱、男女或亲友双方相互盘问式的对唱。歌词内容因歌唱者不同而有多种多样，如亲朋好友互相问候、互相祝愿、互相告别、互相约会等。

酒礼歌，是彝族传统民歌的一种重要类别，广泛流布于彝族地区。尤其是在彝语东部方言区的武定、禄劝、永善、彝良等县彝族地区广为盛行，也最具民族特色。

彝族是一个好客的民族。彝族人民对人诚恳热情，每有客至，必以酒待客。“三道酒”，即迎客酒（也称拦门酒）、祝福酒、留客酒，是彝族接待客人的礼节。

《敬酒歌》歌唱：

喝酒不吃糟，得把酒歌唱。吃肉不啃骨，得唱祝颂词。
喝酒不唱歌，不如饮清水。吃肉不祝颂，恰似啃树皮。
欢宴酒不断，酒歌唱不完。碗中肉成堆，祝颂再祝颂。
一颂好兹莫，[1] 为民把金栽。金藏荒山顶，明君移来栽。
怕金栽不活，垫土有三层。愁金花不开，浇水有三盆。

① 兹：古代彝族部落首领。

恐金树倾倒，篱笆栽三排。惧金树不牢，石头压三层。

头天不去望，次日不去瞧。三日走了来，抬头往起看。

金树如城楼，树枝把城围。翠叶肥又壮，结果金亮亮。[①]

《米酒喝个够》[②]歌唱：

亲戚你莫走哎，你莫走，猪羊多多有哎，多多有，杀了九小头哎，九小头，还有九十九哎，九十九。

朋友你莫走哎，你莫走，米酒多多有哎[③]，多多有，喝了九小坛哎，九小坛，还有九十九哎，九十九。

饭菜甜又香哎，甜又香。米酒喝个够哎，喝个够。亲朋坐拢来哎，坐拢来。举杯庆丰年哎，庆丰年。[④]

《有酒一人喝一口》歌唱：

彝家的祖祖辈辈，自古心胸开阔。我们喜好白酒，我们尊重贵客，不问你来自何方？不问你穷得怎样？只要你走进彝寨，我们就是一家；只要你真心实意，我们就是朋友！哪怕穷得吃不上饭，哪怕穷得穿不上衣，哪怕只有半勺米，哪怕只有半只鸡，哪怕只有半块荞粑粑，哪怕只有一口酒，我们都要一人一半，我们都要一人喝一口。因为你是贵客，因为你是彝家的朋友，因为我们是一个祖先的后代，本来我们就是一棵树上的叶子。[⑤]

《敬酒歌》歌唱：

阿老表，端酒喝；阿表妹，端酒喝。

阿老表，喜欢不喜欢也要喝；阿表妹，喜欢不喜欢也要喝。

喜欢呢也要喝，不喜欢也要喝；管你喜欢不喜欢也要喝。

这是一首源自滇中楚雄彝族自治州彝族民间的敬酒歌，在迎来送往的酒宴氛围中用以待客的酒歌。因其曲调粗犷，节奏欢畅，歌词直爽、豪放、气派又情深意长而名声远扬，现今在喧嚣的城市和山乡村寨，都可听到这支酒歌。

武定县彝族民歌（彝族酒歌）被列入第二批国家级非物质文化遗传名录。

三、婚礼歌

婚礼歌，是婚礼仪式上歌咏的歌。它贯穿于整个婚礼过程。彝族婚礼程序繁多，每个程序都有不同的歌。因此，彝族婚礼歌相当丰富，也是彝族民间歌谣中具有鲜明

① 引自左玉堂主编：《云南彝族歌集成》，云南民族出版社 1986 年版，第 263 页。

② 此歌是热情挽留客人的一种酒歌。

③ 米酒：指糯米做成的甜白酒。

④ 引自左玉堂主编：《云南彝族歌谣集成》，云南民族出版社 1986 年版，第 269 页。

⑤ 引自左太堂主编：《云南彝族歌谣集成》，云南民族出版社 1986 年版，第 223 页。

特色的一部分。这里，我们介绍几首，可以大致上看到彝族婚礼歌面貌。

《求亲歌》歌咏：

我地有大山，有山没有树，贵地找树种，找来种山上，杉松长出来，满山绿茵茵，松果成熟时，遍山黄澄澄。

我地有水田，有田没有秧，贵地找秧苗，找来插田里，秧苗发棵时，满田绿油油，稻谷成熟时，满田黄灿灿。

我地有男子，有男没有女，贵方嫁姑娘，我们娶新娘，来传宗接代，养育九贤子，九子成九户，九户变九村。①

《开亲歌》歌咏：

天地开亲的时候，彩虹来做媒，雨丝当作喜酒，云彩缝成嫁衣。

日月开亲的时候，大地来做媒，满天星星做伴娘，万物做陪嫁，

山水开亲的时候，悠悠春风来做媒，遍地牛羊是陪嫁，山旮旯里杜鹃来接亲。

人和人开亲的时候，针线来做媒，吃过定亲酒，从今以后做一家。②

《婚姻歌》歌咏：

一朵一朵花，太阳一朵花；二朵二朵花，月亮二朵花。太阳月亮出两处，两个同来照大地。白天太阳去，晚上月亮来。太阳从轨道上看月亮，看不出盈亏；月亮从轨道上看太阳，看不出厚薄。不仅太阳有心，而且月亮有情；但若没有星星做媒证，太阳月亮配不成。

一朵一朵花，绿椆一朵花；二朵二朵花，青杉二朵花。绿椆与青杉，原生于二地，移来一地栽。今年椆花香，椆花香喷喷；明年杉花放，杉花放芃芃，不仅绿椆爱，青杉也有情；但若没有苍松做媒证，绿椆青衫配不成。

一朵一朵花，银雁一朵花；二朵二朵花，青鸿二朵花。鸿雁二只鸟，觅食于两地，栖息一枝头。今日雁去了，明日鸿又来。雁寻雁栖所，雁栖仍照旧；鸿寻鸿栖所，鸿栖也相同。不仅雁心爱，鸿情一样深。不是玄鸟做媒证，银雁青鸿配不成。

一朵一朵花，男儿一朵花；二朵二朵花，女子二朵花。男女二青年，身居分二地，婚嫁成一家。今年行聘礼，他年成婚配。男也把女想，女也把男恋。但若没有媒人来做证，青年男女怎成双？

这是摩史（歌师）在婚礼上唱的《婚姻歌》，歌词用“比、兴”的手法，以日月、杉椆、鸿雁的相依，比喻青年男女的婚姻关系。它是彝族古代的一首诗歌，载于彝文典籍《训书》。

① 引自禄劝彝族苗族自治县民族宗教局编：《禄武彝族歌谣选》，云南民族出版社 2002 年版，第 46—47 页。

② 引自左玉堂主编：《云南彝族歌谣集成》，云南民族出版社 1986 年版，第 235 页。

《婚礼歌》歌咏：

混沌初开以前，不兴有配偶；开天辟地后，才兴有配偶。天也要配偶，地也要配偶。天配出星星，地配出万物。

……

今日良辰日，本姓这子你，与外姓之女，配偶成夫妇。今日配成双，好比墙头鸽，出入成双对；好比双合门，早开晚又闭。[①]

《哭嫁歌》（一）歌咏：

什么树最美？红果树最美。红果成熟时，雀鸟排成行，雀鸟来游玩。红果落地后，雀鸟四散飞，飞散还能忍，离别痛断肠。

什么水最美？春暖水最美。春暖水美时，鱼儿排成行，虾儿来游玩，春水落下后，鱼儿散了行，虾儿离了群。散行能忍受，离情痛断肠。[②]

《哭嫁歌》（二）歌咏：

爹爹和妈妈，仔细来商量，房前来商量，屋后去商量，像要卖田地，像要卖房产。不是卖田地，不是卖房产，只要卖姑娘，就在今晚上。

爹爹妈妈呀，是爱田和地，才把姑娘嫁？是爱房和产，才把姑娘嫁？

爹爹妈妈呀，你们爱金子，才把姑娘嫁？金子像石头，饿了不能吃，冷了不能穿。

爹爹妈妈呀，你们爱牲畜，才把姑娘嫁？爱牲畜也对，牲畜九十九，早在晚无踪。

爹爹妈妈呀，你们想绸缎，才要嫁姑娘？想绸缎也对，绸缎像树叶，冷了不能穿。[③]

《哭嫁歌》（三）歌咏：

乌蒙山顶上，万竹齐生长。筷竹长得快，苦竹长得慢，苦竹没长成，筷竹就顶上；苦竹长大了，筷竹被砍光。砍光好伤心，筷竹好伤心，顶替还能忍，砍去痛断肠。

乌蒙半山里，荞豆同生长。荞子长得快，豆子长得慢，豆子没长大，荞子来顶上；豆子长大了，荞子被割光。割掉好伤心，荞子好伤心，顶替还能忍，割光痛断肠。

乌蒙山脚下，谷稗同生长。谷子长得慢，稗子快快长，谷子没长大，稗子长起来；谷子长大了，稗子被割光。割掉好伤心，稗子好伤心，顶替能忍受，割掉痛断肠。

祖传房子里，兄妹同生长。儿子长得慢，姑娘长得快，儿子长大了，姑娘嫁出门。撵走好伤心，姑娘好伤心，顶替能忍受，撵走痛断肠。[④]

① 引自左玉堂主编：《云南彝族歌谣集成》，云南民族出版社1986年版，第263页。
② 引自左玉堂主编：《云南彝族歌谣集成》，云南民族出版社1986年版，第290页。
③ 引自左玉堂主编：《云南彝族歌谣集成》，云南民族出版社1986年版，第291页。
④ 引自左玉堂主编：《云南彝族歌谣集成》，云南民族出版社1986年版，第292页。

《哭嫁歌》（四）歌咏：

一盆白豆里，杂一粒黑豆，孤呀孤零零，黑豆真孤零！掺杂还能忍，孤单好伤心。

一盆白米里，杂一颗谷子，谷子杂米中，谷子孤零零。掺杂还能忍，孤单好伤心。

一群姑娘伴，杂一个新娘，孤呀孤零零，新娘好孤零！掺杂还能忍，孤单好伤心。①

《哭嫁歌》世代流传，不断加工丰富，已形成规模宏大的抒情长诗《妈妈的女儿》《哭嫁歌》。《妈妈的女儿》，大多是在临嫁前的女性中传唱，以哀怨愤恨的语调、催人泪下的情感，抒写和诉说待嫁的女儿对家乡和亲友的眷恋之情，对自身不幸婚姻的无奈心思等。《哭嫁歌》则是伴随着婚礼仪式哭唱的一种婚俗歌。它们是一代又一代的彝族妇女用眼泪谱写出来的，饱含丰富思想内容和彝族女性心理特征的长篇悲歌、怨歌、哀歌。《哭嫁歌》反映旧时代彝族妇女的痛苦生活和悲惨的命运，控诉奴隶社会父权制下买卖婚姻及不合理的风俗习惯给妇女带来的沉重灾难和无尽的痛苦，表现出妇女对买卖婚姻制度的强烈控诉和对自由婚姻的憧憬。流传于云南的《哭嫁歌》长诗结尾抒写道：

愿天下的禽类中，
不要再有无家的大雁；
愿天下的妈妈，
不要再有苦命的姑娘。

《妈妈的女儿》《哭嫁歌》是两首极富感染力的动人心弦的抒情长诗。将在下一节“民间长诗”中加以评述。

四、民间歌谣的艺术特色

彝族民间歌谣，不仅题材广泛，内容丰富，富有突出特点，艺术形式也有其鲜明的民族特色。

第一，采用“三段诗”的创作手法。

早在魏晋南北朝时期，彝族女大毕摩、诗人、文艺理论家、诗学奠基阿买妮，在她的文艺理论名著《彝语诗律论》中提出“三段诗”的理论，并做了系统理论的总结。这里姑且把她的例证做一引证：

花美呀花香，春来百花香；
好花春常在，冬来花不香。
凉水呀凉水，春来好凉水；
春天你不凉，冬天变雪水。

① 引自左玉堂主编：《云南彝族歌谣集成》，云南民族出版社 1986 年版，第 297 页。

姑娘呀姑娘，二十该当娘；

二十不出嫁，年老难当娘。

阿买妮讲解道："如像这首诗，才能叫作诗；一首共三段，三段来写成。这样的写法，诗歌爱好者，只要记一段，三段全能记。"并指出："诗歌这样写，词语这样评，词句紧相扣，诗意才显明。"用"春来百花香"，"冬来花不香"，比喻姑娘"二十应出嫁"，否则"年老难当娘"了。"三段诗""头一段写景，二一段写特，三一段写主（点题）"。"三段诗"，不仅民间歌谣大量采用这种创作手法，而且著名古典史诗也采用这种创作手法。如《阿细的先基》"男女说合成一家"一章"喝水"一节里，就采用这种手法。在这一节诗中，为了说明姑娘请小伙子喝水，就一连用豹子请老虎、豹狗请野猪、野鸡请箐鸡喝水来做引子。正是这种铺垫，把主旨点得更明，最后起到烘云托月凸显主题的效果。有学者认为彝族诗歌"绕"来"绕"去。殊不知，正是这种"绕"只属于自己民族而为其他民族所没有的特殊性所在。

第二，与"三段诗"结合的比手法。

什么是比？简言之，比就是比喻。东汉大经学家郑玄在《周礼·大师》中注曰："比者，比方于物也。"刘勰在《文心雕龙·比兴》中说："比之为义，取类不常：或喻于声，或方于貌，或拟于心，或譬于事。"朱熹在《诗集传》中说："比者，以彼物比此物也。"古人的这些话，用现在的话说，比，就是比喻（或叫打比喻），就是用一种事物来比拟另一种事物。这种比拟，可以比声音，比形貌，比心情，也可以比事物，使要表达的事物更形象、更生动、更贴切。

正是从这条语言艺术的原则出发，彝族人民在长期的创作实践中，十分重视这种手法的运用，从而使诗歌更富于强烈的艺术魅力，更富于浓郁的民族特色。请试看《雪山落雪词》：

《雪山落雪词》：

乌蒙山顶上，落雪飘九层。九层落雪里，八层雪已化，一层还未化。为什么不化？它在等什么？它等太阳光。阳光照在雪山上，只有没下的雪，没有不化的雪。

乌蒙山半腰，马缨花九棵，九棵马缨花，八棵已开放，一棵尚未开。它为什么不开？它在等什么？它等春风回。春回大地时，春雨润土地，只有无花的树，没有不开的花。

乌蒙山脚下，养女有九个。九个女儿中，八个已出嫁，一个还未嫁。她为什么不嫁？她在等什么？她在等媒人。媒人来到了，只有没生下的女儿，没有不出嫁的姑娘。[①]

可显见，这首《雪山落雪词》，运用比喻的手法，托物言志，借景抒情，既有画意，

① 引自左玉堂主编：《云南彝族歌谣集成》，云南民族出版社 1986 年版，第 233 页。

又富于诗情，大大增强了诗歌的艺术感染力，此手法在这里充分发挥了它的性能。

第三，朴素自然的语言风格。

彝族民间歌谣在语言的运用上具有鲜明的民族特点：质朴、自然、清新、生动、形象。这种语言风格，给诗歌带来了一种亲切感人的力量。比如这首《木哈拉白》[①]：

木哈拉白顶，风雪四季飘；
要是没有雪，它就不美了。
木哈拉白腰，马缨像火烧；
要是花不红，它就不美了。
木哈拉白脚，花开不会落，
要是花落尽，它就不美了。

这首歌的语言，简洁明快，自然生动，除了精练、紧凑、富有韵律外，与一般说话口语是一样的，真朴素，自然极了！

这就是彝族诗歌的语言特点、艺术风格。

第六节　民间长诗

彝族民间长诗，是彝族人民口头创作的长篇诗歌。它包括抒情长诗和叙事长诗两大类。现将这两类长诗做一个简略的述评。

一、抒情长诗

抒情长诗偏重于主观感情的抒发，常常是在生活中感情强烈时所歌唱。彝族抒情长诗重要作品有《哭嫁歌》《妈妈的女儿》《我的幺表妹》《逃婚的姑娘》《逃到楠密去》等。

（一）《哭嫁歌》

哭嫁歌是彝族姑娘出嫁时唱的歌。哭嫁歌一般在姑娘出嫁的当天哭唱，但是，在

① 木哈拉白：彝语，即乌蒙雪山。

姑娘出嫁之前一般都没有唱出嫁的经历，所以在临出嫁前几天或一个月间，有一个学习的过程，成年的女性长辈可以教给临出嫁的姑娘一些哭嫁的知识特别是哭嫁歌曲。哭嫁歌有哭诉对父母包办婚姻反抗的内容，有哭诉在娘家受宠而到婆家要受苦的内容，有哭诉买卖婚姻害人的内容。哭嫁歌还要临场发挥，如姑娘知道亲人中比如哥哥、兄弟等在场时，要哭诉在一起生活的快乐和离别的不忍；有亲近的长辈在场，要哭诉长辈在自己成长中的关怀和感恩之情。

哭嫁歌曲调哀伤，扣人心弦。代表性作品有《妈妈的女儿》等。

（二）《妈妈的女儿》

《妈妈的女儿》彝语为《阿莫尼惹》，是解放年前在彝族地区广为流传的一首长诗，全诗长约1000行，主要在凉山一带流传。解放前，凉山地区的彝族妇女每当在一起唱这首哀伤的歌时，都会止不住地泪流满面，可见这首长歌是那样的感人至深，特别是深深地打动着每一个有着不幸的婚姻经历的女子，也反映出彝族妇女在旧社会的地位是十分低下的，自己的婚姻自己往往不能作主，因而造成了一桩桩不幸的婚事，剥夺了女儿的爱情自由和婚姻的幸福。这也是因为那时彝族传统社会中存在着买卖婚姻制度，而这种不合理的婚姻制度曾经管束了彝族妇女的自由和爱情，造成相爱者不能联姻，爱情没有好的结果的悲剧。此处所采用的《妈妈的女儿》——《阿莫尼惹》的文本，是西南民族学院语文系彝语文教研组要根据1959年四川省民间文艺研究会整理的初稿补充修订，在内容上做了一些调整充实，在翻译上也做了一些再校订的本子，这个文本在1979年由西南民族学院印刷厂印刷，作为“彝文教学的参考资料”在内部出版发行。[①]《妈妈的女儿》这首苦情歌，是无数彝族妇女在买卖婚姻制度时代用血和泪抒发出来的歌，它以一个女子的深情自述口吻，通过对她童年生活的追忆、留恋，对家人充满复杂感情的倾诉，对出嫁的千般不愿，出嫁以后的无限忧伤和痛苦，做了愤懑而哀苦的抒发。

长诗一开始就唱出了人世间千苦万苦只有女儿最苦的感情基调：“妈妈的女儿哟！快乐是高山快乐，但高山不是真正的快乐，绵延的高山上，放牧在那里的羊儿才是真正的快乐；快乐是草原的快乐，但草原不是真正的快乐，茫茫的草原，放牧在那里的牛儿是真正的快乐；秀丽是森林秀丽，但森林不是真正秀丽，静静的森林里，长在那里的基树才是真正的秀丽。苦是人类苦，但人类不是全都苦，密如蜂桶的人类啊！只有女儿才是真正的苦。”[②]然后，这个“妈妈的女儿”，深情回忆起她的生长历程。她

① 西南民族学院语文系彝语文教研组：《妈妈的女儿》说明，1979年，第2页。
② 西南民族学院语文系彝语文教研组：《妈妈的女儿》，1979年，第1—2页。

的童年是那样的幸福和快乐，在她出生的时候，家庭中充满了喜庆的气氛，“母鸡走到哪里黄铮铮；荞子放在哪里黄澄澄；女儿去到哪里亮堂堂。”[①] 她的成长充满了亲情和关爱，父母双亲对她关爱有加：“妈妈的女儿哟！长到一岁时，妈妈抱在怀里坐，张眼看妈妈的面容，白色奶汁加饭喂，女儿吃着多香甜。……长到两岁时，父亲抱着怀里坐，张眼看爸爸的面容，鲜肉做菜喂，女儿吃着多香甜。”[②]“还不会走路时，妈妈的裙襟当朋友。”[③]“长到五岁时，在爸爸的周围玩，爸爸要来打，妈妈要来诓（抚慰），女儿眼泪簌簌落。”[④] 然而随着年龄的长大，女儿的生活在逐渐发生着变化，放牧和耕作的辛苦开始落到妈妈的女儿的肩膀上：“一件烂毡褂，一条旧毛裙，一件烂蓑衣，一顶破笠，放牧是站在牛羊后面，收割时站在庄稼前面，大麦割后拣大麦穗，小麦割后拣小麦穗。”[⑤] 而且这种放牧和耕作有时是要非常的勇气和胆量的，有时还要冒着生命的危险：“豹子真可恨，跑来冲进了羊群，女儿拣起石头打豹子，脱下披毡掷到羊群中，把豹子赶进森林里，把羊赶到草坝上，不知羊儿被衔走了没有？女儿心中颤抖，急得拍双手，朝上喊爸爸听不见，朝下喊妈妈听不见。”[⑥] 等到有一天，女儿长大成人了，父亲不见了，到处都找不到，原来是在屋上方坐着三堆人，“是家族父兄在商议亲戚朋友在商议……今天这时呀，嫁女儿吃女儿的时刻来到了。妈妈的女儿哟！从前兄妹同生又同长，今天这时候才明白，哥哥是主人，妹妹是客人。……哥是家养的羊，妹妹是托养的羊，哥哥是留存的财产，妹妹是常用的零钱，女儿的心怦怦跳，女儿的泪簌簌落。可怜啊！妈妈的女儿哟！”[⑦] 对自己与兄弟们之间的不平等的认识，对自己不能长期作为家庭的成员，对自己即将和亲人的分开，对自己即将成为人妇的害怕，对传统的女子与男子的不平等地位的怨愤等，都千头万绪地涌上了心头，心灵的震荡，情感的冲击都是十分强烈的，所以泪水就止不住地簌簌地流下来了。当出嫁的时刻到来时，女儿的无奈与悲伤达到了一个高潮：“今天这个时候呀，拉的在前面，婆家的人在前面了，推的在后面，叔伯兄弟在后面了。妈妈的女儿哟！哥哥在骂了，姐姐在劝了，嫁女由爸爸做主了，吃钱由哥哥弟弟了。”[⑧] 在这种不得不走的时候，妈妈的女儿最后的一点要求并不是很高，她希望自己的父母兄弟能够来送一送，但是按

---

① 西南民族学院语文系彝语文教研组：《妈妈的女儿》，1979 年，第 3 页。
② 西南民族学院语文系彝语文教研组：《妈妈的女儿》，1979 年，第 5 页。
③ 西南民族学院语文系彝语文教研组：《妈妈的女儿》，1979 年，第 6 页。
④ 西南民族学院语文系彝语文教研组：《妈妈的女儿》，1979 年，第 6 页。
⑤ 西南民族学院语文系彝语文教研组：《妈妈的女儿》，1979 年，第 7—8 页。
⑥ 西南民族学院语文系彝语文教研组：《妈妈的女儿》，1979 年，第 11—12 页。
⑦ 西南民族学院语文系彝语文教研组：《妈妈的女儿》，1979 年，第 15—16 页。
⑧ 西南民族学院语文系彝语文教研组：《妈妈的女儿》，1979 年，第 20—21 页。

照彝族嫁姑娘的规矩，却没有父母去给女儿送亲的习俗，因此，女儿的希望是难以实现的，“妈妈的女儿哟！不走是不行了，女儿是不是有爸爸？若是有的话，为何爸爸不来送一送？若不送一程，女儿走了不忍心，父亲留下心不安，女儿走了也心歉歉的了。可是爸爸送女儿，只能送到大门口。……可是母亲送女儿，只能送到门槛边。”[①]从自己家的闺房出发，在女儿出嫁的路途中，对于这个新嫁的姑娘来说一切都是有情的，家中的三百两金银，三百件盛装，三百只小猪小鸡，三百只肥猪阉鸡，山野的三百只雉鸡，三百只锦鸡，三百只牛羊，三百只麂子獐子，三百只蜜蜂都愿意跟随女儿一起去，可是都被女儿留下了。可见这个美丽善良的姑娘是多么令人怜惜，就是动物界与之有过一定接触的动物们，也都为她的出嫁而动情。出嫁的路途虽然有这么多可爱动物宽慰她的心怀，可是出嫁的道路是那样令人难以忍受，“女儿经过三重云雾册，差点就被雾闷死了，头也差点被冻烂，女儿哀声叫。女儿经过三个平原，腰差点被风吹断，女儿吓得‘啪啪’地击掌。经过三个水草地，脚差点被泥咬穿。女儿眼泪滚滚流，上喊爸爸爸听不见，下喊妈妈妈听不见。女儿哟真可怜！”[②]虽然有哥哥送妹妹到婆家去，但是过了婚礼的时间，哥哥是要回家去的，而从此妹妹却成了婆家的人，今后也就成了亲戚，成了客人，成了别人家里的人，永远也回不到从前的家庭中，永远也回不到从前的生活中，永远也不会再返回做姑娘的时光，永远也不会再是妈妈的女儿，她已经为人妻子，为人媳妇了。所以面对送亲将要回程的哥哥，她的情感更是别有一番滋味：“妈妈的女儿啊！马和骑主一同走，马儿能回，骑主不能回了啊！蓝黑两色披毡一同走，蓝色披毡能回，黑色披毡不能回了啊！银领银扣一同走，银领能回，银扣不能回了啊！头饰银花和耳环一同走，头饰银花能回，耳环不能回了啊！哥哥妹妹一同走，哥哥能回，妹妹不能回了啊！雾来送雨，雾已返回天上，雨却落在黑土里了啊！弓来送箭，弓已回到弓房去，箭却插在泥土里，永远不能回去了啊！针来送线，针已回到针筒里，线却缝进补丁衣服里了啊！哥哥送妹妹，哥回到父母的身旁，妹妹却丢在婆家了，从此不能回了啊！”[③]在婆家整整三年，女儿作为媳妇已经很长的时间了，可是却没有回去过一次，她对家乡、对家庭、对父母的思念却是无穷无尽的，她对娘家的依赖也是不能割舍的。因为在彝族传统社会里，如果出嫁的女儿受到婆家的欺负，受到婆家的虐待，唯一可以申诉的也只有娘家了，否则没有谁会出面来解决这些事情。所以女儿在出嫁时虽然有那么多的苦情，但是一旦成了新妇之后，她又会对娘家依恋起来：“池塘依靠的是基石，蜜蜂依靠的是红岩，獐麂依靠的是杉林，鱼儿依靠的是

① 西南民族学院语文系彝语文教研组：《妈妈的女儿》，1979 年，第 29—30 页。

② 西南民族学院语文系彝语文教研组：《妈妈的女儿》，1979 年，第 37—38 页。

③ 西南民族学院语文系彝语文教研组：《妈妈的女儿》，1979 年，第 42—44 页。

河水，云雀依靠的是草原，女儿依靠的是娘家。”① 但是女儿出嫁之后，却没有一个亲人来探视，也没有一个亲人来过问情况如何，“妈妈的女儿啊！马儿拴在阴山角落，有草无草都不管；女儿嫁到偏僻的地方，过得好坏也不管。女儿在他乡，一天哭三场妈妈也不知道，三天吃一餐妈妈也不知道，三年穿一件妈妈也不知道。女儿真可怜哟！”② 女儿想念亲人的情形，让人感到难以忍受，想得令人发疯，“想爸爸妈妈急得团团滚，想姐妹急得魂魄飞，想哥弟想得泪水流，想亲戚确觉倍加亲。……女儿想念爸爸顺山走，山梁有尽头，但对爸爸的怀念却没有尽头啊！女儿想念妈妈顺着山谷走，山谷也会走完，但对妈妈的怀念却没有完的时候啊！”③ “妈妈的女儿哟！蚯蚓没有爸爸，将泥土当作爸爸了。飞蛾没有妈妈，树叶当作妈妈了。女儿在他乡，白天将太阳当爸爸，晚上将月亮当妈妈。女儿生活在他方，心里的话儿没处诉，只有一声哀叹声。”④ 由于对于娘家的依恋难以忘怀，即使婆家再好也不能打动女儿的心，何况婆家也不好，女儿常常会受到虐待，时常处在孤立无助的地位上。因此，娘家对女儿的千般好处会在这时候凸显出来，婆家对媳妇的万般坏处也是在这种强烈的对比中 凸显出来了。于是，这个在情感的煎熬中度日如年的姑娘，她会想到以死与命运相争：“愿天下的石头，不要在小相岭上停留，滚到岩底去就苦了，摔在石板上就化作灰尘了；愿天下的雀鸟，但愿还要有倮诺谷施鸟；愿天下的人中呀，不要有女儿！妈妈的女儿哟！但愿人死心也跟着死！”⑤ 但是，就是面对死亡，这个女儿也没有自己的自由，她的死还会引起一系列的纷争，让她死也死得不会有安宁，“女儿想在婆家死，又怕哥哥受连累；女儿想在娘家死，又怕财产拿去赔；女儿想在途中死，又怕虎豹偷袭冤死在蕨草下；女儿想要服毒死，又怕毒草永远缠身上；女儿想要吊颈死，又怕吊索永远搭在肩上。女儿哟怎么办？”⑥ 可见，诸多的禁忌，诸多的顾虑，诸多的习俗，诸多的困难，诸多的束缚，铸成女儿的悲剧的命运，她是连死的自由都没有的，妈妈的女儿，从心灵折磨到生活的苦难，她的命运是多么的悲惨啊！死又死不成，活又活不好，于是妈妈的女儿只能背负着深深的哀怨，重重的忧伤，在心灵和肉体的折磨中过着漫长而又没有尽头的苦难生活：“妈妈的女儿哟！土地不好，耕牛后怨心；鞍辔不好，跑马生怨心。饭菜不好，上顿不好下顿会好；夫妻不好，却是一生长久长久的痛苦啊！”⑦

---

① 西南民族学院语文系彝语文教研组：《妈妈的女儿》，1979 年，第 48 页。
② 西南民族学院语文系彝语文教研组：《妈妈的女儿》，1979 年，第 52—53 页。
③ 西南民族学院语文系彝语文教研组：《妈妈的女儿》，1979 年，第 55—56 页。
④ 西南民族学院语文系彝语文教研组：《妈妈的女儿》，1979 年，第 59 页。
⑤ 西南民族学院语文系彝语文教研组：《妈妈的女儿》，1979 年，第 60—61 页。
⑥ 西南民族学院语文系彝语文教研组：《妈妈的女儿》，1979 年，第 61—62 页。
⑦ 西南民族学院语文系彝语文教研组：《妈妈的女儿》，1979 年，第 72 页。

《妈妈的女儿》虽然是以抒情诗的形式抒发对自己婚姻的强烈不满，控诉不自由的婚姻制度，但是从文本中我们可以发现，它也遵循一定的叙事规则，就是从女儿出生开始，以女儿的生长、成熟、成婚为贯穿全诗的主要线索，以强烈的感情发泄为特色，有其一定的艺术特色。特别是运用了大量的铺叙和排比，感情充盈，气势磅礴。大量来源于生活中的生动形象的比喻、比拟，还有许多感叹词的运用，增强了诗篇的感染力。特别是在文字文本的后面已经看不见的充满感情的唱腔，有时是声泪俱下的哭泣，配合走各自、种种有形的动作表演，更是使诗篇以基完整的本来面目打动听众观众，比干巴巴的文本更能够体现《妈妈的女儿》的生动性和丰富性。所以在几十年前，在凉山，一些妇女在听到的《妈妈的女儿》时，会止不住地泣不成声，跟着一起哭诉。

过去的一些研究者认为，《妈妈的女儿》的主题是控诉万恶的奴隶社会制度下的买卖婚姻制度，认为所反映的内容就是这种吃人的婚姻制度对妇女的迫害。这种观点在《妈妈的女儿》的文本中当然可以找到不少的唱词，例如女儿多处地方都说自己的肉已经被卖成钱用了，骨头已经被换成酒喝了，女儿出嫁后去受苦却没有人管了等等的哭诉。这些固然是对《妈妈的女儿》所反映的内容，也确实反映了即将出嫁的姑娘的真实心情。但是，我们认为也并不完全是这样。《妈妈的女儿》中的这种愤怒的控诉，是女儿临嫁时一种复杂心境的表述方式，既是对自己未来命运的不可知感到恐惧，也是对亲人在这种人生的关键时刻不能提供任何有益的帮助感到愤怒，进而对无论是娘家人还是婆家人都无一例外地进行了不分青红皂白的诅咒。因为在《妈妈的女儿》的唱词中同样有一些自我安慰，希望娘家成为日后的靠山等的内容。例如："乌鸦叫要飞进树林里，不叫也要飞到树林里。锦鸡美要钻进深谷里，不美也要钻进深谷里。女儿哀号是人家的人，不哀号也是人家的人了，再美丽的姑娘也要嫁到婆家去。"⑧"女儿想了又想啊，前辈姑姑出嫁去了，后辈姐姐出嫁已去了，现在轮到自己去的时候了。人家的姑娘嫁到我家也得来，我家姑娘嫁给人家也得走。妈妈的女儿哟！毛驴只要不死又不病，一月还要走相岭过三次；汉区的扁担只要未折断，一天还要在街头街尾转三次；只要父母还健康，以后还可以到娘家去三次。"②还有前面所引述的云雀依靠的草原，女儿依靠的是娘家，等等。这些都反映出了女儿在出嫁时所哭诉的这篇长篇哭嫁歌，不仅仅是对自己的身世艰难的诉苦，对不合理的婚姻制度的控诉，对买卖婚姻的不满，另一方面也是表达姑娘对已经过去的苦难生活的不甘，对未知命运的恐惧、怨愤和无助，对将来还有可能继续过苦难的生活的无奈与痛苦，甚至于对父母的赞美

⑧　西南民族学院语文系彝语文教研组：《妈妈的女儿》，1979 年，第 51—52 页。

②　西南民族学院语文系彝语文教研组：《妈妈的女儿》，1979 年，第 62—63 页。

和感恩，对家人的留恋，失去自由的童年生活的不忿等的复杂心情。要了解这一点，还必须对彝族民间常用的一些说话、修辞方式有所了解。彝族人民经常使用一种正话反说的修辞方式，这些修辞方式还要和彝族深层次的文化传统结合起来，才能理解其中真正的含义。例如，赞美别人的小孩时常常说这个孩子是一泡狗屎，欢迎一个不期然而到来的客人是说怕你是走错了路吧，等等。这些说话并不是说别人的孩子不好，也不是说不欢迎客人来到家中，相反，这些话中所表达的含义却是对别人的孩子的赞美和关爱，对客人突然到家中来的由衷欢迎。所以，对《妈妈的女儿》中的许多表面上看上去是十分悲痛而又愤怒的控诉之词，要从多个方面去辩证分析，女儿的哭诉固然伤心断肠，动人心腑，但是并不都是想象的那样血泪斑斑，惨烈不堪。

（三）《逃婚的姑娘》

《逃婚的姑娘》是流传于云南省红河自治州彝族尼苏人中的一部长诗，由钟鸣搜集的 14 份材料（包括彝文文本）综合后，由徐嘉瑞、钟鸣整理而成。参加翻译的有王秀英、张文贵、李庆禄、张明英、小毛等。此文本由云南人民出版社于 1980 年正式出版，全诗共有 1700 行汉译诗句，分为序歌、相识、深爱、送礼、吃火炒豆、逼嫁、在婆家、回娘家、相会、哭诉、教训、寻妹、逃走，共计 13 个部分。这是一部直接以“逃婚”为标题的长诗，所写内容为姑娘和小伙子通过逃婚的方式拯救自己的爱情，救赎自己的婚姻。

《逃婚的姑娘》所讲的故事是在红河地方，有一个年纪偏大的小伙子爱上了一个姑娘，两人经过相识、相知到深爱而定情。小伙子赞美姑娘的美丽，姑娘宽慰小伙子的贫困，两人的感情越来越深。“单单姑娘不好看，单单姑娘不漂亮，要配上小伙子才好看，要配上小伙子才漂亮。……走了又走，来到窝铺前，清清的溪水，流过窝铺边，洁白的月光，照在窝铺上面。平平的石头，你抬给我坐，我抬给你坐；绿绿的树叶，你摘一把给我垫，我摘一把给你垫。两个石头放在一起，两个人坐在一处，我们坐的地方不让它长野草，我们唱的地方不让它生苔藓，若长野草你来拔三把，若生苔藓我来踏三遍。”[①] 然而这个姑娘却是被爹妈许配了有钱人家的，在被逼嫁的前夜，眼睁睁地看到自己心上人要嫁人了，小伙子只能送给她分别的礼物：“世上的路多，没有我们走的一条；世上的官多，没有我们告状的地方。今晚来送分别的礼物。”[②] 互赠分别礼物之后，伤心的姑娘在与小伙伴们“吃火炒豆”分别时，她的女伴们都同情她：“妹妹啊，你流泪我们也心寒，我们同在一个村里长大，不同的花开在一架山上，恨

① 钟鸣搜集，徐嘉瑞、钟鸣整理：《逃婚的姑娘》，云南人民出版社 1980 年版，第 11—12 页。

② 钟鸣搜集，徐嘉瑞、钟鸣整理：《逃婚的姑娘》，云南人民出版社 1980 年版，第 20 页。

爹妈只准我们和小伙子跳舞歌唱,不许我们挑选自己心上的好伴。”[①]在被逼迫嫁人之后，姑娘的日子没有一天是好过的。“人家打我不敢还手,人家骂我不敢还口,人家有说有笑，我只有中柱做伴。……我像路边的一棵小草，大人来踩三脚，小娃来踩三脚；我像路边的一棵小树，大人来砍三刀，小娃来砍三刀。”[②]姑娘就这样一声声地控诉，一声声地呐喊，一声声地呼唤她的阿哥前来救她、呼唤她的外家前来帮助她。姑娘在没有别的办法的时候，只有寻找理由跑回娘家，在回家的路上向她的情人倾诉了自己的苦难，约好逃婚的时间。回到娘家，姑娘赖着不肯走，媒人就逼上门来要人了。阿妈只会哭，阿爹说话了：“卖了是人家的田，嫁了是人家的人，讨嫁是古来的规矩，快快跟媒人回去！”[③]姑娘被逼迫回去，在路上她逃走了。然而不幸的是，这回她没有逃脱，被她的丈夫抓了回来，这样她的日子更加难过，苦难更加深重。“第二天，大家都来了，公公说：‘每人面前磕三个头。’婆婆说：‘脚板刺上四枚针，头上放上一碗水，捶碎瓦砖让她跪，要跪三炷香，三炷香燃完了，才准起来！’”[④]在这种残酷的折磨之下，姑娘下定了死也要走的决心，在她的情哥哥的接应之下成功地逃走了。

《逃婚的姑娘》深刻地揭露了封建包办婚姻给青年人带来的痛苦和磨难，在那样的社会制度下，青年人是没有自己的婚姻自由的。这部长诗正反映出了当时的青年恋爱很自由，婚姻不自主的特殊性，对于一个处于弱势地位的姑娘，她在婆家受到了种种虐待却找不到诉苦的地方，正如诗中所说世间的官很多，却没有告状的地方，连她的父母双亲对于她的悲惨遭遇也无可奈何，甚至她的父亲作为传统势力的人物之一，逼着她接受苦难的现实。她的丈夫、公公、婆婆、媒人等都是整个封建包办婚姻的维护者，在他们的共同压迫之下，看不到生活的希望的姑娘，在忍受不了种种残酷折磨之后，要想生存下去，唯一的选择就是逃走。

《逃婚的姑娘》是一部艺术感染力很强的长诗，诗中采用对唱、独白、反复、比喻、排比、隐喻等艺术手法，增加了诗歌的艺术魅力。在《逃婚的姑娘》中，有许多章节可以作为独立的诗歌来欣赏,而且有的诗章还与《诗经》中的诗篇十分相似。例如:“阿哥，门有门神,家有家神,开门门会响,大哥晓得会来打,爹妈听见会来骂,不是姑娘不想你，出来真是不容易。圈里的牛睡了，家里的人睡了，舀碗水倒在门臼里，丢块粑粑塞住狗的嘴，多依树下来相会。”[⑤]这与《诗经》中的《将仲子》一首何其相似：“将仲子

① 钟鸣搜集，徐嘉瑞、钟鸣整理：《逃婚的姑娘》，云南人民出版社1980年版，第26页。
② 钟鸣搜集，徐嘉瑞、钟鸣整理：《逃婚的姑娘》，云南人民出版社1980年版，第36—37页。
③ 钟鸣搜集，徐嘉瑞、钟鸣整理：《逃婚的姑娘》，云南人民出版社1980年版，第51页。
④ 钟鸣搜集，徐嘉瑞、钟鸣整理：《逃婚的姑娘》，云南人民出版社1980年版，第56页。
⑤ 钟鸣搜集，徐嘉瑞、钟鸣整理：《逃婚的姑娘》，云南人民出版社1980年版，第17—18页。

兮，勿逾我墙，勿折我树棠。仲可怀也，父母之言，犹可畏也……”。又如：“‘阿哥，你听：头声金鸡已经开口。’‘阿妹，那是箐底青蛙叫，黑夜长，箐边冷，青蛙没有被子盖，冷得发抖冷得叫。’‘阿哥，你听：二声鸡叫了。’‘阿妹，那是林中的哥补雀从梦中惊醒，绿眼的猫头鹰站在它窝边，哥补雀害怕了，在叫它的伙伴。’‘阿哥，三声金鸡叫了，像千把钢刀割着妹的心，连根的藤子被割断，舍不得分也要分！”[①]这与《诗经》中的《女曰鸡鸣》简直就是同一首诗的不同流传本，与其中的“女曰鸡鸣，士曰昧旦……”何其相似乃尔！

在那种境况下，逃婚是自我婚姻救赎的一种最为直接的方式。《逃婚的姑娘》正是通过被逼而嫁给自己不喜欢的人姑娘的逃婚，来完成单个人对于一个强大的社会制度的不合理婚姻的反抗。虽然这个反抗是那么软弱无力，但是她的控诉是有力而且深刻的，这一声声的控诉和一次又一次逃婚的反抗，当它们积累到一定的时候就会形成总体的爆发，动摇封建社会不合理的婚姻制度的根基。

（四）《逃到楠密去》

《逃到楠密去》又名《逃到甜蜜的地方》，是流传于云南的一部彝族古代婚恋叙事长诗，它是以彝族古代文学中“普帕米”的形式在大众中保存和流传下来的，有多个彝文文本和传唱文本。“普帕米”系彝语，意为“祖先的歌”，即祖先们创作的作品、从祖先的时候就流传下来的歌。《逃到楠密去》是“普帕米”中的一首，它和《阿诗玛》《牧羊人史郎若》一起作为“路南彝族叙事长诗”收录进《普帕米》中，一起由云南民族出版社于1988年正式出版。此处所用文本是黄建明、昂自明、普卫华三人“根据原始的彝文文字材料和口头传唱材料综合校勘整理而成的。每首‘普帕米’除口头传唱本而外，至少有两份乃至四五份书面材料供校勘整理。”[②]这个文本全诗有1100多行，分为4个部分：活是一条心，死是一堆土；哥走到哪里，妹跟到哪里；走到了水塘边；啊，这就是楠密地方。《逃到楠密去》虽然是作为叙事长诗的面目与读者见面的，但是就其内容而言，却更像是一首抒情长诗，在诗中作为主角的两个主人公连具体的名字都没有，只是用哥和妹两人对唱的形式不断交替进行，把长诗的情节推进下去。

从叙事的角度上看，《逃到楠密去》讲的是一对相好的恋人由于女方的父母把她嫁给她所不喜欢的男人，两人相遇后畅叙苦情，一同回忆当年美好的恋爱时光，对照今天天各一方的现实，产生了相约逃婚的想法，“火草叶片铺四方，哥哥啊！你像它一样大方。哥若不嫌妹，快来赎妹身。摘下了的菜叶软绵绵的，妹妹啊！你是最温柔的，

① 钟鸣搜集，徐嘉瑞、钟鸣整理：《逃婚的姑娘》，云南人民出版社1980年版，第22页。

② 黄建明、昂自明、普卫华翻译：《普帕米》后记，云南民族出版社1988年版。

金子马蹄大，银子脑壳大，我来赎妹身，赎回妹身来，我们做一家。问妹一句话：你可舍得银须的阿爸？你可舍得白发的阿妈？你可舍得现在的丈夫？你能舍得下，我们就能成一家。火草叶片铺四方，哥哥啊！你像它一样大方。大霜压青松，阿爸压着我的头出嫁；大雪压青松，阿妈压着我的头出嫁。我的丈夫啊！头发长得像山草，身子就像虫蛀的朽木，脚趾生得像猴掌，一身惹人厌，我不喜欢他。摘下了的菜叶软绵绵的，妹妹啊！你是最温柔的。马蹄大的金子，哥哥拿不出；脑壳大的银子，哥哥拿不出。活是一条心，死是一堆土，走，我们逃到楠密去！火草叶片铺四方，哥哥啊！你像它一样大方。哥哥走到哪里，妹妹跟到哪里。锯子解木板，锛子劈木头，造船放水中，风吹船就会掉头；棒子撬石头，钻子打石头，打出石狮子，石狮永远不回头；我们两人啊，逃向楠密去，石狮不回头，妹也定心往前走啦！哥哥走到哪里，妹妹跟到哪里，生是一条心，死是一堆土。摘下了的菜叶软绵绵的，妹妹啊！你是最温柔的。马跑十里为寻草，鸟飞十里为觅食，我们逃走啊——为的是到甜蜜的地方。既然妹妹定了心，哥护妹妹出去闯，只要哥的头不掉，妹的头也不会落”。[①]就这样，他们走上了逃婚的路。而在逃婚的路上，他们俩遇到了各种意想不到的困难，妹妹的心一次又一次地担惊受怕，哥哥则不断地给予鼓励和帮助，跋涉过许多高山、深箐、悬崖、大河，克服了许多艰难困苦，他们终于看到了远处的楠密了。而就在这时，妹妹的丈夫率领人马追了上来，把他们双双捉了回去，关进了黑房子。在黑房子里，妹妹帮助哥哥先逃出来，然后自己又想办法逃了出来，两人又相遇了，在互诉衷肠后，他们又开始了第二次逃婚：“妈妈伤心的女儿啊，三个白天过得去，三个夜晚难熬过。若是妹妹心舒畅，大雪飘下地，地上白皑皑，雪上睡觉也过得；大霜降下地，遍地呈灰白，睡在霜上也过得。不合妹心愿啊——金子打床架，银子打床板，金银打的床，妹妹睡不着；丝绵大被窝，妹妹睡不着。野火烧黄栗，只能烧死枝和叶，烧不死树心和树根。任狠心丈夫怎样打妹，打不断妹妹思哥情。妹妹想阿哥，眼泪就像茅草屋檐滴水珠，一日哭三回，一日不会黑；一夜哭三次，一夜不会亮。阿妹不要这样伤心，哥跟你一样，一轮十三天，一日哭三回，泪水拌饭往下咽，也是这般过来啊！十二街子上，今天见到了阿妹，哥哥喜欢了一场。”[②]他们又坚定不移地朝楠密逃去。为什么楠密如此地吸引着他们一次又一次地逃到那里去呢？原来楠密地方是这样的诱人：“这里的天空多么大，这里的地面多么宽，这里的阳光多么灿烂，这里的土地多么肥沃、富饶，这里的山花多么鲜艳，这里的泉水多么甘甜，这里的人多端庄、和蔼，啊，这就是楠密地方！”[③]在这个地方，他们俩

① 黄建明、昂自明、普卫华翻译：《普帕米》，云南民族出版社 1988 年版，第 73—76 页。
② 黄建明、昂自明、普卫华翻译：《普帕米》，云南民族出版社 1988 年版，第 93—95 页。
③ 黄建明、昂自明、普卫华翻译：《普帕米》，云南民族出版社 1988 年版，第 98 页。

艰苦创业，在爱情的滋养下克服一切困难，过上了幸福的生活。

《逃到楠密去》中的哥哥和妹妹是封建制度下包办婚姻的直接反抗者，这部长诗就是一部反抗者的控诉之歌。当妹妹身不由己被父母强行嫁给她所不喜欢的男人时，她并没有屈服于父母的权威和丈夫的殴打，她为了追求自己的爱情而一次又一次地和她的心上人坚定地逃婚而去。哥哥是一个没有财富却拥有坚定的信心和战胜一切困难的勇气的男子汉，对于心爱的人他可以毫不犹豫地带领着她一起逃婚，他能够在心上人犹豫观望、畏缩不前的时候给她以信心和力量，向她指出光明和希望的所在，带领她一往无前地到达目的地，实现自己的人生愿望。《逃到楠密去》在结构上有它一定的特色，它吸取了《阿细的先基》中的那种叙事方式：通过男女两个主角的互相对唱的形式，推动叙事的不断深入和故事情节的递进。在人物的刻画上主要是通过男女主角的独白来进行的，这样让读者感到更为真实。同时，大量的对应、设喻、排比、反复、层递等手法的使用和充满感情的直抒胸臆的咏唱，使整部长诗具有震荡人心的艺术魅力。

苏联诗人武尔贡在第一次全苏联作家代表会上的补充报告中，谈到诗歌的时候，说："抒情诗不应当像候鸟一样，唱完了它的响亮的歌，马上就飞走……抒情的诗和抒情的歌，应当深入人们的心灵中，在他们的心灵做巢……"彝族抒情长诗，在彝族人民，特别是广大妇女和青年男女的心灵中做了巢，在历史上，它们曾激发人们寻找苦难的根源，激发人们改变这种悲惨命运和痛苦生活的强烈愿望。同时，它们在诗歌的长廊中放出异彩，与众多的叙事长诗交相辉映，相得益彰，构成了彝族民间诗歌的主体。

二、叙事长诗

叙事长诗，是相对抒情长诗而言、以叙述人世故事为主、以塑造人物为中心的长篇诗歌。即使带有抒情的色彩，也要借写人叙事来抒发情感，而不像抒情长诗那样偏重于主观感情的抒发。

彝族的叙事长诗与抒情长诗同样的源远流长，早在唐宋时期已发展了一条与抒情长诗并行的创作潮流，形成了彝族诗歌史上一道别具风貌的人文景观。

彝族叙事长诗视野开阔，题材广泛，叙事技巧圆熟，在叙事手法、故事情节、戏剧冲突以及人物形象的塑造上都达到了相当高水平，在彝族诗歌史上树起了光辉灿烂的旗帜。

彝族叙事长诗很繁荣，已发展成繁盛的叙事诗群。现将叙事长诗具有代表性作品作一介绍。

（一）《赛玻嫫》

《赛玻嫫》是流传于云南楚雄彝族自治州的一部人与蛇通婚的叙事长诗。关于这部长诗，从 1955 年就以“云南民族民间文学楚雄调查队”的名义开始了搜集工作，参加此项工作的有范林青、李志远、李文、李秉珍，主要翻译工作由施学生完成，后来由郭思九、尚仲豪整理，翻译整理的过程中既有口头的材料，也有彝文“毕摩经”文本和“彝书”文本。经整理后的汉译本于 1980 年由云南人民出版社正式出版。全诗在彝语文五言句式的基础上整理成长短句式诗行，全诗长 1550 行。“赛玻嫫”为彝语，译成汉语是蛇与人做夫妻。这部长诗也叫《七妹与蛇郎》。[①] 在彝族传统的宗教文化观念中，蛇与龙同是一家，甚至有时候蛇就是龙，这在《赛玻嫫》中就有明白的交代；同时龙又是彝族古代某些支系的图腾崇拜物，具有神性。因此，从某种意义上说，人与蛇通婚即人与神的通婚。

《赛玻嫫》一开始就讲述在世间最大的一架山上住着彝族人，在最深的一条大江中居住着龙王。在巳蛇年巳蛇月巳蛇日巳蛇时，龙王领着蛇郎来到人间，蛇郎从此爱上了人间的生活。龙王为了阻止蛇郎到人间，发大水淹灭了世上的一切，世间万物一样只剩下一对，作为人类的一对夫妻生下一个儿子和七个女儿，最小的七妹最漂亮也最能干。蛇郎爱上七妹，就三番五次去请蜜蜂做媒。蜜蜂试探大姐等六位姐姐，她们没有一个愿意嫁给蛇郎，只有七妹同意。就在七妹与蛇郎成婚的日子，大姐嫁给了貂鼠，二姐嫁给了猴子，三姐嫁给了兔子，四姐嫁给了山鸡，五姐嫁给了豹子，六姐嫁给了老虎，她们都瞧不起蛇郎，不愿送妹妹去成婚。“只有爹妈送七囡，只有阿哥送七妹，一直送到彝家寨，一直送到蛇郎家。蛇郎家的金子有一柜，蛇郎家的银子有一房，蛇郎家的牛羊关满圈，蛇郎家的粮食装满仓。”[②] 七妹与蛇郎留下爹妈和阿哥住了十天之后，送了金子、银子、粮食各三包给他们，在大河边上拜别了亲戚。蛇郎是个办庄稼的好手，夫妻俩勤劳致富，过上了安定的好生活。在生了一双儿女金哥和银妹之后，七妹和蛇郎又驮上金银、粮食和绸缎各三包回娘家省亲，娘家“盛宴招待女婿，热情招待七妹。壮牛杀三头，肥羊宰三只，胖猪杀三头，阉鸡宰三只；苞谷酒蒸九坛，白米饭煮九甑。堂屋摆起八仙桌，全家四方坐。吃的有十二样，喝的有十二样”。[③] 正在这时，大姐和大姐夫破门闯进来了，二姐、三姐、四姐、五姐、六姐和她们的丈夫们也都闯进来了，家里顿时乱成一锅粥，等到这些老虎豹子貂鼠闹了一气，家里才得以安静地吃一顿饭。

---

① 云南民族民间文学楚雄调查队搜集，郭思九、尚仲豪整理：《赛玻嫫》，云南人民出版社 1980 年版，第 74 页。

② 云南民族民间文学楚雄调查队搜集，郭思九、尚仲豪整理：《赛玻嫫》，云南人民出版社 1980 年版，第 21—22 页。

③ 云南民族民间文学楚雄调查队搜集，郭思九、尚仲豪整理：《赛玻嫫》，云南人民出版社 1980 年版，第 41—42 页。

七妹和蛇郎的富有引起了黑心的大姐的嫉妒，她趁蛇郎不在家时到七妹家，设法骗到七妹的衣服首饰后将七妹推到井中淹死了，自己装扮成七妹与蛇郎过日子。家里的一切都开始变了，蛇郎奇怪“七妹”怎么会变成了懒婆娘，孩子那么哭都不会带了。三年后，思念孩子和蛇郎的七妹变成一只画眉天天在邻居方骞的地里叫着冤屈，蛇郎知道后与他一起去地里窥探，只见画眉叫着：“唏哩苏噜噜，马尿充茶水，你格分得清？谁是你妻子，你格认得清？蛇郎哥哥呀，你格想七妹？金哥银妹格哭哩？唏哩哩苏噜噜，我想我的丈夫，我想我的儿女。请你告诉我的蛇郎，若是他想七妹，若是金哥银妹哭嘛，明天一早来回话。”① 蛇郎跑出来把七妹小画眉带回了家。画眉回家后抚育自己的儿女却遭到大姐的诅咒。蛇郎每天下地劳动，大姐才慢慢起来梳洗。“她用金盆来洗脸，画眉在梁上叫：‘害羞，害羞！我的金盆你洗脸。’她用金梳来梳头，画眉在梁上叫：‘害羞，害羞！我的金梳你梳头。’她有银盆来洗脚，画眉又叫了：‘害羞，害羞！我的银盆你洗脚。’她去换新鞋，画眉开口骂道：‘害羞，害羞！我的缎子鞋你偷来穿。’”② 结果画眉被大姐打死烧吃了。画眉变成火炭报复大姐，又被大姐拈丢进粪桶。蛇郎挑粪去种菜，其中的一棵大白菜十分鲜嫩，馋嘴的大姐割下这棵白菜煮吃之后，半夜闹肚子出门上厕所时掉进井里淹死了。七妹又活了过来，与蛇郎重新过上幸福的生活。

《赛玻嫫》是一部富有传奇色彩的长诗，其中神话传说的色彩比较浓厚，在题材上显得特别，在艺术上也有其特色。作为一部独具特色的彝族古代叙事长诗，它已经被翻译成英文出版。③ 单从文本的角度上讲，《赛玻嫫》是彝族叙事长诗中唯一的一部描写人与动物通婚的作品，因为其中还有大姐嫁貂鼠，其他各位姐姐都嫁了不同动物的内容。然而从传统宗教文化的角度上去考察，实际上七妹所嫁的动物并非一般的动物，它是龙王的儿子，因此又是其他动物所不可比拟的，龙是彝族经常祭祀的神灵之一，当然地作为龙王之子的蛇郎就是神灵的后代，他就是神。嫁给蛇郎的赛玻嫫是一个美丽善良的姑娘，她“像林中的金鹿一样聪明，像山上马缨花一样漂亮。一家七姊妹，样样数她强”。④ 能够让蛇郎一见钟情，“蛇郎一见就倾心，越看心里越喜欢。自从看见小七妹，蛇郎昼思夜也想，三天要去看一次，不看没法过日子。到了巳蛇的那一年……某月某日某时，蛇郎想七妹，起得心发慌，从此一天看一趟，不看没法度时光。”⑤ 因此蛇郎冒着对抗龙王的危险跑到人间来向她求婚。七妹的善良既表现在爱情上与蛇郎

---

① 云南民族民间文学楚雄调查队搜集，郭思九、尚仲豪整理：《赛玻嫫》，云南人民出版社 1980 年版，第 63—64 页。
② 云南民族民间文学楚雄调查队搜集，郭思九、尚仲豪整理：《赛玻嫫》，云南人民出版社 1980 年版，第 68 页。
③ 杨继忠、芮增瑞、左玉堂编著：《楚雄彝族文学简史》，中国民间文艺出版社 1986 年版，第 313 页。
④ 云南民族民间文学楚雄调查队搜集，郭思九、尚仲豪整理：《赛玻嫫》，云南人民出版社 1980 年版，第 9—10 页。
⑤ 云南民族民间文学楚雄调查队搜集，郭思九、尚仲豪整理：《赛玻嫫》，云南人民出版社 1980 年版，第 10—11 页。

的恩爱相伴，也表现在她舍得金钱，把大包大包的金银送给父母；当大姐假意为她带孩子并以孩子的名义一次又一次地骗走她的服装的时候，她认为真正是孩子的需要而没有丝毫的怀疑；她成了画眉之后回来看到哭泣的孩子的肮脏，“看着受苦的金哥和银妹，心像滚油煎。给兄妹啄掉脸上的眼屎，给兄妹啄掉嘴边的鼻涕，给兄妹舐掉脸上的脏东西，兄妹哭得更焦急”。[①] 即使变成了异类，她的母爱却是不变的。与此形成对比的大姐的丑陋和恶毒。本来蜜蜂说媒是从她开始说起的，她因为没有眼光而说“有如嫁蛇郎，不如嫁貂鼠”。[②] 但是当她看见七妹与蛇郎送给父母的金银绸缎时，她的贪婪凶恶的秉性就暴露出来了：“大姐见了金银，望花了眼睛；大姐见了绸缎，笑歪了嘴巴。七妹戴首饰，满屋亮堂堂。‘叫声小七妹，你给阿姐瞧一瞧。’七妹伸过手来，大姐喜欢首饰，抹下金手箍，抹下银镯头。”[③] 最后发展到谋害亲妹妹的生命而占有她的一切。然而最后她还是被自己的贪婪害死了。这也是正义战胜邪恶的结果。《赛玻嫫》在艺术上有特色，塑造了具有独特个性的人物形象；在修辞上比喻十分贴切、生动、形象。[④] 语言简洁明朗，表现事物朴实、生动、形象。[⑤] 在彝族叙事长诗中，《赛玻嫫》里还首次出现了运用暗示或者说是预警的艺术手法：当七妹与蛇郎省亲结束要返回去的早晨，“七妹与蛇郎，半夜就起身，鸡叫就吃饭，爹妈来陪伴。一年七百二十顿饭，团圆饭只有这顿啦！越吃饭越香，饱了再加三碗；越喝酒越甜，醉了再加三杯。”[⑥] 这顿不同寻常的饭吃过之后，预示着七妹再也不能和大家一起吃饭了，她将被她的大姐害死了。另外，《赛玻嫫》与《阿诺楚》还有一些相似的地方，这主要表现在姐妹相害的题旨方面。

（二）《一双彩虹》

《一双彩虹》是彝族民间叙事长诗中较早被发掘整理出来的一部作品。这部长诗主要流传在贵州省毕节地区的威宁、赫章等县和六盘水市的盘县一带，这些地方属于古代彝族的乌撒地区和阿外惹地区。《一双彩虹》的最早版本是由沈耘整理的，发表于《红岩》杂志 1957 年 12 月号，后来又与《放鹅娄纪》和《戈阿娄》合为一集收入沈耘编的《一双彩虹》作为《贵州民间文学丛书 · 彝族叙事诗选》于 1983 年 3 月由贵州人民出版社正式出版。1997 年 11 月出版的《贵州民间文学选粹丛书》中何积全编的《彝族叙事诗选》中也收入了这个版本的《一双彩虹》。三个版本中内容都没有什么变化。

---

① 云南民族民间文学楚雄调查队搜集，郭思九、尚仲豪整理：《赛玻嫫》，云南人民出版社 1980 年版，第 65—66 页。

② 云南民族民间文学楚雄调查队搜集，郭思九、尚仲豪整理：《赛玻嫫》，云南人民出版社 1980 年版，第 20 页。

③ 云南民族民间文学楚雄调查队搜集，郭思九、尚仲豪整理：《赛玻嫫》，云南人民出版社 1980 年版，第 43—44 页。

④ 参见王昌富：《彝族妇女文学概说》，四川民族出版社 2003 年版，第 146 页，第 147 页。

⑤ 参见杨继忠、芮增瑞、左玉堂编著：《楚雄彝族文学简史》，中国民间文艺出版社 1986 年版，第 314 页。

⑥ 云南民族民间文学楚雄调查队搜集，郭思九、尚仲豪整理：《赛玻嫫》，云南人民出版社 1980 年版，第 48 页。

全诗约800行。

《一双彩虹》所叙述的故事并不很复杂，讲的是“会放羊”“会种地”“会唱歌”“会弹琴”[①]的斗歌儒达小伙子是被姑娘们爱慕的对象，他娶到了像仙女一样漂亮的美女娄黛露奏。娄黛露奏给他逢制了一个美丽的香包，“摘下一百种鲜花，留下一百个花芯，聪明的娄黛露奏，做成了百花粉。香粉装进香包，送给斗哥儒达。斗哥儒达满脸笑，斗哥儒达到处夸”。[②]正是他的这种做派，让他的美妻不放心他，对他提出了警告：“当着你的朋友，香包可以露出来。当着祖摩，香包一定藏起来。”[③]他被祖摩，即君长抽去服劳役后，由于没有能够遵循妻子的告诫，香包露出来，闪耀的金光照着了祖摩，贪婪的祖摩不但拿走了香包，还要他把他的妻子带去接受“奖赏”。闷闷不乐的斗哥儒达回家后把情况告诉妻子，勇敢的妻子和他一起到了祖摩家去“领赏”。祖摩发现了娄黛露奏的美丽后起了歹毒心肠，想将她占为己有，却又先放她一马让他们夫妇先回家。之后祖摩通知斗哥儒达去参加“打冤家”，斗哥儒达只得骑上自家的小黑马出战去了。到了半途，祖摩的伏兵围住斗哥儒达一阵猛烈的搏杀，斗哥儒达临死之前撕下血衣藏在马鞍下让小黑马带回。娄黛露奏知道斗哥儒达已经死去，正在解下青丝帕悬梁自尽，不料被正好赶到的祖摩家管事救下来。心怀鬼胎的管事百般劝慰并歪曲解释斗哥儒达的死况，反而使娄黛露奏明白了杀死丈夫的不是冤家对头而恰恰是要夺人妻子的祖摩。而面对管事给祖摩向她逼婚，娄黛露奏回答道：“我是百姓他是王，哪有山鸡配凤凰？我家贫穷他富贵，乌鸦怎与孔雀飞？”[④]在躲不过时，她要祖摩答应她三个条件包括若干珠宝首饰衣物、为丈夫做斋、焚尸等之后，才答应与祖摩成亲。祖摩依照要求办了，却在为斗哥儒达焚尸时烧了若干柴都不会烧化。娄黛露奏说是斗哥儒达想他的妻子儿子，祖摩按他的要求把自己的妻子儿子都烧给了斗哥儒达，然而仍然还是烧不化。最后，娄黛露奏扯下自己的一缕头发丢进火里，斗哥儒达的尸体才燃起来。这时娄黛露奏抛撒全身的珠宝让看守她的人们去抢夺，她却穿着浸透了盐水的衣服纵身跳入火海殉葬了。夫妇俩变成了两棵枝叶相覆的树，被祖摩砍下烧掉；之后又变成了一对白鹤，祖摩射中白鹤引出震怒的风雨雷电，雷电击死了祖摩。风雨雷电过后，雨过天晴，斗哥儒达和娄黛露奏夫妇变成了天上的一双彩虹。

这部长诗故事情节比较简单，故事发生的地点也没有明确的地名。比如斗哥儒达和娄黛露奏就是分别住在河这边和河那边，祖摩的王府在何地也没有明确的地名，斗

① 沈耘编：《彝族叙事诗选》，贵州人民出版社1983年版，第1页。
② 沈耘编：《彝族叙事诗选》，贵州人民出版社1983年版，第5页。
③ 沈耘编：《彝族叙事诗选》，贵州人民出版社1983年版，第8页。
④ 沈耘编：《彝族叙事诗选》，贵州人民出版社1983年版，第29页。

哥儒达战死之地也只是说在高山峡谷。它不像其他的长诗讲述故事要先说明某时某地。这也许就是《一双彩虹》透露出来的值得进一步深入研究的地方。不过，《一双彩虹》中已经有我们前面提出的这类型长诗中的几个重要因素，即美女给丈夫荷包，荷包被君长发现，君长为强夺人妻而害死丈夫，妻子为丈夫斋戒、殉夫、化升。主人公之一的斗哥儒达是一个勤劳、好学、朴实、率直、勇敢而有才艺的青年，他在娶到美丽的妻子之时是幸福的，他在得到能干的妻子给他的绣花香包时充满了得意之情，以至到祖摩家服劳役时不慎泄露了妻子的秘密，而此时他的表现又是那样的闷闷不乐，难以对妻子交差。当他被祖摩的伏兵围攻之时，他是一名勇敢的战士，面对如潮水般的伏兵，他“急忙开弓放箭，箭落人马倒地，前军倒下后军来，汹涌如同潮水。斗哥儒达拉断弓弦，斗哥儒达拉断弓背，没有找到祖摩，难平胸中怒气。射完最后一箭，腰中抽出钢刀，刀起放寒光，刀落人头掉。斗哥儒达刀口砍卷了，斗哥儒达两手砍软了，没有找到祖摩，仇恨不能消。斗哥儒达冲到前边，前边的刀像树林，斗哥儒达冲到后边，后边的箭如雨点。斗哥儒达冲到左边，左边大山挡住了，斗哥儒达冲到右边，右边的悬岩拦住了。……斗哥儒达鲜血淌，撕下血衣裳，藏在马鞍下，临死气昂扬”。[①] 形象生动的描写对刻画斗哥儒达的人物性格特征有其成功之处。而另一名主人公娄黛露奏则是美丽、能干、天真，而又不失其机智，但又走极端，她的性格特点是在不断发展的。她的美丽和能干既给她带来了短暂的幸福，也给她造成了终身的遗恨。她既天真地相信了祖摩的奖赏，又天真地相信了丈夫的战死。当她知道事情的真相不是她所期望的那样时，她会走极端，她会为丈夫的死而痛不欲生，悬梁自尽；她也会让祖摩害死他无辜的妻子和儿子。她要为丈夫殉情，她知道如何做才能达到目的，所以她所提的条件实际就是她为了殉情而做的种种准备，“要手镯九十九对，衣裙九十九套，耳环九十九双，盐巴九十九挑”。[②] 特别是这九十九挑盐巴的彩礼真是匪夷所思，一般人是想象不出用来浸透衣服使其朽坏这样的用途的。

（三）《力芝与索布》

前面的几部长诗是贵州彝族婚恋长诗，现在我们来看看云南省的几部类型相同的长诗，《力芝与索布》《朵卜若与颉薇妮》就是其中比较有代表性的两部。

《力芝与索布》是流传于云南省红河哈尼族彝族自治州一带的彝族爱情叙事长诗，最早的汉文译本由涅努巴西搜集、翻译、整理而成，这个文本收入红河哈尼族彝族自治州民族事务委员会编的《彝族叙事长诗选》，由云南民族出版社于1984年出版了初版。

① 沈耘编：《彝族叙事诗选》，贵州人民出版社1983年版，第20—21页。

② 沈耘编：《彝族叙事诗选》，贵州人民出版社1983年版，第29页。

全诗有 1200 多行。

《力芝与索布》讲述了英俊勇敢的青年力芝到了青春勃发的年龄，他出门去寻找自己的爱情。路上遇到天上的七仙女拦了七回，她们请他在她们之中选择一位他中意的姐妹，他说人与神仙不能成婚，谢绝了；他又遇到三位城里的姐妹（指外族女子），她们请他从中挑选一位做妻子，他也以“可惜木勺与金碗，不能同摆一桌席；可惜金链与山藤，不能扭作一股绳；可惜荞子与糯米，不能同甑来蒸熟”为由，给予谢绝了。[①]他要找的是什么人呢？他找遍了四方，来到一个街市上，“街旁有棵多依树，一个姑娘倚树旁，鸡冠帽上群星闪，五彩腰带耀人眼，脸庞红润似桃花，一对酒窝盛满情，额前短发齐展展，一条长辫搭在肩，眼睛汪汪含深情，深情投向力芝身。”[②]这个充满滇南彝族特色的姑娘索布才是力芝要寻找的心上人。两人经过一番对歌相识相知又相爱而定情，“有情人一起玩，心里多甜蜜，像双齐头的金筷子，像对嬉戏的鸳鸯鸟，你拉我上高山，我牵你过大河。两颗心在跳动，两股血在翻滚，两个人影相叠合，两个情人相偎依。力芝掏银镯，戴在索布手；索布取腰带，紧系力芝腰”。[③]两人纵情地谈情说爱，享受青春的盛筵。但是好景不长，头人绸古子的儿子阿吾是个好色之徒，有一天他发现了美丽的索布，便一而再，再而三地派媒人前去索布家说媒，索布坚决不干，她请求爹妈表明自己的决心：“愿做蒿枝打露水，不做龙树被人捆；愿做云雀朝天飞，不做凤凰关进笼。”[④]但是索布的父母最后同意了阿吾的求婚。索布有苦无处诉，向她的男女小伙伴们倾诉自己的苦情，小伙伴们能给予她的也只是一些安慰的话语。她找到力芝说明了这个紧急情况，要求与力芝一起逃跑到远方去。自信的力芝认为逃到哪里都没有活路，他说他可以在头人做六十大寿时打一只老虎去把索布赎回来。为达到这个目的，力芝冒着巨大的生命危险翻山越岭到处去寻找虎踪虎迹，终于凭着自己的勇敢和武力打得了一只虎皮十分完整的老虎，在头人绸古子六十大寿的那天送了去并说明了是赎回索布，结果头人一家硬说山林土地都是他家的，老虎必然是他家的，硬把老虎抢走了，还把与他家争索布的力芝打成重伤躺在血泊里。为了抢救力芝的性命，索布到河水边去求傣家人、到大路上去求腊尼婆、到高山坡去求瑶大哥都没有找到救命药，后来在仙人洞中得到一个老人的指点，历尽千辛万苦、冒着生命危险到托洛尺山上找到灵芝和仙草。但是当她赶回家来时，力芝已经含恨死去。力芝死了，索布要去跳崖，父母双亲坚决阻挡，她只好要求穿上新嫁衣给力芝送葬。在送葬时，柴堆就

① 涅努巴西整理：《彝族长诗选》，云南民族出版社 1984 年版，第 9 页。

② 涅努巴西整理：《彝族长诗选》，云南民族出版社 1984 年版，第 11—12 页。

③ 涅努巴西整理：《彝族长诗选》，云南民族出版社 1984 年版，第 16—17 页。

④ 涅努巴西整理：《彝族长诗选》，云南民族出版社 1984 年版，第 37 页。

是不着火，“索布摘来青松毛，铺在地上做拜堂，没有毕摩作祭典，自言自语办婚礼。树木来陪婚，蚂蚁来做客，山鸡吹起号，青蛙擂响鼓。婚礼开始了，公鸡当新郎。‘新郎’披绿彩，索布披红彩，双双跪下地，与鸡拜天地。……天地拜过了，婚礼办完了，青烟袅袅升，柴堆变火海”。[①] 索布撒下金银首饰引人们去拾，人们知道她的动机后都不要，她只好去摘了一兜酸橄榄答谢焚尸的人们，趁人们不注意的时候跳进火海与力芝一同死去，一个老人手快一点才扯下索布的一块衣角。伤心的伙伴们把他俩一同埋葬在山冈上，嫉妒的阿吾却把两座坟挖掉，坟中冒出两股青烟变成两棵青松树，不死心的阿吾又砍倒这两棵松树，飞起的两片木屑又变成了一对鸳鸯，狠毒的阿吾要射死鸳鸯，不堪受辱的鸳鸯翻身落进海里，飞出的两根羽毛飞到天上，“一根羽毛飞到太阳里，变成美丽的太阳姑娘；一根羽毛飞到月亮里，变成英俊的月亮小伙”。[②] 后来人们认为年轻人在谈情说爱的时候，笛子响是力芝的心在跳动，腰带美是索布留下的衣角；年轻人应该记住他们的故事，珍惜自由和爱情。

在《力芝与索布》这个爱情悲剧故事中，我们首先看到的力芝小伙是个有自己的目标和见解的人，他在寻找爱情的道路上不会被天上的七仙女所阻挡，也不会被城里的美丽的城市三姐妹所迷惑，他知道自己所需要的爱人是什么人，也知道哪里才有自己的爱情，这一点他是一点儿也不糊涂的。他也是一个能够为爱情而做出牺牲的勇士，他不惜一切代价费尽心机、冒着生命的危险闯进深山老林去寻找和猎获老虎，去赎回自己的爱人。但是他也是一个固执而且过于自信的人，当索布动员他一起为爱情而逃婚的时候，他过于相信自己的能力，又过于相信头人会有好心，他能赎回自己的心上人。然而事情并不如他所料想的那样，贪婪而残酷的头人和他的儿子阿吾具有的残暴的本性，他不会为他的进贡而动心，相反他要剥夺他的一切，包括他爱的权利，他劳动的果实，他的好心甚至他的生命，而不会有一丝惭愧或者怜悯之心，正如长诗中所写的那样：“一箭难挡十刀斧，力芝躺在血泊里。栽山养虎虎伤人，养活头人来害人。种出五谷被拿走，育肥大猪被赶走，养得骏马被牵走，姑娘长大被抢走。天啊，睁开你的眼；地啊，说说你的话！”[③] 事实教训了天真的力芝，当他知道了头人害人的本质时，一切已经太晚，他连自己的命运都无法掌握了。而索布这个形象与同类长诗中的其他女性相比，同样具有为了爱情而不惜牺牲一切的献身精神，同样不为财富和地位所利诱而忠贞不屈。她为力芝去寻找灵芝与仙草的情节尤其动人，她到河水边去询问傣族人，到大路上去询问腊尼婆，到高山坡去询问瑶族大哥，都没有寻找到药，但她并不就此罢休，停止

① 涅努巴西整理：《彝族长诗选》，云南民族出版社 1984 年版，第 75—76 页。

② 涅努巴西整理：《彝族长诗选》，云南民族出版社 1984 年版，第 82 页。

③ 涅努巴西整理：《彝族长诗选》，云南民族出版社 1984 年版，第 62—63 页。

寻找，她又到更高、更远的地方去寻找。她用自己的恒心、耐心和善心感动洞中老人以问得路线，攀崖爬壁，斩蛇救鹰，求得老鹰援助而最终找到了灵芝和仙草。虽然她没有能够救活自己的爱人，但她的决心和努力令人感动。其次，《力芝与索布》的故事情节虽然不像《米谷姐娄啥》等那样曲折坎坷，但推动情节发展的一个优点在于《力芝与索布》的抒情成分十分浓烈，特别是在力芝与索布初恋定情时和他们俩知道头人家强制逼婚之后共诉衷情的部分，完全就是靠大段大段优美的抒情诗章来支持整个长诗的内容，这是这部长诗与其他长诗明显不同的地方，也是这部长诗的特色之一。

（四）《木荷与薇叶》

《木荷与薇叶》是流传在云南省滇南地区的一部婚恋叙事长诗，由涅努巴西搜集、翻译、整理，收入《彝族叙事长诗》中，由云南民族出版社于 1984 年正式出版。全诗共有近 1400 行，一共有歌头、春笋、成长、比赛、恋歌、说媒、拆桥、盟誓、遭害、灭妖、驸马、花轿、回春、搭救、歌尾等 15 部分。

《木荷与薇叶》讲述的是在红河里索迷地方的一个彝家寨，寨头有一家人叫渣什代，寨脚有一家人叫木哈里，两家好得就像是一家人，田地、牛羊、森林等财产都一样多。在吉祥的虎年，渣什代家生了一个男孩，木哈里家生了一个女孩，满三个月后取名，渣什代的姑娘取名叫薇叶，木哈里的儿子取名叫木荷。在属牛日祭龙的时候，寨老和乡亲们都异口同声地说着一样的话："如同两棵笋，好比一双筷，小时认兄妹，大来成一家。"① 木荷和薇叶两人从小就在一起成长，"木荷泥土做土锅，薇叶采叶来做菜，从小就做家务事，大人见了笑呵呵。木荷去放马，要等薇叶邀牛来；薇叶去洗菜，要等木荷来挑水。摘得一个多依果，捅破开两丫来分吃；见到一串野葡萄，两人伸手来摘吃。"② 随着时间的流逝，薇叶长成了人见人爱的大姑娘，木荷长成了姑娘们个个追求的对象，"薇叶像朵花，个个喜爱她；木荷像金鹿，人人喜欢他"。③ 在彝家传统火把节的比赛上，土司主持这场比赛，见到美丽的薇叶让土司眼都发直了。土司的少爷阿卡弱四面威风要想争得胜利，结果比赛赛马时让木荷给赢了。土司不认账，又要求比赛射箭，结果又是木荷赢了。土司又设出新招说要比赛摔跤，就是不给木荷奖励。最后还是木荷赢了摔跤。土司只得免掉木荷的租税，还奖给他五两银子。从此，薇叶与木荷的感情更深，他们经常在一起唱歌谈情，越来越分不开了。然而天有不测风云，事情常常会从相反的方向变化。土司心中一直记挂着美丽的薇叶，他派出能说会道的

① 涅努巴西整理：《彝族长诗选》，云南民族出版社 1984 年版，第 89—90 页。
② 涅努巴西整理：《彝族长诗选》，云南民族出版社 1984 年版，第 91 页。
③ 涅努巴西整理：《彝族长诗选》，云南民族出版社 1984 年版，第 96 页。

媒人招坝到渣什代家来说媒，要娶薇叶给他的已经有了媳妇的儿子做新媳妇。什代家以姑娘已经许配人家为由不答应，薇叶也坚决不肯嫁给土司家，招坝和薇叶展开了一场嘴仗："像牛野的姑娘呀，日月都属土司家，百姓都归老爷管，官家提亲敢不依？""刀砍河水水不断，斧剁麻团麻不散，不嫁就是不愿嫁，九十九个不愿嫁。"[①]可是后来，木荷的父母相继去世，为了办丧事，木荷一下子变得家贫如洗，门庭冷落，"家中来客少，门外长野草，朋友把情抛，熟人用眼瞟。土司逼婚紧，木荷已穷尽，风吹木叶翻，渣家想断亲"。[②]经过反复的思考之后，薇叶的父母亲找来木荷决定向他摊牌，划竹片断亲，无论木荷如何表白他能够给薇叶带来幸福，他们都只相信眼前的事实不听木荷的誓言，两个年轻人的心桥就这样被拆断了。薇叶回家时看见门头上挂着划破的竹片，知道父母亲把木荷的亲事拆断了，她非常伤心不愿，但是注重现实的父母看到的只是眼前的利益，三番五次地劝她嫁给有钱有势的土司家，追求眼前的幸福。薇叶设法找到木荷，向他表达了终身只爱他一人的愿望，重新又温暖了木荷的心，两人盟誓，决定先将生米做成熟饭，再重新去认亲。为了找钱办喜事，木荷闯入深山老林去打到一只老虎，希望通过卖出这张完整的老虎皮换到钱后置办结婚用品。结果事与愿违，招坝领着门公家丁等一伙吃人的家伙赶来，诬陷木荷的父母在世时欠了官家的债，把老虎抬走了不说，连木荷也一起捆走了，关进了土司家的水牢。土司原本想把敢与他家争亲的木荷害死，招坝出了歪主意说情人见到情人的尸体往往会殉情，就把木荷丢进了无底洞。木荷掉进无底洞中并没有死，他掉进了矮人国。这里到处堆着白骨，四方凄凉，原来是吃人的三个妖魔危害这个国家。木荷凭着自己的英武勇敢，除掉了会变的老虎、毒蛇、马蜂和蚂蚁，赢得的人们的敬重和姑娘的喜爱。矮人国国王召见木荷，国中的公主连夜向木荷表达爱情，国王也有意招他为驸马，可是木荷只能告诉他们实情，表达想返回人间的愿望。留不住人的国王赠给他一个宝葫芦和神弓神箭，公主赠给他一枚宝石，让他返回人间。此时人间的薇叶已经被逼迫嫁给土司家，正在被人塞进花轿抬到了土司家，毕摩正在为她举行进门的吉洛犯除秽清洁仪式。然而，当人们请薇叶下轿的时候，发现她已经死在花轿里了。木荷赶到的时候，乱成一团的送亲人和接亲人以及土司家正在为薇叶该归谁家的问题斗嘴，送不出去的薇叶、接不进家的新人却没有人去理会。伤心欲绝的木荷赶来，把没有人再要的薇叶抱起，洒泪哭叫道："薇叶呀你醒醒！活着不能成亲，死了也要成夫妻。……变成木头抱三年，化成幽灵供九载。"[③]木荷历尽了千难万险去找复活药，求过了神医、毕摩，找过了苗家、瑶家，都找不到复活药，

① 涅努巴西整理：《彝族长诗选》，云南民族出版社 1984 年版，第 116 页。
② 涅努巴西整理：《彝族长诗选》，云南民族出版社 1984 年版，第 117 页。
③ 涅努巴西整理：《彝族长诗选》，云南民族出版社 1984 年版，第 167 页。

最后他找到药神杜阿姆，说需要太阳胆和月亮心才能救活人，木荷用矮人国王赠给他的神弓神箭，射下太阳、月亮，取出太阳胆和月亮心，才救活了薇叶，两人经过生离死别之后，才终于成婚做了一家人。一天，薇叶到集市上去摆花摊，却被阿卡弱和他的鹰犬发现，强逼回去嫁他。薇叶哪里肯再回去："山羊不与虎做伴，兔子不跟狼同窝，好女不嫁干蚂蟥，好人不配吸血鬼。"[①]而狠毒的阿卡弱却说："小鸡关在笼子里，刀把捏在我手里，要放要杀随我心，看你愿嫁不愿嫁。"[②]抓回薇叶关进了牢房。木荷听到消息怒火满腔，飞马直追拼命去救妻子，用他的神弓神箭和神葫芦从虎狼窝中救出了薇叶。

《木荷与薇叶》作为一部充满离奇曲折的故事情节的长诗，虽然它的浪漫主义色彩非常浓重，但是它却是这一类长诗中最富有吸引力的故事之一。

在《木荷与薇叶》中，首先我们来关注一下男女主人公的殉情情节。土司家为了给自己的儿子阿卡弱娶到美丽的薇叶，他们首先是按照正常的程序去派媒人说亲，当这一招没有效果遭到拒绝的时候，统治者要强权逼婚的罪恶就开始了。他们首先栽污打得猛虎的木荷的父母还欠着官家的账，强行抢走木荷赖以换钱成亲的老虎，又把木荷抓去准备杀害。然而狡猾的招坝提醒了土司彝族青年恋人见到爱人的尸体后往往会殉情的传统，秘密地把木荷丢进了无底洞。虽然没有见到木荷的尸体，但是，薇叶十分清楚她的爱人不见了，活不见人，死不见尸的日子更是令她难以生存。在土司逼婚的花轿上，得不到父母的关怀，见不到爱人的面容，听不见爱人的音信的薇叶自然看不到希望在哪里。生活的意义已经不存在，因此，她死在了花轿里，一是为自己的爱人殉情，一是向不关心她的爱情的父母和土司示威，也是以死向这个罪恶的社会制度抗争。因为官家作为政权的代表压迫她，父母作为族权的代表压迫她，能够给她希望和未来的人已经不存在，除了死亡她再也找不到表达她的绝望和悲伤的其他道路。但是，这里的殉情与其他长诗所不同的是，木荷并没有真正死去，他只是在薇叶最绝望的时候没有能够给予她应有的支持和希望，让她看不见光明和未来。木荷对薇叶的爱情，并不是土司强加给他的那种污蔑说是与官家争亲，他与薇叶从小就是青梅竹马，两小无猜，一起长大，共同生活，共同恋爱，有着坚实的感情基础，他们的爱情是经受得起考验的。所以即使薇叶父母拆掉他们的爱情之桥，要薇叶嫁给土司的儿子的时候，木荷对薇叶虽然有误解，然而经过一番爱的表白和双方的盟誓，进一步巩固了他们的感情基础，筑牢了爱情的防线。故而即使是在矮人国国王非常垂青于他，公主非常爱恋他，要把他招为驸马的时候，他心中所想的仍然是与他同甘共苦、共渡难关的爱人，

① 涅努巴西整理：《彝族长诗选》，云南民族出版社1984年版，第177页。
② 涅努巴西整理：《彝族长诗选》，云南民族出版社1984年版，第177页。

他不会被眼前的荣华富贵所吸引、所迷惑。他之所以被丢进无底洞，正是因为争取自己的爱情，如果此时他动摇了，被现实俘虏了，就是对薇叶极大的背叛，也枉费了薇叶顶着家庭的巨大压力与他定情的恒心。所以，从某种意义上说，木荷被丢进无底洞也是对薇叶的一种“殉情”。至于木荷后来返回了人间，薇叶在死后又被木荷救活，都表现了他们两人都曾经是死过一次的人，死而复生的非人的苦难经历，正是表达了他们爱情的伟大和坚贞。这一点，正是其他爱情长诗所欠缺的非常要素，木荷的落进矮人国无疑是一次死亡，而薇叶死在花轿里更是一次痛苦的死亡，这种双双都经过生离死别的经历是其他任何一部长诗的主人公所没有的。这种因为至情至性的爱情赢得爱人的起死回生的故事，也许在彝族民间长诗中早已存在。

在《木荷与薇叶》中，与其他的长诗明显不一样的还有，在这部长诗中的女主人公薇叶的父母亲形象。父母亲的形象在前面我们所描述的长诗中，没有直接干涉自己未来女婿对自己的女儿的爱情与婚姻的，而薇叶和父母亲特别是她的父亲却直接出面了，因为此时的木荷已经是除了爱情之外一无所有的穷人。在为了自己的女儿幸福的名义下，薇叶的父亲开始改变了以前的说法和做法。以前他们不答应土司家的亲事，主要是因为两个年轻人的相爱，更重要的是木荷的家庭还没有衰落，他家仍然有一定的经济实力和社会地位，在保障生活方面和社会关系方面还有很多的重要条件。木荷的父母亲双双去世，意味着支持他的一切条件都不存在了，这使得薇叶的父亲不得不重新考虑女儿的婚姻大事，然而这又是落井下石、嫌贫爱富的，因此他在找木荷要退婚的时候，首先还是比较犹豫的，“看见木荷衣褴褛，什代张嘴又闭嘴；看见木荷穿木鞋，什代见了扭转头”。[①] 但是残酷的现实和利益的驱动，他终于下定决心拆散这桩婚约。面对木荷的质问，他的回答是：“虾虫变蜻蜓，毛虫变蝴蝶，铁打的姻缘，难道不能变？”[②] 薇叶在知道父母拆散自己与木荷的婚约时她是反对这样做的，父母对她进行的各种说服工作，他们的理由中重要的一条就是：“木桥拆了有金桥，山路断了有平路，土司衙门是天堂，福星挂在你胸膛。”[③] 无论怎么表明自己是多么愿意和木荷而不愿意嫁到土司家去，薇叶作为在那种社会传统之下的一个小女子，她是无力反抗家庭和社会强加给她的命运的。因为在其他长诗故事中所写的女主人公面对的对立面中，除了《米谷姐娄啥》中的女主人公的老父亲为了家族的传统名誉而对他那赶也赶不走的女儿施以夺命之计以外，没有为了攀附地位和羡慕财富而压制女儿婚姻的做法，这是为彝族传统社会所唾弃的做法，而这种情况恰恰在《木荷与薇叶》中出现了。这

① 涅努巴西整理：《彝族长诗选》，云南民族出版社 1984 年版，第 117 页。
② 涅努巴西整理：《彝族长诗选》，云南民族出版社 1984 年版，第 120 页。
③ 涅努巴西整理：《彝族长诗选》，云南民族出版社 1984 年版，第 122 页。

种情况从故事的内部逻辑上说是薇叶的命运遭遇了更为艰难的考验，从文本所生成与存在的历史环境而言，说明这个故事在定型的时候已经是财富和地位都已经深入人心，它们对人的影响已经远远超过名誉。因此这个文本的生成年代是距当代社会较近的。薇叶的父母亲作为彝族叙事长诗中显赫地从幕后走到前台，正是这种社会经济发展到一定的历史阶段后，彝族长诗中必然出现的新角色。

（五）《太阳金姑娘月亮银儿子》与《太阳姑娘和月亮小伙》

《太阳姑娘和月亮小伙》也叫《太阳金姑娘月亮银儿子》，在彝族社会生活中有多种故事流传。我们所选用的文本是邱义远和陈长友主编的《中国民间文学歌谣集成·贵州省毕节地区地直卷·叙事诗》中收录，于1988年内部出版的文本。这个文本由彝族毕摩马小七演唱，王继超翻译整理，是以“彝族奏谷情歌”的形式出现的。这个文本全诗的诗句虽然只有约250行，但是它却讲述了一个完整的故事，而且“奏谷”作为彝族情歌中的“大道理”，一般都是长篇的叙事诗歌。

《太阳姑娘和月亮小伙》所讲的故事并不是很复杂：说在那远古的时候，天父米古鲁和地母靡阿纳都还没有抱上孙子，月亮小伙和太阳姑娘开始谈情说爱私定终身。米古鲁和靡阿纳永远都不允许太阳姑娘出嫁，乌云也阻挠他们的婚恋。于是两人相约逃婚：太阳白天走，月亮晚上走。怕羞的太阳姑娘还揣上细针刺激人间贪看她的美色的小伙子们，可她走到途中被凶恶的豹子星衔去了。月亮小伙费尽周折才把她救出来，而他自己又被饿疯了的红眼星吞进了血盆大口，还是好心的世上人猛敲铜铁响器才把他救了出来，“遍体鳞伤的月亮小伙，摇活了昏死的太阳姑娘”。[①] 从此他们才拥有和享受到爱情的甜蜜。为了报答世上人的好心搭救，月亮小伙决定每一个月自己只用一半时间享受爱情，用另外的一半时间打着火把照耀人间的青年男女享受爱情。

《太阳姑娘和月亮小伙》要告诉人们的，就是起源神话中常常见到的那种事物是如何起源的故事，不过这里所告诉人们的不是一般的实物，而是基于天上的月亮和太阳所代表的爱情的意义，特别是为什么人们都喜欢月亮或者都喜欢在月光下谈情说爱。在这部长诗的作者的心目中，月亮小伙给有情人的帮助是那么的具体而细致：“月亮小伙想了又想，决定报答善良的人们：‘让他们得到欢乐，从此我永远献身，我给有情人做媒，撮合他们永不分心。有三十个晚上，我只留下一半玩，剩下的全送给他们。选十五、十六，让人们团圆；选十三、十四，给我们来相会。’像接待尊贵的客人，月亮小伙献殷勤，捆好万把松明，守在浩瀚的天空。月亮小伙的情绳，牵动了多少痴

① 邱义远、陈长友主编：《中国民间文学歌谣集成·贵州省毕节地区地直卷·叙事诗》，1988年，第111页。

情男女，一颗颗爱慕的心。”[1]这是一个自己的爱情受到过挫折之时能够在情人之间互相救助的故事，也是一个获得他人的帮助之后不忘报答的故事，故事中的月亮小伙被写成了一个受到有情人敬仰的爱情之神。

（六）《甘嫫阿妞》

《甘嫫阿妞》[2]是一部非常特殊的长诗。说它特殊，是它既反映了婚姻的男女双方中，男子对其逃婚的妻子施行的救助，但是这个逃婚的女子——彝族著名的美女甘嫫阿妞却不是不满意她的丈夫或者是被强行逼嫁等因素而逃婚，她是为逃避抢婚而逃婚。

《甘嫫阿妞》主要流传在四川省大凉山一带，既有散文文本的民间故事，也有韵文文本的诗歌。据说甘嫫阿妞在彝族历史上实有其人，她是一个毕摩的后裔，她所生长的家庭很富裕，因此她的童年和少年时代是非常快乐和幸福的。正是因为如此，甘嫫阿妞才生长成为一个非常美丽的著名美女：“树木开花呢，数索玛最美。美丽索玛花，看见阿妞来，立即就凋零。禽类最美的，要数孔雀鸟，美丽孔雀鸟，见到阿妞来，彩屏立即收。大渡河两岸，美女多又多，都争相斗美，阿妞长在后，无美女抬头，无人敢称美。”甘嫫阿妞的美丽不仅仅在彝乡四方传扬，就是在汉族地方也是美名远扬，引得彝乡汉地的各路人马背着金银、赶着牛羊、带着彩礼，踏破门槛地来求婚。但是这些甘嫫阿妞都看不上，她最终嫁给了她自己喜欢的情人安夫木嘎。然而，有一个知道了甘嫫阿妞的美丽的汉官，对甘嫫阿妞早已馋涎欲滴，不肯放过已经成婚的甘嫫阿妞，派出兵丁来抓她去成亲。甘嫫阿妞开始了她的特殊的“逃婚”。她到森林去躲避，她逃到河边去躲藏，她逃到家族家去藏匿，她逃到亲戚家去隐身；她与野兽为伍，她与鱼虾为伴，她变成了“野人姑娘”——一个彝族古代的“白毛女”，都不能逃脱追捕。最后她逃跑到了叔叔莫竹尔里家，才得到暂时的平安。可是时隔不久，追兵还是紧紧地追随而到，在一个狗儿乱叫的夜晚，黑压压的兵士们团团围住了莫竹尔里家。莫竹尔里组织兵力进行了一场保卫战，没有能够保护住甘嫫阿妞，她最后还是被抓去了。汉官对不屈服的甘嫫阿妞恩威并用，软硬兼施，企图让甘嫫阿妞对他俯首帖耳，顺从了他。然而，“甘嫫阿妞呢，喝过山中清泉水，不喝汉官浑酒汤；穿过彝家的披衫，不穿汉官的绸缎”。软硬兼施都不能够收服甘嫫阿妞之后，贪恋甘嫫阿妞美色的汉官终于忍耐不住，欲施行暴力来强暴她。她奋起反抗，用力打了汉官一耳光。恼羞成怒的汉官将甘嫫阿妞关进了牢房中。安夫木嘎带领着家族中的兵力来讨伐汉官，打败了汉官的军队，攻破汉官的老巢越西城，汉官弃城逃跑到了拉布俄卓（今西昌），把甘

① 邱义远、陈长友主编：《中国民间文学歌谣集成 · 贵州省毕节地区地直卷 · 叙事诗》，1988 年版，第 111 页。

② 史志义等搜集整理：《甘嫫阿妞》（彝文版），四川民族出版社 1990 年版。本部分引文引自这个文本。

嫫阿妞也带去关在西昌的监狱里。甘嫫阿妞在监狱中受尽了折磨，在不堪忍受痛苦的毒打的情况下，为了表示她对爱情的忠贞和自己的清白，她砍下一截手指头设法送回去给安夫木嘎之后悬梁自尽。

虽然《甘嫫阿妞》中有一些门当户对的传统婚姻思想，但是从整部长诗来看，它仍然是一部主题鲜明的长诗。它的主题就是反抗统治阶级对人民群众的欺压和奴役。长诗对统治阶级过着骄奢淫逸的生活给予了无情的鞭挞，对人民群众维护自己的恋爱婚姻自由给予了充分肯定，对人民反抗统治者的斗争给予正面的同情与支持。长诗还揭露了统治者与彝族人民之间的隔阂、矛盾和斗争，最后是正义的一方取得了胜利，长诗中的这一思想的是积极的。《甘嫫阿妞》在艺术上也取得了成功。首先，对彝族美女甘嫫阿妞形象的描写和塑造是鲜明生动的。通过长诗对甘嫫阿妞形象的描绘，使读者和听众对这个彝族美女的美丽有了比较深刻的印象，甘嫫阿妞也成为彝族文学画廊中不多见的美丽彝女。其次，对美女甘嫫阿妞性格的塑造是生动活泼的。长诗成功地采用了鲜明的对比手法，突出了甘嫫阿妞爱憎分明的个性特点，这在汉官对她威逼利诱时是如此（见前引诗句），在其他的地方也有表现，如甘嫫阿妞把自己的爱人与敌人的对比，情况也是如此，自己的爱人“安夫木嘎呢，在阿妞眼里，黄蜂一样精，长着牯牛颈，眼睛大又圆，鼻梁直又挺，穿着打扮起，齐齐双整整，大腿紧绷绷，手脚生得好，到处都漂亮，世上年轻人，没有人能比”。而自己的敌人“苏合汉官呢，发辫有九庹，头像老妖婆，胡子有九庹，像魔鬼老头，脸毛白森森，像吃人魔王，张嘴黑洞洞，像是要吃人”。这既是爱人与敌人形象的生动写照，也是甘嫫阿妞心理状态的真实写照，使甘嫫阿妞不仅仅在形象上是一个美丽的女子，在心灵上也是一个被人民群众所欣赏的好人。

（七）《红白杜鹃花》

《红白杜鹃花》由王子尧、儒觅弘博翻译整理，收入贵州省少数民族古籍整理出版规划小组办公室编的“贵州省彝族古籍（之一）”的《红白杜鹃花》中，由贵州民族出版社于1993年正式出版。全诗有五言彝文和五言汉译诗各3400多行。

《红白杜鹃花》讲述的是，在芒布地方的芒布君长年过63岁才喜得一女，爱如掌上明珠，到女儿15岁那年大摆宴席，给女儿取了个美名叫芒布奇珠娄，这是一个既长得美丽又善良爱人的姑娘。糯恒君长家有两女一子，儿子叫糯恒诸舍克，是一个非常可恨的人；两个女儿大的叫糯恒诸舍苦；小的叫糯恒阿菊，是个性情刚烈但又美丽善良的少女。糯恒君长去世，作为亲戚，芒布君长带上自己家的毕摩布吐赫斋前往吊唁斋祭。布吐赫斋一表人才而且才华横溢，引起了大家的关注。“姑娘们在想：这个美男子，却盖世无双。只要能和他，搭上两句话，胜过吃蜜糖。多看他几眼，心里就舒畅。有的姑娘呢，更是单相思，这个美男儿，只要能和他，陪伴一晚上，也不枉在世，走了这一趟。”① 而布吐赫斋在与众多的毕摩比赛念经时，也是胜人一筹，诵经之声能使悲伤中的糯恒阿菊也为之振作起来。虽然有许多姑娘思念他、爱慕他，但是布吐赫斋的心上人却只有两个，这就是他的君长的独生女儿芒布奇珠娄和她的表姐糯恒阿菊。而这个糯恒阿菊也为布吐赫斋所倾倒，丧事刚一结束，再也按捺不住爱情的烈火，向舅舅提出要他成全她与他家的毕摩布吐赫斋的婚姻。不料这却引起舅舅的不满，对她就是一顿训斥：“芒布君听了，暴跳如雷霆。骂声‘小丫头，怎敢生怪念？你家和我家，两家都是君，地位很高贵，都是上等人，那平民百姓，却要低一等，莫与他论婚。……你的阿爸呢，如今已去世，若是他还在，要褪你皮子！君长是君长，百姓是百姓。好比天和地，高低要分清。君与民开亲，万万不可能。”② 芒布君长说乌撒君长家与他们两家是老亲戚，要把乌撒家的儿子介绍给阿菊联姻，就到乌撒家去说媒，与阿菊的姐姐诸舍苦一同做主，把阿菊许配给了乌撒家，定在六月六这天结婚。布吐赫斋听到嫂嫂说阿菊就要结婚的消息，连忙赶到糯恒家去以吃酒为名去会见他的爱人。在阿菊婚礼的歌场上，糯恒阿菊和布吐赫斋两人互相吐露了心底的爱情，可惜为时已晚，他们已经不可能走到一起来了，只有悲伤的歌声代表了他们无望的爱情。糯恒阿菊求爱不成，反而被等级婚姻的绳索套住了脖子。她吸取了这一深刻的教训，在她婚礼的深夜，勇敢而果断地把芒布奇珠娄和布吐赫斋这两个私下相爱却不敢表达爱情的人拉在一起，为他们主持了订婚仪式。阿菊嫁到乌撒家之后，七天七夜不吃不喝，终于绝食而亡，这让两个还没有成婚的爱人伤心不已。事不宜迟，布吐赫斋请了媒人到芒布君长的府上去说亲，芒布君长气得暴跳，认为是玷污了门庭。媒人只得把话挑明说两人定情在先，他们只不过转话而已。芒布君长叫来女儿，问清情况，原来果然有这件事，就想方设法制造碍难，要布吐赫斋修一座宫殿、出万两金银、带人马三千才能嫁女儿给他。这门亲事眼看就没有希望了，布吐赫斋的大哥、二哥都劝兄弟放弃另外去找，而他的大嫂、二嫂却让他再去做一次努力。布吐赫斋只有亲自上门去求婚，结果又是被芒布君长强压着怒火用三个条件把他打发了。奇珠娄和布吐赫斋两人只能互相爱恋相思却不能走到一起。此时，糯恒老亲家请人来到芒布家提亲，要娶奇珠娄给诸舍克做妻子，正在为女儿的婚事发愁的芒布君长欣然同意了：“老亲对老亲，还有啥不行。糯恒诸舍克，

① 王子尧、儒觅弘博翻译整理：《红白杜鹃花》，贵州民族出版社 1993 年版，第 15 页。

② 王子尧、儒觅弘博翻译整理：《红白杜鹃花》，贵州民族出版社 1993 年版，第 19—20 页。

他是我外甥。外甥家不走，怎能给别人？亲上又加亲，符合老章程。”[①] 于是就答应了诸舍克的求婚，还认真地把诸舍克向女儿做了介绍，说了他的许多好话。可是奇珠娄就是不愿意嫁给这个丑陋的表兄。结婚的日子到来了，奇珠娄逃脱不了父母主宰的婚姻。万般无奈的她只有在迎亲的路上跳进大河水，诸舍克悬大赏让人们打捞了三天三夜也找不到奇珠娄的遗体，奇珠娄就是这样用生命与罪恶的等级制婚姻进行抗争。然而到了第四天，奇珠娄却被依格鲁老人救起，到了第六天苏醒过来了，把实情告诉了老人，说她再也不愿意做君长的女儿，回去也必然是一个死。于是老人就把她作为女儿收养了下来。布吐赫斋惊闻奇珠娄出嫁的消息，跑到芒布君长家时，奇珠娄已经被娶走了。他沿途追赶，却听说奇珠娄为了抗婚跳进了大河水。伤心欲绝的赫斋沿着大河一路打捞奇珠娄的遗体都没有能够找到，他就跳进了这条大河为奇珠娄殉情而去，幸好被船家大哥发现救起，与船家大哥认作兄弟在一起住了下来。为了恢复奇珠娄的元气，依格鲁老人跑了十几里路去找船哥要鱼煮汤给她喝，正巧遇上布吐赫斋煮鱼汤祭奠奇珠娄的灵魂。老人要回鱼时向奇珠娄提起了跳河殉情的赫斋的名字引起了奇珠娄的注意，无心饮食的她开始进食恢复体力，要求老人带她去认识这个赫斋。不料船哥却带着赫斋来拜访老人了，这让两个有情人又传奇般地重新相逢了。两个人重叙旧情，感谢老人和船哥对他们的救命之恩。老人主婚，船哥做媒，他俩如愿结成夫妻。两人离别恩人回家之际，老人一再嘱咐他们不要乱出门，免得被“君家儿”看见后遭到迫害。赫斋和奇珠娄回到家中，哥哥嫂嫂们织出新衣、煮肉杀鸡为他俩举行了婚礼，他们过上了男耕女织的幸福生活。但是好景不长，过了三年，寨子中关于赫斋娶了美丽妻子的传说不胫而走，传到了舍谷纳地方长期抢占民女的暴君妥当的耳朵里。妥当派出管家阿仇前来侦查确实，于是派阿仇带领三十个家丁来到赫斋家抢走了奇珠娄，还放了一把火烧毁了布吐赫斋的家。面临绝境的赫斋打听到实情后，带上利刀和弓箭直奔舍谷纳去找妥当报仇。赫斋趁乱摸进了妥当的家院，杀死了喝得醉醺醺的看守阿仇，找到关着奇珠娄的房间，割断捆绑她的绳索，二人正准备逃出，在院子里被妥当发现，寡不敌众的赫斋被抓住打得皮开肉绽。奇珠娄为赫斋求情，妥当卖个人情说君长之女本来就不该让平民来娶，奇珠娄就归他妥当了，他拿一百两银子给赫斋去另娶新娘，却被赫斋当场大骂了一顿。赫斋乘人不备夺过一把刀直接杀向妥当，没有杀着，却被家丁团团围住，在杀死十几个家丁之后，赫斋被毒箭射死，又被残忍的妥当命人剁成了肉酱。此后，妥当使尽各种办法，对奇珠娄进行威逼利诱，劝奇珠娄嫁给他，还专门派一个老婆婆来说服她，都被她坚决拒绝了。妥当只好采取下策，硬逼奇珠娄和他成婚。

① 王子尧、儒觅弘博翻译整理：《红白杜鹃花》，贵州民族出版社 1993 年版，第 73 页。

在婚宴的当夜，妥当醉意朦胧地进入洞房，奇珠娄夺过他腰间的匕首一下刺伤妥当后开门逃跑，被老婆婆发现呼喊抓人，她又刺伤老婆婆，结果被家丁抓住。愤怒的妥当命令把奇珠娄拖到杀害赫斋的路旁，把她像赫斋一样剁成了肉酱。被残害而死的芒布奇珠娄变成了红杜鹃花，布吐赫斋变成了白杜鹃花，一直开遍了山山岭岭。他们凄美的爱情故事也一直流传到今天。

《红白杜鹃花》的故事情节曲折离奇、一波三折，这首先是取决于它的人物关系结构复杂。除了主人公芒布奇珠娄和布吐赫斋是始终贯穿全程的以外，其中的主要人物还有糯恒阿菊、糯恒君长、糯恒诸舍克、糯恒诸舍苦、妥当、阿仇、依格鲁老人、船哥和布吐赫斋的四个哥嫂。其中，矛盾的一方是布吐赫斋以及爱他和他爱的阿菊和奇珠娄，他的哥哥嫂嫂们，船哥和依格鲁老人；矛盾的另一方是糯恒家诸舍克、糯恒诸舍苦、芒布君长；矛盾的第三方是妥当、阿仇、妥当家的老婆婆和家丁。故事的开始是以赫斋为中心产生的三角恋爱，面对自己心爱的两个女人，赫斋既不敢正面对待等级制下的这两个君长的女儿，也不知道她们两个也是爱着她的，他只知道自己悄悄地爱着她们，却不敢正面去向她们中的任何一个求爱，因为他知道自己不过是一个英俊有才的平民毕摩而已。当他知道糯恒阿菊爱他的时候，他也只是默默地爱着她而不敢有丝毫的行动。在阿菊被迫嫁给她并不喜爱的乌撒的君长的儿子的婚礼之上，他为自己没有向阿菊去争取爱情而悔恨。豁达大度的阿菊鉴于自己的爱情悲剧的深刻教训，毅然果断地挑明了赫斋与奇珠娄之间爱情的明灯，为他们证婚做媒，希望自己得不到的幸福能够让自己的表妹获得。这个三角恋爱的矛盾就算是解决了。接着是赫斋与奇珠娄之间的关系出现了新的障碍。阿菊的以死抗婚给赫斋以巨大的打击，他知道如果不及时地解决他与奇珠娄的婚姻关系，奇珠娄有可能会变成第二个阿菊，悲剧很可能会再次出现在他的眼前。因此他立即行动请人到芒布君长家说媒，于是新的矛盾又产生了，这回的对立双方虽然说是赫斋与芒布君长，其实质却是等级制产生的平民与贵族不能通婚的矛盾。矛盾的双方因为社会性质的决定其矛盾性质也是不可调和的，因此赫斋无论多么占理、他本人的个体素质是多么的优秀都无法改变社会本质，因此他自然不可能达到目的。当同等级的糯恒诸舍克出现在他与奇珠娄的关系之中时，他的失败就是必然的了，这一次的三角关系是赫斋、奇珠娄和诸舍克三者之间的婚姻关系，他们之间矛盾的最终解决是以诸舍克娶走奇珠娄而告一段落，在这个阶段上是等级内婚的传统制度取得了胜利，它摧毁了不同等级之间的两个年轻人企图结合在一起的梦想。接下来产生的新矛盾是两个方面的，因而故事的线索也分成了两条：一条是奇珠娄的梦想破灭之后她怎么对待今后的生活，一条是赫斋的梦想破灭后他怎么对待今后的生活。奇珠娄解决矛盾的方式是跳河殉情，宁死不屈地追求自己的爱情，这样接着就有了被依格鲁老人救起的新生活了。而赫斋最初是想通过找到奇珠娄的遗体来安慰自己将来的人生，但是连这一点也不可能的时候，他采取了奇珠娄的方式解决问题，同样也就有了被船哥救起的新生活起点。于是两个有情人在一条大河上有了再次相会的可能，当这种可能变成现实的时候，两条线索又重新交织在一起，奇珠娄与布吐赫斋终于结成夫妇。到此，应该说有情人终成眷属，布吐赫斋与奇珠娄好梦成真，故事应该结束了。然而事情并非如此，新的矛盾又产生了，新的斗争又开始了，这回矛盾斗争的双方变成了赫斋与奇珠娄对付妥当和阿仇一方。好色的恶霸君长妥当代表的是传统的抢婚制习俗，当他发现美丽的奇珠娄的时候，为了满足自己的贪欲，他利用了彝族的抢婚习俗为自己的最大武器，同时又倚仗等级内婚的社会制度做掩护，明火执仗地抢走了奇珠娄。这在一般的文学作品中似乎不可理喻，但是结合彝族传统的抢婚习俗和等级内婚制就不难理解了。因此这一对矛盾从本质上说仍然是等级婚姻矛盾，仍然是贵族等级对平民等级在婚姻上的压迫和掠夺。说它是掠夺，是因为在彝族传统社会制度中，贵族男子对平民女子的掠夺是被允许的，不会担当多少风险；而平民男子占有了贵族女子，则可能有性命之虞。因此，在这场矛盾斗争中，奇珠娄和赫斋面对的是代表着传统的抢婚习俗和等级内婚习俗双重社会价值观念的妥当君长，他们俩的惨败是注定改变不了的。因而在这最后的斗争中，赫斋和奇珠娄双双被妥当剁成了肉酱，完成了与传统的社会制度斗争的惨败结局而成为必然的悲剧主角，而在劳动人民美好的希望中变成了一红一白两种杜鹃花。无论是从叙事结构的艺术性还是从民族内涵的丰富性而言，《红白杜鹃花》都是这一类型长诗的精品。

（八）《举喽赛歌记》与《呗勒娶亲记》

《呗勒娶亲记》与《举喽赛歌记》所写的事件基本上是相同的，只是《呗勒娶亲记》的篇幅要比《举喽赛歌记》的长。《呗勒娶亲记》（又称为《播勒迎亲对歌记》或《播勒迎亲赛歌记》）这一文本的面世时间要比《举喽赛歌记》略早，它是由阿侯布代口述，王治新、何积全、王子尧、王正贤搜集初整，以“彝族叙事长诗”的名义收入贵州民族事务委员会和中国民间文艺研究会贵州分会编印的《民间文学资料》第五十集中作为“彝族古歌、叙事诗”专辑于1982年内部出版的。这个文本约有6300行，比《举喽赛歌记》多出将近一倍。而《举喽赛歌记》（又称为《举喽对歌记》）是由王子尧和胡家勋搜集整理，收入由毕节地区文化局和毕节地区民委编印的毕节地区民间文学资料第一集的《彝族叙事诗》之中，于1984年年底内部出版，这个文本约有3500

行。两个文本均分为5个部分，标题略有不同。《呗勒娶亲记》是：那俄谜呗勒、嫌妻满一百、物叔阿喽丽、迤喽欧喽、当我百姓去。《举喽对歌记》是：引子、呗勒家嫌妻、物叔阿喽丽、物叔嫁姑娘、当我百姓去。其实两个文本的提供者都是王子尧，为什么会出现长短相去甚远的情况呢？主要是在《呗勒娶亲记》中，把呗勒家“嫌妻满一百”的九十九个被嫌的妻子的名字和相关事由都全部进行了交代，因此而占据了大量的篇幅。如果去掉这些篇幅，那么其内容与《举喽赛歌记》是基本一样的。因而在此我们选取了《举喽赛歌记》作为主要的分析文本。

《举喽赛歌记》即《呗勒娶亲记》，是在彝语东部方言区流传十分广泛的一部叙事长诗。它讲述的是古代彝族呗勒君长家对娶媳妇别有用心，甚至把娶媳妇作为增加自己的财富和壮大自己的势力的一个渠道，为此而“嫌”（把将要娶进家的媳妇进行种种刁难以其个人或者送亲人不能够达到某种要求或者不懂礼节等等为借口，把新媳妇降为奴隶并且占有其嫁妆）了不少媳妇，并且直接扬言说：“要嫌一百个，嫌妻满一百，家威才更高。天下的君长，哪个能比我？金银和财宝，我比谁都多；人雄兵马壮，我比谁都强；刀法与箭术，无人敢较量！天下君和臣，就是有美女，想同我开亲，万万不可能，门户不相称。”[①]“天下的君臣，谁和我开亲，一要比摩使，二要比歌文，三要声优美，四人唱得明，五唱金鸡叫，六唱河倒流，七唱兵马壮，八唱箭术精，九唱刀法好，十唱万物灵。天下的君臣，不管是谁家，敢来与我比，我就把亲取。如若比不过，新娘当奴隶。我呗勒君长，万事远扬名，嫌妻九十九，因为何原因？摩使比不赢，摩使比不过，美妻不拜堂，放去做奴隶，尊卑又何妨。陪嫁归我君，我君财宝强。为何要嫌妻，道理勿须讲。”[②]呗勒君长的这种把娶媳妇作为壮大自己的声威和势力而不是真正为儿子的婚姻着想的做法，遭到了呗勒王子呗勒周汝朱的质疑和反对。这引起了呗勒君长的不满，把他逐出了宫殿。呗勒周汝朱游历到物叔（即乌撒，古代彝族乌撒君长辖地），正巧遇上物叔君长的公主物叔阿喽丽，两人相互了解了彼此的身世之后，阿喽丽十分同情周汝朱的遭遇，悄悄收留了他。从此，周汝朱和阿喽丽之间产生了深厚的爱情，两人定下了终身的婚姻大事。阿喽丽也了解到了呗勒君长为何频频嫌妻把媳妇降为家奴的情况。为了自己的爱情与婚姻，周汝朱返回呗勒，请求父亲派人去说媒，他要娶物叔阿喽丽为妻，结果被呗勒君长罚跪三天三夜，还挨了七十七大棍。在宠爱儿子的母亲的帮助之下，呗勒君长才勉强答应允许派人去说亲，不过提了三个十分苛刻的条件：“第一接亲日，歌手要对歌，若是对不赢，物叔家产业，要拿来平分。

① 毕节地区文化局、毕节地区民委编印：《彝族叙事诗》第一集，1984年，第62页。

② 毕节地区文化局、毕节地区民委编印：《彝族叙事诗》第一集，1984年，第63页。

再说第二条，歌手对不赢，姑娘不拜堂，不准来成婚。还有第三条，在结亲之时，必须按规矩，礼节不周到，新娘做奴隶。”[①]周汝朱明知这是一个老一套的大圈套，但是为了阿喽丽和自己的爱情不得不答应。呗勒君长请了两个媒人去物叔君长家说了七天七夜，终于说成了这桩婚事。三年之后，物叔阿喽丽就要嫁到呗勒家做媳妇。知道呗勒家的做派的阿喽丽十分忧心，担心送亲前去的摩使歌师对歌对不赢呗勒家的歌师而使自己降为奴隶。她苦苦哀求父亲一定要让自己的叔叔送自己前去成亲，遭到父亲的反对，理由是她的叔父长得丑，怕去后丢了物叔家的面子。阿喽丽再三请求说，如果自己被呗勒家降为奴隶那才是真正的丢丑。父亲发怒了，说：“再三跟你说，你叔长得丑，他那猴样子，怎么去见人！我和呗勒家，两家是新亲，你叔去送亲，给我丢了底，给我降身份。”[②]当阿喽丽把呗勒君长嫌妻九十九的实情告诉父亲，父亲也不相信，认为“我和呗勒家，同样的身份，他是呗勒王，我是物叔君。制度都相同，等级也相称。不会有此举，不会有此行”[③]，并且答应亲自给阿喽丽送亲去。阿喽丽无计可施，只得自己到处去寻找叔叔，亲自请求叔叔为他去送亲。在阿喽丽和人民大众的眼里，她的叔叔举喽欧喽（在《呗勒娶亲记》中作“迤喽欧喽”）并不像自己的父亲物叔君长所说的那样，而是一个有本事的受人欢迎的人，“举喽这个人，勤劳又纯朴，日砍九背柴，日锄九堂土。他种的庄稼，苞谷像牛角，他养的牛羊，壮实又肥硕。举喽欧喽呀，君长看见他，视为臭狗屎。君长常骂他，身材短又小，活像个猴子，牙齿像鼠牙，实在丑无比。举喽欧喽呀，百姓看见他，个个都喜欢。人人称赞他，是个好男儿，懂事又懂理，能知天下事。对奴隶亲近，对百姓和气。个个都说好，世上无人比”。[④]他在侄女阿喽丽的心目中也是神圣的：“他是天上神，威武又神气。他是一条龙，满身是瑞气。她说找叔时，叔睡磨槽里。走到磨槽边，却不见叔体，只见一条龙，盘绕静休息。可见我叔啊，世人不可比。”[⑤]然而这个叔叔却一没有好的服装，二没有赛歌下赌注的金银，对于阿喽丽的请求他也感到为难。阿喽丽帮他解决了这一切后，他不顾他的哥哥物叔君长的反对和阻挠，骑着他的小黑马跟着送亲队伍出发了。在一条大河边，物叔君长命令渡船的人不准为举喽欧喽过渡，他运用自己所学到的法术断开河流绝河而过。他走在队伍之后，小黑马的鼻雾要遮掩住队伍；他走在队伍的前面，马蹄的扬沙要敲击队伍。物叔君长只得命令他独自一个人另外走一条路前去。快要到达呗勒家的时候，

① 毕节地区文化局　毕节地区民委编印：《彝族叙事诗》第一集，1984 年，第 81 页。
② 毕节地区文化局　毕节地区民委编印：《彝族叙事诗》第一集，1984 年，第 99 页。
③ 毕节地区文化局　毕节地区民委编印：《彝族叙事诗》第一集，1984 年，第 100 页。
④ 毕节地区文化局　毕节地区民委编印：《彝族叙事诗》第一集，1984 年，第 102—103 页。
⑤ 毕节地区文化局　毕节地区民委编印：《彝族叙事诗》第一集，1984 年，第 102—103 页。

接亲和送亲的人们都被命令停止前进，一场决定阿喽丽的命运和物叔君长荣辱的比赛就要开始了。当接亲人开始夸耀呗勒家的威荣的时候，两家之间的较量拉开了序幕。呗勒家的摩使来了三个，又来了六个，又来了九个，都是阿喽丽去告诫他们说物叔家休息好之后立即应战，却没有一个人敢出来接招，连物叔君长也心虚了。当呗勒家的九个歌师开始唱歌的时候，把个物叔君长也给吓跑回去了。阿喽丽请出叔叔举喽欧喽，他的歌声一出就惊动四方，“他一登歌场，众人都吓惊。举喽开口唱，一唱四方应。唱得百鸟飞，百鸟飞来听；唱得白云来，白云空中停；唱得树发芽，枝繁叶茂盛；唱得流水欢，潺潺来和声。唱得人心善，唱得山川震。呗勒九摩使，无法来回音”。[①] 呗勒君长得知情况后，亲自派人请了举喽欧喽来，他要亲自听他的歌唱。举喽欧喽到了呗勒家，对他家的歌场进行了一通贬低，认为这样的草屋不配他来赛歌，不服气的呗勒君长立即命令按照举喽欧喽的要求修建起大瓦房做赛歌的歌场，然后君、臣、师一起出动，要把举喽欧喽的嚣张气焰打击下去，坚决不能让物叔阿喽丽轻松地拜堂成亲，完成嫌妻满一百的高傲愿望。大歌场建立起来了，举喽欧喽与呗勒君长议定了赛歌的日程和赌注：九天来唱君，各出金银九千九；六天来唱臣，各出金银六千六；三天来唱师，各出金银三千三；外加一百二十匹骏马。正式的赛歌开始了，“举喽欧喽他，一唱日和月，日头光万丈，月亮明朗朗。二唱天空啊，天空乌云散，乌云散四方。三唱大地呀，大地山河美，山水好风光。呗勒家歌师，一唱日和月，日头昏沉沉，月亮不光明。二唱天空呀，天空暗淡淡，布满了乌云。三唱大地呀，山河一片黄，草木全凋零”。[②] 又经过九天来唱君，六天来唱臣，三天来唱师的激烈比赛，“呗勒家输了，物叔家赢了！呗勒家丢脸，物叔家高兴。忙着捆马驮，忙着搬金银。新娘把堂拜，立即就进亲。金银举喽得，举喽喜盈盈。呗勒君长家，只得一个人。君主不高兴，心里闷沉沉。”[③] 举喽欧喽通过赛歌打破了呗勒家嫌妻满一百的美梦，呗勒君长表面上是认输了，暗中却三次用毒酒给举喽欧喽喝，企图毒死这个让他家输得丢尽颜面的人。这个毒计被举喽欧喽识破后，他家又派了三路杀手在路上劫杀举喽欧喽，这些家伙都被举喽欧喽制服而败退回去。举喽欧喽回到物叔故地，物叔君长热情而隆重地欢迎弟弟的到来，并且要把君长之位让给这个有才有德的弟弟，却被弟弟历数了他对待弟弟的诸多不是。然而，举喽欧喽却坚决拒绝了君长的大位，把他的金银骏马都分给了百姓，他自己也心甘情愿地当自己的清闲百姓去了。

《举喽赛歌记》中所讲述的事件在彝族地区的流传得十分广泛，所以就是对这个

① 毕节地区文化局、毕节地区民委编印：《彝族叙事诗》第一集，1984 年，第 119 页。
② 毕节地区文化局、毕节地区民委编印：《彝族叙事诗》第一集，1984 年，第 126 页。
③ 毕节地区文化局、毕节地区民委编印：《彝族叙事诗》第一集，1984 年，第 127 页。

事件的指称也有多个称呼，如《播勒迎亲赛歌记》《举喽对歌记》等，说明这个事件真正的是曾经发生过的历史事件，它在彝族社会历史生活中占据着一个十分重要的位置，在彝族古代文学中才会有如此生动形象的反映。《史记·西南夷列传》中曾经记载："西南夷君长以什数，夜郎最大。"结合这一记载考察彝族古代的社会政治结构，在古代的彝族先民聚居区域，播勒（即呗勒）、乌撒（即物叔）、阿哲（即水西）、阿外惹、芒部、扯勒、阿卓仇等都是彝族古代在贵州和滇东北一带著名的君长王国。《呗勒娶亲记》所记述的正是古代彝族播勒部与乌撒部之间因为婚姻关系而引起的一场较量。在这场较量中，引起矛盾的主要原因是势力强大的呗勒家实行一种奇怪而又让人们无法接受的联姻方式，利用所谓的摩使赛歌的方式，倚仗自己拥有一批能说会道、战无不胜的摩使，强行与送亲一方的摩使进行赛歌，对方输掉后把未过门的新娘立即降为奴隶，并且占有新婚的嫁妆，借此不断地增加财富，抬高自己的声望和地位。这一办法还获得了成功，一直"嫌"掉了 99 个新娘，拥有了大量的财富。这种做法当然会引起大众的不满，就是呗勒王子周汝朱也觉得这样做太过分，把那么多有身份、有地位的美丽淑女当奴隶使用，实在不是个事情。所以当他和乌撒君长的公主阿喽丽相爱之后，他也把这个难关告诉了阿喽丽，在婚礼的比赛前使阿喽丽能够做好充分的准备以应对这个奇怪的要求、破解这个无理的难题、救赎这桩濒危的婚姻。长诗主要刻画举喽欧喽这个人物形象，作为物叔君长的同胞兄弟，由于自身长相等原因，他长期受到哥哥的歧视，但这并没有影响他的上进，他拥有渊博的知识和过人的才能而长期不被君长发现，但是他的美好品德和无比的才华却被老百姓广泛传颂。阿喽丽也知道，如果要成就这桩婚姻而且不被骄傲自满的呗勒家羞辱，没有这位叔叔的出面应战是难以取得成功的。因此，在长诗中，多处反复出现了阿喽丽请求叔叔帮助的描述。举喽欧喽的确胆识过人，才华横溢，他一开口就唱出美好的歌声，震慑了对方的摩使，迫使呗勒君长也亲自出来迎接他的到来。通过 18 个昼夜的大比拼，他不但赢得了 120 匹骏马，赢得了 120 驮金银，让亲侄女物叔阿喽丽顺利拜堂成亲进入新房，更重要的是他勇敢地挫败了呗勒君长那"嫌妻满一百"以抬高自己威望的狂妄野心。这一成功自然为他引来了杀身之祸，但是他利用自己的智慧消除了祸患，胜利返回乌撒故国。除了给他的哥哥物叔君长以有力的教训之外，他并不需要君长的位置，他的心仍然是一颗百姓的平常心，关心的是百姓，追求的是平常生活，因此他并不居功自傲，他过的仍然是他的百姓生活。他的功绩不仅仅是救赎了侄女的婚姻，他还保护了物叔君长的名誉和地位，对个人、对国家他都是有功之臣。这就是一个富有个性的新的英雄形象，他在彝族文学史上有其重要的地位，是其他文学作品中没有出现过的。

《举喽赛歌记》中保存了大量古代彝族婚姻民俗史料。从中我们不但可以看到彝族古代的等级内婚，看到君长可以根据新妇的一点点过失把她降为奴隶，看到婚礼上赛诗赛歌、耀武扬威，各自为自己一方的荣誉而竭尽全力，看到古代彝族人视荣誉大于生命等情况；看到婚姻不只是联姻双方在政治上社会势力上的互相依靠和扩大自己的势力，有时也是联姻双方地位、财富、武艺、文艺、人才等的一次联合大比赛。《举喽赛歌记》对接新娘的人到了新娘家之后，要能够对答得上姑娘们的考问，能够答出32道门各自是什么门等内容丰富、程序繁多的考验，才能迎娶回一个新娘等内容的细致记述，保留了丰富多彩的彝族古代婚礼的习俗细节，为研究彝族传统婚俗留下了宝贵的资料。

（九）《放鹅娄纪》与《乌鲁诺纪》

《乌鲁诺纪》是广泛流传于贵州省境内的一部彝族婚姻叙事长诗。其最早的汉文译本是著名彝族民间文艺家代俄沟兔汝翻译，于1958年3月18日初次整理，1958年5月10日第二次整理的以“彝族出嫁歌”为名的《放鹅娄纪》，这个文本原载于《山花》1959年2月号，全诗为长短句，有900多行。后来这个文本作为“彝族叙事诗选”中的一部收入了沈耘编的《贵州民间文学丛书·一双彩虹》中，由贵州人民出版社于1983年正式出版。其最早的彝汉文对照译文本是由唐文康、高登才、王光荣供稿，王继超、陈英整理翻译，由贵州省毕节地区彝文翻译组于20世纪80年代初内部出版的油印本《乌鲁娄纪》，这个文本是五言彝文、国际音标注音和五言汉文对译的形式，共有彝文和汉文对译各约740行。这个译本的汉译诗歌部分后来收入了由邱义远和陈长友主编的《中国民间文学歌谣集成·贵州省毕节地区地直卷·叙事诗》之中。后来，王继超和张和平又根据新掌握的资料对《乌鲁娄纪》进行了重新翻译，增加了一部分新内容，并对之进行了编目处理，把全诗分成10个部分：欢乐童年、媒妁入室、毕播勒家、出嫁伤心、乌鲁诺纪、失鸭风波、孤女受苦、天鹅传信、阿固探妹、替妹复仇。诗句也从原来的740行增加到了1100多行，从而使其内容更加丰富完善。这个文本作为《贵州彝族咪谷丛书》中的一集，以《乌鲁诺纪》为书名由贵州民族出版社于1997年正式出版。

王继超、张和平翻译整理本《乌鲁诺纪》讲述的故事是慕勾祖摩家生了一个女孩，取了一个不寻常的名字叫“鲁余黑娥”，刚长到12岁时就有毕播勒家请来的媒妁登门求婚。“这毕播勒家，有牲不理谱，牛羊叫嚷嚷；有粮不祭祖，毕摩闲得慌；珐丽常忘记，祖灵桶腐烂，祖灵箩染尘。举家不通情，婆婆不通情，公公不通情，丈夫不通情，名扬于四外。常见娶媳妇，新妇换旧妇，女人穿梭行，如此一门户。”[①] 正是这样一家人，通过媒人的花言巧语骗得父母的同意，把鲁余黑娥许婚给了他家，而且急急忙忙地把这个刚刚 12 岁的女孩娶进了家。伤心的鲁余黑娥无可奈何，她的抗争是那么无力：“是女儿脚短，伸不拢马镫；手骨没长硬，伸不拢鞍鞯，鞍鞯空大半；执不了辔头；额头没长满，就有婆家了，要嫁与人了，要做媳妇了，我为此伤心，我为此痛哭！”[②] 但是她的反抗是无助的，她不能不出嫁。到了婆家之后，婆家给她改名时取了一个有悖于常理的名字叫“乌鲁诺纪”——即“牧鹅姑娘”（有的文本将“乌”译为“鸭”），并且牛马猪羊都不给她放牧，就让她去放牧十群鹅。不幸的是这个不会放鹅的小媳妇在某一天把公鹅舍足佐和母鹅舍痴蒂给弄丢了，她用自己的镶玉银耳坠、绣龙的绸衣、马缨花毡子、绿色的接裙、金银的手镯等一切作为赔偿，都没有得到婆婆、公公和丈夫的许可和原谅，他们认为这一切都是他们家拿去娶她的嫁妆，逼着乌鲁诺纪必须把丢失的鹅给找回来。经过多方的打听和寻找，从河的下游一直找到河的上游，还是一位白发老人告诉她鹅的去处，她才找到了丢失的一对公母鹅。“诺纪会捉鹅，把鹅双翅拿；诺纪会提鹅，两颈一把抓。回到了婆家，‘你主子祭鹅，去给他接种！’把鹅掼进屋。公公闻逆耳，就站出来说：‘我说媳妇呀，哪能说这话。瓦屋白花花，石梯像猪牙，是谁人的房，谁人的石梯？放牛红山头，是哪个的牛？放羊山腰白，是谁的绵羊？放猪山谷黑，是谁人的猪？放鸡草丛花，是哪个的鸡？’‘瓦屋白花花，是婆家灵房；石梯像猪牙，是婆家祭场；放牛山头红，是婆家祭牛；绵羊山腰白，是婆家祭羊；放猪山谷黑，是婆家祭猪；放鸡草丛花，婆家的祭鸡！辣椒红彤彤，全都属你家，没有我的份！’”[③] 有了这一场不留情面的诅咒，乌鲁诺纪的遭遇就可想而知了。“嫁女已三年……衣已破齐领，残裙只剩腰，袍子剩下领，毡残留领口。……可怜我孤女，没有人同情。我知我凄凉，悲苦我独受，孤女的辛酸，没有人过问。脚裂血淋淋，手裂浓津津。一日三缸水，把婆婆敬奉，婆婆不理会；一日三角酒，把公公敬奉，公公不理会；日织九匹锦，把丈夫敬奉，丈夫不理会；一日三朵花，挑了敬姑子，姑子不理会；一日三背柴，侍婆家奴仆，也毫无用处。播勒难伺候，孤女受尽苦，的确是这样。”[④] 不堪其苦的乌鲁诺纪多次请蜜蜂、请云雀、请朔风等传递信息到舅家，它们都推说忙而不愿意帮忙，最后只好请天鹅带了一封书信给她的哥哥——鲁余阿固，把她在毕播勒家遭遇一一告诉了家人。鲁余阿固收到信之后立即前往毕播勒家探望妹妹，在知道阿哥要到来的消息后，乌鲁诺纪放牧着猪

---

① 贵州省民族语文办公室编，王继超、张和平翻译：《乌鲁诺纪》，贵州民族出版社 1997 年版，第 4—5 页。
② 贵州省民族语文办公室编，王继超、张和平翻译：《乌鲁诺纪》，贵州民族出版社 1997 年版，第 16—17 页。
③ 贵州省民族语文办公室编，王继超、张和平翻译：《乌鲁诺纪》，贵州民族出版社 1997 年版，第 40—42 页。
④ 贵州省民族语文办公室编，王继超、张和平翻译：《乌鲁诺纪》，贵州民族出版社 1997 年版，第 43—45 页。

前去相遇，鲁余阿固已经认不出眼前这个昔日的妹妹，不禁伤心落泪。播勒家听说阿固来了，赶紧一改往日虐待诺纪的做法，要诺纪赶快把金冠绸衣穿上迎接舅舅，乌鲁诺纪坚决不干。在这种紧迫的形势之下，播勒家想用毒酒毒害鲁余阿固，被识破其计的诺纪提前警告哥哥阿固，当阿固用酒敬献天公地母时，毒酒烧掉了一绺马鬃毛，鲁余阿固不顾一切地冲破围困逃跑了，毕播勒家的追兵追到欧俦大河边追赶不上，只得退兵回去。此前，乌鲁诺纪已经写了一封血书藏在阿固的马鞍下，阿固回家后骏马不停地抖动鞍鞯抖出了这幅血书，原来诺纪要求兄长第二天到欧俦大河中去打捞她的遗体。愤怒的鲁余阿发动大军，一举打败了毕播勒家，逼着播勒家为妹妹做了盛大的祭奠典礼，最终为妹妹报了仇雪了恨。

《乌鲁诺纪》这部长诗，我们把它归类到“兄贤救妹”的主题之下，是因为除了它的内容决定之外，它还和这一类长诗中都是兄长为妹妹出头来申冤报仇的主题相符合。然而实际上在《乌鲁诺纪》的这个文本中，作为主人公的乌鲁诺纪却是投河含冤而死，严格地说，其兄鲁余阿固对她的救赎没有救赎到她的生命，而是在她死后强迫毕播勒家为她举行了盛大的祭祀典礼，使其在死后备极哀荣。但是在代俄沟兔汝翻译整理本《放鹅娄纪》的文本中，乌鲁诺纪出嫁前的名字叫阿洛角，她与毕播勒家之间发生的矛盾纠纷等故事情节也都基本相同，只是她还有另外的一种结局是：乌鲁诺纪在她的弟弟母沟达兔汝到毕播勒家来探望时，与达兔汝相约定好相见的时间和地点，在一个十五月明之夜在达兔汝的接应之下逃出了毕播勒家。毕播勒家损失了诺纪的身价钱而为此后悔不已。[①] 我们之所以在此采用王继超和张和平的文本，是因为在彝族诗歌传统中，强调故事的主人公和故事情节时，所用的长诗诗题就叫《乌鲁诺纪》；而强调故事的教育功能时又将这部长诗叫作《弥海诺纪斗》，其意译为“兄贤伸妹冤”或者“兄贤复妹仇”。[②] 因此，参照《放鹅娄纪》这个文本的情况，我们把《乌鲁诺纪》列入“兄贤救妹”这一类型之中。这样分类还有一个理由，就是作为对偶歌的一部，《乌鲁诺纪》还有与它对应成偶的一部诗歌叫作《才女救兄》，彝语为“诺海母纪斗”，这部诗歌也可以译作“妹贤替兄出头”，[③] 也就是说有“妹贤救兄”之意。《才女救兄长》的篇幅不算太长，共有彝、汉文五言诗句各约200行，作为与《乌鲁诺纪》相对应的“奏谷”对偶歌，被同时翻译编入了《乌鲁诺纪》之中。[④]

《才女救兄长》所讲的故事是：自幼失去父母的笃术恩比有一天带着30匹好马和

① 沈耘编：《一双彩虹》，贵州人民出版社1983年版，第40—80页。

② 贵州省民族语文办公室编，王继超、张和平翻译：《乌鲁诺纪·说明》，贵州民族出版社1997年版。

③ 贵州省民族语文办公室编，王继超、张和平翻译：《乌鲁诺纪·说明》，贵州民族出版社1997年版。

④ 贵州省民族语文办公室编，王继超、张和平翻译：《乌鲁诺纪》，贵州民族出版社1997年版，第75—87页。

60 名强奴到啥靡卧甸地方浏览名胜，在和外族人打赌时，被外族人让他猜三件宝甲猜不中，他的好马强奴全部被外族人赢去了。“笃术恩比，快步往回赶，到了家中后，毡摆把脸遮，披风把头枕，躺着不起来。”① 他的妹妹笃术舍娥得知情况后迅速赶到啥靡卧甸，那些外族人还在那里。笃术舍娥猜出了那三件宝甲分别是祖摩阿纪、布笃布举和陀尼德直遗留下来的甲，不但赢回了哥哥输掉的好马强奴，还赢得了外族人的三件宝甲。然而，这些外族人不甘心认输，又在路上设卡猜谜，企图赢回自己失去的宝物，都被笃术阿娥一一破解了他们的谜底，顺利将好马强奴和三件宝甲带回家中。回家后她对哥哥说：“阿哥呀阿哥，平常的日子，我曾要求你，讨丰富见识，要博学强闻，你却不理会。比如像今天，兄替妹解围，才顺理成章，妹替兄解围，却闻所未闻，阿哥哟阿哥！”② 《才女救兄长》虽然不是反映婚姻关系的长诗，但是由于它是作为《乌鲁诺纪》的“对偶歌”而出现的，我们在此对它的内容做上述简要的阐述，以利于读者有所知而已。

在彝族传统的社会关系中，等级内婚是一个重要的姻亲关系原则，同一等级的姻亲双方地位是平等的。所以，如果男方在对待婚姻关系中的女方出现虐待等现象，特别是因此而导致女方自杀身亡的，就会被认为是对女方及其舅舅家的大不敬，是对舅舅家的蔑视乃至于欺负，直接构成了对女方及其舅舅家的凌辱，会因此而引起冤家械斗，有的会造成旷日持久的打冤家。如果在打冤家时女子一方获胜，逼迫男子一方为死者举行了盛大的斋祭典礼，就被认为是对死去亲人进行的最好的复仇。《乌鲁诺纪》所反映的内涵的重点，正是古代彝族社会传统中的这种姻亲平等的观念。

（十）《卖花人》

《卖花人》是流传于云南南部地区的一部彝族叙事长诗，全诗长约 1600 行，包括《序歌》在内一共有十二个部分。最早出版的《卖花人》是根据不懂汉文的彝老李八一奎（一作李八玉昆）③ 说唱的彝文五言诗本子，白刊宁、涅努巴西翻译，涅努巴西整理，由云南民族出版社于 1984 年出版的版本。与《卖花人》同属于一个故事类型的是《扎沙则与勒斯基》，这个文本同样是流传在滇南地区，由普学旺根据彝文古籍抄本翻译，吴肃民审订，天津古籍出版社 1991 年出版，全诗共有汉译五言诗句 2200 多行。④ 《扎莎则与勒斯基》一共有 11 个部分：序歌、勒斯基出世、成亲、上缴后皇粮、赔偿皇粮、卖花、扎莎则受害、斯基受害、彻希查访、发落山官、夫妻团圆。《扎莎则与勒斯基》

① 贵州省民族语文办公室编，王继超、张和平翻译：《乌鲁诺纪》，贵州民族出版社 1997 年版，第 77—78 页。
② 贵州省民族语文办公室编，王继超、张和平翻译：《乌鲁诺纪》，贵州民族出版社 1997 年版，第 86—87 页。
③ 参见李乔：《三论半坡陶文》，载《四川彝学研究》（1），四川民族出版社 2002 年版，第 333 页。
④ 普学旺翻译，吴肃民审订：《彝族爱情叙事长诗》，天津古籍出版社 1991 年版。

在故事情节主体上和《卖花人》是基本相同的，但也有一些不同之处，就是这个文本中有卖花人扎莎则在被山官打死后来到阎罗殿查看自己的寿缘，又在勒斯基被山官关进牢房之后托梦到京城去向大臣布彻希（簸绸升）告状，并且在冤情得到雪洗之后，扎莎则复活与勒斯基团圆的情节，却没有好心的老园丁这个关键人物。经过比较，我们选择了《卖花人》来作为这个故事的文本来进行分析。

《卖花人》的《序歌》很有意味："彝家的故事能填满山谷，彝家的古经就像那瀑布，三天唱绿一面坡，九天唱满一个湖。听吧，翻开我古老的经书，歌颂那黑暗中的灯烛；抹掉我悲愤的泪水，把那吃人的恶鬼口诛。"[①] 其中让我们感受到了长诗的作者或者其演述人对诗歌的功能的认识。《卖花人》讲述了在古代云南红河的娥托米地方，"红河像匹飞奔的骏马，越过千沟万壑朝东流，彩云飘飘系山腰，茫茫云海在浮游。两岸群峰齐昂首，层层梯田手携手，银渠弯弯盘山绕，莽莽森林绿油油。路旁花香如醇酒，林有飞禽和走兽，鸟语花香春意浓，锦绣河山彝家绣"。[②] 在这千里彝山中有一个带领大家的好官、被大家称为"筛子曼"即清官的头人元春，建设着自己的美好家园。元春有一个独生儿子勒斯基，从小长得聪明伶俐，七岁开始学习文化，"好马从小练腿蹄，紫燕离窝练双翼，特邀汉人当老师，斯基开始学文笔"。[③] 学到才能又长大成人之后，勒斯基与这个地方的好姑娘贾希妮成就了美好姻缘。当头人元春不幸去世之后，山官搓谷佳嫉妒和害怕勒斯基超过他，就设计让勒斯基在限期之内押送十万粮草到京城交给皇帝，因路上遇到暴雨河水暴涨，吞没了不少人马粮草，硬着头皮到京城的勒斯基无法向皇帝交差。皇帝念他的父亲曾经对朝廷有功没有将勒斯基斩首，但要求他赔偿损失的粮草。"卖帮工赔了猫饭，当公差受了灾难，哑巴吃着苦黄连，斯基有话苦难言。……心想投河下黄泉，老母踉跄在眼前；心想悬梁去自尽，贤妻笑语在耳边……马驹学奔驰，扭伤了腰肢；岩鹰学飞翔，扭伤了翼翅。"[④] 为了赔偿皇帝的粮草，勒斯基一家变卖了所有家产，变成了一贫如洗的贫困家庭，他也疯了一般。在贤妻贾希妮的劝导下，他又重新振作起来，即使成了"手上支锅"的人家，他们仍然因为有一个完整的小家庭而苦苦支撑着过自己的小日子。心灵手巧的贾希妮凭着一双巧手剪花绣花去街市上卖，"街头摆起大花摊，四方人群围不散，哪怕是个老头子，也要偏头来看看。娃娃看见卖纸花，不买糖吃来买花，妈妈看见心就热，买给姑娘绣衣帕。群群

① 涅努巴西整理：《彝族长诗选》，云南民族出版社 1984 年版，第 182—183 页。
② 涅努巴西整理：《彝族长诗选》，云南民族出版社 1984 年版，第 183 页。
③ 涅努巴西整理：《彝族长诗选》，云南民族出版社 1984 年版，第 185 页。
④ 涅努巴西整理：《彝族长诗选》，云南民族出版社 1984 年，第 201 页。

姑娘来买花，做条腰带送情人；党党伙子来买花，拿着纸花去求亲。”① 由于贾希妮的手艺太好，人又善良，神仙也为她的命运担心，告诫她山官搓谷佳是个好色之徒，一定要她多加小心，不要到山官的衙门里去。然而有一天，山官还是发现了贾希妮，让家奴把她叫进衙门里，谎称要买下所有的花，把贾希妮扣下了。这个山官是皇帝的岳父，是个色胆包天谁人都不怕的家伙，他逼迫贾希妮给他做小老婆。贾希妮坚决不从："不端你家的饭碗，不跨你家的门槛，宁做野鬼蹲路旁，不做小妻守金山。你给三千又八百，我不愿来我不做，把我断成三截肉，一截不留在狼窝。”而山官却凶相毕露："衙门像扑箕，有进没有出，不是供我来享乐，就是成白骨。”② 坚贞不屈的贾希妮被山官吊打而死之后，半夜托梦给丈夫勒斯基，要丈夫孝敬好老母带好独儿，为自己报仇伸冤。肝肠寸断的勒斯基出门去寻找自己的爱妻，找遍了许多地方都没有找到一点儿足迹，后来在街市上探听到一丝线索，又找到衙门里的种花老人，老人才告诉他，他的妻子已经被山官害死了。勒斯基怀着深仇大恨到京城去拦路告状，希望遇到清官籏绸升能为他伸冤报仇，却不料落入仇人山官之手，被关进牢笼，差点被折磨而死。后来籏绸升巡查案子到山官家，指明要他家一棵枯萎了的花树，山官搓谷佳坚决不给，籏绸升命令挖花树，结果挖出了一具女尸，这正是贾希妮。原来这一切都是好心的老园丁帮助了勒斯基，是他告诉籏绸升大臣勒斯基在牢笼里，他可以认证死者是他的妻子。在事实面前，面对籏大臣的追查，山官有恃无恐。籏绸升问："身为父母官，草菅人命领何罪？”他却说："随手折断一株树，何必这样要多嘴？走路踏死一只蚂蚁，这有什么罪？”籏绸升说："杀人要抵命，霸妻要坐牢，这是国王的指令，这是国家的王法。”他却说："我是国王的老岳父，国家就是我的擎天柱，杀了一个小女奴，屠刀怎能断我头颅。”③ 结果这并不能吓倒籏大臣，他顶住了国王和王后的各种压力，依法杀掉了作恶多端的山官搓谷佳，为贾希妮雪洗了冤仇。

从《卖花人》中出现的皇帝、大臣、山官、头人、清官、法律、国家等用词和故事中所描写的社会生活情况等贯穿综合分析，这部长诗产生的时代是封建社会晚期国家法律制度比较完善的时期。青天大老爷籏绸升从语音上疑似民间文学中广泛传颂的包丞相——包拯，他的所作所为也与包丞相十分相似，而包丞相的故事也是在明代以后才逐渐在民间流传开来的。《卖花人》的故事情节，比这一类型的其他婚恋长诗要复杂曲折一些。这部长诗的前半部分与该类型的长诗情节区别不大，主要是后半部分比其他长诗要富有戏剧性。从勒斯基进京城告状开始，这种戏剧的色彩就突显出来，他

① 涅努巴西整理：《彝族长诗选》，云南民族出版社 1984 年版，第 211 页。

② 涅努巴西整理：《彝族长诗选》，云南民族出版社 1984 年版，第 223 页。

③ 涅努巴西整理：《彝族长诗选》，云南民族出版社 1984 年版，第 255—256 页。

到京城一看见威武显赫的出行阵势，就想当然地认为这可能就是青天大老爷簸绸升了，就开始了拦路递状纸，不料这却是仇人搓谷佳的大轿，使他自投罗网掉进了仇人的陷阱，差点连性命都弄丢。好在搓谷佳的府衙中也有一样地受到压迫和剥削的底层人物——老园丁，没有这个充满正义感的老园丁的帮助，勒斯基告状和伸冤都是没有希望的泡影。在长诗的情节安排中，勒斯基得以了解妻子的死因和惨状，簸绸升的到来和指名要搓谷佳的一棵枯萎的花树，死者亲属的寻找和认证，等等，都是因为有了老园丁的帮助这个关键的人物和情节而得以埋下伏笔和进一步展开，否则故事情节难以自圆其说。从整个故事情节的安排上看，《卖花人》的确是同类长诗中最为独特而丰富的一部，它有一些其他长诗不具备的曲折离奇而充满戏剧性的情节，包括簸绸升作为一个刚正不阿的大臣敢于不顾皇帝和皇后的压力公开处决敢于践踏国家法律的皇亲国戚的情节。《卖花人》中的人物形象，塑造得最为成功的首推山官搓谷佳。他是皇帝的岳父，他的地位自然非同小可，一般人是不敢惹也惹不起的，这给他的胡作非为提供了权势上的保证，树立了他高高在上的地位，他不允许任何人超过他，哪怕是小小的一点儿进步，都会引起他的不快。因此当他知道头人元春的儿子勒斯基在努力学习的时候，他就想方设法地进行压制、破坏，借助皇权和势力制造困难和问题，迫使勒斯基就范，最后逼得勒斯基一家倾家荡产，再也无法恢复元气。当他发现了贾希妮的美丽能干之时，就迫不及待地指使家奴把她骗到衙门里，不顾自己已经老迈不堪妄图一举占为己有，于是与贾希妮展开了一场唇枪舌剑的交锋。搓谷佳：“我的金花装满箱，我的银花戴不完，家中不缺稀世宝。房中缺朵野牡丹。房中妻室有八九，个个看来生得丑，看你像朵马缨花，留你共靠花枕头。”贾希妮：“看你额皱如土坎，看你发白如棉花，格是老来发梦颠，说的尽是颠冬话。看你腰弓如弯虾，看你老掉大板牙，格是说话不关风，说的尽是狗粪话。”搓谷佳：“不是老来发梦颠，不是说话不关风，只因你像金凤凰，见你我就心发疯。”贾希妮：“我的男人勒斯基，读书学文数第一，你要霸占他人妻，把你上告流鼻涕。”搓谷佳：“哈哈，国王也是我的小女婿，我是宫中一盏灯，哪个吃了老虎胆，谁打官司我都赢。”除了这样的威逼之外，搓谷佳还对贾希妮施以利诱：“我老你长大，我死你另嫁，全部家产归你管，叫你心里乐开花。……人生活在世，讲的吃穿二字，鸟为食而亡，人为金钱死。……这里有玉饭，这里有银汤，衙门是座大天堂，让你跷脚来坐享。”但是贾希妮却不为所动：“好马不配双鞍子，好女不嫁二男子，我比泉水还纯洁，怎能嫁你老头子。……园子地边丁香花，从小就爱竹篱笆，林中生的白鹇鸟，不愿落在黑宝塔。夫妻恩爱做一家，睡梦里头笑哈哈，嘴吃山上多依果，吃掉九箩不吐渣。……给我穿绸缎，让我披绫罗，穿在身上心不暖，披在头上降灾祸。干巴埋在碗底下，酸肉放在饭头上，吃了发恶心，吃了烂肝肠。不端你家的饭碗，不跨你家的门槛。”[1]结果，狠毒的搓谷佳对待不肯屈就他的贾希妮所采取的只能是残酷的折磨，直到把贾希妮折磨至死。当然，搓谷佳折磨死贾希妮之后并不是真正的无所畏惧，他采取了防范措施，成功地诱骗了进京城告状的勒斯基落入圈套，并把他关进了牢笼。正当他认为自己所做天衣无缝之时，没有想到老园丁的正义行为最终使他的罪行败露。作为拥有强大的皇权作为庇护和后盾的搓谷佳并不惧怕大臣篌绸升，他认为杀死一个女奴不过就是折断一根树枝、踩死一只蚂蚁，不值得大动刑律，因为他是皇帝的岳父，没有什么罪。直到铁链真正套上他的脖子的时候，他才知道求饶，色厉内荏的面目暴露无遗。山官搓谷佳是同类长诗中出现的仗势行恶的一个新形象。勒斯基这一形象的塑造有其成功和独特之处，他是一个在社会发展到一定时期，接受过正规的汉族文化教育的新人物，他的接受新教育使他能够获得更高的社会地位，足以引起比他的地位更高、权势更大的人物的恐慌，也给他带来了一系列的灾难。作为彝族子弟，接受汉族文化教育的确像一把双刃剑，这是一个社会发展到新阶段后出现的新矛盾、新问题，也是勒斯基这个彝族文学人物形象带给我们思考的更深层次的逻辑悖论。从长诗本身对勒斯基的塑造而言，他是一个充满矛盾的人，他往往不能主宰自己的命运。他首先被强迫去押运皇粮，当遇到灾难欲求一死的时候又被神仙救起。被迫赔偿皇粮想到要死，又被母亲和爱妻的亲情挽住。要去告状，却又落入仇家手圈套。要为妻报仇，却无可奈何。要是没有老园丁这个人物，勒斯基为妻报仇几乎是不可能的。从总体上说，他是一个充满矛盾而又一事无成的人。所以与救赎妻子这个主题的其他长诗相比较，其他长诗中的主人公是在妻子生前受难之时得到丈夫的救赎，而《卖花人》中勒斯基对自己妻子的救赎则是在作为卖花人的妻子被迫害致死之后的事情，而且可以说他单独的救赎行动是不成功的，没有老园丁的直接帮助，他将无法完成为妻子报仇伸冤的重要任务。老园丁形象的出现，是彝族长诗中的一个重要事件，这个形象有其在彝族长诗史上不可低估的意义，他是第一个使彝族叙事长诗戏剧化的重要角色，也是长诗史上第一个以底层被压迫、被剥削的劳动人民的身份，以其正义无私、刚直不阿的形象站出来反对统治阶级任意凌辱和践踏平民的生命和尊严的人物。同样地，篌绸升形象的出现，也具有非常重要的意义，他使我们寻绎到了一点点彝汉民族民间文学之间相互影响的蛛丝马迹。

救赎妻子或者是殉妻这一类型的长诗，从目前可以看到的作品来看，其数量远不如殉夫主题或者是夺妻主题的作品多。而且可以明显地看到，男人们的殉妻情节远不

① 涅努巴西整理：《彝族长诗选》，云南民族出版社 1984 年版，第 218—222 页。

如妻子们的殉夫那样来得生动和惨烈，丈夫对妻子的救赎又是显得那么疲沓和无力，多数还要神灵的帮助或者他人的帮助才能获得成功，让人们觉得丈夫是那样的弱小和软弱无力，使读者深感失望。

（十一）《则谷阿列与依妮》

在人神通婚的婚恋长诗故事中，《则谷阿列与依妮》所讲述的，是一个凡间人与龙女通婚的传奇故事。《则谷阿列与依妮》主要流传在云南省红河哈尼族彝族自治州、玉溪市、普洱市以及楚雄彝族自治州的双柏县等地的彝族地区的彝文古籍，在这些地区，同一部彝文古籍在不同支系的彝族中可以找到不同的抄本。这部长诗的彝文原本由云南省新平县老厂乡腊底村 60 岁（1990 年）的普有明毕摩收藏，抄在绵纸上，书长 38 厘米、宽 21 厘米，共有 63 页。据普有明毕摩介绍，这部古籍是他的父亲传给他的。这部长诗由普学旺翻译，吴肃民审订，收入《彝族爱情叙事长诗》中由天津古籍出版社于 1991 年 12 月出版第一版。全诗有 9 个部分：序歌、出游、捕鱼、成亲、挑唆、寻找、折磨、搬迁、尾声。诗句为整齐的五言汉译诗句，共有汉译诗句约 2000 行。

《则谷阿列与依妮》讲述的是巍巍里烁山下的一条清河的一个大潭中住着一条龙古罗些，他有一个独生女儿名叫依妮。依妮长到 15 岁时向父母亲提出要求要出龙宫去遨游，探查“清河有多长……清河有多宽……清河有多深……深潭有多少”①。她的父亲警告她清河两岸老虎、豹子、老熊、豺狼都很多，它们会侵害到依妮。但是父母亲都犟不过依妮，只得同意意志坚定的依妮出去。依妮“变成一红鱼，顺着清河水，朝着上水游。岸边森林中，白花一朵朵，红花一束束。龙女依妮哟，无心测水深，无心量河长，鲜花陶醉心，迷住了依妮。”② 正当她游得忘情，陶醉在美丽风光中的时候，一个没有猎获猎物的猎人发现了这条红鱼，一箭射伤了她的左眼。依妮只得慌忙逃跑回龙宫。惹得“水龙罗古些，愤愤翅话讲：世间这群鬼，阳间这人，个个心歹毒，人人无良心，让我呼牛粪，这还不满足，我的好闺女，也受他们欺。”③ 但是依妮喜欢上了人间的美好，仍然一如既往地到清河上支游玩。在清河岸边有一孤老和孤儿则谷阿列相依为命，两人有一天去捕鱼时，依妮看见则谷阿列“英俊又年轻，看看他的头，头发黑黝黝；看看他的眼，就像星闪烁；看看他的鼻，就像小剪刀；看看他微笑，嘴里露白牙。”④ 于是依妮想了办法准备去则谷阿列家。因而老人在捕鱼时捕到一条红鱼，则谷依列捕到两条大鱼，则谷依列见到红鱼虽然是瞎了左眼，却很可爱，就用自己的两条大鱼换回了老人的

① 普学旺翻译，吴肃民审订：《彝族爱情叙事长诗》，天津古籍出版社 1991 年版，第 2 页。
② 普学旺翻译，吴肃民审订：《彝族爱情叙事长诗》，天津古籍出版社 1991 年版，第 3 页。
③ 普学旺翻译，吴肃民审订：《彝族爱情叙事长诗》，天津古籍出版社 1991 年版，第 5 页。
④ 普学旺翻译，吴肃民审订：《彝族爱情叙事长诗》，天津古籍出版社 1991 年版，第 6 页。

红鱼回家去养了起来。此后，则谷依列的家中出现了一系列奇异的事情。每当阿列出门去干活回来的时候，家中的饭已经做好，菜已经烧好，他提起筷子就只管吃。起先他认为是好心的邻居们为了照顾他这个孤儿为他做的好事，便向邻居们去一一道谢。然而邻居们却说是他自己家里的一位妙龄女给他做的。阿列为了探察清楚事情的真相，有一天还没到收工时就急忙回家，“看见一少女，正在锅边忙。看年她头上，头上戴金钗；看看她的眼，左眼虽失明，右眼似星闪；看看她的鼻，鼻子似剪刀；看看她的嘴，就像小贝壳；看看她的脸，就像那桃花；身上穿红绸，红绸红艳艳”。[①]于是阿列急忙把漂在水面上的红鱼皮拿在火中烧了。变化不回去的依妮只好放弃自己也不愿意过的优裕生活，嫁给了阿则做妻子。为了改变贫困的生活，依妮回到龙宫中去，向愤怒的父亲求情，要得一半截金竹，依靠金竹的神秘力量，阿列有大房子，有了许许多多的金银、牛马、猪羊、鸡鸭等财富。眼馋阿列财富的阿勒革家仗着自己有两个美丽的闺女，精心设下计策，邀请阿列到家中饮酒，说是瞎眼女依妮配不上阿列，只要阿列驱逐走了依妮，他家的两个漂亮女儿任随阿列选择一个作为他的妻子。听信了谗言的阿列一是利令智昏，回家之后就把自己的妻子依妮骂跑了。然而随之而来的是阿列所有的财富也跟着依妮消失了，于是只贪财富却看不起阿列的阿勒革再不把对阿列的许诺当作一回事，坚决不肯把自己的美丽女儿嫁给阿列。后悔的阿列只得顺着清河去寻找他的妻子依妮。求助于画眉、蚂蚁，但都不能帮他的忙，求助于会吸水的癞蛤蟆，通过两次给癞蛤蟆食物，并且答应它不准嬉笑之后，癞蛤蟆吸干了龙潭水，阿列才得以进入到龙宫中去。“走入深潭中，顺着岩洞走，行了一程路，豁然大开朗，望见一幢房，鱼骨当柱栽，鱼鳞当瓦盖，门头雕龙龟，门板雕虾鱼。小伙子阿列，来到院子中，贤妻依妮呀，坐在院子里，做针线活。阿列见依妮，急忙走过去，跪在依妮前，流泪把话讲：‘贤妻呀贤妻，我受别人骗，不知好和歹，把你赶出门，孤儿我阿列，不能没有妻。贤妻呀贤妻，跟我司家去。”[②]然而，嫌妻容易要妻难，这回对人类本身就有成见的水龙罗古些提出，要阿列通过他的一系列考验才能把依妮带回去。于是两人比赛捉迷藏，首先是罗古些躲在羊耳朵、牛耳朵中都被依妮告诉了阿列让阿列找到了。然后阿列在依妮的指示下变化成针、甑子、水瓢躲在家中，罗古些都没有找到。罗古些又要求阿列在一天之内，先挖完九座山，又被要求砍完九座山的树木，又被要求烧尽九座山上的树木，又被要求撒完九块荒地的荞种，又被要求拣回九块荒地的荞种，荞种少了三颗，又在依妮的帮助下找了回来。如此经过十二天的考验折磨，都难不倒阿列。罗古些怀疑是阿列身配的长刀在作怪，就问阿列的长刀

① 普学旺翻译，吴肃民审订：《彝族爱情叙事长诗》，天津古籍出版社 1991 年版，第 9 页。

② 普学旺翻译，吴肃民审订：《彝族爱情叙事长诗》，天津古籍出版社 1991 年版，第 20—21 页。

能够砍什么，不能砍什么？阿列恶作剧地说，他的长刀什么都能够砍，就是不能够砍南瓜藤和芭蕉树。到第十三天，罗古些要求阿列与他一起上山打猎射獐，知道凶多吉少的依妮嘱咐阿列千万要小心。到了山林，罗古些假装到山顶去撵獐子给阿列射，却变化成大水、南瓜藤和芭蕉一起向阿列卷来，企图淹死阿列。阿列举刀乱砍，砍出了许多血水，原来他把自己的岳父给砍死了。于是阿列和依妮只好带着母亲回到人间，从此过上了美满的生活。

《则谷阿列与依妮》作为人神通婚类型的一部长诗，它的神灵的表现形式是龙女。龙在彝族传统社会生活中是神灵的一种，民间至今流传着许多祭龙的经籍如《祭龙经》等，龙神在彝族传统生活中起着重要的作用，特别是在农业生产中龙是司雨之神，是受到彝族人民的高度崇拜的。龙女与人间的男子通婚的故事不止一个，但是，作为人神通婚这一类型的彝族长诗，《则谷阿列与依妮》却有其独特的地方，特别是水龙罗古些的形象尤为独具特色。罗古此对人类有自己的看法，他认为人类不是好东西，专门污染环境，“让他吃牛粪”（牛粪随便拉在水沟中污染了水源）。在龙女依妮要到人间游玩的时候，他就委婉地提出过警告，结果龙女还是被人射瞎了左眼，这就更加深了他人类的成见。更进一层的是，他的宝贝女儿还爱上了阿列，私自嫁给了他所不喜欢的人类为妻。但是他是爱他女儿的，他还是照顾了他们的生活，把不能轻易给人的金竹划了一截给女儿。然而有的人恶性不改，阿勒革挑唆阿列把他的掌上明珠给休了，他当然不会轻易放过这件事情。所以在阿列到龙宫去请求妻子回去的时候，他就想尽办法一定要除掉阿列。可是事与愿违，他却死在阿列的长刀之下。这不能不说是水龙罗古些的悲剧，人类无论怎样的不良，人类的智慧却是所有的神灵无法战胜的。罗古些的悲剧是一个生命界的伦理道德悖论，坚持正确的生命伦理道德者，却死在了不遵循生命的伦理道德者的手里。所以，水龙罗古些是彝族传统诗歌中一个独具个性的人物形象，他对人类的看法无论如何都具有一定的先见之明，特别是人类对环境的污染和对待其他物类的任意践踏，都是他所不能容忍的，他会坚持他的生存道德伦理，用他的方式对人类施以必要的惩罚，他的形象是其他的文学作品中所没有的，因而也是独特的“一个这个”。与其他的婚恋故事不同的另外一点，是《则谷阿列与依妮》中的婚恋双方，是先结婚而后恋爱的。长诗中这样写道：“天空渐渐黑，阿列和依妮，共靠一个枕，同睡一张床。一个晴朗天，阿列扛着斧，依妮背着箩，上山把柴砍。则谷阿列他，唱起山歌来。山歌一曲曲，曲曲表深情；依妮妙龄女，唱起阿色调，阿色一首首，首首表情怀。”没有恋爱基础的婚姻是不牢固的，何况依妮的左眼还是瞎的，这就为阿勒革挑唆他们的夫妻关系制造了借口，也为阿列的见异思迁提供了借口。阿列除了会怜悯一只带残疾的红鱼，表现出爱护小动物的本能，其他地方确实乏善可陈。按照民间的说法，依妮如果还是瞎了一只眼，应该是不会爱上阿列的。当然，依妮之所以要嫁给阿列，还有她的红鱼衣已经被阿列烧毁而被迫无奈的成分。但是她为此而处处为阿列想办法破解父亲的设难，最终造成了父亲死亡的悲剧，确实证明她真的是瞎了一只眼睛，反过来又证明了她的父亲罗古些对人类的看法正确。

（十二）《漏卧鲁沟的婚礼》

《漏卧鲁沟的婚礼》的最早汉文译本，见于20世纪80年代初中国民间文艺研究会贵州分会编印的《民间文学资料》第六十八集《彝族古歌、叙事诗》这一分册，在题目之下又注明“彝族民间叙事诗”，由阿侯布代译述，何积全、三子尧、王冶新、王正贤整理。这个文本又以上述诸人的名义收入《贵州民间文学丛书》的《漏卧鲁沟的婚礼》一书中，由贵州人民出版社于1986年正式出版。后来又收入何积全编的《贵州民间文学选粹丛书·彝族叙事诗》一书中，于1997年由贵州人民出版社出版，长诗末尾注明，王子尧翻译，王冶新、何积全、王子尧、王正贤整理，王冶新、何积全执笔。《漏卧鲁沟的婚礼》全诗长约800行，译本是长短句相间的新诗体，而不是五言诗体。

《漏卧鲁沟的婚礼》所讲述的是古代卧鲁地方的君长漏卧鲁沟与一个美丽能干的小山神之间的婚恋故事。卧鲁是一个小小的王国，经常遭到安犁一带过来的“仍那”——强盗的入侵和欺凌，年幼的鲁沟和年迈的老父亲暂时也无可奈何。后来鲁沟长大成人了，苦练武功，时刻准备为保卫家国而战。当这一群强盗又一次侵犯卧鲁的时候，当上了君长的“漏卧鲁沟带兵出来抵抗。刀对刀呀枪对枪，箭对箭呀棒对棒，杀得安犁的‘仍那’东奔西跑，杀得安犁的‘仍那’喊爹叫娘。漏卧鲁沟一直追到安犁，把‘仍那’老巢烧得精光。从此安犁的‘仍那’不敢再来了，卧鲁的人们才过上美好时光”。① 在一个大旱之年，鲁沟出去狩猎，遇到一个流落到卧鲁地方的姑娘，她自称是沟后地方的人，名叫阿迪侯己，因为父母双亡经常遭到外人的欺凌，倾慕卧鲁地方的人们善良而投奔卧鲁而来，现在已经饿得头昏眼花腰腿疼痛不能再走路了，希望鲁沟能够收留下她。鲁沟收留下这个美丽无比的姑娘之后，经常带她一起打猎、一起练武，两人之间产生了感情，而且感情越来越深。在一次又一次的唱歌试情之后，他们两人决定以终身相许，“两人跪下把婚订，双口同声请媒人。一杯美酒奠红岩，请了红岩来证婚，二杯美酒奠大地，请了大地做媒人”。② 正当他们商量好婚期准备结婚的时候，这件事情惊动了迷拔戛地的海神，阿迪侯己突然不见了踪影，人们对此议论纷纷，有的说她是天女上了天，有的

① 王子尧译述，王冶新等整理：《漏卧鲁沟的婚礼》，贵州人民出版社1986年版，第93页。
② 王子尧译述，王冶新等整理：《漏卧鲁沟的婚礼》，贵州人民出版社1986年版，第107页。

说她被雷神击成了齑粉。而伤心不已的鲁沟发誓一定要把阿迪侯已找回来。而人们都还不知道侯已已经被迷拔戛地的海神抓去，进行严酷的审讯，以她毁坏神仙的名誉为由逼迫她作为神灵赶快回到天庭去，否则就要关她三百年。侯已对海神说："我虽有三千年的修行，但我不愿上天成神，我愿和凡人一起生活，我愿和凡人结成婚姻。我爱人间的山山水水，我爱人间的黎民百姓，我不愿成仙，我不愿成神，我愿当人间的一名凡人，我愿当人间的一名百姓。"[①]"就是关我三千年，我也不从命！"[②]原来这个阿迪侯已是地神老母的女儿，是已经修行了三千年的山精，她就要成仙上天。地神老母找不到自己的女儿，正在着急之时，打听到是迷戛拔地的海神把自己的女儿抓去关起来了，就去找他要人，并且斥责海神说："你这海神胆子大，私下关我姑娘三年整。她到人间天允许，她到人间地答应。"[③]为此和海神打了七天七夜而不分输赢。海神上天去告状，却被天君训斥了一通，灰溜溜地返回。这时地神又抽干了迷戛拔地的海水，赶走了海神。被解放了的侯已找了九天九夜才找到自己的爱人漏卧鲁沟，地神在他们俩的爱情得到证明后，在九月十三日晚为漏卧鲁沟和阿迪侯已两人主持了婚礼。

《漏卧鲁沟的婚礼》中的人神婚姻故事，其中的人是一个地方小国的君长，而其中地神则是一个修炼了三千年正要成为神灵的山精。这个山精在自己快要成仙得道的时候，放弃了上天成神的希望，转而寻求人间的爱情生活。她是怀着一腔对黎民百姓的爱，和对她心仪的心上人追求，而放弃了自己三千年的道行。假如她仅仅是追求人间的荣华富贵，她可以去迷惑一个强大国家的君长；她如果只是为了追求爱情，她可以去寻找一个没有什么牵挂烦恼的人。她之所以选择一个弱小国家的君长，也许就是为了把她对百姓的爱意转变为辅佐一个有为的君王，通过他使一个小国尽快强大起来，让这个小国卧鲁的人民不再受到强盗或者大国的欺凌。有了这样的信念，她才会毅然放弃天国的享乐而选择了人间，她才会不怕海神关了她三年甚至还可能关她三千年的时候绝不动摇自己的决心。她与鲁沟有过共同生活的经历，这为她认识鲁沟和爱上鲁沟打下了坚实的基础，也为她坚定自己的信念提供了扎实的凭据，为此她才不畏惧海神的种种威逼，她也因此才会得到地神老母的营救而获得自己应该获得的生活。当然，这个山精或者说山神又不是《嫩妮和阿珠》中的嫩妮，她没有婚姻的经历，也没有嫩妮所受过的诸般坎坷和折磨，她的美好生活的获得，主要是依靠自己坚定不移的信念和充满爱意的善心。

总之，彝族叙事长诗，以其独特的视野与风格，富有魅力的故事情节与语言，鲜

① 王子尧译述，王冶新等整理：《漏卧鲁沟的婚礼》，贵州人民出版社1986年版，第112页。
② 王子尧译述，王冶新等整理：《漏卧鲁沟的婚礼》，贵州人民出版社1986年版，第114页。
③ 王子尧译述，王冶新等整理：《漏卧鲁沟的婚礼》，贵州人民出版社1986年版，第117页。

明的人物形象，在彝族民间诗歌的长廊中闪耀异彩，与数目众多的抒情长诗相映生辉。

第七节　曲艺、戏剧文学

一、曲艺文学

曲艺，也称“说唱艺术”，是彝族传统艺术之一。

彝族曲艺，起源很早，历史久远。据《西南彝志》《六祖魂光辉》等彝文文献记载，约在春秋时期，兴起于今昭通一带的彝族人文共祖笃慕在其家乡洛尼山举行六祖分支祭祖大典，祭司毕摩在祭祖大典仪式上咏赞的祀典歌，是彝族早期的说唱艺术。六祖分支后，武祖慕雅切、乍祖慕雅考，率其部落迁徙滇中，向滇西、滇南方向发展，随武、乍部落的祭司毕摩将早期说唱艺术祀典歌带入滇中、滇南地区。滇中、滇南的彝族说唱艺术是在早期的说唱艺术祀典歌的基础上发展起来的。

唐南诏国时期，是彝族曲艺作为一种独立艺术的形成时期。据《盐丰县志》说，彝族曲艺曲目《梅葛》“起于汉，兴于唐”。到宋代已很盛行。史料表明，早在汉唐时期，彝族已具备曲艺演唱形式。唐贞元十六年(800 年)《南诏奉圣乐》出现在舞台上，是彝族曲艺作为一种独立艺术形成的标志。

彝族曲艺演唱形式多种多样。有以说为主的,有以唱为主的,或边说边唱,说唱相间。有坐唱、站唱、走唱、对唱、独唱等。在说唱时，有的有乐器伴奉，有的无乐器伴奏，有的歌舞相间等。

彝族曲艺音乐，是广泛吸收本民族民间音乐曲调逐步固定下来的。音乐体式，有多曲连缀的“联曲体”，唱 5 字句或 7 字句或 10 字句的“板式体”，或综合使用两者，也有多等句的。曲本体裁，有兼用散文和韵文，全部散文与全部韵文三种，把叙述故事、塑造人物有机地结合起来，在说唱中穿插评议、抒情和哲理性语言。彝族曲艺形式极为灵便活泼，非常适宜即时表达说唱者的感情和反映社会生活。即使短篇曲目，结构也是完整的，有头有尾，情节有起有伏，变化较多，也较奇巧，还有不少戏剧场面、情节和语言，这些形式都比较吸引人，为彝族人民群众所赞赏。

（一）查　姆

查姆，彝族曲种。流传于云南省楚雄彝族自治州双柏县的新街、大麦地、妥甸等彝族纳苏支系聚居区，以及红河州部分彝族地区。尤以双柏彝族聚居区流布广泛。查姆为彝语音译。“查”，意为“起源”；“姆”，意为“万物”；合起来意即“万物的起源”。查姆的形成年代无考，是在彝族传统史诗《查姆》传唱基础上发展形成的曲艺表演形式，故名。其传统曲本《查姆》为彝文古籍中代表性的创世史诗，由上、下两部组成。上部由“序歌”及第一章“天地的起源”、第二章“独眼睛时代”、第三章“直眼睛时代”和第四章“横眼睛时代”组成；下部包括第一章“麻和棉”、第二章“绸和缎”、第三章“金银铜铁锡”、第四章“纸和笔”、第五章“书”和第六章“长生不老药”组成。全部唱词共约3500行。内容表现和反映了彝族纳苏支系的宇宙观、宗教观、历史观、道德观及原始的科学技术。塑造了以众神之王涅依倮佐颇为首的人格化了的群“神”形象。想象神奇富丽，具有独特的艺术风格。据清康熙《南安州志·风俗》（双柏县古称南安）记载：“猓猡（倮倮）有种，有白有黑。……山居，田少食荞，缠头跣足……星回节烈炬吹笙跌座，以歌和之……男妇善彝歌。”据传，这些彝歌即是查姆的表演。有人据此认为，查姆至迟在清代已广泛流传。查姆的表演以唱为主，间有插白。可一人领唱，数人相和（彝民称为“凑歌”）；也可二人一问一答对唱；或可同时穿插舞蹈，极为生动活泼。通常以大四弦为其主要伴奏乐器。纳苏人所弹奏的大四弦，与汉族的月琴相似，由于制作工艺、定弦及演奏指法与技巧的区别，音响效果较月琴有着明显的不同。所唱曲调有“阿色调”“四弦调”“四句长腔”“阿利则”“挂七妹”等。历史上的知名艺人，即歌手先后有李多二、施小五、施学义、普天文、李斋文、李成义、施学生等。彝族纳苏支系每逢过年过节、婚丧祭祀、起房盖屋、播种收割等重大节庆和农事活动开始之际，均要请毕摩表演《查姆》。演出的内容包括彝民对天地、日月、人类、种子、风雨、树木等等的起源的认识。彝族群众不但借此了解世间万物的来源，而且借此启蒙教育后代。中华人民共和国成立后，查姆得到了应有的重视，普及较为广泛。除由毕摩演唱外，还涌现出了一批新歌手，如李富强、鲁开发、罗兴达、毕文富、罗风英、鲁绍英、施正华等，出现了由毕摩和歌手同时演唱的局面。

《阿佐分家》是查姆传统长篇曲目，用“阿色调”“四弦调”演唱，流行于楚雄彝族自治州双柏县大麦地乡、新街乡及玉溪地区新平县的麻姆树村一带。《阿佐分家》

根据彝族民间叙事长诗《月儿》的故事改编，原曲本是彝文手抄本，分上、下两本，上本为《阿佐分家事》，下本为《阿佐进阴司》，曲本通篇无讲白，全部为五字句唱词。这份彝文手抄本是由彝族毕摩施学生的阿波（祖父）施小伍传下来的。1983 年 4 月由王家元、李永华译成汉文曲本。主叙在很久很久以前，石碑山上的彝家山寨里，住着阿佐两兄弟。他们的父母早已去世，为了让年幼的弟弟阿佐生活不感到孤独，哥哥阿诺虽已成人，却始终未打算娶妻。年复一年，哥弟俩生活过得愉快。阿佐长大成人了，知道了阿诺的一片苦心，他一再催促阿诺讨个媳妇。在阿佐的再三恳求下，阿诺娶了媳妇。起初，一家三口和睦相处。可是过了不久，狠心的嫂嫂嫌阿佐碍手碍脚，逼着哥弟分家。阿诺听任妻子把家产分成三份，把其中最差的一份分给阿佐，阿佐赶着分给自己的老牛、瘦地，到大山梁子上安了家。分家以后，阿诺十分想念阿佐。一天，他拿着彝家砍荞把用的大刀，翻山越岭，决心要找回阿佐。阿诺在放牛娃、放猪女的指点帮助下，终于找到了阿佐，并要阿佐同他回家去。阿佐为了让软弱的阿诺受到教育，要求他在回家以前先到阴间地府去看看。阿诺同意了，兄弟二人就一同到了阴间，看到了人间善恶在阴司地府里的不同报应。兄弟俩还阳回家以后，阿诺把在阴司地府里看到的情景详细地告诉了自己的媳妇，使她明白了作恶的人以后没有好下场，从而改变了她对待阿佐的态度，一家人又和睦地生活在一起。

（二）甲　苏

甲苏，彝语音译，意译为“讲书”或“唱书”，系唱中夹白的一种曲艺曲种。流行于云南省红河哈尼族彝族自治州元阳、红河、石屏、建水、弥勒、金平、绿春、个旧、开远、蒙自、泸西等地的彝族聚居地区。甲苏演唱在彝族民间已有悠久的历史。据彝文古籍《西南彝志》等记载，在东周末年春秋时期，彝族六祖分支后，武、乍两支由洛尼山（也译为洛宜山，今滇东一带）迁往滇中，向滇南方向发展，甲苏随之传入滇南地区。最早的演唱者是祭司毕摩，以后逐渐传入民间。在祭祀、婚丧、起房盖屋、逢年过节、男女社交时均有甲苏演唱。

甲苏演唱有一人或二人自弹自唱；或一人主唱，听众伴唱；或二人对唱，听众伴唱等形式。伴奏以三弦、四弦为主奏乐器，有时演唱也不一定用乐器。据说曲调有 72 种之多。

甲苏传统曲目内容广泛，包括神话传说、民族历史、人生哲理、生产知识、民情风俗、伦理道德、婚恋爱情等。甲苏很多曲本是用古彝文记载的，现保存有几百卷。

20 世纪 80 年代起，红河州文艺工作者与民间艺人一道对甲苏传统唱腔进行了改革，广泛吸收彝族民间音乐素材，逐步固定了《甲赫》《舍赫》《赛赫》《依呜》等曲牌，并配备彝族乐器三弦、四弦、胡琴、二胡、笛子、巴乌等组成小乐队做伴奏。吸收彝族白话腔注重押韵的手法，丰富了甲苏的表现力，同时，改变"男唱女不唱"，而由女演员主唱，由坐唱发展为走唱，常辅以舞蹈，以助演唱气氛，使其成为适合于舞蹈表演的说唱艺术形式。

甲苏曲调。甲苏曲调源于彝族原始宗教祭祀歌和山歌，曲调十分丰富。同一地区唱腔的单一性与不同地区唱腔的多样性并存。在同一地区内，所属"甲苏""甲赫""依诺""阿哩"等 4 个类别的曲调也兼而有之。而曲调的吟诵性与歌唱性在 4 个类别中又各有差异。在同一曲目中，曲调旋律风格相对稳定。但具体行腔，又各有不同。一般以两句成三句不同尾音的乐句唱腔进行自由变唱，构成一段唱腔。现在彝族甲苏的曲调有"舍赫""甲赫""依呜""索赫""赛赫""哎哦赫"等 7 种。甲苏一般为自弹自唱，文艺团队有小乐队伴奏，但非专门伴奏。

甲苏伴奏。早期彝族甲苏说唱，除"阿哩"外，一般没有乐器伴奏，只有毕摩或艺人持书徒手吟唱。20 世纪 80 年代红河州的曲艺工作者在继承甲苏的基础上，大胆探索改革创新，不但曲调增加到 7 个，而且发展了乐器伴奏形式，以笛子（直笛）、巴乌、二胡、三弦、四弦等组成一支小乐队进行伴奏，大大提高了甲苏的艺术魅力。

甲苏表演形式。甲苏的传统表演形式为一人手持曲本徒歌坐唱。常在彝族节庆、婚丧及祭祀场合演唱。多数情况下都使用彝族本民族语言。石屏、建水一带的彝族与汉族交流较多，演出也有采用汉语的情形。1981 年，红河州曲艺工作者在民间甲苏基础上，通过创作新词和改编曲调，改变了过去男唱女不唱的习惯，由女演员着尼苏支系青年女装演出，演唱中辅以少量彝族舞蹈动作，同时配备了三弦、笛子、树叶、巴乌、四弦等组成的小乐队伴奏，受到普遍欢迎。

（三）白话腔

白话腔，又称"讲白话""款白话"，即讲带韵的道白，有说有唱。彝族曲种。流行于云南省红河哈尼族彝族自治州建水、开远、石屏和华宁、牟定县及南盘江相邻一带的彝族地区。

白话腔有一人唱的，也有二人或男女对唱的。一般情况是在说唱时，歌唱场地放有大竹烟筒，男的吸烟筒，女的装烟点火，边吸烟筒边说唱，很有风趣，独具特色。伴奏乐器用四弦或月琴等，并以打击乐器烟盒击节。

白话腔是由当地彝族山歌和男女对歌发展而成的，是从彝族民歌"四腔"中分离出来并创新而成的独立曲种。曲调有白话腔、白话四腔，不同地区唱法略有差异，但总体而言，声调高亢、嘹亮，还带有自由拖腔，结构比较复杂，唱腔既有急促的快板念诵唱腔，也有抒情的、节奏较规整的唱腔。唱词有七言、五言四句的，也有不规整白话体的。唱词大都要押韵脚。白话腔说唱结合，抒情叙事交融。

曲目有叙事的，也有抒情色彩较浓的，如《闲着坐着来唱玩》《相姊妹》《高山坡头放马牛》《高田按豆豆叶团》等。红河州歌舞团对彝族白话腔曲调和说唱内容进行了改革、整理和提高，编演出具有完整故事情节的白话腔新曲目，如《小鸡养大"机"》《青山常在幸福多》等，多次参加云南省曲艺会演并获奖。

（四）四弦弹唱

四弦弹唱，彝族曲种。曲种以改良过的乐器四弦而得名，主要流行于红河北岸的彝族聚居区。它是一种灵活的曲艺艺术，是在彝族民间说唱"白话腔"及民歌基础上发展起来的。在彝族民间，凡年节祭祀、喜庆丰收、婚丧嫁娶、起房盖屋或歌舞场上，都有民间歌手弹唱的习俗。弹唱的内容多为叙述民族历史，颂扬民族英雄，传授生产知识，宣讲传统美德以及爱情故事、民间传说等。表演形式，有歌手自弹自唱，有时听众帮腔，也有三四人弹唱和集体弹唱等。演唱中有齐唱、领唱、伴唱等类型。

彝族四弦弹唱比较有影响的曲本有《朱大姨》《友谊的清泉》《只怪娃娃生多了》《星星落进彝家寨》《粮食就是宝中宝》《云岭连北京》《阿莎驾铁牛》《猜花果》等。这些曲本以反映彝族新生活为主。

四弦弹唱曲调。彝族四弦弹唱曲种是中华人民共和国成立以后的新曲种。其早期表演时用"四弦调"简单地自弹自唱。20 世纪六七十年代，云南红河州及楚雄州的文艺工作者，曾做了三次改革创新，红河州创作的新曲目《阿莎驾铁牛》将传统四弦弹唱的单曲反复体唱腔，发展成联曲体的唱腔，使其音乐更优美，常用的唱腔曲调有"四弹调"和"噻噻腔"等。四弦弹唱伴奏，四弦弹唱的四弦琴，经过红河州文艺工作者 1959 年创新改造，把古老的四弦弹琴体积缩小，使中音乐器变成了高音乐器，这样伴奏起来音量更大，音色更加清晰，现在四弦弹唱一般都使用新改良的"四弦琴"伴奏。四弦弹唱表演形式，早期主要是艺人自弹自唱和坐唱。经过 20 世纪 60 年代的改革创新，表演形式发生重要变化，有自弹自唱或二人对唱，三人、四人集体齐唱、领唱、伴唱和又念又唱，这更体现了彝族花腰支系民歌特色。

（五）撒尼月琴弹唱

撒尼月琴弹唱，彝族曲种。彝语称"米凡改"，意为"弹着月琴唱"。流传于云南省昆明市石林县圭山、维则、亩竹箐、北大村一带彝族撒尼人聚居区。撒尼月琴弹唱的形成时间无考。表演形式为一人怀抱月琴（撒尼民间也称“四弦”）弹唱，另有一人拉二胡伴奏；也可一人单独演唱，或弹奏着撒尼小三弦，或每唱完一段吹奏一曲木叶做过门。所唱曲调丰富，有“库吼调”“牧羊调”“悲调”“绣花调”“喜调”“骂调”“犁地调”“出嫁调”“该迷”“经乐”等。其中“该迷调”（情调）低回婉转，唱来如泣如诉；“经乐”调适合叙事。主要伴奏乐器月琴设十一或十二个品位，无伴音；三胡有三根弦。弓上的两股马尾穿入三根弦之间，拉奏时有和声的效果。唱词以五字句为主，偶尔也有七字句。语言质朴优美，常用比兴、夸张、复沓、谐音等修辞手法。撒尼月琴弹唱曲目一般篇幅较长，多数唱本都在千行以上。传统曲目中，反映人类和大自然斗争内容的，有《洪水滔天史》和《尼米诗》等；反映人们追求自由幸福和爱情内容的，有《阿诗玛》《美丽的彩虹》《逃到楠密去》《牧羊人史郎若》《竹叶长青》等。还有一些短小的曲目如《地名歌》等，多为艺人，即“歌手”即兴演唱的曲目，内容大抵为某地山水有多美，风光如何迷人等。20 世纪 50 年代后，随着时代的变迁，也创作了一些新的曲目，如反映治山治水的《穷山变富山》，反映农村生产成就的《老圭山开红花》等。

（六）阿细说唱

阿细说唱，彝族曲种。流传于云南省红河哈尼族彝族自治州弥勒市及楚雄彝族自治州的彝族聚居区。彝族阿细人称之为阿细先基，是在彝族支系阿细人的创世史诗《阿细的先基》说唱基础上发展形成的一种曲艺表演形式。阿细先基之“先基”一词，是彝语的汉语谐音。阿细学者对这一名称有多种解释。一为“先人传下来的调子”；二为“先”是神仙“些薇”的简称，“基”是开始，即“神仙开始唱的歌”；三将“基”做“拉长”解，意为“先人传下来的长歌”；四将“先基”做“歌”解，认为“阿细的先基”即“阿细人的歌”。通常，阿细人将这种表演形式的演唱曲调称为“先基调”，唱词称为“先基词”。据传，罗多（今弥勒市西山区）是阿细先基的发源地。西山区一区（磨开井、烂泥箐一带）流传的先基都是从罗多学来的。罗多寨子里的人唱先基一向很出名，但由于交通不便，外地人很少到那里去。故此，那里的先基保持着较为古老的风貌。先基的演出场所不拘，节日庆典、山间田野、男女相会都可进行。传统的表演形式为徒口吟唱，多为二人对唱，一问一答；也有一人演唱，自问自答的。最早对传统主体唱本《阿细的先基》挖掘记录并整理出版的，是诗人光未然。他于民国三十三年（1944 年）收集出版的汉文本，名为《阿细的先鸡》。1945 年和 1958 年，又有袁家骅和云南省民族民间文学红河调查队先后两次进行集中地收集和记录。但在当时，他们都仅从文学角度，把先基视为一种“民间文学长诗”。

1964 年，刘位循、肖龙图根据彝族阿细支系民间说唱阿细先基的形式，创作了新唱本《阿细雄鹰》，张难为唱本设计了音乐，搬上高台演出，并首次使用了阿细说唱的名称。这种高台表演，是传统阿细先基的一种发展。为适应高台演出，将传统的坐唱演出方式，改为走唱形式，还设计了简单的过门舞蹈动作。并在演唱中加入了乐器伴奏：表演者手持响杆（金钱棍）击节演唱，配备有四弦琴、大三弦、笛子等组成的小乐队伴奏。20 世纪 80 年代，红河州的一些专业艺术表演团体对弥勒市进行调查，对阿细说唱进行了重要改革、创新，把它作为艺术的重要节目演出。

阿细说唱曲调。阿细说唱曲调源于创世史诗《阿细先基》的说唱曲调。20 世纪 60 年代至 80 年代，楚雄州和红河州曲艺音乐工作者整理、加工了阿细说唱音乐曲调。在民间阿细先基调的基础上，吸收了阿细民间舞曲、山歌等传统音乐，编创了适应曲目唱本内容和表现的联曲唱腔。在曲目演唱中，以富于号召性的山歌“阿哦”做曲头，终结时乐队的民间舞蹈歌曲常用衬词“当色阿色当”加入帮腔助兴，变传说的徒歌形式为有乐队伴奏的既有主唱又有帮腔的表演形式。在唱腔乐音中亦有供数板韵白伴奏曲调。阿细说唱曲调有“阿哦”“阿哦新曲”“嘎斯阿哦”“嘎斯新曲”“拉里”“先基”“嘎斯先基”“先基新曲”等。在演唱中加了乐器伴奏，配有响杆（金钱棍）、四弦琴、大三弦、笛子等组成的小乐队伴奏。

阿细说唱表演形式。阿细说唱多为徒手坐唱，凡节日庆典、山野田间，男女相会都可演唱。演唱多为对唱，一问一答；也可一人演唱，自问自答。演唱时，无帮腔和伴奏，也没有表演动作。1965 年由红河州文艺工作者作词、谱曲的反映新生活曲目《阿细雄鹰》，以及 20 世纪 80 年代产生的《三换门》《钱雨》等，采用小乐队伴奏，以响杆（金钱棍）击节，改坐唱为走唱，吸收少量彝族阿细人的舞蹈动作，由女性演员用汉语方言演唱，乐队着阿细男性服装，受到阿细群众的欢迎。

（七）阿苏嗻

阿苏嗻，彝族曲种。流传于云南省楚雄彝族自治州楚雄、南华、双柏、禄丰等市县的彝族聚居区，亦即横跨楚雄州境的哀牢山脉彝族倮倮泼支系中。因其表演多在松树枝搭起的青棚内举行，故又将其俗称为“青棚调”。阿苏嗻是在彝族倮倮泼支系流传的一部古典史诗《阿苏嗻》的传唱基础上发展起来的曲艺品种。表演形式为艺人即歌手或毕摩领唱，多人应和，或男女二人及数人有问有答地对唱。阿苏嗻为彝语汉字谐音，“阿苏”意为我们、大家，“嗻”，意为唱，也就是我们唱或大家唱的意思，别名青棚调。据明《楚雄府志》载，隆庆二年(1568 年)，在今苍岭镇齐甸寺，农历二月初八日的庙会活动中，有“歌声夜转疏林月”的记述。清嘉庆《楚雄县志》载：“四山夷人，跳月踏歌，吹芦笙、竹笛、弹羊皮小三弦以和其声。一以节歌跳月为乐，婚葬皆然。”以上文献，均记述了明、清时期，楚雄境内的彝民“节歌跳月”的盛况，一般认为，“节歌跳月”就是指的阿苏嘛演唱。说明阿苏嘛说唱的历史悠久。史诗《阿苏嘛》作为阿苏嘛的主要传统节目，通常在当地彝族人的婚嫁、丧葬、筑造和乔迁时演出。由“序歌”“造天地”“撒种子”“找日月”“三皇时代”“洪水泛滥”“兄妹成婚”“唱通书”“十二属相”“十二月花”“唱星宿”“采青”“选地基”“盖房”“访亲”“迎亲”“关龙”等部分组成。内容涉及彝族倮倮泼支系人对天地万物及人类起源的认识和本民族在历史、宗教、风俗、天文、历法、生产和生活等各方面的知识，较为系统地反映了彝族的宇宙观、宗教观、历史观、道德观，具有启蒙和教育后代的作用。其中的一些内容，可以看出在流传过程中，受到了佛教、道教文化的影响。对于研究历史上各民族之间的思想文化交流和影响，具有一定的价值。唱本素无文字记载，由毕摩或艺人用汉语传唱。史诗唱本的系统收集和记录，始于 20 世纪 70 年代末期。退休教师者厚培(彝族阿苏嘛艺人即歌手，从毕摩兼歌手的李万有、周从信、者从科、杨发高等处采集了流行于楚雄市的三街、树苴、八角等地区的阿苏嘛唱本资料并形成记录稿一份。同时，楚雄县文化馆余立梁、严速等，亦收集了流行于上述地区由者厚培个人演唱的阿苏嘛唱本初稿。1984 年春，云南省社会科学院夏光辅在南华县的五街地区，从彝族歌手和毕摩李彪发等人那里，采集记录了该地区流行的阿苏嘛唱本资料。并在两种记录稿的基础上综合整理，形成统一的篇章。1985 年 1 月，云南省社会科学院楚雄彝族文化研究所以《倮倮泼古歌》和《冷斋调》之名，将他们采集记录的唱本内部印行。阿苏嘛的演出，通常在彝族人家婚嫁喜庆及乔迁入宅之际。时间可长可短，一般以一整天通宵达旦为常。如开场早且演唱速度快，天未亮便唱至最后一段“关龙”时，在演唱中可由歌手加唱“十二属相”或“十二月花”，亦可即兴演唱“吉利词”或恭贺性的唱词。演出时间长的，可达三天三夜。如系婚嫁喜庆、乔迁入宅，演出时可以在客堂或场院中搭一松枝盖顶的青棚，在内进行演出。男女老幼，均可观赏。并有“青棚底下无大小，男女老少都可听”的说法。由于阿苏嘛表演以“阿苏嘛”“阿乖佬”“冷气腔”为主要唱调，演出以芦笙、笛子、三弦、月琴自行伴奏。民国以来则主要以羊皮鞔弦鼓面的三弦为其伴奏，三弦分大、中、小三种，由于制作工艺特殊，音响效果较汉族三弦有着显著的区别。中华人民共和国成立之后，阿苏嘛的流布范围有所扩大。20 世纪 60 年代初期以来，由山区普及至坝区，由彝族传到杂居的汉族群众中。不仅彝族婚丧嫁娶必请歌手或毕摩来家演唱，汉族群众遇上喜庆事情，也演唱阿苏嘛。20世纪80年代，阿苏噫表演已经走出青棚，经常出现在楚雄州当地的大型民族传统节日庆典和各种高台文艺汇演中。

（八）糠箩箩·米箩箩

糠箩箩·米箩箩，彝族山歌说唱。主叙乌蒙山区某地，河东小伙子大乔与河西姑娘阿枝相爱。两人订下协议：谁先富就“嫁”给谁。于是，大乔退耕还林种果树；阿枝退耕还草养牛羊。两人都是“糠箩箩变成了米箩箩”（意即都富了起来），无法决定谁“嫁”给谁。两人和双方父母争执不下，最后决定在河上架座“和谐桥”，两家变一家，两个米箩箩变成一个大米箩箩。形象风趣地赞扬了国家的农业政策，同时又表现了新时期新的婚姻、家庭观念。曲目用寻甸地区汉语方言和彝语衬词说唱，用该地区的彝族山歌改编作音乐唱腔，由四男四女表演，有说有唱有舞。其中，扮演小伙子和姑娘的演员，同时扮演父亲、母亲，舞台效果很好。该曲目于2007年获第三届全国少数民族曲艺展演一等奖。

二、戏剧文学

彝族戏剧，源远流长。远在彝族社会进入农耕时代，彝族民间就流布有表演“老虎耕地”的“老虎笙”和表演“猴子耕地”的“撮泰吉”傩舞、傩戏。这种傩舞、傩戏，历久不衰，一直传承至今。可以认为，这种傩舞、傩戏是彝族戏剧早期的雏形。

（一）老虎笙

老虎笙。流传在云南省楚雄彝族自治州双柏县法脉乡的傩舞老虎笙，与流传于贵州省威宁的傩戏“撮泰吉”有很多类似的地方，不过撮泰吉表演的是“猴子耕地”，老虎笙表演的是“老虎耕地”。彝族先民有崇虎的习俗，认为虎是彝族的祖先，双柏县法脉乡每年正月有“虎节”，从正月初八晚接虎祖开始，到正月十五送虎祖结束。这期间，每天晚上，在村寨的场子上表演老虎笙。开始时，一位长老装扮为虎头（引路人），抬着竹竿上场，竹竿上挂着一个葫芦。长老跑进场时，高呼“卖药啰”，长老后面跟着两位手摇铜铃的山神，两个装扮的猫，还有4位身着毕摩服饰的羊皮鼓手，最后是8个身着虎装（用灰黑色毯子制作的虎皮），身画虎纹（用布裹身，布上画虎纹。据说古时曾有裸身画上虎纹的习俗），随着羊皮鼓点节奏，变换着老虎的各种舞姿，跳至深夜方休。虎节的第一天晚上，老虎笙共跳12套舞蹈动作，祈祷来年12个月风调雨顺，四季平安；后几个晚上，老虎表演犁田、耙田、耕种、薅锄、收割等山区农事活动，迎接来年五谷丰登，六畜兴旺。此外，还表演虎亲嘴、虎交配模拟动物的动作。场子上，彝族男女老幼围着老虎踏歌起舞，舞姿古朴粗犷，情绪十分热烈。正月十五，老虎笙全班人马，挨家挨户为彝族乡亲跳笙祝福；所到的人家也向“老虎”敬奉酒肉，祈福消灾。这一活动一直继续到半夜，全寨人在鞭炮声中，把老虎送到寨外的“叫魂山”，至此，虎节活动才算结束。双柏法脿乡这种古老的虎节活动，和威宁的撮泰吉都是彝族古代傩祭、傩舞的一种形式，与原始宗教有关。

老虎笙于 2008 年国务院公布为第二批国家级非物质文化遗产名录。

（二）彝　剧

彝剧主要流传于云南省楚雄彝族自治州境内的彝族聚居区和云南省内部分彝族自治县彝族聚居区。

据彝文典籍记载，彝族最早的戏剧演出活动始于 18 世纪末期。那时有毕摩（祭司）根据彝族民间叙事长诗《月儿》改编演出的《阿佐分家》，译成汉语是“兄弟分家的故事”。《阿佐分家》这个演唱节目分为三场：第一场是故事的开端，叙述哥哥娶的细皮白嫩的漂亮媳妇，结婚后容不得弟弟，挑唆哥哥分家，把弟弟赶出家门，哥哥生性懦弱，一切听媳妇的摆布。第二场叙述分家的过程，家里大部分好的、值钱的东西都归了哥嫂，弟弟被逼得走投无路，丢掉自己那一点点可怜的东西，上山当了猎人。第三场，哥哥思念兄弟阿佐，到深山找到他，阿佐邀哥哥同游地府。兄弟二人到了阴间，看到地狱里的情景，善恶报应分明，生死轮回历历在目，哥哥受到了教育，痛悔自己不该做坏事。第四场是故事的结局，描写哥哥受到乡邻父老的谴责，良心上受到责备，到山上去寻找兄弟，要接阿佐回家，重归于好。阿佐则认为，只要有不贤惠的嫂嫂在家，弟兄不可能真正和睦相处，因此不愿回去，最后不幸死于山野。

据彝文典籍记载，这个节目早在乾隆年间就由双柏县底土寨的彝族毕摩（祭司）李多二编写，道光年间以后，双柏县有的毕摩也表演过，中华人民共和国成立以后，著名的老毕摩施学生也表演过这个节目。据当地老人说，演唱《阿佐分家》用的是当地流行的“阿色调”。开始时是一个人坐着唱，一唱到底，后来变作两个人边跳边唱。最初只在祭祀场中演唱，后来也在歌场上表演。演唱时，毕摩还带着刀叉，翻滚跳打，载歌载舞。据此可知，彝族这种说唱加表演的节目形式，18 世纪末期就产生了。那时的《阿佐分家》，已经有了较为完整的故事情节，有了具有一定性格特征的人物，而且根据人物不同的身份，根据内容需要，增加了表演，成为有较丰富社会内容的、歌舞白表演相结合的演唱节目了。它已经具备戏剧的雏形。

另一个演唱节目《大王操兵》也是表现彝族古代生活的歌、舞、白相结合的作品。其内容是这样的：彝族大王曼头（一说是当地彝族土主），十分威武英勇，为了保卫自己的疆土，他亲率兵丁到操场操练。兵丁舞动各种兵器，其装束用彝族服饰，其说白唱腔使用彝族语言，武器也是彝族常用的大刀弩箭等。整个表演侧重于舞蹈，在楚雄、牟定等地流行。古时楚雄地区土著居民主要是彝族、白族，明初实行屯田以后，“汉来彝走”，这些彝汉杂居地区也留下了彝族跳庙的习俗，出现了彝汉文化交流融合。当地有这样的说法：“山是彝族开，地是彝族垦，神是彝族的神，鬼是彝族的鬼，若不演出《大王操兵》，神鬼不得安宁。”所以产生了这个歌舞娱神的节目，后来在有的地方则衍化为传统花灯。

上述《阿佐分家》和《大王操兵》以及姚安马游地区儿童演唱的《嘎勒片》（人熊的故事），都是具有戏剧雏形的彝族文艺演唱，它向着综合性的戏剧表演艺术形式发展，是彝剧诞生和发展的基础。

彝剧是在彝族傩戏、毕摩演唱、彝族歌舞和民间小调演唱的基础上兴起发展起来的。

1947 年，原楚雄大姚县直苴乡（现属永仁县）的小学教师用彝族歌舞编演过节目，但未普及。1957 年，大姚县昙华乡麻秆房俱乐部民办教师杨森采用端公“跳神”的某些动作与神态，以“梅葛调”“过山调”“放羊调”为唱腔，结合彝族民间歌舞，模仿汉族花灯形式编演了《谁是医生》《牧羊在林中》《狼来了》《半夜羊叫》等剧目。1958 年，大姚县昙华乡业余彝剧团参加文化部在大理召开的西南区民族文化工作会议时演出了《半夜羊叫》，受到赞扬与肯定，并正式定名为彝剧。

彝剧音乐由彝族流行的山歌、小调、舞曲和器乐曲结合形成唱腔，称为“山歌体”，尚未形成固定的板腔或成套的唱腔。主要曲调有“梅葛调”“过山调”“放羊调”“大松平调”“曼嫫若调”“果巫见调”等，乐曲有芦笙曲、唢呐曲、月琴曲等。彝族跳歌用的笛子、三弦（或月琴）、芦笙也是彝剧的主要伴奏乐器，俗称“三大件”。目前，彝剧表演还未形成一套完整的程式，也没有严格的行当分工，最初是模拟某些生活动作和动物特征的简单表演，后又从毕摩祭祀和唱《梅葛》的动作、声调、表情中吸收一些表演技巧，再从“打跳”中提取某些身段、步伐，变成节奏性和舞蹈性较强的表演技巧，发展为以歌、舞、乐、剧相结合的表现形式，富有浓郁的民族生活气息和鲜明的民族特点。

彝剧已创作演出近百个剧目，多属反映现实生活的现代戏。主要代表剧目有《半夜羊叫》《曼嫫与玛若》《歌场两家亲》《篾独尼闹店》等。

2008 年，国务院将彝剧列入第二批国家级非物质文化遗产名录。

（三）花　灯

彝族花灯流传于红河哈尼族彝族自治州建水、石屏、蒙自、开远等县市和楚雄彝族自治州部分彝族聚居区及彝汉杂居区，是彝汉文化交流的结晶。据考，彝族花灯始于明代，成熟于清代。它分为歌舞和小戏两类形式，较有代表性的舞蹈有“扇子舞”“花鞭舞”（又称响竿舞）等。彝族花灯的伴奏乐器以四弦、树叶为主，配以三弦、二胡、笛子及打击乐。舞蹈音乐具有浓厚的彝族山歌色彩，伴之以汉语彝音的演唱风格，使其特点更为突出。其舞蹈有汉族花灯的动律，又有彝族“烟盒舞”“跳乐”的韵味。男性舞蹈动作富于跳跃性，刚健有力，跳转自如。女性舞蹈动作则平稳含蓄，微颤微颠。花灯是彝族喜庆节日活动中不可少的表演节目。

太平花灯，又称跳阳灯、团场灯等。彝族戏曲。主要流传在云南省澄江县松园村一带。于每年春节期间演出，保留着古老的供奉灯神活动。每年农历冬月初二，村中业余灯班聚会在寺内，年老艺高者亲手将灯神供奉在大殿神位，全体跪拜聚餐后开始排练。正月初二正式演出。锣鼓队在前，后有持短棍、四筒秧老鼓、霸王鞭者，以及男扮女装的“灯娘娘”“灯老倌”等，男扮女装的“灯婆婆”压后，共 30 人先去寺里接“灯神”，然后由灯婆婆背着灯神到广场就可以演出。演出从花灯歌舞《正月燕子报早春》《大凤阳》开始，接着有对白剧《周大打柴》《闹金鸡》等 22 个剧目 24 个曲调，边舞边唱，风格古老独特，舞蹈动作复杂多变；伴奏乐有京胡和月琴，打击乐有锣鼓和钹；服饰为彝族特色服装；主要形式是集体表演。太平花灯以父传子、子传孙的方式世代相传，迄今已有 200 多年历史，主要目的是祈祷风调雨顺、五谷丰登、牛马兴旺、平安吉庆，故称。

第八节　改编、再创作的文学

任何一个民族的文学都不可能在一种绝对封闭的状态下传承、发展，伴随着文化的传播，文学也在族际之间交流、互动。在这个意义上，毕摩在编写经典著作时，在创造和发展自己的民族形式的同时，也注意通过文化交流，采取大胆的“拿来主义”

态度，汲取汉族和其他兄弟民族的文学滋养，不断地丰富自己的文学样式。

随着彝汉文化的交流，梁祝传说、孝子董永的传说、古典小说《西游记》等作品传入彝族地区后，也很快就进入毕摩的创作视野，他们便将这些作品改编、再创作成《董永与七仙女》《梁山伯与祝英台》《唐王书》《凤凰记》等，以彝文手抄本形式（即书面形式）和口头流传的形式，在民间广为流传，成为深受广大彝族人民所欢迎所热爱的故事。

一、《董永与七仙女》

孝子董永的传说，早在东汉时期就已形成。故事说董永是千乘（西汉所置县名，治所在今山东高青县）人，推测传说的原生地可能即今山东一带。最早记载这个传说的是刘向的《孝子传（图）》（《法苑珠林》，《太平御览》引）。干宝的《搜神记》也记有这个传说，内容更详。其故事大意是：董永家贫，父死无以葬，卖身为奴，以供丧事。三年丧事已毕，乃去主家服役。道遇一妇，愿为其妻，遂同去主人家，其妻十日织缣百匹代其偿债。临行，告诉董永，自己本是仙女，是奉天帝之命下凡来帮助他的。

这个故事在汉族地区广为流传，很快传入西南彝族地区。汉族传说《董永变文》，是一首七言的叙事诗，在不长的篇幅中，详略得当地叙述了故事。毕摩以彝族古代诗歌主要形式，即五言诗形式，将《董永变文》改编、再创作而成《董永与七仙女》叙事长诗。

《董永与七仙女》流传于滇南、滇中彝族聚居区。原作为彝文手抄本，未记作者及写作年代。《董永与七仙女》长诗，其故事情节，人物与《董永变文》相仿。故事曲折复杂，记述了一则感人的孝子故事。董永家贫，父死无以葬，卖身为奴葬父，三年丧期满，在去主家的途中，与下凡来搭救他的七仙女结为夫妻，夫妻同去主家服役。七星女织缣百匹。为董永赎身。后来，七仙女要返回天界。临行，她告诉董永，她是天上的仙女（也是织女），为他的至孝所感动，下凡来帮助他偿还债务的。七仙女返回天界后，他们的儿子董仲又去寻找母亲，母子相认。

《董永与七仙女》，塑造了董永的孝子的艺术形象，也创造了一个理想化的妇女艺术形象——仙女。故事的最后部分仙女的儿子董仲寻母，正体现了人们对仙女的怀念。

二、《梁山伯与祝英台》

《梁山伯与祝英台》是汉族著名民间四大传说之一。据说这个故事发生在东晋时，约公元400年间。梁山伯、祝英台分别是浙江会稽和上虞人。现在比较早的材料，是唐初人梁载言的《十道四蕃志》：“义妇祝英台与梁山伯同冢，即其事也。”（见宋张津《乾道四明图经》）这仅仅是记事，还没有形成故事。至晚唐人张读《宣室志》提供了梁、祝更详细的情节，有了比较简单的故事雏形：“英台，上虞祝氏女，伪为男装游学，与会稽梁山伯者同事业。山伯，字处仁。祝先归。二年，山伯访之，方知其为女子，怅然如有所失。告其父母求聘，而祝已字马氏子矣。山伯后为鄞令，病死，葬鄮城西。祝氏马氏，舟述墓所，风涛不能进，问知有山伯墓，祝登号恸，地忽自裂陷，祝氏遂埋焉。晋丞相谢安，奏表其墓曰：‘义妇冢’。”由上述两份材料可以看出，从初唐到晚唐，梁、祝故事有了进一步的发展，不仅仅是简单的记事，同时还有了比较完整的故事情节。

《梁山伯与祝英台》，流传于滇中、滇西、滇南彝族地区。是根据汉族著名四大传说之一《梁山伯祝英台》进行改编、再创作的作品。《梁山伯与祝英台》的故事情节、人物性格与汉族传说《梁山伯祝英台》相仿。记述梁山伯与祝英台同学三年，结拜为兄弟，终不知祝英台为女子，而祝英台对梁山伯产生爱慕之情。临别时，祝英台假言将其妹嫁给梁山伯。当梁山伯访祝英台时才知祝英台为女子，也才知道嫁妹之真意，但祝英台由父做主已许配给马文才。梁山伯忧郁于心，不久病逝。祝英台出嫁时，路经梁山伯墓所，恸哭祭奠于墓前。墓地忽然裂开，祝英台跃入墓中，与梁山伯精魂化为蝴蝶，比翼双飞。

梁祝故事展示出青年男女对当时封建社会婚姻制度的坚贞不屈的斗争，对幸福生活的追求，歌颂了坚贞笃厚的爱情。因此，深受彝族大众的喜爱。滇西彝族地区，多以汉语七言诗流传，以“蜜蜂只为采花死，山伯只为祝英台”点题。

三、《唐王书》

《唐王书》是彝族叙事长诗，流传于滇中、滇南彝族聚居区。原作系彝文手抄本，未记作者及写作年代，是从汉族古典小说《西游记》移植再创作的作品，不是《西游记》的译著。长诗长达3700多行，由“唐王游地府”“刘金进瓜”“唐僧取经”三个部分组成。作者对外来文化采取了大胆的“拿来主义”，结合本民族社会生活和风俗习惯、宗教信仰、欣赏趣味、审美观念加以叙述，地理环境、山川风貌范围是云南彝族地区，作品主人公也是典型化了的彝人。

四、《凤凰记》

《凤凰记》以彝文手抄本流传于滇南彝族地区。它以母语五言体叙事长诗，记述了张相、张里同父异母两兄弟孝敬父母、尊敬师长的故事。家住古阳县城的张百万，行善生有一子，取名张德额。张德额长大娶李氏（谷艳）为妻，生有一子，取名张相。张相三岁时，其母去世。其父再娶陈氏为妻。陈氏生有一子，取名张里。陈氏贤惠，心地善良，对张相、张里两兄弟一视同仁，非常仁慈。张相、张里长大后离家去私塾上学。兄弟两人得知母生疾病，回家探望。张里割下自己的肉熬成汤药给母亲喝。母亲喝了肉汤药，病不但不好，而且加重。张相割下自己的肉，熬成汤药让母亲喝。母亲病愈。张相、张里兄弟返校读书。母亲病又复发。观音菩萨托梦给母亲和张相，要张相到皇帝的青龙山，射取栖息在梧桐树上的凤凰做药方能治愈。张相梦醒，来到青龙山，看见梧桐树上的凤凰，正要射箭时，他被波兹大丞相带领的人抓住。

原来，皇帝要用 24 颗人头祭祀天地。已有 23 颗人头，尚缺一个人头。问明缘由，波兹被张相救母的孝心感动，允许张相射捕凤凰回家救母后再回来青龙山受斩首。张相带回凤凰治母病，母病即愈。张相随差人回青龙山。途中，他写了三封血书交给弟弟张里叫他 10 天之后再打开信看。张里将张相给先生的血书交给先生，先生看信后知张相赴斩首去了。张里带信回家，母亲知情后责骂张里，要他立刻赶去青龙山代替张相受斩首。张里来到半路上，沙生神给他吃了一粒药，其长相与兄张相变成一模一样，来到了青龙山，波兹分辨不出谁是张相兄，谁是张里弟。兄弟二人争相受斩首。波兹深受感动，不忍斩首。他将这事禀报仁宗皇帝。皇帝叫波兹扎一稻草人，穿上张相的衣服，代替张相。事后，皇帝宣示张相、张里的孝心，要张扬，并封张相、张里官职。张相、张里兄弟俩身着官服还乡，拜见先生、父母和乡亲。

《凤凰记》与流传于贵州彝族地区的《凤凰记》属同一作品，其故事情节、思想内容大同小异，而作品中的人名同音异写。

彝族崇尚孝道。《凤凰记》是一部宣扬孝道的叙事长诗。因此，长诗在彝族民间广为流传。

毕摩改编、再创作的这些作品，不仅构成毕摩经典文学的有机组成部分，而且也是整个彝族文学的一个重要组成部分。

第九节　彝族文献中的文艺理论

史料表明，毕摩经典文艺理论的产生、发展，大致可以分为三个历史时期，即魏晋南北朝时期、唐宋时期、明清时期。

一、魏晋南北朝时期诗文论

诗歌是最早成熟的文学形式之一。以诗歌抒情言志，是彝族古代文学正统。彝族人民用诗歌艺术表情达意，以诗歌艺术作为自我娱乐、自我教育的工具和斗争的武器。彝族的历史以及生产生活经验也无不用自己的诗歌来保留和传承。因此，彝族民间蕴藏着极其丰富的诗歌，而且极富有民族特色和民族气派。诸如创世古歌、创世史诗、迁徙史诗、英雄史诗、抒情长诗、叙事长诗、民间歌谣……不但品种俱全，种类繁多，而且内容极其丰富多彩，艺术水准高。

彝族古代诗文论，就是直接产生于本民族深厚的文学土壤中的。彝族诗歌的发达，促进了彝族诗歌理论的产生和发展。据目前所知，早在 1400 多年前的魏晋南北朝时期，出现了《彝族诗文论》和《彝语诗律论》两部卓越的文学理论的专著。这两部诗文论和诗律论文学理论的专著，是彝族最早的文学理论专著，也是彝族诗话的开山之祖。两部专著产生于魏晋南北朝时期，与刘勰的《文心雕龙》、钟嵘的《诗品》大约同时。这两部专著系统地总结了彝族悠久的文学创作经验，建立了比较系统、完整的理论体系，提出了许多深刻的独创的见解，对后世的文学创作、文学理论、文学批评和文学史的研究，都产生了深远的影响。对这样两部卓越的古代文学理论著作，毫无疑问应该进行认真的研究和探讨，使之在彝族社会主义文学繁荣和发展中，发挥积极的作用。

（一）《彝族诗文论》①

《彝族诗文论》，是从彝文典籍中选译出来整理而成的一部古代诗文论，彝族古代文学理论名著。作者为彝族古代大毕摩举奢哲。翻译整理者根据有关资料考证，举奢哲为彝族古代最著名的经师、史家、思想家、政治家、教育家，也是最著名的诗人、作家、文艺理论家，堪称博学多才。

据彝族《盐仓家谱》记载，举奢哲为清康熙三年（即公元 1664 年，这年因吴三桂带领清兵攻陷彝族水西、乌撒等地区，《盐仓家谱》从此便未续纪）往上推 66 代。由

① 举奢哲原著，康健、王子尧、王冶新、何积全翻译整理：《彝族诗文论》，贵州人民出版 1988 年版。

此推算，举奢哲约为魏晋南北朝时期人。《彝族诗文论》成书时间当与刘勰《文心雕龙》、钟嵘《诗品》同一时代。

《彝族诗文论》，用母语五言诗写成，共分五部分：论历史和诗的写作，论诗歌和故事的写作，经书的写法，医书的写法，谈工艺制作。

1. 关于历史和诗的写作

文艺理论家举奢哲在《论历史和诗的写作》中，阐述了历史、诗歌写作的基本理论。作者认为，写史要忠于史实。他要求“所有写史人，千万要记住”，“第一写史事，人物身世明，代数要叙清，时间要弄准。所有写史者，人人要做到：记录要真实，鉴别要审慎”。并指出：“不能靠想象，这样写下的，才算是历史，史实才算真。”

在论述中，举奢哲反复强调，写历史，坚持一条根本原则：“要把忠实讲”，不得半点虚假。时间、代数、地点、人物都要真实。他非常注重历史的真实性，特别注重人物的真实性。作者说：“我们写史人，先要写君长。各个君长家，他们发家史，记在史书上。”并要记下君长家的繁荣、昌盛史，记下繁荣的程度，“繁荣到怎样？”“记得要真实”，“君长残暴吗？都要记清楚”。写人是核心，人的忠善残暴，要记得分明。文艺理论家还强调史笔云：“每一个布摩，每一个史家，凡事多注意，才真能写出——最好的历史。”这样，历史“才能千古传，流传于人世”，“这样的写法，才算真正的，真正的史笔”。

写史要求真实、准确，这是我国信史的优良传统，彝族也不例外。

至于文学（诗歌、故事）创作，文艺理论家举奢哲认为，与写史截然不同。文学创作可以想象，可以虚构。他认为，文学创作在揭示真实生活的基础上，可以做文章，可以假想，可以渲染，可以夸饰，允许诗人、作家进行合情合理的想象和虚构。作者指出：“诗歌和故事，可以是这样：当时情和景，情和景中人，只要真想象，就可做文章。可以有假想，夸饰也不妨。”

历史是讲忠实、讲真实。“不像写诗歌，不像写故事”，“所以历史家，不能靠想象”。这是作者指出的历史与文学两者的界限，即是两种文体的分水岭。

2. 关于诗歌和故事的写作

诗歌和故事（即韵文与散文），是彝族古代文学的两种主要体裁。文艺理论家举奢哲认为，作者必须弄清诗歌和故事的各自特点，诗歌要讲究韵律。这是构成诗歌的一个重要特点和要求。他指出彝族诗歌的特点：“彝族的语文，多是五字句，七言却很少，三言也如此，九言同样是，也是少有的，五言占九成，其余十之一。”并指出，“在这五言中”，音律要“上句扣下句，句句扣整齐”“一字三字扣，一字一字扣，一句四句扣，这样的写法，读来才上口”。又指出不论是八句、九句，还是十一句、十三句、十五句、十九句，都必须“单和单相押，双与双相对”；同时还要讲究一定的格式音律。他举例指出音律如何对仗、如何押、如何扣。并强调：“所以写诗歌，一定要抓住，抓住特点呀，浓墨描事象，重彩绘心谱，心情全表达，事物写清楚。”而写故事，文艺理论家指出要抓住故事的特点：“事实要合理，人物要逼真”，要“能够表现出，事件的真相，人物的活动，当时的环境”，“一定要记准，一定要写清：故事的发展，人物的成长，事情的起因……”又说：“无论怎样写，须有六成真，可有四成虚。这样才能把，人物写活起。”举奢哲再强调说：“凡写故事人，心里也要明：在写故事时，要把人写活，要把事写真，只要所写事，只要所写人，两种加起来，加来有七成，有了七成真；其余三成呢，你就可以呀，凭想来写成。”他认为只有这样，“事情才生动，人物才逼真，话语才华美，故事才动听”，“才能编写出，美妙的故事”。

文艺理论家举奢哲认为，在文学创作中可以有七成六成的真人真事，三成四成的虚构、想象。这在我们今天看来虽很不科学，但我们可以从中窥视到，在1400多年前，举奢哲已意识到文学创作必须以现实生活为基础，现实生活是创作的源泉，同时还必须发挥作家的想象力，要艺术加工。这在当时是难能可贵的。

文艺理论家举奢哲，在《论诗歌和故事的写作》中，最后指出：“所有世间事，生在大地上。世间的万物，都和故事呀，相依又相存。智者凭想象，写出好故事，写出动人语，流传在人世。”

3. 关于经书的写法

这是文艺理论家举奢哲的《彝族诗文论》的第三部分。作者说，在很古时，人们不知什么叫“经书”。这里作者所指的“经书”，实指彝族众多经书中在丧葬仪式上吟诵的《丧葬经》。举奢哲指出，写经书时必须抓住死者“在他一生中，做的一切事”，“哪些是好事？哪些是坏事？无论是善事，无论是恶事，一一要明叙”。总之，作者认为，死者善恶好坏，一生的主要事迹，要一一叙写清楚，“过错指出了，美德也说清”，“不能任意呀，任意去编造，把假说成真”。这是彝族丧葬经书写作的指导性理论，虽然它是雏形的，尚未系统、完善，但却十分可贵。

4. 关于医书的写法

彝族的医书很多，也很富有民族特点。文艺理论家举奢哲认为，文学作品可以想象、幻想，也可以夸饰；而写医书，却只能是扎扎实实，有根有据地写。他在《医书的写法》

中说道："世间药物呀，药物数不完。哪种药物呀，能治哪种病，一切要记清。""凡是行医人，更要记在心，胡编决不行！""一种药物呀，药性有几分，怎样来治病，都要谈清楚，都要写分明"，并强调，"若不谈清楚，若不写分明，有些疾病呀，药物用错了，难以除病根"。文艺理论家列举"一朵云"药论述后，又强调说："所以这样呀，药物要写清，药性要标明"，"所有写医书，事事要写明；这样写下来，才算是医经"。

举奢哲的《医书的写法》，是民间医药的总结。因为医书所写的是关乎人命的大事，责任重如泰山，所以，作者在著述中反复强调，写医书要审慎，要真实。这是真知灼见。

5. 关于工艺制作的写法

这部分的核心是歌颂能工巧匠。文艺理论家举奢哲开篇写道，"在那古时候，世间的人们，啥也不知道——不知啥叫美，不知啥叫巧"。人们从栖身的岩洞中走出来，"打石做工具"，学会盖房、建筑；随着社会的发展，便产生了能工巧匠。于是乎，"金银器物上，刻凤又雕龙"，"屋角和房檐，雕龙又刻凤，景象万千种"。又云："男衣的装饰，边上要绣花，边角要绲布，长短都不一"，"女的衣裳呢"，"领上要绣花，领角必绲布"，"衣裳前后襟，花色耀眼明"，"花色也多样：有绣五彩云，有绣火闪形，有绣龙凤图，有绣百花盛……"总之，随着社会的发展，时代的进步，手工艺水平越来越高超。文艺理论家用朴素的语言，书写了能工巧匠的历史功绩、社会的发展进步和人们的审美观。

文艺理论家举奢哲在《彝族诗文论》中，具体论述的是一些关于历史、诗歌、故事、经书、医书等不同文体的写作方法，但在讲解和论述中，却触及了一些文艺理论的带根本性的问题，并表现出了他对这些问题的见解。

其一，关于艺术想象与虚构。举奢哲认识到文学（诗歌、故事）的创作特点。文学创作与写历史迥然不同，允许想象和虚构，而不能只靠社会生活事实，机械地照抄照搬生活，必须充分发挥作家、诗人的想象力，进行艺术虚构。作家、诗人在扎根生活土壤的基础上（即知觉生活素材的基础上），经过艺术想象和艺术虚构，用形象来反映现实但比现实典型，这样才能写出人物逼真，情节生动，故事动听，语言华美的文学作品。这里，文艺理论家指明了文学创作中的艺术真实不等于实际生活的真实。

其二，关于文学作品的内容。文艺理论家举奢哲已觉察到，文学作品要反映和表现社会现实生活和作家的思想感情。文学是现实生活的反映，社会生活的丰富性决定了文学作品内容的丰富性、多样性。所以，文学作品的内容就不可能是单一的，必须是多方面的。作者以诗歌为例，指出：诗歌可以“颂君长”“赞君长”，也可以“骂君长”“恨君长”；可以反映“当奴的痛苦，当君的骄傲”，也可以表现“人间的美好，人类的昌盛，民众的欢欣”；既可以表现“人类的勇敢，工匠的聪明，平民的勤奋”，也可以表现“世间的男女，他们成年后，相亲的时刻，相爱的时光”，又可以把它当作“相知的门径，传情的乐章”；可以表现“牛羊的繁殖，金银的来因”，也可以叙述“禾苗的生长，庄稼的收成”；等等。总而言之，现实生活中的人和事，千姿百态，气象万千，文学作品都可以反映和表现。

其三，关于彝族诗歌韵律。文艺理论家举奢哲在其《彝族诗文论》中强调了构成诗歌的一个重要特点和要求，就是要讲究韵律。他认为，要使诗歌真正能“表情”“达意”，必须严格遵守诗歌的格律，讲协韵，讲对仗，“押韵又协声”。他指出：“大凡历史书，写书须注意，韵律要牢记。”并指出彝族诗歌韵律是“一字三字扣，一字一字扣，一句四句扣”，不论句式多少，都要“单和单相押，双与双相对”，“上句押下句，五言对五言，七言对七言，九言对九言，三言对三言”。还要求诗句应有对仗：“天与地要分，山和水对正。箐与林相对，人与鸟对正。”“虎与兽相对，男与女对正……”“这样写下来，念起既和谐，读来也顺畅，文笔更流利。”

其四，关于作家的艺术认识和表现能力。文艺理论家举奢哲认为，诗歌是否能充分“表情”“达意”，关键在于诗歌作者“怎样来写成”。在他看来，诗歌作者只有抓住彝族诗歌特点，满怀激情地“浓墨描事象，重彩绘心谱”，这样才能写出称得上精品的诗歌作品。这种认识在某种程度上，已触及作家的艺术认识和表现能力，值得赞扬。

其五，关于文学的社会功能。文艺理论家举奢哲认为，文学具有审美、教育作用，能使人喜怒哀乐，能够感发和振奋人心。他说，“诗的作用大，诗的骨力劲”，能使人们“人人都欢畅，人人都高兴”，又能“使人心悲伤，使人心惆怅”；能够使人们“认识”历史真实，发现现实规律；能够劝善惩恶，针砭时弊，“唱来颂君长”“唱来骂君长”；还可以作为男女青年“相知的门径，传情的乐章”。举奢哲对文学的社会作用的这种概括，虽然还不十分完满，但他在那个时代对文学社会功能的认识，应该说是深刻的，很有见地的。[①]

以上是文艺理论家举奢哲对这些文艺理论的带根本性的问题的见解，对彝族古代文艺理论的创建和发展，都是有价值的贡献，对后世彝族文艺理论产生了重大而深远

① 参见《彝族诗文论》说明，收入买买提·祖农、王戈丁主编的《中国历代少数民族文论选》，新疆人民出版社1987年版，第145—148页。

的影响。

举奢哲著述极为宏富，流传至今最有名的，除《彝族诗文论》外，尚有一系列经书，如《祭天大经书》《祭龙大经书》《作斋大经书》等，还有文学创作《降妖捉怪》《黑娄阿菊的爱情与战争》《侯塞与武琐》等。唐时期的彝族大毕摩、著名文艺理论家布都布举对举奢哲的著作做了高度的评价，说："奢哲诗与文，智慧无法比，奢哲所写的，一百八十七。人间谈到的，一切他写起。布都布举我，奉之若规矩。"（参见布都布举《纸笔与写作》）。举奢哲是彝族古代文艺理论的创建人、开山祖师。鉴于他对彝族文学的巨大贡献，历代彝族人民都尊称他为先师、天师。

（二）《彝语诗律论》[①]

《彝语诗律论》是从彝文典籍《把苏》中选译出来的一部论诗的特点、诗的格律和创作技巧的诗歌理论专著。原题直译为"论诗、书之文"。论著用母语五言诗句写成，全文约 2500 行。作者是彝族古代第一位女大毕摩阿买妮。据有关史料的记载和考证，阿买妮与举奢哲齐名，是同时代（魏晋南北朝时期）人、文友。她是彝族古代著名思想家、教育家、诗人、作家、文艺理论家、诗学奠基人，被后世尊为"先师"，有的甚至把她神化，尊称她为"恒也阿买妮"。"恒也"，彝语意为天上或上天，"恒也阿买妮"，意为阿买妮是天神、天女。

阿买妮著述宏富，流传至今的，除《彝语诗律论》外，还有《人间怎样传知识》《猿猴作斋记》《奴主起源》《独脚野人》《横眼人与竖眼人》等著作及其他论经书的文章。

阿买妮的《彝语诗律论》，对彝族诗歌的规律特点、诗歌的结构与形态、诗歌的内容与形式、诗歌音韵格律和诗歌技巧进行了全面、系统的总结，极大地丰富了举奢哲大师的诗歌理论。作者概括的理论有浓厚的民族特色，对诗歌创作具有普遍指导意义。其中，最独具特色、最为著名的是彝族"三段诗"理论。这理论有别于汉族约 2000 年的文艺理论，独具彝族特色。可以说，"三段诗"的理论概括，在彝族文艺理论批评史上具有划时代意义。

所谓"三段诗"，是彝族母语诗中最常见的、最富有民族特色的一种诗体，鉴于每首诗都分为三段，故称之为"三段诗"。

《彝语诗律论》的主要论点：

第一，《彝语诗律论》，是彝族"三段诗"的全面、系统的理论总结。"三段诗"的理论概括是文艺理论家阿买妮首先提出来的。她在《彝语诗律论》中写道："诗要

① 此部文艺理论阿买妮原著，康健、王子尧、王冶新、何积全翻译整理，收入《彝族诗文论》，贵州人民出版社 1988 年版。

容易记，人人都记得，写诗的时候，须分为三段：前两段写物，后一段写人，必须这样写。”并指出：“三段诗三题，三题要分清，三题要照应，才能出好诗。”作者又云：“写作三段诗，三段不能分，段段相扣连。”“诗中的三段，头一段写景，二一段写物，三一段写主（点题），景物主相连，三段紧相依，段段声押声，各段扣分明。”并提供了范例。

朴素、清新、自然的“三段诗”理论，有范例，有归纳，有概括，给人看得见，摸得着。这里把她的例证做一引证：

天上众星多，夜晚亮晶晶；
为啥白天呀，白天你不明。
地上的草木，草木呀草木；
你怎么的：冬天你不青，
春天你才青？
姑娘呀姑娘，白天你怕羞，
夜晚你不羞。姑娘到十八，
你就莫怕羞。再羞难找伴，
无伴更害羞。

“三段诗”最显著的特征，就是诗句的回环重叠、复沓设喻。这是彝族诗歌的原始美、朴素美之处。文艺理论家阿买妮认为，诗句回环重叠，章段复沓，目的是点题，即点明诗歌创作的主旨。这是创作方法的需要，是彝族诗歌的一种富有民族特色的独到的表现模式和手法。文艺理论家阿买妮把它概括为“三段诗”，这是她在彝族古代文艺理论批评史和诗歌史上的伟大建树。

第二，《彝语诗律论》另一个主要论点，是强调诗歌的主旨、主脑、主骨。关于诗歌创作的方法，阿买妮认为，诗要有“主旨”，“无旨不成诗”。她征引大师举奢哲的诗论强调云：“诗要有主旨，无旨不成诗。诗骨从旨来，有旨才有风，有风才有题，有题才有肉，有肉才有血，诗的题和旨，血肉紧相连。”这里既强调诗的主旨的统摄作用，又指明主旨与风等的关系。阿买妮说：“在写诗歌时，主脑要抓准，内容写杂了，不便人记诵。”她又说：“文章讲音美，诗贵有硬骨；无骨不成诗，无音不成文。”“诗文要出众，必须有诗骨，骨硬诗便好，妙题出佳作。”

什么是“主脑”“诗骨”呢？就是诗的核心，即诗的主题、主旨、诗的意境。“主”“骨”是彝族古代诗学专用概念和术语。文艺理论家阿买妮解释道：“写诗抓主干，主干就是骨。”“无骨不成诗。”

文艺理论家阿买妮一再强调诗必须有主脑、主旨、主骨、诗骨、诗魂、意境，并加重语气做了反复的论述，目的是教育人、启发人、激励人，使人深思猛醒，论诗要抓关键，抓要害。

诗必须有骨，是古代诗人、诗话、诗文评论家历来强调的一个大问题，即重视诗的主题、主旨、诗的意境。当代的文艺评论家把诗的主脑、主旨，上升为主题。这大致是一个意思。阿买妮把诗的主旨、主意、主脑、立意、主骨、题旨，做了简明的概括、解释，并做出了简括的总结。这与汉文艺理论有异文同工之妙。

文艺理论家阿买妮强调“诗骨”，还强调文采。她认为：诗歌既要富于文采，又要“诗意深”，因为“诗义太浅陋，情文不相生”。

第三，《彝语诗律论》强调诗歌要讲求韵律。讲求韵律，讲协韵，讲对仗，“押韵又协声”，这是构成诗歌的一个重要特征和要求，是诗歌创作必须严格遵守的格律。文艺理论家阿买妮在诗论中，对彝族诗歌韵律进行了深入研究，反复强调韵律对彝族诗歌创作的重要性。她指出：“举奢哲说过：‘每个写作者，在写诗歌时，声韵要讲究。’”“故事重主脑，诗以韵律分。”如果作者不懂声韵，那就写不好诗。“声韵如不分，诗文不成体。如要写诗文，须得懂声韵。写者不知声，作者不懂韵，诗文难写成。”并对彝族诗歌的韵律做了解释和说明：“韵有四百七，用者四十三。”进而对四十三韵做了阐述，再对彝族诗歌韵律表现形式及其特点做了深入研究，指出因诗的格式不同，“有的押尾韵，有的押中韵，有的押头字，有的却谐声”，“有的隔行押，有的隔行扣；有的句句押，有的句句扣；有的分段押，有的分段扣；有的声谐声，有的韵押韵；有的字扣字，有的字对字；有的声在头，有的声在中，有的声在尾，头韵尾韵连，头尾相连扣”。又云：“有的三段押，有的三段扣。”这些解说，表明了彝族诗歌韵律的特点。阿买妮以自己的创作实践阐述了四十三韵的运用，提供了范例，对具体指导诗歌写作起了很好的指导作用。

第四，《彝语诗律论》阐述了彝族诗歌的句式韵律特点。并指出五言诗体是彝族母语诗的“常格”。阿买妮在诗论中说：“诗有各种体，多为五言句。五言是常格，也有三言的；三言句不多，见于各种体。七言诗句少，各书中去找。各体的长处，寻绎便分晓；各有其精华，各有各的妙。吟诵各有韵，读来各有声。句句各相叶，上下有扣连，押韵又谐声。句虽有长短，字句有定准，运用在于人。”阿买妮指出五言诗体是彝族母语诗的“常格”，是很有见地的，这与举奢哲彝族母语诗歌“多是五字句”“五言占九成”的见解是一致的，是符合彝族诗歌实际的。汉语五言诗体兴起于汉代，兴盛于魏晋时期。史料表明，彝族母语五言诗体也兴起于汉代，魂晋南北朝时期，五言诗体已是彝族母语诗的“常格”。彝族母语诗歌大都是句式整齐的五言诗歌。并且以五言诗的形式阐发关于诗文的理论见解。

第五，《彝语诗律论》论述诗要成为一个整体。诗律论作者阿买妮说：“就像写人体：头面要分明，手脚要分清，血肉寓风采，身体扎诗根。”“你若写花卉，写花抓住根，有根就有干，有干就有叶，有叶才有花，有花才结果，有果才成材。”又云：“当你写花时，有花没有叶，那你写的花，纵然写得美，没有绿叶扶，花也会减色。法则是这样，写者自揣摩。”作者认为，有花、有叶、有果、有血、有肉，才富有风采。

第六，《彝语诗律论》指出诗歌创作的题材范围广阔，万事万物都可以用诗歌来反映和表现。文艺理论家阿买妮云：“万事可入诗，万象诗中出。”社会生活丰富多彩，万事万物，各色各样，“天是这么大，写天任你写；地是这么宽，写地写不完；人是这么多，英才处处有，写谁任你写”。又说：“题材数不清，景象比比是。”“天有天的形，地有地的貌，人有人风度，山有山姿色，水有水容颜，任你去描写。”这些客观事物，是诗作者认识和描写的对象，可以尽情描写。

第七，《彝语诗律论》概括出“知识是书根”“学识是根本”，强调诗歌作者的知识、学识。阿买妮在诗律论中云：“写诗写书者，若要根底深，学识是主骨。”“学识是根本，根越扎得深，写作越有成。知识是书根，书体即知识，写者若渊博，行文必畅顺。”又说：“写诗重文采，文以学为主；渊博出好诗，才高学必富。”文艺理论家阿买妮所强调的知识、学识，是提高创作水平的必由之路。

第八，《彝语诗律论》最末一章，阿买妮对神话的理论、神话的创作方法，做了介绍、评价。她指出，远古时候，天空出了九个太阳，九个月亮，大地上的树木、禾苗都被晒死了，人类也死了许多。这时候，在人世间出了个六只手、六只脚的人杜米那确左，他为了拯救生灵，射落了多余的太阳、月亮，这样大地上万物生长了，草木发青了，山河开笑了，世间的人们可乐了。①

总之，著名文艺理论家举奢哲的《彝族诗文论》和著名文艺理论家阿买妮的《彝语诗律论》，在诗歌理论上，他们的观点、主张是基本一致的。举奢哲广泛地论述了诗歌、故事创作的根本问题，阐述了写历史与写诗歌的区别，诗歌与故事的区别，强调写史要求完全忠实，写诗歌、写故事则允许想象虚构、允许渲染、夸饰。文艺理论家阿买妮阐发、丰富和发展了举奢哲关于诗歌的著名论述。他们都同时强调了构成诗歌的一个重要特点和要求，就是要讲究韵律，必须严格遵守诗的格律，讲协韵，讲对

---

① 参见何积全，申远初：《彝语诗律论》，收入王戈丁等主编《少数民族古代文论选译》，新疆人民出版社 1993 年版，第 267—269 页。

仗，即“押韵又协声”。两位大师都讲了彝族的音韵学，并阐述彝族母语诗韵是“韵有四百七，用者四十三”，而且用实例讲解了应该如何按照彝族母语诗的声韵要求来押韵。同时还论述了彝族诗歌的各种体裁和写作技巧问题。总而言之，举奢哲和阿买妮两位的诗论、诗律论，全面地论述彝族的诗学，构成了彝族诗歌理论体系。并提出、回答了诗歌有什么用，诗歌表达什么和怎样表达这样一些带根本性的问题，对后世产生了极其深远的影响。他们在彝族诗文论理论上的伟大历史功绩，永载彝族文学史册。[①]

二、唐宋时期诗文论

南诏国大理国（唐宋）时期，彝族文学蓬勃发展，尤其是诗歌，大放异彩，不仅产生了像《妈妈的女儿》《我的幺表妹》《阿惹妞》这样优秀的民间抒情长诗，而且产生了《呗勒娶亲记》《则谷阿列依妮》《可倮古城传奇》《卖花人》《南诏国的宫灯》这样一大批优秀的民间叙事长诗。同时，开创了彝族文人用汉语进行文学创作的先河，产生了彝族作家文学，出现了《星回节》《与韦皋书》《誓文》《南诏德化碑》等文人创作的优秀诗歌和散文。彝族诗歌的发达，促进了彝族诗歌理论的蓬勃发展。魏晋南北朝时期即已有“诗文论”“诗律论”文学理论专著。至南诏国大理国时期，又有多种“诗体例”“诗例话”等一批诗论和文论著作问世。这些诗文论梳理、分析、探讨、研究、提炼、概括、归纳彝族诗歌的特点、诗歌的规律和创作技巧，并继承和阐发前人的诗文论、诗律论理论，采用一套母语专用概念、术语。这些概念、术语，与我们今天约定俗成的概念、术语并不尽一致，但这些诗论确实为我们了解和研究彝族古代诗歌的特点、规律和创作技巧，解读和探讨这些诗论、诗律论、诗文论著作，阐扬彝族古代文艺理论批评创造了有利条件。

（一）《论诗的写作》[②]

《论诗的写作》是一篇彝族古代诗论，选译自彝文典籍《阿侯家史》。这篇诗论，用母语五言诗句写成。大约南诏国时期成书，确切年代不可考。

《论诗的写作》的作者布塔厄筹是古代彝族芒部君长家的大毕摩、文艺理论家。据《芒部纪年》记载，布塔厄筹是笃米之后第四十二代，约为唐南诏国时期人。据传说，三十六卷的《人类起源》一书，是布塔厄筹编著，一直流传至今，影响甚大。

《论诗的写作》讲述彝族古代最早著书传知识的是举奢哲和阿买妮：“在那古时候，举奢哲著书，阿买妮来教，书根这样起。”

---

① 参见贾芝：《序彝族诗文论》，载《彝族诗文论》，贵州人民出版社 1988 年版。

② 这篇诗论布塔厄筹原著，康健、王子尧、王冶新、何积全翻译整理，收入《彝族诗文论》，贵州人民出版社 1988 年版。

文艺理论家布塔厄筹对彝族“三段诗”音韵做了探讨和总结：“古时三段诗，一段押一段，一段扣一段；押来音韵明，看来不错乱。一段一段看，段段都明白。”他认为“三段诗”“就要这样写”，“这样写才美”。并列举他写的一首爱情诗加以说明：

天上星斗多，
星多明星多。
彝地山岳多，
山多水也多。
歌场美女多，
女多心也多。

布塔厄筹解说道：“我讲是这样——一首爱情诗，我是这样写，三段这样分。”作者认为，“一首分三段，三段尾押韵；读来很优美，唱起声好听”。文艺理论家还认为，诗歌无论长短，“字韵都可押”，“音协可以押，韵变可以换；字同可以押，字变可以换；韵变音押音，字变字押字，首尾紧相扣”。

在《论诗的写作》中，布塔厄筹又列举了“三段诗”的另一种押韵法：

君和臣相处，
晴也黑沉沉，
不晴黑沉沉。
师和书相处，
晴也明朗朗，
不晴明朗朗。
女和男相处，
晴也金晃晃，
不晴也金晃。

布塔厄筹讲解道：“这首三段诗，前和中相押，中和尾相押。诗的末一段，中首尾俱押，押得很明畅！”“诗若这样写，写来就优美。”

布塔厄筹在《论诗的写作》中还论及写史。他指出写史必须：“纲目贵分明，史实信为美”；“写史抓大纲，有纲就明详”；“论史要明畅，探史要探根，根由要辨明”。又说：“心中文理通，写史就明确，事理也能分。”这些论述是值得史学家们借鉴的。

在《论诗的写作》中，文艺理论家布塔厄筹还论述了文学题材的丰富性、多样性，强调“诗能写一切，一切可入诗”。

（二）《彝诗九体论》[①]

《彝诗九体论》，为文艺理论家实乍苦木所著。据翻译整理者考证，实乍苦木属于彝族古代实勺支系，晚于《论诗的写作》作者、著名文艺理论家布塔厄筹一世，约当唐南诏国时期人。除《彝诗九体论》著作外，作者还有著述有《论日月星辰》《论物种分类》《论定年定月定日》等著作。

诗论开篇对彝族 9 种诗体的韵律做了解释和发挥，并在论述中对举奢哲、阿买妮等大师的诗歌理论精要，做了反复的强调和充分的阐发。还举例讲解了彝族 9 种诗体的不同押韵方法。这有助于后人对研究彝族各类诗歌的特点，特别是诗歌的韵律特点的理解和探讨。

诗论论述了文学题材的广泛性，并强调了写人。在《彝诗九体论》中，文艺理论家实乍苦木说："说到题材么，题材确实多，天也可作题，题材随你选。""世上有万物，万物随你写；可是写作时，却常离不开，离不开写人。"文艺理论家写作离不开写人的观点，已涉及文学本体论中文学与人的一些重要命题，对于古代文艺理论家而言，有此见地，实为难能可贵。

诗论第一次触及母语的声调。作者在《彝诗九体论》中明确指出："彝音有四声，句音四音声。正音有四个，四字分四声，四声是正音"，"除开正音外，还有三小音，有时可认同，有时则不同"。并指出"写诗音要准，音准才能连，连来才有扣，有扣才有精"。

文艺理论家实乍苦木也强调文学的社会功能。他认为，"诗歌如明月，诗歌像阳光"，它的"作用大""骨力劲""威力强"，"它能使人们，人人都高兴，人人都欢畅"；它也能"使人心悲伤，使人心惆怅"；也能表达"民众的忧伤，当奴的苦处，当君的骄横，婚姻的痛苦"；同时还能表达"人世的美好，人类的繁荣，大众的欢乐"。

（三）《木荷与薇叶·歌头》

《木荷与薇叶》[②]，是流传于云南省红河彝族地区的一部民间叙事长诗。作者系佚名歌师。根据长诗所反映的内容推测，作品产生的年代约为唐南诏国时期。它描写了英勇的木荷与美丽的薇叶悲欢离合的爱情故事。所谓"歌头"，就是序诗，一般交代唱诗的缘由和目的。从"歌头"看，可以看到，唱诗人认为"世上有人妖，人间分善恶"，"人生道路长，路途有坎坷"；他的诗也就是叙述这善恶的斗争和人世的坎坷，言外之意，也就是说明这首叙事长诗是人世生活的真实写照。同时，唱诗者也明确交代了唱诗的

① 这部作品实乍苦木原著，王子尧翻译，康健、王冶新、何积全整理，收入《论彝族诗歌》，贵州民族出版社 1990 年版。

② 这部叙事长诗收入《彝族叙事长诗选》，云南民族出版社 1984 版。

目的主要是把诗歌作为“火把”去“照亮有情人的心”；并且要把唱诗作为利箭，“射穿那妖魔的心”。这里，“歌头”比较清楚地说明了文学艺术的社会作用，必须惩恶扬善，激励人心。[1]

（四）《卖花人·序歌》

《卖花人》[2]是流传于云南省红河彝族地区的一部叙事长诗，是根据彝文典籍和民间说唱翻译整理的。作者系佚名歌师。根据长诗反映的社会内容推测，这部作品产生的年代大约为唐南诏国时代。这部长诗唱述了这样一个故事：国王的岳丈妄图霸占美丽的卖花女希妮。希妮誓死不从，结果被害死。其夫告状，清官簸绸升仗义执法，冤案得伸。这首叙事长诗的“序歌”，涉及两个问题：一是说明彝文典籍和民间故事中具有极其丰富的文学遗产；二是鲜明地表示，唱诗的目的是歌颂“黑暗中的灯烛”，并揭露和口诛“那吃人的恶鬼”。这是唱诗人对文学艺术的社会功能的认识。[3]

从上述中，我们可以清楚地看出，南诏大理国（唐宋）时期，彝族文艺理论家、毕摩（祭司、经师）、摩史（歌师）、民间歌手和艺人，他们反复强调和充分地阐发了魏晋南北朝时期彝族古代文艺理论的创建者、开山祖师举奢哲、彝族诗学奠基人阿买妮的诗文论和诗律论，并根据本民族的文学艺术实践和审美观念，探讨了文学与生活问题、艺术想象与虚构问题、文学作品的内容与形式问题、文学作品和风格问题、诗歌的结构与形态问题等一些文艺理论的带根本性的问题，表现出了他们对这方面问题的见解。这些见解，构成了具有鲜明民族特点的彝族自己的系统的古代文艺理论体系，为中国少数民族的古代文艺理论批评史增添了灿烂的一章。

三、明清时期诗文论

明清时期，是彝族作家文学崛起时期，也是彝族诗文论继唐宋时期诗文论的发展而继续发展的时期。

唐南诏国时期，南招第五、六、七代王阁逻凤、异牟寻、寻阁劝写下了荡气回肠的政治抒情散文《南诏德化碑》碑文、《与韦皋书》、《誓文》和政治抒情诗《星回节》，开创了彝族文人用汉语进行散文、诗歌创作的先河。《南诏德化碑》碑文，气势雄阔、才情超绝，被誉为“冠盖古滇”的南诏雄文；《星回节》诗被收入《全唐诗》；南诏

---

① 参见《〈木荷与微叶〉歌头》说明，收入买买提·祖农等主编《中国历代少数民族文论选》，新疆人民出版社 1987 年版，第 132 页。

② 这部叙事长诗收入《彝族叙事长诗选》，云南民族出版社 1984 版。

③ 参见《〈卖花人〉序歌》说明，收入买买提·祖农等主编《中国历代少数民族文论选》，新疆人民出版社 1987 年版，第 133 页。

十二代王隆舜的诗歌赋富有“卓然唐音”之赞誉。几代诏王的散文、诗歌赋对后世作家文学的崛起产生了深远的影响。至明清时期，在中华诗坛上，涌现出了以左正、左文臣、左文象、左明理、左世瑞、左熙俊、左嘉谟、左章照等左氏家族，高乃裕、高守藩、高奣映、高厚德等高氏家族和余家驹、余珍、余昭、余达父等余氏家族以及禄洪、李云程、那文凤、黄思永、鲁大宗、安履贞、安履泰等诗人群。这些诗人群，虽身处中国大西南，但汉语造诣都很高。他们能够娴熟地运用汉语进行诗歌创作，写下了相当多的富有民族特色的、富有“魏晋之风”“卓然唐音”的优秀诗作、诗集，他们的诗歌创作水平足以与中国内地的作品相媲美。这是彝族作家文学崛起的一个里程碑。

与彝族民间诗歌和诗人诗歌创作蓬勃发展相适应，在继承魏晋南北朝时期的“诗文论”“诗律论”和唐宋时期的“诗文论”的基础上，这一时期，又产生了多种用母语五言体诗形式写作的诗文论，并产生了用汉语写作的文艺理论著作，在彝族诗歌理论史上树起了光辉的旗帜。在彝族文学史上，乃至文化史上占有不可忽视的重要地位，值得我们认真地加以研究与总结。

（一）《彝诗史话》[①]

《彝诗史话》，作者佚名，确切的写作年代亦无可考。据翻译整理者考证，大抵成书于明清两代。诗论有些“发前人之所未发”的东西，论及以下诸多问题：

第一，揭示了彝族诗歌发展的大致脉络。作者在诗论中说，到他这个时代，彝族诗歌已有很大发展，诗歌论著也颇多，仅且合家支家就拥有八十篇诗文论。由此可见，当时彝族诗歌理论的繁荣情况。

第二，评述了《彝族诗文论》作者、著名诗人、作家、文艺理论家举奢哲和《彝语诗律论》作者、著名诗人、文艺理论家阿买妮两位大师的身世、生平。作者在诗论中云：“哎哺十一代，出了举奢哲”；“恒也(家支)这一家，生了一强女，此女名叫呀，名叫阿买妮”；“举奢哲他呀，读书很用功，眼过千卷书，能背千篇文”；“阿买妮这女，生来很聪明，天上事她懂，地上事她知”。作者说，举奢哲与阿买妮，“早已就相识”，“他俩相友善，他俩相帮助，他俩植文根”。又说：举奢哲与阿买妮，一同住在实勺家，“在那里谈文，在那里谈诗”，“不写的也写，人间万物写；不谈的也谈，诗文从根谈”，“奢哲的诗文，诗文遍天下；阿买妮诗音，诗音到处传”。这些论述，对后人研究举奢哲、阿买妮两位大师的生平及他们的论著，提供了难得的资料。

第三，《彝诗史话》也强调诗歌的韵律。作者指出：诗歌“无韵不成体，不押不成诗”。在论述中，他力主诗歌要讲求韵律，这样诗才美，读来也才朗朗上口，读者也才容易记住。

---

① 这篇论著佚名原著，王子尧翻译，康健、王治新、何积全整理，收入《论彝族诗歌》，贵州民族出版社1990年版。

第四，《彝诗史话》还触及母语诗句的声调。作者指出：“鲁有鲁的调，朵有朵的声；声调句中出，韵律字内分。”又说：“音调有阴阳，高声阴为主，低声阳为合；阴者要有主，阳者要能合。”这些是作者对诗歌艺术的见解。

第五，《彝诗史话》对前人的“诗魂”说做了另一种意思的解释。作者云：“诗有诗的主，韵有韵的根。写诗不讲韵，诗歌无灵魂”；“诗中魂为主，万事万物生”。诸家并立，各树一帜，各抒己见，各有千秋。

（二）《诗音与诗魂》①

《诗音与诗魂》的作者佚名，确切的写作年代无可考。据翻译整理者考证，大抵成书于明清两代。《诗音与诗魂》，首先，谈论诗歌格律与作法。其中作者特别强调“讲声韵”“抓主根”。在诗论中作者所说的“诗音”，指的是诗歌的音调和韵律，即包含诗歌的声韵格律。诗论家认为：诗“各有各的韵，各有各的声”，必须“一一要分清”。其次，诗论比前人更明确地提出了“诗影”“诗魂”的理论概念。作者说：“凡诗都有根，是诗都有主。根就是诗根，也就是诗影，主就是诗魂。”在作者看来，叶韵协律便是诗的灵魂，诗的妙处就在于必须具备“诗影”“诗魂”，因此，他特别强调“诗影”“诗魂”在诗歌中的重要作用。再次，“诗影”“诗魂”说，是诗论家对诗的更高一层的认识和看法，近似意象、意境、诗味、诗意的解释。这里，作者把诗的叶韵协律提高到了“诗魂”的地位，堪称格律诗派的代表。最后，《诗音与诗魂》诗论“诗影”“诗魂”说，主要阐明“三段诗”的核心段、核心之句是诗之骨，是诗之魂。

（三）《谈诗说文》②

《谈诗说文》，也是用母语五言诗句写作的一部诗文论。作者为漏侯布哲，是一位大经师、大毕摩，其生活年代不详，目前尚无资料发现，待考。诗文论《谈诗说文》，论述如下五个方面。

第一，阐发举奢哲、阿买妮等前辈经典诗文论家的诗文论成果，并加以解说和发挥。比如，关于历史书的写作，作者说：“写史要这样：抓住古的根，谈论古时事，大事要叙清，名人勿挂漏，这样来写史，才能叫历史。”又说：“人物要写清，世代要连紧。子代接父代，代代要叙清。”再说：“记录要真实，时间要搞清，身世要写明。”在作者看来，只有照他的要求、标准写出来的历史，才能叫“历史”。照今天的要求、标准来说，自然很不全面，但在作者那个时代，有这样的见地，也是很可贵的了。

① 佚名原著，王子尧翻译，康健、王治新、何积全整理，收入《论彝族诗歌》贵州民族出版社1990年版。

② 这篇论著漏侯布哲原著，王子尧翻译，康健、王治新、何积全整理，收入《论彝族诗歌》，贵州民族出版1990年版。

第二，阐发了前人的“主骨论”。在《谈诗说文》中，漏侯布哲用大量篇幅反复讲：写诗“一要抓主干，二要抓主根，主根和主干，两者不能分”“有了主根后，主干便出现；有了主干呢，然后有枝叶……”，并指出写诗要“十要：一要分主骨，二要分主根，三要立主脑，四要诗思灵，五要分诗影，六要审诗音，七要讲声连，八要宽窄分，九要立诗架，十要辨诗色。”这些阐发和论述，可以帮助读者更好地理解“主骨论”。

第三，在《谈诗说文》诗文论中，作者对诗歌创作提出了十条要求，或者说十条标准：“一要诗出彩，二要诗力强，三要诗有劲，四要声连押，五要声韵对，六要诗材妙，七要诗彩显，八要骨肉连，九要叙事清，十要三段紧。”作者并列举自己的诗歌创作，加以阐释、说明。

第四，“诗魂”“诗影”并举。在《谈诗说文》中，作者也使用“诗魂”一词，但他“诗魂”与“诗影”并举，旨趣大异于以韵律为主的那种“诗魂”。漏侯布哲所说“诗影”似指表象而言，而“诗魂”则指表象所包含或反映出来的意蕴。看来，“影”“魂”都比较抽象，“影”近似于意象，而“魂”则只能是诗意、诗情、诗思、诗味或灵感之类。作者是这样表述的：“看你写时呀，以什么为主，以什么为根。因为事物呀，大多不相同。有的事物呢，有形又有体；有的事物呢，却只有性灵。有的事物呢，它们又只有颜色和光彩；又有的事物，它们只有影。所以写诗呀，诗要立主脑，诗要写诗魂，诗思并诗影，影魂旨相连，思旨魂相生。凡此须意会，微妙难具言。诗篇能如此，堪称力作传。”从这段论述中，我们可以看到两点：一是诗论家诸家并立，各树一帜，各有特色；二是彝族诗歌理论探索到“凡此须意会，微妙难具言”的深层境界，表明彝族诗歌及其理论研究已发展到具有相当水平的繁荣发展期。

第五，《谈诗说文》作者漏侯布哲在继承前人诗论成就的基础上，关于诗歌创作主体的基础条件有所发挥，并概括为“十要”。他认为诗人进行诗歌创作，需要具备的先决条件大致有十条：“一要书根深，二要文笔强，三要有识力，四要史事熟，五要诗艺精，六要谙民情，七要知君臣，八要知山名，九要知河道，十要有真才。”漏侯布哲认为：“十条都具备，写诗便不难。”作者的这些见解，在我们今天看来，也是十分精到的。

（四）《古文笔法》

《古文笔法》，又称《古文笔法百篇》《古文快笔》《精校古文笔法百篇》《增批古文笔法》等。作者李云程，云南石屏县乾隆甲戌年（1754 年）的进士，彝族著名诗人、文艺理论家。他著有《古文笔法》四卷，《图说》一卷。《古文笔法》是一部系统的古文鉴赏、写作理论名著。于乾隆二十九年(1764年)作为竹阳书院的教材，首次刊行于世以来，翻刻无数，印行全国，影响甚大，几乎全国通行200余年，深受云南状元袁嘉谷在内的诸多名家的赞誉。

首先，《古文笔法》选文精当。李云程从历代古文中精选出百篇优秀古文，作为典范作品。所选百篇作品，大多是名人名作，如司马迁的《孔子世家赞》、李白的《与韩荆州书》、白居易的《琵琶行》、王安石的《游褒禅山记》、文天祥的《正气歌》、范仲淹的《岳阳楼记》、李贽(卓吾)的《杂说》等。其中不少作品是八股文的范本，如司马光的《谏院题名记》、苏轼的《刑赏忠厚之至论》、贾谊的《过秦论》等。时过近百年之后，至同治辛未年(1871年)，黔南杜瑞微先生看到《古文笔法》一书，称赞李云程选文精当："抉择甚精，可以启学者心思，且仅百篇，不难熟读；从此偶反，可以为时文巨手，亦可得古文津梁；岂非艺林快事。"黔南何亮清先生慨叹《古文笔法》一书，犹如"荒年之谷，馈贫之粮也"。《古文笔法》作为考取登科及第的重要参考书，作为考取功名入仕的敲门砖，受到初学者及广大学子的欢迎。

其次,《古文笔法》打破按文体分类的陈规模式。2000多年来的古文分类,即按记、序、铭、传、论、谏、议、疏、书、赋、檄文等文体分类。《古文笔法》在编排上打破了这种文体分类法,也不按文章时代顺序来构架全书,亦不按人物、作者排序来设计全书,而独出心裁，另辟蹊径，按文章的笔法来构架全书。作者在《古文笔法》的凡例六则中开宗明义地讲道："自来选古文，皆以时代先后为序，代又就人而序。兹集以笔法为序,故概不拘,虽似倒乱,然汇聚观法,实便初学。"故笔法,即文论(主要是议论文、记叙文、杂文等)写作方法，以文论写作方法为序，"自成一家之文"。时人称赞《古文笔法》，选文精当，评点精到，"特开生面"。

再次，《古文笔法》作为一本系统的古文鉴赏理论、写作理论，作者主要提出如下几点:

一是要知人论世。李云程在《论读古文法二则》中提出知人论世的古文鉴赏理论："上等读法，如将要读此一首古文，先论其人，为何等人；论其世，为何等世。又将题目考其来历，来历既明，如我当其境，作此文。"

二是要弄懂全文的脉络局势，看通篇结构照应。李云程说道:"次等读法，亦要知人论世。于题目来历，先要明白，然后逐字逐句细读细思，看其措语遣句，如何锤炼；又逐节逐段细读细思，看其承接起落，如何转变；又将通篇抑扬唱叹，缓缓读之，看其节奏如何；又将通篇一气紧读，看其脉络局势如何；再看其通篇结构照应章法，一一完密与否。则此古文，亦为我有矣。"这段概括精练的叙述，是文艺鉴赏的规律和特点的简明概括和总结。

三是立意好，切题妙。在《古文笔法》中，作者强调“立意”“立骨”“立胎”的重要性。他在《读古文十五得》中云：“吾读古言文，从未有无骨之文也。骨者，主意是也；或一字为骨，一句为骨，如四书之有章旨，时文之有立胎是也。”李云程所说的“主意”“骨”“立胎”，就是指文章的主旨、主题、立意。他列举欧阳修的《醉翁亭记》和刘禹锡的《陋室铭》为例，分别说明被贬官后的欧阳修在文中所表达的“醉翁之意不在酒，在乎山水之间”的“一片行乐，无半点不平之气”的自然自在的心境和刘禹锡“惟吾德馨”而使陋室生辉的高尚情操，说明写作论说文、记叙之类，把握“立意”“立骨”“立胎”尤为重要。作者强调，通篇文章，要有骨架，一字须立骨，一段文也必须立骨。

在论述及与“立意”有关的“切题”时，李云程道：“吾读古文，断无不切题者。切题意者多矣，其他或切人、切事、切时、切地。其议论，必有一生根处，从无泛泛为之，处处可移，成泛套者。”“吾读古文，亦无死抱题目，题外无余情者。盖切身入题中，自然透辟，活则置身题外，又极超脱也。”“吾读古文，最爱其空浑处，空则包一切题，固在中而不止，题在中也。”这是作者很有见地的议论，文章总须切题，不切题，不成章，不成文。

最后，《古文笔法》以精选百篇历代优秀古文为基础，从写作方法上将百篇古文概括、归纳为二十格，即对偶格、就题字生情格、一字主骨骼、起笔不平格、雄伟格、奇异格、波澜纵横格、曲折翻驳格、小中见大格、感慨格、旷达格、借影格、写照格、虚托格、巧避格、进步格、华丽格、无中生有格、正大格、论文格等。李云程所云的“格”，即方法。二十格，就是二十种写作方法。作者并逐篇扼要评点其要点和奥妙之处，启人思路。

《古文笔法》还把百篇古文剖析并归纳为11种表现手法，即烘托法、点题法、反衬法、生波法、避实行虚法、引线法、加倍法、开合反正法、走窄境法、反敲法、白描法等。这些是李云程的独创之见，对创作富有指导意义。

李云程是18世纪一位有理论又有思想的著名彝族文艺理论家、诗人。他的《古文笔法》论著，既有学术理论价值，又有写作方法论的普遍意义。八股文和科举制度，在一百多年前被废止了，但《古文笔法》却因其自身价值而流传下来，成为光辉灿烂的中华文学艺术遗产中一粒璀璨的明珠。

（五）《诗苑》《艺翰》《与楡中诸子论文说》

《诗苑》《艺翰》《与楡中诸子论文说》，作者高奣映（1647—1707年），字雪君，一字元廓，别号问米居士。云南姚安人，清初袭姚安土同知职。高奣映出生于彝族土官世家，从高祖高金宸起，努力接受中原文化，以后世代相承。高氏家族藏书极为丰富，据《姚安县志》卷六十三载："古今书籍于'拂学岩'，编为十号，每号千数百卷，三姚缙绅蓄书之家，莫与为此。"家藏万卷，为高奣映的学习创造了优越条件。高奣映的母亲木氏夫人是丽江土知府木增的女儿，也是数代人努力接受中原文化而且卓有成效的纳西族土官世家。高奣映在高氏、木氏两大家族文化的哺育下成长，天资过人，有神童之誉，而且勤奋好学、博览群书，汉学造诣很高，能诗能文。顺治十七年（1660年），14岁的高奣映考中秀才，才华初露。

高奣映是彝族著名诗人、作家、诗学家、文学评论家，也是学术著述很多的学者。高奣映34岁时，专心著书立说，故他一生著述丰富，据民国《姚安县志》记载，有81种之多。内容广泛，涉及哲学、佛学、理学、文学、历史、教育等。其中，文学创作及文学批评方面就有43种。可惜经近300年的风雨沧桑，大部分著作已经散失无存，今保留下来的作品有诗集《妙香国草》一部、《牡丹词》八首，吟咏鸡足山、昙华山等杂诗22首，文论《与楡中诸子论文说》及为文学作品所作的序言15篇等。由此可见，散失的作品，占了高奣映全部文学创作和评论的五分之四以上。这对于了解高奣映在文学方面的成就和建树，造成了很大的困难，好在幸存下来的作品，形式多样，而且有的作品是他的代表作品，这就给我们研究他的文学思想和诗学理论，创造了条件。

高奣映是一位学者型的诗人、作家、文学评论家。他的文学思想和诗学理论，比较集中地体现在他的《诗苑》《艺翰》《与楡中诸子论文说》等诗文论著作和《迪孙》等史学论著中，也散见于其他论著中。他最著名、最核心的文学思想和诗学理论，是具有中国传统文化特征的气格说。气格说，宛若一根无形的线，将高奣映的文学主张和美学思想有机地贯穿起来，构成了他自己的比较完备的文艺理论体系，在当时的中国西南文坛上独树一帜，产生了重大而深远的影响。

高奣映受儒家思想影响极深，他的气格说的基石就是儒家为国惠民思想，其表现是多方面的，可以把它概括归纳为三个专用术语，即"气""真""格"。

所谓"气"，就是高奣映心目中的文学作品的灵魂。"气"作为太极的表现形式，是化生宇宙万物的一种本源性的因素。在高奣映看来，文因"气"而生，"气"是文学作品生命力的源泉，是文学作品的灵魂，它关系到了文学作品的思想内容。高奣映在《与楡中诸子论文说》中，提出了"以意成文，以气行势"的命题。"以意成文"，即以为国惠民之意而成文；“以气形势”，即以抒发个性、气质特点，而因势诱导。他称赞先秦的文章之所以万古不朽，就在于“以气传其神”。他认为，韩愈的文章最大特点就是“气实声宏”。他在《迪孙·气应》中又说：“势多成于气”，“夫气存乎养，大而化之，则神和；发之以诚，则气定；激而怒焉，则气动”。由这些论述可以看出，高奣映所强调的“气”，是文学作品的灵魂。而“气”的具体表现形式则是“意”，即“以意成文”。重视文学作品思想内容，是中国传统美学，特别是儒家思想的一大特点，也是高奣映文学思想的一大特点。

所谓“真”，就是文学作品要真实。高奣映认为，文学创作，首要“叙事真切，无一虚响浮调”（评文化远《苦雨触怀有述》其一）。他又说：“气多发于真”（《迪孙·应气》），“为文之道，顾其情真耳，真则气至，文亦至”（《迪孙·情景》）。这就是说，“真”不但与“气”一样，直接关乎文学的本质，而且还是“气”的一种表现，一种归属。这里的“真”，包含两层含义，一是艺术的真实，一是感情的真挚。高奣映强调，文学创作，首要“叙事真切，无一响浮调”；二是有真情实感，有感而发。他在《晚春堂诗评》中说“至情所发”“至性所发”，主张文学作品必须有真情实感，有感而发。作者认为，文学作品只有具备了“真”的品格，才富有感人的艺术魅力，才能打动读者的心扉。高奣映诗歌理论要求叙事真切，感情真挚，“不失其常”，这是他“真”的内涵。他概括为“诗情意真”。他把“真”视为一个诗人、作家所应该追求的境界。

所谓“格”，就是文学作品的艺术品位和艺术风格。高奣映强调文学作品要有自己的个性风格，他在《与榆中诸子论文说》中，称赞柳宗元的文章风格特点是“清真雅勃”，欧阳修的文章风格特点是“平深而静好”，苏洵的文章风格特点是“妙旨以微机”。高奣映还称赞与他同时代的几个云南人徐方虎文章个性风格“秀骨而惠中”“清神而平气”，赵景行的文章个性风格“饰焉以古行，和焉而不流”，王自超的文章个性风格“竞重意以畅住，越神理以印题”，都是以上述作者独创的艺术个性风格加以评价的。

总而言之，气格说，是高奣映文艺理论的核心。它涉及了文学与生活问题、文学的内容与形式问题、文学的品位和风格问题、文学的社会功能问题等一些文艺理论的带根本性的问题，表现出了他对这方面问题的见解，这些见解构成了他自己的文艺理论体系。

从魏晋南北朝时期的“诗文论”“诗律论”，唐宋时期的“诗体例”“诗例话”，至明清时期的《彝诗史话》《谈诗说文》《古文笔法》，一脉相承，形成了彝族自己的系统的诗文论体系。在彝族文学理论批评史上，耸立起了一座历史的丰碑。同时，也为中国多民族的古代文学理论批评史增添了灿烂的一章。

明清时期，彝族诗文论的繁荣和发展，促进了彝族诗歌创作的蓬勃发展。可以说，这一时期是彝族诗人辈出的时代，是彝族诗歌的黄金时代。以左氏家族诗人、高氏家族诗人和余氏家族诗人为代表的诗人群，他们有的弘扬盛唐诗风，有的取法少陵，有的推崇性灵说，而更多的则继承建安文学的传统，写下了大量富有民族和地域特色的诗篇。与此同时，民间诗歌创作，产生了一大批反映社会变革和民生疾苦的长诗。具有“诗史”价值的叙事长诗《阿诗玛》《力芝与索布》《阿诺楚》《甘嫫阿妞》以及抒情与叙事相结合、现实与浪漫相交融的《哭嫁歌》《放鹅娄纪》等一大批著名长诗，都是在这一时期产生的。由此可以看出，诗学理论对诗歌创作的深远影响，正是从这个意义上，我们应对古代诗文论这种珍贵的文化遗产，做全面的梳理、分析、探讨、研究和评价。

第十节　彝族文献中的经典文学对中华文学的杰出贡献

彝族经典文学，是彝族文学的精华。它对中国文学的杰出贡献，主要有以下三点。

一、彝族经典创世史诗填补了中国文学史上创世史诗的空白

创世史诗，又称原始性史诗、神话史诗，是中国南方少数民族民间文学中特有的门类之一。在汉民族和中国北方少数民族民间文学作品中，迄今尚未发现称得上创世史诗的作品。彝族是中国西南少数民族中创世史诗最为发达的民族，已形成气势磅礴的创世史诗群。据《彝族文学史》统计，滇、川、黔、桂四省区的民间文学工作者翻译、整理、出版和内部编印成册的彝族创世史诗作品已达49部。这些绚丽多彩的作品和其他少数民族的创世史诗，共同填补了中国文学史上创世史诗的空白，不愧为中国文艺宝库中的瑰宝。

二、彝族经典叙事长诗在中国诗歌的长廊中独放异彩

古老而文明的中国，本是一个诗的国度，诗歌是最早成熟的文学形式之一，一直伴随着几千年的文明史而长盛不衰。纵观中国古代诗坛，抒情诗是诗歌的主流，而叙

事诗则相对数量较少，远不如抒情诗的长河那般波澜壮阔。汉末出现的《孔雀东南飞》，全诗凡三百五十余句，一千七百余言，是中国文学史上最早的一首长篇叙事诗。它通过曲折波澜的情节，栩栩如生的人物，形象生动的语言，细致逼真的描写，叙述一对年轻的恩爱夫妻为封建家长所逼，不得不割爱分离，最后双双殉情的悲剧。

通过彝族古代诗坛，与汉族诗歌相反，抒情诗不是诗歌的主流，而叙事诗占主导地位。彝族长篇叙事诗肇始于唐南诏国时期。这一时期出现的长篇叙事诗比较重要的是《红白杜鹃花》《可倮古城传奇》《呗勒娶亲记》《布珠笃汝》《南诏国宫灯》等。《红白杜鹃花》叙述一曲悲惨动人的爱情故事：君长的两个女儿都爱上平民毕摩，但君长不允。结果一个不愿按习俗嫁给姑表兄，绝食而死；一个逃亡中与毕摩相遇成婚，后因反抗暴君逼婚被剁成肉酱抛于山野。毕摩则被君长杀害。死后，他们的血肉之躯化为红、白杜鹃花开遍山野。这样的结尾在彝族长篇叙事诗中相当多见，与《孔雀东南飞》《梁山伯与祝英台》的结尾有类似之处。

至明清时期，彝族诗坛上，出现了叙事与抒情结合、现实与浪漫相交融的《阿诗玛》《一双彩虹》《甘嫫阿妞》《力芝与索布》等一系列著名长篇叙事诗。从而以其独特的视野与风格、富有魅力的情节与语言、鲜明的人物形象，在中国古代诗歌的长廊中放出异彩，与数目众多的抒情诗相映生辉。

三、彝族经典诗文论丰富了中国文艺理论

彝族历史悠久，文化发展也早。早在殷商以前已形成比较完备的母语文字体系。魏晋南北朝时期，即已拥有母语写作的《彝族诗文论》《彝语诗律论》文艺理论名著。唐宋时期，又出现了《纸笔与写作》《论诗的写作》《诗歌写作谈》《彝诗九体论》《彝诗例话》《论彝诗体例》等论著。明清时期，产生了《彝诗例话》《诗音与诗魂》《论彝族诗歌》《谈诗说文》《古文笔法》《诗苑》《艺翰》《与榆中诸子论文说》等一大批文艺理论著作。这些文艺理论是根据本民族的文学艺术实践和审美观念总结出来的，富有鲜明的民族特色。比如，清代彝族著名诗人、文艺理论家高奣映的"气格说"，宛若一根无形的线，将他的学术思想、美学思想有机地贯串起来，构成了他自己的比较完备的文艺理论体系，在当时的中国西南文坛上独树一帜，产生了重大而深远的影响。又如，李云程（乾隆甲戌年，即公元 1754 年）进士的古文鉴赏、写作理论名著《古文笔法》，既有学术理论价值，又有写作方法论的普遍意义。自公元 1764 年正式刊出，一印再印，一版再版，通行全国二百余年。八股文和科举制度，在一百多年前被废止了，但《古文笔法》却因其自身的价值而流传下来，1936 年还在翻译，成为光辉灿烂的中

华文学艺术遗产中一粒璀璨的明珠。

以上表明，彝族经典诗文论，以自己的特性丰富了中国文艺理论。

总而言之，彝族经典文学对中国文学做出了杰出贡献，同时奠定了它在中国文学史上的地位。

第七章　彝族文献中的毕摩绘画丰富了中国绘画

第一节　毕摩绘画在中国绘画文化中的地位

什么是毕摩绘画？毕摩绘画也可称为彝文经籍插图，它是中国彝族文献中的海量插图中，一种独特的民族民间民俗绘画。

第一，它是彝文经籍的重要组成部分。对经书做解释、补充，与经书有密切的联系，也可独立成单幅绘画作品。

第二，它具有鲜明的民族性、地域性、多样性、时代性，它是中国西南彝族地区古代彝人以社会生活、市井百态为内容，所创作的不同年代、不同角度、不同形象的民族民间民俗画，观赏性强，不是单幅创作，而是全面反映夷（彝）人古代社会生活的“照片”，这些图连起来就是古代历史文化“录像带”。“市井风俗画显得较为轻松活泼，传达出的是民间喜闻乐见的自然而热烈的生产生活场景，洋溢着盎然生趣。如传为卫贤的《闸口盘车图》，就是描绘市桥舟车的现实生产活动的优秀风俗画卷。……可以说热闹活泼的风俗画，对宋辽金绘画的全面发展起到了推波助澜的作用。”[①]

第三，具有鲜明的时代特色，一般是明清作品，反映改土归流后的社会百态，鲜明的君、臣、师、匠、兵、学、商、农牧业等内容。

第四，毕摩绘画是集体创作，互相借鉴、互相影响，没有具体的作者。

第五，毕摩绘画是一种综合的绘画艺术，技法上散点透视，单线平图为主，重视笔墨彩色的运用，写意与写景结合，形似神似，形神并重的人物画，有背景场景，以

① 引自秦梦娜编著《中国绘画文化》，时事出版社 2008 年版，第 30—31 页。

人物画为中心，也有吸收借鉴外民族的技法。“你中有我，我中有你”，从民族的“混血”，到绘画手法的“混血”，到内容的“混血”不足为怪。

第六，毕摩绘画是历史文化的反映，画中有伏羲、老子、孔子形象，有明代滇南彝族普土司、李土司、土司游街，有民间故事张三姐、普旺先生，也有其他文化如道教、佛教、儒教的影子。

第七，毕摩绘画有综合研究价值，毕摩绘画是《职贡图》《清明上河图》式的功能，融历史学、民族学、宗教学、艺术学、社会学为一体，是中华画坛上的一朵奇葩，其价值不可小视。

第八，云贵川彝族毕摩绘画各具特色。云南插图展现了彝族古代历史文化社会生活丰富多彩的画卷；贵州插图表现的是抽象的、概括性的，属于“南夷巫画”富有哲理、“南夷图谱”式的杰作，是内涵深邃的简约画，它的“那史”画与汉代“帛画”、上古“山海经图”似乎有异曲同工之妙；四川彝文插图所表现的则是古老、朴实、骨感强的简笔画，作为祭祀仪式的组成部分，也可以说是彝族毕摩绘画的“源头活水”。

第二节　毕摩绘画历史概述

一、毕摩绘画的历史及成因

毕摩绘画是毕摩文化的重要组成部分。毕摩绘画作为简单易懂又生动形象的视觉表达形式，对社会生活中的人、物、场景的再现功能，完全适应了当时的社会环境要求。古代在没有剧场、文字、书籍、刊物的情况下，借助宗教场所进行艺术活动，从而为艺术传播提供了途径。现存早期的毕摩绘画有昆明西郊的毕摩绘画，是由杨成志先生早年征集；绘画的题材内容都以祭祀、祈福等宗教活动为主。彝族的原始宗教活动也为毕摩绘画提供了某些内容、流传的场所，客观上有助于绘画艺术的发展。作为主持宗教仪式活动的毕摩，他们凭记忆和世代口耳相传的（后来逐渐有手抄本的祭书）知识，通过毕摩绘画传播本民族的神话传说、历史故事、英雄故事、生产经验、风俗习惯等，使毕摩文化得以系统全面地保留下来。毕摩绘画包括了由毕摩绘制在经书、木板、纸、石头等载体上的平面图像，是历代毕摩吸收了彝族人民几千年来与自然作斗争的许多实践经验，比较客观地记述了彝族社会发展的历史以及彝族历史上形成的光辉文化，具有重要的学术研究价值。

从彝族毕摩绘画的历史及成因来分析各个时期的毕摩绘画的艺术特征与民族意涵的表述，就是我们探究毕摩绘画的图形与色彩的动因。毕摩们是如何将毕摩绘画中的图形语言、色彩语言恰如其分地运用到作品中，在宗教活动与艺术创作的结合中发挥毕摩自己的情感想象力，在具体有限的颜色中调出自己民族的色彩旋律，都是我们要探究和学习的。我们要避免以现代所普及的西方美学来衡量中华民族自己的艺术遗产，在我们的研究中，图形与色彩的含义表达并不仅仅限定在绘画材料或技法的界域内，它更是彝族社会生活的集中表现，也是彝族社会中文化特色与绘画艺术领域中的一种重要的语素形态。

二、不同历史时期的云南毕摩绘画

云南毕摩绘画的发展与中国传统壁画的发展存在共性特征。中国传统壁画大多采用单线装饰和表现，在历史的长河中发展、传播、变迁，并形成了各时代、各民族的特征。在距今 3000 多年前的商周时期是以简单的图案进行装饰，传达的思想和特定的意义性较差，这是早期的雏形。到春秋时代，壁画除了装饰功能开始有了宣传和教化的功能，此时的壁画内容开始有了情景、具体的形象和故事传说等。这一时期的壁画表现手法简单古拙，充满了力量的象征和意境。虽然均以平面构图，且多以横幅构成，但形象和大小的重复排列也较富节奏感，有“去粗取精，删繁求简”的汉代风格，也有富丽堂皇的唐代风格，还有端庄俊逸的宋代风格。中国古代壁画色彩从简单的“随类赋彩”到复杂的“随意赋彩”的多元色彩的变化及丰富，其中蕴含的独特象征性与寓意性，使得中国古代壁画在人类悠远的历史长河里始终保持着独特的魅力。

纵观中国古代壁画、岩画的发展，有三个明显特点：第一，单纯稚气、简练清新、传神；第二，作者虔诚、热烈；第三，图腾崇拜、巫术礼仪交融。绘画技法上与中国画一脉相承，各时期、各民族特色各异，例如战国时期的帛画，人物真实、生动、传神。线条像音乐一样有动感和充满现实的秩序感。表达出浪漫的气氛和道家的思想意义，让人沉浸在原始神秘的色彩中并感慨万分。线条有序的运用替代了早期原始的图案和巫术符号，这是我国的传统壁画中的一个总体风格。特别是汉代对后期历史发展的影响较为深远。在彝族地区的毕摩绘画发展中也同样存在中国古代绘画发展的总体态势。无论是什么样的绘画方式和题材，绘画内容上与宗教崇拜始终密不可分，这是中国古代壁画的一个突出特点。但毕摩绘画在众多的宗教传说故事、警世格言中脱颖而出的生活、生产等题材的绘画内容，这与毕摩在彝族社会中是掌握知识的老师身份有直接关系。绘画思想上则无不体现出作者极大的创作热情与虔诚信仰，毕摩绘画更是如此，每一代毕摩都致力于把自己的才能知识融入毕摩绘画中。“毕摩绘画艺术中的作品是毕摩大师们对现实生活中的美进行观察、体验、思考、提炼的结果，凝聚着毕摩画师们的个性、理念、洞察力及主观认知的创造力。”“在诸多古老彝族毕摩绘画艺术中，我们领悟到了原始宗教层面的人文精神和神秘未知领域探索出的鬼魅世界的美。”所以说毕摩绘画内容涉猎之广、脉络延续之清晰，当之无愧是彝族文化的精髓之所在。

彝族的毕摩绘画也是经历了早期的无意义无差别表达的单线图形，在经过漫长的启蒙暖昧时段后，形成了早期毕摩绘画的雏形。随着生产的发展，人类对未知世界的探索与追求，原始宗教形成。毕摩绘画为彝族宗教的教义宣传需要，逐步形成了有彝族民族宗教特色的毕摩绘画符号体系，有固定的构图形式、色彩搭配、情节内容、表达技法等。绘画载体也更加丰富，皮革、木牌、纸质书卷、经书插画、骨片等，根据不同的需求与绘画内容，采用不同的绘画载体。绘画的视觉表达形式更易于被古代彝民理解和接受，在这一时期的毕摩绘画除了宣传宗教思想外，还兼具教导彝族人民生产生活技能的用途。在彝族社会文化中，这时期的毕摩绘画以大量的仪式形象为着重表现点，有着重要的溯源与教化功能。这一时期具有代表性的毕摩绘画有“昆明西郊毕摩绘画”，主要表现题材是祭祀与祈福等活动。例如《祭祖献牲图》中，描绘的是毕摩被请到家堂中进行祭祖献牲仪式的场景。绘画采取了横向构图的方式，画面中右侧是安然端坐在家堂正中享受祭祀的祖先，并在左上方题有汉字“家堂香火”；左侧是毕摩头戴法帽，手摇神铃，设坛念经供奉牲口的场面；右边则是家人烧香跪拜，以求得祖先神灵的庇佑。这幅毕摩绘画的线条流畅生动，人物动态逼真且神情刻画十分贴切，衣服纹理的处理有中国古代人物画的简练流畅的意蕴。牲口作为主要表现题材的刻画也十分地细致出彩，曲线的流畅及表现出牲口皮毛的柔软又刻画出了动物形体的结构和肌肉的走向，使得动物的形态与动作充满韵律感。《祭神除祟图》，同样采取横向构图，描绘的是唯恐怪物作祟而举行的祭献仪式的场景。画面中左侧是林立盘曲的怪树，邪龙就在怪树的旁边腾空乱舞，一派阴森恐怖的景象，侧面题有汉字“怪物之神”；右面画的是彝族主人家正在设坛烧香，牵羊祭献以免除怪神的作祟。这幅毕摩绘画的用线细长匀称，邪龙、献牲和人物的形态表达生动形象，长短线条的结合使用，线条的疏密搭配富有动态的韵律感，使得画面的氛围十分有张力。除祭祀祈福辟邪外还有求神类的，例如《求神保佑图》，采用的是横向构图，上图下文的结构。画面的左面是一匹骏马受惊脱缰而逃，中间是主人夫妇下跪祈祷祈求神灵保佑平安，主人的头顶上方题有汉字“天地三界”，画面的右边则是三位衣冠楚楚的神灵端坐于案前享用供奉。这幅毕摩绘画的用线相较前两幅画的用线要更短更直，显得简洁有力。人物形态与马匹的动态描写仍旧很生动传神，点、线、面的结合也使得画面整体协调、干净。还有《迎神祈福图》的绘画表现风格也是此类用线明快、简练，形态刻画生动，神态传神。构图形式采取的横向构图,左面刻画的是三位神仙在休闲地漫步,很有人间的生活气息，最左侧题字为“大罗三宝”，画面的右面是主人夫妇在一同下跪祈祷，祈求神仙降福。云南禄劝的毕摩早期绘画是彝族的汉文历算书，毕摩们将汉文的历法用毕摩绘画的形式记载为彝族的历法。该书共有 94 页 67 张图，绘画原始古朴，保留了毕摩早期绘画的遗迹。这本历法书的毕摩绘画更像是象形文字，用线朴拙，画面呈现出符号化，能区别出明显的人物图案、动物图案、字符等。如有三角形做圣体，圆形、半圆形做头部、长线条或块面表示四肢的人物图案；用类似小半圆形的图案表示身体，圆形表示头部，线条表示四肢和尾巴，短线条表示毛发的动物图案；还有树木、昆虫、日月等自然界中的物体，都是以极简单的线条和几何图形组成。

早期的毕摩绘画除了题材上采用祭祖求神类宗教活动为主题外，还有一个主要特征是在技法的运用上借鉴汉族国画。线条的运用，笔锋的转折，留白的技法，墨色浓淡的交替搭配等中国画的常用技法在彝族各地区的毕摩绘画中都有所体现。到晚期成熟阶段，毕摩绘画的技法日趋成熟，有了自身的风格特色。不仅在题材上有了分类体系完善、表达意义明确的主题绘画，色彩运用上也根据民族宗教概念赋予意义。以白底黑线，施以红、黄、黑、白、蓝几个色彩为主，一幅毕摩绘画中同时运用这 5 种颜色的并不多。彝族毕摩绘画有典型性的色彩组合案例，如黑、白组合表示阴阳观和生死观；红、黑组合与火炭、水火、日月、祭祀的象征联系，以及红、黑、黄所构成的天、地、人的和谐统一，进一步验证了“彝族四方色”的存在依据和象征表达。彝族毕摩绘画中的图形与色彩的表达与其文化和社会生活的联想和象征有着紧密的联系。毕摩绘画在各大彝族支系中均起到调适民族情感、民族认同、民族团结意识的功能，对研究和保护彝民族特色文化有着重要意义。

三、研究毕摩绘画的意义

彝经插图散藏于民间祭师毕摩之手，被视为祖师们传下的圣物，外人不得随便翻阅，即使允许翻看，也要求洗手、洗脸甚至杀鸡祭献才得翻阅，具有神秘性，这样增加了抢救、收集的难度。课题组克服种种困难抢救、收集、整理，透过宗教迷雾来研究艺术，其意义不言而喻。

彝族先民地处祖国西南边疆，丰富的文化艺术典籍鲜为人知，无人继承，濒临消失，这将是非常遗憾之事。为弘扬传统民族文化，抢救整理非物质文化遗产，课题组经过多年搜集、整理，已获得出版的4245幅彩画，收集到未出版的1000余幅，共5000幅（民间还有部分藏书），其中有不少是珍本、善本、孤本。

彝经插图区别于相关少数民族绘画及藏传佛绘画唐卡、东巴教绘画。毕摩绘画植根于本民族、本地区、本土彝人画彝事，更贴近于彝族社会生产、生活、民间信仰实际，写实性强，有鲜明的地域性、民族性。1993年北京有位资深学者说：“……遗憾的是彝文文献中的美术艺术——插图，到目前为止还无人对它做过研究，也无人写文章介绍过它。如果我们把彝文文献中的插图认真加以发掘、整理，进行系统研究，有益于我们对彝文文献认识的加深，有益于对我国古代美术艺术的弘扬光大。”加强少数民族美术研究，有利于抢救和传承民族民间艺术遗产，有利于民族民间艺术交流。

彝经插图源远流长，大量的纸质抄本产生于明清，但不等于明清才有彝经插图。在《华阳国志》等书中有“南夷巫画”“南夷图谱”的记载：“诸葛亮乃为夷作《图谱》，先画天地日月、君长城府；次画神龙，龙生夷及牛马、羊；后画部主吏乘马幡盖，巡行安恤又画牵牛、负酒、赍金宝诣之象以赐夷，夷甚重之。”当年诸葛亮的《龙生夷图》已不可考，但夷人画龙之风犹存，说不定诸葛亮就是根据夷族画龙之风而总结和概括的。从彝文古籍《颜色的由来》的记载可以看出彝文古籍绘画是古岩画的延拓，从用黑石和牲血作画到采用黑色、白色、青红、黄色等作画，从画在岩石上到画在牛马猪羊皮上又到画在丝帛和纸上，经过了漫长的发展过程。我们可从中研究彝族的历史文化。

毕摩绘画是彝族祭司因其原始宗教活动需要，以彝族文化为背景，以彝文经籍内容为题材，以经籍为载体，用民间绘画艺术表现手法进行生动图解。其形式有连环式插图，也有零星插图。它具有鲜明的民族特色，手法古拙生动、构思奇巧、简洁夸张，不受约束，这是彝族艺术的重要组成部分，为我们研究彝族绘画演变提供了宝贵资料。

毕摩绘画涉及了彝族哲学思想、宗教观念、社会历史、天文历法、伦理道德、风俗礼仪等，反映的是神灵信仰、祭祀习俗、自然和祖先崇拜、行善得福、行恶严惩理念和古代彝族社会生活；表现的是君长出巡、为臣理案、毕摩祭祀、工匠制具、百姓耕牧、奴仆侍主、出兵打仗，以及起房盖屋、五谷丰登、六畜兴旺等场面，是古代彝族社会生活的缩影。本书所收毕摩绘画近千幅，涵盖了各种内容和绘画风格，有的是第一次面世。

总之，面对明清云贵数十部几千幅彝经插图鲜为人知，目前已收集到5000多幅彝族毕摩绘画，但在许多关于中国美术 及绘画的著作中只字未提及毕摩绘画的现状，我们不能愧对祖先，也不能愧对后代。对彝族毕摩古代绘画加以抢救、收集、整理、研究、出版，将是功在当代、惠及后世的创举，有望填补彝族民间艺术研究的空白。

第三节　古代毕摩绘画作品[①]

彝山自古有圣贤，彝人彝画说历史。
百幅百态百花放，见仁见智见千秋。

一、云南江城毕摩绘画

（一）毕摩与圣人

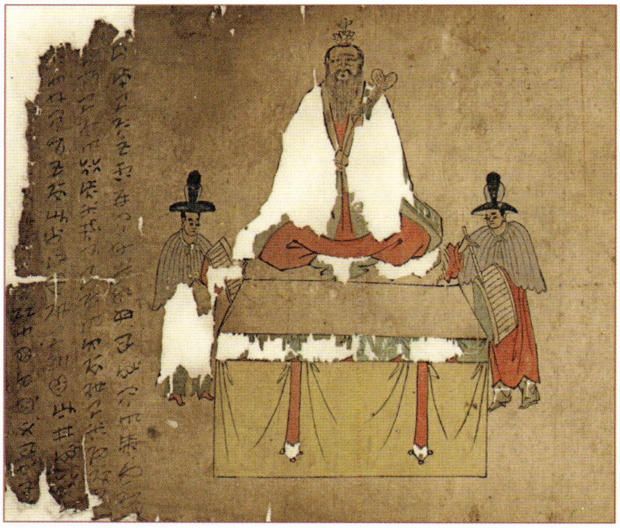

毕摩与圣人

这幅画采用中心构图的方式来突出画面中的圣人形象。画面正中间，上半部分是盘腿悬空而坐的圣人，下半部分是长方形的高台，左右各站一个毕摩，画面最左侧配有彝族文字。这幅画描绘的是彝族的宗教活动场景，画面中运用了红色和黄色两个主体色以及黑色、绿色等配色。画面中人物采取了不真实的大小比例，圣人作为画面主体比毕摩大得多，画者的主观意图和宗教思想表达极为明显。用线工整、匀称，

① 本节一至九的图片引自张纯德编著的《彝族古代毕摩绘画》，云南大学出版社2003年版。十至十三的图片引自由楚雄彝族自治州人民政府编，朱琚元、钱丽云、张纯德编译《彝族毕摩经典译注》第106卷《太上感应篇》中的毕摩绘画，云南民族出版社2012年版。

画的整体视觉效果强，色彩搭配和谐庄重，整幅壁画给人以稳重庄严的力量感。

一路顺风

（二）一路顺风

这幅画采用的是一分为二的上下式样的排版，上半部分是绘画，下半部分配以彝族文字。绘画采用横向构图，画中两人在骑马奔跑，一人马下步行。这幅画充满奔跑的运动感，表现的是骑马赶路的场景。马匹鬃毛的线条刻画细腻、工整、匀称，很有层次感。画面中运用了黑色、红色和绿色三种主色调，色彩分配均匀，搭配巧妙。马匹奔跑的姿势动态与人物的动态刻画细致，造型生动。

神物守顺

毕摩作法

（三）神物守顺

这幅画采用的是一分为二的上下构图，上半部是绘画，下半部分配以彝族文字。画中人物与动物同为表现主体，在画面中成相互穿插分布，使画面有很强的动感和张力，整幅画满而不乱。左侧是手拿折扇与烟袋的官员形象在闲庭散步，中间是一只奔跑的老虎和腾飞的龙，右侧是两个官员正在交谈，旁边是一只散步的老虎和两只飞燕。官员的刻画用线细致工整，弧度流畅，形象生动自然，且人物的动作表情富有神韵。动物形态各异，特征明晰，老虎的刻画则是采取线与面的结合，再加上留白的技法，龙的刻画也采取了虚化的技法。画面中运用了黑色、红色和绿色三种主色调，再配以浅灰色用以人物衣饰，有灵动之感。

（四）毕摩作法

这幅画采用的是一分为二的上下构图，上半部分是绘画，下半部分配以彝文。画面中的人间和阴间两个不同的时空融于同一维度中描绘，左侧绘有妇女牵着孩童正在玩耍，中间画的是毕摩手拿着法器铃铛正在作法，旁边是家禽鸡和狗，最右边画的是一个手拿锁链和棒子的马面正在驱鬼。用线细腻流畅，衣饰纹理处理得当，不显生硬。色彩上运用了黑、绿、红、灰四色，色彩布局由明亮到暗沉形成对比，界限分明。各个人物的动态表情刻画生动，形象典型化。

（五）勾魂且慢

这幅画采用的是一分为二的上下构图，上半部分是绘画，下半部分配以彝文，描绘的是阴间的使者在人间勾魂的场景。画面的正中间画的是一个躺在床上的人，床边是拿着锁链的勾魂者，右边是一个妇女在做祈求的下拜动作，左边是一个官员和一个侍童。色彩的运用上，中间人物为绿色，左、右人物为红色，用色彩烘托了主体。人物线条流畅生动，面部表情流露出人物的情感。

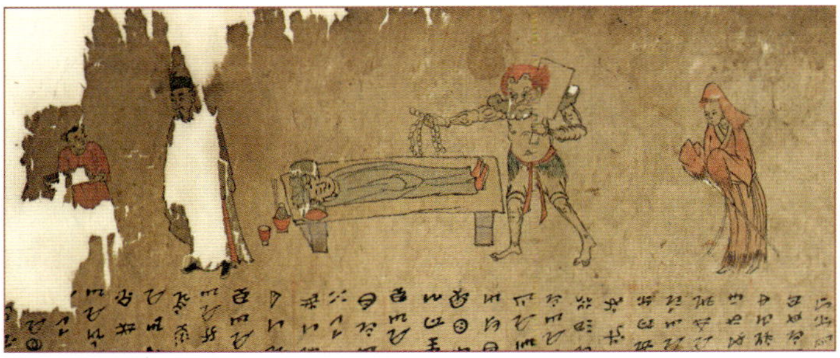

勾魂且慢

（六）咂酒

这幅画采用的是一分为二的上下构图，上半部分是绘画，下半部分配以彝文。画中描绘的是贵族子弟的宴会饮乐的场景。一人坐于石台上，一人正在咂酒，一人旁观。色彩上以红色为主，绿色次之，黑色点缀，主次分明，安排得当。人物造型比例协调，动态各异都有各自的特点。

咂酒

六畜兴旺

（七）六畜兴旺

这幅画采用的是一分为二的上下构图，上半部分是绘画，下半部分配以彝文。描绘的是人和动物和谐相处的情景，不同阶层的人和各种各样的家禽在画面中穿插布局，营造了一种和谐繁荣的生活画卷。画面左侧是坐在案台前的官员，远处有两匹马奔跑而过；中间是正在悠闲漫步的两匹马，旁边是一个打着伞的官员和侍童；右侧画的是一个家奴牵着马匹、牛羊、猪、鸡等家禽。色彩的运用上也较丰富，有红色、绿色、浅紫色、黑色、橙色错落有致地分布于画面。人物的造型上姿态各异，神态中体现了不同阶层人物的性格情趣。动物的动作刻画尤其生动，对线条的把握很熟练，对形体的刻画十分细致、生动。

人世康乐

拒魔守福

（八）人世康乐

这幅画采用的是一分为二的上下构图，上半部分是绘画，下半部分配以彝文。描绘的是人畜和乐的生活场景，画上绘了两人三畜，分别是两只鸡和一匹马，一个正在赶鸡的妇人和一个正在走路的男人。整幅画的用线很工整、细腻，线条流畅优美。画面正中间那匹马的造型刻画得尤为精彩，抬蹄扬尾回首嘶鸣，线条圆润流畅、生动地塑造出了马的肌肉形态，完美地表现了马体的健美。色彩上以红色为主，绿色为辅，对比强烈。动态造型的生动与色彩的强烈对比使得画面动态感十足。

（九）拒魔守福

这幅画采用的是一分为二的上下构图，上半部分是绘画，下半部分配以彝文。画中绘有各类家禽和贵族公子的悠闲生活，画面中间绘了一个魔怪。表达的是拒魔守福的美好生活愿景。画面的左侧虽然有破损，但仍然能看到左上角的羚羊，中间画的是抽烟的官员，两只公鸡和一个手拿木棒的鬼怪；右侧画的是立在伞下的官员和牛、马、猪、狗等家禽。绘画表现了家畜兴旺、生活美好、不受魔鬼诱惑的场景。色彩的运用上很丰富，有红色、绿色、黄色、黑色、紫色等，烘托了色彩斑斓的人世生活。动物的造型有动有静，表现形体的线条刻画流畅简洁。人物造型体态匀称，形象生动地表达了人物的神韵。

（十）大象开路

这幅画采用的是上下构图，上半部分是绘画，占了整个篇幅的三分之二，下半部分配以彝族文字。画中描绘了一女子坐在大象上的生活场景。画面的主体是一只大象，其上坐着一个妇女扛着锄头，大象后面跟着一头毛驴。在色彩的运用上只采取了红、黑两色，人物和大象都采用红色，突显了主题。造型上，人物坐于大象上的动态十分传神。

大象开路

（十一）多子为福

这幅画采取的是中心构图原则。在画面中心处绘一妇女左手牵一孩童，右手抱一孩童，画面左、右都是成年男子与孩童。颜色的运用上以红色为主，绿色次之，黑色点缀其中。人物造型上妇女的身形柔美，体态婀娜，人物比例上也较明显地突显了女性的美。

多子为福

（十二）惊马寻主

这幅画采用的是一分为二的上下构图，上半部分是绘画，下半部分配以彝文。画面中有三个人物和一匹马，人物都在画面的左侧，右侧一匹大马做昂首奔跑状。表现贵族子弟的日常生活场景。色彩运用上，画面中心人物用的是绿色，左、右都以红色为主。人物造型上，主体人物的体形高大形体生动，坐姿衣褶有层次感。

惊马寻主

（十三）虎鸟同行

这幅壁画采用的是一分为二的上下构图，上半部分是绘画，下半部分配以彝文。画面的整个左上角损毁，中间是一只老虎，右边是两只飞起的鸟。色彩运用上很单一，只有黑色。老虎造型有力量感，形体壮实，鸟的造型则显轻盈。

虎鸟同行

（十四）平平安安

这幅壁画采用的是一分为二的上下构图，上半部分是绘画，下半部分配以彝文。画面上有三人两猪，描绘的是贵族子弟的日常悠闲生活。色彩上，画面中心人物配以鲜艳的红色，其他则以绿色相衬托。人物造型体态匀称，衣饰文理结构清晰。人物神态、动作淡然闲适，刻画生动。

平平安安

（十五）武士狩猎

这幅壁画采用的是一分为二的上下构图，上半部分是绘画，下半部分配以彝文。画面上描绘了两人两动物，是捕猎的场景。色彩上运用了红绿黑三色，红绿色主要运用在人物衣饰上，处于画面中心位置，黑色则用以刻画动物形态。人物造型上，挽弓射虎的人物动态塑造的十分生动传神。

武士狩猎

圣人教诲

（十六）圣人教诲

这幅壁画采用的是一分为二的上下构图，上半部是绘画，下半部分配以彝文。画面正中心绘的是圣人坐在蒲团上讲道，两边是侍童，画面左、右两侧各绘了一老鹰一龙。色彩运用上以红、绿两色为主，圣人的服饰以绿色为主，配以红色，两边侍童则全为红色，烘托了圣人的视觉效果。人物造型上，圣人的形体比例较大，突显了主体，盘腿垂手，神态肃穆。

（十七）春风留人

这幅画采用的是一分为二的上下构图，上半部分是绘画，下半部分配以彝文。画面的的左上角破损不可辨认了，中间部分画的是一家五口的生活场景，右边画的是代表春日的树。色彩的运用上较为丰富，人物的服饰运用了红色、绿色、紫色为主色调，黑色为辅，渲染了春日的活跃气氛。造型上，人物的动作神态刻画生动，线条运用古朴而充满灵性。

春风留人

（十八）官员出行

这幅画采用的是一分为二的上下构图，上半部分是绘画，下半部分配以彝文。描绘的是古代官员出行的场景，画面中有两人扛旗开路，官员坐于马上。人物服饰用红绿色，造型上人物的动作塑造各有特色，形态各异，刻画生动。

官员出行

躲避雷神

（十九）躲避雷神

这幅画采用的是一分为二的上下构图，上半部分是绘画，下半部分配以彝文。画的左角损坏不可分辨，中间画有三个人物，右侧是雷神，描绘的是雷神发威、人们躲避的场景。人物衣饰以渲染的技法使单色的绿、红具有层次感。造型上雷神的形象较为概念化，对于人则是重点刻画了其躲避的刹那间动作。

人丁兴旺

家道亲和

彝女放牧

双马候主

（二十）人丁兴旺

这幅画采用的是一分为二的上下构图，上半部分是绘画，下半部分配以彝文。绘画部分较集中，有一妇女和多名儿童，显出热闹的景象。人物衣饰的色彩运用上是红、绿相间搭配布满整个画面，有琳琅满目之感。人物造型体态匀称、线条柔和、动作自然。

（二十一）家道亲和

这幅画采用的是一分为二的上下构图，上半部分是绘画，下半部分配以彝文。画面上绘有一人一鸡一狗，人安宁，鸡、狗和谐，是一幅体现家道亲和的画卷。色彩运用上以红色为主，配以黑色。造型上静态的人物和狗都采取坐姿。

（二十二）彝女放牧

这幅画采用的是一分为二的上下构图，上半部分是绘画，下半部分配以彝文。描绘了彝族女子放牧的场景，有两个彝族妇女和两头牛。人物的色彩用了红、绿二色，牛则是以白描的形式呈现出肌肉的体量造型。

（二十三）双马候主

这幅画采用的是一分为二的上下构图，上半部分是绘画，下半部分配以彝文。画面上绘有两个男人、一个侍童和两匹马，是贵族的日常休闲生活场景。色彩上用了红、绿、黑三色。造型上人物塑造的体态动作很规矩，马匹的塑造与国画的技巧趋于一致。

二、英国国立图书馆收藏的滇南毕摩绘画

（一）深山采樵

这幅绘画采用的是全景构图，分别是作为前景的老虎、中景的樵夫、远景的山林，全画描绘的是深山采樵的场景。一虎侧身正首立于小丘之上，左右各一樵夫砍柴担木。画面色彩鲜艳，人物衣服的红色搭配背景树林的绿色，小丘的颜色与左边人物的衣服颜色相呼应，左、右画面形成不同的色块。造型上，人物砍柴、担柴的肢体动作协调生动，体态塑造健壮有力；虎的体形塑造线条简洁，眼神生动传神，而且缺少了猛兽的威严，与人的关系趋于和谐。

深山采樵

（二）遇官当避

遇官当避

这幅画是横向构图，从左到右依次绘有两个开道的侍卫、坐于马上抱着婴孩的高官和跟随其后的仆妇侍从，描绘的是一幅官员出行的场景。色彩的运用上十分丰富，人物服饰运用了红色、绿色、墨绿色、蓝灰色相搭配，大大丰富了画面的视觉效果。人物造型的塑造上，神态相同中又有细微差异，动作上根据人物的身份不同而刻画了不同的动态。例如侍卫吹号开路，官员悠然闲坐于马上，一手抱着孩子，一手挥扇，仆妇恭敬地紧跟其后，侍从负重背包在最后。

（三）丰衣足食

这幅画采用的是三角形构图框架，画面中老中青三代人各占据三角形的一个点。画中绘了一个老寿星坐于摆了各种吃食的高台前，右边站了一个手捧着食物的中年妇女，左边是一小侍童，画面的最右侧描绘有鸡鸭牛驴各类家禽，展现了一幅百姓人家丰衣足食的康乐场景。色彩上以红色平涂人物服饰，形成大面积色块，间以绿色调配，视觉效果强烈；动物的色彩则是采取生活中的本原色，鸡取红色，牛是黑色，鸭则留白。人物的体态塑造略显饱满，神情欢快；动物造型形态各异，线条流畅，尤以牛的造型特别生动。

丰衣足食

（四）将军打猎

这幅画采用的是横向直线构图，画面中一人挑担在前，将军骑在马上引弓放箭，而将军身后紧跟着侍卫，围绕着三人的是群山和各种动物，描绘的是一幅深山将军狩猎的场景。色彩运用极其丰富，有用在人物服饰、缰绳、草木上的绿色；有用在服饰、旗帜、头盔上的红色，还有黄色、蓝灰色、白色等调节画面色彩的小面积配色。动物奔跑的姿态生动、灵活，人物体形高大，表情生动。

将军打猎

祭宴

（五）祭宴

这幅画采用的是左右两边对称式的构图，左边绘的是舞剑的女毕摩，右边绘的是持铃铛的男毕摩，其后是跪着祭祀的人们。女毕摩着绿衣红披风，男毕摩着绿衣系红腰带，其后跪着的人们身穿红、绿、黄三种不同颜色的衣服。作法祭祀的毕摩神态肃穆，造型夸张，跪在后面祭祀的人们则神态专注，动作统一。

有病延医

（六）有病延医

这幅画采用的是横向直线构图，画面描绘的是请医治病的场景。画中一个老者坐在高台后，其旁边坐着一个医生正在为他请脉看病，还有老者的家人、医生的随从和勾魂的使者。老者身着绿色衣服，他旁边的医生和家人都穿红色衣服，在色彩上烘托了老者。另外的黑色、粉蓝、黄色又使得画面的色彩氛围活跃。人物的形态生动，面部表情传神。

渡河遇凶

（七）渡河遇凶

这幅画采用的是平面横向构图，画面描绘的是渡河遇到凶匪的场景。以多条波浪线的组合表示波浪，用多个波浪的叠加表示河面。河面上是一条大船，船上有船员正在和凶匪搏斗。波浪用的是绿色，船用的是黄色，船员的衣服用的是红色和黑色。人物造型上凶匪的面目凶恶，体形健壮，双手拿叉行凶，船员和马匹都露出惧怕的神色。

耕田种地

（八）耕田种地

这幅画采用的是平面横向构图，

画面上描绘了一人挥鞭赶马，一人牵着牛扛着犁（一种用来翻土的耕种工具）。牛有黄牛、黑牛，马匹则有浅红色和白色，而人物服饰则采用大红色和绿色。这幅画的动物造型十分生动，且线条运用流畅自如，色彩填涂均匀，人物的动态塑造简单却很有神韵。

（九）雷声震怒

这幅画采用的是左右构图的方式，左边画的是墓碑、树木、山石这些静态物体，右边画的是雷神和跪拜的人民。画面运用了红、绿、黑三个主体色，间配以白、黄为辅色来协调画面的整体色彩关系。画中跪拜的人民和房屋树木等的形体塑造都很平面化，技法上用单线刻画、色彩平涂，而雷神的形体塑造则更立体、更复杂，有面部特征的具体刻画。

雷声震怒

（十）打铁制器

这幅画采用的是分散式的构图方法，画上描绘了三组日常打铁炼制器皿的劳作场景，分别位于画面的左侧、右上角和右下方。左侧描绘的是两人在一个砖垒起来的炼器炉子旁控火炼器；右上角描绘的是一人一马在深山采集材料；右下方则是两人一站一跪配合打铁的场景。色彩有红色、绿色和蓝色，都用在人物服饰上，另有黄色和白色起搭配平衡色彩的作用。人物的动态造型刻画仔细，线条简洁而流畅，人物神态性格跃然纸上。

打铁制器

（十一）野外祭场

这幅画采用的是平面横向构图，画面描绘了毕摩和人民在野外祭祀的场景。背景画有远山和近处的树木，再有站成一排的祭祀人和旁边正摇铃作法的毕摩以及各种动物。色彩的运用很丰富，有红色、绿色、蓝色、黑色和棕色，大量黑色和蓝色的运用使得画面色彩沉静肃穆，而绿色、红色的调配又使得画面并不呆板。人物的比例上，毕摩的形体较其他人要更高大，突出了毕摩作为祭祀主体的重要性。

野外祭场

（十二）遭遇白虎

这幅画的构图较满，重心由左向右依次递减，左边的一个凉亭占了整个左侧的画面，凉亭中是官员打扮的人物，往右侧依次绘有侍从、仆人和白虎。色彩上，画面的左侧是浓重的红色和绿色的服饰以及高台，向右色彩则慢慢变为浅淡的蓝绿色到暗沉的黑色，色彩的亮点集中在人物身上。造型上官员的体形巨大，随从的体形则相对较小，而白虎则是昂首甩尾地望向官员。

遭遇白虎

（十三）仙姬送子

这幅画采用的是中心构图法，画面描绘了仙子头顶华盖，脚踩祥云，双手抱着一个婴儿，仙子后面

仙姬送子

跟着侍女，左、右两侧画面绘有鸡、鸭、牛、马等动物。仙子着红衣黄裙，披绿丝带，踩在红色祥云上，形成画面中主要的中心色块。其后侍女着绿衣形成对比，突出仙子。而仙子手中所抱的婴儿包着绿布，又在整个画面中十分醒目。造型上，仙子与侍女的不同动作描绘显示了人物不同的性格，祥云的刻画飞扬缥缈有浮动质感。

夫妇好合

盼望得子

（十四）夫妇好合

这幅画采用的是平面竖向构图，画面内容分两组：右侧是房屋中夫妇二人在书桌前品诗论画的和乐场景，左侧是鸡、鸭、牛、马等动物在野外自由活动的场景。场景一中分红绿两个色块，妻子穿红衣，丈夫穿绿衣，搭配以黑白色活跃画面；场景二中有红、绿、黄、黑多色，大多色彩是真实还原物象本色，例如红色的鸡、白色的鸭、绿色的草等，而两个场景见的颜色过渡则是以白色的马与黄色的牛，既有呼应又有对比。造型上人物比例协调、服饰纹理得当，女子倾身的动作塑造得体态优美、神情婉约；动物造型简练而生动，几笔流畅线条便塑造出了完美的形体。

（十五）盼望得子

这幅画由三个不同的场景构成，三个场景的不同绘画内容巧妙而和谐地组成了整幅图画。一个场景是夫妻双双躺在屋内的床上，床脚有一只公鸡衔接下一个场景；而下一个场景是三个人和两条狗，背景是远处的山和山神衔接着下一个场景；最后一个场景是踩在云层上的雷神。色彩运用十分绚烂，有红、绿、黄、蓝、黑等色彩，在每个场景中都有这些色彩的互相搭配使用，使得不同场景和谐于同一画面中。人物造型上相对较简单，线条简单的只表现出人物的基本形体，重在塑造不同场景的衔接。

（十六）克尽孝道

这幅画采用的是平面横向构图，画面描绘的是彝族人的葬礼场景。毕摩位于画面的中心位置正在摇铃作法，毕摩的右边是作法的祭台，祭台后是灵柩和家属，而毕摩的左边画的是两个人在杀牛，最左边是拘着魂的鬼差。色彩上运用了红、绿、蓝、黑、白等色，画面色彩对比强烈。人物造型动态生动，服饰纹理处理得当。

克尽孝道

（十七）鬼差抓人

这幅画采用的是平面横向构图，描绘的是鬼差在人世抓人拘魂的场景。画面上左边画的是类似判官的人在桌案前，其后是两个侍从；画面右边是鬼差锁着两个刚抓的魂魄。类似是判官的官员穿红衣，戴黑帽，其后侍从穿绿色和灰色衣服，鬼差穿红色短裤绿披肩，其后抓的人穿的是绿衣和红衣，这样的色彩安排将色块区分开，不显得沉闷。

鬼差抓人

（十八）夫妇不睦

这幅画采用的是对称式的构图，画面中间是一座假山，假山左边画的是丈夫，右边是妻子。画面中运用了红色、绿色对比关系的色彩语言来表达夫妇间的不和睦，其他再搭配灰色、黄色等协调画面色彩布局。假山的塑造手法类似国画的绘

夫妇不睦

画技法，线条的运用十分纯熟，形体勾画十分生动形象。

建造村宅

焉知祸福

诸事不吉

三、法国亚洲语言学院收藏的滇南毕摩绘画

（一）建造村宅

这幅画采用的是平面竖向分层构图，上部分是建造中的房屋，下部分是正在制作各种材料的技艺工人，整个画面布局满而不乱，描绘了人们建造房屋的情景。色彩上主要运用了红、绿、黑三色，主要是在人物服饰上的运用。

（二）焉知祸福

这幅画采取的是横向分层构图法，分上下两层描绘了两个不同场景。上层占画面三分之一，画的是众人在哀悼遇难的人的悲伤场景；下面画的是一群人乘龙舟游湖的欢乐场面，但前方正有很多强盗等着打劫。人物都穿红、绿等色彩鲜艳的长衫，戴黑色的帽子，穿黑色的鞋子，人物比例合理，线条处理粗糙，画面故事情节表现完整。

（三）诸事不吉

这幅画采用的是平面分散式构图，画面人物繁多，布满整个画卷。仙人在云端看人间，而人间正在办丧事，有鬼差正从地府而来，这幅画把三个时空融为了一体。仙人在云端，人物比例较小，色彩运用红、绿等亮色；鬼差比例最大且体格强壮，穿红上衣蓝裤子，系绿腰带；人的造型比例大小合适，人物衣服色彩多样。

鹿鹤同春

（四）鹿鹤同春

这幅画采用的是分层式的构图，分上下两层各以横向站着两排人。上部分横向排列了五个人，中间是一个穿绿色长衫身边围绕着一只鹤和一只鹿的老寿星，左边是三个动态各异的成年人，右边是两个玩耍的孩童。下部分横向排列着九个人，以一个长胡须、穿红色长衫、戴官帽正在赏花的人为中心，左边正在奏乐的三人，右边则是妇女孩童若干人。服饰纹理都很简单，以红色、绿色为主，搭配黄色、黑色。

粮丰畜旺

（五）粮丰畜旺

这幅画采用的是对称式的几何形构图，以画面中间为分界，左边人物与动物组成一个圆形，右边组成半圆形。左边圆圈是由一个抱着婴儿穿着绿色圆领长衫的男人、两个孩童和各种家禽组成，右边的半圆则全部是由人物组成。组成的人物动态各异，有挥手的红衣广袖男子，有躲在人后的孩童，有抱着婴儿的妇女，还有骑马的男孩。

奉先思孝

（六）奉先思孝

这幅画采用的是平面横向对称的

构图，上半部分是物，下半部分是人。画面的上半部分画的是建筑等景物，下半部分是一支骑马的队伍和过世的亲人两组内容。色彩的运用上以红色、绿色为主，再配以黑色，整个画面色彩鲜亮、对比强烈。人物造型典型化处理，骑马的三个人物动态一样，又有细微的区别，不显呆板。

延年益寿

（七）延年益寿

这幅画采用的是三角形构图，人物与动物在画面的分布构成三角形的三条线。三角形的顶点位置在画面的中间偏右处，画的是穿红色官服的男人，其后是两名侍从。三角形的另一条斜线是三个男人，最后是画面下方的一组动物组成三角形的横线。人物造型动态各异，刻画简单。在人物比例上，以中心人物最大，其他人物次之的方式绘画。

龙凤朝阳

（八）龙凤朝阳

这幅画采用的是分散式的构图，画面中的人物、景物分散于画面各个部位。画面的中间部位是宴饮的场景和放牧图，而两边则是骑龙乘凤的童子，朝着朝阳飞行。色彩上采用的是红、绿、黑三色，龙是绿色，凤是红色，人物衣服以红色和绿色为主。黑色则主要用在头发和动物色彩上。龙、凤的造型都取主要特征表现，求写意；人物造型则线条流畅、比例均衡。

（九）听天由命

这幅画采取的是平面横向排列式构图，人物排列成一条弧线，位于画面的中间部位。人物上方是景物，下方是一排动物。人物的手中拿着不同的工具。色彩的运用上，人物的服饰大都采用红色与绿色这样对比强烈、色彩鲜艳的颜色，动物则主要是黑色。造型上，人物的比例协调，没有固定的透视关系，而是根据画面主题的需要来决定主要人物的体形大小。动物的造型也很简单，只表现了动物的突出特点。

听天由命

（十）牧童生活

这幅画采取的是平面横向构图，分上、下两层。上部分画的是人物和景物，下部分画的是动物，描绘的是放牧的场景。画面上部分是三个站在牌楼下的人，左、右有山石和树木，下方则是两个牧童赶着一群动物。这幅画的配色轻快且色彩多样，表达了一种劳动时的愉快心情，人物的衣服采用红色、黄色和绿色这样鲜艳明快的颜色，动物则采用黑色、蓝色等深沉的颜色。人物造型上较简单，人物的动作都很平和，牧童挥鞭的动作也显得轻柔，呈现出一片和谐的景象。

牧童生活

（十一）小心白虎

这幅画采用的是平面横向直线

小心白虎

式的构图方式，画面分上下层来描绘故事。上部分是人物和景物，下部分是动物的描绘。上部分画了一对夫妇和三个孩童，下部分是一只大白虎、放牧人和牧群。这幅画的色彩运用上较之其他也有不同，人物的衣服颜色除了采用鲜艳的红色、绿色外，还采用了粉红、粉蓝这样娇嫩的颜色。在人物造型上也有面部五官表情的刻画，白虎的造型全由不同粗细长短的线条组成，既表现了白虎的纹理，又塑造了形体。

不宜渡河

（十二）不宜渡河

这幅画采用的是散点式构图，画面内容丰富，构图饱满。画面布局分三层，最上部是空中的人和物，描绘了龙和云端上的仙人；中部画的是陆地上的老虎和人们；下部画的是水上正在渡河的舟船。龙以红、绿两色描绘，其造型夸张、用笔疏放、形体生动。神仙及人物的衣服色彩用的都是红、绿、黄这些常用的鲜艳色彩，人物造型上，笔法娴熟、线条流畅、形态生动。

阴云笼罩

（十三）阴云笼罩

这幅画采用的是散点式构图，画面内容丰富，构图饱满，布局合理。画面中间部分描绘的是这幅画的主要内容，一只穿梭在乌云中的龙和龙下方的人们。人物衣服的色彩使用很丰富，有红、黄、蓝、绿、褐五种颜色，色彩对比强烈。人物造型的线条流畅简洁，动物的造型特点突出。

（十四）忠厚人家

这幅画采用的是散点式构图，画面中景物、人物、动物穿插布置，内容丰富，画面完满。整个右上角画的都是景物，下面是放牧的牧童和动物，左边是人们在宴饮的场景。画面中的色彩主要是红、绿两色，用在人物的衣服颜色和景物的树木花朵上，另外，还有适当的黑色搭配以活跃画面。造型上用笔洗练、流畅，各种造型生动传神。

忠厚人家

（十五）黄龙抢宝

这幅画采用的是中心构图和对称式构图相结合的构图方式，中间画的是在空中的龙和下面的宴饮场景，左、右各画了几个人物。龙的身体用绿色，鳍用红色，头尾须用黄色，整个龙的色彩塑造很细致精彩。人物衣服的色彩相对简单，用的是红色、绿色。人物造型比例均衡，用线利落流畅，形象生动。

黄龙抢宝

（十六）君长施政

这幅画的内容丰富，气势宏伟，描绘的是君主出行的场景。君主坐在轿子上，前面有开道的侍卫，两人奏乐，四人举旗。画面下方还有骑马巡道的侍卫。整个画面中君主处在中心偏右的位置，比例是其他侍卫比例的两倍，穿红色长衣，戴黑帽子。

君长施政

君主的人物造型也刻画得十分细致，包括手的细部描绘都很生动。

丞相坐堂

（十七）丞相坐堂

这幅画采用的是平面横向构图，画面分上下两层。上部分是官员坐堂的场景，下部分则是动物和人。这幅画的色彩运用与其他的不同之处在于一个人穿黄色衣服，戴绿色帽子，这样的服饰色彩搭配在毕摩绘画中比较少见。人物造型的比例均衡，用线熟练，衣服纹路合理。

剑拔弩张

（十八）剑拔弩张

这幅画采用的是散点式构图，画面的左边是两排站立的贵族男女，右边是一棵树下两个射箭的男人和一群动物。色彩的运用相当丰富，人物的服饰有红、绿、褐三色，动物颜色有红、蓝、黑三色。色彩的颜色搭配对比强烈，画面色彩感生动。造型上，射箭人物的动态描绘特别生动，贵族妇女的站姿优雅，动作与衣服纹理的搭配也很合理。

毕摩驱邪

（十九）毕摩驱邪

这幅画采用的是平面横向构图，画面中有上下两排站立的人和作法的毕摩。描绘的是毕摩在户外作法驱魔的场景。人物衣服色彩鲜亮，有蓝、绿、红等色，动物及花卉、树木等色也多采用红、绿这些对比强烈、纯度较高的色彩。整个画面的人物造型十分生动，妇女叠手的娴静姿态以及毕摩摇铃作法的动态神情都很传神。

（二十）殷实人家

这幅画采取的是散点式的构图，画面中描绘了一个大家族的男女老少在户内外的不同生活场景。色彩的运用上十分丰富，有红、蓝、绿、褐黑五种颜色，分别运用在人物服饰和动物的色彩上，搭配合理。人物比例刻画协调，线条运用熟练流畅，笔法质朴而凝练。

（二十一）武士守卫

这幅画采用的是散点式构图，画面中画的是君主出外郊游，坐于亭中休息，周围是保护的侍卫。画面中君主穿着绿色广袖的上衣和红色的长衫坐于亭中，两边有侍女，亭外是穿着绿色铠甲、拿着武器的武士在守卫。除了人物服饰颜色运用了红色和绿色，动物的色彩还运用了黑色。武士的形体比例塑造较高大强壮，面有长须，神态肃然，刻画传神。

（二十二）农夫之庆

这幅画采用的是平面横向的构图，画面中描绘了农民庆祝丰收的宴饮场景。画面的上部分是农民在自己家中进行宴饮的欢乐景象，下部分画的是农民日常劳作的动态场景。画面

殷实人家

武士守卫

农夫之庆

中的色彩运用丰富，人物衣服有红、绿、蓝、褐等色，动物的色彩也运用的是红、黄这样鲜亮的色彩，显得画面视觉效果十分活泼。人物宴饮时的欢乐感在动态神情的塑造中都十分传神地体现出来了，很是生动。

富贵在天

（二十三）富贵在天

这幅画采用的是平面横向构图，画面内容丰富。分三层描绘，上部是三个坐在莲花座上的神仙，中部是一排孩童，下方则是各种家禽动物。神仙的衣服色彩运用的比较复杂，是把红、黄、绿三色以不同大小的比例融合在一起，视觉效果强烈。其他人物的衣服则采用的是单色，相对简单。人物造型上神仙的比例较高大，神态描绘生动形象，线条的运用质朴粗犷。

忧喜相连

（二十四）忧喜相连

这幅画采取的是散点式构图，画面内容丰富，构图很满。画面描绘了两个场景，一个是大家族人丁兴旺，一个是正在为过世的人办丧事。色彩上，人物服饰采用红、蓝、黄等亮色，动物则用黑色和白色。人物的造型简单，线条勾画流畅，衣服纹路合理。

吊唁亡灵

（二十五）吊唁亡灵

这幅画采用的是平面横向构图，画面中画了房屋、树木和男女老少等各类人物在吊唁亡灵的场景。画面的右下方位置画了死去的人躺在那里，周围围绕着吊唁他的人，左下方画的是站着一排的人。这幅画在色彩的运用上，对比没有之前的强烈，使用的颜色以蓝色和黄色居多，红色仅为配色。人物造型的比例上，横向画的人要比竖向站立的人比例小，线条运用简洁合理。

毕摩诵经

（二十六）毕摩诵经

这幅画采取的是散点式的构图，内容丰富、构图较满。画面中间画的是三个坐在云端的神仙看着下方的人们。画面的色彩很绚丽，用色对比强烈，红、绿、黄、蓝同时搭配在人物服饰上，形成强烈的视觉效果。人物造型比例得当，衣服纹理安排合理，线条笔触流畅。

春风得意

（二十七）春风得意

这幅画采用的是平面横向构图，画面分上下两层。上部分画的是家中老少正在宴饮玩乐，下部分画的是正在奏乐的人，展现了一种欢乐的氛围。画面色彩鲜亮，对比强烈。人物以黄绿、红绿这样的色彩搭配为主。人物造型动态多样，刻画生动，线条流畅圆润。

天官赐福

（二十八）天官赐福

这幅画采用的是平面横向构图，画面分上下两层。上部分画的是两个亭子中坐着三个神态悠闲、面有长须的人，亭子旁边是一条形态张

有灾之兆

宜去叫魂

燕语悲声

扬的龙。下部分是正在骑马玩乐的男女和牛羊等动物。色彩的运用上仍然是以人物服饰的红、蓝、绿为主，配以少量黑色，使得画面色彩既鲜活又均衡。人物造型上，坐姿的人物比例有头大身小之感。线条运用简洁流畅，人物神态、动作生动。

（二十九）有灾之兆

这幅画采取的是中心构图法，画面内容较丰富，围绕画面中心点布局，散而有序。画面中心位置画的是五个男人手拿刀、剑、棒等武器围成一圈挥舞的场景，画面周边也围绕这五个人画满了各类动物。色彩是以中心人物的衣饰红、绿、黄等色块为主，周边动物除飞龙外则多以线简单描绘。造型上人物比例与动物比例并不协调，用线也很简单，力求人物动态的夸张生动表现。

（三十）宜去叫魂

这幅画采用的是平面横向式构图，画面分上下两层。上部分画了拿着刀、赤裸上身站成一排的男人和站在房子里的男女。下部分画了一只大白虎和毕摩等人。色彩上只用了红、绿二色在人物服饰，以及少量黑色搭配。人物造型比例协调，动态简单，线条运用熟练流畅。

（三十一）燕语悲声

这幅画采用的是斜线构图，画

面中人物从左下角向右上角斜线排列。人物头顶有花木、云彩和飞燕。右下角则是画了两个人在悼念亡灵。画面中运用了红、绿、黄、蓝、粉等多种色彩，大多运用于人物衣服之上，画面颜色虽多但搭配合理并无缭乱之感，反显清新。人物造型的比例合理，衣服纹理处理得当。

寅申相冲

（三十二）寅申相冲

这幅画采用的是平面横向构图，画了一排站立的男女和云彩上的神仙，以及一只大白虎和两只飞燕。太阳则画在人物的下方，白虎的右侧。色彩的运用上只有红、绿二色用于人物服饰，还有少量黑色的使用。人物造型比例协调，衣服纹理处理得当，线条运用熟练。动物的塑造以不同笔触线条勾画而成。

飞龙在天

（三十三）飞龙在天

这幅画采用的是散点式的构图，内容丰富、构图较满。画面上描绘了人们的日常生活和一条飞龙。人物的服饰色彩还是红、绿、黄经典搭配，龙的色彩除红、绿、黄的搭配外，另增加了白色，比较少见。人物造型的动态多样，各不相同，神态描绘也十分传神。龙的造型曲线流畅，动态夸张。

回避狱门

（三十四）回避狱门

这幅画采取的是平面横向构图，

画面分两层。上部分画的屋子里站成一排的四个男人和坐在云端的三个神仙，下部分是骑在马上的人和放牛的牧童。色彩运用了红、绿、蓝三色，并效仿国画技法，有浓淡深浅变化，使画面不显单调。造型上多用曲线，线条流畅，笔触细腻。人物比例合理，动物造型生动。

祖先神位

四、云南新平毕摩绘画（普家学藏本）

（一）祖先神位

这幅画采用的是中心构图法，画了两位祖先坐在高山上。色彩的运用上以绿色为主，配以少量红色。人物造型比例协调，面部表情刻画细腻，线条运用熟练。

官员出行

（二）官员出行

这幅画采用的是平面横向构图，画面上是四个轿夫抬着一顶轿子走在山路上的场景。色彩上主要运用了红色、绿色和蓝色，且色彩纯度都较高。造型上，人物比例协调，动作自然。线条运用润滑细腻，填色均衡。

放鸟归林

（三）放鸟归林

这幅画采用的是对称式构图，画面上描绘了一个大人带着一个小孩在山上放飞鸟儿的场景。色彩的运用上用红、绿两色形成鲜明的对比。人物造型生动，衣服纹理处理恰当。

小宴

阴差捉人

未卜先知

（四）小宴

这幅画采用的是中心构图法，画面描绘的是一个小宴会的场景。一男一女两个人坐在桌案前，旁边有人在传菜。色彩上运用了红、绿、黄三色，颜色明快。造型上，中心人物比例较大，线条刻画细腻流畅，人物面部表情生动。

（五）阴差捉人

这幅画采用的是平面横向构图，画面上画了一个鬼差手执锁链抓着两个人的场景。色彩的运用上，有红、绿、蓝、黄四色。画面色彩明快，对比强烈。造型上，人物比例协调，动作生动，运笔熟练。

书中自有黄金贵

（六）未卜先知

这幅画采用的是散点式构图，画面上描绘了现实中和想象中的两个场景。色彩的运用上有红、绿、蓝、黄四色均衡搭配，整个画面色彩十分生动跳跃。造型上，不同场景的人物大小不同，线条运用熟练，人物动作协调。

（七）书中自有黄金贵

这幅画采用的是散点式构图，画面上画了三个人和一只鹤。色彩的运用上有红、绿、蓝、黑和黄五种颜色，画面色彩十分丰富。造型上，人物的形态生动，表情传神。

挑水救火

（八）挑水救火

这幅画采用的是散点式构图，画面上画了两个人正在挑水救火的场景。色彩上主要运用了红色、绿色这两个对比色渲染画面氛围，间用黄色均衡画面。造型上，人物比例协调，衣服纹理处理细致，人物动作生动传神。

（九）昼夜兼程

这幅画采用的是平面横向构图，画面中描绘了轿夫抬轿夜间赶路的场景。色彩的运用上有红、绿、蓝、黑四种颜色，画面色彩十分丰富。造型上，线条的运用有粗细深浅的区分，技法上很像国画。

昼夜兼程

（十）野外祭祀

这幅画是散点式构图，画面内容丰富。色彩的运用上蓝、绿色为主，黄色、红色起到对比和均衡画面色彩的作用。造型上，人物的五官刻画细致，表情生动。

（十一）盗贼入室

这幅画采用的是中心构图法，以俯视的角度全景入画。色彩上运用了红、绿、黄三种颜色，色彩明快，对比强烈。造型上，房屋的结构合理，线条的运用熟练。

（十二）煮酒和喂猪

这幅画采用的是中心对称式的构图，画面上画了一个老人和四个少年。色彩上有绿色、红色、蓝色、黑色和黄色，画面色彩丰富，对比强烈。造型上，人物比例协调，动作神态生动。

野外祭祀

盗贼入室

煮酒和喂猪

阴间判官

兵勇出征

官员赶路

（十三）阴间判官

这幅画采用的是中心对称式的构图，画面上画了判官正在阴间判案的场景。色彩的运用上还是红、绿、蓝、黄、黑五种颜色。造型上，线条流畅，人物动作生动。

（十四）兵勇出征

这幅画采用的是平面横向构图，画面上画了五个士兵排整齐一列站立。色彩的运用上以蓝绿为主，红黄搭配。造型上，人物比例协调，衣服纹理处理得当，线条运用熟练、丰富。

（十五）官员赶路

这幅画采用的是平面横向构图，画面上有连绵山景，有官员骑于马上在山间赶路的场景。色彩的运用上以蓝色、黄色、红色和绿色为主，色彩明亮。造型上，线条流畅，笔触细腻，人物动态生动传神。

吐血之症

（十六）吐血之症

这幅画采用的是中心构图法，画面中心画了一个躺在床上正在吐血的人。色彩运用上以红、黄、绿三色为主，对比强烈，画面视觉感突出。造型上，人物面部表情刻画细腻、生动传神。

迎接

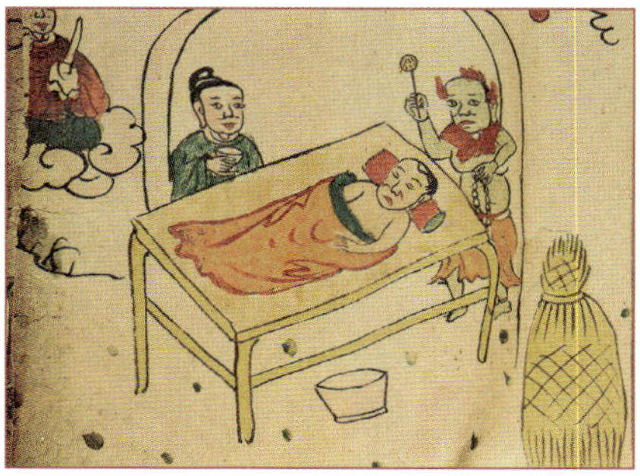

魔缠身

（十七）迎接

这幅画采用的是分散式的构图，画面描绘的是地上的人正在迎接天上神仙的场景。色彩的运用上是经典的红色、黄色、蓝色、绿色、黄色和黑色五种，画面色彩丰富。造型上人物比例协调，线条运用流畅、干净。

（十八）魔缠身

这幅画采用的中心构图法，画面中心画了一个得病躺在床上的人，床边有他的家人、勾魂使者和神仙，这幅画把三个不同时空的人物融于一体。色彩上以黄色为主，搭配红、绿色，画面对比强烈又不失和谐。造型上，人物的面部表情刻画生动传神。

（十九）耙田插秧

这幅画采用的是散点式构图，画面内容丰富，描绘了人们插秧的场景。色彩上以红、绿对比色为主，搭配蓝色协调画面。造型上，人物比例协调，动作生动，画面整体透视合理。

（二十）酒肉待客

这幅画采用的是中心构图法，画面中画了主人宴请客人的场景。色彩的运用上有红、黄、蓝、绿四种颜色，画面色彩丰富，对比强烈。造型上，人物动作生动合理，线条运用熟练流畅。

（二十一）自刎

这幅画采用的是平面横向构图，画面背景是三座山，对应着三个形态各异的人。

耙田插秧

酒肉待客

自刎

箭射天狗

等待贵客

色彩的运用上，以红、绿、黄三色为主，搭配蓝色。造型上，画面上三个人物的形态各异，表情生动，造型夸张。

（二十二）箭射天狗

这幅画采用的是中心对称式构图，画面上画了一人骑马射箭的场景。色彩的运用上，以黄色为主，搭配红绿等其他颜色。人物造型上，射箭人物的动作十分生动传神，衣服纹理也根据动作的不同进行了细致处理。

（二十三）等待贵客

这幅画采用的是中心构图法，画面上画的是一家人在设宴等待客人的场景。色彩的运用上红、绿、黄、蓝四种颜色平均分派在画面上，对比强烈。造型上，人物比例协调，线条运用熟练、简练。

（二十四）供奉神灵

这幅画采用的是三角形构图，画面上背景丰富，人物组成一个三角形。色彩上，以红、绿对比色为主，搭配褐色，画面视觉效果强烈。造型上，线条的运用有国画的技法，粗细有序、疏密得当，人物表情刻画生动传神。

（二十五）保佑行船

这幅画采用的是对称式构图，画面上描绘了正在行船，祈求神仙保佑的场景。色彩的运用上有红色、绿色、黄色，画面色彩丰富，对比强烈。造型上，人物比例协调，形态生动，面部表情细腻。

（二十六）公堂办案

这幅画采用的是平面横向构图，画面上画了很多人正在公堂上办案的场景。色彩

供奉神灵

保佑行船

公堂办案

河边打鱼

算命师傅

攻读经籍

的运用上，有红、绿、黄、蓝四种颜色，衣服纹理上颜色深浅不同，使画面色彩丰富，有层次感。造型上，人物面部表情生动传神，线条运用细致。

（二十七）河边打鱼

这幅画采用的是中心构图法，画面上画了两个人在山下河边打鱼的场景。色彩的运用上，背景是深浅不同的各种绿色，人物则用了红色、蓝色，画面对比强烈，视觉效果突出。造型上，线条运用有国画的技法，人物形态生动。

（二十八）算命师傅

这幅画采用的是平面横向构图，画面上画了天上的神仙和正在山间行走的人。色彩的运用上以红、绿色为主，搭配黄色。造型上，人物比例协调，形态生动，线条运用细腻。

（二十九）攻读经籍

这幅画采用的是对称式构图，画面上画了四个人，正坐在桌前读书的场景。色彩的运用上，仍然是经典的红、绿、黄、蓝四种颜色，画面色彩明亮欢快。造型上，整体透视合理，线条运用简洁干净。

（三十）丰衣足食

这幅画采用的是分散式构图，画面内容丰富，有宴饮场景，有神仙，有动物。色彩的运用上，以红、绿对比色为主，画面视觉效果强烈。造型上，人物比例协调，形态生动传神，人物衣服细部纹理刻画细致。

丰衣足食

打铁制具

（三十一）打铁制具

这幅画采用的是分散式构图，画面上画了两个人正在打制工具，和一个神仙端坐在画面的右侧。色彩的运用上，主要是红、绿对比色，搭配了少量黄色。神仙的衣服把三种颜色和谐地融为一体，十分好看。造型上，神仙的比例较大，其他人物则较小，动作神态刻画得细致生动。

小称小斗，神灵不容，引火烧身

（三十二）小称小斗，神灵不容，引火烧身

这幅画采用的是几何形构图，天上的神仙和地上的人们刚好构成了一个不规则几何图形。色彩的运用上还是同样以红、绿为主，搭配黄色。画面色彩对比强烈，渲染主题氛围。造型上，人物动态略显夸张，线条运用简洁得当。

（三十三）许愿

这幅画采用的是中心对称构图，画面上画了两个人在桌案前向上方的佛陀许愿的场景。色彩的运用上，有红色、黄色、绿色、蓝色和黑色五种颜色，画面色彩丰富，视觉效果强烈。造型上，佛陀的形体塑造较大，线条运用流畅，衣服纹理处理细致合理。

（三十四）鬼推夫妇

这幅画采用的是分散式构图，画面内容丰富，有天上的神仙，有一对夫妇，还有阴间的鬼差。色彩的运用上，以红、绿对比色为主，突出了画面视觉效果，搭配有黄色，使得画面不显呆板。造型上，人物比例协调，线条的运用熟练。

（三十五）官员出巡

这幅画采用的是平面横向构图，画面上画了一队人正在赶路的场景。色彩的运用上，

许愿

鬼推夫妇

官员出巡

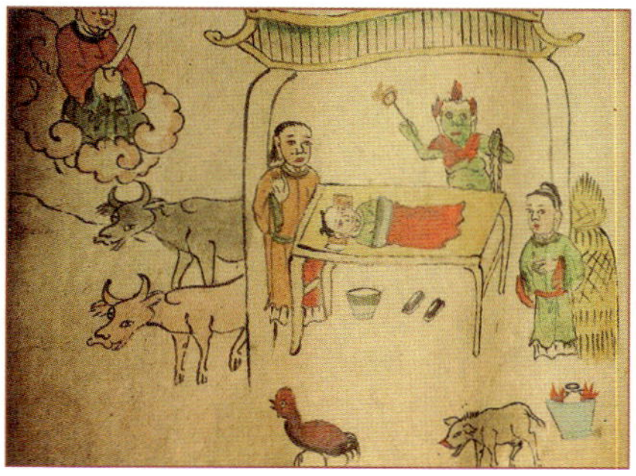
魔鬼勾魂

木匠师傅

神灵入梦

有红、绿、蓝、黄四种颜色，画面色彩丰富，对比强烈。造型上，人物的面部表情刻画细腻，动作生动。

（三十六）魔鬼勾魂

这幅画采用的是分散式构图，画面内容丰富。色彩的运用上以红、黄、绿三种鲜艳明亮的色彩为主，再搭配少量的蓝色、黑色，画面色彩十分丰富。造型上，人物形体塑造合理，线条运用熟练流畅。

（三十七）木匠师傅

这幅画采用的是散点式构图，画面内容丰富，整体多而不乱。色彩的运用上，有红、绿、黄三个主色调和谐搭配，使得画面色彩丰富而生动。造型上人物的形态塑造十分生动传神。

（三十八）神灵入梦

这幅画采用的是对称式构图，画面上画了前来入梦的神灵和正在家中熟睡的人。色彩的运用上，有红色、绿色、蓝色、黄色和黑色，色彩十分丰富，不同部位的颜色深浅不同，显得画面色彩很有层次感。造型上，神灵的形体十分巨大，人的形体则很小，整体的透视关系也处理得当，线条的运用变化丰富。

（三十九）祈求神灵

这幅画用洒脱干练的笔法描绘了祈求神灵的盛况，神明手举大刀，脚踩祥云，村民行跪拜之礼，手拿祭品。场面宏大，表情各具特色，用流畅的线条勾勒出生动多姿的人物形态，色彩明快和谐。

祈求神灵

比武会友

缢鬼作祟

外出贸易

赶路心切

野火烧山

（四十）比武会友

该画主色调为红绿色，画面对称简单。描绘了武士斗武的内容，画面中的两个人手举刀剑、棍棒， 做打斗状，人物惟妙惟肖。一人为红衣绿裤，一人为绿裤红衣，画面的左、右各有一个石墩，后面的彩云是用红绿色，使画面联系起来，更加和谐。

（四十一）缢鬼作祟

这幅画采用的是横式构图，人物、草木等画得很生动，笔法强劲有力，左下角的鸡，简单几笔就将它雄赳赳的气势勾勒出来，色彩浓淡适宜。人物表情较为丰富，主次分明，场景丰富生动，画面清楚、完整。

（四十二）外出贸易

这幅画采用的是横式构图，用线苍劲有力，四匹马一字儿排开，腿部健壮有力，画面中两个人身背行囊，手持鞭子做挥舞状，赶着四匹马。每匹马分别用不同的颜色渲染，马背上驮着货物，行走在山峦间，清楚交代了画面内容。画面色彩明快，场景生动。

（四十三）赶路心切

这幅画内容简单，构图饱满，蜿蜒崎岖的山路，有着绵延不断的山川，郁郁葱葱。画面中一人做奔跑状，迈着大步，还描绘了这个人想象出来的画面：一个人骑着一匹快马带着他，飞快地行进着。画面以绿色调为主，场景生动。

（四十四）野火烧山

这幅画采用的是对称构图法，色彩亮丽，用线潇洒流畅，画面中一人身着红色，一人身着绿色，两人手举火把， 做扑火状，后面的山上布满火苗，云朵上端坐一个神仙，画面以红绿色为主，场景生动。

（四十五）杀牛祭祀

这幅画采用的是平面横向的构图，图中三人呈一字儿排开，一个人手上举着刀，神情威武，蹲在牛头前，手握牛角，割了牛的脖子。一头牛的四肢被绑着，躺在三个人的前面，脖子上的血喷到地上。这幅画用色鲜艳，主用红、绿色，用黑色来勾线，笔法豪放，线条流畅，造型简洁，布局有序。

（四十六）蛇虎之灾

这幅画采用的是对称式的构图，图中人物两两对称，布局合理。左下角的人光着上半身，下半身着红色裤子，被一条黑色的蛇缠住了，身上被蛇咬伤，做惊吓逃跑状，右下角的人光着身子，身后一只凶恶的老虎，此人被虎咬得浑身是伤，瘫在地上，脚被咬掉一只。山后站着一个穿着绿色衣服、戴着帽子、手执拐杖的人，后面的神仙乘着云彩在画面的左上角。画面中表现的场景动态十足，画面生动，线条十分流畅，用色鲜艳，比例协调。

（四十七）落水落井

这幅画采用的是三角形构图，画面中的描绘两两对称，画面左半部分有一座，山下有条河，河里有个人做挣扎状，右侧跟左侧对应有座山，山下与河对应着一口井，井里的人倒立着，两腿分开， 做挣扎状，画面中间站着一个人，头朝向右侧但是身体朝向左侧。上半部分画了一轮红日和一个神仙踩着祥云站在空中。画面中的线条流畅，笔法娴熟流畅。画面构图简单，色彩使用和谐，主要使用红、绿、黄色，场景生动。

杀牛祭祀

蛇虎之灾

落水落井

求神保佑

善有善报，悠闲地走过奈何桥

恶有恶报，奈何桥下受煎熬

（四十八）求神保佑

这幅画采用的是斜线构图方式，画面中四个人物按照一条直线排列，神仙身着绿衣，手中抱着一个孩子，有个随从，手里拿着一把扇子，跟在神仙的身后。中间恭恭敬敬地站着一个身穿华丽红色的官服、双手放在胸前作揖的人，在他身后站着一个侍从，身穿绿色衣服，头上有两个发鬏，身后有一头驴。背景为一棵树，一个太阳，该画线条流畅，笔法流畅有力，构图协调，用色鲜亮，场景丰富生动，画面清楚完整。

（四十九）善有善报，悠闲地走过奈何桥

这幅画画面生动，画面中描述了一个人独自过奈何桥，身上衣服破破烂烂，气定神闲地走过奈何桥，一道威武的大门在桥的前面，画中人正在往大门口走去，画面中的颜色以冷色调为主，主用绿色，画面构图合理，用色明快，背景丰富，线条流畅有力，清楚交代画面内容。

（五十）恶有恶报，奈何桥下受煎熬

这幅画画面内容丰富，构图饱满，画面中用简单的线条勾勒出了一座“奈何桥”，“奈何桥”下的河里有两个人在水里挣扎着，两人被蛇咬得浑身是伤，岸上一只狗冲着他们狂吠，桥上一人手里举旗，一人身穿绿衣手执拂尘，与身穿红衣的人对话，画面中以红色和绿色为主，用色鲜艳，人物表情服饰刻画细致，神态传神，笔法有劲，画面生动。

刀舞

（五十一）刀舞

这幅画运用了散点式的构图，画面饱满，气势雄伟，画面中描绘了热火朝天跳刀舞的盛大场景，画面的上部分描画了一个神仙驾着祥云遨游在彩云之端，下部分描画了五个人在跳刀舞，排列有序，前面第一个人手拿树枝，中间两人赤裸上身，下半身穿虎皮和树叶；后面两人赤裸下半身，分别着红、绿色衣物，脖子上戴有饰品。画面中主要使用红、绿色，色彩十分鲜艳，人物刻画细致，线描纯熟，刚健流畅，布局别致。

（五十二）祭奠亡灵

这幅画使用了三角形的构图，画面内容十分丰富，天空中的一人乘着云彩，画面的左边是一口棺材，棺材的两个面是画成一个平面,棺材的前面放着祭祀的桌子，桌上放着满满的祭品，桌前拴着一头牛；祭品桌两边跪着两个人，身穿绿色衣服，双手作揖，桌前跪着一个身穿黄色官服的人在行跪拜礼，身后有一人，身穿红色衣服，手举旗子。画面饱满，线条流畅有力，画面中以红绿色调为主，用色明快，情节描写细致。

祭奠亡灵

（五十三）放生

这幅画采用了三角形构图，画面中间的太阳描绘细致精彩，山上风景丰富，画面中三个人成一字儿排列，中间一条河将他们分开。河中间有两条鱼自由自在地游着，河的右边一人身穿蓝色衣服在将鱼篓里的鱼拿出来放生，身后跟着一个随从，河的左边为一个渔夫，头戴斗笠，手拿钓鱼竿、鱼篓，鱼篓里装着钓起的鱼。画面结构合理，内容清晰，色彩丰富，主要用蓝、绿色调，偏冷色调。画面描绘精致。

放生

（五十四）虎叼婴儿

这幅画采用的是横式构图，画面内容丰富，画面左上方一个神仙乘着云彩遨游，右上方一只神兽，身上充满鲜血，画面左下角的人手举锄头，一人手抱孩子，表情凶狠，前面一只雄赳赳的大红公鸡，身后一只凶狠的老虎，口中咬着一个孩子，画面结构合理，色彩鲜艳，

虎叼婴儿

家庭和睦

各为其主

放筝娱乐

清明上坟

以红绿色为主，线条流畅，画面简单明了。

（五十五）家庭和睦

这幅画采用的是三角形的构图，画面和谐，画面的左半部分是亭子下坐着一家三口，母亲抱着孩子，父亲用慈爱的眼神看着母亲怀中的孩子，右半部分描绘的是一个人赶着牲畜，牛、羊、猪，上边是两堆粮仓，粮仓旁是一棵摇钱树。画面主要采用的是暖色调，以红色和黄色为主，线条流畅，人物刻画细致，画面朴实生动，呈现出一幅人畜兴旺的景象。

（五十六）各为其主

这幅画采用的是对称式的构图，画面中的上半部分是两条龙踩着祥云，在空中戏耍，神仙神态怡然地踏着祥云，画面的下半部分是一个人跪在地上，身边有一只鸡和一头猪。这幅画的笔法娴熟，色彩绚丽，主要采用了黄绿色调，颜色搭配和谐，画面结构完整合理。

（五十七）放筝娱乐

这幅画采用的是横式构图，画面中的人按从左到右一字儿排开，最左面是一对夫妇坐在亭子下，男人穿着官服，手执扇子，妇人手抱孩子，两人的目光投在面前一群孩子在放风筝，场面热闹，趴在地上的，手拿风筝线的，跑着的，一派祥和的景象。色彩多样，构图简单合理，用淳朴的画法描绘出一幅耐人寻味的画。

（五十八）清明上坟

这幅画采用的是三角形构图，画面中有三个人和一个神仙，三个人在墓前做事，一人身穿官服在墓前行跪拜礼，一妇人在用锅煮东西，准备祭品，后面一人身穿绿色衣服，手中拿着碗，神仙怡然地在祥云上看着这一切。画面中运用了红、黄、蓝、绿四种颜色，色彩亮丽，人物形象描绘表达到位。

（五十九）欢庆

欢庆

这幅画采用了散点式构图，画面使用简洁流畅的墨线勾勒外形，再用红、绿、黄、蓝四种颜色施以色彩。画面的左半部分是三个人手拿红色鼓槌在打鼓，中间一人身穿红色衣服，下半身着宽裤脚裤子，吹着唢呐，右边两人站在旁边拍手叫好。这幅画构图合理，色彩绚丽，人物众多，画面生动和谐，完整地表现了欢庆的热闹场面。

（六十）耍狮

耍狮

这幅画采用的是横式构图，描绘了耍狮的宏大场面，前面一个领头人，身穿红色上衣，手拿火把，身后一头栩栩如生、色彩斑斓的狮子，再往后是一群手拿乐器，演奏音乐的人，他们欢快地舞蹈。描绘的场面生动，表情各异，画面中主要使用了红、绿、黄三种颜色，色彩运用和谐，线条使用流畅，构图合理，场面十分热闹。

（六十一）虔诚叩拜

虔诚叩拜

这幅画采用的是三角形构图，画面中的左半部分有两个年龄稍长的人，一人着红衣，一人着绿衣，坐在上位，两手放在袖口里面，面前是一张桌子，上面摆满了东西，香炉、酒杯、蜡烛等，桌前有几个旗子，桌子两边站着两个人，桌前跪着一个人，身旁一只鸡在踱步，天上有个神仙神情泰然地站在云端。画面中使用了红、绿、黄、蓝四种颜色，色彩运用合理。

（六十二）祈求神灵

祈求神灵

这幅画采用的是菱形构图法，画面底部有一个人虔诚地跪在地上，中间一只大红公鸡独脚站着，天空中站着各路神仙，画面中以红绿色调为主，画面构图合理，用色和谐，线条使用流畅，画面古朴简洁。

五、贵州水城毕摩绘画

（一）占十二属

此图为占十二属的卜卦之用，即占狗、马、虎三年；兔、猪、羊三年；猴、鼠、龙三年；牛、鸡、蛇三年生的卦象。

本图竖排列，在图形的构成中称为上下排列式的二方连续式。每三年为一个卦“图表”每一个圆形图中由标格分开，共四个圆形图表构成。

图形为三个同心圆，卦文有十二条，从图中第二个圆心点向外排列，形成放射状。最中心核心圆为红色，远看像孩子画的太阳。

（二）春夏秋冬

此两图为春夏秋冬，由四个人像及文字呈现，左上图为“春”，人物造型头戴明代的官帽有两翅竖立，是红色，身着官服。衣领为圆领，人的颈部为红色，衣襟是中宽衣边且交叉于胸前。腰间系一条带纹样的腰带，纹样是黑白相间的，但图像不明确，中间穿红色敝膝，脚穿黑色尖鞋子。

画面均采用单线平涂的方法绘制，人物面部表情生动，一双双大眼神采奕奕，手从正面看不到，应该是背于后背。头顶两行文字，右肩由里向外向下一行文字，像是一条文字手臂垂至地面。但文字的排列与图构成了一个统一的流动的画面。

“夏”在右下方，是春的下方。这幅图的人物形象较为简洁，好像是蹲马步，或坐于高处，手扶着膝盖，目视前方，头上系一条头带，头发用短线表现。面部神态安详。浓眉大眼高鼻梁。 衣领为圆形塌领，颈部及裤子是红色，裤子长于脚面裤脚有一条灰色的镶边，脚上最着黑色的翘尖鞋。这幅画下最神奇的是整个胸腹是用一条文字表现。

占十二属

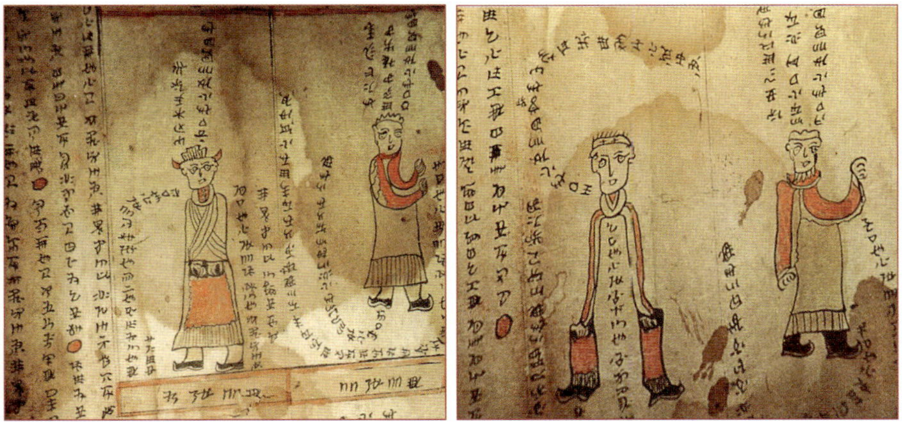

春夏秋冬

无法了解衣服的造型的特征。别处文字如同藤条一样从颈部左向右形成一个半圆形，左脚下也连接着一条文字，自脚底弯向上至肩颈部。

“秋”在右上方，人物动态为正面站立，头上是直立的短发，双手向左举至胸部位置，颈部和双臂是红色。连体长袍至小腿下段，裙下摆有三寸左右的百褶边。脚穿黑色翘尖鞋。画面单线干涂，文字与前面的描述一样，如本图，头顶有三行垂直的文字，一条文字从脚由下向上弯曲绕到肩部，另一条文字是从右手边的双手部位向下环绕着脚和左边的文字外面又向上至头顶部位，这些文字是用来说明图的含义的，但与图像共同组成了一个整体的画面。整幅画的线条曲直相宜，简洁明了。

“冬”的人物图像，其造型和衣着与秋相似，但不同的是头上戴着帽子，颈部围着围脖，脚下穿了黑色的靴子，围脖和上衣袖是红色。人物动态是右手自然下垂，左手抬起至嘴的部位，好像是指着右边的方向。文字从头顶有三行，左手左脚分别各有一行。

（三）岁月花树组图

在这一组毕摩绘画中最让人惊异的用 30 种树来比喻和象征人的命运。而且每种树的造型各不相同。原图每幅由多种树组成，本书为方便观看，将其拆分为多图。这些图以花树的茂盛、枯萎来预测人在一个月中每日的运程。

首先我们来看组图 (1) 占 1—6 日的花树图。它由三棵不同种类的树组成。第一幅中树的造型像竹子，由三棵构成，但树干好象缺少水分和营养，树枝低垂，毫无生机，色彩是用蓝色表现，而树的根部却是一个扁底座的火盆，并且上面长着红色像剑麻一样的植物。花盆与上面的植物一样流动似火苗，也是红色。花盆的中部是鱼鳞纹，有线条没有色彩的装饰，最底部是一团红色的肉根。造型是自然的不规则形。

中间一棵树，是一棵较大的树，树的根部粗壮，形似柳树，两组对称的枝也较粗壮，树的中心顶部又有新枝发出，整棵树是绿色的，给人一种生机勃勃的感觉，树根底部是长在土里。土的下面是红色的根茎，根茎主次分明，像一只蝴蝶趴在下面。

最下面的一根树像是一些茂密灌木。造型弯曲流动。根部是一个圆球形，上面的纹饰像菠萝。色彩是红色，上面有两排三角形的装饰，我们通常也称之为锯齿纹。下面是鱼鳞纹加红色点的装饰。最底部似一个树疙瘩的底托。用蓝色绘制，整体是以曲线表现的，给人以流动、圆润之感。

岁月花树组图 (2) 占 7—12 日花树，此幅画由多棵树组成，每一棵树种类不同，造型各异，所展现的状态也不同，寓意也不同。第一棵似拐枣，以一棵粗细变化的主干

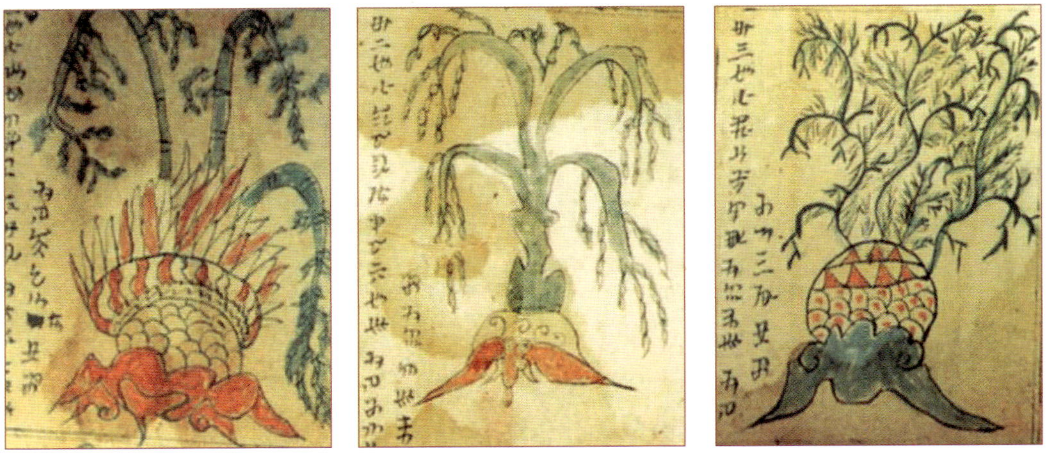

岁月花树组图（1）

岁月花树组图（2）

多个分支构成；色彩有红、蓝两色，主干为蓝色，枝叶有红有蓝，根部是一个红色的小土包，外形是一个梯形，中心部用曲线画出似树的须根的纹理。第二幅中间一棵是蓝色，左、右两边各有一棵小树，上面有绽放的花朵，色彩均为红绿相间。根部形似一条小船，色彩红白相间。第三棵树形似棕榈，四棵一排并列，中间高两边矮，根部较写实，画出了盘根错节的特征。树干和树叶简单明了，特征突出，色彩均为蓝色，

岁月花树组图（3）

只有树根的两边为红色，好像是代表土地的颜色。

第二排的第一幅也是三棵树为一组，中间高两边矮，形似龙爪柳，根部似棉花。整棵树及根部都是蓝绿色。

由于每一组图中又由 3 棵、6 棵和 9 棵树组成，前面已经做了详细的描述，后面的就不再一一描述。总之，这 30 棵以花树喻人的画面的主要特点是：（1）以写实的造型和色彩进行呈现。（2）每一棵花树的根部都以不同的造型表现，其特点可归纳为三种类型。即①根与土；②不同造型的花盆；③有特殊含义图形根部。（3）花树的结构也分为三种形式，即第一种是单棵树；第二种是三棵或多棵树，但主次分明；第三种是两种不同的组合在一起，其中也有小鸟和蝴蝶。（4）色彩主要是以红、蓝、

岁月花树组图（4）

岁月花树组图（5）

黄、绿 4 个颜色构成。树叶主要是蓝色、绿色，花是红色或黄色，土地多数为红色。

这些花树用类似标本图的方法描绘了 30 种不同的花树。构图也是较规矩的，横或竖的对称排列，树与树之间插有文字。

（四）占甲子生时

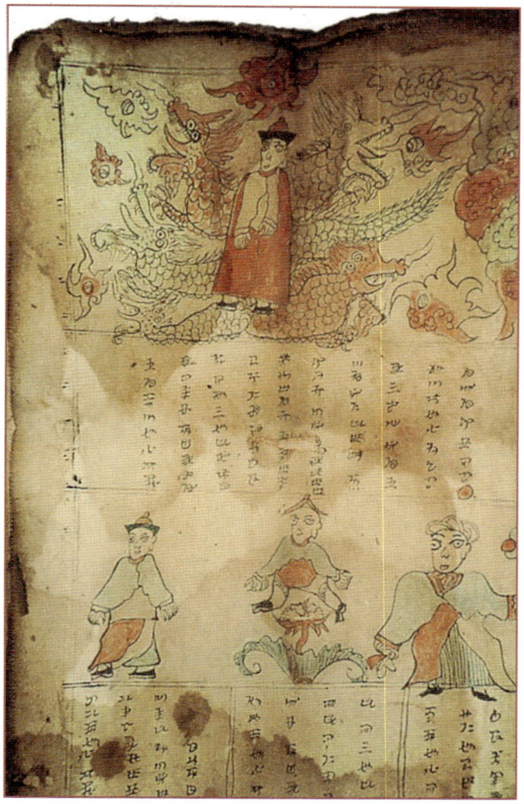

占甲子生时

位于上方的画面是五条吐着珠和火球的龙，龙头向左三条，向右两条，由下至上堆砌或交错排列，最上方的龙体积最大，在五条龙的中间站立着一个人，身体向左微侧，头则转向右边，从外形特征看这个人是一名男性。头戴清代的帽子，身穿白色的长袖衬衣，外披一件红色的长至脚踝的外袍，一条手臂露在外面，脚下穿一双黑色鞋子。此人头顶上是一大团形似云中的太阳，又似带火的龙球一样。而人是站在最下面的两条龙身上的，最右边是团团上升的云朵一样。整幅画线条流畅，造型生动，主次分明，特别是人物放置在画面的中心位置，格外显眼，色彩鲜艳，红、蓝、橙搭配协调，人物的帽檐及鞋子的黑色点缀，起到了画龙点睛的作用。

下端是由三个不同动态的人组成，从画面左边的人的穿着判断是一个男性，正面站立，头微侧向左面，头戴如上面描述的帽子，但上衣为蓝色，从图上看，好似披风，内穿白色长袍，蓝色长裤，黑色鞋子，但腰间斜系一块三角形红色围布，看上去有几分时尚的装饰的韵味。中间一男子是跨跳的动作。双手双腿张开，胯下有一个类似火盆的东西，但在盆的下方还有一个像羊角一样造型的物体，因为盆是红白相间，放在中间，而这个像羊角似的物体为蓝色， 所以不知是角还是一种植物。人物的穿戴像是一个毕摩，头上的帽子为尖部呈三角形。上身也是蓝色的披衣，腰间是红色的围布，白裤黑色浅帮鞋，应是跳跃式的动作，在比例上，此人小于其他的人物。 右边的人物，是一个高大、壮实的女人，这是因为从人物的身貌特征及着装上判断的。这个人头上缠绕着头帕，内有红色衣服，外披蓝色披风。下着三色裙子。脚上是清代的小脚鞋，为黑色。这个人一只手拿着花，另一只手拿着灵芝或是如意一样的东西。三个人物形态各异，面部都一致向左，造型结构简洁，比例透视准确，色彩清新，意境生动明了。上下图构成了一幅完美生动的画面，也充分体现了毕摩的高超技艺。

（五）占宅基

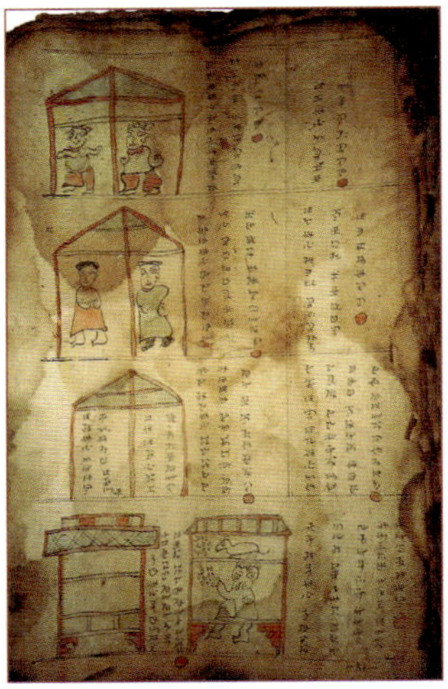
占宅基

这幅画分五个场景表现，画面呈L形构成。场景由上至下，因为是占卜建筑房屋的宅基地，所以画幅以房子的简单造型手法，三角形与长方形为组合来表现。房屋内又分割为两份。里面是一男一女。第一场景中的男女好像在跳舞，两人互递秋波，是一幅欢悦的场景。女性缠头帕，上衣为蓝色，下裙为红色，男性头上是直立的短发，上着蓝色上衣，下着红色长裤。两个赤脚。第二个场景中，男子身着蓝色长袍，头缠包帕，脚穿黑色靴子，手叉腰间，面部表情严肃。女子头缠黑色头帕，身穿白色上衣，下着红色长裙，双臂抱于胸前表情好像在生气。赤脚站着，面部背向男子。第三场景为房屋内只是文字。第四场景像是地宫，外形像交通岗亭。顶层红白相间，第二层是蓝色上有X纹饰。下面的长方体被分为三层：一层似天顶，二层是长凳子，三层就到地面了。第四场景的亭子，顶上好似瓦顶，屋内分为二层，上层有一只老鼠。头向画面的左边，头前面有植物，像是谷物。下层有一个人坐在凳子上。手上捧着的谷物与老鼠面前的一样。

这幅画以简练二线条，点、线、面相结合，场景层次分明，色彩点缀恰如其分，有较强的装饰画特点。

（六）占男女生月(1)

占男女生月（1）

整幅画的构图呈左右竖排列，中间穿插有文字，画面左边是一条红色的大龙，头向上，大张着嘴，神态凶猛，背部是飘浮的云朵，下面有两条鱼跃出水面、动态呈V字形，两条鱼面对面、嘴对嘴，好像在互相交谈着。右边自上而下有三个人装饰不同，但每个人都从不同色彩的山坡上掰扯不同的花树，动态及表情各异，衣着色彩也各异，红、蓝、黄、白、粉搭配，有较强的艺术性，中间的是一个女性，神态娇媚，女性脚穿小脚鞋，男性穿黑色靴子，神态自若。整幅画很大气，特别是那条威猛的龙，表现手法虽是单线平涂，但也有少许的深浅晕染。

（七）占男女生月（2）

此图与（六）中的三个人纵向排列非常相似，只是（六）的三个人物是靠画面的左边，服装及性别的排列有所变化，如本图中女性排上第一且头戴毕摩的毡帽，右肩臂外露。

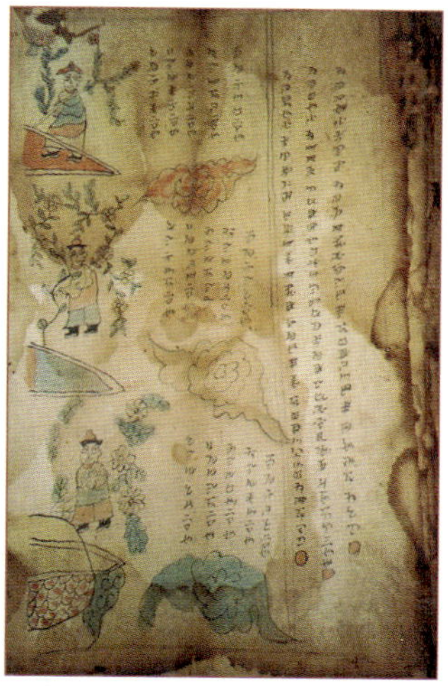

占男女生月（2）

（八）占午年所生

这幅毕摩经书画与多数毕摩画一样，是以插图的形式呈现。图在书的上、下两边，上边分别是两栋建筑物的一角，一角似长廊的下角，一幅是房子的两根高柱，柱子中间有云在升腾，这可能是表达时间的一种形式，虽然抽象但却能占到主题，线造型为主，淡施红、蓝两色。下边是一个头向下的人和红、蓝两匹马，人和画面右边的蓝色马好像是在睡觉。中间的红马是在走着的。整幅画寓意生动形象。以写实的形象与抽象的情景相结合，让人一目了然。

占牛年所生

（九）占生意福禄(1)

这幅画位于原经书的上端，并由三个场景组成，从左到右排列，第一组是一对男女，女性双手交叉于胸前，头上是小圆帽，蓝色的长袍，红色的外披，黑色的靴子。男性却坐在一把豪华的雕花椅子上，头戴冠帽，身穿蓝色的对襟上衣，白色的长袍长至脚踝，脚穿蓝色的鞋子，看似一个富贵之家。第二场景是一个大的百货架，上面放着布匹和锅、碗、壶等物品。第三个场景是一个人在称着物品，还戴着一副眼镜，像是一个账房先生。整幅画以情境的方式呈现，色彩只用了红、蓝、白三色。情境简洁直观。

占生意福禄（1）

（十）占生意福禄(2)

占生意福禄（2）

此图是前一图的延续。图画原位于经书的中间位置，图从左到右排列，由四人与马组成，头一个人骑在马上，后面三个人分别拿着不同的兵器，看似保镖跟随在骑马人的后面，一个举着大刀，一个手持标枪，一个举着弓弩。三个拿兵器的人虽然上衣均为蓝绿色，但下裳却是不同的颜色，一个是蓝色，一个是红色，一个是白色，脚上的鞋也不同，拿刀的穿的是长靴，后面两个穿的是鞋子，在图中体现了不同身份和地位的人物形象，造型手法及构思细腻。

（十一）竹树记日

此图为用竹树记日的图表日历，整幅画均高低不同的竹竿排列，排列方式为五行，在第三行的两端有两幅小的插图，整个画面形成一个线的构成图，有一种节奏感。

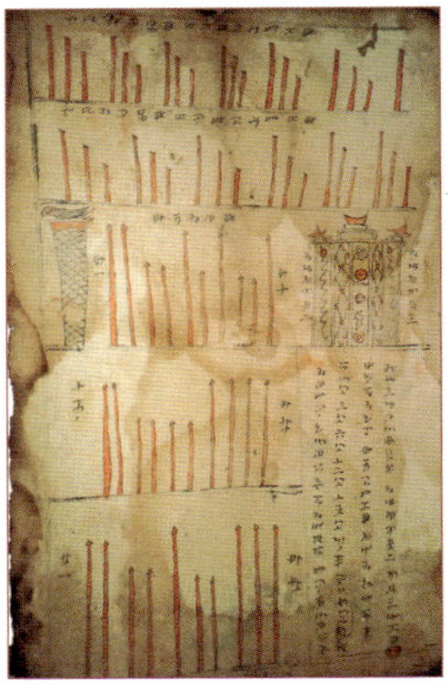

竹树记日

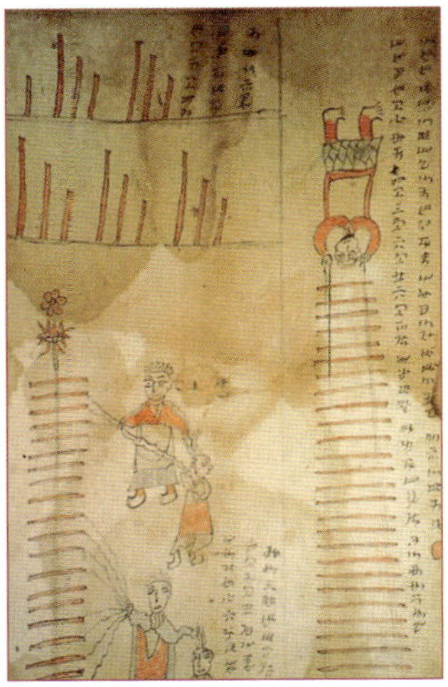

竹树记年

（十二）竹树记年

此图是前一图的延续，但记日变成记年，竹竿的排列为梯阶式。中间有人物做参照，而且是大人和孩子。这幅画的右边是高高的梯上倒立着一个人，像是杂技演员一样，整幅画以简洁的线条排列与写实的人物形象的表达形成了鲜明的对比，且以图物记时记日，参照物形象生动，可谓是古代统计图表的典范。

（十三）官方记时

官方记时

此图展现的是官方的记时方式，一个官吏俯身丈量身影，另两边是担着一个灯笼或罐子，好像是在饮马，绘画手法写实，造型生动形象。

占时

（十四）占时

此图与前一图应当是占时最长的，本图原位于经书的上方，左、右分别是一头羊和一条龙，中间是两个人，靠左的是一女人的样子，大肚子露在外面，两腿叉开，另一个人却手持一根长杆，顶天立地地站着。这幅画的艺术性在于它用人与动物做对比，表现出了不同的时空概念。

占属猴女子命运和属鸡的命运

（十五）占属猴女子命运和属鸡的命

此图为占生辰。图画为两组，从左到右的第一组是一男一女，男性头戴斗笠式帽子，帽子顶部有圆球，帽子形状为三角形，分两层，均为深浅不同的红色。上衣为红色，内着蓝色长袍。脚穿黑色鞋子，他把手扶在女性的侧背，女性好像被推动身体向外倾斜。但奇特的是男性的手像一头大象的鼻子，“鼻子”从男子的颈部伸出并弯曲着伸向女子的侧背，两个人的面部表情是喜悦的。女子的特征是头上盘着发辫，上身穿蓝色衬衣、红色马褂、白色后围裙，内裙是蓝色的上下两层百褶裙。第二组为一男子与一只大公鸡，男子头戴官帽，身着蓝色长袍，外披红色披毡，脚穿黑色靴子，双手伸向大公鸡，与大公鸡面对面好像进行着交流。大公鸡比人大一倍。大公鸡造型生动简洁，类似简笔画。整幅画卷为单线平涂的方式表现，但人与物的造型更接近卡通，比例也较为夸张，即女人比男人高大，鸡比人高大。

占人生前程

（十六）占人生前程

此图为占卜人生前程的画面。此图与（十三）的图非常相似，画面左边的人物头戴明朝官帽，身着红色长袍，外披蓝色披毡，脚穿黑色鞋子。此男子右边垂直着一行纹样，大概是代表着此人在思索。第二个人物头戴三角形斗笠式帽子，身着蓝色上衣，下穿红色袍子，脚穿黑色鞋子，脚的下面是一团错综复杂的线路图一样的图像，其中有一条线直冲天空，旁边是一只动物，其面似猴，四脚似牛羊。动物的造型如孩子的简笔画。整组画的表现方法是写实与抽象相结合。

占属马的

（十七）占属马的

此图左半边的画面与（十三）的图右边画面非常相似。右半边的人物形象与（十五）的图相似，唯一不同的是人物的动态，此人物是坐姿，其旁边为马，右下方是一条双头卷曲的丝带一样的符号，整幅画面给人一种压抑和不明确的感觉。

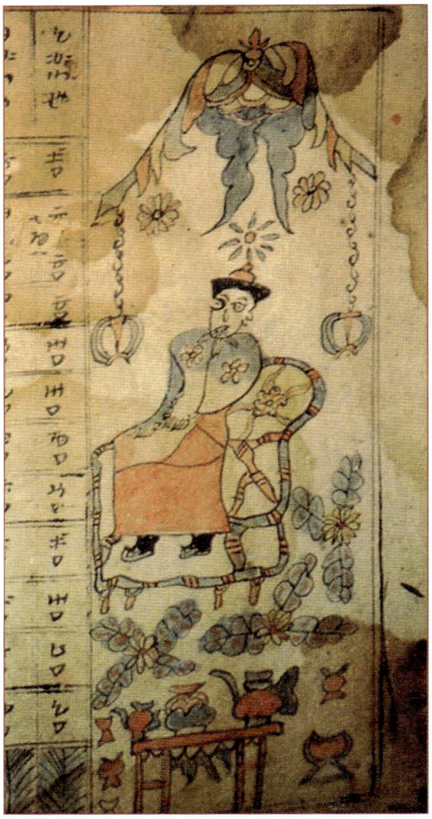
占十二属相生辰福禄

（十八）占十二属相生辰福禄

此图原位于经书的右边，图画为上中下结构，上方为似花似蝶的图像，类似蝶的翅膀下面分别悬挂着两个灯笼造型的物件，在类似蝶的凤尾两侧有两朵黄色的菊花。中间为穿官袍的男子，坐在椅子上，头戴官帽，上穿蓝衣，下着红袍，脚穿黑靴子，男子的头顶有一个似太阳的纹样。椅子的下方有花草，花草下面有一个案桌，案桌上放有类似于香炉、钱袋和壶等的器皿。整幅画以写实手法表现，特别是人物衣服上的刺绣图案都有表现，靴子也画得层次分明，展现出作者具有高超的观察能力和写实能力。

动物繁衍

（十九）动物繁衍

此为动物繁衍图，整幅图原位于经书的下方，但是占据了五分之四的比例。从构图上看，此幅画为散点式构图，图上的形象为四匹马、两位兽医。图中有红色斑点的马为母马，其中一对马正在交配。整幅画面线条简洁，造型生动形象。

（二十）占牛年福禄

此图为占卜牛的福禄。此幅画原位于画面中央，三头牛组成一个三角形，人物站立于牛后方，双手位于腹部中央，貌似正在占卜三头牛的命运。最前方的一头红色的牛健壮有力，另一头红牛紧跟其后，也是充满生机，第三头牛躺在第二头牛的下方，呈蓝色，体形明显瘦弱，整幅画形成一个斜三角构图。表现手法简洁，色彩鲜艳。

占牛年福禄

（二十一）占各年火灾

此图原位于经书中上部，此图呈现的是毕摩带领鹰神在火旁占卜。此图人物与火的比例是一种主观意向的表达，火占据了三分之二的空间比例，毕摩和鹰神正在施法，形态生动贴切。

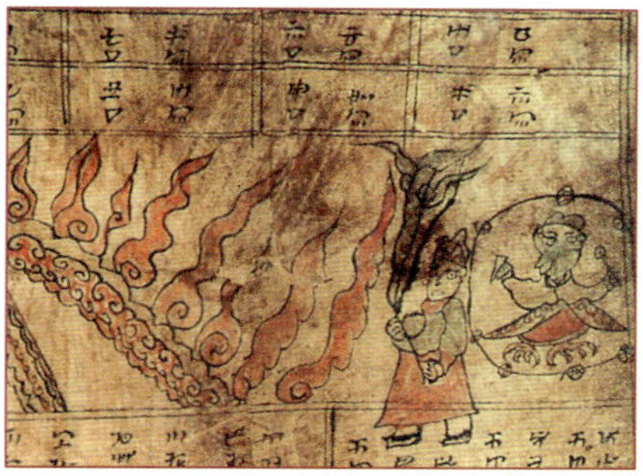

占各年火灾

（二十二）占福禄之一和之二

这两幅图为毕摩占福禄卦象。前一幅图位于原经书上方，由四个不同动态、不同身份的人物组成，由左至右，第一位人物形似道士，第二位形似商人，第三位形似官员，第四位形似毕摩。四位人物的表情分别是严肃、期盼、得意、高兴。从绘画角度分析，人物比例基本正确，表情自然生动，色彩协调，人物身份刻画鲜明。后一幅图对应前一幅，同为人物主题，此组由左至右五位人物中，前三位各自手持不同的兵器，第四位、第五位分别为毕摩和判官形象。这两幅图绘画手法简单稚拙，但不失生动、形象，人物造型简洁大气，面部表情丰富。

占福禄之一

占福禄之二

（二十三）牛年运程

此图原以动物的福禄寿喜和交配为背景，整幅图处于画面的中央位置，图由三人一牛组成。前面一位人物为毕摩牵着一头牛，后面有屠夫，还有一位弓箭手跟在后面正在准备射杀牛，这就是为牛占卜的卦图。这幅画

牛年运程

以线为主，由红、蓝、黑三种颜色组成，表现手法简洁明了，人物造型形象生动，画面的处理有一定的透视关系。

（二十四）生辰占卜

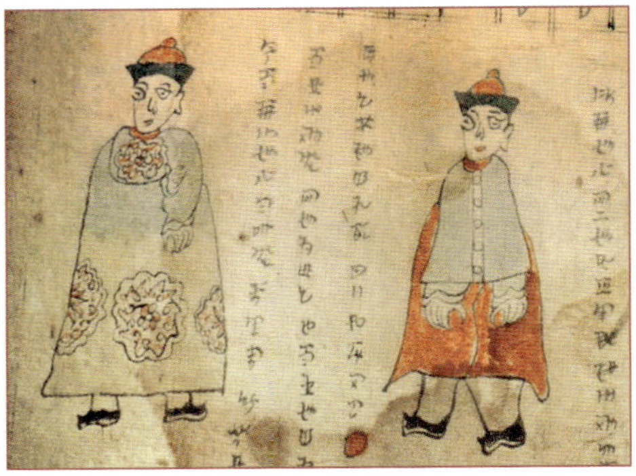

生辰占卜

此图是为生辰占卜的图画，图画主要是以人物和图画相结合，表现手法主要是以写实为手法，画面中的两个人，均为男性。位于画面左边的人物，穿着绣有大团花图案的长袍，另一位穿着红色长袍，蓝色短外套。整幅画面有较强的整体感，构图虽显呆板，但人物刻画较为细致。

（二十五）命运占卜

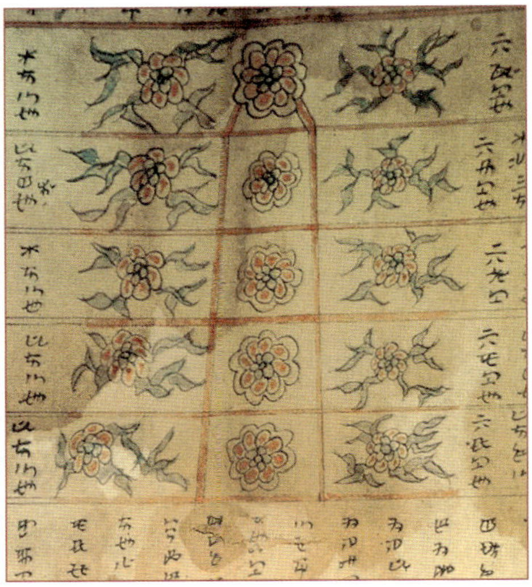

命运占卜

此图为占卜命运的图画，整幅画面处于原经书的中央，此幅画以九宫格形式进行分割排列，格子为五横三竖，中间部分形似塔形，最顶端依次向下有五朵团花，两边分别为带叶的花朵，每边五朵，共有十朵，整幅画面是以图表的方式排列组合，不像是一幅纯粹的绘画，更像是一组图案的构成。

（二十六）占六十甲子

占六十甲子

此图为占六十甲子，图中有四人，按从左到右的顺序，第一人为占卜师；第二人衣着豪华；第三人手持一器物，后背一对称的木架，形似一个体壮的木架；第四人是一位年长的男性，端庄的坐姿，长长胡须，显示了他的年龄，在他的旁边，有一个抽象的符号，形似一只飞翔的鸟。整幅画面，以写实的手法进行表现，人物刻画从服装到年龄、身份、职业，尽显其中。色彩丰富，有一定的立体感，也有较高的艺术表现能力。

（二十七）占女子生年（1）

占女子生年（1）

此图是占卜女子生年的图画。图画分两组，左边一组为一对男女的人物形象，女子为典型的彝族妆容，头发高盘于头顶，浓眉大眼，双手放在胸前，宽大的袍子以三个层次组成，衣领为红色，衣袖为蓝色，中间系一块白色的围裙，下着红蓝相间的百褶长裙，脚为三寸金莲的小脚。可以看出这是一位孕妇，旁边的男子对其表现出呵护的动态和表情。另一场景为一男子坐于藤椅上，面向左边，在他的前方，有一条直立的蛇。整幅画面，以单线平涂的方式表现，人物表情丰富，构图为连环画式的图解。色彩鲜艳，层次分明。

占女子生年（2）

养马受损

达官贵人

（二十八）占女子生年（2）

此图是前一图的延续，图画为单向排列，人与物混合组成，整体场景，从左到右排列。左边是一位正在生产的妇女，腹中的胎儿头向下，女子表情自若。右边为一梯子，梯子的旁边是一把五齿尖叉，叉子中央是一个婴儿，叉的下部有一团云雾。最右边是一位毕摩形象的人物，正在为产妇占卜，神态严肃、紧张。整幅画手法写实，内容表达清晰。

（二十九）养马受损

此图是一幅养马受损的图画。图画由蓝、红两匹马组成，线条流畅，造型简洁生动。两匹马为正反构图，头的方向分别向两个方向。此幅图，无论从哪个方向看，都为一正一反，有较强的形式感。

（三十）达官贵人

此图表现的是贵族阶层的形象。 此第一个情景为一个贵族身份的人物，旁边是仆人为他撑着伞。第二个情景是一个男子肩挑担子，左手举着一把伞。第三个情景是天上飘着云朵，云朵下面是一个正在犁地的人和牛。这幅画卷造型生动形象，色彩主要以红、白、蓝组成，但在物与人的比例上较为夸张。

（三十一）占卜情景

此图为正在占卜的情景，毕摩和法师正在作法，这组画表现了毕摩和法师们不同的动态、表情、作法的方式以及分工的不同。

占卜情景

（三十二）占龙年福禄

此图为占龙年福禄，图画由左、右两部分组成，左边部分是一条威武的大龙，龙的身体呈U字形，龙头前方是一枚龙珠，龙的背部有鸟和鱼，龙的身下是一些花草图案，色彩由黑白两色绘制。右边一图是树林和两只红色的鹿，鹿与树林形成和谐的关系，绘画手法也体现了点、线、面的有机结合，画面组合优美自然。

占龙年福禄

（三十三）占女子生年（3）

此图为占女子生年，造型、构图及场景与（十六）、（十七）、（十八）的图属于一个类型。

占女子生年（3）

（三十四）占生肖

此图是一幅占生肖的图画，绘画造型稚拙，比例及表现手法似儿童涂鸦，但色彩丰富、形象生动，整幅画面以彩色大公鸡为主，其余鸟、猴、凤凰、花朵以及祭台环绕于大公鸡周围，并且比例与之相比较小，充分体现了鸡的主体性。

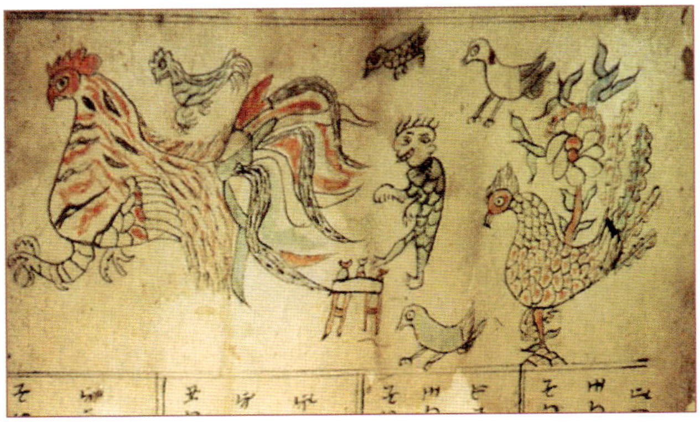

占生肖

占属龙命宫（1）

占属龙命宫（2）

占年月属相

兽王

（三十五）占属龙命宫（1）

此图为占属龙的命宫，分两个场景，左边场景为一名侍从，其动态似在搀扶官员骑坐在一条巨龙身上，天上有蓝、红两朵云彩，官员身后立着一把万民伞。第二个场景是一位官员坐在椅子上，在他的前方悬挂着两个金瓜一样的物件，金瓜下面是两个壶和一个碗，整组画以较为写实的手法表现出了主题的意义，线条流畅新颖。

（三十六）占属龙命宫（2）

此图是前一图的延续。图画处于原经书的中央部位，内容表现了属龙的人升官后高兴地走马上任的场景。官员乘坐一顶四人抬的豪华轿子，两个带刀的侍卫紧随左右，官员身后为一条金龙。此幅画造型繁简结合，并且采用平面剖析的构图，视图在同一视线下展现全景。

（三十七）占年月属相

此图是占年月属相，由五个人组成，从左到右排列，前两者腿脚弯曲，似飘浮于空中，第三个人和第五个人分别站立于坐在椅子上的人左右，并且各自手持一棵树形占卜器，第五人身后是一条造型抽象的狗，线条造型简洁，色彩以红、蓝、黑为主。

（三十八）兽王

此图为兽王，这幅画采用的是中心

构图法，表现了老虎作为百兽之王的威风气概。画面的正中心位置画了一只身形高大、体格健壮的老虎，在老虎周围画了很多的走兽与飞禽，众星拱月般围绕着老虎。该幅绘画的线条纤细，笔势有多处停顿，略显凝滞。动物基本形体刻画准确、生动，老虎的斑纹与禽鸟的羽毛都描绘细致。在色彩上有意区分了走兽与飞禽，陆地动物都采用红色，空中动物都运用了蓝色。从色彩语言上来说，红色更庄重、浑厚，用红色来表现百兽之王更具威严，而蓝色是天空的颜色，有轻盈剔透的质感，运用在飞鸟的羽毛上使得动物形象更加灵动。

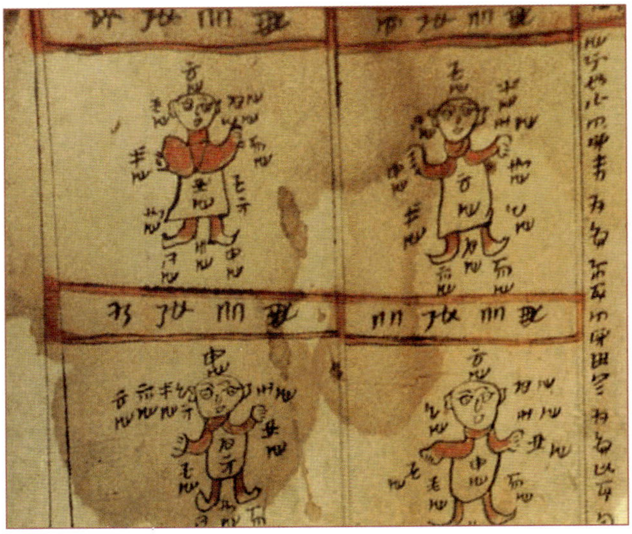
占圣人各部位

（三十九）占圣人各部位

此图为占圣人各部位，这幅绘画采用了四方格来分割画面，每个画面中都画有一个人物形象图并配有文字。四个方格中的人物形象、动作、色彩搭配都完全一样，区别只在各部位文字的搭配上。从绘画主题来看，这幅毕摩绘画是分四个部位来对圣人的身体进行占卜的解说图。

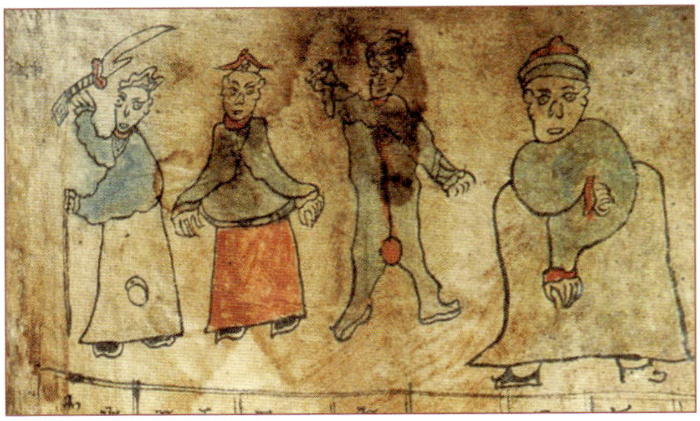
彝族男子

（四十）彝族男子

此图描绘的是四个彝族男人，他们的动态、服饰、色彩搭配都不一样，每个人物形象都有自己鲜明的特征。从画面最左边看，第一个人物是侧身站立，一手举刀过头顶，一手杵着一个长木棍；头戴帽子，上身穿着圆领窄袖的蓝色褂子，下身穿的是A字形的白色长袍。第二个人物是正面站立姿势，双手微微抬起到腰部，手心朝上向前伸展着；头上戴着尖顶宽檐的红色帽子，上身穿着圆领窄袖、宽衣摆的蓝绿色褂子，下身穿的是红色的长袍。第三个人物同样是正面站立姿势，左臂向上抬起，右臂向右下方伸展开来，两腿分开，形成一个正在向人招手的动态；全身都是蓝色，只有圆形的领口到胯下一条中分线用红色，衣服也很有现代感，是紧身的衣服裤子。第四个人是正面蹲立的姿势，右手自然垂在两腿之间，左右支撑在左膝盖上；头上戴着蓝色边红色顶的圆形帽子，上身穿的是窄袖褂子，袖口处翻出了红色的内里，下身穿着白色的长袍。

（四十一）家畜图

家畜图

此图为家畜图，描绘了几种动物形象。采取的是平行构图，画面中共有五只动物，两只鸟、一只鸡、一只猪和一只羊。羊画得体积较大，在画面的最右边；往左边分了上下两层，上层依次画了一只鸡、一只鸟，下层画了一只猪和一只鸟。这幅绘画的动物刻画类似白描的技法，用线勾勒出动物的外形轮廓等。色彩采用平涂的方式，沿着线描的轮廓进行填色。

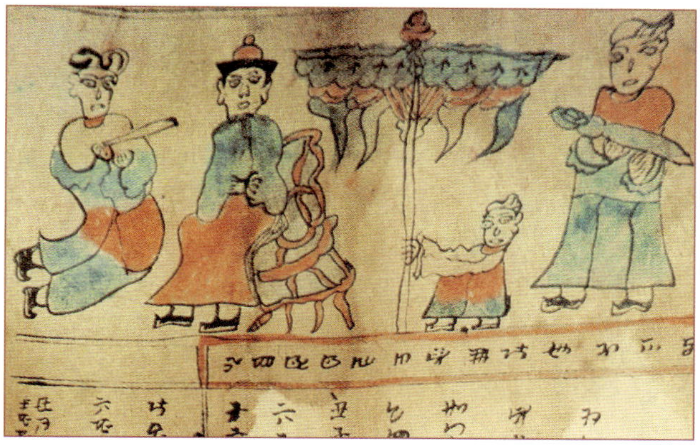

占田地收成

（四十三）占田地收成

此图为占田地收成，这幅绘画采用的是横向构图，画面描绘的是毕摩在占卜田地收成的场景。画中有四个人物，两个毕摩、一个主人家、一个仆从。画面中间位置画的是坐在华盖下的主人家和扶着华盖的仆从，仆从在画面中的比例非常的小，凸显了主人与毕摩的高大。左右两边画的是两个拿着签正在占卜的毕摩。该幅绘画多采用的是曲线，对细节的描绘很具体。如对主人家坐的椅子与华盖，都是用线描一点一点地描摹出了椅子的完整结构，华盖上的下摆褶皱纹路与其上的纹饰也都清晰可见。色彩的搭配上主要采用了红色与蓝色两种颜色，在主人家的帽子与人物的头发、鞋子等上面运用了少量的黑色。

（四十三）富贵之人

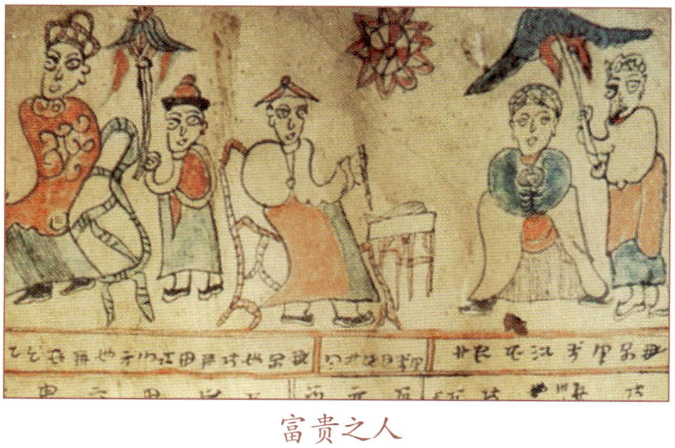

富贵之人

这幅绘画也是采用的横向构图，画面中描绘的是一个富贵人家的日常生活。画面从左到右分别体现出女主人的端庄仪态、少年人的活泼、男主人的闲适生活以及老年人的福泰生活。画面中对各类人物服饰做了区分，在服饰的装饰图案、色彩上都进行了细致的刻画。在对椅子、伞等生活用品的描绘上也很具体，并且在画面的空白部分画有装饰性的花卉图案来起到均衡画面视觉效果的作用。

（四十四）虎威

这幅图画了一只老虎和官员形象的人物，表达的是老虎是百兽之王，有其威势，并不惧怕人。画面中人物的比例并不相同，最右边的人物比例最大，向左边走人物的比例则越来越小，形成了空间拉伸感。最右边人物的刻画也最细致，不论是在五官的造型方面还是在衣服的装饰刻画上，其面部表情严肃且佩戴眼镜，衣服上画有大小不等的圆形花卉图案作为装饰，衣服从上到下分上中下进行了三层着色，使其衣服显得非常华丽。其他两个比例较小的人物则要简略很多。

虎威

占月份

（四十五）占月份

此图采用的是横向构图，描绘了四个人物形象。一人坐在椅子上，三个人站立在房间中。其中最左边的人物形象略有不同，他的腿部是用曲线来表现的，像是跪在地上一样。依次是坐在椅子上、双手平放在膝盖上的人，站在柜子旁边拿东西的人，站在最右边的人身材较胖，双手交握拢于袖中。这幅绘画在色彩的运用上有一个特殊之处，就是造型上左右对称但用色不同，明显的色块区分，使得画面的气氛十分活跃。人物面带笑容，整幅绘画的氛围十分和谐。

（四十六）校场练武

此图描绘了三个人物形象，生动刻画了校场练武的场景。画面的正中间画的是一个手拿长枪骑在马上的男人；右边画的是一个站立着在挥手的人，其斜后方画了桌案，上面摆放着一些东西；左边画的是一个双手举着武器的人，其后方画着一个木制的架子。色彩的运用上延续了贵州毕摩绘画中常见的红色与蓝色搭配的风格。

校场练武

（四十七）占虎、猴、蛇、猪四年福禄

这幅绘画采用的是横向构图，画面中描绘了四个青年男子的形象。四个人的形象动作与服饰都不相同，最左边的是正面站立，双手自然垂于身前的形象；第二个是身体极大的运动幅度，弯曲成了一个S形；第三个是一个正面站立的人，怀里抱着一个东西；最后一个男人是弯腰蹲着的头上有一个六边形的物体。这幅画的用线比较细腻、流畅，人物造型刻画生动。

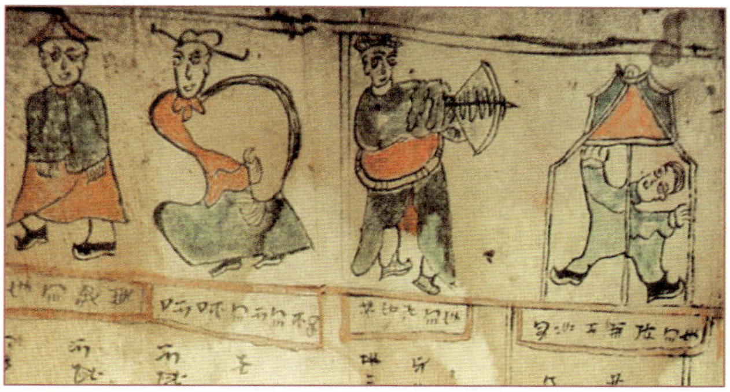
占虎、猴、蛇、猪四年福禄

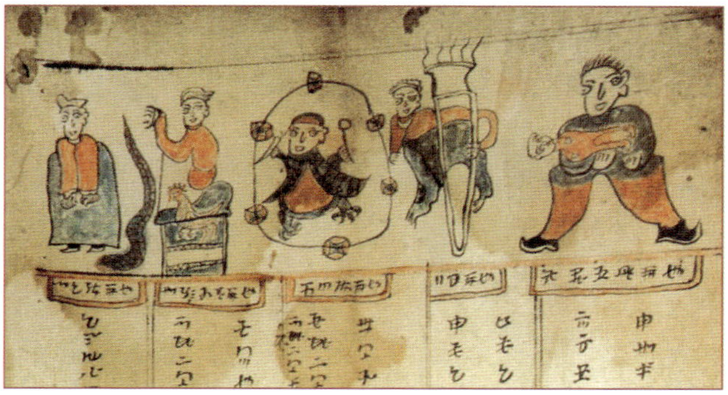
五人图

（四十八）五人图

此图描绘了五个人物形象，比例大小相同，动作神态各异。从左边往右边看，第一个人双手伏在膝盖上，身体前倾，表现幸福感十足；第二个人则蹲坐在一个台子上，脚边有一个禽类动物，他一手举起，似在招呼某人说话，表情也十分愉悦；第三个人则是整个人在一个线圈内，线圈上还穿着圆形的物体，这人则双手举起似乎在表演；第四个人物则拿着一个大大的长方形物体，一头杵着地上，其整个人攀附在这个物体上，身体向前荡去的动作态势；最后一人是站立姿势，但是其手中抱着一个人，表情也显得十分愉悦轻松。

（四十九）占女子各月生

此图为占女子各月生，画中描绘了一些抽象的图形，似是云纹图案，又似是风轮的造型。图形也以中间的云纹为中心，向三个方向延展出三个似三角形的尖角，这种图案共有三个，平行排列在画面中，最左边则是一个毕摩的人物形象，背身回首站立的姿态。

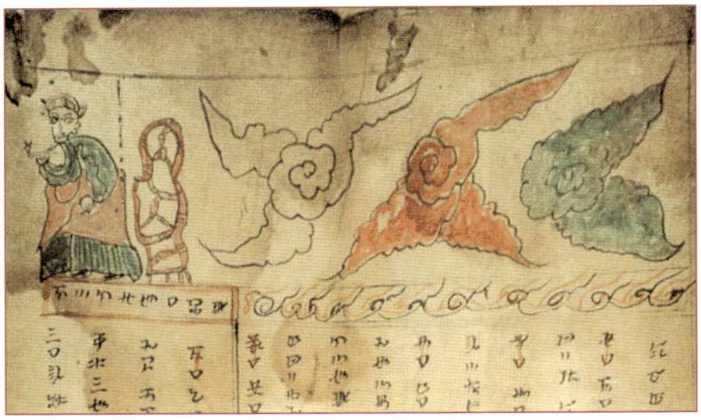
占女子各月生

（五十）占生死

此图由大小不同的八个人组成，人物胖瘦、表情、动态各不相同，最右侧妇女头顶有一盏灯笼，前面躺着的人和后面一个高胖的人物形象形成了鲜明的对比，构成了整个画面的视觉中心点，线条简练，色彩单一。

占生死

（五十一）占虎兔年

画面中的虎高大威猛，占据了画面的三分之一，线条相比画面其他景物较为烦琐，虎后面是一个占卜的祭司，在画面的另一端有一个祭司正手拿食物吸引一条狗，狗处于跳跃状态，整个画面主次分明，点、线、面相结合。

占虎兔年

（五十二）占吉凶

此图为三人一马组成的情境性构图，左边为一匹马，马后是一个坐在铜鼓上正在占卜的毕摩，旁边站立着两位拿着弩和刀剑的祭司，在他们中间是一只“鬼蝴蝶”。三人表情严肃，目露凶光，如临大敌。整幅画面线条简洁，带有装

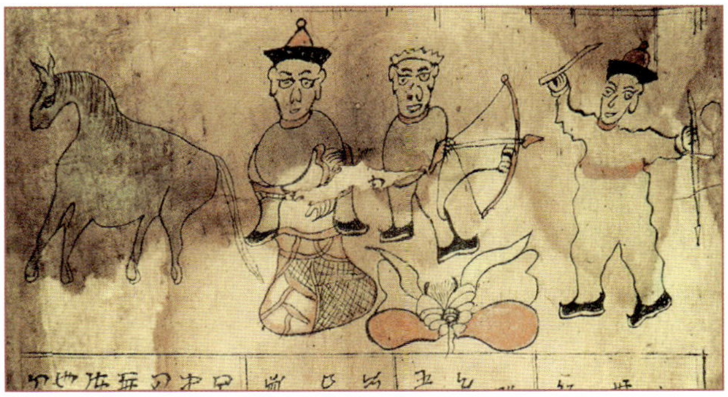
占吉凶

饰意味，但面部刻画形象生动。

（五十三）星象图

此图为星象图，图画位于原经书的中央，外形似七彩的太阳，以锯齿形表示太阳的光芒，环状内由似龙鳞的片重叠构成，中心图形像一只眼睛，从眼睛的外部分割出12格，表示12星象，这是占卜中的一种图表。

（五十四）鸟身占命宫

这幅图外形像一块不规则的手帕，手帕边缘是红绿相间的三角锯齿纹，图的中心圆内有一只鹰，以26条金文象征黑鼠、黑虎、猪、牛、鸡、獐、虫、蛇、乌鸦、猴、鱼、羊、山虎、豹、狐、豺狼、燕子、螃蟹，从圆心向外放射排列，色彩以红、绿两色呈现，这幅画充分体现了中心圆的透视关系。

（五十五）人首蛇身图

这是毕摩绘画中重要的一幅图画，它代表着彝族的蛇图腾崇拜，也是繁衍生息的象征，人首蛇身图顶部是一个环状的卜卦图，像是一个光圈，色彩红绿相间，中心点由3个环圈组成，以圆心点为中心把彩环分为8个等份，每一格用彝文标注着不同含义，此幅画中人首面部似猴，身着绿色裙子，手似翅膀，身为彩色斑鳞的蛇身，蛇尾部有一朵彩色的云纹，整幅画有极强的视觉冲击力和神秘感。

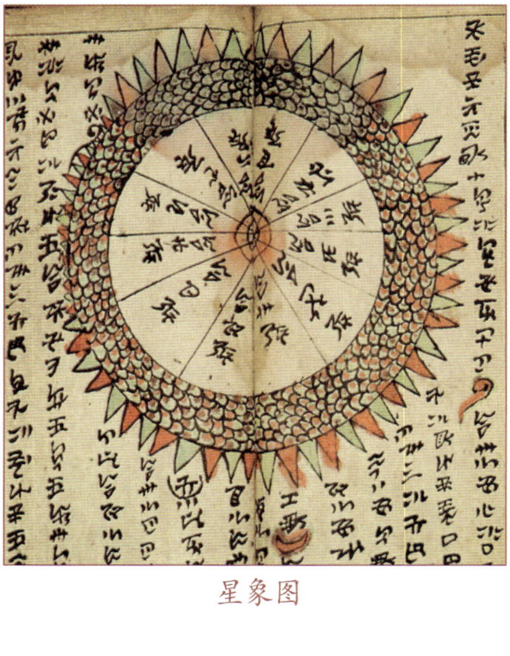

星象图

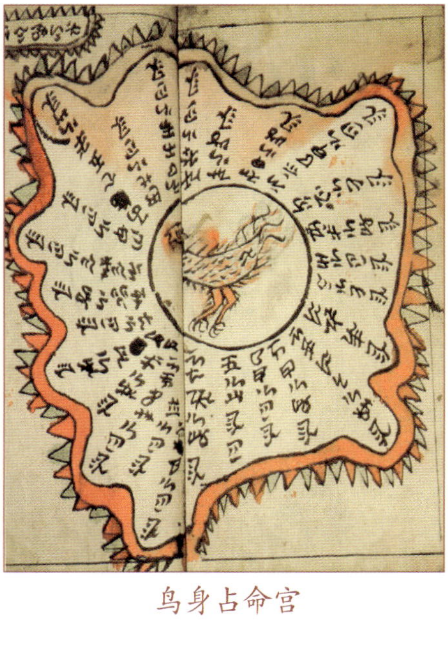

鸟身占命宫

人首蛇身图

六、云南峨山毕摩绘画（李春富毕摩藏本）

（一）白虎灾星

这幅画采用的是散布式构图，画风与国画相似，画面中的人物三五成群，相互联系，画面饱满，画面下方一只白虎张牙舞爪，前面有一个火球，后面是一只气势昂扬的鸡，中间五人按“一”字形排列着，服饰华丽，服饰、发型和头饰都为汉族形式，体态优美端庄，手持折扇，画面右上方是兽嘴里站着三个小孩子，表情微妙，相互之间交谈着，彩云将他们包围着，画面上方有两只白燕在张望着。画面生动，线条流畅，颜色以红、绿、蓝白色为主，色彩和谐。

白虎灾星

（二）悼丧

这幅画描写了哀悼的情景，画面中的人按列排着，身着长袍，双手抱在一起，表现出伤心的表情，亭子中盘坐着一个人，下面一个逝者躺在席子上，旁边有三个人蹲坐守着，旁边有头仰着脖子长鸣的牛和一只奔跑的马。画面构图简洁、合理，表达清楚，线条娴熟流畅。

悼丧

（三）毕摩驱白虎

这幅画画面保存不够完整，画面已经缺掉大半块，白虎只留存了一半，毕摩在拿着法器驱逐白虎，后面有一群牛、羊、鸡等牲畜，体形饱满健壮；亭子下站着衣服华丽的三个人，交头接耳地探讨着，体态端庄。动作、表情描绘细致，

毕摩驱白虎

线条流畅有力，画面简洁，表达清楚。

（四）其乐融融

这幅画采用的是横式构图，描绘了人们在一起相处和谐、其乐融融的场景。画面分为上下两个部分，人物众多，衣物华丽，脚着红色鞋子，形态各异，画面右下部分画了牛、马、鸡。画面中每个人做着不同的事情，动作描写细致，气氛热烈和谐。画面中使用了红色、绿色、黄色，色彩运用合理，构图和谐，表达完整，线条流畅。

其乐融融

（五）招魂

这幅画采用了横式构图，画面中人物众多，形态各异，左侧有一男一女，形态相反地躺着，下部分有一个逝者躺在席子上，中间有一个人手拿招魂铃，地上画的符，还有一面招魂旗，画面中人畜各做其事，衣着不同。画面和谐，画面中用黑色来勾线，线条流畅娴熟，主要使用红、绿、黄，色彩运用合理，故事情节表达清楚。

招　魂

（六）六畜兴旺

这幅画采用了横式构图，画面中人畜分上下两部分各按“一”字形分布，画面上半部分有一只怪兽，嘴里站着三个人，背景处理合理，彩云与前面的人物配合恰当，使画面更有表达力。画面构图和谐，主要使用红色、绿色、黄色，色彩使用合理，线条流畅有力，画面简

六畜兴旺

洁合理。

（七）酒宴饯行

这幅画画面整体和谐有序，画面左侧一条龙神勇地飞舞着，画面上半部分的亭子下坐着一对夫妇，旁边设有酒席，下半部分一个人骑着马，旁边一个随从背着包，一幅远行的场景，后面跟着一群人和牲畜；画面主要使用红色和绿色，色彩使用恰当，线条流畅有力，画面表达清楚合理。

酒宴饯行

（八）白虎侵扰

这幅画采用的是横式构图，画面分为上下两部分：下半部分，一人躺在席子上，后面一群牲畜在狂奔着，还有一只凶猛的白虎追着；上半部分的人站在亭子下，互相讨论着什么，画面中使用了红色和黄色，画面构图和谐，线条使用流畅有劲。

白虎侵扰

（九）求神保佑

这幅画分为三个横列，下面一横列是牛、马、羊等牲畜，牲畜后面有一个人扬着鞭子驱赶，第二排是一列人按“一”字形盘坐着，双手合十置于胸前，最后一排坐着神仙们。画面中使用了红、绿、黄色，色彩艳丽，画面构图简单和谐，笔法有力，衣纹表达细致。

求神保佑

（十）种田得食

画面破损严重，画面可以分为两个部分，上部分是一家人围着桌子在吃饭，饭桌上的食物十分丰盛，画面左下部分一人正拉赶着牛耕地，后面一人拿着锄头，赶着驴去劳作。画面描绘细致，线条柔顺流畅，画面颜色亮丽，整

种田得食

个画面和谐美好。

（十一）武士守门

这幅画的正中间有一个官员，端坐在亭子下，身边有两个随从，亭子旁边站着两个威武的武士，手拿刀斧，两个武士身边各有一棵树，画面下部分是人来人往的街道，牛马成双，热闹非凡。画面结构合理，线条流畅，色彩鲜艳，笔法有力。

武士守门

（十二）悼念亡灵

这幅画可以分为上下两部分，上半部分主要为背景，怪兽嘴里站着三个人，旁边有两只鸟，左树右花；下半部分主要描绘人，左下是一个过世的人躺在席子上，旁边有两个人守着，右侧有一人头戴面具，最下面一人赶着牲畜。画面结构合理，构图古朴，线条流畅柔美，色彩运用合理，画面结构紧凑有致。

悼念亡灵

（十三）毕摩作法

这幅画采用对称的构图，画面构图新颖，画面中的人物按对角线分布，将画面分为左下角和右上角两个部分，画面右上角是有一人去世后躺在席子上，旁边两人守护，左下角一条龙在空中飞舞，水上有一些人在乘船离开，陆地上的人在作法、跳舞等，形态各有不同。画面色彩合理，笔法有力，画面人物众多，但是构图有序。

毕摩作法

（十四）有福有禄

这幅画采用的是横式构图，画面分为上下两部分，人物按“一”字形排列，人物造型准确，比例和谐，表情丰富，画面内容丰富，画面中

有福有禄

有红色、黄色、黑色，画面构图合理。

（十五）“百解”消灾

这幅画采用的是散布式构图，画面中的人物按两列排列，三两成队，画面中的人物描绘细致,形态精彩,画面右边有一条生动威武的龙，动物描绘得活泼生动,画面内容丰富,色彩鲜艳，构图和谐，线条流畅有力，构图有序。

“百解”消灾

（十六）箭射蜈蚣

这幅画采用的是散布式构图，画面中最右边有一只红色大蜈蚣呈 S 形，一人拉开弓箭，对着那只大蜈蚣，身后有一个小孩，给他拿着箭，下面有一个小孩赶着牲畜，将女人描绘得很优雅，男人很儒雅，画面结构紧凑，颜色使用合理，主用红绿色调，用黑色来勾勒，笔法有力，线条流畅娴熟。

箭射蜈蚣

（十七）君显威荣

这幅画的构图完全突出了君王的地位和威武，君王前面有一群人举旗、吹打着为君王开路，四个人抬着轿辇，一人举着华盖，下面一个人在受着杖刑。画面交代清楚，笔法强劲，色彩艳丽，构图合理有序，故事情节表达生动，情感表达清楚。

君显威荣

（十八）祭龙神吉

这幅画采用的是散布式构图，画面上方有一条威武的祥龙，画面主要突出了龙的爪子，前面有一个火球，正下方有一个桌子，上面摆满祭品。人物众多，比例和谐，形态各有不同，姿态生动有趣，色彩丰富艳丽，主要使用红、绿色，笔法有劲，线条流畅有力，构图简单和谐。

祭龙神吉

（十九）粮丰畜旺

这幅画采用的是横式构图，构图分为上下两个部分，上半部分主要描绘人，下半部分主要描绘动物，上半部分中间的人们正在吃饭，饭桌上的饭菜十分丰盛，下半部分为一个人在赶着健壮的牲畜。画面中主要使用了红色和绿色来上色，画面色彩和谐，构图合理，用黑色来勾线，线条生动有力。

粮丰畜旺

（二十）飞龙在天

这幅画采用的是横式构图，色彩使用十分鲜艳，图中上部分有一条龙在腾云驾雾，旁边的云彩上站着三个孩童，下面一个人身穿红衣，双手举着铁链，身后有三个人，四个人站成一排，前方有一人躺在席子上，下方有牲畜活动。画面主要使用红色调，线条使用流畅娴熟，画面描绘得很细致生动，人物表情丰富，构图和谐。

飞龙在天

（二十一）龙虎护佑

画面采用的是横式构图，画面按照空间分为三个部分，自上而下分为：空中、陆地、水上，空中飞舞着一条威武的龙，左侧的兽嘴里站着三个孩童，陆地上一只白虎行走，人们各自神态安然，水上乘着船的人们也都表情淡定，水面安静无浪。画面中主要使用红色调，还有少量的黑色和白色，色彩鲜艳，用黑色勾勒的线条生动流畅，画面丰富生动。

龙虎护佑

（二十二）牛羊兴旺

这幅画构图简单合理。画面使用横式构图，色彩艳丽，画面描绘的故事生动，画面中的上半部分画有一个亭子，亭子两侧左有桃花，右

牛羊兴旺

有一棵新长出叶子的树；下半部分主要描绘了动物和人，在街上站着几个人，最下面的动物照“一”字形排列，在动物队伍的前列是四只猪羊，后面跟着一个牧童手拿木鞭，神态得意，在他的身后紧跟着两头牛。这幅画线条细腻，事物刻画仔细认真，主要用线条来表现，画面中主要使用红色、棕褐色，色彩和谐，使用十分恰当。

山下放牧

（二十三）山下放牧

这幅画采用的是横式构图，画面上有些缺损，但画面表达较完整，在画面的右上方有座山，山下画着放牧的人群，山上的树木旺盛，山下一片繁忙的景象，分为三个景象，左上侧画着正在耕地的人，中间画着一个放牧的人，左手牵猎狗，右手拿着木鞭，下半部分描绘的是一个赶马的人。画面故事情节描绘完整，线条刻画细致，增强了画面的表达力；色彩上使用稳重，主要用红色、褐色，使画面更加沉稳。

仙鹤朝贡

（二十四）仙鹤朝贡

这幅画采用了三角形构图，主要突出了坐在八仙桌前的人，画面中的上半部分描绘的是一个亭子下的桌子前坐着两个人，有两个童子服侍在侧，左侧的女人和童子身穿红色，右侧的男人和童子身穿黑色，在亭子的右侧有一只红色仙鹤，身上骑有一个红色仙童。画面下半部分有个牧童赶着牛羊，后面有个小亭子，里面写有数字“一、二、三、四、五”。画面构图和谐完整，故事表达清楚，线条细腻流畅，人物、动物刻画清晰，色彩主要使用红色和黑色，画面色彩使用合理有趣。

七、云南峨山毕摩绘画之二

（一）犁田栽秧

这幅画色彩十分鲜艳，画面中使用的颜色丰富，画面结构清晰，故事描绘得较为清楚，上半部分绘画了一个门楼下有三个人，一个手拿红球，一个手拿锣，一人在跳舞，后面画有房子，旁边有人脚踩祥云，前半部分在描绘人们农作耕田的情况，一人在赶牛耕地，两人插秧，生动地表现出了一幅繁忙的农忙景象。画面中人物造型简单，脸部全部为正面造型，线条简单流畅，动态十足，用简单的几笔描绘出了农忙时候人们的生活状态。

犁田栽秧

（二）射箭能手

这幅画画面简单，画面左半部分绘画了一个米色衣服的人手拿弓箭，弓箭已经被拉开，骑着一匹昂首挺胸的红马，骑马人气宇轩昂，势在必得，瞄准靶子，旁边有座门楼，在门楼下有两个观看的人，像是在加油呐喊，一人身穿红衣，一人身穿淡青色衣服，倚靠在门楼上，十分生动地记录了射箭的情景。画面的线条简单流畅，画面中多用几何图形表示，画面较夸张，马的身体壮硕，人物表达简单，脸部为正面像。色彩使用鲜艳，多用橘红色，画面生动和谐，表达清楚。

射箭能手

不祥之兆

（三）不祥之兆

这幅画采用散点式构图，色彩艳丽，两人为一组，左侧的两个人，一人手扶着一棵倒下的树，身上布满红点，头发分成两撮冲天，胳膊的根部和肚子肥大，手举斧头，另一人手拿红布绕在头上，身形矮小，身穿粉色衣服；在画面的右上角两个人在抢一根黑色的绳子，绳子左边的人浑身也布满红点，头发冲上，另一人身穿白色上衣，红色的裤子，下面的两个人一人手抓另一人的头发，手举一个串状的东西。画面描绘生动，动态十足，面部为正面，部分部位表达夸张，线条生动有力，简单几笔构造出生动画面。

小心狱门

（四）小心狱门

这幅画画面生动，色彩绚丽，画面中画着多种神兽和动物，飞舞着一条威武的龙，红色的脊背，口吐红舌，表现夸张的龙爪，又大又锋利，眼睛炯炯有神；单脚独立的仙鹤；从高处跳下的青虎，眼睛中充满着恐惧；一只白色的山羊。画面的下方有一扇狱门，狱门内为令人恐惧的黑色，一人两条腿跪坐在狱门前，画面的左上角一个人乘坐祥云，手拿一个红色针状的仙器。画面没有遮挡关系，缺乏透视，线条简单，浓淡结合，颜色鲜艳又丰富，勾绘出生动的画面。

平安无事

（五）平安无事

这幅画场面祥和，色彩丰富绚丽，画面中的上半部分在一个亭子下放着桌子，桌子上摆着形态各异的罐子，有简单的透视效果，亭子左侧有一个光头屠夫手拿大大的屠刀，下方有个人肩挑担子，似乎在边走边叫卖；左上方身着红衣的神仙，高高飘在云朵上。画面中人和动物和谐地相处着，画面人物造型简单，但是比例较准确，赋予人物的神态生动，体态各异，画面生动。

彝女风采

（六）彝女风采

这幅画画面内容简单，构图独特，

画面中的主人公在画面的偏右侧，主人公彝女坐在一块青色的大石头上，头上裹上包头，怀中用衣服兜着物品；石头上摆放着一个青瓶，里面插有柳条，右侧的石头上画着墨色的竹子，坚劲有力，运用了渲染的手法画出了石头的立体感，块面感强，色彩的使用上较沉稳，彝女的色彩较鲜艳，石头和其他物品颜色为青绿色，色彩上就突出地展现了彝女，线条流畅，竹子较写实，画面和谐，意境深远。

狩猎

（七）狩猎

这幅画色彩鲜艳，画面丰富，构图完整，画面中的仙鹤昂首挺胸面阔步向前，祥云飘逸，画面的主人公赤着脚，神气地拉开弓箭，在弓箭大小的处理上，采用了夸大的手法，瞄准树上的动物，树的线条遒劲有力，类似国画的画法，表达力强，画面的颜色十分丰富，红、绿、黄、粉、蓝，色彩运用合理。

彩虹作祟

（八）彩虹作祟

这幅画采用了横式构图，画面内容简单易懂。画面中一条直线将画面分割开来，两个人扯着这根绳向两边，主要内容分布在这条直线的上半部分，彩虹的两端分别有一个蛇头作为彩虹的终点，下面四个人“一”字形排列，彩虹上有个房子，房子里有身穿红色和黄色衣服的两个人，画面中的人物全部戴有帽子，且大部分为红色，体态各异。画面色彩鲜艳，红色特别显眼，画面构图和谐，内容生动，笔法娴熟。

荣辱分明

（九）荣辱分明

这幅画采用散点式构图，内容丰富，人物众多，画面中的人物看似杂乱无章，其实是乱中有序。画面中的人物每人都戴着一顶红色的帽子，形成画面中的一个个点，后面两人抬着两根棍子，用线表示，人物和马用面表示，画面中注重点、线、面的结合，形体虽然不太准确，但是比较注重比例的和谐。画面的上面两个角还有用线条做的装饰。画面中主要使用红色，色彩绚丽，画面生动和谐。

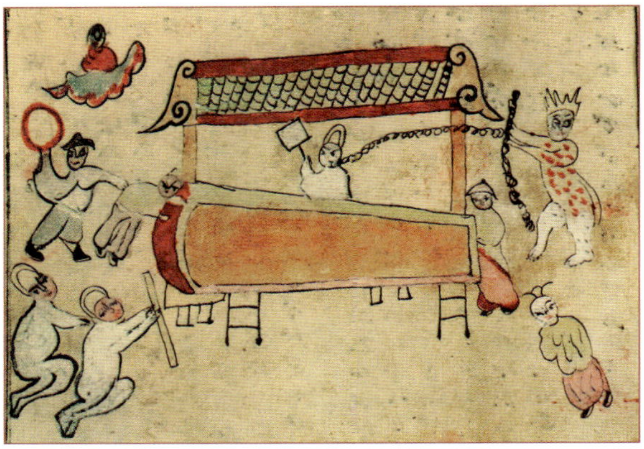

丧葬祭仪

（十）丧葬祭仪

这幅画采用的是横式构图，以中间的棺材为主，人物分散在棺材的四周，一个小鬼手持链条拴在一人的脖子上。画面中人物做不同姿态，跪着的双腿是画出来的，并没有透视关系，人物面部也全部是正面，面部表情十分伤心。画面中的线条流畅，遒劲有力，人物姿态丰富，色彩鲜艳，主要以白色、红色为主，构图合理，画面生动，表达清晰。

打制铁具

（十一）打制铁具

这幅画采用了三角形构图，画面中间有个门楼，上面写着“金火财神祖师”，旁边有两个谷堆，上站着一只绿色的仙鹤，画面的左边放着火钳和一把铁锹，用平面图来表现，一个人在奋力地拉着风箱，两个人在举着铁锤，头部做了方向的变动，但都是正面图，画面中的物体大多以平面的效果表现，缺少透视，多用几何体表现。画面中色彩鲜艳多姿，以红色为主色调对画面进行渲染，线条娴熟简练，将画面表达得清楚生动。

买卖交易

（十二）买卖交易

这幅画画面饱满，内容丰富，画面内容多为动物，造型大多为动物的侧面，动物大都用蓝色渲染，四肢画得十分强壮，体格肥硕。

门楼下的人手伸向杂耍工具，杂耍工具在空中转动着，旁边一个人手拿秤，秤砣画成心状。画面色彩亮丽，以黄色、红色、蓝色为主，线条生动娴熟，画面生动。

（十三）杂耍

杂耍

这幅画画面丰富， 呈散状分布，画面中情景丰富，人物形态各异，在牌楼下有一人站着，旁边有一人头戴红帽，挑着担子，下面有一个耍猴的人，扎着两撮头发，形象夸张，动物形态怪异，旁边有一人观看，在右侧有一人，左边是羊，右边是猪，上面一人做追赶状，面前有两只鹅，场景十分丰富热闹，人物众多，每个人的形态不同。这幅画的线条流畅，画面的内容做了简化，少有透视效果，颜色以红色为主，还有黄色、蓝色、橘色等，色彩鲜艳，画面生动。

（十四）长途贩运

长途贩运

这幅画画面简单明了，画面十分生动地将事件表述清楚，带有一定的夸张成分，运用多条曲折向上的线构成了画面中曲折蜿蜒的路，在这条曲折向上的路上有四只牛马。驮着行李，由一个赶马人在后面驱赶，手扬马鞭，动态十足；在这条路的下面，运用曲线和折线构造出了三座山，有强烈的视觉冲击；在画面的右上角，有一个门楼，下面画有三角形的房屋。画面线条粗犷流畅，表达清楚，色彩主要以黄色进行渲染，以蓝色、红色做衬托，颜色使用和谐，画面表达清楚。

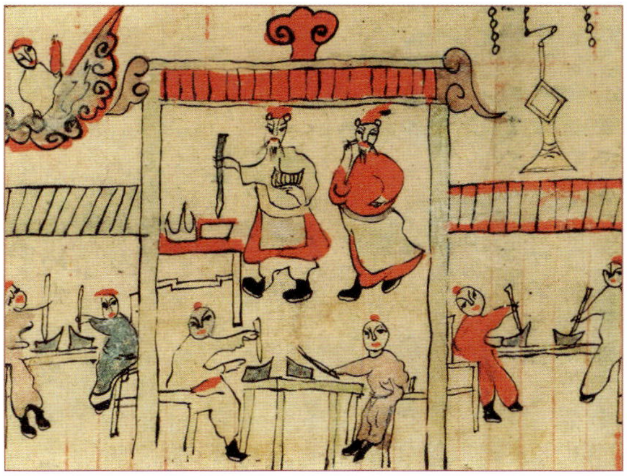

读书之人

（十五）读书之人

这幅画采用了三角形构图，画面中以楼房的剖面图展示了房屋，在画面中分为三个房间，每个房间有三对孩童，相对而坐，每人手中持笔，做写作状，中间的门楼下有两个较大的人，在上方做书写状，桌子上摆有笔纸。画面构图独特，线条使用流畅简洁，色彩以红色为主，蓝色做渲染，色彩和谐，画面生动。

杀牲祭祖

（十六）杀牲祭祖

这幅画采用了对称式构图，画面中4张桌子分别在4个角落，每个桌子两旁都有两个人，画面的右上角一人正在手拿着刀，桌子上摆着猪头，其他桌上摆放的物品都是一样的，人们正在吃饭。画面中人物简单生动，线条流动顺畅，构图简单明了；色彩以黄色为主，红色呈点状分布，色彩搭配合理。

毕摩驱邪

（十七）毕摩驱邪

这幅画采用的是散点式构图，画面中以红色为点，散点式分布。在一座门楼下躺着一个人，旁边一个全身穿红色衣服的人，在头的上方有个面部凶恶的人，手拿斧头；在脚的下方有两个毛人，前面有动物在前面做奔跑状，画面前排有一个人，身穿红衣，背着一只鸡，手拿铃铛。画面中人物描绘生动简单，色彩以红色和黄色为主，画面表达清楚，构图适宜。

平安无事

（十八）平安无事

画面采用的是平行式构图，画面分为上下两部分。画面人物众多，上半部分一行人呈线状排布着，画面最中心的人手中抱着一个小孩，手扶着孩子的额头，旁边两人做观看状，呈现出一片温馨的氛围。前面一行大多为幼小的动物，分别为 猪、牛、马，一人手拿红球做引诱状。左侧一人坐在凳子上束住手脚，上方一人以祥云做翅膀，神态祥和地看着所有的一切。画面中以红色和黄色为主，色彩搭配和谐，线条有力简洁，将人物和动物刻画得十分生动。

祈祷神灵

（十九）祈祷神灵

画面构图生动，内容丰富，气氛和谐。画面的左上方一条绘着点状的条带内有一个六只手的怪物，每只手都持着各种不同的兵器；条带外的动物和人类和谐相处，每个人物动作不同，画面中间的人跪坐在一道黑色的门外，透视效果较差；左侧的人物比其他人物要大很多；所有动物都朝向一个方向行进。画面中以黄色和蓝色为主，线条生动。

修造大吉

（二十）修造大吉

鬼神侵扰

画面构图生动，描绘了一幅热闹的修造场景，画中的人或骑在木头上，或两人相互协作，对木材进行裁伐和修整。画面左方的人歪着头做手舞足蹈，和牲畜站在一起，牲畜体格肥硕。画面右上方的门楼下一人身穿红衣端坐着，左右各有一个形状相同的物件，左边放置一个白色的，右边放置一个红色的。画面以黄色和红色为主，画面中的人物和物品构造简单，线条流畅有力。

（二十一）鬼神侵扰

画面中使用的是横式构图，人物造型夸张，画面内容简单，结构合理。画面上方是一个门楼，左、右各有一个身上布满红点的小鬼，手拿弹簧状长条贴在门楼的两侧，下方一人两手牵着一只绿色的羊，一人双腿跪坐在地上手举着一只碗。画面较为集中，色彩均匀平铺，搭配合理，线条遒劲有力，画面表达完整。

喜迎新娘

（二十二）喜迎新娘

画面采用的是三角形构图，画面中透视感较差，构图生动。画面中以花轿为主体，新娘将头发扎起坐在花轿中。花轿前后各有三朵桃花做飘摇状，将画面表现得十分生动；后面两个人头戴红帽，卖力地吹着唢呐，前面一人举着红旗引领道路。画面简单，但是刻画较为细致，红色以点状分布，在帽子、嘴巴、衣服、花轿、旗子点上红色，描绘得十分生动红火。

苏尼跳神

（二十三）苏尼跳神

画面中采用了横向平行式构图，构图简单饱满。画面以人物为主，都是女人；画面正中心一人手拿羊皮鼓，做舞蹈状；后面跟随着一个女人手中抱着孩子，头饰和服饰将画面中人物的性别表达清楚；动物刻画生动。画面中的线条细致流畅，表达清晰，画面以蓝色和黄色为主，色彩运用合理。

吉星高照

（二十四）吉星高照

画面构图生动。画面人物较少，分布较为分散。画面的左上方有几颗星星，用线将其连接了起来。画面中牲畜健壮，粮仓装得满当当，家中物品丰富。画面色彩艳丽，线条简单，构图合理。

惩罚

（二十五）惩罚

这幅画采用了散点式构图，画面以红色为点。画面中人物众多，形态各异，大小不一。画面中的人物以组呈现。画面的主体为下面的一组人物图，一人体形较大，被两个人抬着，两旁各有一人守持大板，做打击状。上面一组人物，一人坐在凳子上，手持扇子，做享受状，面前一人跪在地上，像是在诉说着什么；另一组人物，两个人一起扯着一根绿色的绳子。画面的人物生动，线条简单，画面塑造生动合理。

吉兆

（二十六）吉兆

画面采用了三角形的构图，画面中以桌子和门楼作为画面的结构组成。画面中的物品构造较为夸张，将桌子和板凳的形态放大，夸张地表现出来；中间的门楼上坐着一对男女，手中各有一个圆状物。画面的物品以两两对应表现出来，在构图及色彩上对称体现。画面线条简单，色彩和谐，以黄色为主，构图简单合理。

鬼抓人魂

（二十七）鬼抓人魂

画面采用的是平行构图，以人物的排列为主要构图方式。画面中人物表情丰富，各不相同。画面中心人物形象较高大，位于画面中心，姿态端正，表情严肃。左侧人物身着树叶，形态生动；画面人物姿态各异，人物比例和谐，排列有序，具有强烈的感染力。

人挑马驮

（二十八）人挑马驮

画面采用的是散点式构图，以红色做主色调，分布在画面中，分为上下两部分，以挑担人为中心，画面下半部分跟扁担相平行，以红绿色为主，相互呼应，或以点缀，或以平涂，画面色彩之间联系，运笔流畅有劲，物体交代清楚，张弛有度。画面的人为正面像，人和动物的脚全部为前后分布，画面中的物体大部分朝向一个方向，只有左上角的狗是回头的，使画面又生动了几分。

杀牲献神

（二十九）杀牲献神

画面采用了散点式构图，将故事场景描绘清楚，画面中的人物为正面像，在人物表情及动作上有简单变化，或将头部转个方向，或将五官刻画不同，将细节刻画生动。画面以蓝色及淡绿色为主，以红色及黄色做陪衬。人物动态丰富，将杀猪的场面放在了画面的中心，又将周围场景交代清楚，将事件发展的场景合理地放在画面中。线条流畅生动，透视不完整，牛只画了一半，显得画面生动活泼。

救火图

（三十）救火图

画面运用了倒三角形构图，构图简洁，内容简单。画面的中心是一座着火的房子，画面以红色为主，运用了对比色蓝色做点缀，用墨线将画面内容表述清楚，线条运用简单随心流畅。画面中的物体大都以几何图形概括表现，人物形态简单，以平面为主要表达方式，将场景中的情感表达清楚。

（三十一）市井百态

画面运用了横式构图，用门楼将画面分成几个场景，主要人物分布画面右侧，画面中的人物形态各异，姿态丰富，画面中缺少透视，大多表现在脸部和腿部，马的脚为前后分布，带有动感。用简单的墨色线条将场景勾勒清楚，画面多用蓝色、黄色、红色来渲染，画面生动，表达清楚。

（三十二）算命瞎子

画面采用了“一”字形构图，画面中以“一”字形排列在下方的人物为主要表现内容，构图简单，人物表现清晰，画面色彩淡雅，画面的左上角为一位腾云仙人，观察着下界的情况，下方一行人，两两一组，前面一人拿着乐器，后面一人扶着前面一人，手执长杆。人物表情描绘较为单一，缺少透视。

（三十三）酿酒图

画面中人物分布较分散，人物造型较为简单，线条简练有力，尽力表现出画面人物状态，大家各司其职，场景和谐生动。大部分物体运用红色进行晕染，画面表达清晰生动。

市井百态

算命瞎子

酿酒图

（三十四）饲养牲畜

此图画面分为两个部分，左、右两个部分分别有不同的用途，一层用来饲养牲畜，门楼下牲畜各样，一片祥和的场面，动作夸张；线条清晰粗犷，画面采用黑色进行勾勒，以红色、黄色作为主色调，用蓝色进行局部晕染，在画面中产生较强的色彩对比，主次分明，突显主体。画面均衡，协调完整。

饲养牲畜

（三十五）凤凰鸣春

图中一只凤凰站在桃树上，桃花已经盛开，房下的人仰头望着桃树上的凤凰，牲畜们出来活动，表示春天已经来到了，画面表达清晰，以红色为主，加少量绿色及黄色。线条简洁有力，画面表达清楚生动。

凤凰鸣春

（三十六）双猫抢宝

画面运用了对称构图，一个宝在画面中间，左右各一只猫，形状一样，姿态一致，连身上的花纹都是一样的，只是在两只猫的颜色上加以区分，一只是红色耳朵，一只 是蓝色耳朵，颜色鲜亮，标志明显；用线描的笔法在猫身上装饰花纹。画面主要用红色进行绘制，用蓝色及黄色勾边。画面中间还写有彝文，画面构图简单，色彩鲜亮，勾线细致。

双猫抢宝

八、云南武定毕摩绘画之一

（一）苦尽甜来

画面采用横构图，浓烈的红色和阴郁的黑色结合使用。在画面右侧一个人手举着黑色大刀站在红色马背上，头顶戴着羽毛帽，

苦尽甜来

身着黑色长袍；脚下的马健壮，回头朝向背上站着的人；中间一人头顶华丽的花冠，将其四肢肌肉夸张地放大。画面左侧两头牛叠在一起，前肢 呈抬起状态，表情狰狞。

（二）邪龙作祟

画面描绘了一场邪龙作祟的慌张场景。画面的右侧是一条长龙，龙头略大，用粗犷的线条画出龙竖起的毛发，怒发冲冠，面容凶恶，面对一匹惊吓过度的马，这匹马在空中翻腾，四肢蜷缩在一起，眼睛瞪大；前面一人坐在马上，头发用发簪束起，脸部苍白，拉紧缰绳，似乎想要快速逃离。

邪龙作祟

（三）神灵护佑

在画面中所有的人物和牲畜成一个圈排列，画面中心的一只大耳罐中插入了三支签，罐子上绘有漂亮的花纹。两头牛用后肢站立，前肢抬起，四肢灵活，夸张表现牛角；画面左侧的一个毕摩，双手举起，拿着两个法器，身穿黑色长袍，浓眉大眼，眼睛怒而有神，在眉心处画有标记，头上带有红色装饰物；右下角画有一只神物，一只鸟带有翅膀，身后还有一条尾巴，带有鳞片，头部昂起，灵气十足。画面用红色及黑色结合，线条简单古朴。

神灵护佑

（四）树神侵扰

画面人呈“一”字按人物高矮从左到右进行排列，人物大多身材瘦长，动态十足。左侧人物身穿红色长袍，脚着黑色长靴，脸部表情呆滞；对第二个人的身体进行夸张刻画，身形高壮威猛，加长手臂及腿部的长度，手持一把长刀，面对后面三个身形较小的人。后面三个小人神情慌张，一人两只手高高举起，做奔跑状；一人跪在地上，双手举起；一人放大脸部刻画，脸转向相反的方向。画面中线条简单，拙稚质朴，画面生动，富有力感。

树神侵扰

（五）祭雷神吉

祭雷神吉

这幅画人物形象怪诞，动态十足，画面有较强的严肃感。画面中间用汉字写了“小鬼”两个字。画面左侧站立一个人头鸟身的人物，腿部肌肉强大，翅膀画在身前，用像是鸟爪的手，持链条状物体。中间一人身着毛状长袍，站立在画面的正中心，头戴羽毛帽，面部涂成白色。另一人双手双脚都戴上圆状物体，手上拿着一个类似如意形状的物件，戴有黑色帽子，脚下一只祭品鸡，蜷缩在角落。

（六）小心官司

小心官司

画面中一行人呈“一”字形站立，形态各异。画面中的两个人形象相似，头顶有像葫芦似的发髻，脸部瘦长，脸部为侧面描写，两人手拉着手，但是两个人朝向不同的方向；中间一人举起长棍站在带官帽的人对面；此人戴着官帽，长胡须，身着长袍，脚下穿着黑色长靴，戴官帽的人虽然身体是面向手持长棍之人，但是身体向后靠，将脸转向一边，身体呈逃离的状态；画面中线条柔软飘逸，运用黑色描绘出轮廓，用红色进行渲染。

（七）有口舌官司

有口舌官司

画面以红色和黑色来表现主题，在画面中间有一只跳起的旺盛黑色毛发的狼，将前腿抬起，用后腿站立，嘴上叼着一个类似炸弹的红色物体，背后一人为女性，头发盘起，身材高挑，张大嘴巴，身体后仰，面部表情十分惊恐；房子里的床上躺着一个人，房间门口的身材矮小，体形肥硕。

（八）邪祟干扰

邪祟干扰

这幅毕摩绘画是横向构图，画面中描绘了四个人物和一个动物形象。人物形象在画面的中心位置，属于重点刻画表达的。画面中心是被邪祟侵蚀的主人家伏在案台上，左前方和右后方各有一个身穿法衣的毕摩在挥舞着法器作法为主人家驱邪。运用了近大远小的透视法则来安排不同位置上人物大小的比例，使得画面很有空间进深感。最右边则画了一只头部有长耳朵和三瓣嘴，类似兔子的动物，但其身体的刻画又很有肌肉的力量感，像牛的身躯造型。

（九）毕神驱鬼

毕神驱鬼

这幅画与前面一幅画的题材相同，都是描绘毕摩作法驱邪的场景。这幅画也同样描绘了四个毕摩人物形象和两个动物形象，在线条运用与绘画风格上都很相似。但画面构图安排，与重点表达意向并不相同。这幅画中的几个毕摩是站在同一个水平位置上的，并无前后之分，也没有围绕什么人或物。但画面中居于中心位置的毕摩人物形象的比例明显大于两边的，可能是这幅画描绘法事的主持者。他头戴黑色的帽子，五官的刻画也较为细腻。这幅图和前一幅都多采用曲线来刻画，使得人物动作有舞蹈的柔软与韵律感。

宜送白虎

（十）宜送白虎

这幅绘画的构图较满，覆盖了这个画面。其中作为主要描绘对象的白虎以从上方斜扑下来的动作占据了画面的中心位置，白虎的爪下按的是蛇；左边是前蹄腾空、回首顾盼、惊慌失措奔跑的羚羊；右边站着的毕摩正在作法送白虎。其他画面空白部分则采用了卷草、云纹等具有装饰性的图案来补白，使得整个画面十分充实饱满。在线条的运用上仍然是采用曲线造型，表现出肢体的柔软与韧性。而这幅画中的另一个特殊之处就是动物皮毛的刻画，采用的是国画中的技法，采用短细线排列加留白来表现。

（十一）日月福禄

这幅绘画采用的是横向构图，画面中描绘了四个毕摩人物的形象。四个人物都站在同一个水平线上，但人物大小的比例并不相同。从艺术语言的处理上来说需要重点表达的，一般都会采取放大比例，衣服饰品刻画得更加细腻等。这幅画中的最左面牵着瑞兽的毕摩在人物比例、帽子上的饰品、手上的烟袋、五官的刻画上都经过了艺术语言的处理，较其他人物更显细致。与其相对站立的右边的毕摩也同样采取了这样的艺术语言表达，比例更大，帽子与五官的刻画更加细腻。剩下的两个毕摩人物的形象就采取虚化省略的方法处理。

日月福禄

（十二）请师禳解

这幅绘画采用的是横向构图，画面中描绘了三个毕摩手持法器用鸡与羊作法的场景。中间的毕摩五官刻画清晰，并且采取的是侧面形象的描绘，这在毕摩绘画中是不常见的。在服饰上，这幅绘画也与其他的有明显区别，鞋子的刻画有绑腿的描绘，一直到小腿。羊的造型也是采用了中国水墨画的技法。

请师禳解

（十三）落水滚岩

这幅绘画采用的是斜线对称构图，画面中间以动物分割，左下角与右上角则是人物形象。左上角飞下来的龙与中间的毕摩瓶形法器，右下角走上来的禽鸟分割了画面。左下角的毕摩头戴黑色的帽子，四肢都采用曲线描绘，表现出向后倾倒的姿势。而右上角的人物整体态势更趋于一个 C 形滚落的动态，双臂与腿都向上扬起，背部拱起。

落水滚岩

（十四）白虎伤畜

这幅绘画采用的是横向构图，描绘的是白虎伤到家畜之后，人们驱赶白虎的场景。画面中间是从上面扑下来咬家畜的白虎和举起刀迎击的人，左边也是一个举起刀迎击白虎的人，右边是拿着箭去投掷白虎的人。这幅画从构图上采取把大部分要表现的故事内容集中在画面的正中间，绘画的人物较两边的要小的方式。这幅画的线条很粗，有勾边的效果。

白虎伤畜

（十五）祭献山神

祭献山神

这幅绘画同样采用横向构图的方式，画面描绘的是毕摩宰杀牲畜，作法献祭山神的场景。画面的中间是端坐在亭子中的山神，下方有童子；左边画的是提着器具在献祭的毕摩与奔跑的马，右边是举着刀在祭祀的毕摩。画面中的人物与动物形象比例失真，中间画的人物、动物较多，比例较小。绘画突出强调的是故事性。这幅绘画的线条运用得较细腻，人物面部及衣服刻画细致，动物的动态形象写实、逼真。

（十六）富贵之兆

富贵之兆

这幅绘画描绘了一个男子骑在马上奔跑的场景。他的身后是房屋的一角，前面都是牛、羊、猪、狗、马等家畜，表现了主人家的富贵气象。这幅画运用了两种绘画技巧，线描与写意。线描的用线细腻、流畅，很好地表现出了大型动物如牛、马等肌肉的走向，肢体的力量感。写意的技法则更容易采取水墨加留白来表现动物丰厚的皮毛。

（十七）祭家支神

这幅绘画刻画的人物较多，描绘的是毕摩祭祀家支祖先的场景。采用横向构图，人物比例失真。线条流畅，五官刻画相对具体，人物发饰刻画细致。

祭家支神

（十八）家宅不宁

这幅绘画中画了两男两女正在争吵的场景。左边的一男一女双手抬起，背部略弯曲，似要倒地。右边的一男一女则是相互背对，没有交流。表现出不愉悦的气氛。这幅绘画在衣服的处理上，用波浪线进行了简单的装饰，其中一个男子的衣服，上下衣有明显的区分。

家宅不宁

（十九）禳解飞龙

这幅绘画采用的是横向构图，画面从右边起，是端坐在亭子中的人，然后是在桌案前的两个头戴帽子的人，最左边是一匹奔跑的马。天空上有一条飞龙。这幅绘画的用线细腻、流畅，人物刻画细致，衣服用粗线条进行装饰。飞龙的头部刻画得很细致，细节描绘形象生动。

禳解飞龙

（二十）三送白虎

三送白虎为上下排版，横向构图，画面线条弯曲流畅。图画里画的是三个人将老虎的食物——蛇和灰驴摆到老虎面前，线条以S形的曲线生动的表现出了白虎扑向猎物时背部弯曲的线条。三人之中左边一人手拿器物，右边两人四目相对，看起来有语言或者神情上的交流。

三送白虎

（二十一）粮畜福禄

粮畜福禄为上下排版，横向构图。画面里家畜家禽成群，姿态各异。作者用或笔直或弯曲的线条形象地表现出了牛跳跃的姿态，驴的趴姿和站姿，鸡鸭鹅等家禽或站起、展翅跳跃，或左右顾盼的姿态。画中一人手举粮食、蔬菜等食物，象征了粮食的丰收和富足。

粮畜福禄

（二十二）祭献彩虹

祭献彩虹为上下排版，横向构图，画面中有三人四兽。四兽之中龙在天空翱翔，一只鸟头顶宝瓶，另一只脚尖点地欲展翅飞翔，家畜屈腿缓缓向前；三人之中两人站在高台之上，头戴宝冠，另一人盘腿而坐，目视前方。

祭献彩虹

（二十三）毒咒之兆

毒咒之兆为上下排版，横向构图。图中从左至右一共五人，左边第一人手拿祭祀器物面向后面四人，中间三人也手拿器物面朝左边第一人向他示意，右边一人微微侧首看向其余几人；一只家禽和一只家畜走在祭祀队伍的最前面，凸显出了神秘的色彩。

毒咒之兆

（二十四八）诸事不顺

诸事不顺为上下排版，横向构图。图中一共五人却好像画出了两个空间。从左一人看向旁边的人，微微向后仰头似询问他旁边的人，左边第二个人却没有看向左一，他眉头微蹙好像心有所想。左边第三人手持器物在向左边两人示意着什么；另一边一人手持黑色砍刀，扭头向上看。最后一人似疑惑不解地看向举刀之人。

诸事不顺

（二十五）福禄护佑

福禄护佑为上下排版，横向构图。画中四人两畜，左边第二人身居高座，左边第一人似是服侍之人，台下两人像是表演杂耍之人，两只家畜象征着丰收与富足。

福禄护佑

（二十六）预防不测

预防不测为上下排版,横向构图。图中画出:左边一人似是要取下摆在高处的器物，器物倾斜但左边一人并没有拿稳，好像随时会掉下砸到他。左边第二个画的是动物的身躯但是有着人的头颅。看得出它并不是人类，它拿起器物砸向图中身材较小的孩童，右边一人好像看不到妖怪，注视着倒下的孩童。

预防不测

九、云南武定毕摩绘画之二

云南武定的毕摩绘画留存有一本竹签书，采用的是横向 16 开装订的排版，共存有 46 页，首尾部分有残缺，每页上图下文，彩色。这本竹签书中所记载与绘制的都是关于毕摩预测吉凶以及如何避灾驱邪的签文，每篇签文都有详细的文字解说并配有与签文相对应的生动的图画故事。

武定的毕摩绘画总体可分为预测灾祸、举行仪式与献祭、吉祥如意三大类的签文。预测灾祸的签文是最多的，如鬼怪作祟、动物侵扰、盗贼生事等。本书不一一配图，主要以文字描述的方式介绍这本竹签书中部分毕摩绘画的内容和特色。如 12 签描绘的是非正常死亡的鬼来作祟，图中绘有面部脸长眼小的强盗形象。绘画明确表达出了会遇到鬼怪的侵扰，必须要请毕摩来驱除魑魅，也要小心防止盗贼引起灾祸。另有第 17 签，描绘的是彩虹邪气和夭亡的鬼来作祟。画面左边描绘的是站在瓶子前方的毕摩，中间是彩虹妖气和夭亡的鬼祟，右边画的则是面带病容的主人家。此画用直线刻画毕摩的脸部轮廓，平直下压的嘴角，皱起的眉头使得毕摩严肃认真的表情跃然纸上。此签表明的是主人家的居处不洁，需要找毕摩来驱邪。家里有生病的人则需要找只公鸡，给地气除邪，使得畜牧五谷不受害，生病的人也早日康复，吉祥康乐。第 34 签，描绘的是未得超度的人的鬼来作祟。画面刻画了一幅受刑而死未得到超度的场景，绘画故事性强。左边是坐在堂上的官员，右边是跪在地上让两个官兵按住的刑犯，两个官兵正在举刀准备施刑。画面中的四个人都戴着帽子，并且都穿的长衫与高领衣服，高领上还有短竖线纹路。此签文表示会有一场灾祸、疾病之兆。需要找黑猪、白鸡做百解法事。并且签文还表示不利于嫁娶，不宜起房盖屋，需要进行叫魂，除尽邪祟。第35签描绘的是坐月子死的人的鬼作祟的场景。画面中画有卧在床上的妇人代表的是坐月子死的鬼来作祟，中间有类似锤子的器具悬在空中表示有雷电神来干扰，家中财物粮食、猪鸡不会增。左侧画的飞龙，表示不宜起房盖屋，不宜祭祖宴客。得此签需要做法事祭祀锁神、做百解送坐月子死的鬼魂。这几个签文都是典型的鬼怪作祟，动物侵扰的主要有白虎、飞龙。如第14签，描绘的是白虎之兆。画面中画的是一只奔跑的白虎和从其后揪住白虎尾巴的毕摩。画面中老虎的刻画，五官的鼻子、眼睛都进行了拟人化的处理，身上的纹路以波浪线简略表示。毕摩的眼睛圆睁着，嘴巴张开，显得极用力地在拉着白虎。这幅图画表示家中养畜不顺，庄稼无收成。得此签文者在这一年中不能打蛙杀蛇，外出注意疾病。第18签描绘的同样是粮食牲畜会遭到白虎的侵扰。画面采取的是横向构图，最左边的一个人举着刀向右面的家畜杀来，中间是仰倒在地上的猪，右面是狗。得此签需请毕摩杀白鸡祭祀白虎，早早防治才好。再有第23签，描绘的是飞龙作祟，毕摩作法的场景。画面的左边画的是在天空中盘旋飞舞的龙，下面是四肢仰倒在地的家畜，右边是正在设坛作法的毕摩。孵化中的飞龙与家畜的线条勾勒都略显松散，显得飞龙的体态轻盈，而家畜缺乏生气显得病态，毕摩的五官刻画清晰，面部表情严肃，法衣华丽。第39签描绘的也是白虎、飞龙在家中作祟的场景。但此签文的毕摩绘画与前面几幅的表达有所不同。这幅画的线条较抽象，短促线与不流畅的曲线使得画面的视觉效果显得混乱，从而表达出家中的家禽遭到了侵扰会得疫病。

除了鬼怪作祟与动物侵扰这两类，关于预测会有盗贼生事的签文也有很多。如第21签，图片可看出是上下排版，横向构图。中间是一个炉子，上面冒着黑烟。右侧是两个穿着黑袍的盗贼，前面的一个人手里拿着一个瓶子。左边的白色衣服男子一手牵着一个牲口，另一个手高高举过头顶。这张图勾勒的线条简练，内容丰富，故事性比较强。还有第22签，画面的左侧描绘了两个盗贼一前一后向右走着，前面的盗贼拿着一根棍子，后面的盗贼推着拉货的车子，右边是白山羊和黑猪等牲口。第26签，该幅画中最右边是一个盗贼拉着一个牲口，牲口身上有各种各样的花纹，左侧的牲口正在向前奔跑，动作活灵活现，惟妙惟肖。

相关举行仪式与献祭的签文也有很多，有土地神、锁神、祭祖、祭龙等。如第19签描绘的是用白公鸡献祭土地神的场景。

第19签，该幅画上下排版，上面是图案，下面是文字，横向构图。图的左边是

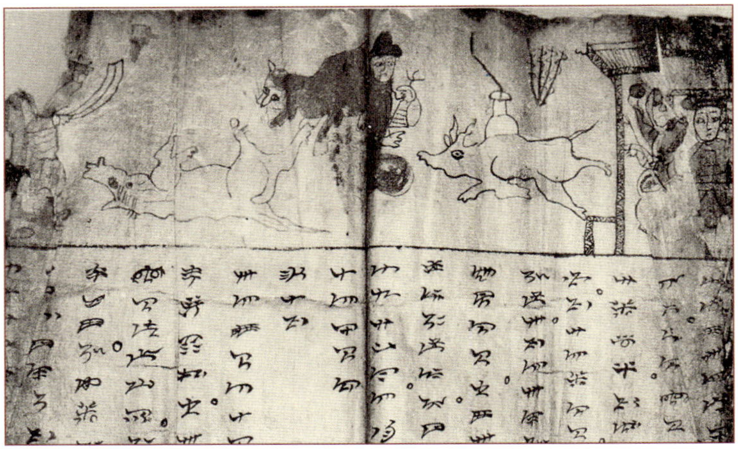

第 18 签白虎作祟　　　　第 19 签得病会重

一个戴帽子的土地神手里拿着白公鸡，中间的白虎背着罐子正在向土地神飞快地奔跑，右边是两个去看病的人。结构严谨，勾勒的线条比较流畅，画法简洁且贴近生活。充分体现了土地神的灵验，有病早早地去医治就会得到吉祥，病重者需用白公鸡献土地神，会得到土地神的守护。第 28 签上下排版，横向构图。图的左边是一个面容姣好的人在桌子的一旁做百解，病者躺在中间的床上正等待医治，最右侧雷电神在作法，只见他左手举起一把刀，两腿一前一后分开站着。这张图勾勒的线条准确、简练，比例协调，内容贴切且丰富，写实性很强。和上幅画所表达的寓意相似，生病者要早早医治，不病则要小心遭灾祸。第 41 签上下排版，横向构图。土地神盘腿坐在地上，他的前方摆着病者献给他的礼物，右后方是山神。图中的牲畜四肢仰起，目视前方，活灵活现，充分发挥了线条的高度表现力。第 57 签山神守魂，壁画上下排版，横向构图，但有些破损，一男子右手拿着火把，高高举过头顶，左手拿着一根旗杆，旗杆上挂着一面飘逸的长旗。男子旁边是一头被人拉住牛角的牛。右侧是一个穿着长袍的人身动物头人像，他的肩上挂着一根芦苇向前走着，他身后的男子神情严肃，怀里抱着一只鸡。该画中人物的眼神和肢体语言描绘得很传神， 表现了人们对美好生活的向往。

相关福禄的签文分为天地、神佛、祖先等几类。第 29 签中，图中三人左中右均匀分布，左边是君，君穿着黑色袍子，高高在上。中间是臣，跪在君的面前，表示礼数。右侧是友，他身着黑衣和长靴，挑着扁担正在向前走着。第 20 签图片上下排版，横向构图。最左侧一男子衣着比较华丽，坐在桌子旁，桌子前放着一个和桌子一般高的瓶子。右侧是马、牛和羊等牲口，这些牲口象征着畜牧兴旺。第 40 签图片上下排版，横向构图。左侧的老年人穿着白衣骑着一匹马正向前方走去，中间的大鸟在后面跟随。鸟后的长者挑着扁担，担着两个正方形的箱子。该图构图严谨，故事性比较强。第 43 签图片上下排版，横向构图。图中三人是亲戚关系，左上为长辈坐在桌旁，中间的中年妇女抱着她的孩子，右侧挑着扁担的是她的丈夫。一家三口逢年过节都会来探望亲戚，其乐融融。第 47 签图片上下排版，横向构图。左侧的长者身前摆放了一张放满琳琅满目商品的桌子，图片中间的一只鸡象征着吉利，右侧的女子和长者相互呼应。第 49 签图片上下排版，横向构图。左侧风流倜傥的男子目光清澈，他的前方摆放着一个炉子，右侧的牲畜四脚朝上。图片布局和谐，内容充实而丰富。第 50 签图上下排版，横向构图。图中男子一边吹着口哨，右肩一边扛着个长灯笼，身前的毛驴驮着两袋粮食和他一起向前走着。该签象征着五谷丰登，牛羊成群，是福禄的征兆。第 51 签图上下排版，横向构图。左侧的长者深切地望着自己的女儿抱着孩子，满脸洋溢着幸福感，女儿的丈夫出门交易，扁担里满满的收获，象征着买卖顺利，有吉祥之兆。第 52 签图上下排版，横向构图。图上刻画了君臣二人，君骑着马见到了臣，君见到臣笑眯眯，臣遇到君心里乐开怀，好一幅和谐的画面，体现了君臣之间的深厚情谊。

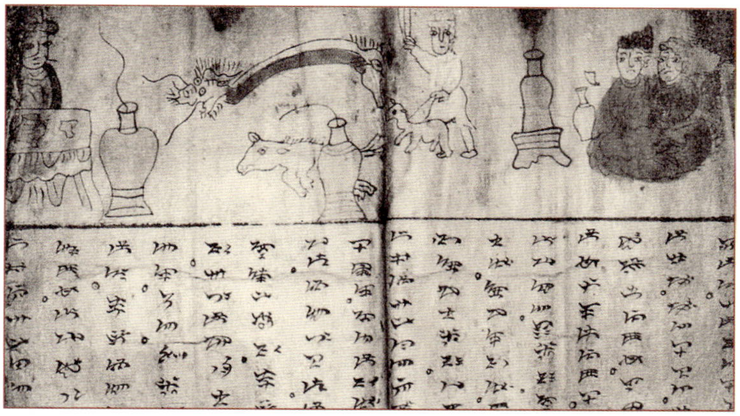

第 20 签祖妣金银福禄　　第 21 签盗贼干扰

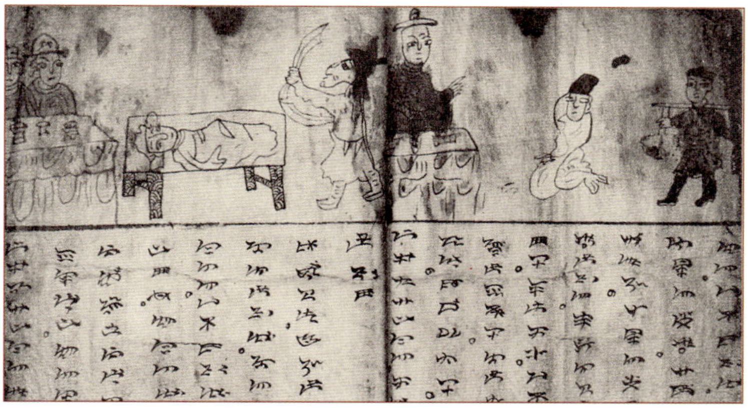

第 28 签雷电神作祟　　第 29 签天地福禄

与此相反的预示着生病、不顺等事的签文也有很多，如第 27 签的毒咒之兆，该签图上下排版，横向构图。图中五个男子身着的服装较为艳丽，脚穿黑色短靴，他们手上都拿着各种不相同的器具，向脚下的两个牲畜挥舞着。第 30 签预防不测。该签图片上下排版，横向构图。图中一共画了四人，最右侧的男子出身于官宦世家，衣着华丽。中间的男子用器具压制着其中身材娇小的男子，左侧的男子双手摆弄着器具。第 32 签龙神致病。该签图片上下排版，横向构图。图中描绘了四个男子，最左侧的男子神情严肃，他的身旁放着一个炉子和一只牲口。右侧的三个男子按身高顺序排列起来，最右侧的为最高者，他们头的上方有一条龙在飞舞。第 38 签凡事不利。该签图片上下排版，横向构图。图中左侧坐着一位手里拿着植物，胡子较长的年长者，他的前面摆放着一个炉子和水果。他对面的镜子里人像却不是他，因此他感觉到诸事不顺。第 42 签图上下排版，横向构图。图中描绘了五个女子，右侧两个女子坐在亭子里乘凉，亭子旁外站着两位女子，一女子脚下趴着一只动物，另一女子望着远方。最左侧的女子看着一只四脚朝天的牲畜，和四位女子一派和谐的景象。第 44 签疾病之兆：该签图上下排版，横向构图。图中描绘了一男一女，左侧的女子体态臃肿，手里托着一个花瓶，前面的一只羊步履蹒跚地正向她迎面走来。与此同时，天上两条龙在空中飞舞，最右侧的男子斜靠在凉亭中。第 48 签凶多吉少：该签图上下排版，横向构图。图中描绘了三个人，最右侧的三个人坐在亭子里纳凉，最左侧的三个人中，一男子手里提着一盏灯放在中间人头的上方，另一男子跪在地上，外面的三个人望向坐在亭子里的三人。

十、贵州毕节彝文经籍插图

以下图载于《扎苏》（历算书），贵州毕节县王氏先辈手抄，该书有插画 100 多幅，本书选 12 幅，其中前 10 幅为彝文八卦太极图，由贵州民族大学王富惠收藏和提供。

（一）太极八卦图

以下有 10 幅图，第一幅为太极图，后 9 幅为不同形式的八卦图。这些图具有符号化、抽象化、概念化和艺术特征。

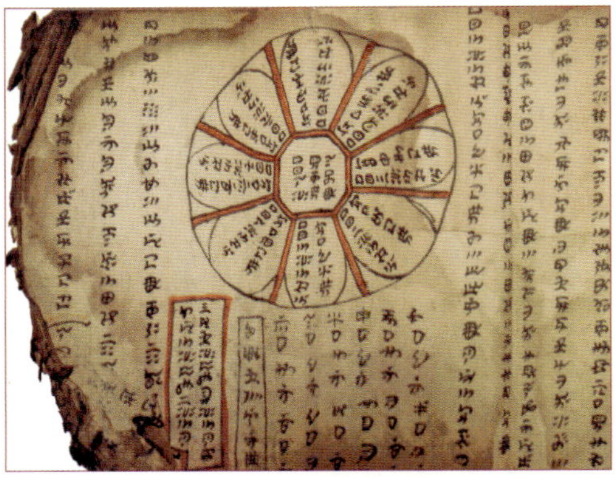

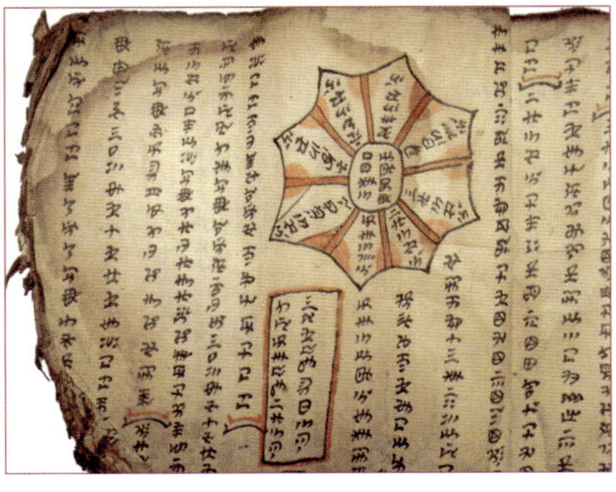

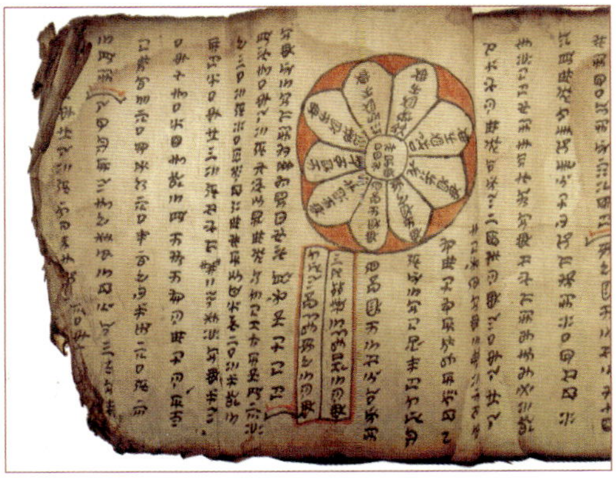

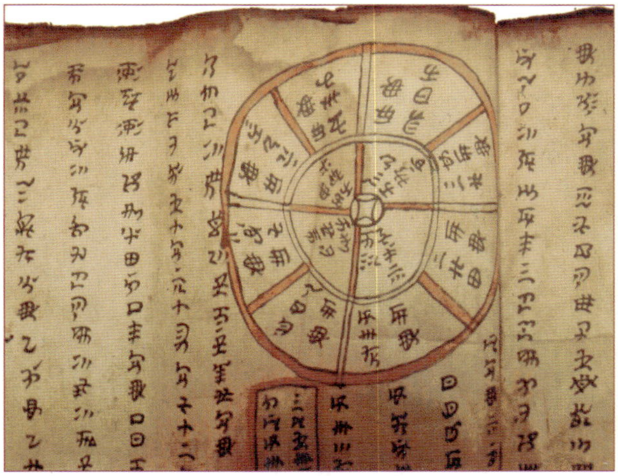

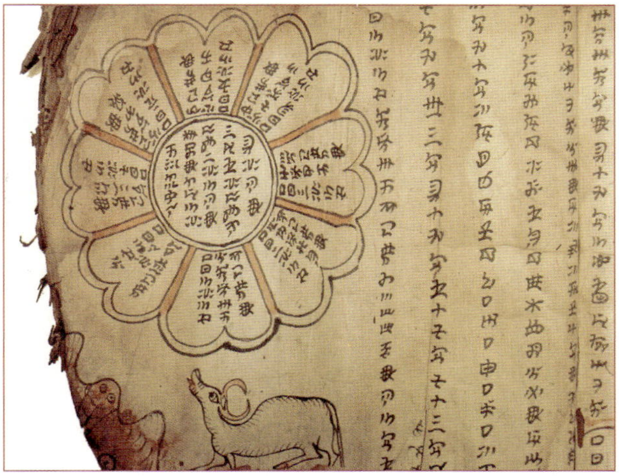

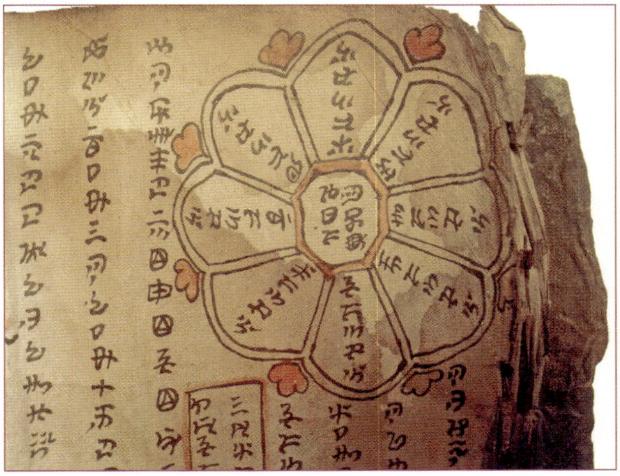

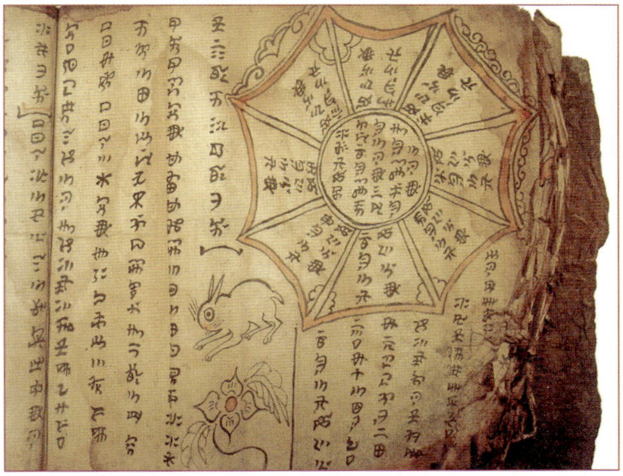

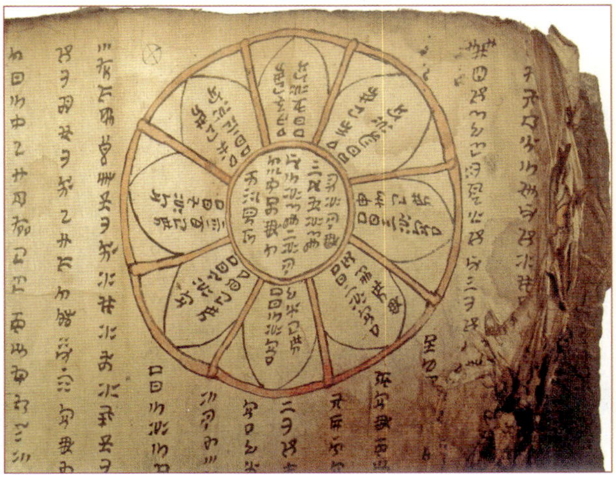

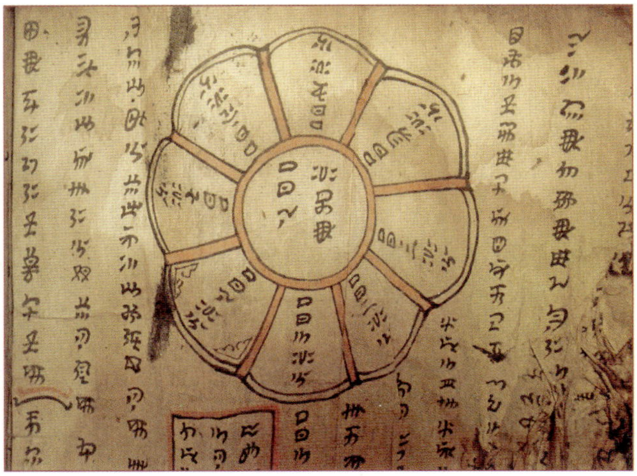

（二）土官图

明代滇南李土官

明代滇南普土官

十一、西南民族大学收藏滇南毕摩绘画

以下图载于《百乐书》，为西南民族大学彝学文献中心收藏，属滇南风格。每幅插图标题为本书作者所加。

八仙展技，各显神通

送子观音，夫妇有喜

龙凤呈祥，丰衣足食

和睦相处

农耕生活

黑虎相助，农业丰收

粮畜发展，丰衣足食

邪龙侵扰

龙神护佑

射杀蜈蚣

富人生活

官宦人家

供奉三佛

黑虎保佑，防狼袭畜

太平生活

龙神虎神护行

有死亡之灾

祈求平安

操办丧事

起屋盖房

不利之兆

农耕生活

民间法事

官员出行

自寻短见

君长出巡

十二、云南通海毕摩绘画之一

以下图载于《百乐书》，通海县里山乡毕摩李文昌之五子李成保珍藏，彩图以红色为主，一页文字一页图。

武装出征

探视病人

毕摩之家

遥拜龙神

延请毕摩

养猪过年

幸福生活

畜牧发展

出门赴宴

为臣断案

小心白虎

神龙护佑

供拜三佛

毕摩探病

不忘耕作

六畜兴旺

虚席以待

买牛买马

欢迎投宿

集市贸易

粮丰酒香

养犬打猎

酒肉待客

精心喂养

毕摩祝福

毕摩出巡五方

胜利归来

祈福平安

赶集路上

神龙惊吓

小心恶鬼

阴鬼来犯

君长仪仗

十三、云南禄劝毕摩绘画

载图书名《择日书》，也称《历算书》，禄劝县云龙乡杨清宗祖传古籍，由张仲仁提供。为天文历算及预测用书。

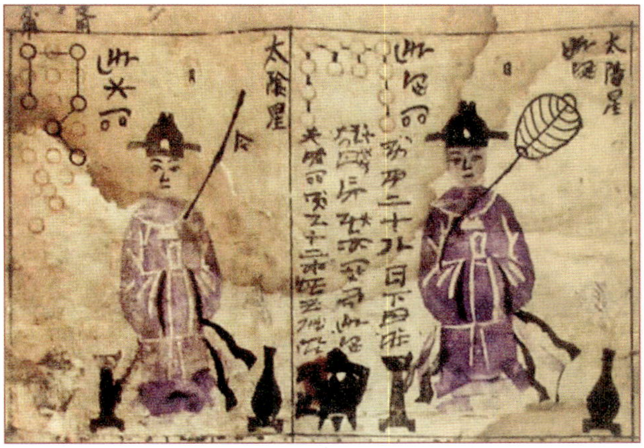

太阳星、太阴星

火星、木星

金星、土星

罗睺星、水星

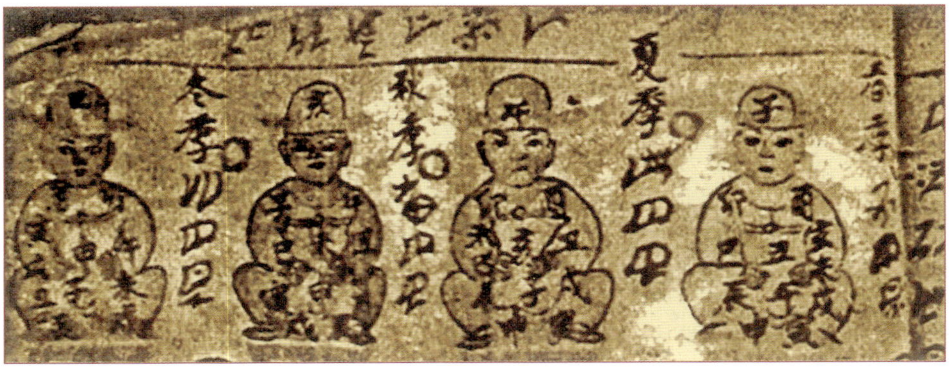

占春夏秋冬四季

十四、四川凉山毕摩经籍插图

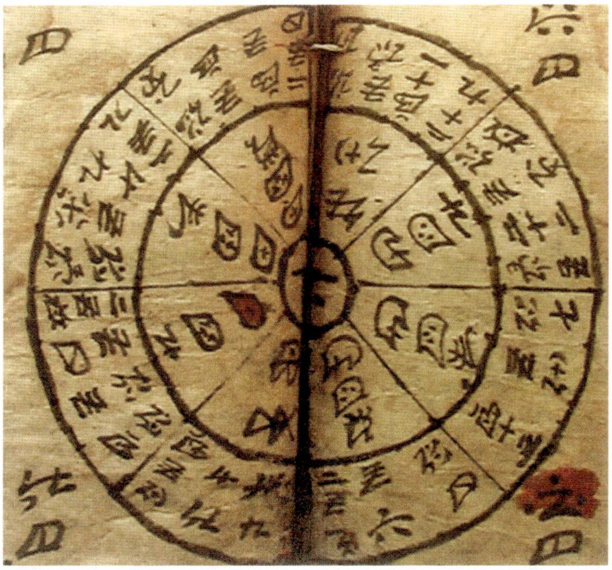
天文历法八卦图

四川凉山州语委收藏的数百部经书中有部分黑白插图。有描绘自然的日、月、星图，线条粗细不均，笔势凝滞，以圆点表示光晕。关于民族英雄支格阿龙的传说讲道：远古时的一天，龙、鹰滴血在娴静美丽的浦莫列依姑娘身上，使得她怀孕；其后在龙年龙月龙日生下了支格阿龙，他成长为一个神力无比的英雄，射下了多余的太阳和月亮。四川凉山的毕摩绘画中有阿龙与阿龙变体图，运用了很多横直线、类似鱼鳞图案的半圆弧线、交叉长斜线等。用半圆形图案表示头部，鱼鳞状图案表示头发，四肢上画满了排列整齐的短横线，身体上则是长斜线交叉形成的菱形的网状图案，极具装饰性与神秘感。另有支格阿龙击打麻风鬼图，这幅图则有一定的故事性。描绘民族英雄击败病魔的故事。图中麻风鬼全身都布满了密集排列的点，支格阿龙的身体上也采用了很多点状的装饰图案，较麻风鬼身上的点状图案更大且稀疏。用圆形表示头部和耳朵，画出了眼睛、鼻子嘴巴等五官，出现了一种新的线条——波浪线。在凉山的毕摩绘画骑马图和防癞子图中，对人物形象的塑造都采用了V形的长线条表示四肢，两个相连的三角形组建成漏斗形的身躯，圆形图案表示头部，半圆形图案表示头发。这些毕摩绘画都类似于儿童画一样，并不十分注意比例与构图的安排，但在图案的表现形式上又十分有规律，形成了固定的装饰法则，有规律可寻，线条的运用和意义的表达都有特殊的意义。

十五、云南宣威毕摩经籍插图

云南宣威的毕摩经籍插图较少，有零星9幅。这9幅毕摩绘画有龙身占命宫图、接寿图、十二生肖图、实勺十二子图、六十甲子图、六方位图等关于人的命理与宇宙时间等宗教玄学方面的，还有太阳中的玄鸟玉兔图、作祭丧棚等有关宗教神话故事的绘画。相较于四川凉山的经籍插图，云南宣威的用线更加匀称、流畅，尤其动物的形象刻画细腻。如龙身占命宫图、马、龙形象图、太阳中的玄鸟玉兔图、六十甲子图中都有龙的形象，龙身以流畅的曲线刻画出蜿蜒穿梭于云间的动态形象，龙须、龙尾飘逸多姿，龙身鳞片覆盖均匀、细腻，龙爪有 3 爪、4 爪、5 爪等。此外，鸟、马、羊、狗等动物的刻画也十分地生动形象，动物身上的毛发多用细线表示，有动物行走的四肢弯曲，上挑的眼尾等细腻形象。人物形象的刻画有接寿图与实勺十二子图，接寿图中是一男一女。圆形表示头部，耳朵是 S 形的线条，四肢以双线表示，身体以圆形表示。实勺图则都是男子的形象，他们有一个共同的特点是双手环抱并且手上抱有类似火苗的图案。

十六、云南昭通毕摩经籍插图

云南昭通的毕摩经籍插图比较特殊，也是比较有装饰性的。例如树叶章，是在昭通原乌蒙部世传彝文经籍封面上的印章。树叶由一片大叶子和两片小叶子组成，叶片脉络清晰，叶尖朝向统一。鸡卦书插图的线条十分干净，画面清爽，排线匀称，极具装饰效果。每组图案都以两条竖线形成中心对称的图案组合方式。除此外还有较复杂的叶类与卷草类图案的纯装饰性的彝文经书插图，起到装饰版面和补白的作用。图案为长条形，从上到下。用线流畅细腻、粗细交替变化，卷纹前后相互勾连，其间穿插有树叶纹与铜钱纹，显得繁复华丽又不失雅致。还有的画一个正圆，在圆中进行图案装饰。使用粗线与细线叠加的装饰方法。用缎带装饰从中间分割正圆，上半段采用卷草纹做左右对称图案，下半圆用扇形图案做左右对称装饰。

十七、云南石屏毕摩经籍插图

云南石屏的毕摩经籍插图，散存于龙武乡，常见的有八卦图。还有部分木刻插图，先套印在经书上，再染上颜色。八卦图由 5 个同心圆组成，一圈一圈向外扩散。最小的同心圆中是空白的，第二个同心圆中是装饰的珠形图案，其他的三个同心圆中都是写的彝族文字。还有的八卦图只有一个正圆，正圆外装饰有围成一圈的 X 形图案和树形图案，两个树形图案之间写有彝族文字。此外，还有较简单的八卦图，一个正圆图形内是类似蜘蛛网状的连线图案，圆形的外围写有彝族文字。木刻插图很有装饰性，线条工整，笔势略显刀雕的刻板，图案有类似剪影的装饰效果。除了这类块面性的雕刻画之外，还有一类线性的雕刻装饰画。是石屏龙武彝族家谱上的装饰木刻画，在吹箫图中刻画两个身穿宽大羽衣、头戴冠帽的人在宽阔高大的门前吹笛。这两个人的衣饰纹理飘逸，线条层层叠加，显示出羽衣华丽、柔软的质地。先祖图也是同样的构图方式，一个装饰豪华大气的门扉前有两个人正将香炉举过头顶，供奉向门内的祖先。大门上的竖线与横线以及门头上的曲线花纹装饰都十分清晰、工整，人物的形态刻画生动。

第四节 云南彝族毕摩绘画的艺术特征

本节从美术学的视角对毕摩绘画进行考察，聚焦绘画本身，关注绘画的形式和内涵，从多个层次多个侧面考察分析毕摩绘画的意义，对毕摩绘画的形式和绘画语言进行分析。从艺术接受的角度而言，绘画欣赏活动是一个形式——题材——意义的认识过程，即我们对一件作品的认知过程，是从对象的表层形式开始的。艺术的形式，包括艺术语言和组织结构，艺术语言又分为物质材料、艺术词汇和形象词汇等几个层次，笔者将结合图片从这几个层次对云南毕摩绘画进行艺术形式分析。

一、物质材料分析

毕摩绘画不论在哪种载体上，其一般都是规则化的形状。毕摩出于实用的功能，或者有特殊的寓意来规范绘画载体的外形。从目前掌握的资料来看，分别有画在纸上的、木板上的、布上的、石头上的毕摩绘画。从形制上，经书插图、神枝图等属于纸质的。毕摩绘画仪式中的各种鬼板等属于木板材料的毕摩绘画，有的经书特别是用于大型仪式的神枝图所用材料为白棉布图，以便于折叠保存。石头上的毕摩画见于将支格阿尔像画在高山岩石上做防冰雹用图。这些载体中，纸和白布并没有特别的含义。毕摩经书对纸的选择也较为随意，甚至有见到用工作笔记本或作业本抄写的经书，同样用竹片装订成卷轴放置。如云南江城的经书为正方形纸张装订，采用上图下经文的版式；而滇南的毕摩绘画则是长方形纸张装订，版式为全图或全经文的形式；云南毕摩绘画的物质载体十分丰富，有各类纸张、布料以及木板。毕摩们对鬼板制作与运用的看法也都各不相同，根据仪式的不同使用不同的鬼板，不仅各自所画的内容不同，且外部形状也做了区分，使得毕摩们能通过仅看鬼板的形状来识别鬼板。

毕摩绘画的用笔及颜料大都是毕摩们自己就地取材制作的，根据毕摩们的不同习惯和作画的需求，所制作的材料都不相同。就画笔而言，彝族传统的笔大致有三种，一种是竹笔，一种是木笔，一种是羽管毛笔。传统的毕摩绘画用笔为毕摩自己制作，每个毕摩用什么笔有自己的习惯，因而制作材料和形式多样。根据所需绘画线条的粗细及显色，常会制作多支笔，同时使用。颜料多为当地产的植物或矿物颜料，易上色且持久。此外，云南彝族毕摩经书中的插图绝大多数是采用单色墨线画。抄写经书使用的墨以前是汉地传来的墨块，而画鬼板、神枝图等则会再加上动物的血液调和而成，以达到某种效果。现在一般为普通碳素墨水或墨汁，不加牲血或其他材料。

二、艺术词汇分析

六畜兴旺

有病延医

本文在这里讨论的是毕摩绘画艺术词汇，是指毕摩绘画作为一个整体所表现出的形态和结构上的共有因素，以及地区特色风格。云南毕摩绘画的艺术结构和绘画形体大体相同，从构图方式、色彩运用、线条造型、题材几方面都有固定的程式和规律。构图都采用自由式，或横向或竖向或中心散开；色彩运用都在黑、白、红、黄、蓝、绿六色中选取，或二色或三色或无色；均以线条的粗细、长短、疏密变化来造型人、物；题材无论是祈福、仪式、娱乐，还是生产生活都是围绕着人为核心来创作的。在此共性基础之外，毕摩绘画也呈现出强烈的地区差异，云南不同地区的彝族毕摩绘画的风格都不尽相同。在整体含义、风格统一的基础上，每一个毕摩都有自己的艺术词汇。就经书装帧而言，有长短大小之分，经文与插图的排版安排则看毕摩们的个人喜好。例如，江城的经书插图是上图下文，绘画采用平面横向散点式构图；而武定的毕摩绘画同样是上图下文，但因经文装订不同则采用平面竖向散点式构图；新平的毕摩绘画是全幅图画，一图一文，同是新平，不同村落家支的毕摩绘画风格差异也很大，有的毕摩绘画，线条短粗松散，画风粗犷，采用红、黄、蓝三色的撞色拼接，使画面色彩视觉跳跃感强。相比较下，新平绘画则显细腻润泽，线条细长且运笔平滑，用红、绿、蓝、黄、黑五色相互搭配，采用国画渲染技法，画面色彩层次感强。

三、形象词汇分析

毕摩绘画中的形象塑造一般从线条、色彩、造型四个方面来完成。色彩无疑是视觉

白虎之兆　日月福禄

粮畜福禄　富贵之兆

艺术最为重要的元素之一。云南毕摩绘画的色彩运用不同地区的差别很大，例如武定的部分彝族毕摩绘画主要为黑、白二色，这与彝族服饰丰富的色彩形成强烈反差，几乎只由点和线构成黑白明暗的对比和节奏，显得极为朴素；部分地区则以红黑二色为主，色彩冲击力强，画面感神秘。江城地区的毕摩绘画以红、绿、黑三色为主，间或搭配黄、蓝二色，且由于图画年岁日久，纸张逐渐发黄，产生斑驳古朴的色彩效果。以线造型是一种古老的绘画方式，亦是超越了地域与民族的语言形式。云南所有的毕摩绘画物象造型都是以线条的变化来完成的，不求像似但求神似，纯以线条造型、做装饰。如图，线条与运笔也相关，线条有种古拙、生动之味。无论是经书中还是鬼板上的图像都主要以线条构成，其艺术造型的基本线条形式有四种直线、曲线、间断的线、粗细变化的线。彝族毕摩绘画的这种造型程式依据的是“抓事物的典型特征”“以局部代替整体，以一斑见全豹”的取象法则，即绘画表现只抓住事物最为显著的特征，舍去了所有不重要的外形因素而取其本质，抓住对象的主要形征或功能特征，在平面上以实线勾勒造型。

第五节　不同题材的语境表达

“彝文作为古老的彝族文化传播载体，记录了彝族人各个不同历史时期的生活变迁和民族习俗，而与彝文相互补充的毕摩绘画，则作为一种文化载体弥补了彝文经典的残缺之处，使经籍所表达的内容更完整、更生动。保留下来的毕摩绘画及附属经文是典型的西南彝族原始物象的代表。”彝族的毕摩绘画底蕴深厚，有深刻的民族寓意，对彝族的社会生活和文化生活有深远影响。作为一个彝族文化之外的“他者”，要通过毕摩绘画题材辨识绘画意义，除了艺术的视觉交流，必然还要融入彝族文化语境中，辨识出特定的物象组合及构成文化场的情节，分析图像在习俗中的意义。

神物守顺

幸福日子

一、祈福纳祥题材的语境表达

毕摩绘画作为一个表达彝族文化的媒介，其表达的艺术形象在不同的文化场景中有不同的象征含义。云南毕摩绘画中最常见也最多的一个绘画题材便是祈福纳祥。云南各地区的毕摩绘画中都有祈福纳祥题材的绘画，涉及彝民生活的各方面。如祈求风调雨顺、健康平安、多子多福、生活顺遂、官运亨通等等与日常生活息息相关的题材。例如云南江城的毕摩绘画《神物守顺》，图案是平面横向构图，画面中绘有穿着官服的人物和龙、虎、鹰三种动物。人物与动物之间的位置是采取间隔排列，人物动态刻画为手拿烟枪或折扇或两两交谈，一派闲适，人物比例明显大于动物，主题是神物守顺。从人物动态和比例可以看出，彝族的毕摩绘画是以人为中心的，有朴素的人本思想。那么这三种动物为什么是神物呢？又如何守顺呢？便要从彝族的龙文化、虎文化、鸟文化语境下来理解才有答案了。“龙在彝族民间有时候实化，有时候虚化，有着多种象征意义，彝族视龙为水王、君主、农神、寨神、福禄神等。”“彝族人称虎神为罗尼，这是他们心中最灵验最崇高的神。虎神可以为他们消灾驱邪，可以保佑他们称心如意、吉祥平安。他们把自己、家庭、家族的幸福，都寄托在虎神的护佑之下。”“彝族毕摩对老鹰是非常崇拜的，认为老鹰是一种能先知先觉和能够战胜一切邪恶的神鸟，因此彝族毕摩视老鹰为自己的保护神。在彝族毕摩的法帽上一般系着一对鹰爪，如昆明西郊彝族毕摩家中的神坛上供一对木雕老鹰像，求其保佑。”此外，在滇南与新平的毕摩绘画中，均有以丰衣足食为主题的祈福绘画，虽在构图、用色及人物塑造上都有区别，但均以人的活动为中心，描绘出人物造型动态的闲适，以极普通的生活场景来描绘生活的和谐美满。毕摩绘画有很大的能动性，这个能动性就是影响彝族社会行为规范的能力。在不同时期不同地理位置中的毕摩绘画会根据社会环境的需求能动性地来表现绘画的视觉艺术形式。

丰衣足食

二、驱鬼、除魔题材的语境表达

毕摩绘画中驱鬼、除魔题材的语境表达是通过画面中时空的叠加、重现来达到的。主要是通过构图上的空间、人物的位置分布，以及色彩对比运用上的氛围渲染。例如江城的毕摩绘画《毕摩作法》，画面的构图不是再现三维立体的纵深空间，也没有远近的透视，背景是空白的。在这二维平面上超越时空局限，无所谓瞬间的约束，可以把人间的妇女孩童、鸡狗动物和地狱的鬼差、鬼屋等不同时空的事物放在同一幅画面中，中间由毕摩联通两界将所有相关的事物并置于画面中。再如滇南的毕摩绘画《毕摩驱邪》，画面中的物象突破了空间与时间的概念，世间的人物、动物、花草，连通天上人间的毕摩和天上的太阳、天火、龙被自由地组织在同一画面中。除经书插图，毕摩制作鬼板采取的也是空间位置的安排来达到毕摩驱鬼的视觉艺术形式表达。但仅是凭借视觉经验的交流来理解毕摩绘画是不全面的，必须在文化

毕摩作法

毕摩驱邪

选择的特定符号系统中（彝族宗教体系中）才能读出形象所要表达的信息。鬼板上的毕摩绘画不仅体现了彝族人的宇宙空间观，还通过绘画对客观世界的关系结构进行排序。鬼板上的图画体现了空间位置一个既定的顺序排列，空间结构不是按通常意义上的，而是另一个逻辑的顺序，与等级和地位等观念相关。彝族鬼板符画中，因受木板空间的限制而自成一体。每块板上都先画天、地，然后再画空中的日、月、星辰及云、雾、雷电等，再画地上的人、动物、植物。而不是最上面画天，最下面画地。因为在彝人的观念中认为“先有天，后有地，然后才有万物”。

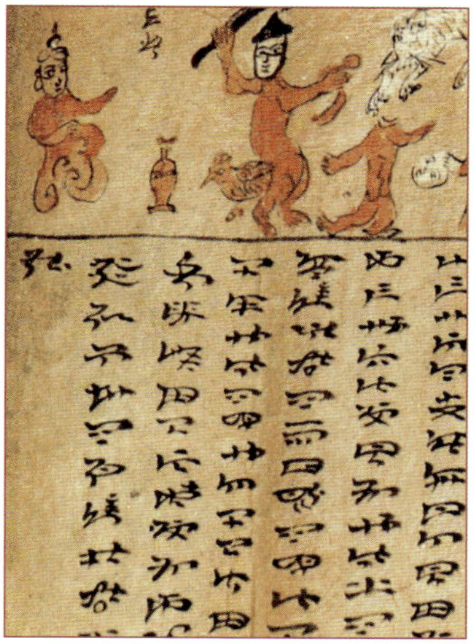

毕摩驱鬼

云南武定的毕摩绘画从颜色的烘托、渲染效果的艺术技能对毕摩绘画驱鬼题材的语境表达也有辅助作用。除了运用画面构图的物象位置并置，打破空间、时间形成的独立空间，纯色的红与黑的搭配运用，更增添神秘气息。（如图《毕摩驱鬼》）

三、神图巫符题材的语境表达

毕摩绘画神图巫符题材绘画的视觉形式十分简洁，仅仅是用点、线、面的结合与转变，给人一种神秘的秩序感。这种线性表现形式可归结为两层含义：一是以线条为最基本的造型手段图，二是由秩序感支配下的点线构成图。造型是毕摩绘画最为独特之处。彝族毕摩绘画中对物象的塑造采取的不是对客观世界的模仿再现，而是一种经过主观思维概括后的抽象的表达方式，不仅表现事物的外表，还表现事物的内里。如宣威的毕摩绘画《接寿树》，人物以圆圈表示头，以圈加点代表眼、口，耳朵用一条曲折的弧线表示，上身用大圆圈表示。四肢则用长曲线连接在身体上。整个人物由曲线线条构成了一个正面的人体骨架。这个骨架结构仅以简约的点、线勾勒出，看不出长相特征，也没有其他的动态和姿势。这些由点线面的抽象表达法，以纯黑白对比色表现出来的由内及表的视觉形式，反映出一种追求“质”的思想观念，于简朴的点线勾画出彝人的信仰世界。此类题材的毕摩绘画艺术形式表达的简约化，是烘托了此绘画与其制作者的威慑力。最古拙、最简单的才是最本质的表达，简练中的秩序感是神图巫符题材要表达语境的关键所在。但图中的配字也十分重要，在神秘的同时它内容与寓意的庄重不可侵犯，使得图案秩序中的力量铺展在人的面前。例如宣威的神枝图《驱邪神座图》、昭通的《乌蒙部鸡骨卜书》，这两幅毕摩绘画的语境表达在文字叙述记载的事物中蕴含的秩序与力量。

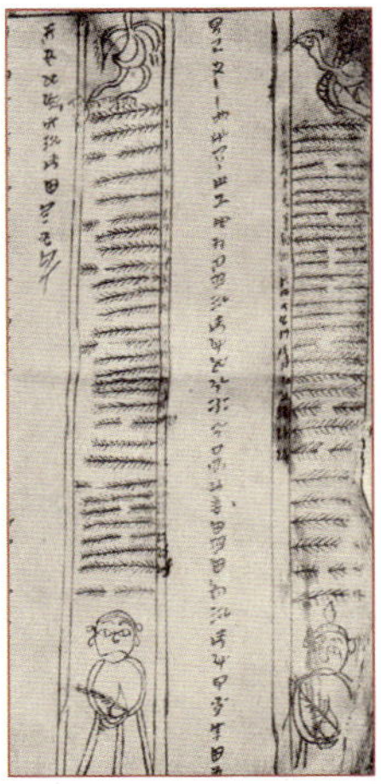
接寿树

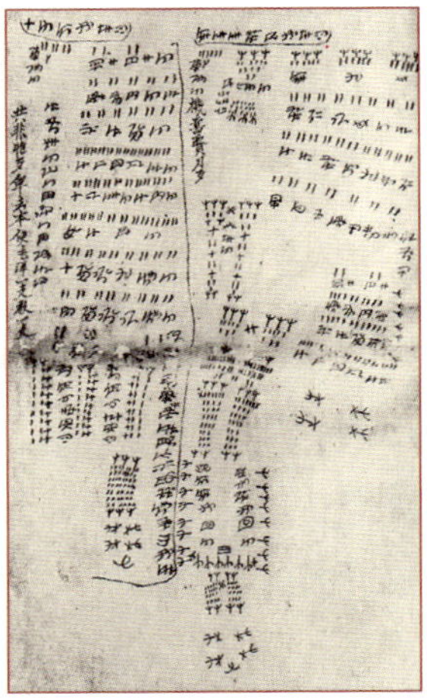
驱邪神座图

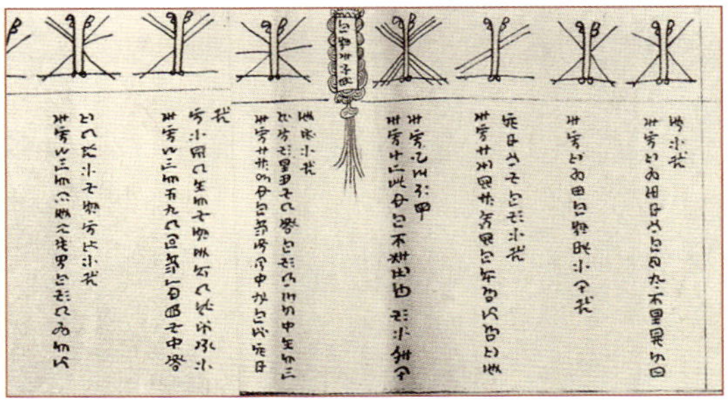
乌蒙部鸡骨卜书

毕摩绘画的艺术性一方面是体现在其视觉表达形式，一方面是包含于背后的潜在意义中，并通过彝族社会中人与人的接触而得以实现。毕摩绘画在彝族的社会关系网络中扮演着媒介的作用，连接着人与人的关系。在长期的实践运用中毕摩绘画形成有固定的视觉表达形式和社会意义结构系统，在不同时期的社会文化语境中与艺术接受者的视觉交流经验重新建构出当下的新秩序。在此过程中，毕摩们作为艺术作品的实施者会按照自己的意图及需求能动地对毕摩绘画的题材内容和艺术表达形式进行调整，毕摩与当权者、与彝族信众及鬼神们的关系也不是永恒不变的，会在社会进程中变化而找到新的平衡点，这是固定的结构功能系统所无法预计与规范的。在现实生活中的传统与创新，规范与逾越都有着微妙的动态平衡，这正是艺术作品的媒介价值所在。对彝族毕摩绘画的研究，笔者认为不能止于静态的文本分析，要在当代彝族人的细微生活实践中去探索毕摩绘画的传承与创新，并解析毕摩绘画在彝民社会生活功能中的发展与嬗变。

附：关于《彝族古代毕摩绘画》（彝族经籍插图）的评价

杨德鋆（云南民族大学民族艺术教授）

登上彝山，走进彝寨，在青山绿水和土石房舍相叠衬的景致中，会不由得恍然觉得眼前呈现的不是物质组构的形貌，而是一张张美妙无比的天然画幅。彝乡如画，一点儿不假。然而岂止彝乡美似画作，彝族祖祖辈辈对绘画的钟爱与创造，亦非同一般，他们以颖智、灵性、奇幻般的想象力和一双巧手绘制的画品，更把彝山装点成让人视之即醉的绝奇艺术之区。

先看房屋建筑吧，彝族（阿细、撒尼人）的住宅山墙人字形顶角下，常见墨绘或墨色加彩的蝙蝠、松枝、鱼或蝴蝶等装饰图形。家堂正墙贴“天地国亲师位”处，有些彝族图画象形文字描出太阳、龙、虎；虎神、天神、土神、开路将军、火神、牛神、瘟神、虫神八大神；六畜；三叉、弓箭、犁、耙、抓耙等农猎事工具和香案，组成一幅红地墨画，做挂于中堂的神祇神物供帖，其上所表现的对象均以简练线条勾勒轮廓，看形识物，一目了然。相传这类画和文为一体的作品，在民间流传甚久，已有很长的历史。

再看服饰。彝族衣装上布满五彩斑斓的刺绣图形，花繁色艳，在各民族衣海中出类拔萃，极有名声。衣冠鞋裤和挂包佩饰等物件上层次繁叠的刺绣图案，其制作过程首先是在布料上画出图样，然后才按图挑、绣、贴、缝，此技法可称为两度绘画，即第一步用笔（或竹签、羽翮）蘸石灰水或墨水分别在深色、浅色麻棉布料上勾勒花形纹样，使之成为可当独立作品欣赏的单色绘画；第二步用各色棉、丝线，有时还附加其他材料（如贴布、坚果、珠珠、亮片等物）做衬，沿着画好的纹样挑绣缝缀，把原先打底样的单色平面画绣成具有浅浮雕味的多色画。这种可喻为“二度创作”的“画”，使彝家儿女的衣装和饰物仿佛成为展示彝族聚居区自然风物、历史文化和生活情趣的移动画廊。彝族绘画知多少，彝画风格啥样子，看看他（她）们的服饰便可领略。

上面所言，仅是人们进入彝寨举目易见的部分，这些部分实际并不是彝族绘画的主体，彝画的悠久历史和大容量作品主要潜藏或附着在彝族民间祭司毕摩做法事时使用的经典和法器中。这些表现着不同地区、不同时期毕摩艺术家的绘画，多数以白绵纸、构皮纸，少数以皮、布或竹木片为底，用毛笔或竹笔勾画轮廓线条，然后着色少者着一二种色，多者着五六种色彩。画书有一页文字配一页图的，页面形式占较大比例的是上部 1/3 处绘画，下部 2/3 处用彝文释写画义（经文），上部的画即下部文字的图解。绘画多从右向左横行看读，文字为从右至左竖书，文与图恰当布局，直观生动的画与造型奇异的字相配，展卷赏阅，让人不禁拍掌称绝。由于彝文画书全属毕摩法物，皆由具有专门知识文化和写绘技能的毕摩创制、使用和拥有，因而一般人极少知其究竟，故而彝画在古代虽已大量出现，近现代民间亦有较多流传，但是它的传承往往只在少数毕摩之间，以致当一位接一位学识渊博、画技高超且藏书丰富的毕摩辞世之后，一些有价值的彝书画品也就随之消逝，难于续传，使得独具一格足可夸耀的彝族绘画及其古老传统至今还不为人知，灿烂的彝画艺术远未被彝族同胞和各民族同胞认识。

彝文经书绘画，有占卜（卦签）书、通书、历算书等多类。绘画技法因人而异，有的画风抽象，笔触简洁，构形不求精细，比例不显均衡，一个人体或一只动物，有时竟短手少足，大头微身，拙中含雅，趣意弥漫；有的学国画笔墨，或工整细腻，一丝不苟；或简约写意，随心所欲。画中人物造型从衣着到场景，时代特征一目了然。彝族聚居区动物植物类别繁多，画中皆有反映。山区常见的骡、马、牛、山羊、虎、豹、山鸡、雉鸡等，画中反复迭现：炎热边地特有的大象、孔雀，在那些地域居住的彝村产生的版本中表现得特别生动醒目。许多画书的纸和颜料多为当地自制，少数从外地购来。一些版本颜料系矿物质颜料，墨为上好烟墨，虽历经数百载，却没有丝毫变色褪色之象，足见毕摩画家精通画道，自有高招，彝画的技法和风格传统是值得认真加以挖掘、研究和弘扬的。

《彝族古代毕摩绘画》是一部有重要科学与艺术价值的佳作。作者张纯德君潜心十余载，不辞辛劳，往返奔波，对毕摩画书进行了广泛而卓有成效地搜集与探索，如今铸就成书，不仅是彝学研究的一项显绩，而且是中华民族传统艺术瑰宝发掘研究的一枚硕果。藏于深山人不晓的古老彝画艺术将由此影传四方，逐渐尽为人知。看到悄然淡失已久的奇花重芳吐艳，成为人们精神原野生命色彩的一个组成部分，我们怎能不为之鼓掌，不为之欢呼呢？彝画，真美！

第六节　彝族毕摩绘画作品内容与赏析①

云贵川彝经插图具有鲜明的个性，是彝族古代社会生活的真实写照。彝族居住地多数在山区、半山区，地处偏僻、交通闭塞，与外界交流机会少，许多毕摩不识汉文，因而受其他民族的文化影响较少，彝经插图多数是毕摩根据彝文经书内容，联系彝族生产生活习俗、祭祀礼仪等，借题发挥，凭自己的想象绘画成相应的插图。这些绘画涉及彝族社会生活中的哲学思想、社会历史、伦理道德、天文、历法、文学艺术、风

① 本节绘画作品引自以下书籍。红河州哈尼族彝族自治州人民政府编，李涛、普学旺主编：《红河彝族文化遗产古籍典藏》，云南人民出版社 2010 年版。普学旺、龙江莉、玉罕娇、梁红编著：《彝族原始宗教绘画》，云南民族出版社 2005 年版。云南少数民族古籍整理出版规划办公室编，[日]藤川信夫、樊秀丽、普学旺主编：《百乐书影印译注》，云南民族出版社 2012 年版。普学旺、吉彤编著：《云南少数民族典籍集成》，云南美术出版社 2018 年版。普学旺、吉彤主编：《云南少数民族绘画典籍集成》（上卷），云南美术出版社 2015 年版。

俗礼仪。有的反映传统人物、神灵、鬼神信仰、祖先神像、创世英雄、自然神像，有的表现彝人劳动生产、生活、祭祀习俗，有的描绘日月星辰、植物、家畜、飞禽走兽等方方面面，都以人物活动为中心，同时反映了人与自然的和谐相处，是古代彝族社会生活的“照片”和“录像带”。

彝族等级社会生活的反映。彝经插图中一般都以人为主，有君、臣、师、匠、百姓和奴隶的形象。君端坐于上堂，或骑马或坐轿巡视、狩猎，前呼后拥，臣端坐于案堂料理诉讼，案前有跪着的、受刑杖的案犯，师（毕摩）则立于祭场，一手持神铃，一手持彝经或神枝，面前插有神枝，或摆有祭品、祭牲，一派庄严肃穆景象，使我们仿佛听到阵阵神铃声伴着朗朗的诵经声以及工匠打制铁农具或造刀具的响声。毕摩绘画也有表现出征、打仗、打冤家、起房盖屋、信仰神灵等方面的重大题材。

彝区畜牧、农耕、商品贸易活动的再现。不少绘画表现耕作、犁田、插秧、五谷丰登、粮食满仓，放牧、饲养鸡、猪、牛、羊、马等活动，呈现出六畜兴旺的景象。在大多数签卦图辞中都有出门做生意是否顺利、商品交换是否有利的词句。

可以说，彝族文献插图是彝族古代历史文化社会生活的画卷和“录相带”。

一、天文历法

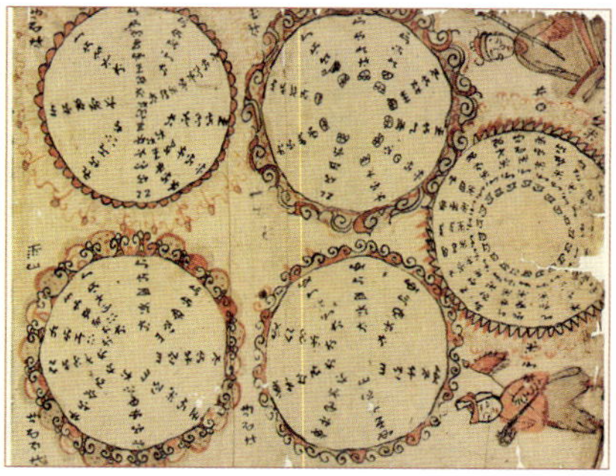

八卦

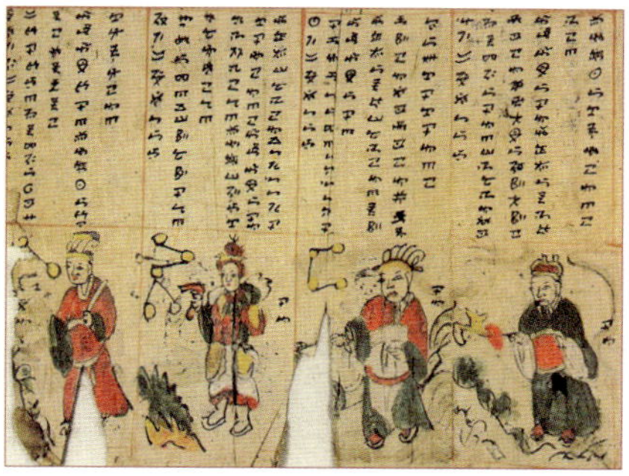

北斗之星

十二属相

十二生肖

土地指金

不同形象雷神（1）

不同形象雷神（2）

不同形象雷神（3）

二、自然崇拜

黑虎护佑

毕摩祭龙

防白虎灾

人燕同乐

咂酒助宴

虎蛇伤人

龙飞虎跃

龙虎护行

猎神送死

龙崇拜

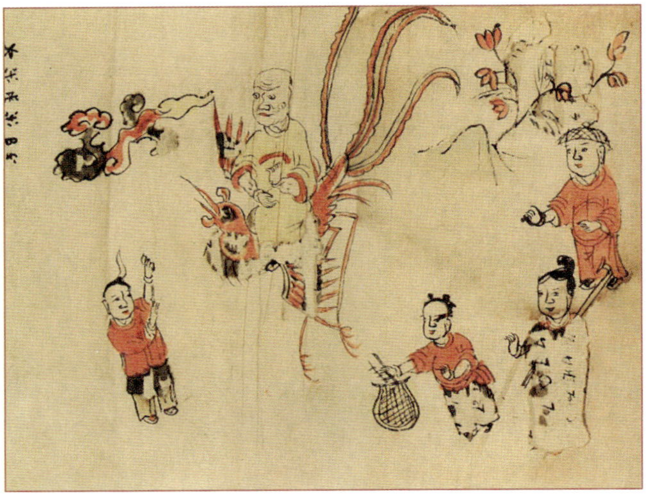

喜迎仙凤

凤鸟吉祥

四鹤贺太极

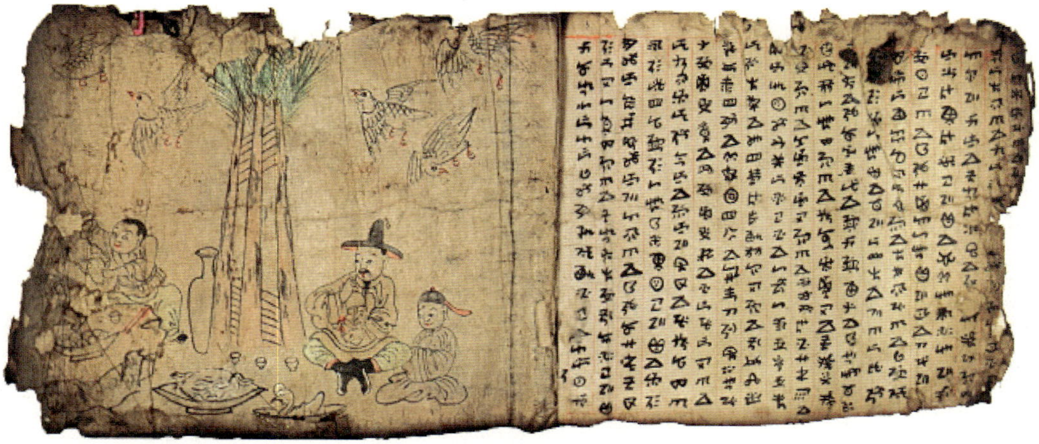
野外祭祀

麒麟开道

恭候观音

三、祖先崇拜

祖先牌位

远古祖先

四、上层社会

状元游街

官员出巡

得胜还朝

法官断案

毕摩荣归

阴司审判

土官跨街

奉天教人

八仙庆寿

五、司法、诉讼、官司、执法

开堂庭审

阴司提魂

射箭官员

提防官争

提防官争

用刑

六、毕摩祭祀

毕摩祭龙

丧祭

七、读书、秀才

教子读书

五子登科

七畜兴旺

八、吉庆、婚姻、嫁娶

娶亲归家

归家

喜结良缘

二人相合

夫妻相会

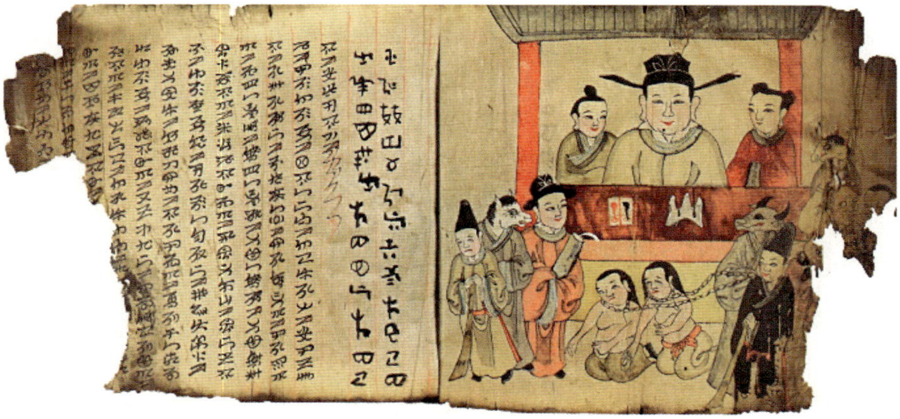

审案

张仙送子

九、农业耕牧

耕牧

天上虹神

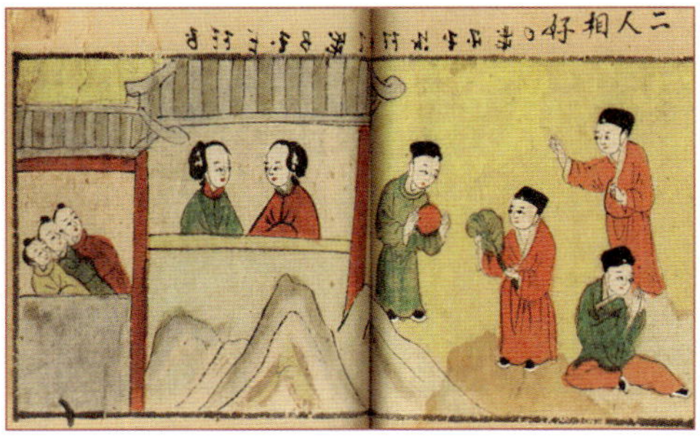

二人相好

求神拜佛

家中福禄

亦牧亦武

十、丰收、粮仓、避邪

富裕家庭

龙蛇干扰

六畜兴旺　五谷丰登

小心白虎

十一、建造

工匠施工

六毕神驱邪

拜谒毕摩

十二、出行、行船

行船求安

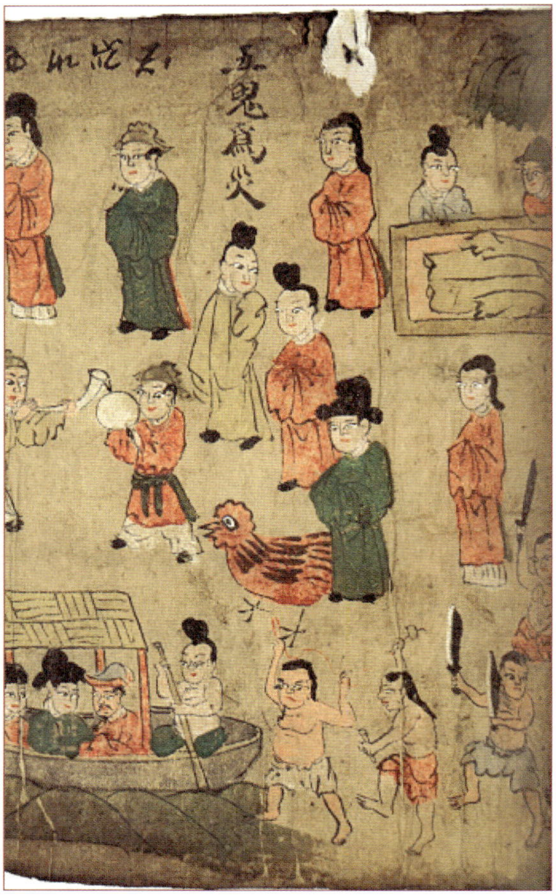

五鬼为灾

十三、官行大路

官行大路

十四、自然灾害、火灾

火神临门

十五、求子

射蜈蚣祈育仪式（1）

射蜈蚣祈育仪式（2）

十六、受汉文化和佛教文化影响的作品

儒释道三教和谐（1）

儒释道三教和谐（2）

白蛇传中的白蛇、青蛇、许仙、法海

附　录

百部彝族毕摩经典（译注）书目[①]

一、彝族宗教学方面的内容

第 2 卷　《祭神祈福经 · 南华彝族口碑文献》
第 3 卷　《双柏彝族火把节祭祀经》
第 4 卷　《双柏彝族祛邪经》
第 6 卷　《双柏彝族招魂经》
第 22 卷　《颂魂经——广西那坡彝族口碑文献》
第 45 卷　《武定彝族日常祭祀经》
第 52 卷　《母虎神祭辞 · 楚雄彝族口碑文献》
第 55 卷　《祭礼经 · 巍山南涧彝族口碑文献》
第 58 卷　《夷僰祈福经》
第 77 卷　《措诺祭》（一）
第 78 卷　《措诺祭》（二）
第 79 卷　《措诺祭》（三）
第 20 卷　《丧礼祭辞 · 楚雄彝族口碑文献》
第 21 卷　《丧葬祭经 · 禄丰彝族口碑文献》
第 25 卷　《武定彝族丧葬祭经》（一）
第 26 卷　《武定彝族丧葬祭经》（二）
第 27 卷　《武定彝族丧葬祭经》（三）
第 30 卷　《昭通彝族丧葬祭经》

① 书目以楚雄彝族自治州编，云南民族出版社出版的《彝族毕摩经典译注》106 卷为主，每部分研究内容下列书名和卷号。标有五角星的是不在 106 卷之内的近年已由云南民族出版社、贵州民族出版社、四川民族出版社、云南人民出版社、云南美术出版社等出版社出版的与彝族文化相关的书共计 150 多部。百部之说只是概数，实际远远超过这个数字。

第 31 卷　《双柏彝族丧葬祭经》（一）
第 32 卷　《双柏彝族丧葬祭经》（二）
第 33 卷　《双柏彝族丧葬祭经》（三）

★《魂路搜魂歌》
★《请魂祭神经》（福禄经）
★《护主点丁经》
★《毕摩护法经》
★《护法快神经》
★《卸债惑鬼经》
★《唤醒护法神鹰经》
★《转塘申冤经》
★《堵孽赎魂经》
★《活祭引魂经》
★《招引亡灵经》
★《祛污除祟经》

第 37 卷　《丧葬祭辞 · 永仁彝族口碑文献》（一）
第 38 卷　《丧葬祭辞 · 永仁彝族口碑文献》（二）
第 39 卷　《丧礼祭辞 · 南华彝族口碑文献》
第 51 卷　《丧葬祭经 · 楚雄彝族口碑文献》
第 53 卷　《丧葬祭辞 · 姚安彝族口碑文献》
第 54 卷　《丧礼祭辞 · 牟定彝族口碑文献》
第 87 卷　《丧祭经：漾濞彝族口碑文献》（一）
第 88 卷　《丧祭经：漾濞彝族口碑文献》（二）
第 15 卷　《宁蒗彝族祭祖安灵经》
第 41 卷　《罗婺彝族祭祖祈福经》（一）
第 42 卷　《罗婺彝族祭祖祈福经》（二）
第 56 卷　《武定彝族祝膀经》
第 65 卷　《武定彝族祭祀献牲经》
第 70 卷　《祭祖经 · 姚安彝族口碑文献》
第 80 卷　《彝族神座布局图解》
第 81 卷　《祭祖祛邪经》

第 85 卷　《宁蒗彝族祭祖安灵经》(二)
第 86 卷　《宁蒗彝族祭祖安灵经》(三)

二、彝族古代历史地理人文方面的内容

第 14 卷　《德施尼诺史》
第 18 卷　《彝族源流选》(一)
第 19 卷　《彝族源流选》(二)
第 35 卷　《滇彝古史》
第 40 卷　《夷僰源流》
第 49 卷　《尼苏史诗》
★《彝文金石图录》1–3 集
第 12 卷　《罗婺彝族指路经》
第 84 卷　《教路经 · 南华彝族口碑文献》
第 104 卷　《楚雄州彝族地名集》
★《滇南彝族指路经》
★《乌蒙彝族指路经》
★《贵州彝族指路经》
★《指路经选集》
第 105 卷　《彝族谱牒》
★《中国彝族谱牒、云南卷》
★《中国彝族谱牒、四川卷》
★《中国彝族谱牒、贵州卷》

三、彝族科技天文历法医学方面的内容

第 66 卷　《八卦天文历算》(一)
第 67 卷　《八卦天文历算》(二)
第 68 卷　《八卦天文历算》(三)
第 70 卷　《八卦天文历算》(四)
★《土鲁窦吉》
★彝文记载中的太阳历
第 1 卷　《武定彝族历算书》
第 59 卷　《雷波彝族历算书》

第 60 卷　《罗婺彝族鸡卦书》
第 73 卷　《罗平彝族历算书》（一）
第 74 卷　《罗平彝族历算书》（二）
第 75 卷　《罗平彝族历算书》（三）
第 76 卷　《罗平彝族历算书》（四）
★增订《爨文丛刻》(上中下册)
第 23 卷　《哀牢山彝族医药》
第 44 卷　《武定彝族医药》
第 62 卷　《占病书》
第 63 卷　《医病好药书》
第 94 卷　《双柏彝族医药书》
第 95 卷　《阿细诺哲》（一）
第 96 卷　《阿细诺哲》（二）
第 97 卷　《祛魔治病经》
第 99 卷　《猎獐寻药书》
★《病死病由经》
★《痢疾起源经》
★《防痢疾》
★《祓除火秽经》
★《尼苏诺期——元阳彝族医药》
第 98 卷　《武定彝族账簿辑录》（继续充实滇川黔民间契约档案材料）
第 103 卷　《彝语中部方言俚颇土语词汇》
★若干典籍中概括
第 17 卷　《布默战史》
第 24 卷　《彝家兵法》
★《南诏的政治与军事》

四、彝族哲学、伦理、道德方面的内容

第 7 卷　《红河彝族道德经》
第 8 卷　《红河彝族阿哩查嫫》（二）
第 16 卷　《阿黑西尼摩》

第 47 卷 《彝族物源神话》
第 50 卷 《吾查》
★《物始纪略》1–3 辑
★《物种起源》
★《勒俄特依》
第 29 卷 《彝族行孝积德故事》
第 83 卷 《彝汉教典》
第 91 卷 《教育经典》
第 106 卷 《太上感应篇》译释
★《彝族尔比选辑》
★《彝族创世志》

五、彝族文学方面的内容

第 7 卷 《红河彝族创世史诗》
第 8 卷 《红河彝族阿哩查嫫》（一）
第 9 卷 《红河彝族阿哩查嫫》（二）
第 10 卷 《红河彝族阿哩查嫫》（三）
第 13 卷 《罗婺彝族歌谣选》
第 28 卷 《武定彝族婚姻礼俗诗》
第 43 卷 《武定彝族民歌》
第 71 卷 《查姆》（一）
第 72 卷 《查姆》（二）
★《彝族过年歌》
★《彝族叙事长诗选》
★《彝族叙事长诗集》
★《叙事长诗集》
★《大凉山彝族民间长诗选》
★《彝族古歌》
第 89 卷 《武定彝族梅葛》（一）
第 90 卷 《武定彝族梅葛》（二）
★《曲谷精选》
★《阿买恳》

★《幺表妹》

★《甘嫫阿妞》

★《姿子妮乍》

第100卷《彝族撒尼叙事长诗》

第101卷《姚安彝族梅葛》

第102卷《丧葬梅葛·大姚彝族口碑文献》

★《彝族爱情叙事长诗》

★《益那悲歌》

★《诗歌理论》(彝族诗文论、论彝族诗歌、论彝诗体例)

六、彝族艺术毕摩经典绘画方面的内容

第106卷中《彝族毕摩绘画》部分

★《彝族原始宗教绘画》

★《黔西北彝族美术·那史彝文古籍插图》

★《彝族古代毕摩绘画》

★彝文经书图录(上、下)

★《红河彝族文化遗产典藏》(17—20集)

★《云南少数民族绘画典藏集成》(彝族卷)

★《云南少数民族古籍珍本集成》

★《云南曲靖彝文古籍提要》

★增订《爨文丛刻》

★《美姑彝族毕摩文化调查研究·艺术专辑》

★《大凉山彝族毕摩绘画考察——以美姑地区为个案》

★《彝族毕摩绘画研究》

参考文献

1. 楚雄彝族自治州人民政府编：《彝族毕摩经典译注》106卷，云南民族出版社2005—2016年版。

2. 红河哈尼族彝族自治州人民政府编：《红河彝族文化遗产古籍典藏》20卷，云南民族出版社2010年版。

3. 凉山彝族自治州人民政府选编：《中国彝文典籍译丛》一、二、三辑，四川民族出版社2006年版。

4. 中国彝族通史编纂委员会编:《中国彝族通史》1—4卷,云南人民出版社2012年版。

5. 滇川黔桂彝文协作组编：《彝文字集》，云南民族出版社、四川民族出版社、贵州民族出版社2004年版。

6. 中国彝族大百科全书编纂委员会编纂：《中国彝族大百科全书》，云南人民出版社2012年版。

7.[汉]司马迁：《史记·西南夷列传》。

8. 方国瑜：《彝族史稿》，四川民族出版社1984年版。

9. 吴小强：《秦简日书集释》，长沙岳麓书社2000年版。

10. 刘尧汉、卢央：《文明中国的彝族十月历》，云南人民出版社1993年版。

11. 马长寿：《马长寿民族史研究著作选》，上海人民出版社2009年版。

12. 马学良、罗国义：增订《爨文丛刻》（上、中、下），四川民族出版社1988年版。

13. 马学良：《云南彝族礼俗研究文集》，四川民族出版社1983年版。

14. 易谋远：《彝族古宇宙论与历法研究》，科学出版社2006年版。

15. 陈久金：《中国少数民族天文学史》，中国科学技术出版社2008年版。

16. 李维宝、李海樱：《云南少数民族天文历法研究》，云南科技出版社2000年版。

17. 左玉堂：《民族文化论》，大众文艺出版社2006年版。

18. 马长寿：《彝族古代史》，上海人民出版社 1987 年版。

19. 云南玉溪地区民族事务委员会:《哀牢山彝族医药》，云南民族出版社 1991 年版。

20. 沙马·加甲：《彝族人物录》，内蒙古教育出版 1998 年版。

21. 张纯德：《云南彝族氏族谱牒译注》，云南民族出版社 1999 年版。

22. 张纯德、朱琚元、龙倮贵：《彝族原始宗教研究》，云南民族出版社 2008 年版。

23. 张纯德：《彝学研究文集》，云南民族出版社 1994 年版。

24. 张纯德：《彝族古代毕摩绘画》，云南大学出版社 2003 年版。

25. 朱琚元编：《彝文石刻译选》，云南民族出版社 1998 年版。

26. 朱琚元：《彝族文化研究文萃》，云南人民出版社 2007 年版。

27. 朱琚元主编：《彝文古籍内容提要》（内刊），楚雄彝族文化研究所古籍研究室编印，2003 年版。

28. 朱琚元：《中华万年文明的曙光——古彝文破译贾湖刻符、彝器辨明文物》，云南人民出版社 2003 年版。

29. 王继超：《彝文文献翻译与彝族文化研究》，贵州民族出版社 2005 年版。

30. 师有福：《阿哲毕摩经选译》，云南民族出版社 2006 年版。

31. 黄建明：《彝族古籍文献概要》，云南民族出版社 1993 年版。

32. 巴莫阿依、黄建明：《国外学者彝学研究文集》，云南教育出版社 2000 年版。

33. 毕节市彝学研究会编：《毕摩文化论文集》，云南民族出版社 2013 年版。

34. 贵州省彝学研究会编：《跨世纪的彝学探索》，贵州民族出版社 2009 年版。

35. 师有福：《中国彝族人物》（内），红河州彝族学学会编印 2012 年版。

36. 康健、何积全、王本忠：《彝族古代文论研究》，贵州民族出版社 1992 年版。

37. 张学立：《彝学研究》，民族出版社 2009 年版。

38. 王继超、余海：《彝族传统信仰文献研究》，贵州民族出版社 2010 年版。

39. 普学旺、龙江莉、玉罕娇、梁红编著：《彝族原始宗教绘画》，云南民族出版社 2005 年版。

40. 王子尧：《夜郎史传》，四川民族出版社 1998 年版。

41. 张纯德、朱琚元、白兴发：《彝文古籍与西南边疆历史》，社会科学文献出版社 2013 年版。

42. 陈世鹏：《黔彝古籍举要》，贵州民族社 2004 年版。

43.《云南民族古籍丛书》编纂委员会编：《云南民族古籍论丛》（第一辑），云南民族出版社 1992 年版。

44. 巴莫阿依：《彝族祖灵信仰研究》，四川民族出版社 1994 年版。
45. 毕节地区民族事务委员会编：《西南彝志》，贵州民族出版社 1982 年版。
46. 贵州省赫章县民族事务委员会、贵州省民族学院彝文文献研究:《物始纪略》(一、二、三集)，四川民族出版社 1990 年版。
47. 陈光明、李平凡主编：《贵州彝文古籍整理翻译研究》，贵州民族出版社 2008 年版。
48. 元阳县彝学会：《尼苏诺期—元阳彝族医药》，云南民族出版社 2009 年版。
49. 关祥祖：《彝族医药学》，云南民族出版社 1993 年版。
50. 关祥祖、王清仁、晏桂芬：《民族民间医药千方集萃》，云南民族出版社 1992 年版。
51. 王荣辉、关祥祖：《启谷署》，中医药科技出版社 1991 年版。
52. 王荣辉：《彝族祖传食疗验方二百例》，中央民族学院出版社 1998 年版。
53. 彝族古文献与传统医药开发国际学术研讨会组委会：《彝族古文献与传统医药开发国际学术研讨会论文集》，云南民族出版社 2002 年版。
54. 云南楚雄彝族自治州卫生局药检所：《彝药志》，四川民族出版社 1983 年版。
55. 王敏、杨甫旺、张丽清：《中国彝族民间医药验方研究》，云南民族出版社 2007 年版。
56. 王明贵、王显编译：《彝族源流》（汉译散文版），民族出版社 2005 年版。
57. 王子国译：《土鲁窦吉》（历法篇），贵州民族出版社 1998 年版。
58. 贵州省赫章县民族事务委员会、贵州民族学院彝文文献研究室编：《彝族创世志——谱牒志》（1—2），四川民族出版社 1991 年版。
59. 云南省少数民族古籍整理出版规划办公室编：《云南民族古籍与历史文化研究》，云南美术出版社 2013 年版。
60.《彝族指路丛书》编译委员会编：《彝族指路丛书》，四川民族出版社 1997 年版。
61. 果吉•宁哈、岭福祥：《彝文〈指路经〉译集》，中央民族学院出版社 1993 年版。
62. 云南省民族学会彝学专业委员会编：《云南彝学研究》第 1—10 辑，云南民族出版社 2000-2013 年版。
63. 伍雄武、普同金著：《彝族哲学思想史》，民族出版社 1998 年版。
64. 伍雄武编：《彝族哲学思想史论集》，民族出版社 1990 年版。
65.《彝族简史》编写组：《彝族简史》，云南人民出版社 1987 年版。
66. 朱崇先：《彝族典籍文化》，中央民族大学出版社 1994 年版。

67. 黄建明：《彝族古籍文献概要》，云南民族出版社 1993 年版。
68. 王子尧、王治新、何积全汉译：《彝族诗文论》，贵州人民出版社 1989 年版。
69. 郭思九、陶学良整理：《查姆》，云南人民出版社 1981 年版。
70. 云南民间文学红河调查队收集：《阿细的先基》，云南人民出版社 1959 年版。
71. 王子尧译，康健整理：《彝族古歌》，贵州人民出版社 1989 年版。
72. 罗国义、陈英翻译：《宇宙人文论》，民族出版社 1984 年版。
73. 云南少数民族古籍办公室编：《彝族创世志——阿赫希尼摩》，云南民族出版社 1990 年版。
74. 云南省民族民间文学楚雄调查队收集整理：《梅葛》，云南人民出版社 1959 年版。
75. 马学良主编：《彝文丛刻·宇宙源流》，四川人民出版社 1986 年版。
76.《西南彝志》，贵州人民出版社 1991 年版。
77.《西南彝志选》，贵州人民出版社 1982 年版。
78.[晋] 常璩撰，刘琳校注：《华阳国志 · 南中志》，巴蜀书社 1984 年版。
79.[元] 脱脱等撰：《宋史 · 蛮夷四》（第 40 册，总第 496 卷），中华书局 1977 年版。
80.《四书五经》，中华书局 2009 年版。
81. 杨伯峻（译注）：《论语》，中华书局 2009 年版。
82. 饶尚宽（译注）：《老子》，中华书局 2009 年版。
83. 孙通海（译注）：《庄子》，中华书局 2009 年版。
84. 万丽华、蓝旭（译注）：《孟子》，中华书局 2009 年版。
85. 周振甫译注：《周易译注》，中华书局 2013 年版。
86. 陈广中注释：《淮南子》，中华书局 2012 年版。
87. 周振甫译注：《诗经译注》，中华书局 2010 年版。
88.[宋] 朱熹注：《宋本大学章句宋本中庸章句》，国家图书馆出版社 2016 年版。
89.[汉] 董仲舒著，张世亮、周肇鹏、周桂钿译注：《春秋繁露》，中华书局 2012 年版。
90. 冯友兰著：《中国哲学史》，商务印书馆 2001 年版。
91. 全增嘏著：《西方哲学史》，上海人民出版社 1995 年版。
92. 杨翰卿：《彝族哲学与汉代天人儒学的同异关系》，《西南民族大学学报 (人文社会科学版)》2014 年 04 期。
93. 普同金：《略论彝族史诗〈梅葛〉中的原始哲学观念》，云南民族学院学报 1984 年 01 期。

94. 李国文：《彝族史诗〈查姆〉中的哲学思想》，中央民族学院学报 1983 年 02 期。

95. 李延良：《彝族文献〈宇宙源流〉哲学思想浅析》，《贵州社会科学》1983 年 01 期。

96. 伍易：《〈彝族诗文论〉哲学社会思想浅析》，《云南民族学院学报（哲学社会科学版）》1992 年 03 期。

97. 宝贵贞：《彝族毕摩教的哲学意蕴》，《宗教与民族》2014 年第九辑。

98. 张纯德：《试析彝族先民的“天人合一”观》，《云南民族学院学报（哲学社会科学版）》1999 年 04 期。

99. 陈来：《中国文明的哲学基础》，《中国高校社会科学》2003 年第 1 期。

100. 谢志林：《中国哲学的本体论思路》，《船山学刊》2004 年第 1 期。

101. 朱哲：《儒、墨、道死亡观比较》，《宗教学研究》1999 年第 1 期。

102. 张尚仁：《庄子的死亡哲学》，《学术探索》2010 年第 2 期。

103. 张岱年：《中国哲学天人关系思想剖析》，《北京大学学报（哲学社会科学版）》1985 年第 1 期。

104. 张岱年：《张载的哲学理论贡献》，《宝鸡师院学报（哲学社会科学版）》1991 年第 4 期。

105. 张世英：《人类中心论说与民胞物与说》，《江海学刊》2001 年第 4 期。

106. 向世陵：《从“天下为公”到“民胞物与”》，《中国人民大学学报》2015 年第 2 期。

107. 杨国荣：《化当然为必然：朱熹思想的内在趋向》，《中山大学学报(社会科学版)》2009 年第 1 期。

108. 杨国荣：《伦理生活与道德实践》，《学术月刊》2014 年第 3 期。

109. 杨继中、芮增瑞、左玉堂编著：《楚雄彝族文学简史》，中国民间文艺出版社 1986 年版。

110. 左玉堂主编：《彝族文学史》，云南民族出版社 2006 年版。

111. 买买提·祖农、王弋丁主编：《中国历代少数民族文论选》，新疆人民出版社 1987 年版。

112. 王弋丁、王佑夫、过伟主编：《少数民族古代文论选释》，新疆人民出版社 1993 年版。

113. 陶学良编著：《〈古文笔法〉评述》，云南人民出版社 2005 年版。

114. 陈九彬执笔、芮增瑞审订：《高奣映评传》，云南人民出版社 1995 年版。

115. 祁连休、肖莉主编：《中国传说故事大辞典》，中国文联出版公司 1992 年版。

116. 云南省少数民族古籍整理出版规划办公室编：《云南少数民族古籍珍本集成》（第二卷），云南人民出版社 2013 年版。

117. 云南少数民族古籍整理出版规划办公室编，[日] 藤川信夫、樊秀丽、普学旺主编：《百乐书影印译注》，云南民族出版社 2012 年版。

118. 普学旺，吉彤主编：《云南少数民族绘画典籍集成》，云南美术出版社 2015 年版。

119. 云南曲靖市民族宗教事务委员会，云南省曲靖市彝学会编：《云南曲靖彝文古籍提要》。

120. 王继超、陈光明主编：《彝文典籍图录》，贵州民族出版社 2013 年版。

121.《美姑彝族毕摩文化调查研究 · 艺术专辑》，中国美姑彝族毕摩文化研究中心办公室编印（内部交流）。

122. 刘冬梅：《大凉山彝族毕摩绘画考察以美姑地区为个案》，四川大学硕士论文，2007 年 6 月。

后　记

《彝族文献对中华文明的贡献》原名《从百部彝族毕摩经译注看彝族对中华文化的贡献研究》，属于2014年国家哲学社会科学基金重点项目，2018年7月12日结项被评为良好。在该书出版之际，感慨万千，略述如下：

一、感谢国家哲学社会科学规划办公室的立项、支持及指导，感谢资深评审专家的肯定、鼓励及指导。出版前根据专家的宝贵意见已做了一些修改。

二、感谢彝族先民创造了灿烂丰富多彩的彝族文献，成为我们取之不尽的源泉；感谢彝族知识分子毕摩们甘当无名英雄，为我们传承了先贤的历史文化；感谢我们国家改革开放，为“救书救人救学科”，创造了条件；感谢大批彝学专家几十年来所做的工作，写论文、发文章、译著、论著如“井喷”，在艰苦条件下做出的奉献。“文明因交流而多彩，文明因互鉴而丰富”，从过去在单枪匹马打“游击”中成长，到老中青团队合作形成正规化的研究队伍，新一代大学生、研究生、博士生、博士后、教授层出不穷，形势喜人，将会弥补断层危机，彝学大有希望。

在这里也感谢参加本项目的研究团队。

参与本研究项目的有老中青结合12人，来自云贵不同单位。其中有优秀共产党员、民主人士、无党派人士；有全国人大代表、全国民族团结模范；有国务院政府特殊津贴的专家，学富五车、满腹经纶的饱学之士；有省级优秀教师、杰出教师；有著作（含译著、主编丛书）等身的彝汉文化造诣较深的双语人才；有事业有成的中青年优秀骨干等；也有被誉为本领域中顶尖人物、彝学队伍中的先锋等。他们是仰望天空、脚踏实地、接地气的本土本民族专家，但他们低调做人，甘坐冷板凳，承担过省部级、国家级社科基金项目，所以也可以说是一支“地方队”“国家队”相结合素质较高的综合团队。

感谢云南省文史馆馆员，云南省社科院民族学所原所长、研究员、云南省民族学学会原会长郭大烈先生受邀为本书撰写序言。郭先生历史学科班出身，受业于名师，他不但学术建树多，著作丰硕，更富有奉献精神，任省民族学会会长多年，其间对云南各民族学学会支持帮助贡献很大，其中对彝学研究也是了如指掌。他为本书赐序万言，高度概括全书精髓，起到画龙点睛之效，非常难得。感谢民族理论专家梁多俊审读全书。在此对他们深表敬意。

该书稿根据各人所长分工如下：

导论、策划、主持、统稿并参与其中两章的撰写：张纯德（云南民族大学西部民族研究中心主任、教授）。

第一章：王继超（贵州毕节地区彝文翻译中心主任、研究员）。

第二章：周　红（云南农业大学 讲师）、张纯德。

第三章：朱琚元（楚雄彝族文化研究院 研究员）。

第四章：周能汉（楚雄州彝医拨云堂主治医师）、王　敏（楚雄州中医院彝医院主任医师）。

第五章：王明东（云南民族大学科技处处长、教授、博导）、鲁业子（云南民族大学科技处）。

第六章：左玉堂（云南民族出版社原社长、总编辑、研究员）、王明贵（贵州省毕节学院彝学研究院院长、教授）。

第七章：郝云华（云南民族大学艺术系原副主任，副教授、硕导）、李禄（云南民博堂生命科学研究院）、张纯德。

最后，还必须慎重说明的是，本书是众多彝学专家、学者辛勤耕耘的成果，是集体智慧的结晶。它的撰写工作是在此前彝学研究成果积累的基础上进行的。在撰写过程中，我们参考并援引了已经出版的研究成果，注明出处，并列参考文献，不掠美。遗漏之处难免，谨此表示由衷的敬意和谢忱！

张纯德课题组

2020 年 3 月